知识产权法中公共领域案例研究丛书

国家社科基金重大项目（17ZDA139）阶段性成果

商标法中
公共领域案例解析

主　编　冯晓青

副主编　胡梦云

人民法院出版社

图书在版编目（CIP）数据

商标法中公共领域案例解析 / 冯晓青主编 ；胡梦云
副主编. -- 北京 ：人民法院出版社，2025. 1.
（知识产权法中公共领域案例研究丛书）. -- ISBN 978-7-
5109-4336-2

Ⅰ. D923.435

中国国家版本馆CIP数据核字第20240GL326号

商标法中公共领域案例解析

冯晓青　　主　编

胡梦云　　副主编

策划编辑	李安尼
责任编辑	刘晓宁
封面设计	东合社
出版发行	人民法院出版社
地　　址	北京市东城区东交民巷27号（100745）
电　　话	（010）67550572（责任编辑）
	67550558（发行部查询）　　65223677（读者服务部）
客 服 QQ	2092078039
网　　址	http://www.courtbook.com.cn
E－mail	courtpress@sohu.com
印　　刷	天津嘉恒印务有限公司
经　　销	新华书店

开　　本	787毫米×1092毫米　1/16
字　　数	550千字
印　　张	32.25
版　　次	2025年 1 月第 1 版　2025年 1 月第 1 次印刷
书　　号	ISBN 978-7-5109-4336-2
定　　价	118.00元

作者简介

　　冯晓青，本书主编，北京大学法学博士、中国人民大学法学博士后，现任中国政法大学二级教授、博士生导师，兼任国家知识产权专家咨询委员会委员、中国法学会知识产权法学研究会副会长、中国知识产权研究会副理事长，最高人民法院案例指导工作专家委员会委员、最高人民法院知识产权司法保护研究中心研究员、最高人民法院知识产权案例指导研究（北京）基地专家咨询委员会委员、上海法院特聘教授、上海知识产权法院特邀咨询专家、世界知识产权组织（WIPO）仲裁与调解中心专家和调解员、中国国际经济贸易仲裁委员会网上争议解决中心专家等。主持三项国家社科基金项目（其中重大项目两项），在《法学研究》《中国法学》等CSSCI刊物发表论文百余篇，出版个人专著十余部，主编著作与教材三十余部，获得省部级二等奖五项。以专家、律师、仲裁员等身份参与处理了数百起重大、疑难、复杂、前沿知识产权相关案件，部分案件入选最高人民法院公布的十大案例、五十个重点案例或高级人民法院公布的十大案例等。入选国家"万人计划"哲学社会科学领军人才、国家百千万人才工程国家级人选暨"有突出贡献中青年专家"、中宣部文化名家暨"四个一批"人才、享受国务院政府特殊津贴专家、首批全国知识产权领军人才、首批国家知识产权专家库专家等。主办新浪微博和微信公众号"冯晓青知识产权"。

胡梦云，本书副主编，中国政法大学法学博士，湘潭大学法学学部·知识产权学院副教授、硕士生导师。长期从事《著作权法》《媒体娱乐法》等课程的教学和研究，作为主要授课教师参与教育部认定的首批国家级一流本科课程《我们身边的知识产权》的建设。在《财经理论与实践》《广东社会科学》等CSSCI来源期刊发表论文多篇，合著《动态平衡中的著作权法——"私人复制"及其著作权问题研究》等著作。作为副主编参与编写《知识产权法》等教材两部。主持完成教育部人文社会科学一般项目"3G时代数字版权保护模式研究"、湖南省教育厅重点项目"湖南省文化创意产业园区孵化及法律保护"等，参与国家社科基金重大项目"国家知识产权文献及信息资料库建设研究"等多项国家级和省部级项目研究。

　　当前，知识产权日益成为国家发展的战略性资源和国际竞争力的核心要素，知识产权保护也日益重要。2019 年 11 月，中共中央办公厅和国务院办公厅印发《关于强化知识产权保护的意见》。①2021 年 9 月，中共中央、国务院印发《知识产权强国建设纲要（2021—2035 年）》，旨在建设"中国特色、世界水平"的知识产权强国。在我国知识产权保护体系中，知识产权司法保护处于主导地位，知识产权行政保护构成有力支撑。就知识产权司法保护而言，其本质是通过人民法院审理各类知识产权案件，保护和鼓励创新，公平公正地维护知识产权人和相关当事人的合法权益，维护社会关系的稳定和社会和谐，服务我国经济社会发展。知识产权司法保护是我国知识产权法治建设的重中之重。这是因为，我国知识产权法治建设是以建立知识产权法律制度、充分有效保护知识产权为前提和基础的。知识产权保护是我国知识产权法治建设的灵魂和生命力所在。②

　　我国知识产权司法保护以知识产权案件审判为中心。在知识产权案件审判中，无疑需要充分、有效地保护知识产权人的知识产权，特别是有效打击形形色色的知识产权侵权行为，从而构建良好的创新生态。知识产权作为一种无形财产权，其实质上就是对某种知识产品确立了知识产权人的专有权，从而排除他人对该知识产品的享有和利用。对于专有权确立的权利范围内的知识产品，未经知识产权人许可或没有法律特别规定，任何人都不能自由、无偿使

　　① 该意见提出了"严保护""大保护""快保护""同保护"的措施。参见冯晓青：《知识产权保护论》，中国政法大学出版社 2022 年版。

　　② 冯晓青：《知识产权司法保护论》，中国政法大学出版社 2024 年版，第 260 页。

用。但是，知识产权司法保护并不意味着对知识产权的过度保护，其在充分、有效地保护知识产权的同时，需要维护知识产权法律制度所追求的公共利益，并实现两者的平衡。在知识产权司法保护中，必须引入公共领域保留原则。

实际上，知识产权法中存在不受知识产权保护的公共领域。公共领域与专有领域一样，都是现代知识产权法律制度中不可或缺的内容，二者的共存已为世界各国知识产权立法和司法实践所认可。所谓公共领域，是指不受知识产权保护的知识产品以及受知识产权保护的知识产品中可以被社会公众自由利用的部分。公共领域对知识产权这一专有权构成限制和制衡，以防止知识产权的不当扩张影响社会公共利益，进而为科技文化进步和经济社会发展的真正实现提供保障。① 公共领域对明确知识产权保护边界、合理划分权利人和社会公众利用知识产权的范围，从而协调不同主体的利益关系具有重要作用。② 从公共领域的角度认识知识产权法的理念和精神，是从更高的角度理解知识产权的制度价值和知识产权这一专有权的更深一层内涵所必需的。③

公共领域也可以被理解为知识产权法中不受知识产权保护、他人可以自由利用的公共知识财富。就如同每个人可以自由呼吸空气一样，在知识产权法中公共领域具有公共性，任何人都可以自由使用。④ 基于公共领域概念和原理对于实现知识产权立法宗旨和知识产权法律制度运行的重要价值和意义，国外学者在 20 世纪 80 年代初就从知识产权法理论、立法和司法保护角度对其进行了研究。例如，大卫·兰格（David Lange）早在 20 世纪 80 年代初就探讨了这一问题的重要性，指出法院有责任在知识产权案件的判决中明确公共领域保留原则。⑤ 又如，阿努帕姆·钱德特（Anupam Chandert）等指出，21 世纪初美国杜克大学和斯坦福大学先后就公共领域问题展开了研究，认为应当保护公共领域，以实现获取自由与表达自由并维持创新。⑥ 詹姆斯·博伊尔（James Boyle）则指出，保护公共领域是知识产权法的基本目标之一。⑦

关于知识产权法中公共领域问题，我国相关研究始于 21 世纪初。⑧ 此后，

---

① 冯晓青主编：《知识产权法》（第 4 版），中国政法大学出版社 2024 年版，第 17 页。

② 冯晓青主编：《知识产权法前沿问题研究》，中国政法大学出版社 2023 年版，第 50~52 页。

③ 冯晓青：《知识产权法利益平衡理论》，中国政法大学出版社 2006 年版，第 722 页。

④ 冯晓青：《知识产权司法保护论》，中国政法大学出版社 2024 年版，第 142 页。

⑤ David Lange, Recognizing the Public Domain, 44 LAW & CONTEMP. PROBS. 147（Autumn 1981）.

⑥ Anupam Chandert, Madhavi Sundert, The Romance of the Public Domian, 92 Cal. L. Rev. 1331（2004）.

⑦ James Boyle, The Second Enclosure Movement and the Construction of the Public Domain, 66 LAW & CONTEMP. Probs. 33（2003）.

⑧ 参见冯晓青：《知识产权法的公共领域理论》，载《知识产权》2007 年第 3 期。

随着对这一问题认识的不断深入，知识产权法中公共领域保留原则在立法与司法中的适用也逐渐受到重视。有观点认为，将公共领域制度化从而合理地界定专有领域与公共领域的界限是必要的。① 还有观点认为，公共领域保留也是司法实践中有效保护知识产权的重要方面。②

如前所述，知识产权司法保护引入公共领域保留原则具有必要性。从国外知识产权司法实践看，欧美国家知识产权案件审判早已引入公共领域这一概念，并根据公共领域保留原则，合理划分知识产权保护的边界。国外知识产权司法实践经验表明，在知识产权案件审判中引入公共领域保留原则，有利于明确知识产权人专有权的范围和社会公众分享不受保护的公共资源的边界，从而实现两者的利益平衡。

随着我国知识产权法理论研究水平的提升和知识产权审判经验的积累，近些年来，我国知识产权司法政策和司法解释开始重视在加强知识产权司法保护的同时，确保公共领域不受侵蚀，维护社会公众利益，促进创新资源的利用。以司法政策而论，最高人民法院在 2009 年发布的《关于当前经济形势下知识产权审判服务大局若干问题的意见》（法发〔2009〕23 号）中指出，要"正确解释发明和实用新型专利的权利要求，准确界定专利权保护范围，既不能简单地将专利权保护范围限于权利要求严格的字面含义，也不能将权利要求作为一种可以随意发挥的技术指导，应当从上述两种极端解释的中间立场出发，使权利要求的解释既能够为专利权人提供公平的保护，又能确保给予公众以合理的法律稳定性"。根据相关司法政策精神，我国各级法院在审理专利纠纷案件时，一方面强调加强对专利权的保护以更好地鼓励和保护创新；另一方面则通过适用现有技术（设计）抗辩原则③、捐献原则④、禁止多余指定原则⑤ 等确保社会公众对专利权保护范围的明确预期，增强法律适用的可操作性。

毫无疑问，我国知识产权司法保护实践中关于公共领域保留原则的适用，也为相关理论研究提供了宝贵的实践素材。深入研究相关典型案例，挖掘知识

---

① 张艳梅：《论知识产权法的公共领域：利益冲突之镜像》，载《社会科学战线》2013 年第 8 期。另参见杨利华：《公共领域视野下著作权法价值构造研究》，载《法学评论》2021 年第 4 期；易继明、韩萍：《著作权法公共领域的司法适用》，载《陕西师范大学学报（哲学社会科学版）》2022 年第 5 期。

② 冯晓青、周贺微：《公共领域视野下知识产权制度之正当性》，载《现代法学》2019 年第 3 期。

③ 参见湖北省高级人民法院（2010）鄂民三终字第 15 号民事判决书、广东省高级人民法院（2015）粤高法民三终字第 517 号民事判决书。

④ 参见最高人民法院（2013）民提字第 225 号民事判决书。

⑤ 参见广东省高级人民法院（2017）粤民终 604 号民事判决书。

产权司法保护背后维护公共领域保留原则的内涵，能够进一步为我国知识产权案件的审判和知识产权司法保护水平的提升提供指导和借鉴。恰逢主编主持的国家社会科学基金重大项目"创新驱动发展战略下知识产权公共领域问题研究"（17ZDA139）中涉及的一个重要内容即为公共领域视野下知识产权审判实务方面的研究。在该项目的研究过程中，我们从案例研究角度对知识产权法中公共领域问题进行了深入探讨。本套丛书是该项目阶段性研究成果之一。

　　本套丛书分为五册，涉及著作权法中公共领域案例解析、商标法中公共领域案例解析、技术类型知识产权保护与反不正当竞争法中公共领域案例解析，以及著作权法中公共领域判解与学理研究、商标法中公共领域判解与学理研究。每册大致分为以下几方面内容：本案要旨、案件信息、原被告主张及理由、法院查明的事实、法院判决理由与裁判结果、案例解析（或判解与学理研究）。与知识产权案例研究同类著作相比，本套丛书具有以下鲜明特色：

　　第一，理论品位较高。知识产权案例研究并不限于对案件本身的是非曲直进行评价，而是侧重于"跳出"个案，挖掘案件背后的裁判法理和理论启发意义，以及正确理解和适用法律规定。基于此，本套丛书每个案例的研究都有专门的"本案要旨"和"案例解析"（或"判解与学理研究"）部分。其中，前者旨在揭示案件的裁判法理，后者旨在深入研究法律适用的条件和个案涉及的知识产权相关概念、原理和理论，篇幅约5000字，便于读者结合案例融会贯通，真正掌握案件背后的知识产权法原理和理论。本套丛书作者均具有知识产权法学专业硕士以上学历背景和相关的知识产权法理论或实务工作经验，无疑也为丛书的理论品位提供了重要保障。

　　第二，内容全面、案例具有典型性。收入本套丛书的案例覆盖了诸多知识产权领域，包括著作权、专利权、商标权、地理标志、商号、域名、植物新品种、集成电路布图设计、商业秘密保护和其他反不正当竞争问题等。在同类案例选择上，则注重权威机构公布的公报案例、指导案例、十大案例和其他典型知识产权案例，便于读者吸取知识产权审判实务的精华。

　　第三，实践指导性强。本套丛书具有理论与实践高度结合的特点，在深度剖析和解构案件背后的法律适用与知识产权法理论的同时，提炼和归纳裁判文书中具有启发意义的主张和观点，具有很强的实践指导性。以下不妨选取部分案件法院的主张与见解，以见一斑。

　　以著作权案件为例，有的法院认为：在判断是否构成实质性相似时应充分考虑其公共属性；① 有的法院认为：要正确划分著作权范围与公共领域的界限，实现作品保护范围与其独创性相协调，在进行侵权比对时应将源自公有领域而不属于著作权保护范围的部分排除；② 有的法院认为：针对利用公有领域素材形成作品的保护范围界定，应当充分考虑到其作品本身包含的公有领域因素，既应当注意保护作者对作品的创新，又应当注意保护其他创作者对公有领域素材的合理使用，防止部分创作者通过对其作品的保护垄断公有领域素材的使用权利，限制全社会对公有领域素材的合理使用和创作；③ 有的法院认为：在对涉及卡通形象的美术作品进行著作权侵权判定时，要剔除公有领域其他卡通形象的惯常设计特征。④

以商标案件为例，有的法院认为：有功能性的形状可以通过获得实用新型专利权的保护来获取鼓励技术创新的"对价"，但是在专利权到期之后就必须允许公众自由地使用，如果再允许将该功能性形状注册为商标，则将阻碍公众自由利用该技术，故将功能性形状注册为商标为其所垄断的需求不得对抗促进技术发展的公共政策需求；⑤ 有的法院认为：非物质文化遗产的传承与发展，并不当然排斥知识产权保护方式，维持诉争商标的注册实质上也促进了传统文化的传承与发展。⑥

再以专利和其他案件为例，有的法院认为：多数情况下一种外观设计专利因保护期届满或者其他原因导致专利权终止会使其进入公有领域，任何人都可以自由利用，但一种客体可能同时属于多种知识产权的保护对象，其中一种权利的终止并不当然导致其他权利也失去效力；⑦ 有的法院认为：针对集成电路布图设计反向工程抗辩中的非直接接触要求，实现相同或相似功能的芯片必然在电路原理上存在相似性，而电路原理不属于可赋予专有权的部分，故法律并不禁止对他人芯片的布图设计进行摄片进而分析其电路原理的这种反向工程的行为。⑧

第四，富有可读性。作者对本套丛书收录的每个案件的裁判文书的实质内容进行了提炼与归纳，使读者能够在较短时间内了解案件的基本信息和裁判

---

① 北京知识产权法院（2018）京 73 民终 90 号民事判决书。
② 最高人民法院（2019）最高法民申 6322 号民事裁定书。
③ 福建省高级人民法院（2022）闽民终 879 号民事判决书。
④ 上海市高级人民法院（2013）沪高民三（知）终字第 81 号民事判决书。
⑤ 北京市高级人民法院（2015）高行（知）终字第 4355 号行政判决书。
⑥ 最高人民法院（2018）最高法行再 63 号行政判决书。
⑦ 最高人民法院（2010）民提字第 16 号民事判决书。
⑧ 上海市高级人民法院（2014）沪高民三（知）终字第 12 号民事判决书。

观点与理由。加之丛书研讨的案件类型多、注重理论与实践高度结合，这使其富有可读性。相信读者在阅读和研究本套丛书后，能够在相当程度上提高自身知识产权法理论与实务水平。

在本套丛书出版过程中，人民法院出版社给予了大力支持，编辑老师们在编校方面也付出了很大辛劳。中国政法大学知识产权法学专业的部分硕士生和博士生也参与了丛书清样的校对工作。在此一并表示衷心的感谢！

最后，需要指出的是，学无止境，尽管本书主编、副主编和全体作者为本套丛书撰写与出版付出了很大努力，但仍然难以避免书中存在错漏之处，敬请读者批评指正。

冯晓青

2025 年 1 月

目录

使用取得显著性的公共领域与私权之界限

——某资金管理局、江苏某酒业公司诉陶某商标侵权纠纷案

/ 冯晓青

➲ 本案要旨

注册商标中部分元素虽然来自地名，但由于其在商品上被作为商标长期使用，该标识已不再仅具有标明产地的含义，而是成为产品的代名词。在作为商标的知名度明显高于其作为地名的知名度的情况下，在相同商品上使用地名时应当受到严格限制，即只能限于正当标明商品产地的需要。按照正常的经营惯例，商品生产经营者若想表明商品与产地间的联系，一般只需在包装的适当位置注明其厂址即可。即使需要特别表明商品的产地，亦只需单独标注该地名即可。

➲ 案件信息

上诉人（一审原告）：某资金管理局、江苏某酒业公司
被上诉人（一审被告）：陶某
案号：江苏省连云港市中级人民法院（2006）连知初字第1号、江苏省高级人民法院（2006）苏民三终字第0094号

➲ 原被告主张及理由

原告某资金管理局、江苏某酒业公司诉称：国家33类（酒）商品上的"汤沟"商标是经国家商标局依法注册的江苏省著名商标，该商标为某资金管理局所有，并由其授权江苏某酒业公司使用。"汤沟"商标在白酒市场上具有很大的影响力，为两原告创造了巨大的经济效益。被告陶某所经营的灌南某酒厂恶意侵犯两原告的商标权，将两原告的商标作为自己的企业字号在酒类商品上突出使用，构成侵权。请求法院判令被告立即停止商标侵权，变更其所经营

的企业名称，且变更后的厂名中不得含有"汤沟"字样，赔偿两原告经济损失20万元。

被告陶某辩称："汤沟"是县级以下行政区划的地名。汤沟镇在我国明朝末年，就以白酒业闻名于世，其悠久的酒业文化资源为汤沟人所共有，汤沟人都有合理、正当使用"汤沟"的权利。被告在自己的居住地即汤沟镇汤沟街开办家庭经营形式的灌南某酒厂，该字号经依法核准登记注册，应受法律保护。被告拥有自己的注册商标"珍汤"，该商标于2005年被连云港市工商行政管理局评为连云港市知名商标，被告生产的产品包装上均明确显示自己的商标。被告在自己产品包装装潢上独特使用"汤沟曲酒厂"的字样是对自己企业名称的宣传，是自己固有的权利。被告在产品包装装潢上使用"汤沟曲酒厂"字样，与原告某资金管理局、江苏某酒业公司的"汤沟"图案商标存在显著区别，不会为相关公众所混淆或误认，没有侵犯两原告商标权，更不存在赔偿问题。故两原告的诉讼请求应当驳回。

⊃ 一审法院查明的事实

"汤沟"作为地名使用时，是指江苏省灌南县汤沟镇。该镇从我国明朝末年开始以生产白酒闻名。1987年1月30日，江苏省灌南某酒厂经国家商标局核准，注册登记"TG"加文字"汤沟"（繁体）组合图形商标，注册商品类别为第33类（酒）商品，商标注册证为27××70号。后由于该酒厂名称变更，涉案"汤沟"注册商标由江苏某酒业有限公司继受。2004年9月，江苏某酒业有限公司改制成为原告江苏某酒业公司，"汤沟"注册商标转让给原告某资金管理局。

2005年1月，原告某资金管理局与原告江苏某酒业公司订立商标使用许可合同，将涉案"汤沟"商标以普通许可的形式有偿给予江苏某酒业公司使用。2006年1月，某资金管理局和江苏某酒业公司在江苏省张家港市发现灌南某酒厂生产的"珍汤"牌原浆酒，认为灌南某酒厂的企业名称中使用权利人注册商标文字"汤沟"，并在其产品包装装潢上以红底金字显示"汤沟"字样，侵犯某资金管理局和江苏某酒业公司的商标权，故诉至法院。

➡ 一审法院判决理由与裁判结果

一、关于被告陶某的企业名称是否侵犯了原告某资金管理局和江苏某酒业公司商标权的问题

商标权和企业名称权均是经国家职能部门依法定程序确认的权利，分别受到商标法律法规和企业名称登记管理法律法规的保护。陶某在其住所地开办的私营企业所使用的灌南某酒厂字号，是经职能部门依法登记使用的，该字号不违反国家相关法律的禁止性规定。某资金管理局所有的"汤沟"注册商标是由"TG"加文字"汤沟"组合而成的图形商标。灌南某酒厂的企业名称文字与涉案"汤沟"商标的图形及文字形式迥异，且"汤沟"商标持有人某资金管理局是国家事业单位，不从事生产经营活动。陶某在企业名称中使用地名"汤沟"并在其产品外包装盒上加以突出使用，是为了表明其产品的产地，并不会让相关公众混淆或误认，也不会给某资金管理局和江苏某酒业公司的声誉造成侵害。两原告要求陶某对灌南某酒厂的企业名称进行变更，且不得使用"汤沟"字样的主张，缺乏事实根据和法律依据，不予采纳。

二、关于被告陶某在产品包装装潢上使用红底金字"汤沟"字样是否侵犯原告某资金管理局和江苏某酒业公司商标权的问题

在具体分析行为人是否侵犯他人商标专用权时，既要依法保护商标权利人，同时也要合理维护正当的公众利益。某资金管理局所持有的"汤沟"注册商标是图形商标，即"TG"加文字"汤沟"的组合。"汤沟"系地名，以生产白酒享有盛名，且历史悠久，知名度显然高于"汤沟"注册商标。《商标法实施条例》第49条规定："注册商标中含有的本商品的通用名称、图形、型号，或者直接表示商品的质量、主要原料、功能、用途、重量、数量及其他特点，或者含有地名，注册商标专用权人无权禁止他人正当使用。"根据上述规定，地名属于社会公共领域词汇，商标权利人以地名作为注册商标，其权利应当受到一定的限制，无权禁止他人在相同或类似商品上正当使用该地名来表示商品与地域因素之间的联系。陶某在自己产品的包装上以红底金字显示"汤沟"文字，是突出其产品的产地，是对地名的正当使用，且在产品包装上同时使用自有的"珍汤"商标，其文字形式与两原告商标图形及文字形式有着显著不同：两原告的商标是"TG"加文字"汤沟"组合而成的图形商标，非"汤沟"文字商标。陶某在其产品外包装上以红底金字显示的"汤沟"文字，与两原告"汤沟"图形商标有明显区别，因此不会使相关公众对产品来源产生混淆或误认。

综上，被告陶某在产品包装装潢上使用"汤沟曲酒厂"、以红底金字显示"汤沟"字样的行为不构成对原告某资金管理局和江苏某酒业公司的不正当竞争，亦不构成对两原告商标权的侵犯。两原告要求陶某停止侵犯商标权和赔偿20万元的主张，没有事实和法律依据，不予支持。

综上，一审法院判决：驳回原告某资金管理局、江苏某酒业公司的诉讼请求。

⊃ 上诉主张及理由

某资金管理局、江苏某酒业公司上诉称：（1）一审判决认定"汤沟"是地名，早在明朝末期就以生产白酒享有盛名，并由此认定"汤沟"地名的知名度显然高于"汤沟"注册商标，属认定事实不清。（2）一审判决认定被上诉人陶某的行为属于对地名的正当使用，不构成商标侵权，缺乏事实根据和法律依据。（3）一审判决产生了一系列不良社会效果，给试图侵犯上诉人商标权的众多小酒厂提供了可乘之机，导致酒业市场一片混乱，使一些消费者对究竟谁是正宗"汤沟酒"生产厂家产生了怀疑。请求二审法院依法改判。

陶某答辩称：（1）某资金管理局和江苏某酒业公司所称汤沟镇是因其"汤沟"产品而知名的说法完全违背了事实。（2）某资金管理局和江苏某酒业公司对法律理解错误。

⊃ 二审法院查明的事实

江苏省高级人民法院二审确认了一审查明的事实，另查明：

1. 灌南某酒厂由被上诉人陶某开办，其前身为灌南县某酒厂，2004年2月10日经工商部门核准变更为灌南某酒厂。

2. 被控侵权包装的正反两面均用较大的繁体字标注了金色的"汤沟曲酒厂"字样，其中"汤沟"采用的是红底金字，而"曲酒厂"采用的是金底金字。从视觉效果上看，"汤沟"二字比较醒目，而"曲酒厂"三字明显偏淡。该包装正反面的正下方同时标注了厂名"江苏省灌南某酒厂"，包装两侧面正下方均标注"厂址：江苏省灌南县汤沟镇"。同时，该被控侵权包装的正反面和两侧面下方标注了陶某自己的商标"珍汤"二字，但与上述"汤沟"二字相比，"珍汤"不仅字体很小，而且隐含在复杂的装饰图案中，不易察觉。

3. 1991 年，"汤沟"牌白酒系列产品被国家质量奖审定委员会评定为银质奖章，后又多次获得"江苏省优质名牌产品""消费者协会推荐商品"等荣誉称号，"汤沟"商标亦被评为"中国市场用户公认十佳畅销品牌""江苏省著名商标"，在白酒市场上拥有较高知名度。

4. 被控侵权产品原浆酒在张家港港区镇、塘市镇、后塍镇等地销售时，经销商开具的发票、收据、送货单、出库单上注明的商品名称均为"汤沟原浆酒"。

➜ 二审法院判决理由与裁判结果

一、关于本案注册商标的合法性

根据《商标法实施条例》第 49 条规定，对于注册商标中涉及地名的，商标权人虽然无权禁止他人在相同或类似商品上正当使用该地名来表示商品与产地之间的联系，但是如果有证据显示，他人使用该地名并不是出于标注产地的需要，而是出于攀附商标权人注册商标的商誉或知名度，易使消费者产生混淆或误认等不正当竞争意图的，则应当认定该使用行为超出了我国《商标法》规定的正当使用范畴，构成商标侵权。

本案中，上诉人某资金管理局所有的注册商标中的"汤沟"二字虽然来自地名"汤沟镇"，但由于上诉人在酒类商品上作为商标的长期使用，"汤沟"二字已经不再仅具有标明产地的含义，而是成为上诉人产品的代名词。加之"汤沟"牌白酒自 20 世纪 90 年代以来多次获得国家级、省级大奖，在白酒市场上享有较高声誉，"汤沟"作为酒类商标的知名度已明显高于其作为地名的知名度。在此情况下，被上诉人陶某的灌南某酒厂作为后开办的企业，在相同的商品上使用"汤沟"地名时应当受到严格限制，即只能限于正当表明商品产地的需要。按照正常的经营惯例，商品的生产经营者若想表明商品与产地间的联系，一般只需在包装的适当位置注明其厂址即可。即使想特别表明商品的产地，亦只需单独标注该地名即可。而陶某在其产品包装的合理位置已明确标注其厂址"江苏省灌南县汤沟镇"，足以表明商品产地的情况下，又在产品包装的中部使用较大的字体标注"汤沟"而非"汤沟镇"，并且使用了和涉案注册商标中"汤沟"文字相同的繁体字。以上事实表明，陶某的行为并非单纯出于标注商品产地的需要。

二、关于被诉侵权标识

"灌南某酒厂"确实是被上诉人陶某合法注册的企业名称，但该企业名称中的"汤沟"与涉案"汤沟"文字图形组合商标构成近似，且陶某生产的商品与上诉人某资金管理局、江苏某酒业公司"汤沟"注册商标标注的商品类型相同。在此情况下，为了防止消费者对商品的生产者及商品的来源产生混淆或者误认，陶某应当在产品包装上清楚、完整、规范地使用其企业名称，而不应只突出使用其中的"汤沟"字样。陶某已经在产品包装的合理位置注明了其企业名称"江苏省灌南某酒厂"，又在包装的显著位置标注"汤沟曲酒厂"，并有意将"汤沟"与"曲酒厂"作不同的底色处理，故意突出"汤沟"二字，淡化"曲酒厂"三字，同时将自己的商标"珍汤"标注在很不起眼的位置，而且隐藏在复杂的装饰图案之中，不仔细辨别难以发现。陶某的上述行为具有明显的攀附涉案"汤沟"商标的意图。由于涉案"汤沟"商标具有较高的知名度，普通消费者对在酒类商品上标注的"汤沟"二字的第一印象首先是商标，而不再仅是地名。因此，陶某在其生产的原浆酒上突出使用"汤沟"二字，容易使消费者将其产品误认为两上诉人的商品。根据本案查明的事实，被控侵权产品在实际销售中也确有被当作"汤沟"原浆酒进行销售的情形。

综上，被上诉人陶某在其产品包装上突出使用"汤沟"文字，其主观上并非出于标明其商品产地、来源的正当目的，不属于《商标法实施条例》第49条规定的正当使用，亦不属于对其企业名称的正当使用，而是构成了对上诉人某资金管理局和江苏某酒业公司"汤沟"注册商标权的侵犯。两上诉人关于陶某的行为构成商标侵权的上诉理由成立，应予采纳。一审法院判决关于陶某对于"汤沟"字样的使用属于对企业名称和地名的正当使用，不构成商标侵权的认定错误，应予纠正。

因被上诉人陶某擅自将与涉案注册商标中相同的文字作为企业字号在相同商品上突出使用，足以使消费者产生误认，侵犯了上诉人某资金管理局、江苏某酒业公司的注册商标权，依法应当承担停止侵权、赔偿损失的民事责任。但因陶某的侵权行为仅表现为对其企业字号的突出使用，而含有该字号的企业名称本身并不构成商标侵权，故两上诉人关于判令陶某变更其企业名称的诉讼请求没有法律依据，本院不予支持。

三、关于赔偿数额

因双方均未提供证据证明被上诉人陶某在侵权期间因侵权所获得的利益，上诉人某资金管理局和江苏某酒业公司对于因陶某的侵权行为而遭受的实际损失亦无法计算，故根据陶某侵权的时间、性质、后果以及两上诉人注册商标的知名度等因素，酌定本案的赔偿数额为100 000元。两上诉人为本案诉讼支付的公证费及合理的诉讼代理费用，陶某亦应予以赔偿。

综上，二审法院判决：一、撤销一审判决；二、被上诉人陶某立即停止侵犯上诉人某资金管理局、江苏某酒业公司"汤沟"注册商标专用权的行为；三、被上诉人陶某于本判决生效后 10 日内赔偿上诉人某资金管理局、江苏某酒业公司经济损失 100 000 元及因制止侵权支出的公证费 1500 元、诉讼代理费 8000 元，合计 109 500 元；四、驳回上诉人某资金管理局、江苏某酒业公司的其他诉讼请求。

➲ 案例解析

商标显著性是界分商标法公共领域与私人产权的重要法律工具和概念。对于不具备显著性、识别性的标识，不具备注册商标的准入条件。《商标法》第 9 条即规定，申请注册的商标，应当有显著特征，便于识别，并不得与他人在先取得的合法权利相冲突。显著性可以区分为固有显著性和使用取得显著性，对于缺乏固有显著性的标识，则需要考虑通过使用取得显著性，从而达到商标注册的基本门槛。实践中尤其是含地名等公共领域元素的标识，本身即缺乏显著性，但是如果通过使用取得第二含义，亦可能通过使用取得显著特征，从而进入私有权利的领域之内。显著性本身即反映了公共领域保留和私权自治的界限，值得理论与实务界研究。本案原载于《最高人民法院公报》2007 年第 2 期，历经江苏省连云港市中级人民法院一审，江苏省高级人民法院二审改判，对使用取得显著性、地名正当使用抗辩等问题都作出了较好论述，体现了较好的司法示范效应。故以下以本案作为基础，探讨使用取得显著性领域公共领域与私权行使的界分问题。

一、商标显著性认定中的公共领域

《商标法》第 9 条、第 11 条将商标显著性规定为商标注册取得的前置要件，其制度目标在于防止商标私有产权将具有通用性、描述性、功能性的标识独占，[①] 从而保持公共领域和私人产权的动态平衡与有机协调。公共领域标识缺乏商标要求的显著性，这些标识包括通用性标识、描述性标识、功能性标识。对这些标识，一方面，存在商事经营中公共利用指称事物的实际需求，事关其他经营者等社会公众的表达自由利益；另一方面，商标旨在指示商品或者

---

① 参见黄汇、徐真：《商标法公共领域的体系化解读及其功能实现》，载《法学评论》2022 年第 5 期。

服务来源，通用性、描述性、功能性标识则在商事实践中缺乏这一功能，将其排除在私有产权的范围之外，体现了对商标功能特征的维护。以下将对通用性、描述性、功能性标识的公共领域特征予以描述，以求更为清晰地阐释商标显著性认定中的公共领域边界之所在。

（一）通用名称中的公共领域

《商标法》第11条明确规定，仅有本商品的通用名称、图形、型号的不属于商标注册的范围之列。通用名称是消费者指称某特定商品，经营者为阐释该商品的类型所必须使用的词汇。如果将通用名称列入私有产权的范围之列，则会大大限制消费者指称、经营者阐释相关商品的表达自由，进而侵犯相关的公共利益。当然，实践中还存在相关商标名称的过度使用，使得商标通用名称化的情况，如"U盘"的通用名称化。当标志从商标变为通用名称，实际上也意味着该标识实现了从私有产权范畴向公共领域的转化。

通用名称的公共领域界限是以事实为依据、以法律为准绳的。判断特定标识是否属于通用名称，需判断其是否构成法定的通用名称或约定俗成的通用名称。根据2020年修正的《最高人民法院关于审理商标授权确权行政案件若干问题的规定》（以下简称《商标授权确权行政案件规定》）第10条之规定，判断标识是否构成法定的通用名称，需要依据法律规定或者国家标准、行业标准予以判断，如果法律规定或者国家标准、行业标准规定属于商品通用名称的，应当认定为通用名称。判断标识是否构成约定俗成的通用名称，则需要审查相关公众的普遍认识，如果相关公众普遍认为某一名称能够指代一类商品的，应当认定为约定俗成的通用名称。当然，如果被专业工具书、辞典等列为商品名称的，可以作为认定约定俗成的通用名称的参考。

（二）描述性标识的公共领域

《商标法》第11条规定，对于商品质量、主要原料、功能、用途、重量、数量及其他特点的描述，属于公共领域范畴，不属于可注册的商标私权范围之列。对此，《商标授权确权行政案件规定》第11条进一步明确，要区分明确描述和暗示描述两种不同情形，对于商标标志及其组成要素暗示商品特点，但并非影响商品来源识别功能的标识，不属于描述性标识。在实践中，描述性标识常关涉民生领域的经营使用，社会公众往往通过该术语来描述、表示该特定领域的商品质量、功能等内容，严格确立描述性标识的公共领域保留，有助于防止相应表述被不当圈地和私有化，并防范不良舆情。

（三）功能性标识的公共领域

《商标法》第12条明确，三维标志商标申请中，如果该形状属于使得商品具有实质价值的功能性特征，则不属于商标注册的范围之列。功能性特征的保护，本属于专利法的保护范畴。商标法旨在保护商事经营过程中标识商品或服务来源的标志，而非保护功能技术。一方面，如果允许商标法保护功能性特征，则存在法的僭越与功能目的的背离。另一方面，如果允许功能性特征的私有化，则涉及可以通过商标法无限续期，进而使得功能性特征被不当垄断的局面。故各国立法也不允许商标法保护功能性特征，例如飞利浦曾试图用商标保护其具有功能性特征的电动剃须刀形状的三维标志，以实现长久的功能性垄断保护，但被欧盟的商标主管部门驳回。

综上，可以看出，商标显著性的公共领域保留，系属商标法的制度设计的理论体现，通过将描述性、功能性、通用性标识留存于公共领域地带，防止私权化，进而确保相关公众、消费者、相关经营者正当使用、自由使用的商标表达自由，从而实现商标权人和社会公众的利益动态平衡和有机统一。

二、使用取得显著特征的解构

使用取得显著特征，是指《商标法》所规定的缺乏固有显著特征的标识，可以通过使用取得第二含义，从而获得显著性，成为商标法允许注册的标识类型之列。对于缺乏固有显著特征的标识，如果没有使用，就其本身来看，不宜作为商标注册，否则会变相垄断部分标识，限制相关公众自由利用的空间和范围。但是，事物是存在变化规律的。商标显著性也应当顺应变化，以市场中消费者的实际认知为标准。商标权本身旨在保护凝结在商品上的商誉。如果相关公众及其消费者能够形成稳定的认知，使得该缺乏固有显著特征的标识和特定商品或者服务建立联系，就亦属于商标法所保护的范畴。对此，可以从以下几方面加以理解：

（一）使用取得显著特征，体现了商标法中的"使用"元素

确立标识是否取得第二含义，应当重点审查相关的商标性使用、知名度证据。能够构建第二含义的使用必须是商标性使用。商标性使用，即根据《商标法》规定，系指用于商品、商品包装及其文书，或用于广告展览等商业活动，用于识别商品或者服务来源的行为。如果该使用仅是通用意义、描述意义抑或功能意义上的使用，则不属于商标法意义上的使用，也无法凝结商誉，形成相关的第二含义。当然，此处之"使用"还应当强化标识中非公共领域的元素，正是二者之结合，以使得消费者不断建立、强化该标识与该商品或者服务的联系。

（二）使用取得显著特征，反映了商标法中的语境判断与事实判断

确立标识的第二含义，是市场中形成商标标识与商品服务之关联对应关系的体现，是对消费者的市场认知的反映与权益之维护，是进一步对商品和服务关联的市场状态的权利确认。从商标法的语境论来看，可以结合消费者心理构造的认知语境，确认消费者是否将其视为识别商品或者服务来源的标识，即通过市场的事实认定确立法律语境事实。具体而言，从商标音、形、义的角度来看，通过消费者语境的视角，根据消费者感知来判断是否能够确立标识与商品或者服务之间的关联。①

（三）使用取得显著特征，反映了公共领域和私有权利之间的动态平衡

使用取得显著特征反映了商标公共领域与私有权利之间，绝非静态的不变，而是动态的平衡。一方面，对于存在描述性、功能性、通用性标识的情况，则因为缺乏固有显著性而应当落入公共领域的范畴，即商标法领域的公共领域保留之体现。另一方面，这种公共领域与私人权利之间仍然存在变化、调整的空间。通过使用取得显著性，意味着标志可以由公共领域进入产权行使的领域，从而实现了标识的产权化和私有化。

三、对使用取得显著性的商标侵权认定

使用取得显著特征的商标，系从公共领域转向私有产权，仍然具有一定的公共领域特征，故在商标侵权认定中亦需要考虑到这一点。对于以使用取得显著性的商标权所提起的商标侵权诉讼，应当考虑到公共领域特征，对存在地名正当使用等抗辩情形的，应当允许其自由使用，从而保留公共领域自由使用空间。当然，对于使用取得显著性的商标侵权分析，亦遵守商标侵权认定的一般规则，即权利基础、侵权认定、权利抗辩的审查逻辑，从而判断被诉侵权标识使用是否落入了权利人商标权的控制范畴。

（一）对于权利基础的认定

第二含义系属通过商标使用取得。审查相关商标权权利基础，应当审查其商标注册权利证书，以及是否存在相关商标使用。例如，本案中，"汤沟"二字虽然来自地名"汤沟镇"，本身属于地名公共领域的范畴，但是由于某资金管理局在酒类商品上作为商标的长期使用，"汤沟"二字已经不再仅仅具有标明产地的含义，而是成为上诉人产品的代名词。加之"汤沟"牌白酒自20世纪90年代以来多次获得国家级、省级大奖，在白酒市场上享有较高声誉，"汤

---

① 参见王太平：《商标法法律事实确定的语境论方法》，载《法学研究》2023年第5期。

沟"作为酒类商标的知名度已明显高于其作为地名的知名度。

（二）关于商标侵权认定

对于使用取得显著性的商标需考虑到私人产权和公共领域之间的区分。对于属于私人产权的部分，即商标权所控制的范畴之内，仍按照商标侵权比对的一般规则处理。对于涉及地名等公共领域的部分，则应当受到地名正当使用等公共领域保留的限制。

（三）关于本案地名正当使用

本案中，被上诉人陶某的灌南某酒厂作为后开办的企业，在相同的商品上使用"汤沟"地名时应当受到严格限制，即只能限于正当表明商品产地的需要。按照正常的经营惯例，商品的生产经营者若想表明商品与产地间的联系，一般只需在包装的适当位置注明其厂址即可。即使想特别表明商品的产地，亦只需单独标注该地名即可。

四、结论

使用取得显著性是标识自公有领域进入私有产权界限范围的重要方式。对于缺乏固有显著性的标识，由于标识本身具有公共领域元素，包括描述性、通用性、功能性元素，应当留存于公共领域空间而不受私权控制。但是，如果通过商标性使用，建立起了标识与商品服务之间的稳定市场关联，则可以通过产权予以商标私有化，以供该经营者使用和控制。当然，对于使用取得显著性的商标权，仍然受到公共领域的限制。对于公共领域（如地名）的使用，若构成地名正当使用，仍然不受商标专用权的限制与约束。由此，对公共领域和专有领域的限制与平衡，能够确保商标权人、其他经营者和社会公众利益之间的动态平衡。

以相关公众和公共利益为出发点的商标显著性判断

——苏州某食品有限公司与江苏省苏州工商行政管理局等工商行政处罚纠纷上诉案

/ 刘碧君

➲ 本案要旨

商标具有区别商品来源的功能，应当具有显著性，在判断商标性使用时，需具体考察标识的使用方式是否产生区别商品来源的效果，综合考虑相关公众的一般注意力、专业水平、商品所在市场的特征等要素。同时，应考虑公共利益的需要，确保商标注册不会对公共利益造成影响，维护市场竞争的秩序稳定。在合理使用的判断中，新词语被收录并不当然代表其作为通用词汇而失去显著性，若是依据一般消费者的判断能够认为其是商品来源标识而非仅传达通用含义，即应认为具有显著性。

➲ 案件信息

上诉人（一审原告）：苏州某食品有限公司

被上诉人（一审被告）：江苏省苏州工商行政管理局

被上诉人（一审第三人）：某纺织集团公司

案号：江苏省苏州市中级人民法院（2011）苏中知行初字第0001号、江苏省高级人民法院（2011）苏知行终字第0004号

➲ 原被告主张及理由

原告苏州某食品有限公司（以下简称苏州某食品公司）一审诉称：（1）苏州某食品公司在产品包装上使用"乐活LOHAS"是作为商品的名称以及对该

词汇本意的使用。（2）苏州某食品公司的使用不构成侵权。"乐活"是社会通用词汇，在社会公众之中已经被普遍使用和接受，将此类文字注册为商标，显著性较弱，商标注册人不能依据商标法排除他人对该社会通用词汇善意和合理地使用。苏州某食品公司合理使用他人注册商标的行为不会产生误导公众的后果，不应属于商标法规定的侵权行为。

江苏省苏州工商行政管理局（以下简称苏州工商局）一审辩称：（1）其对苏州某食品公司的行为认定事实清楚、正确。①"乐活 LOHAS"不是任何一种商品，也不是任何商品名称；②苏州某食品公司在其月饼包装盒上并没有完整使用其注册商标，而是将"乐活 LOHAS"与"IWill 爱维尔"连用，突出使用"乐活 LOHAS"，该标识使消费者将"乐活 LOHAS"与"IWill 爱维尔"联系在一起，客观上起到了标识商品来源的作用，明显具有商标标识功能；③根据《商标法实施条例》第 3 条的规定，苏州某食品公司在月饼包装盒上使用"IWill 爱维尔"和"乐活 LOHAS"组合的标识，属于商标使用行为；④苏州某食品公司在月饼包装盒上使用"乐活 LOHAS"与注册商标"乐活 LOHAS"权利人核准使用商品类似；⑤苏州某食品公司使用"IWill 爱维尔"和"乐活 LOHAS"组合标识，其显著部分是"乐活 LOHAS"，与第 53××11 号注册商标相比，在字形、读音、含义上相同，整体组合相似，构成近似的商标。（2）其认定苏州某食品公司的行为属于商标侵权行为符合法律规定。①注册商标"乐活 LOHAS"是否具有显著性应当由商标局在核准注册时予以考虑，而苏州工商局的职责仅在于依法保护注册商标专用权，对侵犯注册商标专用权的行为予以查处；②苏州某食品公司使用"乐活 LOHAS"的行为不属于正当使用；③商标法并不以"实际误认"和"主观过错"为商标侵权的构成要件；④由于苏州某食品公司在月饼包装盒上使用与注册商标"乐活 LOHAS"相近似的商标，苏州工商局依据 2001 年《商标法》第 52 条第 1 项的规定，认定其行为为构成对某纺织集团公司"乐活 LOHAS"注册商标的侵犯，该认定符合商标法的规定。

⊃ 一审法院查明的事实

苏州某食品公司是一家从事生产、加工（焙）烘烤制品并销售公司自产产品等的外商独资企业，其取得了"IWill 爱维尔"文字及图等商标，核定使用商品均为第 30 类"月饼等"。苏州某食品公司在其产品包装和加盟店招牌等处均全面持续使用上述商标及其组合。近年来，在特定区域烘焙市场及相关公众中具有较高的影响力和知名度。

2009 年，苏州某食品公司将其所生产的月饼划分为包括"乐活"的 23 个类别，委托某公司制作涉案包装。市场销售主要通过苏州市的爱维尔直营店、加盟店、直接向公司订货及临时聘请外来人员销售礼品券的方式。苏州某食品公司在涉案"乐活"款月饼的手拎袋、内衬及月饼单粒包装盒外侧左下角显著位置均标注标识，手拎袋两侧同时标注有生产商苏州某食品公司名称、电话、厂址等信息。

某纺织集团公司注册的涉案商标核定使用商品为第 30 类"糕点等"，目前尚未使用。

苏州工商局对苏州某食品公司作出责令停止侵权行为并罚款人民币 50 万元的行政处罚决定。该具体行政行为作出后，苏州某食品公司不服并向苏州市人民政府申请行政复议。苏州市人民政府决定维持苏州工商局作出的苏工商案字（2010）第 00053 号工商处罚决定。苏州某食品公司对此仍不服，遂向法院提起行政诉讼。

再查明，关于"乐活"一词的起源及释义，乐活系由美国社会学家保罗·雷在 1998 年提出，其英文释义为"life styles of health and sustainability"。2008 年 8 月，教育部发布的《中国语言生活状况报告（2006）》中将"乐活族"作为汉语新词语收录其中。

⊃ 一审法院判决理由与裁判结果

商标，是适用于一定商品或者服务项目上，将自然人、法人或者非法人组织的商品和服务区别开来的可视性标志。因此，标志是否实际具有区分商品或者服务来源的功能是该标志能否被认定为法律意义上的商标的主要考量因素。本案中，苏州某食品公司在产品外包装显著标注包含"IWill 爱维尔"和"乐活 LOHAS"的标识，该公司认为其系将"乐活 LOHAS"标志作为商品系列名称使用并且是对该词汇本意的使用。对此，一方面，所谓商品名称，应当是为国家或者某一行业中所共用的，能够反映一类商品与另一类商品之间根本区别的称谓。"乐活 LOHAS"标志不能直接指向某一种特定的商品或者用于标识特定商品的名称和特征。另一方面，"乐活"一词本身具有特定的含义，其在于描述一种健康、可持续的生活方式，该释义与月饼之间也不具有直接的对应或者关联关系，消费者在提到"乐活"时不可能直接联想到其系一款月饼的名称。消费者在识别时一般不会引申至该内在含义，而是仅仅将其作为商品的标识进行识别。这种将"乐活 LOHAS"与"IWill 爱维尔"结合在一起标注的行为往往更容易强化消费者对于"乐活 LOHAS"与爱维尔品牌之间具有特定联系的印象，导致消费者一看到"乐活 LOHAS"标志就会自然联想到爱维尔产品，"乐活 LOHAS"标志在客观上已经起到了区别商品来源的作用。因此，苏州某食品公司诉请认为其对于"乐活 LOHAS"的标注属于商品名称或者对词汇本意的使用并无事实和法律依据，依法认定其使用"乐活 LOHAS"的行为已构成商标意义上的使用。

依据 2001 年《商标法》第 52 条第 1 项（2019 年《商标法》第 57 条第 1 项）规定，未经商标注册人的许可，在同种商品或者类似商品上使用与其注册商标相同或者近似的商标的，属于侵犯注册商标专用权的行为。本案中，一方面，某纺织集团公司注册商标与苏州某食品公司所使用的标志构成近似。另一方面，某纺织集团公司注册商标核定使用商品与苏州某食品公司实际标注涉案标志的商品同属第 30 类糕点类食物，两者属于类似商品。因此，苏州某食品公司使用涉案标志应属于未经商标注册人许可在类似商品上使用与注册商标近似的商标的行为。本案是否构成商标侵权的争议主要在于是否构成混淆。本案中，爱维尔品牌在特定区域范围内具有相对较强的知名度，苏州某食品公司在该区域大量使用涉案标志会使相关公众在"乐活 LOHAS"与"IWill 爱维尔"之间建立起某种关联，从而客观导致某纺织集团公司的注册商标不能发挥甚至失去其基本的识别功能，影响某纺织集团公司给予该商标谋求市场声誉的价值。故苏州某食品公司使用"乐活 LOHAS"的行为依法构成对某纺织集团公司注册商标专用权的侵害。

对于苏州某食品公司认为"乐活 LOHAS"是社会通用词汇，属于合理使用的问题。"乐活"一词属于西方传来词汇范畴，尽管该词在近年来社会广泛倡导健康生活的情况下使用频率逐步增多，但鉴于 2008 年教育部所发布的《中国语言生活状况报告（2006）》中将"乐活族"作为新词语予以公布，可见"乐活"一词在中国区域内的传播尚未达至人尽皆知以至可作为通用词汇使用的程度。加之英文"LOHAS"一词显然属于相关公众较为陌生的词汇，两者组合即具有一定的显著性，国家商标局于 2009 年 7 月核准注册该商标的行为本身亦确认了该标识的显著性。苏州某食品公司认为其对于该词汇的使用属于合理使用，并且该词汇显著性已弱化无事实和法律依据。

综上，判决：驳回苏州某食品公司的诉讼请求。

⊃ 上诉主张及理由

苏州某食品公司上诉称：一审判决认定事实部分错误。苏州某食品公司在月饼系列商品上使用"乐活 LOHAS"是将其作为商品款式名称使用。"乐活 LOHAS"注册商标来源于社会流行词语，其显著性较弱，他人有合理使用的权利。故一审判决认定事实有误，适用法律错误，请求二审法院依法改判，撤销苏工商案字（2010）第 00053 号行政处罚决定。

苏州工商局答辩称：一审判决认定事实清楚、正确，苏州某食品公司的上诉请求错误，应予驳回。

⊃ 二审法院判决理由与裁判结果

苏州某食品公司对标识的使用系商标性使用，该标识与某纺织集团公司的注册商标构成近似，其行为侵害了某纺织集团公司注册商标专用权。苏州工商局认定苏州某食品公司的行为侵犯注册商标专用权，并作出责令停止侵权行为的行政处罚正确，但其作出罚款 50 万元的行政处罚显失公正，具体理由如下。

一、苏州某食品公司使用标识系商标性使用

商标是商品生产经营者或服务提供者为使自己的商品或服务区别于他人而使用的一种标识，其应当具有显著性和区别的功能。在判断商品上的标识是否属于商标性使用时，必须根据该标识的具体使用方式，看其是否具有识别商品或服务来源之功能。

本案中，苏州某食品公司将其生产销售的月饼划分为包括涉案的"乐活"等总计 23 个款式，虽然苏州某食品公司认为"乐活 LOHAS"只是作为其月饼款式中一款的商品名称使用，本院认为，涉案标识的使用方式属于商标性使用，理由如下：首先，苏州某食品公司并未在其月饼包装上规范且以显著方式突出使用自己的"爱维尔"系列注册商标；其次，在标识中，"乐活 LOHAS"与"IWill 爱维尔"连用，融为一体，苏州某食品公司并未突出其自有商标"IWill 爱维尔"，相反却突出了"乐活 LOHAS"，标识性效果明显。因此，"乐活 LOHAS"与"IWill 爱维尔"连用后作为一个整体标识，起到了区别商品来源的功能，属于商标性使用。

二、苏州某食品公司使用的标识与某纺织集团公司的注册商标构成近似，其行为侵害了某纺织集团公司注册商标专用权

本案中判断苏州某食品公司的行为是否构成商标侵权的关键在于，苏州某食品公司使用的标识与某纺织集团公司的注册商标是否构成近似。

侵犯注册商标专用权意义上的商标近似应当是混淆性近似，是否造成市场混淆是判断商标近似的重要因素之一。其中，是否造成市场混淆，通常情况下，不仅包括现实的混淆，也包括混淆的可能性。在具体判断商标是否近似时，应当掌握的原则包括：一是以相关公众的一般注意力为标准；二是既要对商标进行整体比对，又要对商标的主要部分进行比对，且比对应当在比对对象隔离的状态下分别进行；三是应当考虑请求保护注册商标的显著性和知名度。本案中，苏州某食品公司使用的标识与某纺织集团公司的注册商标进行对比，应当认定构成近似商标。理由是：

第一，从整体对比来看，苏州某食品公司使用的标识中，"乐活 LOHAS"在整体结构中较为突出，占主要部分，且该部分的中英文字的字形、读音及含义与某纺织集团公司注册商标完全相同，其构成要素非常接近，易使相关公众对商品的来源产生误认。

第二，从"乐活 LOHAS"注册商标的显著性和知名度考虑，两商标易造成市场相关公众的混淆和误认。其一，"乐活族"一词虽然被《中国语言生活状况报告（2006）》所收录，但是在 2006 年才出现的新词语，只能说明该词语在 2006 年这一时段因一定使用频率及流行度而被收录，并不代表该词语在当时已经达到通用词汇的程度，更不能以该词汇在本案进入诉讼阶段后的流行度来反推在 2009 年"乐活 LOHAS"商标被核准注册时，已经成为社会通用词汇。目前，"乐活 LOHAS"作为注册商标并未被撤销，也说明"乐活"一词虽具有一定含义，但该词汇在核准注册时因尚未达到通用词汇的程度，具有一定的显著性。因此，应认定标识起到的是商标标识性作用，而非对商品进行的一种描述，一般消费者看到标识时，并不会将其理解为"我愿意健康生活"这一含义。苏州某食品公司认为"乐活 LOHAS"作为社会通用词汇，其是根据该词的本意使用的主张不能成立。其二，在涉案决定作出时，"乐活 LOHAS"注册商标因刚被核准注册尚未实际使用而不存在市场知名度，且在本案二审诉讼期间该注册商标仍未使用，在没有证据证明某纺织集团公司注册"乐活 LOHAS"商标的行为存在恶意抢注的主观故意时，需要为尚未使用注册商标的商标权人预留一定的保护空间，此时关于混淆的判断，应当更多地考虑混淆的可能性，而非是否产生了实际混淆。司法实践中，近似商标侵权判定以实际混淆作为判断标准的，通常需要有被控侵权商标经长期善意使用，两个商标已形成善意共存状态等特殊历史因素存在，而本案中苏州某食品公司使用"乐活 LOHAS"字样进行相应包装设计和委托生产的时间很短暂，不足一个月，并未形成两商标因长期使用而善意共存的状况。如果一味以涉案注册商标未实际使用，不会造成实际混淆作为侵权判断标准，则有可能对商标注册制度造成不应有的冲击，不利于注册商标专用权的保护。

三、苏州工商局作出的行政处罚显失公正

我国 2001 年《商标法》第 53 条（2019 年《商标法》第 60 条）规定，工商行政管理部门在处理侵犯注册商标专用权纠纷时，认定侵权行为成立的，责令立即停止侵权行为，并可处以罚款。对该条款的正确理解应当是可以对是否并处罚款作出选择。本案中，苏州某食品公司使用的标识与某纺织集团公司的注册商标构成近似商标，其行为构成商标侵权，苏州工商局在责令苏州某食品公司停止侵权行为的同时并处 50 万元罚款，并未考虑以下应当考虑的因素：

第一，在"乐活 LOHAS"注册商标核准之前，苏州某食品公司就进行了相应的包装设计并委托生产，苏州某食品公司不存在攀附某纺织集团公司注册商标声誉的主观恶意。

第二，苏州某食品公司的侵权时间非常短暂，且涉案注册商标尚未实际使用，故苏州某食品公司的侵权行为对商标权人某纺织集团公司并未造成实际的损害后果。

第三，从标识的使用情况来看，苏州某食品公司仅在 2009 年中秋月饼的促销活动中使用该标识，且作为该年度中秋 23 款系列月饼中的一款，苏州某食品公司并未对使用该标识的月饼进行专门、广泛、大量的宣传，其对商品的销售模式也仅限于其专卖店销售或直接推销。加之"乐活 LOHAS"注册商标因未使用不存在市场知名度，尚未造成市场中相关公众实际的混淆和误认，故其侵权行为和情节显著轻微。

基于以上因素，苏州工商局在对苏州某食品公司进行行政处罚时，责令其停止侵权行为即足以达到保护注册商标专用权以及保障消费者和相关公众利益的行政执法目的，对苏州某食品公司并处 50 万元罚款的结果与违法行为的社会危害程度之间明显不适当。

综上，二审法院判决如下：一、撤销江苏省苏州市中级人民法院（2011）苏中知行初字第 0001 号行政判决。二、变更 2010 年 6 月 11 日江苏省苏州工

商行政管理局作出的苏工商案字（2010）第 00053 号行政处罚决定"1. 责令停止侵权行为；2. 罚款人民币 50 万元"为"责令停止侵权行为"。三、两审案件受理费均由江苏省苏州工商行政管理局负担。

→ 案例解析

本案中，对于苏州某食品公司关于"乐活"一词来源于社会流行词语而显著性较弱的上诉理由，江苏省高级人民法院认为，虽然该词在生活中有一定的应用频率并收录于《中国语言生活状况报告（2006）》，但这并不代表该词语达到了通用词汇的程度，因而具有一定的显著性。"在注册体制国家的商标法中，显著性是商标得以获得注册与权利继续维持的前提与基础，显著性对于商标的重要性，相当于新颖性之于专利、创造性之于作品，都是三大传统知识产权原始取得的前提条件。"[①] 本案是关于判断词汇是否属于公共领域中具有固定含义的通用词汇的典型案例之一，以下将结合案件，对注册商标的显著性界定及其公共利益标准加以探讨。

一、商标显著性及其分类

（一）商标显著性的概念

商标是"能够使某企业的商品或服务与其他企业的商品或服务相区别的标记或标记的组合"[②]。商标显著性是商标的核心，"商标的显著性，是指商标应当具备的足以使相关公众区分商品来源的特征"[③]。2019 年《商标法》第 9 条对于显著性以"便于识别"描述，第 11 条中对缺乏显著性的情况进行了列举，包括通用名称、仅描述商品特征等，同时，该条对通过使用取得显著特征的商标注册进行了规定。

显著性作为商标功能的基础，在两个方面发挥其作用：一是面对消费者，在市场交易中应当具备足以使消费者将其与商品来源相联系的可识别性，即可以被消费者捕捉并认识到其不是商品类别名称且不用于表示商品的特征；二是相对其他同业竞争者，应当具备不会与其他竞争者相混淆的区别性，即不与其他同业经营者的注册商标相同或近似。

---

① 刘铁光：《商标显著性：一个概念的澄清与制度体系的改造》，载《法学评论》2017 年第 6 期。
② 《与贸易有关的知识产权协定》（《TRIPs 协定》）第 15 条。
③ 参见国家工商行政管理总局商标局 2017 年 1 月 4 日发布的《商标审查及审理标准》。

（二）商标显著性的分类

商标显著性可依据不同标准进行分类。依据显著性是否源于该商标所使用词汇的本意，可分为固有显著性和获得显著性。[①] 固有显著性指商标所使用的词汇本身所表达的显著性，与该词汇的字面含义有关。获得显著性来源于商标权人长期的经营行为，这些行为使相关公众能够通过本不具有显著性或显著性较弱的商标定位到其商品来源，由此产生的显著性，称为获得显著性。

美国弗兰德利法官依据商标的显著性强弱将商标分为四类：臆造和任意性商标、暗示性商标、描述性商标和通用名称。[②] 其中，臆造和任意性商标所使用的字词组合通常是在日常生活中不具有固定含义的词汇，由商标申请人自行组合而成，故其在注册时仅能代表该商品的商品来源，具有"出生时的"显著性。通常，暗示性商标、描述性商标和通用名称是具有固定含义的或指向某种固定含义的词汇，判断其是否具有显著性应综合多种要素进行整体判断。暗示性商标一般通过词语的意义和延伸含义来暗指商品的某种特征或美好祝愿，描述性商标则为对商品功能、质量、数量等特征的描述，在相关公众可以认识到商标对商品来源的经营者的指代时，这两种商标也可以予以注册。通用名称不具有显著性，是一类商品或服务的总称，通常情况下不能作为商标注册。[③] 通用名称和被认为不具有显著性的描述性商标都可能在实践中通过经营行为与商品来源相联系，并获得显著性。由此可见，商标的显著性也是动态的，可能经过使用强化或者退化。这四种分类又因商品种类不同、地域文化不同、使用方式和目的不同而呈现变化的分界，如"苹果"一词使用在苹果这种商品上，会被认为是该商品的通用名称，而使用在智能手机这一类别的商品上，相关公众可以识别到该词汇是用于标识商品来源的商标。

商标的私有性质和商标的公共利益之间的利益平衡是商标显著性判断的考虑因素之一，以此为角度进行分类，商标显著性可分为事实上的显著性和法律上的显著性。当一个商标因其外观特征或经过使用经营积累后足以使相关公众将其与特定的商品来源相联系，则应当予以注册。但如果该商标被核准注册将导致该商品所在领域中特定经营者的垄断，就会危害市场竞争秩序，这一商标被认为是缺乏显著性而不应予以注册。从商标的私权性质出发，商标专用权

[①] 参见陈振熙：《商标显著性之探析——以商标的显著性和商标权利范围的关系为视角》，华东政法大学 2007 年硕士学位论文，第 4 页。

[②] See Abercrombie & Fitch Co. v. Hunting World , Inc. , 537 F 2d 4 , 9(2d Cir. 1976).

[③] 参见金海军：《商标与通用名称问题的消费者调查方法——实证与比较》，载《暨南学报（哲学社会科学版）》2013 年第 10 期。

代表着商标权人对该权利的垄断，因此，只要其选择的词汇能够被相关公众识别，达到区分商品来源的作用，即应当认为具有事实上的显著性。从利益平衡角度出发，商标在市场中发挥作用，其核准注册规范应当维护市场的有序和稳定。法律上的显著性确保商标的核准注册不会过度侵袭公共领域，以致对其他竞争者的经营空间造成过度的挤压。

商标显著性的判断与商品的种类、地域文化、使用方式以及商标与商品的关联程度相关，且在判断中不可否认地具有一定的主观性。实践中，如何保证不同法院在商标显著性判断问题上的统一性，是相关案例裁判需要解决的问题。

二、商标显著性的判断——以相关公众为出发点

如上文所述，商标显著性的判断并没有明确量化的规则，且具有一定的主观性，但在判断中所需考虑的要素和标准是可以列举的。《商标授权确权行政案件规定》（2020年修正）第7条规定："人民法院审查诉争商标是否具有显著特征，应当根据商标所指定使用商品的相关公众的通常认识，判断该商标整体上是否具有显著特征……"该规定包含两个要点：一是要就整个商标从整体上进行判断；二是应当以"相关公众的通常认识"为标准。2017年《商标审查及审理标准》中规定"判断商标是否具有显著特征，应当综合考虑构成商标的标志本身的含义、呼叫和外观构成，商标指定使用商品，商标指定使用商品的相关公众的认知和习惯，商标指定使用商品所属行业的实际使用情况等因素"。对实践案例进行总结，显著性的判断要素主要包括标志本身的识别性特征、显著特征使用的语境、同行业或者同类商品中的惯常做法和实际使用情况等。

商标显著性的本质是通过相关公众在市场中的挑选、购买行为形成的，是商品与商品来源相联系的内在特征。商标在市场中发挥作用，其受众即市场中的相关公众。因此，相关公众对于一商标是否显著的判断是决定性的，相关公众的认知水平是商标显著性判断的核心。"相关公众"主要包括商标所标识的商品销售过程中现实和潜在的消费者、参与者和交易者，与商品的类型和其所面对的市场息息相关。"相关公众的通常认识"则由该商品的消费者、参与者和交易者群体的专业水平、注意程度和判断能力等要素决定。"相关公众"和"消费者"这两个词汇在理解上容易出现同质化的倾向，然而二者之间是有区别的。相关公众这一概念的外延更为丰富，包括现实和潜在销售过程中所接触的多类人员。消费者则是相关公众范围内的部分群体，主要是现实的消费群

体。因此，对于专业性较强的商品，如化学原料、建筑用品等，其相关公众的专业水平更高，在选择商品及商品来源时的注意程度也更高；对于较为普遍的食品、服装、生活用品等，因其所面对的相关公众构成更为繁杂，相关公众在购物过程中可能也不会过多考察商品来源，注意程度较低。

商标显著性的判断不是孤立的，不同判断要素之间相互影响，核心是基于相关公众普遍认知对该商标是否能够指代商品来源作出认定。如一个外文词汇可能在其本身的语境下是描述性的甚至是通用名称，但若其在跨国市场中的译名在该国语境中具有独特性，也应当认为具有商标所需的显著性。本案诉争商标"乐活"即为外文音译词汇，在原本的语言环境中表达"我愿意健康生活"的含义，在音译为汉字表述为"乐活"时，应认为具有比原语境中更强的显著性。

综合以上文件及实践经验，对商标显著性进行判断的核心在于确认该商标所在商品的相关公众群体及其通常认识。在此标准之下，需综合考虑的因素主要包括两类：一类是商标本身特征的显著性，即固有显著性，由商标自身的外观和商标所在商品的类别类型决定；另一类是商标所在的市场，包括相关公众的认知习惯、商品所属行业的惯常做法和使用情况等。

三、商标显著性的判断——以公共利益为出发点

从私人权利与公共利益之间的平衡出发，商标的注册需考虑到其进入市场中对其他经营者和市场竞争秩序的影响。商标是面向消费者的市场要素，其必须在市场的规则之下发挥作用，即遵守市场基本的公序良俗，不妨碍其他竞争者正常的经营行为，维护市场的公平竞争。在商标显著性判断的过程中，也应当遵循公共利益原则，避免导致市场竞争的失衡。

在商标申请注册、确权或侵权纠纷的审查、审理过程中，除了要考虑消费者对相关标识显著性的态度，还需要保障竞争者的基本利益，从而确认该标识是否应当保留在公共领域以确保市场上的竞争者都能够无偿使用该标识。[1]商标作为识别商品来源的依据，在市场中发挥其作用，因而必须遵守基本的公序良俗。商标注册的显著性要求，既是商标作为商品来源识别标志的必要属性，又起到防止其他竞争者注册缺乏显著性的商标而在市场竞争中处于不利地位的作用。一个被允许注册的商标，既应当具有事实上的显著性，又应当具有法律上的显著性，不仅应当具有识别经营者商品来源的功能，也应当维护市场

---

① 参见邓宏光：《商标法的理论基础——以商标显著性为中心》，法律出版社 2008 年版，第 40 页。

竞争秩序，保证其他经营者的商标选择空间。当某一待判断的商标缺乏事实上或法律上的任一显著性时，都不应当予以注册。

四、本案中商标显著性的判断路径

本案中，"乐活LOHAS"商标属于中文文字和英文文字的组合，"LO-HAS"是"乐活"一词的英文，其本身的性质为外来词汇，含义源于美国社会学家保罗·雷所提出的一种生活方式，即"我愿意健康生活"。该商标的使用语境是在月饼这一产品的包装上进行标注，商品类别属于食物，其面向的消费者及潜在消费者群体是普通大众，具有专业水平较低、群体构成复杂、注意程度较低的特点，其他组成相关公众群体的交易者、参与者虽然具有较高的注意程度，但数量较少，且专业水平较低。在月饼这一行业之中，"乐活"一词并不属于表示月饼产品名称的惯常做法，其作为商标注册并予以保护不会对市场的公平竞争造成影响。原告苏州某食品公司认为其使用是对"乐活"一词的本意使用。对于原本具有自身含义的词汇作为商标使用的情况，可能属于描述性或暗示性的商标。其区别在于"如果通过词语想要表达关于'商标本质结论的想象、思考和概念'，该词语就是暗示性词语；如果一个词语将'产品的成分、质量或特性的及时观念毫不拖延地传递出来'，它就是描述性的词语"[1]。本案中，"乐活"一词虽有"健康生活"的含义，但"健康生活"并未表示其所使用的商品月饼的质量、原料、用途等特点，而是以其想象和概念指代该商品的"寓意"，起到了区分商品来源的作用。由此，虽然该词汇具有固定含义，但一般不会与其所使用的商品——月饼这种产品联系起来，属于暗示性商标，具有一定的显著性。

总结案例中对于商标显著性的判断思路，可归纳为以下路径：（1）判断特定商标的外观语义特征、相关公众群体、竞争者群体、市场特点等要素；（2）判断该商标注册是否可能导致特定经营者垄断相关市场，如果可能，则该商标缺乏法律上的显著性而不应被核准或不应因其使用构成商标侵权，如不可能，则进行后续判断；（3）判断商标所使用的词语本身是否具有固定含义，即区分其是否为臆造商标，如不具有固定含义，为臆造、任意的词汇构成商标，则可以认为具有显著性，反之，则继续进行后续判断；（4）判断该固定含义与所在商品之间的关系，如以其可能的想象、概念延伸至商品的"寓意"，则为暗示性商标，具有显著性，如为该商品的通用名称或仅描述成分、质量等要

---

① 张林：《词语商标显著性新探——对商标显著性的"弗兰德利分类法"的不同理解》，载《政治与法律》2013年第4期。

素，则应判断是否经过使用获得显著性，如未获得，则结论为缺乏显著性，如已获得，则具有显著性。这些判断过程以商标整体为对象，以相关公众的认知为标准。

五、结论

商标显著性的判断需要结合该商标所在商品的相关公众、市场特征等因素，难以设置量化的标准，且具有一定的主观性。在实际判断中，应当充分考虑相关公众的认知水平和对公共利益的保障。从商标所在商品的纵向营销需求来看，应当判断该商标自身词汇的外观特征、商标所在商品类别、相关公众的认知等要素；从商标所在商品的横向竞争来看，应当判断该商标的注册是否使其他竞争者在市场中因此受到不合理的限制。具有固定含义的商标判断也在这一框架下进行，需要考虑其与所在商品的关系是直接的描述还是利用其寓意进行暗示。

叙述性商标的第二含义

——姚某与国家工商行政管理总局商标评审委员会①等商标无效宣告行政纠纷案

/ 薛利康

○ 本案要旨

　　商标的显著特征包括两个方面：一为标志本身具有显著性；二为标志与其核定使用的商品或服务之间的联系及其程度。指向唯一性是指标志与使用人之间具有唯一的对应关系，不具有指向唯一性的商标不必然不具有显著性，应当根据案件的事实进行具体判断。若商标本身不具有显著特征，但经过使用人的使用获得了识别商品或者服务来源的功能，使得商标可以与核定使用的商品或者服务建立稳定的联系，此时应当认为商标通过使用获得了显著特征。

○ 案件信息

申请人（一审原告、二审上诉人）：姚某

被申请人（一审被告、二审被上诉人）：国家工商行政管理总局商标评审委员会

第三人：内蒙古某甲餐饮连锁有限公司

案号：北京知识产权法院（2016）京73行初1165号、北京市高级人民法院（2017）京行终1417号、最高人民法院（2017）最高法行申7175号

○ 再审主张及理由

　　再审申请人姚某称：一、二审判决关于商标显著特征中的识别性先于区分性而存在、显著性并不要求标志必须达到指向唯一主体即区分性的程度、只

---

　　① 根据《深化党和国家机构改革方案》，国家工商行政管理总局商标评审委员会等机构职能由国家知识产权局商标局承担。

要能够被相关公众识别为具有指代商品或服务来源的作用即可的认定是错误的。商标的识别性和区分性是显著性的同义词，本质含义都是标志指向特定来源的能力，"特定"就意味着"唯一"。如果不能区分，就无法识别，不能将识别性与区分性割裂开来。商标的显著性要求商标能使相关公众联想到的商标控制者必须是特定的，能够可靠地认为该商品的质量和服务可以由该标志的唯一控制者保障，从而认牌购物，实现商标节约消费者选购时间、促进商品销售的功能。根据2001年修正的《商标法》第11条第2款规定，经过使用取得显著特征并便于识别的标志，可以作为商标注册。在这种情况下的注册，是对一个标志在注册商标效力覆盖的地区已经能够指向唯一、特定的来源这种事实上已经等同于注册商标的权利状态，以注册的方式固定下来。第30××21号"小肥羊 LITTLESHEEP 及图"商标（诉争商标）虽然由中文、英文和图形三部分组成，但是按照中国的语言习惯，该商标在中国的呼叫方法是只用中文部分，即"小肥羊"。"小肥羊"反映了以羊肉为原料的餐饮服务的内容和特点，用在餐厅、饭店等服务上不存在固有显著性。另外，内蒙古某甲餐饮连锁有限公司（以下简称某甲公司）既非最早在餐饮服务上使用"小肥羊"的商家，在诉争商标的申请日、初审决定作出之日以及整个异议程序中，也非"小肥羊"的唯一控制人。一、二审判决认定诉争商标通过使用获得了足以取得注册的显著性，其错误在于其认为获得显著性不需要标志具有指向唯一性。如果说显著性不要求标志具有指向唯一性，那么基于注册商标在我国港澳台地区以外的全部地域有效的情况下，南京、重庆、西安、昆明、石家庄、包头各自有独立的本地"小肥羊"经营者，应当将该商标注册给哪家经营者则成为一个问题。如果多个经营者在同类商品或服务上同时使用相同商标不会对商标的显著性造成影响，那么他人对于注册商标的使用就不会误导消费者，更不会侵犯注册商标专用权，若果真如此，保护商标的法律就没有存在的必要。

二审判决以商标授权确权案件遵循个案审查原则为由准许诉争商标注册是错误的。个案之间情况相同或无实质性区别，审查标准应当保持一致。"方形瓶"商标争议行政纠纷案、"不差钱"商标驳回复审行政纠纷案等已有裁判已经对获得显著性是否应当具有指向唯一性或者标志与经营者具有唯一的、稳定的联系达成共识，本案应当得到同样处理。

综上，请求：（1）撤销二审判决；（2）判令商标评审委员会重新作出裁定。

商标评审委员会答辩称：坚持商评字〔2016〕第4365号《关于第30××21号"小肥羊 LITTLESHEEP 及图"商标无效宣告请求裁定书》（以下简称第4365号裁定）及一、二审中的意见，第4365号裁定认定事实清楚，适用法律正确，作出程序合法，请求法院予以维持。

某甲公司提交意见称：第 4365 号裁定和二审判决认定事实清楚，适用法律正确，应当予以维持，请求驳回姚某的再审申请。具体理由如下：（1）诉争商标整体具有显著性，应当予以维持。诉争商标包含了羊图形、英文"LIT-TLESHEEP"及以特殊字体表现的文字"小肥羊"，诉争商标整体为一个图形和文字构成的组合商标，具有自身显著的特征，没有其他第三方在申请日前注册了该组合商标，诉争商标的获准注册以及维持注册符合《商标法》的规定。（2）诉争商标中的汉字部分"小肥羊"并非本产品或服务的通用名称，也未仅仅直接表示本产品或服务的特点，依法可以作为商标的一部分得到注册和保护。商标的显著性分为固有显著性和获得显著性，通过使用获得显著特征的标志可以作为商标注册并依法受到保护。就诉争商标中汉字部分"小肥羊"的可注册性，北京市高级人民法院的多个生效判决，特别是（2006）高行终字第 92 号行政判决书已经认定其通过使用取得了显著性，可以作为商标注册并受到保护。姚某在本案的无效宣告程序、一审和二审程序中，均没有新证据证明"小肥羊"已经成为某一特定产品或服务的通用名称，因而丧失了商标的显著性。相反，近年来，某甲公司在餐饮服务上申请注册了多个包含文字"小肥羊"的商标，均得以注册，并没有同行经营者或者其他人对这些商标的注册提出异议。根据《商标授权确权行政案件规定》第 7 条规定，应当认定诉争商标具有显著特征。（3）诉争商标于 2004 年被国家工商行政管理总局商标局认定为驰名商标，"小肥羊"是公众熟知的中国餐饮连锁品牌，诉争商标专用权持续得到维护并发挥标识商品和服务来源的作用。（4）姚某关于"唯一指向性"的主张没有法律或事实依据。姚某引用美国商标法，认为商标的获得显著性需要具有"唯一指向性"，因此诉争商标不能取得注册。首先，判断商标在中国的可注册性，应当依据中国法律，美国法律与本案没有任何关系。其次，中国的商标法律和实践均没有"唯一指向性"的要求。从 2013 年修正的《商标法》第 59 条规定的内容看，中国不要求在商标申请注册时具有"唯一指向性"，即使在诉争商标申请注册时有其他包含"小肥羊"文字的商标存在，诉争商标也可以获得注册，其他人已经使用的商标可以在原有范围内继续使用。

➲ 一审法院查明的事实

第 30××21 号"小肥羊 LITTLE SHEEP 及图"商标，某甲公司于 2001 年 12 月 18 日向国家工商行政管理总局商标局提出注册申请，核定使用商品为第 42 类：备办宴席；餐厅；饭店；自助餐馆；快餐馆；酒吧；茶馆；住所；咖啡馆；流动饮食供应。该商标专用权期限经续展至 2023 年 5 月 13 日。

姚某于 2014 年 12 月 22 日向国家工商行政管理总局商标评审委员会对诉争商标提出无效宣告申请。

2016 年 1 月 19 日，商标评审委员会作出商评字〔2016〕第 4365 号《关于第 30××21 号"小肥羊 LITTLE SHEEP 及图"商标无效宣告请求裁定书》（被诉裁定），认定：诉争商标为 2013 年《商标法》施行前已经获准注册的商标，根据法不溯及既往原则，本案程序问题的审理应适用 2013 年《商标法》，实体问题的审理应适用 2001 年《商标法》。

姚某提交的多份行政判决书认定诉争商标未违反 2001 年《商标法》第 11 条的规定。已生效的北京市高级人民法院（2006）高行终字第 92 号行政判决书载明："小肥羊"并非"涮羊肉"这一餐饮行业的固有名称，也并不构成本商品的通用名称，但其又确实表示了"涮羊肉"这一餐饮服务行业的内容和特点。但某甲公司自 2001 年 7 月成立后，其服务的规模、范围急剧扩张，被评为 2001 年度中国餐饮百强企业，2002 年度又获得中国餐饮百强企业第二名，至第 30××21 号商标于 2003 年审定公告时，"小肥羊"在全国具有很高的知名度。同时，通过大规模的使用与宣传，"小肥羊"具备商标应有的显著性，实际上已起到了区分商品或服务来源的作用，消费者能将来源不同的"涮羊肉"餐饮服务区分开来。故"小肥羊"通过某甲公司的使用和宣传，已获得"第二含义"，应准予作出商标注册。商标评审委员会认同法院生效判决，诉争商标未违反 2001 年《商标法》第 11 条的规定。

诉争商标本身不属于夸大宣传带有欺骗性的标志，亦无有害于社会主义道德风尚或具有其他不良影响的情形，其注册未违反 2001 年《商标法》第 10 条第 1 款第 7 项、第 8 项的规定。

综上，姚某申请无效宣告理由不成立。依照 2013 年《商标法》第 44 条第 3 款、第 46 条的规定，商标评审委员会裁定：诉争商标予以维持。

⊃ 法院判决理由与裁判结果

本案与公共领域相关的争议焦点是依据 2001 年《商标法》第 11 条第 2 款的规定，在判断标志经过使用取得显著特征时，是否应以标志与使用主体具有指向唯一性为标准。

一、一审法院认为

姚某并未提交任何证据证明诉争商标核准注册后因出现特定事由导致其显著特征丧失，同时诉争商标自2001年申请注册以来经过十几年持续使用不仅没有出现丧失显著性的情形，反而进一步增强了诉争商标的显著特征，并于2004年被国家工商行政管理总局认定为驰名商标，相关公众能够以其来识别服务来源，因此诉争商标在无效阶段仍具备商标注册的显著特征。

二、二审法院认为

2001年《商标法》第11条规定："下列标志不得作为商标注册：（一）仅有本商品的通用名称、图形、型号的；（二）仅仅直接表示商品的质量、主要原料、功能、用途、重量、数量及其他特点的；（三）缺乏显著特征的。前款所列标志经过使用取得显著特征，并便于识别的，可以作为商标注册。"商标是用来识别和区分商品和服务来源的标志，某一标志是否能够作为商标加以注册，在于其是否具备区分商品或服务来源的识别作用。如果一个标志不会被相关公众作为区分商品或服务来源的标志加以识别，则该标志原则上不具有显著性，不能作为商标予以核准注册。就商标的识别和区分作用而言，只有相关公众首先将相关标志作为标示商品或服务来源的标志加以识别对待，该标志才会在相同或类似商品或服务的不同提供者之间发挥来源区分作用，商标显著特征中的识别性先于区分性而存在。同时，关于标志是否可以申请注册为商标的显著性而言，并不要求该标志必须达到指向唯一主体，即区别性的程度，只要能够被相关公众识别为具有指代商品或服务来源的作用即可。姚某关于标志必须具有唯一指向性，达到具体指代特定商品或服务来源主体的程度的上诉理由，显然缺乏法律依据，本院对此不予支持。

三、再审法院认为

（一）关于商标显著特征的认定

商标的显著特征，通常也称为显著性，虽然表述略有不同，但二者并无实质性区别，前者关注具体和表象意义，后者关注抽象和结论性概括。商标具有显著特征才能便于识别，发挥识别商品或者服务来源的基本功能，获得商标法规定的可注册性。商标法所要求的显著特征包含两方面内容：标志本身的构成要素以及标志与其使用的商品或服务之间的联系紧密程度。由于标志本身构成要素的含义、构成方式等决定了该标志与其商品或者服务的联系有程度上的不同，故使商标的显著性形成了强弱之分。2001年《商标法》第11条第1款以列举的方式，明确了标志不具有显著特征的具体情形，如商品的通用名称等，或者对标示的商品具有说明性，抑或标志本身过于简单、复杂等，对无法与其所指代的商品或服务之间产生联系、不具有指代能力的标志予以限制。

正由于显著特征包含两方面的内容，因此，判断诉争商标是否具有显著特征，是否具有识别商品或服务来源的基本能力，既需要分析标志本身的构成要素，亦需要分析标志与其所使用的商品或服务的联系及程度，并以相关公众的一般认识进行判断。

（二）关于标志的识别性与区分性

商标标志的识别性与区分性，仅是从不同角度对商标标志所发挥的作用进行的不同表述。2001年《商标法》第8条是从"可视性标志"及"能够将自然人、法人或者其他组织的商品与他人的商品区别开"的角度对商标标志进行的界定，描述了商标标志划分不同商品之间界限的作用和功能；而2001年《商标法》第9条关于申请注册的商标，应当"有显著特征"及"便于识别"的规定，则关注的是商标标志的指代能力。识别性关注商标标志本身与商品或者服务之间的关系，当涉及对使用在特定种类的商品或服务的某个特定标志的显著性进行判断时，识别性与区分性并无实质性的差异，即指商标标志的显著特征；而在判断使用在相同或类似商品或服务上的不同标志，或者判断使用在不相同或不类似商品或服务上的相同或近似标志之间的关系时，区分性实质上则是关于混淆可能性的判断。显著特征与混淆可能性的判断虽然具有一定的关系，但有不同的判断标准和方式，不能混为一谈。因此，抛开具体的判断环境和条件，单纯从概念出发去分析识别性和区分性的不同层次、二者是否割裂、是否存在先后关系等问题，均不具有实质意义。

（三）关于经使用取得显著特征并便于识别的认定

2001年《商标法》第11条第1款中所涉及的标志，除第3项规定的因标志本身过于简单或者复杂而缺乏显著特征的外，第1项、第2项规定的内容均系因为标志与商品或服务具有一致性或者联系过于紧密而使该标志成为公共领域的符号。但不可否认的是，在上述标志的使用者将上述标志作为商标使用较长时间以后，且这种使用又具有了一定规模的情况下，如果相关公众能够以该标志识别商品或服务的来源，那么该标志就从公共领域划分出来，从而具备了显著特征。对于该标志与其所使用的商品或服务是否形成了稳定联系，需要通过标志的使用方式、使用范围、持续时间以及使用效果等相关证据予以认定。

本案中，虽然诉争商标的含义对于以羊肉为原料的餐饮服务行业的内容和特点具有一定的描述性，但其具体的使用方式包括了羊图形、字母"LIT-TLESHEEP"和"小肥羊"文字，使用规模、使用范围及使用效果等相关事实，也已经被生效的第 92 号判决所认定。

（四）关于经过使用获得的显著特征是否以使用主体的唯一性为标准

姚某主张，商标获得显著特征要求标志具有指向唯一性，相关公众根据该标志联想到的商标控制人必须是唯一的。对此，本院认为，判断某标志是否经过使用获得显著特征，并非抽象的过程，而是基于个案中具体诉争标志使用的相关事实，这就必然会与具体的使用人相关，正是基于使用人的使用行为才使其使用的标志获得了识别商品或服务来源的能力。在个案的审查判断中，使用人常常是具体、确定甚至是唯一的，在此情形下，诉争商标与使用的商品或服务所形成的稳定联系，以及商品或服务的确定性或者唯一的来源是统一在一起的。在现实生活中，虽然可能存在同时有多个主体在相同或类似商品或服务上使用相同或近似标志的情形，但是对于在诉争商标申请注册前，是否存在他人的使用，以及他人的使用是否会影响诉争商标与其所使用的商品或服务之间形成稳定联系的判断，也必须在依据案件事实的基础上进行，不能仅因标志与使用人之间不具有唯一对应性就否定标志与商品或服务之间已形成稳定联系。在相关公众能够以诉争商标识别商品或服务来源，且没有证据证明他人的使用破坏或者影响了诉争商标与其使用的商品或服务已形成的稳定联系的情况下，认定诉争商标经使用取得显著性并无不当。姚某仅凭"经济与法"栏目的报道，就主张在诉争商标申请注册时，餐饮服务上"小肥羊"的独立使用者不唯一，并认为诉争商标没有取得显著特征的观点，没有事实依据。

姚某关于如果多个经营者在同类商品或服务上同时使用相同商标不会对商标的显著性造成影响，那么他人对于注册商标的使用就不会误导消费者，更不会侵害注册商标专用权的假设及其论断，实质上混淆了商标的显著性与混淆可能性之间的不同认定标准及其在商标法上的不同作用，其相关申请再审理由没有法律依据，本院不予支持。

如前所述，商标显著性所包含的内容还包括标志与其使用的商品或服务之间的联系和程度，这并非指商品或服务明确的、具体的来源指向。随着商品经济的发展，商标标志的使用形式、使用方式、使用渠道、使用环节等越发多样化，这也使得商标识别商品或服务具体来源的单一功能发生变化，已从指示来源的唯一性发展为指示商品或服务的来源，即使该来源不为相关公众所知。

北京市第一中级人民法院、北京市高级人民法院判决、最高人民法院均裁定驳回姚某的诉讼请求，维持商标评审委员会第 4365 号裁定。

⊃ 案例解析

一、"第二含义"的由来

显著性是商标的核心要件，在商标注册申请中占据重要地位。根据商标显著性的强弱不同，可以将商标分为臆造性商标、任意性商标、暗示性商标、叙述性商标。[①] 其中因叙述性商标是直接将描述商品或服务的特点的词汇作为商标使用，缺乏注册商标应当具有的显著性，一般不予核准注册，如在剪刀上申请注册"锋利"商标。对此，我国《商标法》第 11 条中也有明确规定："下列标志不得作为商标注册：（一）仅有本商品的通用名称、图形、型号的；（二）仅直接表示商品的质量、主要原料、功能、用途、重量、数量及其他特点的；（三）其他缺乏显著特征的。前款所列标志经过使用取得显著特征，并便于识别的，可以作为商标注册。"对于第 1 款和第 2 款所规定的叙述性商标，经过长期使用后，可以获得不同于其本来含义的其他含义，即"第二含义"。

我国商标法对第二含义无明确规定。一般认为第二含义起源于英国，随着交通的便利和物流行业的发展，商品的流通范围变得更广，广告宣传等营销手段开始流行，一些商品的标识经过长期使用后，相关公众在商品和标识之间产生了稳定的联系，法院认为这些标识具有显著性，可以作为商标注册。[②] 第二含义便是指区别于词汇原有的叙述性含义的其他含义，即指代某种商品或者服务的来源。但是，实际上"第二含义"的表达并不准确，因为在讨论第二含义时一定是在商标领域，而在市场交易中，相关公众看到某个获得显著性的叙述性商标后，第一反应并不是它本来的含义，而是它所指向的商品或服务来源，"第二含义"实际已经成为"第一含义"，否则，相关公众就没有在商品与叙述性商标之间产生稳定联系，不能认为经使用获得了显著性。

二、第二含义的判断标准

（一）知名度说

使用本身不具有显著性的标志注册商标，第二含义极其重要。如何判断商标是否获得了第二含义？目前的大部分判决从商标是否具有知名度以及知名度的程度来说明商标是否具有第二含义。例如，2019 年北京市高级人民法院在其审理的"云南某股份有限公司等与国家工商行政管理总局商标评审委员会

---

① 参见王莲峰：《商标法学》（第 3 版），北京大学出版社 2019 年版，第 65 页。
② 参见熊文聪：《论商标法中的"第二含义"》，载《知识产权》2019 年第 4 期。

商标权无效宣告请求行政纠纷案"中认为：结合某股份有限公司在商标评审阶段、原审诉讼及二审诉讼中提交的经销合同、发票、出库单、《审计报告》、广告合同、所获荣誉等证据，可以证明诉争商标从其申请注册时直至核准注册后，在核桃乳及其相关商品，即花生核桃乳、红枣花生奶、杏仁核桃乳、核桃豆奶等商品上在全国范围内进行了大量、持续的使用，若干媒体对其进行了报道，相关消费群体对其广为知晓，从而获得了较高知名度。因此，诉争商标经过使用具有了识别性，能够起到区分商品来源的作用，可以作为商标予以注册。① 但知名度是一个模糊的概念，应当具有多高的知名度才可以判断为具有第二含义呢？北京市高级人民法院在判决书中从"大量、持续的使用""若干媒体对其进行了报道"两个角度对诉争商标具有知名度进行了论证，但还不够清晰。此外，某一商标具有知名度只代表该商标为大多数的相关公众所知悉，但并不等同于商标获得了显著性。知名度只能作为考察是否具有第二含义的一个考量因素，而不能将具有知名度等同于获得了第二含义。

（二）强于固有含义说

还有一些判决采用强于固有含义说。强于固有含义说是指商标经使用获得的第二含义对于相关公众来说已经强于商标原有的含义了。具体来说，相关公众在看到商标时，首先联想到的是商标所指代的商品或服务来源，而不是商标本来的含义。应当注意的是，强于固有含义说并不是指在任何场合均要求第二含义强于固有含义，而是限定在相关市场中，且主体只限于相关公众。例如，在"呷哺呷哺餐饮管理有限公司与石家庄呷哺餐饮有限公司等侵犯商标权纠纷、不正当竞争纠纷案"中，法院在论述"呷哺呷哺"是否经使用获得第二含义时认为，经过呷哺呷哺公司长期的大量宣传和使用，相关商标在火锅服务行业内已具有较高的知名度和显著性，使得"呷哺"二字在闽南语、日语的"涮涮锅""小火锅"含义之外，具有了标记商品和服务来源的第二含义。一般消费者在看到"呷哺"二字时，联想到的不是"涮涮锅""小火锅"，而是"呷哺呷哺"这一特定的火锅品牌。② 与知名度说相同，"强于固有含义"是获得第二含义的必要条件，但并不是充分条件，因为第二含义是在商标注册领域的用语，某一商标具有了第二含义即代表该商标具有了显著性，而显著性是指商品的识别功能。也就是说，相关公众可以在获得第二含义的商标与某一特定的商品或服务之间产生稳定的联系，但是"强于固有含义"并不等同于稳定联

---

① 参见北京市高级人民法院（2019）京行终 1049 号行政判决书。
② 参见北京市海淀区人民法院（2013）海民初字第 11362 号民事判决书。

系。同样，以"呷哺呷哺"为例，如果市场上有很多火锅店均叫"呷哺呷哺"，在提到"呷哺呷哺"这个商标时，相关公众可以联想到多家名叫"呷哺呷哺"的火锅店，而并非联想到它的本来含义，按照强于固有含义说，"呷哺呷哺"商标具有了第二含义，但是该商标并不具有识别功能，因此不具有显著性，不能作为商标注册。

（三）唯一稳定联系说

确定第二含义的判断标准，应当从商标的基本功能出发。商标是用于识别商品或者服务来源的标记，注册商标所必需的显著性更加强了商标的识别功能，即相关公众在看到某一商品或服务使用的商标时，可以联想到商品或服务的来源，即商标与商品或服务来源之间产生了唯一且稳定的联系。唯一稳定联系说不仅要求"稳定联系"，并且强调联系的"唯一性"，正如前文所述，这也是该学说与其他学说最大的不同。例如在"雀某三维瓶型案"[①]中，法院对于雀某公司申请注册的三维瓶商标是否具有显著性的论述："在案证据证明，至迟于1983年开始，中国的调味品生产厂商就已经开始使用一款棕色（或透明）方形瓶作为酱油产品的外包装，此类棕色方形瓶与本案争议商标标志在设计要素、整体外观、视觉效果、指定颜色等方面均较为接近，已构成近似的三维标志，这种使用主体众多、使用数量庞大且持续不断的实际使用行为，已使与争议商标标志近似的三维标志，成为中国酱油等调味品的常见容器和外包装。在此情形下，相关公众难以将争议商标标志或与其近似的三维标志作为区分商品来源的标志加以识别，即使雀某公司在争议商标注册前后对争议商标进行了实际使用，也难以通过该使用行为使争议商标获得商标注册所需具备的显著特征。"在该判决中，法院强调了获得显著性的商标不仅需要与商品来源产生稳定联系，且该联系必须唯一，满足这两个条件后才可以作为商标准许注册。否则一旦将不满足"唯一联系"的商标予以注册加以保护，将会使其他也已经建立稳定联系的商标使用者在市场竞争中处于不利地位，造成市场竞争的不公平。

三、本案分析

本案中，原告认为，某甲公司既非最早在餐饮服务上使用"小肥羊"的商家，在诉争商标的申请日、初审决定作出之日以及整个异议程序中，也非"小肥羊"的唯一控制人，而显著性要求标志具有指向唯一性，因此，某甲公

---

① 参见北京市第一中级人民法院（2012）一中知行初字第269号行政判决书。

司并没有获得显著性。对此，笔者认为，原告错误理解了显著性的指向唯一性。如前所述，获得显著性要求商标与商品或服务来源之间建立稳定的联系，那么显著性的指向唯一性，应当指的是该"稳定联系"的唯一性，而并不是指仅有一个经营者使用该商标。具体到本案中，相关公众在看到"小肥羊"商标时，应当联想到某一特定的经营者，即某甲公司，此时，某甲公司可以就"小肥羊"商标在餐饮服务上获得显著性。原告提出"某甲公司并非'小肥羊'商标的唯一控制人"的抗辩理由后，应当举证证明其他"小肥羊"商标的控制人与该商标之间也产生了稳定的联系，即证明该商标与某甲公司之间的联系不再"唯一"，但原告并未证明。

此外，"唯一稳定联系"的判断主体，即相关公众，只要满足大多数的相关公众即可，因生活习惯、地域等的差别，不能要求所有的相关公众均可以通过某一商标识别商品或服务的来源。关于"大多数"的判定标准，有学者提出50%以上的相关公众认为如此就可以，[1] 笔者对此观点表示赞同。如果50%的消费者都可以识别出某一商标，虽然不能绝对代表该经营者的市场占有率在50%以上，至少可以初步说明该商品的知名度较高。当然，正如前文所讨论的，这只是证明具有第二含义的必要条件，而加上其他条件才可以充分地证明某一商标获得了第二含义。

四、结论

叙述性商标第二含义，是指本不具有指示商品或服务来源功能的标识，通过使用获得了区别于其原本含义的其他含义，即能够指代某种商品或者服务来源。叙述性标识通过使用获得第二含义，具备指示商品或服务来源的功能，即商标的显著性。这种显著性并不需要满足标识与商品或服务的经营者之间具有唯一对应性，但应当满足的是，在相关公众看来获得第二含义的标识与商品或服务来源之间应当已建立稳定的联系。

---

[1] 参见熊文聪：《论商标法中的"第二含义"》，载《知识产权》2019年第4期。

三维标志功能性的判定

——某甲制造公司等与国家工商行政管理总局商标评审委员会商标异议复审行政纠纷案

/ 郭雅菲

⊃ 本案要旨

　　商标法功能性条款的设置，是为了通过禁止将能够促进技术进步的形状注册为商标而获得垄断权，维护公有领域，防止商标权阻碍技术的发展和公众对技术的利用。判断一个三维标志是否具有功能性，是事实判断，而非法律判断，需要由当事人提供证据加以证明。如果三维标志的形状对于产品的使用或者目的而言必不可少，或者影响了产品的成本或者质量，则该形状就是具有功能性的，进而当专属于某一商标申请人的形状特征会使其他同行业竞争者处于与该商标申请人商誉无关的不利状态时，其所申请商标的形状就是功能性的形状。即使该形状经过使用获得显著特征，也不允许其作为商标注册，对抗促进技术发展的公共政策需求。

⊃ 案件信息

　　上诉人（一审原告）：某甲制造公司

　　被上诉人（一审被告）：国家工商行政管理总局商标评审委员会

　　一审第三人：温州市某乙眼镜有限公司、温州某丙行业协会

　　案号：北京市第一中级人民法院（2014）一中知行初字第4547号、北京市高级人民法院（2015）高行（知）终字第4355号

⊃ 原被告主张及理由

　　2013年11月11日，国家工商行政管理总局商标评审委员会（以下简称商标评审委员会）作出商评字［2013］第101994号《关于第30××16号

"图形（三维标志）"商标异议复审裁定书》（以下简称第101994号裁定）。该裁定认为：被异议商标已构成2001年《商标法》第12条所指情形。"由商品自身的性质产生的形状"是指为实现商品固有的功能和用途所必需采用的或者通常采用的形状。

某甲制造公司不服第101994号裁定，向北京市第一中级人民法院提起诉讼。

⊃ 一审法院查明的事实

被异议商标系第30×××16号三维标志立体商标，由某甲制造公司于2001年12月5日向国家工商行政管理总局商标局申请注册，指定使用商品为第34类的吸烟用打火机。

本案被异议商标为三维标志，表现为打火机的外观，整体视觉效果与长方体接近，分上下两部分，下半部分比上半部分高，上下两部分由外置铰链连接，前侧、后侧与底面呈平面，其边角略圆，顶部微拱。

被异议商标初审公告后，温州市某乙眼镜有限公司（以下简称某乙公司）、温州某丙行业协会（以下简称某丙协会）在法定期限内针对被异议商标分别向商标局提出了异议申请。第19479号裁定认为被异议商标用在指定使用的"吸烟用打火机"商品上仅表示商品自身性质产生的形状，属于2001年10月27日修正的《商标法》第12条规定的不得注册的情形。依据2001年《商标法》第12条、第33条的规定，商标局裁定：被异议商标不予核准注册。

⊃ 一审法院判决理由与裁判结果

一审法院认为：（1）关于法律适用问题，本案第101994号裁定的作出时间处于2001年《商标法》施行期间，依据《立法法》的相关规定，本案应适用2001年《商标法》进行审理。（2）关于第101994号裁定是否存在程序违法的问题，缺乏事实及法律依据，对此不予支持。（3）关于被异议商标是否违反2001年《商标法》第11条第1款及第12条规定的问题，人民法院在审查立体商标是否应当初步审定并核准注册时，首先应当审查相关诉争商标是否属于2001年《商标法》第12条的规定。

第一，关于2001年《商标法》第12条的理解问题。2001年《商标法》第12条的立法目的在于避免特定主体对特定形状的独占而导致与自由竞争原则及促进科学技术进步和经济社会发展相悖的情形发生，因此，但凡认定一项三维标志属于 2001 年《商标法》第 12 条规定的情形，该三维标志将不能因为具备显著特征或通过使用使其获得可注册性；同时，一件商标不属于 2001 年《商标法》第 12 条规定的情形，并不必然可以获得注册，其仍应当满足商标法关于商标具有显著特征的规定。本案被异议商标为三维标志，表现为打火机的外观，整体视觉效果与长方体接近，分上下两部分，下半部分较上半部分高，上下两部分由外置铰链连接，前侧、后侧与底面呈平面，其边角略圆，顶部微拱。首先，根据查明的事实可知，市场上打火机的形状千差万别，上述形状并非打火机商品所必需采用的形状，显然不属于"由商品自身的性质产生的形状"。其次，目前亦无证据表明消费者会仅因打火机商品采用了上述形状，而足以影响消费者的选购意向，从而使某甲制造公司获得了不当的竞争优势，故被异议商标亦不属于"使商品具有实质性价值的形状"。但是，方盒形外观设计便于手握与携带，上盖的存在有利于保障安全，下盖较高利于燃料及内部零部件的装配，上下盖之间通过铰链连接是为了实现单手操作、从而使用更为方便的效果，铰链的外置便于内部部件的装备及使用时的稳定性，边角略圆、顶部微拱的设计能加强手指按压打火机时的舒适度、避免剐蹭，即被异议商标所示三维标志形状属于"为获得技术效果而需有的商品形状"。综上，虽商标评审委员会对 2001 年《商标法》第 12 条规定的具体理解存在不当，但其认定被异议商标属于该条规定情形的结论是正确的。

第二，关于被异议商标是否属于 2001 年《商标法》第 11 条第 1 款第 1 项的问题。首先，虽然第 1229 号判决已经认定被异议商标具有固有显著特征，但考虑到已经认定被异议商标属于 2001 年《商标法》第 12 条规定情形，被异议商标显然不应当获得注册；其次，根据查明的事实可知，某乙公司提交的证据亦可以证明截至 2011 年市场上共有 100 余家企业生产与被异议商标标志相同或相近似的打火机商品，其已经成为"打火机"商品的常用形状，其显然属于 2001 年《商标法》第 11 条第 1 款第 1 项规定的情形，而导致被异议商标亦不应获准注册。

综上，虽某甲制造公司的部分诉讼理由具备事实及法律依据，且商标评审委员会适用法律确有部分不当，但考虑到第 101994 号裁定的结论正确，据此，北京市第一中级人民法院判决驳回某甲制造公司的诉讼请求。

⇒ 上诉主张及理由

某甲制造公司主要上诉理由如下：（1）被异议商标不属于为获得技术效

果而需有的形状。"为获得技术效果而需有的形状"，是指为使商品具备特定的功能，或者使商品固有的功能更容易地实现所必需采用的形状。商标法作此规定的目的在于，防止本应由专利法进行保护的技术方案获得商标的保护进而阻碍技术的推广和应用。（2）被异议商标作为打火机外形，整体设计独特，不在本行业常规选择范围内，不属于打火机的通用形状，并且被异议商标经过某甲制造公司的长期宣传和强化使用，消费者对其与某甲制造公司之间的联系已经形成了广泛的认知，因此被异议商标具有指示商品来源的显著特征。

⊃ 二审法院查明的事实

二审中，某甲制造公司新提交了（2016）京海诚内民证字第 2032 号公证书、上海科学技术出版社 2007 年出版的《打火机鉴赏宝典》一书部分页面等新证据。

⊃ 二审法院判决理由与裁判结果

二审法院认为：2001 年《商标法》第 12 条规定，以三维标志申请注册商标的，仅由商品自身的性质产生的形状、为获得技术效果而需有的商品形状或者使商品具有实质性价值的形状，不得注册。该条是关于三维标志申请注册立体商标不应当具有功能性的规定，根据该条规定，具有功能性的三维标志不得注册为立体商标，即使经过使用，能够使相关公众将该标志与其使用人联系起来具有所谓的"显著特征"，也不得作为商标注册。这是因为，功能性条款是为了维护商标法上的公有领域，禁止将那些能够促进技术进步的形状通过注册商标的形式获得永久的"垄断权"，阻碍技术的发展和公众对技术的利用；具有功能性的形状可以通过获得实用新型专利权的保护来获取鼓励技术创新的"对价"，但是在专利权到期之后就必须允许公众自由地使用，如果再允许将该功能性形状注册为商标，则将阻碍公众自由利用该技术，因此将功能性形状注册为商标为其所垄断的需求不得对抗促进技术发展的公共政策需求，即使该形状经过使用获得显著特征也不允许其作为商标注册。判断一个三维标志是否具有功能性，是事实判断，而非法律判断，需要由当事人提供证据加以证明。在举证责任方面，对于尚未获准注册的三维标志立体商标而言，异议人提供初步证据显示该三维标志有功能性的，应当由商标申请人提供充分证据证明其申请注册的三维标志不具有功能性。如果三维标志的形状对于产品的使用或者目的而言必不可少，或者影响到了产品的成本或者质量，则该形状就是具有功能性的，进而当专属于某一商标申请人的形状特征会使其他同行业竞争者处于与该商标申请人商誉无关的不利状态时，其所申请商标的形状就是功能性的形状。有替代设计的证据通常能够证明申请注册商标的形状不具有功能性，但替代设计应当是与申请注册商标的形状具有基本近似的外观，以本案为例就是，都应当具有方形外观，并分成上下两部分包含的部件和使用方式与被异议商标基本相同。

被异议商标为一个打火机的外观形状，类似长方形，前后两面及底面为平面，边角略圆，顶部微拱，整体分为上下两部分，两部分在侧面有突出的铰链连接。方形打火机是便携式打火机通常会选择的一种形状，上下两部分中通常下部用来承装燃油，上部包括点火装置。由此可以认定，为了保证上部点火装置的安全附加上盖是通常的设计，而上盖与下部通过外铰链连接不仅是通常的连接方式而且外铰链的形式也保证了下部部件在使用上的方便、稳定性以及上下开合的方便性；方形打火机四周的圆角设计不仅可以防止刮擦也在握持时令人感觉舒适；顶部微拱形的设计一方面对应内部点火装置的突起，另一方面也比较美观。因此从整体上看，被异议商标所示形状的各个关键特征均属于为获得技术效果所必需具有的形状，具有功能性。某甲制造公司虽然提交了大量现有的打火机外形用以证明打火机形状有多种替代性设计，但是某甲制造公司提交的所谓替代设计形状，有的仅有非常模糊的图片无法确定其外形特征，也无法确定其是否已经进入中国市场；其他的打火机外观则并非与被异议商标形状具有基本近似的分成上下两部分且包含基本相同部件和使用方式的方形外观，因此总体上均不足以证明目前在中国市场上已经存在与被异议商标形状相媲美的替代设计。当同行业的其他竞争者需要选择一款便携、方便握持、不易刮擦的打火机时也就不可避免地会使用被异议商标的关键特征，此时如果允许被异议商标获准注册，将导致同行业其他竞争者的重大不利益，而某甲制造公司的这一竞争优势并非源于其商誉，而是因为被异议商标的这种功能性设计。因此，商标评审委员会和原审法院认定被异议商标的形状为功能性形状，不应获准注册是正确的。某甲制造公司关于其被异议商标并不具有功能性的上诉理由缺乏依据，法院对此不予支持。

在已经认定被异议商标具有功能性不应获准注册的情况下，被异议商标是否经过使用获得显著特征对其能否获准注册并不具有实质影响，因此法院对某甲制造公司关于被异议商标经过使用获得显著特征等上诉理由及相应证据不再予以评述。

二审法院判决：驳回上诉，维持原判。

→ **案例解析**

商标法上三维的立体商标的注册数量虽然没有平面的商标数量多，但是从平面到立体的发展表明，立体商标在未来有非常大的发展空间。尤其是在5G、大数据、云计算、虚拟现实技术等方面的推动下，立体商标的应用方式和途径将日趋多元化，在商业品牌市场的重要性将稳步提升，因此应加强立体商标的申请、注册、运用、保护等相关方面的研究。本案的争议焦点在于被异议商标是否违反2001年《商标法》第11条第1款及第12条规定，即有关立体商标功能性限制的规定，这是需要个案判定的重点和难点，接下来分别对之进行分析。

一、立体商标的理论依据

立体商标的功能与普通商标一样，是标示商品或服务的来源，使消费者在众多经营者中便于区分商品或服务究竟是由谁提供，而这里并不需要消费者明确具体的生产、销售厂家的名称，而是给消费者心中留下一个印象，在消费者接收商品或者服务信息的时候能够区分不同的商品或者服务的提供者即可。就像在琳琅满目的市场中飘扬的各式各样的气球，立体商标指引着消费者根据消费经验、商誉、广告宣传等各种信息找到合适的商品或服务，并将其对商品或服务的体验凝结到该立体商标上，这样的过程与一般平面商标无异。这样立体商标就可以在日复一日地长期使用的过程中或者集中的宣传攻势下逐渐产生或者因特殊事件引爆出强大的品牌价值，进而成为商标权人不可或缺的重要资产。然而，立体商标的功能和价值并不是凭空出现的，立体商标需要满足显著性这一前提条件，显著性同样也是一般平面商标能够获得注册的基础。我国2019年《商标法》第9条规定，"申请注册的商标，应当有显著特征，便于识别……"显著性是商标获得注册的必要条件。具备显著性并不意味着已经能够通过商标识别商品或服务来源，而是具备一种使消费者容易识别商品或服务来源的能力。但这种在商品或服务上区分不同经营者的能力是难以量化的，是否具备显著性也不存在明显的分界线或者临界点。立体商标由于其立体三维的特殊性，在显著性的表现形式方面与一般平面商标存在一定的差异。因此，立体商标显著性的认定需要首先在个案中被提出并解决，具体而言，需要根据个案情况，综合多种因素进行判断。

显著性常被划分为两个方面：一个是"识别性"，指商标与商品或服务的关系，要求消费者不会将商标与商品或服务本身混淆，即不能属于商品或服务通用名称或者描述性、功能性标志；另一个是"区别性"，指拟申请商标与其他商标之间的关系，要求消费者不会因为相同、近似商标在相同、类似商品或服务上使用而产生混淆，也不会因为相同、近似商标在不同类别商品或服务上的使用而淡化了在先商标的影响。对于立体商标而言，其识别性和区别性的体现存在一些有趣的特点。我国 2019 年《商标法》第 12 条规定："以三维标志申请注册商标的，仅由商品自身的性质产生的形状、为获得技术效果而需有的商品形状或者使商品具有实质性价值的形状，不得注册。"这里一共对于三维标志申请注册商标提出了三方面的限制条件，下文将一一进行分析，并且对于这些限制条件和显著性的关联进行解析。

（一）仅由商品自身的性质产生的形状

由于三维标志比平面标志多了一个维度，因此立体商标给消费者带来的空间感是非常强的，是消费者可以感知到的。因此有商家可能会这样思考：如果直接将商品本身作为商标申请注册，作为一个商品样品发挥宣传功效，消费者就会对商品有更加直观的感知和记忆，而不用再将臆造的商标名称或者商标形象与对应的商品或者服务进行关联性的大力宣传，这样一来可能还会省去不少宣传费用，因为商标本身就可以成为商品的代言人。因此可能存在这样仅有商品自身的性质而产生的三维形状，而这样的形状可能是商品平时采用的包装的形状、商品存在状态的样子、商品与其他商品区别的形态特点等。如果被有关部门判定为"仅由商品自身的性质产生的形状"，即《商标审查及审理标准》中"是为实现商品固有的目的和用途所必须采用的或通常采用的立体形状"，美梦可能就会破碎。的确，这样的宣传策略固然可"一箭双雕"，但美好想法的背后还会蕴含一些生产经营者还没有想到的问题。比如，对于市场上的商品而言，并不是只有一家生产经营者，对于同类商品而言，其肯定具有形状方面共性的特点，如果能够赋予一家生产经营者权利，将这样共性的商品三维特点注册为商标的话，相当于赋予了这一生产经营者过量的权利去垄断这类商品的市场，别的同类商品就不能在其立体商标的形状下经营商品了。这显然是私人领域侵害了公共领域，将"通用"据为己有的不正当行为。

（二）为获得技术效果而需有的商品形状

在上面第一种情况的分析中，我们指出同类商品及其共性的问题，而在第二种情况中，技术效果的出现，使得这里的商品与第一种不太一样。技术效果在这里指的是三维标志存在的功能，《商标审查及审理标准》中解释为"为使商品具备特定的功能，或者使商品固有的功能更容易地实现所必需使用的立体形状"。对于第一种情况，我们假设立体商标申请人申请注册的立体商标指定使用的商品是独一无二的，整个市场上目前只有这个商标申请人一家生产经营者提供这种商品，并且这种商品的形状实际上是这个商标申请人创造发明的。我们应当用整体性思维看待知识产权法，而不能孤立地指望一种知识产权完成所有知识产权保护的使命。既然根据我国的知识产权法保护体系，这个商标申请人可以通过保护力度更强的、专业性更严谨的专利法对他的创新创造进行保护，为什么还要在商标法中多余地通过注册为立体商标的方式保护创新创造呢？商标局的工作内容显然不是去探究这个立体商标究竟是不是具有新颖性、创造性和实用性。而且，与专利法规定的 20 年、10 年、15 年的保护期限制不同，商标法中的续展制度可以对商誉进行持续性保护。这剥夺了过期专利进入公共领域的途径，存在将私人权利泛化的危险，显然不利于技术的进步。因此，商标法是需要对于技术的功能性保护进行规避的。

（三）使商品具有实质性价值的形状

第三种情况较为特殊，其既不是商品通用特点，也不是功能性的技术效果，而是一种语义较为模糊的表述"实质价值"，《商标审查及审理标准》中解释为"该立体形状是为使商品的外观和造型影响商品价值所使用的立体形状"。商品的价值可以分为主观价值和客观价值。主观价值主要根据消费者不同的感知而区别，例如，对于奢侈品有需求的消费者认为限量款奢侈品包物超所值，而对奢侈品并无需求的工薪阶层则会觉得奢侈品的品牌溢价太大，其非凡设计也不值那么多钱。由于主观价值不可估量，在立体商标注册的判定中，商标法上的实质性价值指的是客观价值。客观价值可以借用马克思在《资本论》中的观点加以界定，即生产某种商品所耗费的社会必要劳动时间。比如，一个有着精致绣花的手工缝制的钱包，与一个最简单普通的机器制造的无任何装饰的钱包，其投入的社会必要劳动时间是不同的，因此，前者的客观价值较大。如果将这个包含精致绣花的钱包形状注册为立体商标，实际上就是行不通的，因为这个立体商标中包含钱包绣花的部分以及钱包造型设计的部分，这部分内容就使得这个三维标志中具有实质性价值。但这样规定的理由是什么呢？与第二种情况一样，商标法的立法目的不包含对于商品实质性价值的保护。这样的保护显然可以通过专利法上的外观设计进行保护，或者通过著作权法进行保护。这样的三维标志并非实现商标法识别来源的功能，而是注入了商品营销与设计的内容。与前面不保护通用的商品特性、不保护功能性的商品技术一样，以商品外观和造型创造为主要内容的实质性价值，也不能被商标法赋予垄断的私人权利，否则就是对公共领域的侵犯。

因此，通过上面的分析明确了 2019 年《商标法》第 12 条如此规定的内涵和其背后的原因，其核心就是商标法的立法目的是在私人权利与公共领域之间达到一个相对平衡的状态。这也解释了我国 2019 年《商标法》第 59 条第 2 款的理由，该条明确规定："三维标志注册商标中含有的商品自身的性质产生的形状、为获得技术效果而需有的商品形状或者使商品具有实质性价值的形状，注册商标专用权人无权禁止他人正当使用。"因为正当使用的本质就是对于公共领域的资源自由地使用。此外，还有一个问题没有解决，就是商标显著性和上述规定之间的关系。这两者是存在交叉关系的。也就是说，一个三维标志可能无法得到注册的原因，是其既违反了 2019 年《商标法》第 11 条对于商标显著性的规定，又违反了 2019 年《商标法》第 12 条关于三维标志注册的特殊规定，而这两个法律条文的理解和适用也是本案的争议焦点。以下具体对这一问题展开解读。

二、案例整合与分析

在某甲制造公司等与商标评审委员会商标异议复审行政纠纷案中，被异议商标为打火机的外观的三维标志，整体视觉效果与长方体接近，分上下两部分，下半部分较上半部分高，上下两部分由外置铰链连接，前侧、后侧与底面呈平面，其边角略圆，顶部微拱。一审法院认定"为获得技术效果而需有的形状"，并已经成为"打火机"商品的常用形状。某甲制造公司上诉主张该三维标志不属于"为获得技术效果而需有的形状"，市场存在大量替代设计，不具有竞争优势，并且整体设计独特，不属于打火机的通用形状，经过某甲制造公司的长期宣传和强化使用，具有显著性。二审法院指明，首先，功能性条款旨在维护商标法上的公有领域，将功能性形状注册为商标意味着对其所垄断的需求可能与促进技术发展的公共政策相冲突。因此，即使该形状经过使用获得显著特征，也不允许其注册为商标。其次，二审法院认为判断三维标志是否具有功能性，是事实判断，而非法律判断，需要由当事人提供证据加以证明。对于涉案商标而言，二审法院明确其设计具有使得该打火机具有上下开合、使用方便稳定、防止刮擦、握持舒适、外形美观等功能特点，属于"为获得技术效果而需有的形状"。某甲制造公司提交的替代设计相关证据，有的仅是模糊的图片，无法确定其外形特征，也无法确定其是否已经进入中国大陆市场；其他打火机外观则与被异议商标形状并不近似，没有分成上下两部分、包含基本相同部件和使用方式的方形外观。因此，二审法院认定某甲制造公司提供的证据均不足以证明目前在中国大陆市场上已经存在与被异议商标形状相媲美的替代设计。再加上对于功能性条款的违反判断，获得显著特征的相关证据并不在考量范围之内，某甲制造公司无法将该三维标志注册为商标。

通过这个案例，能够明确功能性条款设置的目的，即通过禁止将能够促进技术进步的形状注册商标获得垄断权的方式，维护公有领域，防止商标权阻碍技术的发展和公众对技术的利用。具有司法实践指导意义的经验是，对于三维标志功能性的判定，一定要基于事实和证据，当事人在提供证据加以证明时，要注意其所提供的照片需要清晰，并能准确反映法律事实。存在替代设计是功能性条款最重要的抗辩意见，但需要明确相关证据能够证明该设计本身与被异议商标具有外观的相似性，并且注意到商标的地域性，即能够证明该设计存在于中国大陆市场。如果三维标志的形状对于产品的使用或者目的而言必不可少，或者影响到了产品的成本或者质量，则该形状就是具有功能性的，进而当专属于某一商标申请人的形状特征会使其他同行业竞争者处于与该商标申请人商誉无关的不利状态时，其所申请商标的形状就是功能性的形状。需要格外注意的是，即使该形状经过使用获得显著特征，也不允许其作为商标注册、对抗促进技术发展的公共政策需求。因此在收集证据时，关于宣传使用该标志的情况就无须被纳入了，否则只会是多此一举。

三、结论

三维标志无法注册为立体商标的三种情况归纳如下：第一种情况是过于简单的通用商品特点不应通过立体商标的形式进行垄断；第二种情况是独特的创新商品其个性保护的任务不应由商标法来完成，否则会与商标法立法意图相矛盾并产生知识产权法律体系的冲突；第三种情况是以商品外观和造型创造为主要内容的实质性价值，也不能够被商标法赋予垄断的私人权利。由于与商标显著性之间可能存在的交叉关系，三维标志注册为立体商标时需要同时保持显著性，即在商标之间的区别性，维护私人领域的同时保证了公共领域的秩序。个案中，涉及功能性条款的案件要注意证据的收集和解读，主张替代设计需要举出证据证明该设计本身与被异议商标具有外观的相似性并符合商标的地域性要求。

三维标志功能性及显著特征认定研究

——南京某产品有限公司诉国家知识产权局商标无效宣告请求行政纠纷案

/ 王翀

⊃ 本案要旨

基于我国《商标法》规定，立体商标获准注册需要同时满足显著性和非功能性的要求。本案中诉争商标为六边形瓶，核定使用在甜食（糖果）、蜂蜜、蜂王浆、以谷物为主的零食小吃上，瓶盖图案为蜂巢图形，诉争商标是核定使用商品的常用包装图形，相关公众容易将其视为产品包装，以致诉争商标难以发挥区分商品或服务来源的作用，缺乏显著性，且若该标识核准注册为商标，不符合非功能性要求，也会妨碍其他经营者的正当使用。

⊃ 案件信息

上诉人（一审原告）：南京某产品有限公司

被上诉人（一审被告）：国家知识产权局

一审第三人：黄某

案号：北京知识产权法院（2019）京73行初1256号、北京市高级人民法院（2020）京行终7040号

⊃ 原被告主张及理由

原告诉称：请求人民法院依法撤销被诉裁定，判令被告重新作出裁定。主要理由如下：（1）诉争商标是原告独创的、具有极强显著性的商标。（2）诉争商标为中文、图形及三维标志的组合商标，整体具有很强的显著性，具有区分商品来源的功能，可以作为商标注册。（3）诉争商标的三维标志部分并非行业通用包装形状，其具有商标应当具备的显著性特征，不属于《商标法》第

11 条所指情形。（4）诉争商标经过大量地使用和宣传，其固有显著性不断增强，具有区分商品来源的功能，消费者施以一般的注意力，会将该诉争商标与原告进行关联。（5）诉争商标的三维标志部分符合立体商标"非功能性"之要求，可以作为商标注册，其不属于《商标法》第 12 条所指情形。（6）第三人引证的案例、提交的外观设计专利证明、其他品牌的蜂蜜产品包装图与本案无关，不具有证明力。

被告辩称：被诉裁定认定事实清楚，适用法律正确，作出程序合法，请求人民法院依法驳回原告的诉讼请求。诉争商标为商品的通用包装图形，结合指定的甜食（糖果）、蜂蜜等商品考虑，在相关公众施以一般注意力的情形下，易将其作为产品包装而非商标加以识别，诉争商标难以起到区分商品来源的作用，缺乏商标应有的显著性，原告提交的证据不足以证明诉争商标经过使用产生了显著性。

第三人述称：被诉裁定认定事实清楚，适用法律正确，程序合法，请求人民法院驳回原告的诉讼请求。

➲ 一审法院查明的事实

一、诉争商标

注册人：原告；注册号：18×××24；申请日期：2015 年 10 月 30 日；专用权期限至：2027 年 2 月 13 日；标识：图略；核定使用商品（第 30 类）：甜食（糖果）、蜂蜜、蜂王浆、以谷物为主的零食小吃等。

二、其他事实

行政阶段，原告提交的证据为诉争商标实际使用证明、销售证明、部分宣传材料复印件。第三人提交了以下主要证据：（1）关于立体商标显著特征审查标准；（2）在先三维标识被驳回的案例；（3）行业协会关于诉争商标的无效请求；（4）诉争商标申请日之前相关立体六边形外观专利的申请材料；（5）食品行业普遍使用的诉争商标三维标识的包装瓶照片材料。

诉讼阶段，原告提交了诉争商标的委托设计合同、多次设计提案、设计图纸；使用诉争商标的蜂蜜产品首次上架的销售证明、2013~2017 年销售情况证明；宁华审字［2018］第 1136 号审计报告；使用诉争商标的蜂蜜产品 2014~2017 年线下部分流通超市销售情况证明、2015~2017 年线上销售证明；原告获得的部分荣誉证明。第三人提交了其针对诉争商标在京东网、天猫网及原告官方网站中的搜索结果，并未发现诉争商标的使用痕迹；百花牌蜂蜜、世吃汇牌木桶蜂蜜等在京东网的搜索结果，显示六边形是蜂蜜的通常包装瓶；北京市高级人民法院（2012）高行终字第 1750 号行政判决书、最高人民法院（2014）知行字第 21 号行政裁定书，拟说明三维标志设计上的独特性不当然等同于商标的显著性，而应当以其能否区分商品来源作为固有显著性的判断标准。

另查，根据中央机构改革部署，原国家工商行政管理总局商标局、商标评审委员会的相关职责由国家知识产权局统一行使。

⊃ 一审法院判决理由与裁判结果

《商标法》第 11 条第 1 款第 3 项规定，缺乏显著特征的标志不得作为商标注册。

《商标法》第 12 条规定，以三维标志申请注册商标的，仅由商品自身的性质产生的形状、为获得技术效果而需有的商品形状或者使商品具有实质性价值的形状，不得注册。

本案中，诉争商标为六边形瓶，瓶盖图案为蜂巢图形，结合指定的甜食（糖）、蜂蜜等商品考虑，诉争商标系蜂蜜等商品的常用包装图形，在相关公众施以一般注意力的情形下，易将其作为产品包装而非商标加以识别，诉争商标难以起到区分商品来源的作用，缺乏商标应有的显著性，已构成《商标法》第 11 条第 1 款第 3 项、第 12 条所指情形。原告提交的证据不足以证明诉争商标经使用产生了显著性。

北京知识产权法院判决：驳回原告南京某产品有限公司的诉讼请求。

⊃ 上诉主张及理由

南京某产品有限公司不服原审判决，向北京市高级人民法院提起上诉，请求撤销原审判决和被诉裁定，并判令国家知识产权局重新作出裁定。其主要上诉理由如下：（1）诉争商标系该公司独创，其为中文、图形及三维标志的组合商标，整体具有显著性，能够起到区分商品来源的作用，可以作为商标注册。诉争商标的三维标志部分并非行业通用包装形状，不属于 2013 年《商标法》第 11 条所指情形。（2）诉争商标经过大量地使用和宣传，其固有显著性不断增强，消费者施以一般注意力，能够将诉争商标与九某堂公司相关联。（3）诉争商标的三维标志部分符合立体商标"非功能性"的要求，不属于 2013 年《商标法》第 12 条所指情形。（4）桂林周氏某食品有限公司申请注册的第 34×××52 号立体商标在蜂王浆、蜂蜜等商品上已获准注册，该商标与诉争商标的立体部分完全相同，表明本案诉争商标亦具有显著性和非功能性，亦应维持注册。

⊃ 二审法院查明的事实

原审法院查明的事实属实，证据采信得当，且有诉争商标档案、被诉裁定、各方当事人提交的证据材料及其陈述等在案佐证，本院予以确认。

⊃ 二审法院判决理由与裁判结果

根据 2013 年《商标法》第 11 条第 1 款第 3 项的规定，缺乏显著特征的标志不得作为商标注册。根据 2013 年《商标法》第 12 条的规定，以三维标志申请注册商标的，仅由商品自身的性质产生的形状、为获得技术效果而需有的商品形状或者使商品具有实质性价值的形状，不得注册。

本案中，诉争商标为六边形瓶，瓶盖图案为蜂巢图形。结合黄某提交的食品行业普遍使用的诉争商标三维标志的包装瓶照片、百花牌蜂蜜、世吃汇牌木桶蜂蜜等在京东网的搜索结果等证据材料，可以证明诉争商标系其核定使用的蜂蜜、蜂王浆等商品的常用包装形状，相关公众易将其识别为产品包装而非商标，从而难以起到区分商品来源的作用。因此，原审判决和被诉裁定认定诉争商标的注册违反了 2013 年《商标法》第 11 条第 1 款第 3 项和第 12 条之规定并无不当。另外，对商标标志含义的理解应当基于相关公众的一般认知水平和认读习惯，故南京某产品有限公司认为诉争商标具有显著性的上诉主张缺乏事实和法律依据。在案证据亦不足以证明诉争商标经使用获得了商标应具有的显著特征，该公司认为诉争商标的注册未违反上述规定的上诉理由不能成立，本院对此不予支持。

此外，桂林周氏某食品有限公司的第 34×××52 号立体商标等其他商标的获准注册情况均非本案诉争商标应予维持注册的当然理由。因此，对上诉人的相关上诉意见，本院不予采纳。

北京市高级人民法院判决：驳回上诉，维持原判。

⊃ 案例解析

对于三维商标注册的显著性以及功能性的认定问题存在较多的争论。"雀某方形瓶案"与本案的情况基本相同，2008 年 10 月，雀某公司向味某达公司等国内几十家调味品企业发出警告函，要求相关企业停止使用其注册的"方形瓶"立体商标。味某达公司向商评委提出商标异议，商评委认为争议商标经过雀某公司的长期宣传和使用，已经为一般消费者所知晓，具备商标应有的显著性特征，商标注册应予维持，即认为涉案商标通过使用获得显著性。北京市第一中级人民法院及北京市高级人民法院则认为对于三维标志而言，相关公众通常将其视为商品的包装或形状，而不将其视为识别商品或服务来源的标志。因此，方形瓶的立体标志整体上不具有固有显著性。在同行业经营者普遍将争议商标作为产品包装使用的情况下，鉴于争议商标并不具有更高的知名度，故其亦不具有获得显著性。由此可见，争议焦点在于立体商标的显著性应如何判断，是具有固有显著性还是必须证明标志经使用获得第二含义才能获得注册和保护。① 此外，在判断三维标志具有显著性后，还需要通过非功能性的检验。本文围绕这两个问题展开论述，以期明确三维标志法律保护的争论，为显著性和功能性的判断提供明确的标准。

一、立体商标的概念

针对立体商标的概念存在广义和狭义两种理解。

（一）广义的立体商标

三维标志包括两种类型：仅由三维标志构成的立体商标和三维标志与含有除三维标志外其他构成要素的立体商标。2016 年《商标审查及审理标准》规定，立体商标是指仅由三维标志或者含有其他要素的三维标志构成的商标。立体商标可以是商品本身的形状、商品的包装物或者其他三维标志。在前述基础上，在对三维标志与其他要素组合而成的商标进行显著特征判断时，应当采取"两步审查法"：首先，审查三维标志的显著特征；其次，在三维标志的基础上，结合其他构成要素对商标整体进行显著特征判断。②

（二）狭义的立体商标

三维标志是指只由三维标志构成的商标，三维标志与其他要素的组合构成组合商标，并非立体商标。全国人民代表大会常务委员会法制工作委员会在2013 年修正的《商标法》释义中给出的立体商标定义即采纳此种观点："三维标志，即能够通过商品本身的形状、商品的包装物或者其他三维形状识别商品

---

① 参见凌宗亮：《立体商标的显著性判断——从美国司法判例的理论轨迹考察》，载《苏州大学学报（法学版）》2014 年第 2 期。

② 参见周波：《三维标志与其他要素组合时商标显著特征的判断》，载《中华商标》2014 年第 3 期。

和服务来源的标志，比如可口可乐的玻璃瓶外形。三维标志构成的商标称为立体商标。"①

应当指出的是，无论如何界定立体商标的定义，在对由三维标志与其他要素组合而成的商标的显著特征进行判断时，广义与狭义的定义方法实际上是没有实质区分的。问题的关键在于如何认定三维标志的显著特征，并判断其是否具有非功能性，进而判断商标的可注册性问题。

二、立体商标显著性的认定

《商标法》第 11 条规定："下列标志不得作为商标注册：（一）仅有本商品的通用名称、图形、型号的；（二）仅直接表示商品的质量、主要原料、功能、用途、重量、数量及其他特点的；（三）其他缺乏显著特征的。前款所列标志经过使用取得显著特征，并便于识别的，可以作为商标注册。"基于上述法律规定，显著特征可以分为固有显著性和获得显著性。

（一）三维标志固有显著性的认定

商标具有固有显著性，是指商标的构成要素相对于其指示的商品具有独特性和可识别性，不具备固有显著性的标志，需证明获得显著性后才能准予注册。是否具有固有显著性应当以我国境内的相关公众认知整体判断。

商标的本质在于识别商品或服务的来源，而不在其本身体现的独特性。进言之，是否具有显著性应当关注相关公众能否将商标作为区分商品或服务来源的标志加以识别，而非独创性问题。独特性可以加强显著性，但若过于独特则丧失显著性，独特性不当然等同于显著性，只能作为参考因素。如果商标具有很强的独创性但消费者并不会将其认定为识别标志，则其显著性也没有发挥的空间。用文字商标举例，按照显著性的高低区分为臆造商标、任意商标、暗示商标、描述商标和通用名称，其显著性判断的标准并非独创性程度，而是文字标志本身能否被相关公众作为商标加以识别。三维标志也是一样，是否经过独特的设计只是三维标志具备区分商品和服务来源识别作用的其中一项条件，应结合问题具体分析。

但因为三维标志不同于文字商标，可能会对市场竞争造成潜在影响，因此各国法律对三维标志的固有显著性作出了不同的规定。《日本商标法》第 3 条第 3 款认为除非产品或包装的形状和其他具有显著性的文字商标一起注册，否则它们不具有固有显著性，即使它们可能具有独特的外形从而可能吸引消费

---

① 全国人民代表大会常务委员会法制工作委员会编：《中华人民共和国商标法释义》，法律出版社 2013 年版，第 22 页。

者，影响他们的购买决策。① 即三维标志无论是否具有独特性，均不能单独注册为商标。但若不承认三维标志的固有显著性则存在潜在纵容假冒的可能。相较于中小企业，大型企业经过长期地宣传和使用，可能在三维标志上积累了一定的商誉，使得消费者可以通过形状识别商品或服务，但问题在于这个三维标志商誉的积累是建立在复制中小企业不具有固有显著性的标志之上的，这便产生了不公平竞争的情况。与之相关的可以联想到"微信案"，对于大企业在短时间内积累的商誉能否对抗商标注册制度，以"其他不良影响"条款阻碍合法商标的注册以保护消费者稳定认知的合理性引发学界和司法实践的争议。因此，三维标志应当和其他文字商标、图形商标一样，均按照固有显著性、获得显著性的判断逻辑加以认定，而不能直接否认其固有显著性。

认定三维标志的固有显著性，应当从以下两个角度分析：

第一，分析标志本身。如果立体标志本身是商品最基本、最常见的形状，则不具备固有显著性，原因在于，消费者不会将其视为商标，市场上的同类商家也可能在同类商品上使用类似外观，甚至可能成为行业惯例或标准。此外，还需要分析立体标志的功能，以判断其是否为商品实质性价值所必需，功能性越强，越不具有固有显著性。

第二，应分析标志核定使用的商品或服务。一方面，要分析商品或服务的性质。蜂巢形状的瓶子用于酒类还是用于蜂蜜类商品上会产生不同的效果，因为蜂巢形状对于蜂蜜制品而言很常见，消费者看到蜂巢形状可能联想到的是蜂蜜产品而非哪一家的蜂蜜产品。另一方面，要分析商品或服务的特点。如果产品较为贵重，不经常使用更重于观赏效果，消费者就会施加更高的注意力，更有可能依赖于商品外观加以识别，更有可能具有固有显著性。

在"雀某方形瓶案"中，法院认为立体商标整体上不具有固有显著性或显著性较弱。本案中，法院纠正了这一误解，结合立体形状本身以及其核定使用的商品范围加以认定是正确的，诉争商标为六边形瓶，瓶盖图案为蜂巢图形，结合指定的甜食（糖）、蜂蜜等商品考虑，诉争商标系蜂蜜等商品的常用包装图形，在相关公众施以一般注意力的情形下，易将其作为产品包装而非商标加以识别，涉案三维标志不具有固有显著性。

（二）三维标志获得显著性的认定

《商标法》第 11 条规定，缺乏显著性的标志可以通过使用获得显著性，

---

① 参见凌宗亮：《立体商标的显著性判断——从美国司法判例的理论轨迹考察》，载《苏州大学学报（法学版）》2014 年第 2 期。

而问题在于是否所有标志都可以通过使用获得显著性，如通用名称是否能够通过使用而获得显著性，以及以何种证据证明使用获得了显著性。对于原具有显著性的商标，购买者将商标作为商品的标志而非商品来源的标志，显著性便丧失了，沦为通用名称。而通用性标志是否可以通过使用再获得显著性，根据我国的规定是可以的。与我国相反的是美国的规定，认为可能对部分人垄断产生明显不公平，因此不能再获得显著性。

获得显著性，是指商标的构成要素相对于其指示的商品而言不具有独特性和可识别性，但是通过实际商业使用取得了可识别性，公众已经将其作为商品的符号与商品的提供者联系在一起。而证明获得显著性可以通过直接证据，例如消费者的证言、随机抽样、消费者问卷调查等，也可以通过间接证据提供参考，例如相关公众的认知情况、实际使用时间、使用方式、同行业使用情况、生产销售广告宣传情况、商品本身特点及其他。申请日之前已经获得第二含义才能作为审查判断的依据，使用商标的区域是全国范围内取得第二含义。应当注意欧盟规定可以通过和注册商标并列使用或作为其一部分使用获得第二含义便可以获得显著性，我国规定与此不同，因为难以判断显著性的来源是注册商标还是其他。

获得显著性的判断，必须遵循"商品和服务项目特定化"之审查原则，即此类商标的商品或服务范围应当以其实际使用的商品或服务为限，如果某一标志在特定商品或服务上经过使用获得显著性，则不能认为该标志在其他商品或服务上也当然获得显著性。[①]

对于获得显著性的分析，应从相关公众的角度出发。相关公众不仅包括消费者还包括其他经营者，这便意味着不仅要考察消费者是否已经建立起立体标志与商品或服务来源之间稳定的联系，还要考察其他消费者对立体商标的使用情况，两者是相辅相成的。如果一方当事人对立体商标进行了长期持续的宣传，赢得了较高的商誉，但同领域的其他经营者一直使用相同的立体标志，而且这种标志的使用在涉案当事人之前，则不能只依据主张权利的一方对立体标志的使用行为来认定其具备获得显著性，该标志并未与主张权利的主体建立起稳定的对应关系，相关公众无法通过该标志识别商品或服务的来源。而如果他人没有该标志的使用行为，主张权利的一方是本领域唯一的使用者，则获得显著性的积累更加容易，主张权利的一方当事人可以通过自己单独的长期使用行

---

① 王太平、沈文丽：《〈商标法〉第 11 条第 2 款"商标获得显著性制度"评注》，载《电子知识产权》2023 年第 1 期。

为，建立起与该标志之间的稳定的对应关系，从而使该标志达到识别商品或服务来源的效果。

商标的注册和保护具有地域性，对相关商标标志使用行为的审查判断，应当结合该商标标志申请注册的国家或地区的具体情况加以具体分析。在其他国家和地区的使用行为，并不能成为其在中国大陆作为商标注册的当然理由。[①]

本案中，原告主张诉争商标经过大量地使用和宣传，其固有显著性不断增强，具有区分商品来源的功能，消费者施以一般的注意力，会将该诉争商标与原告进行关联。涉案诉争商标的三维标志部分虽然不是行业通用包装形状，但属于蜂蜜商品的常用的立体形状，在同行业其他经营者也会经常使用的情况下，标志很难实现其识别商品或服务来源的功能。

此外，对于固有显著性和获得显著性还存在一个争议问题，即二者可以同时具有还是不能并存。笔者认为，两种观点讨论的不是同一层次的问题，固有显著性是可商标性问题，是潜质；获得显著性是标志的现实状态，是标志已经具有的特征。即一个指向可能性，另一个指向现实性。实践中不要求具有固有显著性的标志通过使用获得后发显著性才获准注册，这是商标注册主义对使用推定的体现，是一种效率选择而非价值选择。

三、立体商标功能性的认定

《商标法》第 12 条规定："以三维标志申请注册商标的，仅由商品自身的性质产生的形状、为获得技术效果而需有的商品形状或者使商品具有实质性价值的形状，不得注册。"该条所规定的内容即为立体商标注册的非功能性要件。

（一）相关立法

《日本商标法》第 4 条第 1 款第 18 项规定，商品或商品包装的形状是为了确保本商品或商品包装的功能而不可缺少的立体形状，以其构成的商标不得注册。《德国商标和其他标志保护法》第 3 条规定，仅由下列形状组成的标志不能作为商标保护：（1）该形状是由商品本身的性质决定的；（2）该形状是为获取一种技术效果所必需；（3）该形状为商品提供了实质的价值。此外英国、欧盟也对此作了相同的规定。美国则要求作为商标的产品包装和产品外观设计只能是为了指示产品的来源。加拿大也要求"识别性外观"的排他性使用不会限制技术或产业的发展，否则不能获得商标注册。[②]

---

① 参见周波：《三维标志商标功能性及显著特征的认定》，载《电子知识产权》2014 年第 8 期。

② 参见蔡恒松：《对立体商标几个问题的探讨》，载《贵州财经学院学报》2004 年第 2 期。

我国《商标法》第12条对三维标志的注册的规定与德国保持一致，下面将详细论述。

（二）判断标准

对商标功能性的讨论区分为实用功能性和美学功能性。实用功能性是指商品特征为商品使用或性能所必需，或者影响商品的成本或质量，而独占使用该特征会给其他竞争者带来非由商业信誉本身产生的严重不利，则该特征是功能性的。① 美学功能性是指如果消费者购买商品在很大程度上是因为商品所具有的美学功能，那么这些美学特征就具有功能性，因为它们促成了美学价值的产生，有助于实现商品所要达到的目标。②

对于三维标志非功能性的认定，既要排除实用功能性也要排除美学功能性，因为美学功能性标志的利益是外观美感，而商标法保护的是商标的识别功能带来的利益。保护美学功能性的立体标志会不适当地扩张商标法的保护范围，使著作权法、专利法的权利保护期限制度在相关程度上落空，并且如果同其他商标一样给予无期限保护，会不合理占用公有资源，使同业经营者处于不合理的竞争劣势地位。

美国第九巡回上诉法院曾在个案中提出了功能性判断的四条标准：（1）外观是否具有实用价值；（2）是否存在替代外观；（3）广告是否利用外观的实用利益招徕消费者；（4）外观是否是用相对简单或便宜的方法制作的。③ 但是同立体商标显著性的判断一样，非功能性也需要结合诉争商标核定使用的商品或服务的类别具体判断。

根据我国《商标法》第12条对于非功能性的规定，可以总结三维标志想要注册为商标，应逐一排除下面三种情况：

1. 构成立体商标的三维标志不能是商品自身的性质产生的形状

我国商标法禁止将仅由商品自身的性质产生的形状作为商标注册，这一规定指明了如果商品及其包装形状既可能构成立体商标，又是商品外形或商品包装的形状，则该三维形状与商品天然形状相比较，应具备特殊之处。④ 三维标志如果只是由商品自身立体形状构成，是为实现商品用途所必需的立体形状，则三维标志具有功能性不能获准注册。

举例而言，将钢笔的标志用于钢笔商品申请注册，而钢笔形状就是商品

---

① 参见黄亮：《单一颜色商标注册保护的可行性分析及启示》，载《天津法学》2014年第4期。
② 参见张德芬：《商标注册非功能性要件的域外考察及启示》，载《河南科技》2016年第22期。
③ 参见周波：《三维标志商标功能性及显著特征的认定》，载《电子知识产权》2014年第8期。
④ 参见周波：《三维标志商标功能性及显著特征的认定》，载《电子知识产权》2014年第8期。

必然具备的特性，是商品自身性质产生的形状，消费者会将标志认定为商品的区分而非对商品或服务来源的区分，不具有显著性，因此不能取得注册。本案中，法院的判决理由暗含的论证思路就是，蜂巢形状是蜂蜜产品的固有形状，蜂蜜产于蜂巢，一看到蜂巢形状，消费者便会联想到的是蜂蜜等甜食，而非联想到不同蜂蜜有不同的产源，因此蜂巢的立体标志没能起到识别和区分商品或服务来源的功能，不具有显著性，不能获准注册。

2. 构成立体商标的三维标志不能是为获得技术效果而需有的商品形状

三维标志仅由为获得技术效果而需有的商品立体形状组成，即该立体形状是为使商品具备特定的功能，或者使商品固有的功能更容易地实现所必需使用的立体形状，该三维标志具有功能性。判断是否为了技术效果，可以考虑该商品形状或商品包装形状是否具有替换性，即可否用其他三维标志形状予以代替，但不影响技术效果的实现，如不能，则立体标志具有功能性。

3. 构成立体商标的三维标志不得使商品具有实质价值

三维标志仅由使商品具有实质性价值的立体形状组成，即该立体形状是为使商品的外观和造型影响商品价值所使用的立体形状，该三维标志具有功能性。即某种商品或其包装的形状影响消费者的购买决定，无论是出于实用功能还是出于美学功能，该商品或其包装形状均具有买卖的价值，产生了商品的实质价值，使得该形状不能成为标志，不能体现标志的区别特征。只要是该商品实质价值没有因为其外在形状的变化发生增减，该商品及其包装形状所构成的三维标志即可作为商标注册。①

我国《商标法》第11条和第12条只是规定立体标志不能获得注册的条件而非不得使用。此外，应注意显著性和非功能性是三维标志获准注册的两个要件，获得显著性并不能使不满足功能性条件的立体标志性质有任何改变。功能性不能取代显著性，有功能性必然不具备显著性，不具备功能性不一定具有显著性。

四、结论

三维标志是否能获准注册，应从显著性和非功能性两方面进行全面分析。第一，显著性涉及立体商标是否具有固有显著性以及如何证明具有获得显著性的问题。三维标志应当和其他文字商标、图形商标一样，均按照固有显著性、获得显著性的判断逻辑加以认定，而不能直接否认其固有显著性，即应分析标

---

① 参见蔡恒松:《对立体商标几个问题的探讨》，载《贵州财经学院学报》2004年第2期。

志本身以及标志核定使用的商品或服务，认定立体标志是否具有显著性。对于获得显著性，应注意同业经营者的使用情况对获得显著性的认定具有影响，他人没有使用该标志，权利人单独长期使用建立的唯一、稳定的对应关系，可以认定具有获得显著性，若他人长期大量使用，则不能仅依据使用行为认定标志通过使用获得显著性。第二，非功能性要求三维标志不能是商品自身的性质产生的形状、不能是为获得技术效果而需有的商品形状、不得使商品具有实质价值，既不具有实用功能，也不具有美学功能。本案中，蜂巢图形核定使用在蜂蜜等商品上一方面不具有固有显著性，现有证据也不能证明其获得了显著性；另一方面还属于商品自身性质产生的形状，具有功能性，因此不能被核准注册。

缺乏显著性的通用名称之认定

——某医疗科技（北京）有限公司诉国家工商行政管理总局商标评审委员会商标权无效宣告行政纠纷案

/ 王翀

➲ 本案要旨

《商标法》第 11 条规定了标识不具有固有显著性，不能核准注册为商标的三种情形，但这三种类型的标志若经过使用达到了识别、区分商品或服务来源的效果，便具有获得显著性，可以注册。即要求核准注册的商标应具有显著性，包括固有显著性和获得显著性两种类型。如果标识成为该类别商品、服务的通用名称，则应认定其缺乏固有显著性，不具备识别来源的功能，除非商标申请人能举证证明获得显著性的存在。本案最高人民法院认定涉案商标在妇产临床医学领域作为一种公用词汇使用，使得相关公众认为其是对分娩或与分娩密切相关的商品的描述，不能起到商标识别商品或服务来源的作用，缺乏显著性，同时妨碍相关公众对社会公共资源的使用，不应获得注册。

➲ 案件信息

申请人（一审原告、二审上诉人）：某医疗科技（北京）有限公司

被申请人（一审被告、二审被上诉人）：国家工商行政管理总局商标评审委员会

一审第三人：广州某医疗器械有限公司

案号：北京知识产权法院（2015）京知行初字第 710 号、北京市高级人民法院（2017）京行终 1725 号、最高人民法院（2017）最高法行申 7242 号

➲ 一审法院查明的事实

争议商标为第 45×××43 号"导乐"商标，由赵某于 2005 年 3 月 15 日

申请，2007 年 12 月 14 日获准注册，核定使用在第 10 类：护理器械；麻醉仪器；健美按摩设备；按摩器械；医疗器械和仪器；助产器械；电疗器械；理疗设备；电子针灸仪；分娩褥垫等商品上。后经核准转让至某医疗科技（北京）有限公司（以下简称某医疗科技公司）名下，商标专用期限至 2017 年 12 月 13 日。

2012 年 12 月 14 日，广州某医疗器械有限公司（以下简称某医疗器械公司）针对争议商标向国家工商行政管理总局商标评审委员会（以下简称商标评审委员会）提出无效宣告请求。主要理由是：（1）争议商标仅仅表示指定使用商品的通用名称，缺乏显著性，不能起到区分商品来源的作用。（2）"导乐"作为医学界的一个通用名词，早已被我国医疗界人士进行广泛的宣传和比较全面的研究，其普及的时间早于争议商标申请日。同时某医疗科技公司作为医疗器械的企业，理应知晓"导乐"为医疗行业中的通用名词。（3）争议商标是对商品通用名称的恶意注册，易导致消费者的混淆误认，其注册和使用违反了诚实信用原则，构成了不正当竞争，损害了相关消费者的合法权益，扰乱了社会经济秩序，产生不良影响。

某医疗科技公司答辩称：（1）争议商标为某医疗科技公司自创，非医学界的通用名称，亦不是某一类型仪器的名称，在我国医学界并没有专司陪伴分娩服务的导乐岗位，目前业内的导乐分娩主要指使用某医疗科技公司提供的导乐仪产品和由某医疗科技公司培训过的导乐师来协助的方式，并不是所有分娩都称为导乐分娩，所以争议商标是能够将不同经营者的商品区分开来的可视性标志，具有较强的显著性。（2）"导乐"除在国内申请注册保护外，已经在全球 58 个国家申请领土延伸，且在 43 个国家获得注册，由此可见，"导乐"非医学界的通用名称，具有显著性。且"导乐"是某医疗科技公司的主品牌，是多年辛苦经营积攒下的信誉。（3）争议商标自 2004 年开始一直持续使用到现在，其使用的导乐仪产品 GT-4A 攻克了世界疼痛史上非药物对抗中重度疼痛的技术难关，在临床表现中得到了全国范围内的推广和优先使用。在国际级杂志上发表的研究论文共 27 篇，均由全国各大医院的产科专家参与临床研究与撰写。（4）争议商标在第 10 类商品上的注册符合法律规定，不是某一行业通用的或约定俗成的产品名称。争议商标指定使用的产品导乐仪经某医疗科技公司使用和宣传，在业内已具有较高知名度，已成为家喻户晓的知名品牌，争议商标整体具有较强显著性。（5）某医疗器械公司觊觎某医疗科技公司在医疗行业的地位和良好业绩，试图剥夺某医疗科技公司辛苦经营的导乐品牌。综上所述，请求维持争议商标注册。

2012 年 12 月 30 日，商标评审委员会作出商评字〔2014〕第 112825 号《关于第 45××43 号"导乐"商标无效宣告请求裁定书》（以下简称被诉裁定）。商标评审委员会在该裁定中认为："导乐"虽然不是争议商标指定商品的通用名称或固有属性；但争议商标指定使用的商品均为分娩过程必需的医疗用品或者与产妇分娩具有密切关联的商品，若某医疗科技公司商品确实具有特定的功能特点，专用于导乐分娩服务，在该商品上使用"导乐"一词则属于对商品功能用途的描述，不能起到区分商品来源的作用，属于 2001 年《商标法》第 11 条第 1 款第 3 项"缺乏显著特征"所指情形；若某医疗科技公司商品并不具有特定功能特点，与导乐分娩服务方式并无密切关联，在该商品上使用"导乐"一词则易使公众误认为其用于导乐分娩服务，从而构成误导公众，属于 2001 年《商标法》第 10 条第 1 款第 8 项"有其他不良影响"之情形。

某医疗科技公司不服被诉裁定，向北京知识产权法院提起行政诉讼。

➲ 一审法院判决理由与裁判结果

本案程序问题适用 2013 年《商标法》，实体问题适用 2001 年《商标法》。在案证据足以证明，"导乐"在争议商标申请注册之前已经作为一个有关分娩方式、分娩服务的医学名词在妇产临床医学行业内被普遍认知和广泛使用。"导乐"并非某医疗科技公司创造，该词虽然不是争议商标指定商品的通用名称或固有属性，但争议商标指定使用的商品均为分娩过程中必需的医疗用品或者与产妇分娩具有密切关联的商品，若某医疗科技公司商品确实具有专用于导乐分娩服务的功能特点，并使用在妇科临床领域，则在该商品上使用"导乐"一词属于对商品功能用途的描述，不能起到区分商品来源的作用，属于 2001 年《商标法》第 11 条第 1 款第 3 项"缺乏显著特征"所指情形；如果某医疗科技公司的商品并不具有与"导乐"相关的特定功能特点，与导乐分娩服务方式并无密切关联，则在该商品上使用"导乐"一词易使相关公众误认为其系适用于导乐分娩服务，从而误导公众，属于 2001 年《商标法》第 10 条第 1 款第 8 项误导公众的情形。因此，争议商标已构成 2001 年《商标法》第 11 条第 1 款第 3 项、第 10 条第 1 款第 8 项所指情形，应予撤销。

关于某医疗科技公司提出的争议商标通过使用在指定使用商品上已获得或增强显著性的主张，某医疗科技公司应当就其主张承担举证责任。某医疗科技公司在复审阶段和原审诉讼阶段提交的证据尚不足以证明争议商标已通过使用具备了商标应有的显著性，无法与某医疗科技公司形成一一对应关系从而区分商品来源以及不会误导公众。

一审北京知识产权法院判决：驳回原告的诉讼请求。

➲ 上诉主张及理由

二审阶段某医疗科技公司主要上诉理由是：（1）原审判决未准确查明"导乐"的含义，"导乐"一词并非原审判决认定的"有关分娩方式、分娩服务的医学名词"，而是指向具有"陪伴"生产性质的护理工。（2）原审判决未正确认定争议商标自身具备的显著性及其经长期广泛使用与某医疗科技公司建立不可分割对应关系的事实。某医疗科技公司的"导乐"品牌产品自2003年开始至今在市场中持续销售时间长达14年，遍布全国28个省、自治区、直辖市的500余家医疗机构，早在距今6年前就被中央电视台作为"非药物分娩镇痛技术"典型进行新闻报道。因此，"导乐"即便可以被认定为妇产临床医学行业的名词，其具体指向的也是某医疗科技公司用于实现非药物分娩镇痛的"低频神经和肌肉刺激仪"产品，并不会导致相关公众的误认。综上，争议商标既未违反2001年《商标法》第11条第1款第3项的规定，也未违反2001年《商标法》第10条第1款第8项的规定。

商标评审委员会和广州某医疗器械公司均服从原审判决。

➲ 二审法院查明的事实

原审判决查明事实清楚，且有争议商标的商标档案、当事人在评审阶段和原审诉讼阶段提交的证据、被诉裁定及当事人陈述等在案佐证，本院对原审法院查明的事实予以确认。

另查：百度百科对于"导乐"一词的解释为："国外医学界惯常将有过生育经历、富有奉献精神和接生经验的女性称为'导乐'，专司指导孕妇进行顺利自然地分娩。这个词是20世纪90年代引入我国的。导乐大多从有生育经历的优秀助产士中选拔，经过特殊的课程训练上岗，'一对一'地指导产妇分娩，为产妇打气鼓劲，还要为产妇进行心理疏导，帮助产妇克服恐惧心理。孩子出生后，导乐还要对新妈妈进行产后伤口修补、母乳喂养和科学育儿等的专业指导。"1996年，美国最早开展导乐分娩，导乐（Doulas）最初是帮助女性分娩的一个组织名称，导乐人员不一定是专业医务人员，只要学习后通过认证就能成为专业导乐，得到免费推荐。对上述有关"导乐"的解释，某医疗科技公司和某医疗器械公司均予以认可。

⊃ 二审法院判决理由与裁判结果

本案实体问题适用 2001 年《商标法》进行审理。2001 年《商标法》第 10 条第 1 款第 8 项规定，有害于社会主义道德风尚或者有其他不良影响的标志不得作为商标使用。该条规定的"其他不良影响"是指商标标志或者其构成要素可能对我国社会公共利益和公共秩序产生消极、负面影响的情形。对于商标标志可能使公众对所指定的商品产生功能、特点等方面的误认，并不属于上述法律规定的"其他不良影响"。本案中，争议商标并不存在上述消极或负面影响，商标评审委员会和原审法院基于争议商标使用在指定商品上易使公众对商品的功能、特点产生误认而认定争议商标构成 2001 年《商标法》第 10 条第 1 款第 8 项规定的情形，属于适用法律错误，依法应予纠正。

根据 2001 年《商标法》第 11 条第 1 款第 3 项的规定，缺乏显著特征的标志不得作为商标注册。

本案中，根据在案证据可以认定，"导乐"一词本身并非描述某种医疗器械功能的词汇，而是对某一类分娩辅助人员的称呼。但不可否认，由于"导乐"本身是对分娩辅助人员的一种称呼，而该类人员对于减轻分娩中产妇的身心痛苦、促进自然分娩起到一定的作用。因此，当该词汇使用在用于争议商标指定使用的医疗器械类商品上时，容易使相关公众将其识别为对该医疗器械功能用途或效果的描述，而不是将其作为区分商品来源的标志。某医疗科技公司提交的证据尚不足以证明争议商标在指定使用的医疗器械等商品上已经具有区分商品来源的显著性。因此，原审法院有关争议商标构成 2001 年《商标法》第 11 条第 1 款第 3 项规定情形的认定尚属正确。

二审北京市高级人民法院判决：驳回上诉，维持原判。

⊃ 再审主张及理由

某医疗科技公司申请再审称：（1）"导乐"属于舶来词，我国的相关公众对其指向并不具有广泛的知晓，在我国的医疗服务领域并非通用词汇，诉争商标自身固有显著性较强，不会误导公众将其识别为对医疗器械功能或效果用途的描述；（2）某医疗科技公司的"导乐"品牌系列产品自 2003 年投入市场以来，销售时间长达 14 年，销售范围遍及全国各地医疗机构，获得了良好的社会反响，诉争商标经历了持续使用后亦具有较强的获得显著性，已与其核定使用的商品建立了较为固定的联系，其注册理应予以维持。

商标评审委员会提交意见称：被诉裁定认定事实清楚，适用法律正确，作出程序合法，再审申请人的诉讼请求和理由不能成立，请求驳回再审申请。

● 再审法院判决理由与裁判结果

本院经审查认为：商标最基本的功能在于识别商品或者服务的来源，而要实现这一基本功能，商标标志必须具有足够的显著特征，使得相关公众能够将其作为区别商品或者服务来源的标志加以识别。因此，在评估商标显著性时，通常从与其所使用商品或者服务密切相关的公众的角度进行判断，如果某一标志所附载的含义已为相关公众普遍知晓，成为该类别商品、服务的通用名称或描述性标志，则应认定其缺乏显著性，不具备识别来源的功能。

本案中，"导乐"一词源于希腊文"DOULA"，是对一类分娩辅助人员的称呼，该类人员专门辅助产妇分娩，减缓分娩痛苦，促进自然分娩；该词自20世纪末，逐步被国内分娩服务行业提倡和推广，已衍生为该行业一种固有服务方式的通用名称，如"导乐师""导乐分娩"等。在妇产临床医学领域，尤其是对分娩相关的公众而言，"导乐"具有较为广泛的普遍知晓度，更多的是作为一种公用词汇被使用，诉争商标核定使用的商品包括"助产器械；医疗器械和仪器；麻醉仪器；分娩褥垫"等，均与分娩服务或过程密切相关，将"导乐"用于上述商品，无疑会使得相关公众认为是对分娩或与分娩密切相关的商品的通用指称或描述性使用，既无法建立起与某一商家的固定联系，也会妨碍相关公众对社会公共资源的使用。因此，诉争商标缺乏固有显著性。此外，某医疗科技公司提供的证据亦不足以证明诉争商标经过使用具备了显著性。因此，一、二审法院判决认定诉争商标违反2001年《商标法》第11条第1款第3项的规定，应当宣告无效，并无不当。

再审最高人民法院判决：驳回某医疗科技公司的再审申请。

● 案例解析

本案中，最高人民法院认定"导乐"一词在妇产临床医学领域，尤其是对分娩相关的公众而言，具有较为广泛的普遍知晓度，更多的是作为一种公用词汇被使用。将"导乐"用于第10类护理器械、麻醉仪器等商品上，会使得相关公众认为是对分娩或与分娩密切相关的商品的通用指称或描述性使用，既无法建立起与某一商家的固定联系，也会妨碍相关公众对社会公共资源的使用。因此，诉争商标缺乏固有显著性。此外，某医疗科技公司提供的证据亦不足以证明诉争商标经过使用具备了显著性。本文主要针对通用名称的认定、通用名称的显著性问题以及描述性标志和暗示性标志的区分问题展开研究。

一、通用名称的认定

根据 2016 年《商标审查及审理标准》，通用名称、图形、型号，是指国家标准、行业标准规定的或者约定俗成的名称、图形、型号，其中名称包括全称、简称、缩写、俗称。我国法院裁判解释该概念时指出，判断通用名称时，不仅国家或者行业标准以及专业工具书、辞典中已经收录或记载的商品名称可以认定为通用名称，而且对于已为同行业经营者约定俗成、普遍使用的表示某类商品的名词，也可以认定为该商品的通用名称。因此，"对于公众在生产、生活中约定俗成的商品的通用名称，无须履行相关部门的审批、注册登记等认定手续"①。

通用名称的举证责任落在权利人一方，即国家标准、行业标准规定或行业约定俗成均可以初步推定通用名称的性质，但若权利人能够提供证据证明消费者并未将其认定为通用名称，则标志不是通用名称。通用名称始终以消费者的认知为判断标准。

本案中，最高人民法院认定，"导乐"一词源于希腊文"DOULA"，是对一类分娩辅助人员的称呼，该类人员专门辅助产妇分娩，减缓分娩痛苦，促进自然分娩；该词自 20 世纪末逐步被国内分娩服务行业提倡和推广，已衍生为该行业一种固有服务方式的通用名称，如"导乐师""导乐分娩"等，即按照行业内约定俗成的标准进行认定。

二、显著性的认定

商标的显著特征，是指商标应当具备的足以使相关公众区分商品来源的特征。判断商标是否具有显著特征，应当综合考虑构成商标的标志本身的含义、呼叫和外观构成，商标指定使用商品，商标指定使用商品的相关公众的认知习惯，商标指定使用商品所属行业的实际使用情况等因素。商标的显著性会发生变动，原为通用名称的标志可以通过使用而获得显著性，最初具有显著性的商标也可能通过使用使得购买者将标志作为商品种类、型号的标志而非商品来源的标志，从而丧失显著性，沦为通用名称。对于通用名称是否可以通过使用获得显著性，各国立法态度与我国保持一致，但采用不同方式予以确认。

---

① 河南省柘城县豫某种业有限责任公司与国家工商行政管理总局商标评审委员会、河南省柘城县三某种业有限公司商标行政纠纷上诉案，参见北京市高级人民法院（2006）高行终字第 188 号行政判决书。

（一）通用名称显著性获得的不同立法

《法国知识产权法典》在第 711 条第 2 款规定了缺乏显著性的标记并且规定除了标记具有功能性无法获得注册的情况外，显著性可以通过使用取得。《德国商标法》也规定了不具有固有显著性的商标可以通过使用获得显著性，通用名称被排除在外，但是并不意味着通用名称不能获得商标权。德国规定取得商标权的方式并非采单一注册制，德国规定经注册取得之商标被称为"形式商标权"，未经注册但已经使用之标识在一定条件下亦予以保护，而被称为"实质商标权"，因此通用名称只要在特定交易范围内被当成是某项商品或服务之标记，而能与他人所提供之商品或服务相区别，即可获得商标权。由此可知，在法国和德国通用名称均可以具备某种条件后取得商标权。

美国使用"属名"（generic term）代表通用名称，其法院在解决如何判断属名的过程中发展出两种准则：一种是主要意义标准（primary significance test），它针对的是因商标权人未控制第三人的不当使用而导致商标沦为属名的情况。另一种是属种标准（genus-species test），主要适用于商标内在具有属名意义的情况。[1]美国法将属名交给了"相关公众"的主观判断，实际上它在一定情况下也承认属名的商标意义，而这是通过严格属名的认定标准、限制属名的认定而将很多名称排除在属名意义之外达成的。[2]

我国商标权的取得采单一注册制，2019 年《商标法》第 11 条明确对通用名称经过使用获得显著性作出规定："下列标志不得作为商标注册：（一）仅有本商品的通用名称、图形、型号的；（二）仅直接表示商品的质量、主要原料、功能、用途、重量、数量及其他特点的；（三）其他缺乏显著特征的。前款所列标志经过使用取得显著特征，并便于识别的，可以作为商标注册。"

（二）赋予通用名称商标可能性的原因

上述四个国家的立法均以不同方式规定通用名称具有商标可能性的条件，但通用名称为何应具有商标可能性是值得思考的问题。

第一，商标法中无论是商标显著性的认定还是合法性的判断，都始终以相关公众为认定对象，消费者是商标法"隐形的上帝"。任何标志显著性的判定，主体都不应当是立法者和司法者，而应当以消费者的视角来判断，这便意味着对于通用名称的显著性认定立法不能作刚性规定，只要通用名称通过使用取得了另一含义，并且另一含义比通用名称的意义更为突出，则对于消费者而

---

① 参见杜颖：《通用名称的商标权问题研究》，载《法学家》2007 年第 3 期。

② 参见杜颖：《通用名称的商标权问题研究》，载《法学家》2007 年第 3 期。

言，标志本身便不再指向通用名称，而是可以起到识别商品或服务来源作用的商标，此时便应赋予商标权。

第二，除臆造性商标外，其他固有词汇都具有稳定的第一含义，而商标使用的过程就是以产生的第二含义覆盖第一含义的行为。通用名称在这个意义上和其他标志没有区别，只不过通用名称的第一含义就是其核定使用的商品或服务而已，也就意味着通用名称通过使用获得显著性的难度相较于任意性标志、暗示性标志等更大，但并不因此否认这种可能性。

三、描述性标志与暗示性标志的区分

除上述通用名称显著性的认定问题外，本案还涉及一个理论问题，即描述性标志与暗示性标志如何区分。暗示性与描述性的区别关系到某一标志是否具备固有显著性，因此尤为重要。通常认为，对于暗示性标志，人们必须通过"想象、推理和思考才能将其与产品的性质联系起来"①，描述性词汇则是对产品性质或特点的直接描述。但实践中，将某个词归入"描述性"一类还是"暗示性"之中往往基于直觉，而非可以言传的逻辑分析的结果。②此外，描述性标志属于公共领域的标志，将其注册为商标还涉及公益与私益的平衡问题。如果涉案标志被认定为描述性标志，则不具有固有显著性，但可以通过使用获得第二含义，满足显著性要求，而如果涉案标志被认定为暗示性标志，则具有固有显著性，可以作为商标注册。

暗示性标志与描述性标志的界限很难明确区分，以下三种标准可供参考。

（一）想象力标准

对于描述性标志，是直接地并且清晰地传递关于产品或服务的成分、质量或特点信息，不需要过多的联想和想象；对于暗示性标志，消费者从标识中得到的直接描述所需要的想象力较多，即如果间接地暗示事物标记需要想象、思考和感觉，就是暗示性标志，而不是描述性标志。

（二）竞争者标准

竞争者标准是指判断其他竞争者是否有使用该词语的竞争性需求时，考虑标识本身、使用时间、商品服务以及针对的消费者等因素，从维持公平竞争秩序的角度对暗示性标志和描述性标志进行区分。如果标识能够直接清楚地传

---

① Stix Prods, Inc v. United Merchs & Mfrs, Inc, 295 F.Supp.479, 488（S.D.N.Y.1968）. 转引自彭学龙：《商标显著性新探》，载《法律科学》2006年第2期。

② See Bartow Ann, Likelihood of Confusion, San Diego Law Review, Vol.41,（2004）. 转引自彭学龙：《商标显著性新探》，载《法律科学》2006年第2期。

递有关商品或服务的信息，以致其他竞争性经营者将可能需要在广告宣传和促销活动中可能需要使用该词语描述他们的商品，该标识就是描述性的，将其注册为商标将会影响其他竞争者的使用。

描述性词语属于"公共领域"，所有同业竞争者真实地、免费地使用这些词语来描述他们的商品和服务，符合自由公平的竞争政策。从利益平衡的角度而言，授予某个经营者排他性权利不应损害公平竞争的市场秩序，也不应使消费者的消费变得更困难。否则，商标权利人享有的排他权利将造成垄断，商标法律制度的正当性也将受到质疑。

（三）相关公众认知标准

以相关公众的认知为标准，是一个较为模糊的主观标准。该标准本质上已经被想象力标准所涵盖。在消费者的意识中，标识与商品或服务之间的联系是直接的，即消费者能立即地、直接地从标志中获得商品的某些特征，则标志就是描述性的。如果一个人必须经过多步骤的推理才能判断产品或服务的特性，那么该标志就是暗示性的。

本案中，最高人民法院认为，核定使用的"医疗器械和仪器；麻醉仪器；分娩褥垫"等商品，均与分娩服务或过程密切相关。将"导乐"用于上述商品，会使得相关公众认为该标志是对分娩或与之密切相关的商品的通用指称或描述性使用，即无法建立起与某一商家的固定联系，因而涉案商标被认为是对其核定使用商品的描述性使用而非暗示性使用。"导乐"一词直接指向核定使用商品，一方面消费者不需过多联想即可区分商标；另一方面同行业竞争者对于"导乐"一词也有很高的使用需要，如果将其注册为商标，将会影响公平竞争秩序。

四、结论

通用名称的认定，国家标准和行业标准起到初步推定作用，权利人可以举证证明消费者不会将其认定为通用名称来推翻这一推定。商标显著性一直处于变动中，通用名称可以通过使用获得显著性，具有显著性的商标也可能通过使用而沦为通用名称，丧失显著性。暗示性商标和描述性商标的区分衍生出三个标准，想象力标准、竞争者标准和相关公众商标认知标准，对商标性质的不同认定，决定了标志本身是否具有固有显著性。本案中，最高人民法院认定"导乐"一词已衍生为该行业一种固有服务方式的通用名称，如"导乐师""导乐分娩"等，将"导乐"用于助产器械等商品上，会使得相关公众认为是对分娩或与分娩密切相关的商品的通用指称或描述性使用，缺乏固有显著性，商标权人也未能证明其获得了显著性，商标应予无效宣告。

通用名称认定的法律问题研究

——武夷山市某茶叶有限公司与国家知识产权局商标异议复审行政纠纷案

/ 陈彦蓉

⊃ 本案要旨

通用名称的认定有利于明确私权和公共利益的界限，避免私权过度侵占公共利益。通用名称分为法定的通用名称和约定俗成的通用名称，具有广泛性和规范性的特征。在判断诉争标志是否为通用名称时，应当审查其是否属于有关商品法定的或约定俗成的商品名称。两者在认定标准上存在一些差异；法定的通用名称一般考虑法律规定、国家标准、行业标准等相对权威的文件资料；约定俗成的通用名称则需要考虑一定地域或市场范围内相关公众的认知情况，且应以市场的客观使用情况为准。在判断诉争标志是否属于通用名称时，应注意判断的时间，一般以商标申请日为准，但若申请日至核准注册日期间事实发生变化的，应当以核准注册时的事实状态为准。

⊃ 案件信息

上诉人（一审原告）：武夷山市某茶叶有限公司

被上诉人（一审被告）：国家知识产权局

一审第三人：福建武夷山国家级自然保护区某茶叶有限公司

案号：北京市第一中级人民法院（2013）一中知行初字第 894 号、北京市高级人民法院（2013）高行终字第 1767 号

⊃ 上诉主张及理由

上诉人武夷山市某茶叶有限公司（以下简称武夷山市某茶叶公司）不服一审判决，上诉请求撤销一审判决及原商标评审委员会作出的裁定，理由

为：（1）"金骏眉"产品名称并非福建武夷山国家级自然保护区某茶叶有限公司（以下简称福建某茶叶公司）首创。"金骏眉"由阎某峰、张某江、马某山三位茶客取名，取茶师梁骏某名字中的"骏"字，茶叶外形似眉，原料选用高山峻岭中的正山小种的嫩芽，极其珍贵，故取"金"字，因而得名"金骏眉"。即使能够证明福建某茶叶公司首先向市场出售正山牌金骏眉产品，也并不等于金骏眉产品名称由其首创，两者有本质区别，原审判决认定事实并不准确。（2）大量证据证明"金骏眉"最初以产品名称方式诞生并演变为产品通用名称。被异议商标并未获准注册，"金骏眉"是否系商品通用名称应当以目前法院审理期间的事实状态为依据。原审判决仅强调武夷山某茶叶公司是否有证据证明福建某茶叶公司申请注册被异议商标之时"金骏眉"为通用名称，并未审查法院审理期间的事实状态。自"金骏眉"产品名称诞生之初至今，包括福建某茶叶公司在内的全国范围内的茶商、行业团体、政府机构等都将"金骏眉"作为产品名称使用。武夷山某茶叶公司主张"金骏眉"为地理标志产品名称，并未主张"金骏眉"为地理标志，地理标志与地理标志产品名称不是同一概念。"金骏眉"作为地理标志产品名称，尽管没有被直接收入福建省地方标准《地理标志产品武夷红茶》，但是已经由相关部门确认为武夷红茶"奇红"的二级分类产品名称，作为红茶新产品名称存在。可见，相关公众普遍认为"金骏眉"指代一类有别于其他红茶的新产品而非用以区别红茶来源。经过多年来市场发展，"金骏眉"已经演变为法定通用名称，并被消费者、茶商等普遍认同为一种红茶新产品，从而演变为约定俗成的通用名称。（3）原审法院并未按照法律规定判决撤销第53057号裁定，严重违反法定程序。

被上诉人原商标评审委员会（现为国家知识产权局）、一审第三人福建某茶叶公司服从原审判决。

➲ 一审法院查明的事实

第59×××08号"金骏眉"商标（以下简称被异议商标），由福建某茶叶公司于2007年3月9日申请，指定使用商品为第30类。在经过一次驳回和一次复审后，武夷山市某茶叶公司针对复审决定向原商标局提出异议申请，原商标局经审查后作出（2012）商标异字第42778号《"金骏眉"商标异议裁定书》（以下简称第42778号裁定），裁定被异议商标予以核准注册。

后武夷山市某茶叶公司不服第42778号裁定，向原商标评审委员会提起复审，并提交了相应的证据材料。2013年1月4日，原商标评审委员会作出商评字［2012］第53057号《关于第59×××08号"金骏眉"商标异议复审裁定书》（以下简称第53057号裁定）。该裁定认为：在案证据尚不足以证明"金骏眉"已成为本商品的通用名称或仅仅直接表示商品主要原料的标志，且现有证据不足以证明被异议商标具有有害社会主义道德风尚或妨害公共秩序的情形，故被异议商标并未违反《商标法》第11条第1款第1项、第2项和第10条第1款第8项的有关规定。商标授权案件审理为个案原则，武夷山市某茶叶公司关于商标局商标审查和异议程序中不同审查标准的主张，不予支持。综上，裁定被异议商标予以核准注册。

另查明2004年6月1日实施的《农业行业标准NY/T 780—2004》、2008年10月1日实施的《国家标准》（GB/T 13738.1—2008）均将红茶分为红茶碎、工夫红茶、小种红茶。

➡ 一审法院判决理由与裁判结果

北京市第一中级人民法院认为：根据福建某茶叶公司提交的有关证据可知，其处于"正山小种红茶"的发源地，从2004年开始对"正山小种红茶"的制茶工艺进行探索研究，并将此茶取名为"骏眉"。同时，根据茶叶的品质及采摘标准的不同，分为金、银、铜三个等级，故福建某茶叶公司将此类茶叶命名为金骏眉、银骏眉、铜骏眉。之后，福建某茶叶公司开始使用"金骏眉"，获得消费者广泛认可，并很快成为其生产的一种高端红茶品牌。且结合中国茶叶流通协会、海峡茶业交流协会、武夷山市茶业局等出具的文件（以下简称证明文件）可以认为，福建某茶叶公司在"茶"等商品上申请注册"金骏眉"商标，是为了标示该商品的提供者属于福建某茶叶公司。

根据2004年6月1日实施的《农业行业标准NY/T 780—2004》、2008年10月1日实施的《国家标准》（GB/T 13738.1—2008）以及2011年12月31日福建省质量技术监督局发布的DB35福建省地方标准《地理标志产品武夷红茶》对红茶的分类情况可以看出，上述国家标准、地方标准、行业标准均未将"金骏眉"作为商品的通用名称予以收录，因此，"金骏眉"不是茶叶的法定通用名称。

根据《商标法》关于地理标志的规定、国家质量监督检验检疫总局2011年第94号公告仅将武夷红茶作为地理标志保护的事实，以及福建省质量技术监督局《2012年下半年茶叶产品抽查结果通报》等，均不能证明"金骏眉"属于地理标志产品。因此，武夷山市某茶叶公司主张被异议商标"金骏眉"属于地理标志产品名称，即为法定通用名称的主张没有事实和法律依据。

约定俗成的名称是经过大家共同长期的社会实践而确定形成的事物名称，属于事先商定的名称。根据当事人提交的证据，在行业协会中，均没有将"金骏眉"作为红茶的一种约定俗成的名称。而且，有关茶叶的国家标准、行业标准以及专业书籍、辞典和茶史记载中均没有记载"金骏眉"为茶叶的品种的内容。结合证明文件可知"金骏眉"品牌由福建某茶叶公司创立并申请注册在茶商品上。在没有获得注册之前，福建某茶叶公司一直将"金骏眉"与其已经注册的"元正""正山堂"商标一并使用，这些事实足以证明福建某茶叶公司并没有将"金骏眉"作为商品名称使用的意愿。所以，武夷山市某茶叶公司主张"金骏眉"属于约定俗成的茶叶名称的内容缺乏事实依据。

武夷山市某茶叶公司主张 2011 年 3 月 11 日武夷山市人民政府《武夷红茶地理标志产品保护专家审查会》陈述报告中"金骏眉"为奇红的二级分类。但是，该陈述报告的形成时间晚于被异议商标申请日，且此报告仅为当地政府从保护当地经济发展角度提出的意见陈述，不能证明"金骏眉"已经成为红茶的通用名称。

至于其他茶企在产品外包装上使用"金骏眉"名称的情况，不能证明其他茶企使用他人的劳动成果后，"金骏眉"必然就成为茶叶的通用名称。而且，个别媒体将"金骏眉"称为茶叶的通用名称也缺乏事实依据。武夷山市某茶叶公司认为福建某茶叶公司没有将"金骏眉"作为商标使用以及行业内相关公众已将"金骏眉"作为茶叶产品的通用名称普遍使用的主张缺乏事实依据。

此外，武夷山市某茶叶公司主张被异议商标中"金"表示产品等级，"眉"为茶青原料形状似眉毛，表示了商品的质量、原料特点的主张也缺乏事实依据。因此，被异议商标"金骏眉"不违反《商标法》第 11 条第 1 款第 2 项的规定。

关于标志是否属于有害于社会主义道德风尚或者其他不良影响的标志。审查判断有关标志是否构成具有其他不良影响的情形时，应当考虑该标志或者其构成要素是否可能对我国政治、经济、文化、宗教、民族等社会公共利益和公共秩序产生消极、负面影响。"金骏眉"文字本身并没有任何消极的含义，不违反《商标法》第 10 条第 1 款第 8 项的规定。

针对原商标评审委员会在告知武夷山市某茶叶公司质证的期限还没有届满前于 2013 年 1 月 4 日就作出第 53057 号裁定的行为，属于程序错误，但并不必然导致结论违法。

综上，武夷山市某茶叶公司在诉讼中提交的证据不足以导致应当撤销第

53057 号裁定。故判决：驳回武夷山市某茶叶公司的诉讼请求。

➲ 二审法院查明的事实

北京市高级人民法院确认了一审判决查明的事实，并补充查明了福建某茶叶公司将"金骏眉"当作茶叶产品名称加以使用、该公司明确表明被异议商标若获准注册，将授权武夷山市茶叶同业公会永久、无偿、独占管理被异议商标、武夷山市人民政府 2010 年 8 月 4 日向国家质量监督检验检疫总局作出的《武夷山市人民政府关于将福建武夷山市武夷红茶列为地理标志产品保护的请示》中写明"金骏眉"是武夷红茶的新品种之一等事实。

➲ 二审法院判决理由与裁判结果

北京市高级人民法院认为：根据《商标法》的有关规定，商品的通用名称不得作为商标注册。审查判断诉争商标是否属于通用名称，一般以提出商标注册申请时的事实状态为准。如果申请时不属于通用名称，但在核准注册时诉争商标已经成为通用名称的，仍应认定其属于本商品的通用名称；虽在申请时属于本商品的通用名称，但在核准注册时已经不是通用名称的，则不妨碍其取得注册。判断诉争商标是否为其指定使用商品的通用名称，应当审查其是否属于该商品法定的或者约定俗成的商品名称。

商品的法定通用名称，是指依据法律规定或者国家标准、行业标准确定的商品通用名称。本案中，根据各方当事人提交的证据材料，截至第 53057 号裁定作出时，"金骏眉"并未被我国相关法律或者国家标准、行业标准作为商品的通用名称使用，因此，依据现有证据，不能认定"金骏眉"为茶等商品的法定通用名称。

约定俗成的通用名称一般以全国范围内相关公众的通常认识为判断标准。对于由于历史传统、风土人情、地理环境等原因形成的相关市场较为固定的商品，在该相关市场内通用的称谓，可以认定为通用名称。根据本案相关证据可知，福建某茶叶公司将"金骏眉"作为商标注册，是将其"作为一种红茶"进行商标注册的。但是，商品通用名称的形成，除法律规定或者国家标准、行业标准的规定外，主要依赖于市场的客观使用情况，因此，商品通用名称的认定并不能单纯或者仅仅依据某一特定市场主体的使用情况而加以认定，只有该商品所在领域的相关公众均使用该名称指代该商品时，才能认定该名称为该商品的通用名称。

现有证据无法证明被异议商标申请注册之前有除福建某茶叶公司外的其他市场主体使用"金骏眉"这一名称指代某一类茶商品，也未能证明茶商品领域中的相关公众将"金骏眉"作为商品名称加以识别和对待，因此，依据现有在案证据，不能证明在被异议商标申请注册时，"金骏眉"已被相关公众作为茶等商品的通用名称加以识别和对待，故不能认定被异议商标申请注册时，"金骏眉"属于茶等商品的通用名称。

但是，被异议商标是否构成其指定使用商品的通用名称亦需要考虑原商标评审委员会作出第53057号裁定时的实际情况。从本案相关证据可知，中国茶叶流通协会、海峡茶叶交流协会和武夷山市茶叶局等行业协会、主管机关均将"金骏眉"作为福建某茶叶公司研制的某一档次的红茶品种名称使用。且福建某茶叶公司自己也将"金骏眉"作为商品名称加以使用。除此之外，武夷山市某茶叶公司提交的相关证据显示相关公众将"金骏眉"作为一种红茶的商品名称加以识别和对待，结合《武夷山市人民政府关于将福建武夷山市武夷红茶列为地理标志产品保护的请示》的有关内容，还表明相关公众将"金骏眉"作为一种红茶商品的通用名称加以识别和对待。故足以证明在第53057号裁定作出时，"金骏眉"已作为一种红茶的商品名称为相关公众所识别和对待，成为特定种类的红茶商品约定俗成的通用名称。因此，被异议商标的申请注册违反了《商标法》第11条第1款第1项的规定。

针对被异议商标注册目的是授权武夷山市茶叶同业公会永久、无偿、独占管理的这一事实，并结合法律相关规定，应当明确在《商标法》的框架下，商品商标与集体商标从性质、功能等方面均是完全不同的。商标的首要功能是区分商品或服务来源，集体商标是用以表明使用者在该集体中的成员资格的标志，因此，商品商标与集体商标二者在性质、功能等方面截然不同，不应混为一谈。如果某一商标标志将作为集体商标性质的商标，由某一团体、协会的成员使用，则其将由于丧失区分商品或者服务来源的识别作用，而不应作为商品商标加以注册。

针对原商标评审委员会程序违法之处，本院予以纠正。

综上，原审判决认定事实不清，适用法律错误，本院判决撤销原审判决及第53057号裁定，要求国家知识产权局重新作出裁定。

➲ 案例解析

本案是关于通用名称判定的典型案例。理论上，不得将通用名称注册为商标，这一结论看似明确，事实上在商标授权、确权案件中，诉争商标是否构成通用名称的争议却屡见不鲜，如"沁州黄"小米案[①]、"鲁锦"案[②]等。这些案件频发的根本原因在于实践中对通用名称判定的标准不一。鉴于此，本文基于"金骏眉"一案，结合相关法律规定和司法裁判规则，探讨通用名称认定标准问题，旨在为类似案件提供一定参考。

一、通用名称的界定

在讨论通用名称的判定标准前，有必要对通用名称定义及内涵加以明确，因此，下文将从通用名称的定义、类型及其与相关概念的辨析三方面进行界定。

（一）通用名称的定义

《商标法》第 11 条第 1 款规定仅有本商品的通用名称的标志不得作为商标予以注册，但该条款对于何为通用名称未给出明确定义。因此，2016 年 12 月公布的《商标审查及审理标准》对通用名称的定义作出了规定，指出通用名称是指国家标准、行业标准规定的或者约定俗成的名称，这里的名称包括全称、简称、缩写和俗称。[③]对于通用名称的定义，学界有观点认为商品通用名称是指在某一范围内为相关公众普遍使用的，反映商品之间根本区别的规范化称谓，包括规范的商品名称、俗称和简称。[④]还有观点认为通用名称是社会通用的商品分类体系中商品的门类、大类、中类、小类、品类以及品种的名称，并借助商标与通用名称的区别进一步释明通用名称的内涵，指出商标是为了说明商品来源于谁，而通用名称则是为了说明商品是什么。[⑤]尽管在表述上存在些许差异，但基本上都将通用名称定义为普遍用于指称某一商品或服务的名称。

（二）通用名称的类型

从前述《商标审查及审理标准》的相关规定来看，通用名称包括法定的通用名称和约定俗成的通用名称两类。

1.法定的通用名称

根据 2020 年修正的《商标授权确权行政案件规定》第 10 条的规定可知，

---

① 参见最高人民法院（2013）民申字第 1642 号民事裁定书。
② 参见山东省高级人民法院（2009）鲁民三终字第 34 号民事判决书。
③ 详见《商标审查及审理标准》第二部分商标显著特征的审查关于"仅有本商品的通用名称、图形、型号的"规定。
④ 参见尹红强：《商品通用名称与商标权辨析》，载《河北学刊》2014 年第 2 期。
⑤ 参见张今、卢结华：《商标法中地域性名称的司法认定：商标、地理标志、特有名称与通用名称之辨析》，载《法学杂志》2019 年第 2 期。

法定的通用名称通常是指依据法律规定或者国家标准、行业标准中规定的商品通用名称。从法定通用名称的定义来看，其主要规定于一些具有权威性的文本中，具有较高的规范性，常见的法定通用名称如药品通用名称等。若在法律规定、国家标准或行业标准中规定了某一商品的通用名称的，其证明材料的证明力一般优于约定俗成的通用名称的证明材料。

2. 约定俗成的通用名称

约定俗成的通用名称是指全国范围内相关公众普遍认为某一名称能够指代某一类商品的名称，被专业工具书、辞典等列为商品名称的，可以作为参考，对于由于历史传统、风土人情、地理环境等原因形成的相关市场固定的商品，在该相关市场内通用的称谓，可以认定为通用名称。[①] 由于约定俗成的通用名称认定大多依赖相关公众的认知情况，因此，这类案件存在较多分歧。

（三）通用名称与相关概念之辨析

司法实践中，争议案件常常会涉及通用名称与商标、地理标志等商业标志的区别，因此下文将简述通用名称与其他不同概念的区别。

1. 通用名称与商标

商标是指用于识别商品或服务来源的标志，通用名称则是公众普遍使用的用于指称商品或服务的名称。两者的主要区别在于，商标在保护期内由私人占有，而通用名称则属于公共领域的范畴，不仅如此，两者发挥的作用亦不同，商标是为了让相关公众识别商品或服务来源，而通用名称只是为了说明商品或服务是什么。

2. 通用名称与地名商标和地理标志

地理标志，是指标示某商品来源某地区，该商品的特定质量、信誉或其他特征，主要由该地区的自然因素或人文因素所决定的标志。地名商标是指含有地名的商标。通用名称与地名商标和地理标志的区别在于通用名称属于公共领域，而地名商标和地理标志均属于私权，其中地名商标的专有性相对于地理标志而言较强，而地理标志主要是由在某一地理区域的集体成员共同使用。

二、通用名称的认定

通用名称分为法定的通用名称和约定俗成的通用名称，两者在认定上存在相同之处和不同之处。相同之处主要在于判断的时间上，两者一般均以商标申请日的事实状态为准，若之后事实状态发生变化的，则以核准注册时的事实

---

① 详见《商标授权确权行政案件规定》（2020年修正）第10条。

状态为准。① 如本案中，二审法院指出审查诉争商标是否属于通用名称一般应考虑申请时的事实状态，但若申请时不属于通用名称而在核准注册时已经成为通用名称的，仍应当认定为通用名称，若在申请时属于通用名称而核准注册时已经不是通用名称的，不妨碍其注册，本案"金骏眉"虽在商标申请时尚未被相关公众作为商品名称，但在裁定作出时已经被相关公众作为特定种类红茶商品名称，因此属于约定俗成的通用名称。不同之处主要在于法定的通用名称参考的证明材料相对而言更加权威、客观，而约定俗成的通用名称则存在较多主观考量的因素，争议较大，下文将分别进行阐述。

（一）法定的通用名称的认定

法定的通用名称的认定过程中，若当事人能举证证明这一名称在法律规定、国家标准或行业标准中有所记载，则一般可以认定其为法定的通用名称，属于公共领域，可供公众自由使用，但司法实践中亦有例外，即使在法律规定、国家标准或行业标准中有所记载的，并不一定就被认定为法定的通用名称，还需要考虑在公众中实际使用的效果。例如，在"片仔癀八宝丹"商标不予注册复审纠纷案中，最高人民法院指出尽管"八宝丹"在相关药典和国家标准中有所规定，但从实际使用的效果来看，"八宝丹"并未通用化，因此不属于通用名称。② 又如，在北京某酒业公司诉北京某酿造公司侵犯商标权纠纷案中，北京市高级人民法院指出，尽管有酿酒协会出具的书面材料记载"甑流""甑馏"是酿制白酒工艺过程的名称，但由于并无证据表明白酒制造行业和相关公众已经将其作为通用名称，因此，"甑馏"不属于通用名称。③ 正如有学者所说，法定的通用名称的判断核心并不在于权威人士或权威资料，国家或行业规定只能是认定通用名称的初步推定，若有其他证据证明相关公众并未将该名称作为通用名称使用的，则可以推翻这一初步认定。④

（二）约定俗成的通用名称的认定

从约定俗成的通用名称的定义来看，约定俗成的通用名称的认定一般考虑相关公众的认知、相关市场的行业通用惯例等因素，但由于相关公众、相关市场的判断存在一些模糊的边界，因此，司法实践中的争议主要集中于约定俗成的通用名称的认定上。

---

① 详见《商标授权确权行政案件规定》（2020 年修正）第 10 条第 4 款。
② 参见最高人民法院（2019）最高法行申 2811 号行政裁定书。
③ 参见北京市高级人民法院（2003）高民终字第 543 号民事判决书。
④ 参见杜颖：《通用名称的商标权问题研究》，载《法学家》2007 年第 3 期。

1.地域范围

依据现有的司法解释可知，约定俗成的通用名称一般以全国范围内相关公众的通常认识为准，若形成了固定的相关市场的，也可以将相关市场中通用的称谓认定为通用名称，即在地域范围判定上一般先选择全国范围，特殊情况将选择相关市场。

2.判断主体

约定俗成的通用名称的判断主体不同于法定的通用名称，法定的通用名称以权威资料作为考量因素，判断主体一般为权威人士，而约定俗成的通用名称的判断主体为选定地域的相关公众，并以相关公众的通常认知作为判断标准。

三、通用名称认定中的难点——"参考系"的寻找

在通用名称认定中，存在争议较多的是"参考系"的寻找，即相关公众及地域范围的界定，这也是约定俗成的通用名称认定过程中的难点所在。

（一）相关公众的界定

相关公众的界定与地域范围的界定联系紧密，可以认为地域范围的选择决定了相关公众的范围，关于地域范围的界定将在下文详述，此部分仅探讨相关公众是仅指消费者，还是包括消费者和经营者。本案二审法院指出，通用名称的认定不能仅依据某一特定市场主体的使用情况，只有该商品所在领域的相关公众均用该名称指代该商品时，才能认定为通用名称。实践中，相关公众的认知常作为通用名称判断要素，但何为"相关公众"则存在分歧，本案二审法院也未详述"相关公众"的群体范围。根据《最高人民法院关于审理商标民事纠纷案件适用法律若干问题的解释》（2020 年修正）第 8 条的规定，商标法中的相关公众包括与商标所标识的某类商品或者服务有关的消费者和与前述商品或者服务的营销有密切关系的其他经营者。通用名称的认定主要是为了避免由私人垄断某一用于指称商品的名称，从这个意义上看，其保护的不只是消费者的利益还包括经营者的利益，因此有必要将行业经营者的普遍认知作为参考因素。

（二）地域范围的界定

通用名称中地域范围的界定主要存在三种情况：一是在全国范围内广泛流通并使用；二是在全国范围内都有流通，但仅有部分地区公众以某一名称指称该类产品，但其他地区公众并不使用；三是由于历史传统、风土人情、地理因素等仅在某一地区流通，且形成了通用的称谓。

对于第一种情况，由于流通范围是全国范围且公众广泛使用，容易证明构成通用名称，此种情况争议不大。

对于第二种在全国范围内均有流通，但仅有部分地区公众以某一名称指称，这类称谓是否可以认定为通用名称，存在争议。如在"子弹头"商标行政纠纷案①中，一审法院认为"子弹头"是朝天椒的一种品种，因其果实形状像子弹头形状而被称为"子弹头"，随着辣椒的广泛种植，已成为相关公众认为的特定形状及品种辣椒的俗称，因此构成约定俗成的通用名称。二审法院则认为通用名称应具有广泛性和规范性的特征，河南省柘城县和贵州省遵义地区均将形状像子弹头的辣椒通称为"子弹头"，但并无证据证明在我国其他辣椒产区有将"子弹头"作为辣椒俗称的情形，现有证据尚不足以证明"子弹头"已经在国家或者本行业中成为广泛使用的商品名称，故不属于通用名称。从该案的一、二审判决结果来看，法院的判决差异在于地域范围的界定，一审法院选择相关地区作为认定通用名称的地域范围，二审法院则认为应当将全国范围作为判断标准。类似的案例还有"水鸟被"案②、"状元红"案③等。

对于第三种情况，当商品仅在某一固定市场流通的，在判断名称是否属于通用名称时，一般会将固定市场所涵盖的地区作为认定通用名称的地域范围。例如在"兰贵人"案④中，一审法院明确指出，福建、广东、广西、云南、海南等省份茶叶行业使用"兰贵人"情况满足了其广泛性的事实构成，虽没有推广至全国，但从这五个省份的使用情况来看，已经成为这五个省份内茶叶行业普遍使用的茶品名称。类似的还有"鲁锦"案⑤，山东省高级人民法院认为对于具有地域性特点的商品通用名称，其认定不应以全国为标准，而应以特定产区的相关公众为标准。

认定通用名称的相关案件中，即使是同一案情，在地域范围的选择上，不同法院都有着不同的观点。例如，在"稻花香"案⑥中，一审法院认为"稻花香"不属于通用名称，二审法院将地域范围限定于五常市，因此认为"稻花香"使用在大米上构成通用名称，最高人民法院则认为二审法院并未考虑涉案

---

① 参见北京市高级人民法院（2006）高行终字第 188 号行政判决书。

② 参见广东省高级人民法院（1999）粤法知终字第 30 号民事判决书。

③ 参见北京市第一中级人民法院（2006）一中行初字第 195 号行政判决书。

④ 参见北京市高级人民法院（2009）高行终字第 330 号行政判决书。

⑤ 参见山东省高级人民法院（2009）鲁民三终字第 34 号民事判决书。

⑥ 参见最高人民法院（2016）最高法民再 374 号民事判决书；张今、卢结华：《商标法中地域性名称的司法认定：商标、地理标志、特有名称与通用名称之辨析》，载《法学杂志》2019 年第 2 期。

产品的销售相关市场为全国范围，应当将全国范围内相关公众的认知作为判定标准，故认为"稻花香"不属于通用名称。

通用名称认定上的分歧根源在于现有规定并不能很好地解决通用名称认定过程中存在的问题，《商标授权确权行政案件规定》第10条给出的认定标准，即原则上以全国范围为准，特殊情形下以部分地区为准，这种"统筹兼顾"的"折中方案"似乎可以灵活处理通用名称认定存在的问题，但实质上混淆了地名商标、地理标志和通用名称的属性，容易将本属于地名商标或地理标志的标识认定为通用名称。[①] 对此，笔者认为，可以从通用名称设立的目的切入，通用名称不得作为商标注册是为了平衡私权和公共利益，但仅在特定地区使用的名称，其具有的利益尚不足以被称为广泛性的公共利益，不应被认定为通用名称，因此，有必要将通用名称认定的地域范围扩大至全国大部分地区。对于具有地域性的名称或标识，完全可以利用地名商标或地理标志加以保护，且利用地名商标或地理标志等保护特定地区的名称或标识更符合地方需要，例如在"沁州黄"小米案中，若将"沁州黄"认定为小米的通用名称，意味着即使不是山西省生产的小米也可能被称为"沁州黄"，从山西省的农产品保护角度出发，认定为通用名称并不利于山西省农产品的发展，选择地名商标或地理标志保护更符合地域发展的需要。回归本案，"金骏眉"被认定为通用名称实际并不利于当地茶业的发展，且从福建某茶叶公司与当地茶叶协会达成的意见来看，福建某茶叶公司在注册"金骏眉"商标后，将无偿授权给当地村民和企业使用，这一注册目的想要达到的效果实际上可以借助集体商标实现，"金骏眉"被认定为通用名称后，意味着非该地域的个人和企业均可自由使用，很可能失去地方特色。

四、结论

通用名称的认定有利于划清私权和公共利益的界限，若一标志被认定为通用名称，将会阻却其作为商标获准注册。近年来，司法实践中，通用名称认定的纠纷案件时有发生，案件争议的根源在于通用名称的认定标准不一，也正是因为目前立法尚无统一、明确的规定，通用名称的认定标准仍然存在模糊的地方，即使是争议相对较小的法定通用名称的认定，也存在分歧。因此，有必要研究通用名称的认定标准，尽量统一裁判标准，提高法律适用的可预见性。本案的启示在于，明确了通用名称认定的时间原则上以商标申请日为准，但若

---

① 参见张今、卢结华:《商标法中地域性名称的司法认定：商标、地理标志、特有名称与通用名称之辨析》，载《法学杂志》2019年第2期。

申请日至核准注册日期间，事实状态发生改变的，则应当以商标核准时相关公众的认知情况为准，尊重客观事实，准确认定通用名称，避免私权与公共利益的失衡。基于本案并结合其他同类案例可见，通用名称认定的难点主要集中在"相关公众"的范围界定和地域范围的确定等方面。为统一裁判标准、减少分歧，有必要对通用名称认定相关问题进行更为深入的研究。

商标法中通用名称的认定

——邓某与某食品有限公司、某百货有限公司侵害商标权纠纷案

/李辛

⊃ 本案要旨

通用名称可分为法定的通用名称和约定俗成的通用名称，法定的通用名称可以通过国家标准、行业标准等官方正式文件、规定进行证明；约定俗成的通用名称则应结合相关公众认知、是否被专业工具书、词典收录以及相关市场上的历史传统、风土人情和地理环境等因素进行判定。对通用名称的认定应采取相对严格的标准，商标局在驳回商标注册通知中关于通用名称的认定、民间组织关于通用名称的证明均不能作为证明通用名称的唯一证据。商标中含有《商标法》第 59 条规定的商品的质量、主要原料等公共领域信息的，商标权人无权禁止他人就该部分信息进行描述性使用等具有正当目的的使用。

⊃ 案件信息

申请人（一审原告、二审上诉人）：邓某

被申请人（一审被告、二审被上诉人）：某食品有限公司

一审被告：某百货有限公司

案号：福建省高级人民法院（2015）闽民终字第 192 号、最高人民法院（2015）民申字第 1681 号

⊃ 再审主张及理由

再审申请人邓某主张：（1）二审法院采信的证据不具有证明"金丝肉松饼演变成为肉松饼通用名称"的证明力。"金丝肉松饼"从未演变成为肉松饼的通用名称。退一步讲，即使演变为商品通用名称，还存在具体时间节点问题，处于时间节点之前使用他人商标的行为仍应认定为侵权并判决赔偿。二审

判决认为，2014 年 5 月 26 日起诉时，"金丝肉松饼"已演变为肉松饼通用名称。按照二审判决的认定，某食品有限公司被指控侵权的时间段为 2012 年 11 月 28 日至 2014 年 4 月 27 日，处于时间节点之前，在该时间段内，某食品有限公司使用"金丝肉松饼"并不属于二审判决所谓的对商品通用名称的使用。因此，成为通用名称之前的时间段存在侵权行为，二审判决对此未予认定，驳回其诉讼请求存在认定事实及适用法律的错误。（2）某食品有限公司使用"金丝"字样的行为构成商标侵权。糕点为上位概念，肉松饼为下位概念。被诉侵权产品上的"金丝"字样，属于在同一种商品上使用与注册商标相同的商标，应认定构成侵权。退一步讲，即使被诉侵权产品对"金丝肉松饼"的使用系对商品名称的使用，由于误导公众，仍应认定某食品有限公司构成侵权。"金丝"商标的显著性和知名度不足以否定某食品有限公司使用会造成混淆、误认的可能。（3）本案因侵权所受到的实际损失的具体数额难以确定，应以某食品有限公司的侵权获利作为计算赔偿额的依据。邓某要求某食品有限公司赔偿 1000 万元的诉讼请求有明确的事实和法律依据，应当得到全额支持。综上，请求法院撤销二审判决；判令某食品有限公司立即停止在肉松饼上使用"金丝"字样，沃某玛公司停止销售侵权产品；某食品有限公司在全国性报纸上刊登声明，为邓某消除影响；某食品有限公司赔偿经济损失 1000 万元（含合理费用）；承担本案全部诉讼费用。

再审被申请人某食品有限公司抗辩：（1）某食品有限公司使用的"金丝肉松饼"是作为商品的通用名称。"金丝"本身是一个描述性词汇，金丝肉松是表示商品的主要原料，某食品有限公司将"金丝肉松饼"作为商品名称来使用，而且涉案"金丝"商标无知名度，某食品有限公司的使用不可能造成对涉案"金丝"商标的使用造成混淆和误认。（2）邓某不能证明其受到的损失，"金丝"商标显著性不高，不具备容易导致混淆的必要要件，而且某食品有限公司标注了"友臣"商标，不存在侵权行为。（3）在金丝商标授权前，某食品有限公司在生产销售金丝肉松饼时进行了大量的广告宣传，目前已经不再使用金丝肉松饼的标注，即使构成侵权也仅需要停止侵权，无须进行赔偿。请求驳回上诉，维持原判。

原审被告某百货有限公司抗辩：邓某取得涉案"金丝"商标时，某食品有限公司在 2012 年 8 月已经生产了金丝肉松饼，在本案起诉时，市场上的肉松饼厂家达 90 多家，均约定俗成地将金丝肉松饼作为商品的名称使用，并标注各自的商标以示区别。金丝肉松饼已成为内馅为金黄色丝状肉松的一类饼的通用名称。某食品有限公司被诉的使用行为不构成侵权，沃某玛世贸分店也无须停止销售该产品。

➲ 一审法院查明的事实

邓某于 2012 年 11 月注册"金丝"商标，核定使用商品为第 30 类糕点等。2014 年 1 月，邓某将"金丝"商标许可给厦门市某食品有限公司、晋江市某食品工业有限公司等使用。2014 年 4 月，厦门市某食品有限公司将"金丝"商标用于其生产的肉松饼上。被告某食品有限公司成立于 2012 年 6 月，经营糕点。至迟在 2012 年 8 月，某食品有限公司开始生产"金丝肉松饼"，该商品的商标为"友臣"。2013 年 7 月，某食品有限公司以"友臣，金丝肉松饼领导品牌"的广告语在浙江卫视、湖南卫视、动车座椅、杂志、期刊等媒体上对其产品进行宣传。邓某以某食品有限公司在其肉松饼上使用"金丝"字样，侵害其"金丝"商标专用权为由，将某食品有限公司诉至法院，请求某食品有限公司停止侵害其"金丝"注册商标专用权，且赔偿其经济损失 1000 万元。诉讼过程中，某食品有限公司提交福建省食品工业协会出具的《证明》，证明"截至目前，全国食品行业已有上百家企业生产销售各种品牌的'金丝肉松饼'产品。'金丝肉松饼'已经成为以'金丝肉松'为馅料的馅饼类产品的通用名称"。

➲ 一审法院判决理由与裁判结果

一审法院认为：某食品有限公司生产的商标为"友臣"的"金丝肉松饼"，其突出使用的是"友臣"商标，不会造成相关公众混淆和误认，故某食品有限公司使用"金丝肉松饼"的行为不构成商标侵权，判决驳回邓某的全部诉讼请求。

➲ 二审法院判决理由与裁判结果

二审法院认为：注册商标专用权分为注册商标的专用权和禁用权。邓某的"金丝"商标虽未注册在"馅饼"或"肉馅饼"上，但其核准使用的"糕点"商品类别与"肉松饼"构成类似商品，邓某在"肉松饼"类商品上对"金丝"商标享有禁用权。"金丝肉松饼"经过广泛使用，已经成为内馅为金黄色丝状肉松的一类饼的通用名称，故某食品有限公司使用"金丝肉松饼"的行为不构成商标侵权。判决驳回上诉，维持原判。

➲ 再审法院判决理由与裁判结果

再审法院认为：根据《商标法》第 59 条第 1 款之规定，"注册商标中含有的本商品通用名称、图形、型号，或者直接表示商品的质量、主要原料、功能、用途、重量、数量及其他特点，或者含有的地名，注册商标专用权人无权禁止他人正当使用"。

首先，本案某食品有限公司在生产、销售的被诉侵权产品上标注有"金丝肉松饼"。根据邓某提交的证据，国家标准 GB/T 23968—2009 记载："3.1 肉松 dried meat floss 以畜禽瘦肉为主要原料，经修整、切块、煮制、撇油、调味、收汤、炒松、搓松制成的肌肉纤维蓬松成絮状的熟肉制品……5.3 感官要求：形态呈絮状，纤维柔软蓬松，允许有少量结头，无焦头，色泽呈浅黄色或金黄色……"由于被诉侵权产品的馅料为肉松，其加工为符合国家标准的肉松时，保持了纤维柔软蓬松，色泽浅黄色、金黄色的特点。某食品有限公司将该肉松描述为金色和丝状，并在产品上标注为"金丝"，属于直接为产品中肉松的特点进行的描述性表述，该描述性的使用是为辨识产品原料肉松的客观特点，该使用与标注商标用于分辨商品和服务的提供者具有不同的目的和效果。其次，根据一、二审审理查明的事实，涉案商标于 2011 年 7 月 29 日申请，2012 年 8 月 27 日初审公告，并于 2012 年 11 月 28 日被核准注册，核定使用商品为第 30 类"糕点；包子；面包；花卷；馒头；大饼；面粉制品；以谷物为主的零食小吃"。某食品有限公司成立于 2012 年 6 月 8 日，经营糕点（烘烤类糕点），使用的第 79×××71 号"友臣"商标核定使用商品为第 30 类"饼干；咖啡；糖；糖果；馅饼；玉米面；含淀粉食物；豆粉；冰淇淋；食用芳香烃"。某食品有限公司提交了其于 2012 年 8 月 2 日生产的商标为"友臣"金丝肉松饼的证据。同时还提交了证据证明自 2013 年 7 月开始，其在浙江卫视、湖南卫视、江苏卫视、四川卫视、安徽卫视、中央 14 套、《时代列车》《晋江商人》《福建质量技术监督》以及动车车厢等平面媒体对"友臣牌"金丝肉松饼产品持续进行广告宣传的事实。邓某提交的使用涉案"金丝"商标生产肉松饼的证据为：通过公证取得的厦门市某食品有限公司生产的一箱"金丝肉松饼"，时间为 2014 年 4 月 8 日，是在某食品有限公司生产销售涉案金丝肉松饼之后，而某食品有限公司生产销售涉案金丝肉松饼是在涉案商标初审公告之前。因此，某食品有限公司在生产、销售的被诉侵权产品上标注产品馅料为金丝肉松，在主观上并不存在攀附涉案商标声誉的意图，客观上亦不会产生混淆误认。根据《商标法》第 59 条的规定，注册商标专用权人无权禁止他人对直接表示商品的质量、主要原料、功能、用途、重量、数量及其他特点的正当使用行为，故本案某食品有限公司在生产、销售的金丝肉松饼上标注"金丝"二字，并未侵害涉案商标权。一、二审法院关于驳回邓某诉讼请求的实体处理，并无不当。邓某关于某食品有限公司生产销售金丝肉松饼侵害涉案注册商标专用权的再审申请理由，本院不予支持。

关于金丝肉松饼是否为通用名称的问题。某食品有限公司为证明金丝肉松饼是通用名称提交的证据有：本案起诉时，市场上有九十几家厂商在销售的商品上标注有金丝肉松饼的字样。邓某也举证证明在同时期的商品上，市场上有二三十家厂商没有标注金丝肉松饼，而是标注厂商自己的商标经销肉松饼产品。因此，该证据不足以证明金丝肉松饼为通用名称。某食品有限公司还提交了国家工商行政管理总局商标局在 2014 年 4 月 21 日驳回游某文在第 30 类商品上申请注册"金丝肉松饼"的《商标驳回通知》，其中记载"该文字是商品的通用名称，用在指定商品上容易造成消费者对商品的误认，不宜作为商标注册"。本院认为，该驳回通知也不足以证明金丝肉松饼为通用名称。某食品有限公司提交了福建省食品工业协会出具的《证明》。虽然该证明记载金丝肉松饼为通用名称，但并未附任何相关事实依据，且该协会是福建省部分食品企业自发成立的民间组织，某食品有限公司为该协会常务理事单位。本院认为，在无相应证据基础的情况下，不能仅依《证明》进行本案的事实认定。根据邓某在本案一、二审提交的证据，肉松饼在所执行的糕点的国家标准中，没有记载"金丝"这一名称。某食品有限公司并无证据证明"金丝肉松饼"为法定的商品名称，其所提供的证据不能证明在相关市场上，基于历史传统以及风土人情和地理环境对"金丝肉松饼"已经形成了约定俗成的较为固定的称谓。某食品有限公司提供的证据不能证明"金丝肉松饼"为法定或者约定俗成的商品名称，邓某关于该问题的申请再审理由成立，本院予以支持。二审判决认定某食品有限公司使用"金丝肉松饼"是对商品通用名称的使用存在错误，本院予以纠正。

综上，邓某的再审申请不符合《民事诉讼法》第 200 条规定的情形。依照《民事诉讼法》第 204 条第 1 款的规定，裁定如下：驳回邓某的再审申请。

⊃ 案例解析

本案的争议焦点之一即"金丝肉松饼"是否构成商标法意义上的通用名称。尽管《商标授权确权行政案件规定》第 10 条及商标局和商标评审委员会修订的《商标审查及审理标准》对通用名称进行了规定，但并未明确其定义及认定标准，司法实践中也由此产生了一系列问题，不仅易导致法律适用分歧，同时也不利于引导和规范相关市场主体的行为。因此，研究通用名称的认定确有必要。本案即关于通用名称认定的典型案例之一，下文将基于案件和相关理论对上述问题进行探究。

一、通用名称认定存在的问题

我国已存在不少涉及通用名称的案件，经过对现存案例的梳理分析，可以将我国通用名称认定中存在的问题进行如下归纳。

（一）证据标准不一

根据《商标授权确权行政案件规定》第10条的规定，我国通用名称可以分为法定通用名称与约定俗成的通用名称两类。前者在认定时可以依据法律规定或者国家标准、行业标准进行判断，后者则以相关公众普遍认知为判断标准，并可将专业工具书、辞典等作为参考。认定是否构成法定通用名称时往往争议较小，但认定是否构成约定俗成的通用名称时，法条仅将专业工具书、辞典明确作为参考依据，而司法实践中对于其他证明材料是否具有效力存在分歧，存在证据标准不一的问题。

（二）法官自由裁量权较大

认定约定俗成的通用名称依据的是相关公众的普遍认知。尽管司法解释规定了在认定时可为参考的证明材料，但司法实践中存在不同的判断方式。一种采取审慎严格的态度，认定约定俗成的通用名称，必须有专业工具书、辞典或其他证据作为依据，否则即认定其不构成通用名称。另一种则采取相对宽松的态度，认定约定俗成的通用名称依循法官的内心确信。法官以自己的判断替代相关公众的普遍认知，缺乏必要的说理论证。这种判断方式无疑放大了法官的自由裁量权，使法官的主观判断得以主导案件的结果。

二、通用名称认定的完善建议

当下我国通用名称认定存在证据标准不一、法官自由裁量权较大的问题，因法定的通用名称构成要件和证据标准较为明确，这些问题主要集中在约定俗成的通用名称的认定案件中。解决上述问题可以从精准定义、统一标准的角度切入，本文拟从如下方面提出完善建议。

（一）明确相关公众标准

相关公众普遍认知是约定俗成的通用名称的判断标准，要解决法官自由裁量权较大的问题，就是要使该判断标准由客观决定而非主观主导。换言之，即让相关公众普遍认知成为明确具体的客观判断标准，尽可能摒除法官自由裁量产生的影响。

首先，应当明确相关公众的范围。我国《商标法》未对"相关公众"作明确定义，但根据《最高人民法院关于审理商标民事纠纷案件适用法律若干问题的解释》第 8 条"商标法所称相关公众，是指与商标所标识的某类商品或者服务有关的消费者和与前述商品或者服务的营销有密切关系的其他经营者"，以及《驰名商标认定和保护规定》第 2 条第 2 款"相关公众包括与使用商标所标示的某类商品或者服务有关的消费者，生产前述商品或者提供服务的其他经营者以及经销渠道中所涉及的销售者和相关人员等"规定可窥其外延。有学者认为，两者主要区别仅在于对"经营者"的规定，并无本质差异。根据法律解释理论，可将后者所涉定义看作对前者"与前述商品或服务的营销有密切关系的其他经营者"的解释，将"有密切关系的其他经营者"解释为生产商品或提供服务的经营者、经销渠道中所涉及的销售者和相关人员。① 也有学者认为，尽管经营者等其他主体也被归为相关公众，但根据商标法的立法意旨和国际上的通常做法，消费者应当是最重要的认定主体，当消费者和其他经营者之间的认知产生冲突时，仍然应当以消费者的心理感知为准。② 笔者认为，保护消费者权益并非商标法唯一的立法意旨，《商标法》第 1 条将保障消费者与生产、经营者的利益相并列，可见二者具有平等性。当消费者与生产、经营者认知产生冲突时不能一味地向消费者利益倾斜。同时，"相关公众"是一个包含在一个具体案例里的广泛群体，并不一定总是意味着某一类人，在确定相关公众范围时应考虑商品的具体特点，结合商品使用方式、专业性、地域特征等因素，根据个案具体情况进行判断。③

其次，应当重视客观证据在认定相关公众普遍认知过程中的作用。除根据司法解释将专业工具书、辞典等作为参考依据外，还应当充分结合其他客观证据。一方面，应当认识到行业期刊、报纸等纸质媒体也可作为判定相关公众普遍认知的重要依据之一。如在上海某绿色食品（集团）有限公司、国家工商行政管理总局商标评审委员会商标行政管理（商标）纠纷案中，最高人民法院认为，大量与生产销售"千页豆腐"有关的媒体报道均提及典某公司，典某公

---

① 参见李永明、刘筱童：《商标法中"相关公众"的范围界定》，载《浙江大学学报（人文社会科学版）》2019 年第 6 期。

② 参见李嘉丽、谢晓敏：《从"澳门豆捞"案看通用名称的认定标准》，载《中华商标》2017 年第 11 期。

③ 参见李然：《商品通用名称认定标准的反思与重构》，载《电子知识产权》2020 年第 6 期。

司在行业中生产销售此类豆腐制品的占比较大，其获准注册诉争商标后积极维权并在使用诉争商标过程中注意标注注册商标标识，客观上已形成了"千页豆腐"唯一提供主体的市场格局。故相关公众可在"千页豆腐"和典某公司之间建立对应关系，"千页豆腐"并未成为通用名称。[①] 除此之外，在四川某灯影牛肉食品有限责任公司与达州市某肉类制品有限公司侵害商标权纠纷案中，最高人民法院也将"灯影牛肉"在多个电视媒体、期刊被报道作为认定其构成通用名称的依据之一。[②] 但是行业报纸、期刊的证明效力不能一概而论。其一，就地域而言，对于地方性报纸、期刊的刊登报道，只能作为认定该地区的相关公众认知的依据。其二，根据纸质媒体的知名度和权威程度不同，其证明效力的强弱亦应有所差异。对于知名报刊、权威期刊等影响力较大的读物，其传播面更广、受众更多，理当具有更强的证明效力。而对于知名度较小的纸质媒体，其很可能不能作为单独证明相关公众普遍认知的证据。例如在苏州某邻里中心发展有限公司与北京某咨询有限公司侵害商标权纠纷案中，北京市丰台区人民法院认为，北京某咨询有限公司提交的个别媒体文章对"邻里中心"一词的使用不具有行业内的普遍性和权威性，不足以证实在全国范围内相关公众或行业内均对"综合性社区服务类公共社区服务"这一服务形式约定俗称为"邻里中心"。[③] 另一方面，还尤其应当重视消费者调查的证明作用。在我国，消费者调查也正成为法院判断相关公众普遍认知的重要证据。北京市高级人民法院印发的《关于商标授权确权行政案件的审理指南》第13条明确规定，对于相关公众能否将诉争商标和引证商标相区分，当事人可以提供市场调查结论作为证据。消费者调查作为英美国家普遍适用的证据，能够最直观地反映相关公众的认知，但我国目前还缺乏权威的调查机构，无法由中立第三方提供调查报告，当事人自行获取的消费者调查难免有不够公正客观之嫌。但可以通过要求当事人提供调查过程的录像、说明调查的时间、地点、对象等方式对其消费者调查的证明力进行补强，法官也可结合日常生活经验和逻辑规则判断其真实性，绝不能因可能存在假冒伪造的嫌疑而一概否定消费者调查的效力。

[①] 上海某绿色食品（集团）有限公司、国家工商行政管理总局商标评审委员会商标行政管理（商标）案，参见最高人民法院（2018）最高法行申 8092 号行政裁定书。

[②] 四川某灯影牛肉食品有限责任公司与达州市某肉类制品有限公司侵害商标权案，参见最高人民法院（2017）最高法民申 1743 号民事裁定书。

[③] 苏州某邻里中心发展有限公司与北京某咨询有限公司侵害商标权案，参见北京市丰台区人民法院（2018）京 0106 民初 9176 号民事判决书。

（二）统一证据标准

证据标准不一是导致通用名称认定分歧的重要因素之一，统一证据标准可以削减法律适用分歧、避免类案不同判的问题。就我国司法实践而言，争议较大的证据主要包括非物质文化遗产名录和行业协会等民间组织出具的情况说明。

就非物质文化遗产名录而言，实践中存在大量将被列入非物质文化遗产名录的技法工艺作为商标注册使用的情形，如"越红""古方红糖""灯影牛肉"等。关于被列入非物质文化遗产名录是否可作为构成通用名称的证据，答案并非简单地肯定或否定，而应结合个案情况进行判断。被列入非物质文化遗产名录在一定程度上可以证明该名称的通用性，但也应当注意到有不少非物质文化遗产是小众的、不为人知的，例如一些濒临失传的传统民间技艺。从某种意义上而言，将这些技艺划为非物质文化遗产正是为了扩大其影响力、避免宝贵的文化财富消失于历史长河中。因此其本身并不为相关公众所熟知，自然不能被认定为通用名称。正如在浙江省龙泉市某有限公司与龙泉某工艺品有限公司侵犯商标专用权纠纷案中，浙江省高级人民法院指出："根据我国加入的《保护非物质文化遗产公约》，'非物质文化遗产，指被各社区、群体，有时是个人，视为其文化遗产组成部分的各种社会实践、观念表述、表现形式、知识、技能以及相关的工具、实物、手工艺品和文化场所'。因此，被列为国家级非物质文化遗产的并不都是通用名称，不能据此推定'龙泉宝剑'系通用名称的事实。"[①] 综上所述，应当认为被列入非物质文化遗产名录不能单独作为认定构成通用名称的证据，但可对其他证据的证明力进行加强。

就行业协会等民间组织出具的情况说明而言，一方面，这些组织的人员一般是相关领域的专业人士或有兴趣爱好的人士，可以在一定程度上代表该领域的相关公众普遍认知；但是另一方面，民间组织具有较强的自发性和自治性，其行为并不受严格的规章制度规范，也没有经过严密审慎的程序，且可能与当事人存在一定的关联关系。其出具的情况说明等文件既不具有权威性，也相对更容易被当事人意志所左右。例如本案中，最高人民法院认为福建省食品工业协会是福建省部分食品企业自发成立的民间组织，而当事人某食品有限公司为该协会常务理事单位，故没有采信该行业协会提交的情况说明。笔者认为，对民间组织出具的情况说明应当采取严格的审核标准，但不

---

① 浙江省龙泉市某有限公司与龙泉某工艺品有限公司侵犯商标专用权案，参见浙江省高级人民法院（2010）浙知终字第 63 号民事判决书。

宜一味否定其证据效力。对和当事人存在运营管理、商业合作等利害关系的民间组织出具的情况说明，其证明效力应弱于其他证据，不能单独作为认定事实的依据。对与当事人不存在直接利害关系的民间组织出具的情况说明，应当认可其证据效力，但因其权威性不足，同样不能作为单独认定构成通用名称的证据。

三、结论

通用名称的认定关涉私权利和公共利益的平衡，要妥善审慎地解决司法实践中的现存问题，既要明确相关公众范围，重视客观证据在认定相关公众普遍认知过程中的作用，又要统一证据标准，避免类案不同判的问题。只有公正客观地审定通用名称，才能避免商标权人经营心血付诸东流，保障社会公共利益不为私权所垄断。

商标通用名称的判断及合理使用的审查

——龙胜县某文化旅游产业公司诉秦某某侵害商标权纠纷案

/ 杨洵

● 本案要旨

认定注册地名商标的叙述性合理使用时，应当充分平衡商标权人的私人利益与第三人使用地名公共资源的公共利益。具体来说，应当考虑他人使用该地名是否真正出于叙述性描述的需要、是否意图攀附商标权人注册商标的知名度、是否导致消费者产生误认混淆。尤其对知名度较高和显著性较强的商标而言，他人在相同或类似商品上使用该地名，必须严格限制在法律规定的合理使用范围内。如果被诉侵权人将涉案商标使用于其产品外包装及宣传单上系一种具有商标标识性功能的使用，且在其产品标识中突出的商品标识是自身的商标，则被告使用涉案商标并非作为其商品的商业标志使用，而是为表明其商品的产地、质量等特征，客观上不会造成消费者的混淆和误认。

● 案件信息

原告：龙胜县某文化旅游产业公司

被告：秦某某

案号：广西壮族自治区桂林市叠彩区人民法院（2013）叠民初字第 620 号

● 原被告主张及理由

原告龙胜县某文化旅游产业公司诉称：原告系涉案注册商标的专用权人。原告生产的某一品牌茶叶质量上乘，畅销国内外，并获得了多项荣誉，在市场上享有较高知名度。2012 年 6 月，原告发现被告秦某某生产、销售的同类产品的外包装、宣传单及其店铺内外均恶意使用了原告享有商标权的"龙脊"字样。被告的行为严重损害了原告品牌的形象和商誉，给原告的经济利益造成了损害，应向原告承担侵权责任。

被告秦某某辩称：首先，被告产品外包装、宣传单及门店内外使用的系"龙胜龙脊十三寨"及"龙脊十三寨"字样，与原告的注册商标有明显区别。其次，"龙脊"作为龙胜县地区的一地名，其单纯作为商标的显著性较弱；被告产品外包装、宣传单及门店内外使用的文字中的"龙脊"二字只是产地的标注，没有要混淆原告产品的故意。最后，原被告双方的产品外包装上的"龙脊"二字在整体效果上具有明显区别，不会导致相关公众和消费者对二者的产品产生混淆和误认。

● 法院查明的事实

原告龙胜县某文化旅游产业公司成立于 2007 年 6 月 1 日，其经营范围包括：茶叶种植，加工销售；民族文化旅游开发；旅游接待；土特产品销售。2000 年 4 月 14 日，龙胜各族自治县明某茶叶加工厂在核定使用商品第 30 类"茶"上将涉案标识申请注册为商标，商标注册证号为 13××× 50，注册有效期限自注册之日起至 2010 年 4 月 13 日止。2010 年 7 月 26 日，经商标局核准，该商标续展至 2020 年 4 月 13 日。2012 年 11 月 12 日，经商标局核准，将该商标的注册人由龙胜各族自治县明某茶叶加工厂变更为原告。原告生产的某品牌茶叶包括古树红茶、绿茶等六个品种，其产品在桂林市、广西壮族自治区多次获得优质产品荣誉称号。

2010 年 4 月 6 日，被告秦某某在龙胜县某乡开办龙胜县某茶叶开发中心，经营类型为个人经营，经营范围为茶叶良种选育、种植推广、产品开发及加工销售。2012 年 9 月 11 日，被告在龙胜县某镇开办龙胜某土特产经营部，经营类型为个人经营，经营范围为预包装食品兼散装食品销售。被告自 2012 年 3 月开始试产茶叶，2012 年 9 月开始正式生产，生产的茶叶树种包括古树茶、大叶茶等四种，成品茶叶品种包括红茶、绿茶等三种。

原告的注册商标系文字商标，为"龙脊"二字的繁写体。原告在其茶叶产品的外包装，销售门店的门牌及店内的装饰背景墙上均使用了其商标作为商品标识。

被告在其茶叶产品的外包装及宣传单资料上设计、使用了"龙胜龙脊十三寨"的图标，该图标为竖长方形，右上角印有"龙胜龙脊"四字，其中"龙脊"二字为简写体，红底白色字体，其右下方注有"弘扬中国茶文化"文字；中间为"十三寨"三字，为书法写体；左边注有一段文字，内容为"茶园位于海拔高度在八百米以上的龙脊景区、地处亚热带、这里风景迷人、终年流水潺潺，云雾缭绕，日照短，温差大，独特的生长环境，更利于野生茶自然生长。十三寨茶采用祖传的制茶秘方，其茶味香醇，清甜爽口。清朝年间，曾一度作为向朝廷贡品之一"。被告门店的门牌为"龙脊十三寨"，其中"龙脊"位于门牌左上方，为简写小字体；"十三寨"位于门牌正中，为黄色大字体；右下方系"茶业"二字，为小字体。被告的店内装饰背景墙上使用的亦为"龙脊十三寨"文字，竖形排版；其中"龙脊"为简写体，红底白色小字体，位于右上方；中间为"十三寨"，为黄色大字体。

根据由龙胜县志编纂委员会编纂、汉语大词典出版社于1992年1月出版的《龙胜县志》一书记载，1961年5月28日，龙胜县改设18个公社，173个大队，其中龙脊大队划归为和平公社。1963年5月28日起，全县设8区、71乡，其中龙脊乡划归为和平区。1984年8月，政社分开，全县设8个乡、1个镇、119个村、1665个村民小组，其中龙脊、中禄村民小组划归为和平乡。龙胜县境内的梯田独特，在县城南21公里的龙脊梯田最为壮观。"龙脊十三寨"为壮族的团组织，清乾隆六年，龙脊设"塘"，由清官员管辖统治。民国23年，推行"乡村甲制"后，龙脊设村公所，"团"遂解体。

龙胜县内居住的壮、瑶、苗族人民素有吃"油茶"的习俗，故户种大叶茶极为普遍。1960年全县收干茶叶131 800斤，仅和平乡即占73 500斤。1966年至1967年，县委号召各公社、大队改坡地为水平梯地，大办茶厂。龙胜县境内多雾，适宜茶树生长，龙胜县种植茶已有300余年的历史，主要产区分布于和平、江底、马堤等。其中龙脊茶于清乾隆时已被列为"贡茶"。1983年，境内生产之龙脊茶，参加全国鉴评会，被认定为全国28大名茶之一。1985年，在全国茶叶品种鉴定会上被评为优良品种之一，主要品种有白毛尖茶、龙脊茶、大叶茶、粗茶等。

⊃ 法院判决理由与裁判结果

一、关于"龙脊"二字作为注册商标使用，其显著性是否较弱的问题

第一，"龙脊"的含义为一地理名称，属公共资源。公共资源是指自然生成或自然存在的资源，它能为人类提供生存、发展、享受的自然物质与自然条件，这些资源的所有权由全体社会成员共同享有，是人类社会经济发展共同所有的基础条件。根据原被告提供的《龙胜县志》一书的记载，清乾隆年间在广西龙胜县境内便有了"龙脊"这一行政管理组织；民国时便设置有龙脊村，

"龙脊"作为地理名称自古有之。龙胜县境内现有龙脊村（和平乡下辖），龙脊梯田（位于龙胜县城南 21 公里）。"龙脊十三寨"系龙胜县境内的壮族联盟，系十三个村寨的民间总称。"龙脊十三寨"中的"龙脊"冠以"十三寨"之前，意为一定区域范围的泛指。故"龙脊"一词的含义所指为广西壮族自治区龙胜县境内的一地理名称，应属公共资源。

第二，原告对涉案注册商标享有商标专用权，应受法律保护。《商标法》第 10 条第 2 款规定："县级以上行政区划的地名或者公众知晓的外国地名，不得作为商标。但是，地名具有其他含义或者作为集体商标、证明商标组成部分的除外；已经注册的使用地名的商标继续有效。"本案中的"龙脊"并非县以上行政区划的地名，可以作为商标注册。涉案商标经国家工商行政管理总局商标局核准注册，原告系该注册商标的持有人，且该注册商标尚在有效期内。

第三，作为地名商标的显著性较弱，其商标使用权适用弱保护原则。商标的显著性又称商标的区别性或识别性，是商标起区别作用的特性，也是商标被核准注册的前提条件。显著性是商标的灵魂和内在要求，商标保护的核心问题就是对商标显著性的保护。根据《商标法实施条例》第 49 条的规定，注册商标中含有地名的，注册商标专用权人无权禁止他人正当使用。因地名商标中行政区划的称谓或其他地理区域的名称属于当地社会公众共同拥有的一种公共资源，同一产地的厂家或商家应可共同享有、自由使用。如果地名商标被垄断使用，同一地区的厂家或商家就不能用该地名标识自己的企业名称或自己产品的来源出处，这显然是不公平的，不仅违反了公共利益，亦有悖于公平竞争规则和《商标法》的立法宗旨。正是由于地名商标显著性的欠缺，使其成为一种不可能给予过宽保护的商标。因此，法律对地名商标的保护有别于其他显著性较强的商标，不应当给予与显著性较强的商标同等的保护力度，法律对其提供的保护必须受到一定的限制。

本案中，"龙脊"作为广西壮族自治区龙胜县境内的一地理名称，属公共领域词汇，原告采用该地名申请注册商标并使用在其生产的茶叶产品上，会使消费者将该商品与作为地名的"龙脊"联系在一起。虽然原告合法取得了涉案注册商标的专用权，但其作为商标的显著性较弱，故对其商标权应适用弱保护原则。原告在选择"龙脊"二字作为其注册商标时，应当预见到法律对地名商标的保护力度相对较弱，对给予其注册商标的保护力度不应有过高的期望。

二、关于被告在其茶产品外包装、宣传单及店铺门牌上使用"龙脊"字样是否属于合理使用的问题

第一，被告将"龙胜龙脊十三寨"图文装潢标识使用于其产品外包装及宣传单上系一种具有商标标识性功能的使用。商标性使用是指以类似商标的标志来标识商品或服务的来源，以区别于其他相同或类似的商品或服务。被告生产的茶产品外包装上使用的"龙胜龙脊十三寨"图文装潢标识，其目的系向消费者标识该产品来源于被告，以区别其他同类产品。故被告使用"龙胜龙脊十三寨"标识的行为系一种商标性的标识使用，该标识具有商标的标识性功能。

第二，被告使用"龙胜龙脊十三寨"标识属于对地名商标的合理使用。商标的合理使用是法律对商标权的一种限制，即虽然商标权人在获得商标注册后对该商标享有在特定领域的独占使用权，但这种权利并不是绝对的，它必须受到一定的限制。由于地理名称的公共属性，法律对其保护力度相对偏弱。商标权人在选择地名注册为商标后，在特定条件下，非商标权人基于正当的目的，善意地使用了与已注册的地名商标相同或类似的标志时，在不引起社会公众混淆和误认的情况下，商标权人不能以商标专用权排除他人进行这种合理的使用。

根据上述基础理论，关于地名商标合理使用的构成要件应包括以下三个方面。

（一）使用方式为指明非商标权人的姓名或地址、商品的用途、功能、产地或种类等信息

本案中，被告在其茶叶产品的外包装及宣传资料上使用的"龙胜龙脊十三寨"图文标识，以及店铺门牌上使用的"龙脊十三寨"标识中，"龙脊"与"十三寨"系作为两个整体分开排版的，其中"龙脊"二字为红底白字，字体较小；"十三寨"为黑色书法写体，字体较大；二者均为简体字。总体观察被告使用的标识，"十三寨"三字在该标识的整体排版中占据了绝大部分位置，十分醒目；"龙脊"二字相比"十三寨"字体明显较小。由此可见，被告使用的意图系为突出"十三寨"这一文字信息，而"龙脊"系"十三寨"的前置定语。根据《龙胜县志》的记载，"龙脊"系龙胜县境内一地名。作为少数民族聚居地，龙胜县境内的壮族"团"组织以"龙脊十三寨"闻名于世。原"龙脊十三寨"主要由十三个村寨组成，故而得名。"龙脊十三寨"中的"龙脊"并不是对某一个行政乡、镇、村的特指，而应为一定区域范围的泛指。因此，本

院认为，被告使用"龙脊"二字为的是指明其茶叶产品的产地。

（二）使用人主观上须为善意

在民商事活动中，各民商事主体应遵循诚实信用原则，非商标权人对地名商标的使用在主观上必须是出于善意的、非不正当竞争目的的，才属于合理使用。本案中，被告在其"龙胜龙脊十三寨"图文标识的中间位置注有一小段叙述性文字，其中载明"茶园位于海拔高度在八百米以上的龙脊景区……十三寨茶采用祖传的制茶秘方，其茶味香醇，清甜爽口"。在这段文字中，被告对"龙脊"的叙述为"茶园位于龙脊景区"；而对其茶品的叙述为"十三寨茶"。从该段叙述文字可知，被告在其产品标识中突出的商品标识是"十三寨"而非"龙脊"，被告使用"龙脊"二字并非系作为其商品的商业标志使用，而是为表明其商品产地位于"龙脊景区"。

原告反驳称：从被告印制的宣传单上可知，被告的茶叶生产基地不在龙脊村，故被告在其产品标识上使用"龙脊"二字误导了消费者，侵害了原告的商标权。本院认为，虽然被告同是从事茶叶生产、销售的经营主体，但从被告提供的龙脊景区的照片及《龙胜县志》中对"龙脊"的历史记载可知，目前的"龙脊"从广义角度理解，其并非单纯限定为某个村寨，"龙脊景区"更普遍的含义应为"龙脊梯田景区"。对"龙脊景区"范围的理解应大于"龙脊村"。被告对其茶叶产地的描述系为"龙脊景区"，其含义并非就指"龙脊村"。另外，在清乾隆年间，"龙脊茶"就已被列为贡茶；1983年，"龙脊茶"被认定为全国28大名茶之一。可见，"龙脊茶"已成为一种茶叶品种。庭审中，被告辩称其用于产茶的树种系源于龙脊茶，故其在商品标识上标注"龙脊"字样并非虚假宣传其商品产地。被告使用"龙脊"二字系客观叙述其商品产地，其主观上没有"傍名牌""搭便车"的故意，属善意使用地名的情形。

原告同时反驳称：在龙胜县当地居民的观念中，"龙脊十三寨"的含义等同于"龙脊"，故被告使用"龙脊十三寨"文字等同于使用了"龙脊"文字，同样会混淆二者的产品，导致消费者的误认。本院认为，考察历史记载的情况，狭义的"龙脊"指的是"龙脊村"，而"龙脊十三寨"系十三个村寨的民间总称，此处的"龙脊"系一定地域范围的泛指，"龙脊十三寨"的含义不能等同于"龙脊"的含义；且原告的注册商标系"龙脊"，被告使用"龙脊十三寨"也只是其中的"龙脊"二字与原告的商标同字，考察被告是否侵权只能针对"龙脊"二字的使用情况，被告使用"十三寨"字样并不损害原告的商标权。

（三）客观上不会造成消费者的混淆和误认

对地名商标的使用不能让消费者对所想购买的商品或接受的服务之真实

情况产生误解；否则，这种使用不能构成对地名商标的合理使用，而是一种侵权行为。在隔离状态下，普通消费者施以一般注意力，不能区分商品的出处，从而导致消费者发生误认、误购的情形即造成了消费者的混淆和误认。判断对地名商标是否为合理使用，应当结合具体案情考察其作为地名和商标的知名程度。一般来说，如果是作为地名的知名度较高，则造成相关公众混淆误认的可能性就相对较小；如果是作为商标的知名度较高，则造成相关公众混淆误认的可能性相对较大。知名商品是指在市场上具有一定知名度，为相关公众所知悉的商品。认定知名商品，应当考虑该商品的销售时间、销售区域、销售额和销售对象，进行任何宣传的持续时间、程度和地域范围，以及作为知名商品受保护的情况等因素进行综合判断。

本案中，原告向本院提供了一部分其产品获奖的证书，以此证明其生产的茶叶的知名度。针对作为注册商标的"龙脊"而言，原告的"龙脊"牌茶叶虽然获得了一些奖项，但仅凭这些获得的荣誉并不足以证明其生产的"龙脊"牌茶叶已达到了知名商品的程度。相反，作为地名的"龙脊"，因"龙脊梯田"的美景而闻名于世，作为当地的一个著名旅游景点，其知名度已远播国内外。可见，"龙脊"作为地名的知名度远大于其作为注册商标的知名度。因此，一般普通消费者在看到"龙脊"字样时，首先联想到的应是"龙脊梯田"的美景，而不会是原告生产的该品牌茶叶。

三、关于被告的行为是否侵害了原告对涉案商标享有的专用权

被告使用的"龙脊"字样与原告的注册商标在形式上有明显区别，不构成使用了与注册商标近似的商标标识。本案中，原告的商标系文字商标，对文字商标要从其字义和字形两方面进行考察。被告与原告生产的产品虽属同种商品，但原告的文字商标系繁体字，且该文字的书写为书法体，具有一定的特性。从字义上看，尽管原被告使用的"龙脊"为同字，但如前文所述，因"龙脊"为地名，原告的注册商标显著性较弱，其茶产品在同类商品中的知名度不高，且被告使用的系"龙脊"二字的简体字，并非使用与原告具有一定特性的书写一致的字形。故被告使用"龙脊"字样标识其产品属合理使用，其使用的"龙脊"文字与原告的注册商标在形式上有明显区别，不构成使用了与注册商标近似的商标标识。

一审法院依照《商标法》第 52 条第 1 项、第 2 项的规定，判决：驳回原告龙胜县某文化旅游产业公司的诉讼请求。

➲ 案例解析

本案是针对将注册地名商标中的地理名称作为商标使用是否侵犯他人商标权以及是否构成合理使用而引发的诉讼。 地名商标作为注册商标的特殊类型之一，由于其构成要素中包含地理名称这一公共要素，故其注册商标权的范围以及合理使用的边界极其模糊，导致实践中注册地名商标权人和使用地名商标中地名元素的其他商标权人极易发生权利冲突，引发了诸多诉讼。

一、地名商标及其显著性概述

（一）概述

地名商标非纯粹意义上的商标概念和传统商标类型，是指将包含地名词汇的标识作为商标注册或使用，其具有普通商标的共有特征和独有的法律特性。[①] 从符号学意义上讲，地理名称是指自然地理区域或环境的特定符号，属于公共词汇，这意味着地名词汇所标示的地域越广阔，公众使用的频率将会越高，词汇的公共性越强。[②] 故由于地名具有较强的公共性质，我国《商标法》规定了部分地名不应当作为商标进行注册，包括县级以上的行政区划的地名、公众知晓的外国地名，同时允许上述商标中已经具备其他基本含义的、作为证明商标或集体商标以及因历史原因成为商标的注册商标能够继续存续。[③] 因此，我国商标法并非将地名商标或包含地名元素的商标完全排除在注册商标的范围之外，而是在地名商标或包含地名元素的商标留有余地的基础上进行一定的限制。

由于地名商标中地名要素的公共性与注册商标的私权性可能存在较大冲突，因此，地名商标的商标权权利边界以及合理使用问题长期以来都是理论界和司法界的难点问题。[④] 最高人民法院关于对南京某房地产开发公司与南京某物业发展有限公司侵犯商标专用权纠纷一案请示的答复中明确指出，司法机关应当充分衡量地名商标中的注册商标权和公众正当使用地名的公共利益，"以地名作为文字商标进行注册的，商标专用权人有权禁止他人将与该地名相同的文字作为商标或者商品名称等商业标识在相同或者类似商品上使用来表示商品的来源；但无权禁止他人在相同或者类似商品上正当使用该地名来表示商品与

---

① 参见陈辉、刘瑜：《地名商标的弱保护性与合理使用》，载《法律适用》2003 年第 6 期。

② 参见冯寿波、陆玲：《我国地理标志法律保护的完善研究——以地名商标可注册性及合理使用为中心》，载《湖北社会科学》2014 年第 9 期。

③ 详见 2019 年《商标法》第 10 条第 2 款。

④ 参见杜颖：《地名商标的可注册性及其合理使用—— 从"百家湖"案谈起》，载《法学》2007 年第 11 期。

产地、地理位置等之间的联系（地理标志作为商标注册的另论）"。

本案中，"龙脊"作为一个地名元素，如果禁止该地区的其他经营者使用"龙脊"，则不当剥夺了市场中的经营者合理、准确叙述商品的产地或来源地，尤其是由于地理位置而形成的特征。更为重要的是，将"龙脊"这一具有特定自然特征的地区的名称交由某一主体独占，必然会破坏市场秩序中的公平竞争。因此，本案中，法院认定涉案地名商标应当受到合理使用制度的限制，即商标权人无权禁止他人在相同或者类似商品上基于表明产地等商品或服务特征的正当目的使用该地名词汇。

（二）地名商标的显著性

商标本质上是识别商品和证明商品来源的标志，因此显著性是商标起到区别作用的特性，也是商标被核准注册的前提条件，故商标保护的核心问题是对商标显著性的保护；其中，商标的文字、图案、字母、颜色等构成要素将会直接影响到商标显著性的强弱程度。[1]

在以文字要素为主的商标中任意性商标或臆造性商标具有更明显的显著性。[2] 而地名商标的组成中，地理名称由于具备地名含义而落入公众自由使用的词汇范畴，属于能够描述商品或服务来源或产地的描述性词汇，故其识别来源的功能较弱，容易产生混淆。因此，此类地名商标显著性极低。地名商标尽管可能通过长期持续地使用而获得显著性，甚至产生"第二含义"，但在一般情况下，消费者往往只能将其与商品或服务的来源地联系起来，地名的公共性质决定其固有显著性较弱。在权利边界方面，由于地名商标中的地名要素属于公共领域，其显著性不如臆造商标那样强，故其并无绝对的排他性，权利保护范围相对较小，权利边界相对模糊。

根据《最高人民法院关于审理商标授权确权行政案件若干问题的意见》第 7 条的规定，"人民法院审查诉争商标是否具有显著特征，应当根据商标所指定使用商品的相关公众的通常认识，判断该商标整体上是否具有显著特征。商标标志中含有描述性要素，但不影响其整体具有显著特征的；或者描述性标志以独特方式加以表现，相关公众能够以其识别商品来源的，应当认定其具有显著特征"。

本案中，涉案商标中的文字"龙脊"作为地理名称，应当属于公共资源。根据查明的事实可知，一方面，涉案商标中的"龙脊"文字元素作为地理名

---

① 参见陈辉、刘瑜：《地名商标的弱保护性与合理使用》，载《法律适用》2003 年第 6 期。

② 参见薛斯佳：《商标合理使用理论问题研究——以 50 个典型案例判决为研究视角》，华东政法大学 2010 年硕士学位论文。

称的使用历史非常悠久，"龙脊"一词所指广西壮族自治区龙胜县境内的一地理名称，因此应当属于公共资源。另一方面，本案中的"龙脊"并非县以上行政区划的地名，根据我国《商标法》规定，可以作为商标进行注册，因此本案原告可以使用、注册涉案商标，对该注册商标享有专用权，应受法律保护。同时，本案法院认为，既然地名商标天生地不具备较强的显著性，属于相关公众能够自由使用的公共词汇，故有别于其他固有显著性更强的商标，其商标专用权的保护范围和保护力度应当适当缩减。本案中，"龙脊"作为广西壮族自治区龙胜县境内的一地理名称，属公共领域词汇，原告采用该地名申请注册商标并使用在其生产的茶叶产品上，会使消费者将该商品与作为地名的"龙脊"联系在一起。因此，法院亦认定，虽然原告合法取得了涉案注册商标的专用权，但其作为商标的显著性较弱，故对其商标权应适用弱保护原则；既然原告自主选择具有地名含义的文字作为注册商标并使用，就应当合理预见商标法对地名商标采取的弱保护而产生的后果。①

二、地名商标的合理使用

商标合理使用是指在平衡商标权人及公众利益的前提下，允许第三人合理使用叙述性词汇，主要包括善意使用自己的名称或地址、善意地说明商品或服务的特征等。②在商标法体系中，合理使用制度既合理限制了注册商标权人的注册商标专有权，也规范了非注册商标权人的合理使用行为。既然地名商标在法律上具有弱保护性，其商标专用权的范围应当受到诸如合理使用制度的限制。实践中，商标权人在选择地名作为商标使用并注册的时候，就应当预见法律对地名商标的保护范围和保护力度较小，无法绝对排斥他人合理使用地名词汇。③同时，由于地名要素是商品或者一些服务的重要指标，生产者或销售者使用该地名要素描述其商品或者作为商标要素使用的必要性和可能性较大，这也是注册地名商标权人应当预见的，被诉侵权人在诉讼中往往也援引合理使用抗辩，因此地名商标侵权案件中判断侵权的核心往往在于是否构成合理使用。本案中，法院也认可合理使用制度是对注册商标专用权的限制途径之一。法院还进一步认定，商标权人在选择地名注册为商标后，第三人基于正当目的善意使用了与地名商标相同或近似的文字或标识时，且不会导致公众混淆误认，商

---

① 参见冯晓青、陈方家：《显著性在弛名商标保护范围勘定中的定位——基于风险承担理论的思考》，载《中华商标》2024 年第 9 期。

② 参见杜颖：《地名商标的可注册性及其合理使用——从"百家湖"案谈起》，载《法学》2007 年第 11 期。

③ 参见陈辉、刘瑜：《地名商标的弱保护性与合理使用》，载《法律适用》2003 年第 9 期。

标权人不能禁止他人进行这种合理使用。①

关于地名商标的合理使用，我国法律规定的认定标准具体包括以下几个构成要件。

（一）地名商标合理使用的适用前提

由于合理使用制度是知识产权侵权中的抗辩路径之一，其适用应当遵循一定的前提条件。在审查是否构成地名商标合理使用前，先进行以下两个构成要件的判断，能够帮助法官更快筛选出明显不构成合理使用的案例。

1. 行为外观具有侵权可能性

合理使用作为侵权抗辩事由，应当以存在商标侵权可能为前提，即被控行为在外观形式上符合商标侵权的构成要件。② 然而，实践中存在合理使用制度被滥用的现象，部分判决文书混淆了合法使用和合理使用的适用条件，将在外观上不具有侵权可能的行为也纳入合理使用的判定范围。上述合法使用是指在商标权范围之外的使用，具体包括被许可人使用许可商标、在不相同或近似的商品或服务上使用非驰名商标，以及非商业性使用标识等行为。一旦被诉侵权行为属于上述合法行为，则无须判断是否构成合理使用。因此，被告在进行合理抗辩时，应当确保被诉侵权行为在外观形式上存在商标侵权可能，并考虑到公众有自由使用某些公共元素的权利，法律需要认可某些涉嫌侵权行为不视为侵权。这就要求法院在审查合理使用标准时以被诉侵权行为可能构成侵权为前提，将合法使用排除在合理使用判定之外。

本案中，法院认定原告的商标权仍在有效期内，被告使用的地名标识和原告的地名商标在文字构成上基本一致，被告与原告的商品种类均为茶等商品类别，故被告的行为存在侵权可能，满足了合理使用制度的第一个前提条件。

2. 抗辩人对标识有使用依据

合理使用制度目的在于平衡商标权人合法权益与社会公共利益，故在适用该制度时，要求被诉侵权人必须对涉案标识具有一定的使用依据。③ 在地名商标纠纷中，可以从以下几个方面审查是否具有使用依据：一般商标地名化（原本不具有地名含义的标识发展为具有指示某一区域的含义）、主体限制（由

---

① 参见冯寿波、陆玲：《我国地理标志法律保护的完善研究——以地名商标可注册性及合理使用为中心》，载《湖北社会科学》2014 年第 9 期。

② 参见薛斯佳：《商标合理使用理论问题研究——以 50 个典型案例判决为研究视角》，华东政法大学 2010 年硕士学位论文。

③ 参见薛斯佳：《商标合理使用理论问题研究——以 50 个典型案例判决为研究视角》，华东政法大学 2010 年硕士学位论文。

于地名区域性的限制，故行为人的范围应当限缩在地名辖区范围内的法人、非法人组织和自然人）。

本案中，被告在产自龙脊梯田景区的茶叶产品包装上标识"龙脊"，意图说明茶叶产品的产地，进而进一步表明茶叶的品质，因而其使用"龙脊"二字具有一定的使用依据，满足合理使用制度的第二个前提条件。

（二）使用地名的必要性及方式

如果商品或服务的来源地信息对消费者来说是重要信息，相关商品或服务提供商则有必要向消费者提供该信息。[①] 但是，这并非说明地名使用为商业活动所必需，被诉侵权人就有权以任何方式使用地名，仍需要判断具体的使用方式是否超过必要性，即指明非商标权人的地址或产地等信息的使用方式是否超过必要性，主要从是否在颜色或字体等方面突出使用、与地名商标的近似程度等因素进行判断，综合判断地名的使用是否属于公众一般注意力下标明产地、地理位置、地理特征的方式。如果被诉侵权人能够或者已经通过其他方式充分表明上述信息，仍以被诉侵权行为的方式使用该地名，则不应当认定为对地名的正当使用。

本案中，关于被诉侵权人是否有必要使用地名。笔者认为，茶叶作为一种和产地关系紧密的农产品，消费者亦经常根据产地选择购买，因此被诉侵权人有权亦有必要标明商品的来源地，即有权使用"龙脊"二字。同时，根据《龙胜县志》的记载，"龙脊"系龙胜县境内一地名。作为少数民族聚居地，龙胜县境内的壮族"团"组织以"龙脊十三寨"闻名于世。原"龙脊十三寨"主要由十三个村寨组成，故而得名。"龙脊十三寨"中的"龙脊"并非对某一个行政乡、镇、村的特指，而应为一定区域范围的泛指。因此，被告使用"龙脊"二字目的是指明其茶叶产品的产地。

关于被告使用"龙脊"二字的具体方式是否必要。被告在其茶叶产品的外包装及宣传资料上使用的"龙胜龙脊十三寨"图文标识，以及店铺门牌上使用的"龙脊十三寨"标识中，"龙脊"与"十三寨"系作为两个整体分开排版的，其中"龙脊"二字为红底白字，字体较小；"十三寨"为黑色书法写体，字体较大；二者均为简体字。总体观察被告使用的标识，"十三寨"三字在该标识的整体排版中占据了绝大部分位置，十分醒目；"龙脊"二字相比"十三寨"字体明显较小。由此可见，被告使用的意图系为突出"十三寨"这一文字

---

① 参见冯寿波、陆玲：《我国地理标志法律保护的完善研究——以地名商标可注册性及合理使用为中心》，载《湖北社会科学》2014年第9期。

信息，而"龙脊"系"十三寨"的前置定语，即被告并未突出使用地名。

（三）使用人主观上须为善意

在主观方面，判断地名商标的使用是否属于合理使用，其中一个重要的构成要件就是使用人主观上是否善意。商标法中对善意和恶意的界定影响使用人侵权意图的判断。[①]民商事活动中，各民商事主体应遵循诚实信用原则，非商标权人对地名商标的使用在主观上必须是出于善意的、非不正当竞争目的的，才可纳入合理使用的范围。在现实的商业环境和竞争秩序中，首先，可以考察被诉侵权行为人是否标明商品或服务来源地。如果厂家在商品或服务中添加的地名前标注了"产地""来源地"等描述性表述，则显然这是一种为了说明、描述商品特征而进行的合理使用。其次，需要考察被诉侵权人在使用涉案地理名称时，是否同时清晰标明自己的商标。如果被诉侵权人在商品或服务的显著位置突出性地使用了自己的商标，就可以推定其没有"傍名牌"的主观恶意。[②]

本案中，被告在其"龙胜龙脊十三寨"图文标识的中间位置注有一小段叙述性文字，其中载明"茶园位于海拔高度在八百米以上的龙脊景区……十三寨茶采用祖传的制茶秘方，其茶味香醇，清甜爽口"。在这段文字中，被告对"龙脊"的叙述为"茶园位于龙脊景区"；而对其茶品的叙述为"十三寨茶"。从该段叙述文字可知，被告在其产品标识中突出的商品标识是"十三寨"而非"龙脊"，被告使用"龙脊"二字并非系作为其商品的商业标志使用，而是为表明其商品产地位于"龙脊景区"。被告使用"龙脊"二字系客观叙述其商品产地，其主观上没有"傍名牌""搭便车"的故意，属善意使用地名的情形。

（四）客观上不会造成消费者的混淆和误认

商标最原初的价值在于对商品或服务的识别意义，因此对地名商标的使用不能导致消费者等相关公众对商品或服务的来源产生混淆误认，否则不构成地名商标的合理使用。[③]在隔离状态下，普通消费者施以一般注意力，不能区分商品的出处，从而导致消费者发生误认、误购的情形即不能被认定为对地名商标的合理使用。一般来说，可以从地名商标的知名度、地名的强知名度、原

---

① 参见宫小汀、曹柯、杜东安：《商标合理使用的法律诠释——以一起网络宣传中商标合理使用案例为视角》，载《重庆理工大学学报（社会科学版）》2014年第10期。

② 参见宫小汀、曹柯、杜东安：《商标合理使用的法律诠释——以一起网络宣传中商标合理使用案例为视角》，载《重庆理工大学学报（社会科学版）》2014年第10期。

③ 参见程黎明、王桂禄：《叙述性商标合理使用的司法认定》，载《人民司法（应用）》2017年第25期。

被告的地理距离、公众注意程度等方面判断。[①]如果是作为地名的知名度较高、被告的地理距离较大、商品或服务的价值较大、耐耗性较强、公众的注意程度较高，那么导致消费者等相关公众对来源产生混淆误认的可能性相对较小；如果是作为商标的知名度较高，那么造成消费者等相关公众对来源产生混淆误认的可能性则相对较大。[②]

本案中，法院主要从地名词汇和地名商标的显著性、知名程度等因素进行综合判断。法院在判断商标的知名程度时，考虑了商品的销售时间、销售区域、销售额和销售对象，宣传的持续时间、程度和地域范围，以及作为知名商品受保护的情况等因素。原告提供了产品的部分获奖证书，以证明其生产的茶叶的知名度。法院认为，尽管原告的产品获得了一些奖项，但仅凭这些荣誉并不足以证明其已达到知名商品的程度。相反地，作为地名的"龙脊"，因"龙脊梯田"的美景而闻名于世，作为当地的著名旅游景点，其知名度已远播国内外。可见，"龙脊"作为地名的知名度远大于其作为注册商标的知名度。因此，一般普通消费者在看到"龙脊"字样时，首先联想到的应是"龙脊梯田"的美景，而不会是原告生产的茶叶。

被告在其产品上使用"龙脊"字样不会导致相关公众将商品生产商误认为原告，客观上不会导致相关公众混淆二者的商品。因此，本案中法院认定，被告在其茶叶产品的外包装、宣传单及店铺门牌上使用"龙脊"文字属于对"龙脊"地名商标的合理使用。

三、结论

地名商标中地名要素的公共性，导致地名商标的在先商业标志权益与合理使用的界定条件和程度极易产生模糊。[③]因此，在判断地名商标的显著性、知名度、地名本身的知名度等因素以及合理使用的正当性和适用条件等问题时，既要注重对在先合法商标专用权保护，也要充分考虑公共利益、消费者和相关经营者的合法利益，以维护稳定的市场秩序。[④]在地名商标侵权案件中，

---

① 参见崔艳、胡振华：《地名商标合理使用的构成要件——基于最高法院公报案例的考量》，载《中华商标》2007 年第 6 期。

② 参见冯寿波、陆玲：《我国地理标志法律保护的完善研究——以地名商标可注册性及合理使用为中心》，载《湖北社会科学》2014 年第 9 期。

③ 参见程黎明、王桂禄：《叙述性商标合理使用的司法认定》，载《人民司法（应用）》2017 年第 25 期。

④ 郭名宏：《地名商标的权利与限度——以"阳逻港"商标纠纷案为例》，载《武汉商学院学报》2016 年第 3 期。

首先，应当从客观方面进行判断，如果被告仅仅是在地名的普通含义上对地名进行了叙述性使用，其使用方式使相关公众能够识别为产地的描述性使用而非商标性使用，则应当认定为对地名的正当使用。其次，从主观方面判断，被告使用地名仅为说明商品或服务，并非以区别商品或服务来源为目的。最后，从结果上来看，这种使用方式应当一般不易引起混淆，此时应当认定为合理使用，不构成商标侵权。从本质上来说，是否构成对地名商标的合理使用，需要法官综合衡量两种利益，一是地名商标权人对自己注册商标的权利，这属于私权利；二是相关公众自由使用地名等公共元素来表达商品或服务来源或产地的权利，这属于公共利益。因此法官在地名商标合理使用的案件中，需要全面衡量两种完全不同，甚至可能处于对立面的利益。具体来说，地名商标的合理使用需要法官审查使用地名及具体使用方式的必要性、使用人主观上须为善意、客观上不会造成消费者的混淆和误认，在同时满足上述三个要件的情况下方构成合理使用。

公众知晓的外国地名不予注册之认定规则

——某保险有限责任公司与国家工商行政管理总局商标评审委员会商标驳回复审行政纠纷案

/ 郭珊

➲ 本案要旨

对于县级以上行政区划或者公众知晓的外国地名，如果使用在商品或服务上，易使消费者认为该商标所标示的是商品或服务的产地，而非识别商品来源的标志，就不具有显著性。其原则上不能被注册为商标，而应属于公共资源，除非其具有其他含义或者作为集体商标、证明商标的组成部分。在对公众知晓的外国地名进行认定时，首先，应考虑中国公众的语言习惯和认知程度，其所知晓的对象是地名的外文还是中文译文，这二者之间是存在较大差距的；其次，还需考虑一个更为重要的因素，即是否会导致公众混淆和误认，只有可能导致公众混淆误认时，才应当被禁止作为商标使用和注册。

➲ 案件信息

上诉人（一审被告）：国家工商行政管理总局商标评审委员会

被上诉人（一审原告）：某保险有限责任公司

案号：北京市第一中级人民法院（2011）一中知行初字第 2708 号、北京市高级人民法院（2012）高行终字第 1001 号

➲ 原被告主张及理由

原告某保险有限责任公司（以下简称某保险公司）称：申请商标未违反《商标法》第 10 条第 2 款的规定，与申请商标相类似情形的一些商标已被核准注册即说明此类商标具有可注册性，因此，被告作出的商评字（2011）第 02276 号《关于国际注册第 98××84 号 "ZURICH HELPPOINT" 商标驳回复

审决定书》（以下简称第 02276 号决定）认定错误，请求法院依法予以撤销。

被告国家工商行政管理总局商标评审委员会（以下简称商标评审委员会）辩称：第 02276 号决定认定事实清楚，适用法律正确，请求法院依法予以维持。

➲ 一审法院查明的事实

申请商标为国际注册第 98××84 号"ZURICH HELPPOINT"商标，其优先权日为 2008 年 5 月 19 日，其在第 16 类上指定使用的商品为不属别类的纸、纸板及其制品（印刷制品除外）、装订用品、文具用品、有关保险和金融事务用的印刷品，所有上述产品均来自瑞士。在第 36 类上指定使用的服务为保险、金融事务、货币事务。

针对该申请，国家工商行政管理总局商标局（以下简称商标局）于 2009 年 9 月 21 日作出发文号为 200824921 的国际注册驳回通知书（以下简称第 200824921 号通知书），对申请商标在全部注册类别上的注册予以驳回。

某保险公司不服，于法定期限内向商标评审委员会提出复审申请，其主要理由为申请商标不属于《商标法》第 10 条第 2 款的调整范围。某保险公司其他含有"ZURICH"的商标已被注册，因此，申请商标应当被核准注册。

为证明申请商标具有知名度，应被准予注册，某保险公司提交了相关知名度证据，其中包括有关某保险公司的新闻报道，有关申请商标的广告，有关申请商标的产品简介说明、招牌及其他相关海报广告等。

➲ 一审法院判决理由与裁判结果

本院认为，本案审理焦点为申请商标的注册是否违反了《商标法》第 10 条第 2 款的规定。《商标法》第 10 条第 2 款规定：县级以上行政区划的地名或者公众知晓的外国地名，不得作为商标。但是，地名具有其他含义或者作为集体商标、证明商标组成部分的除外；已经注册的使用地名的商标继续有效。判断申请商标的注册是否符合上述规定，关键在于对上述法律规定的理解。本院认为，《商标法》第 10 条第 2 款应从形式要求及实体要求两方面着手理解，其中，实体要求系其核心，形式要求是考虑实体要求的必然结果。

就实体要求而言，《商标法》第 10 条第 2 款之所以原则上禁止县级以上行政区划或者公众知晓的外国地名作为商标注册，是考虑到上述地名如作为商标使用在商品或服务上，易使消费者认为该商标所标示的是商品或服务的产地，从而不具有商标所应有的显著特征，因此不具有可注册性。

在此基础上，对形式要求的理解，其关键则在于《商标法》第 10 条第 2 款系仅适用于"仅"由地名构成的商标，还是同时适用于"包含"地名的商标。对此，本院认为，该规定应适用于"仅"由地名构成的商标。原因在于，该条款规定的是"地名"在具有其他含义的情况下可以注册为商标，而非"地名商标"在具有其他含义的情况下可以注册为商标。如果该条款中亦适用于包含地名的商标，则对于该地名商标而言，只有在"地名"具有其他含义的情况下，其才可以作为商标注册。如果该"地名"本身并不具有其他含义，则依据《商标法》第 10 条第 2 款的规定，即便该"地名商标"整体上具有不同于该地名的其他含义，不会使消费者产生产地的认知，具有显著特征，亦无法得到注册。这一结果显然与商标的显著性要求不符，与该条款的实体要求不符。此外，如果该商标由两个或两个以上地名组成，其通常亦不会使消费者产生产地的认知，但如果此种情况下可以适用《商标法》第 10 条第 2 款调整，亦可能会出现在单个地名不具有其他含义，而商标整体不会使消费者产生产地认知，具有显著特征的情况下，却依然无法获得注册的情形。鉴于此，本院认为，《商标法》第 10 条第 2 款的规定应理解为适用于商标"仅"由地名构成的情形。对于包含有地名的商标，原则上应适用《商标法》第 11 条有关商标显著性的规定予以调整。也就是说，无论该地名是否具有其他含义，只要商标整体上不会使消费者产生产地的认知，则其具有显著特征，可以作为商标注册。

本案中，虽然申请商标"ZURICH HELPPOINT"中包含有外国地名"ZURICH"，但由前文论述可知，其并非仅由地名构成的商标，因此，其并不属于《商标法》第 10 条第 2 款调整的范围，被告认为申请商标的注册不符合《商标法》第 10 条第 2 款规定，该认定有误，本院依法予以纠正。

在此基础上，本院进一步认为，即便不考虑其形式上是否属于《商标法》第 10 条第 2 款的调整对象，从实质上看，其亦未违反上述条款的立法目的。由前文分析可知，《商标法》第 10 条第 2 款规定的立法目的在于禁止不具有显著特征的商标注册。本案中，虽然申请商标"ZURICH HELPPOINT"中包含有外国地名"ZURICH"，但该地名仅其中文表达为中国公众所熟知，该英文表达中国公众并不具有很高的认知程度，而更为重要的一点在于，申请商标中除此之外还包括其他组成部分，该组成部分所占比例与"ZURICH"并无不同，因此该部分亦为申请商标的显著部分。在此情况下，对于中国的相关公众而言，即便其对于"ZURICH"系外国地名这一点有所认知，但对于申请商标"ZURICH HELPPOINT"整体，其通常并不会将其仅认知为地名，因此，申请商标具有显著特征，该商标的注册并不违反《商标法》第 10 条第 2 款的立法目的，具有可注册性。

当然，本院要强调的是，核准申请商标的注册并不意味着其在实际使用中原告对于"ZURICH"享有排除他人正当使用的权利。对于他人将"ZU-RICH"作为地名正当使用的行为，原告无权予以禁止。

综上，第02276号决定认定有误，本院依法予以纠正。依据《行政诉讼法》第54条第2项第1目之规定，本院判决如下：一、撤销被告商标评审委员会作出的第02276号决定；二、被告商标评审委员会针对原告某保险公司提出的复审申请重新作出复审决定。

➲ 上诉主张及理由

商标评审委员会不服原审判决，向本院提起上诉，请求撤销原审判决，维持商标评审委员会第02276号决定。其主要上诉理由是：（1）《商标审查及审理标准》规定，由公众知晓的外国地名构成，或者含有公众知晓的外国地名的商标，均应判定为与公众知晓的外国地名相同。但商标由公众知晓的外国地名和其他文字构成，整体具有其他含义且使用在指定商品上不会使公众发生商品产地误认的除外。由此可见，仅由外国地名构成的商标，若具有强于地名外的其他含义，可获准注册；由公众知晓的外国地名和其他文字构成的商标，即使该地名不具有其他含义，但该地名与其他文字组合在一起，整体具有其他含义，仍可获得注册。原审法院关于《商标法》第10条第2款不应适用于"包含"地名的商标这一理解存在偏颇，基于该理解所作判决有误，应予撤销。（2）《商标法》第10条第2款中关于公众知晓的外国地名不得作为商标注册的规定，主要考量中国相关公众对商标中所含外国地名的认知程度，而非该外国地名所对应的外文表达形式能否被公众广泛熟知。申请商标中所含地名为"苏黎世"，系公众知晓的外国地名，因此，申请商标已违反了《商标法》第10条第2款的规定，不得作为商标注册。此外，商标中虽含有其他文字"HELP-POINT"，但该文字与"ZURICH"组合在一起，整体仍未形成有别于"苏黎世"地名的其他含义。因此，原审判决认定事实不清，适用法律有误，应予撤销。

被上诉人某保险公司服从原审判决。

➲ 二审法院查明的事实

本院经审理查明，原审判决认定事实清楚，且有第02276号决定、申请商标的商标档案、第200824921号通知书、某保险公司提交的相关知名度证据以及当事人陈述等在案佐证，证据充分且采信得当，故本院对原审法院查明的事实予以确认。

→ 二审法院判决理由与裁判结果

根据《商标法》第10条第2款的规定并参照商标局、商标评审委员会共同制定的《商标审查及审理标准》，《商标法》第10条第2款不仅适用于仅由县级以上行政区划的地名或者公众知晓的外国地名构成的商标，也适用于含有县级以上行政区划的地名或者公众知晓的外国地名的商标。原审法院认定《商标法》第10条第2款应适用于仅由地名构成的商标过于绝对化，商标评审委员会与此相关的上诉理由成立，本院予以支持。

《商标法》第10条第2款中规定的公众知晓的外国地名，是指为中国公众所知晓的外国地名，同时应考虑中国公众知晓的是外文的外国地名还是外国地名的中文译文。如果中国公众知晓的是外国地名的中文译文，而外文的外国地名并不为公众所知晓，则该外文的外国地名不在禁止使用和禁止注册之列。而且，如果某一外国地名为中国公众所知晓，但不可能导致公众误认，同样不在禁止使用和禁止注册之列。

就本案而言，虽然申请商标中包含的外国地名"ZURICH"对应的中文译文"苏黎世"为中国公众所知晓，但该外文表述对于中国公众而言并不具有很高的认知程度。而且，申请商标中除外国地名"ZURICH"之外还含有其他组成部分，该组成部分与"ZURICH"在字体、字号等方面并无差别，二者在申请商标整体中所占比例也无不同。因此，在此情况下，原审法院认定对于中国相关公众而言，申请商标并不违反《商标法》第10条第2款规定，具有可注册性是正确的。商标评审委员会就此所提上诉理由，依据不足，本院不予支持。

综上，商标评审委员会的上诉理由部分成立，原审法院虽理解法律有误，但并未影响最终的处理结果，故本院对原审判决的结论予以维持。综上，依照《行政诉讼法》第61条第1项之规定，判决如下：驳回上诉，维持原判。

→ 案例解析

本案的争议焦点是涉案商标的注册是否违反《商标法》第10条第2款，涉及商标注册中的一个常见问题，即外国地名是否具有可注册性。根据该条款，一般而言公众知晓的外国地名不能作为商标注册和使用，但也有例外情形，如果该地名具有其他含义或者作为集体商标、证明商标组成部分时，也能够被注册和使用。实践中，由于该条款的适用范围和认定标准具有一定的不确定性，因此也带来一些争议和难题，下文将结合本案对外国地名的商标注册问题进行探讨。

一、《商标法》第10条第2款的立法目的

显著性是商标的本质属性，也是商标能够获得注册的重要条件，其指的是"商标从总体上具有的能与他人同一种或类似商品的商标区别开来的独有的特征"[1]。商标与其所核定使用的商品之间的关联程度越低，商标的固有显著性就越强。对于公众知晓的地名而言，如果将其使用在商品上，公众会将之视为对商品原产地的描述，而非区分来源的标志，不具备显著性。这也是《商标法》第10条第2款对地名注册为商标进行限制的原因。另外，地名作为指示地理位置的符号，应当属于公共资源供社会共享，如果允许私人注册并获得专有权，则会限制他人使用，造成对公共资源的侵占，该条款的设立也是对公共利益和私人利益的平衡。最为重要的是，地名指示地理来源的作用，可能会被恶意利用。对于土特产等依赖地理资源的商品而言，地名能够代表商品的质量，如果某一生产经营者将地名注册为商标，却在非来源于该地的商品上进行使用，则会使消费者误认为该商品来源于该产地，引起消费者的误认，甚至构成对消费者的欺骗。因此，《商标法》第10条第2款的规定能够实现对市场秩序的维护和对消费者的保护，符合《商标法》的立法宗旨。

二、《商标法》第10条第2款的适用范围

关于《商标法》第10条第2款的适用范围，本案中一审法院和二审法院的观点出现了分歧。一审法院认为《商标法》第10条第2款应适用于"仅"由地名构成的商标，而二审法院认为该条款同时适用于"仅"由地名构成的商标和"包含"地名的商标。实践中，对此问题进行审查的行政机关和司法机关多支持后一观点，2016年商标局和商标评审委员会联合发布的《商标审查及审理标准》也明文规定："商标由公众知晓的外国地名构成，或者含有公众知晓的外国地名的，不得作为商标。"笔者认为，对于该条款的适用范围不能过于限制。该条款最为主要的立法目的在于，防止消费者将注册为商标的地名视为对商品地理来源的指示，从而对消费者造成误导或欺诈。实践中，并非只有"仅"由地名构成的商标可能会使消费者产生指示产地来源的错觉，"包含"地

---

[1] 冯晓青主编：《知识产权法》（第4版），中国政法大学出版社2024年版，第420页。

名的商标同样也可能产生这种效果。如在"米兰箭"商标无效宣告行政纠纷案中，原告将"米兰箭"注册为商标，其中"米兰"为我国公众知晓的外国地名，将"米兰"与"箭"结合，并不会产生明显区别于地名的其他含义，相关公众仍会认为该商标使用的商品来源于米兰。[①] 如果允许这类商标注册，同样会造成相关公众的误认。因此从立法目的看，应当将"包含"地名的商标也纳入《商标法》第 10 条第 2 款的适用范围。

三、"公众知晓的外国地名"的认定

《商标审查及审理标准》对《商标法》第 10 条第 2 款中"公众知晓的外国地名"进行了定义："是指我国公众知晓的我国以外的其他国家和地区的地名。地名包括全称、简称、外文名称和通用的中文译名。"虽然《商标审查及审理标准》对此予以了明确，但是在实践认定过程中仍存在许多难题，下面将结合具体案例，将这一概念拆分为"公众知晓"和"外国地名"两个要件分别进行分析。

（一）"公众知晓"的认定

"公众知晓"中"公众"的范围与《商标法》中"相关公众"的范围应有所不同。《最高人民法院关于审理商标民事纠纷案件适用法律若干问题的解释》（2020 年修正）第 8 条规定："商标法所称相关公众，是指与商标所标识的某类商品或者服务有关的消费者和与前述商品或者服务的营销有密切关系的其他经营者。"而将地名注册为商标涉及的不仅仅是对商标权人的侵害和对消费者的保护，还涉及地名这一公共资源的保护，所牵涉的主体更广泛。因此"公众知晓"中的"公众"应当包括我国所有普通公众，强调的是大众对于外国地名的认知。在对"公众知晓的外国地名"进行认定时，应当以一般的、广泛的消费者的基本认知作为主体标准。

由于是以我国广大群众的认知为基础，在对"公众知晓的外国地名"进行认定时，需要考虑不同国家之间文化和语言的区别，尤其当某外国地名的外文原文和中国翻译之间差异很大时，更要明确公众所知晓的对象是外文名称还是中文名称。如在"CANNESLIONS"商标驳回复审行政纠纷案中，法院认为诉争商标中包含的外国地名"CANNES"对应的中文译文"戛纳"确为中国公众所知晓，但是其外文本身并不为中国公众所知晓，且二者之间的发音相差较大，公众通常不会将二者联系在一起。[②] 又如在"博美隆"商标案中，法国

---

① 参见北京市高级人民法院（2019）京行终 7883 号行政判决书。
② 参见北京知识产权法院（2018）京 73 行初 12106 号行政判决书。

国家原产地名称局针对黄某申请注册的"博美隆"商标向商标评审委员会提出争议申请，认为该商标是对在中国享有广泛知名度的法国葡萄酒原产地名称"POMEROL"的翻译，而该商标使用的商品并非来源于该地区，容易造成消费者的混淆和误认。对此二审法院认为，争议商标"博美隆"与"POMEROL"存在明显区别，"POMEROL"存在"波美侯""宝物隆""庞美卢"等多种中文译文，"现有证据均不能证明'POMEROL'与'博美隆'之间存在唯一的甚至是固定的对应关系，故'博美隆'不属于公众知晓的外国地名的中文译名、中文别称"①。除此之外，这种"知晓"并非某一领域或行业内公众的"知晓"，而是普通群众通过课本书籍、新闻媒体、网络等媒介容易获知的较为广泛的地名。如在另一"Medoc"商标案中，宁波某公司申请在第43类"出租椅子、桌子、桌布和玻璃器皿"服务上注册"Medoc"商标，后法国国家原产地名称局以该名称为公众知晓的法国地名为由提出商标异议，二审法院认为："对于公众知晓的外国地名，应当以中国一般社会公众的普遍认知情况作为判断依据，特定商品或者服务领域中相关公众的认知情况并不能成为判断相关标志是否属于一般公众知晓的外国地名的依据。本案中，虽然法国国家原产地名称局提交了葡萄酒领域相关公众对'Medoc'认知情况的证据，但上述证据体现的均主要是葡萄酒领域相关公众的认知情况，尚不足以证明'Medoc'属于中国一般公众所知晓的外国地名。"②综上，对于"公众知晓"的认定，应当结合我国的地理、文化、语言等习惯加以判断，以一般社会公众的普遍认知作为标准。

（二）"外国地名"的认定

依据《商标法》第10条第2款，相较于我国的地名，"公众知晓的外国地名"减少了"县级以上行政区划"这一限制条件，因此更多地依赖于某一地名的知名度。有些国外的小乡镇虽然行政区划级别低，却也能因为其自身的特殊历史、文化、旅游等资源为我国公众所知晓。如在"莱克星顿"商标案中，原告不服商标评审委员会对其申请注册的"莱克星顿"商标的驳回决定，诉至法院，法院认为，"莱克星顿"虽然只是美国的一个小镇地名，但地名是否为公众所知晓并不以地方大小而论，莱克星顿是美国独立战争打响之地，揭开了北美独立战争的序幕，我国历史教科书中也多有涉及，因此"莱克星顿"应当构成我国公众知晓的外国地名，不能予以注册。③ 另外，由于外文名称和中文

---

① 北京市高级人民法院（2014）高行终字第1567号行政判决书。
② 北京市高级人民法院（2016）京行终3090号行政判决书。
③ 参见北京知识产权法院（2017）京73行初1083号行政判决书。

名称之间存在差距，因此实践中并不要求二者完全一致，只要能够让公众认为是该地名即可。如在"卡莎布兰卡"商标驳回复审行政纠纷案中，原告不服商标评审委员会对其申请注册的"卡莎布兰卡"商标的驳回决定，向法院提起诉讼，二审法院支持了商标评审委员会的观点，认为"本案的申请商标'卡莎布兰卡'与我国相关公众知晓的摩洛哥著名港口城市'卡萨布兰卡'仅一字之差，而外文名称出现中文音译上的差异亦属正常"①。其认为涉案商标的注册是对特定地点的指示，并不具有商标区分来源的功能，违反了《商标法》第10条第2款的规定，不应予以注册。

四、"公众知晓的外国地名"的可注册性分析

"公众知晓的外国地名"不能予以注册的一个例外性规定是"地名具有其他含义"，实践中在对"其他含义"进行认定时存在一定困难，下文对此进行具体分析。

（一）具有"其他含义"

根据《商标审查及审理标准》，"地名具有其他含义"是指"地名作为词汇具有确定含义且该含义强于作为地名的含义，不会误导公众"，主要针对地名本身而言。然而，从实践看，如果商标除了地名还具有其他构成要素，而包含地名在内的商标整体上具有其他含义，也应当能够被注册。因此应扩大《商标法》第10条第2款的适用范围，这里的"其他含义"不仅适用于地名本身，也适用于包含地名的商标整体。2017年最高人民法院发布的《商标授权确权行政案件规定》第6条也对此予以了回应，将由地名和其他要素构成的商标也纳入该条的范围。

"其他含义"是与地名区别开的其他含义，由于其他含义的存在，公众通常不会将其视为标示产地的标志，而是能够识别商品来源的标示，此时不允许地名注册的理由也不复存在了。然而，关于商标是否具有其他含义的认定，司法实践中未形成明确的标准。如在"LASVEGASSANDS"商标驳回复审行政纠纷案中，二审法院就认为，虽然"LASVEGAS"即"拉斯维加斯"是我国公众知晓的外国地名，但是该商标中还有"SANDS"一词，从整体上看其含义有别于地名。② 又如在"NEWYORKROADRUNNERS"商标驳回复审行政纠纷案中，法院也认为"NEWYORKR"仅为商标的一部分，但根据诉争商标的字体

---

① 北京市高级人民法院（2014）高行终字第441号行政判决书。
② 参见北京市高级人民法院（2017）京行终241号行政判决书。

及排列方式看，其并未占据突出位置，从整体看该商标可以与地名相区分。①
但是在情况相类似的案件中，法院作出了不同的判决，如在"施维茨十字"商
标案②、"FLYINGTIGERCOPENHAGEN"商标案③、"米兰箭"商标案④ 等案件中，
同样是"公众知晓的外国地名"和一个词语的组合，法院却认为其整体上并未
形成明显区别于地名的其他含义。笔者认为，可以通过立法或司法解释的方
式，对于"其他含义"的认定标准予以明确和细化。

对于"其他含义"的强度，《商标审查及审理标准》认为该含义应当强于
地名本身的含义，否则仍不具有可注册性，司法实践中通常也以此为标准。如
在"SOFIA"商标驳回复审行政纠纷案中，"SOFIA"具有多重含义，一是为保
加利亚共和国的首都"索非亚"；二是其也能够作为女子名。法院认为，虽然
"SOFIA"具有其他含义，但是其没有证据证明这种含义优先于其地名含义，
在相关公众的认知中，仍会将之视为地名。⑤

（二）经使用获得"第二含义"

关于"其他含义"的认定，目前还存在一个争议，即"其他含义"是否
包含"第二含义"。"第二含义"指的是不具备固有显著性的商标经过使用后获
得能够识别商品来源的区别于其本义的另一含义，商标法在"第二含义"上对
经使用获得显著性的商标进行保护。我国《商标法》第 11 条对此进行了规定，
该条针对的是本身不具有显著性的描述性标志，包括仅直接表示商品的质量、
主要原料、功能、用途等特点的标志，但是其中并未包含地名。正因如此，学
理中出现了分歧，有学者认为地名应当属于描述原产地的标志，因此也可以适
用该法条，如果地名商标虽不具有其他含义，但是在使用的过程中产生了"第
二含义"，则也能够因为获得显著性受到商标法保护。也有学者认为，能够使
地名获得注册的"其他含义"与"第二含义"有着本质区别，不能包含"第二
含义"。主要原因在于《商标法》第 11 条规定的是商标不予注册的情形，但是
这些描述性标志可以通过使用获得显著性，而《商标法》第 10 条规定的是商
标不予使用的情形，不仅不能作为商标注册也不能作为商标使用，因此公众知
晓的外国地名原则上并不能进行使用，如果允许其经使用获得"第二含义"，
则有违立法逻辑。

---

① 参见北京知识产权法院（2019）京 73 行初 11394 号行政判决书。
② 参见北京知识产权法院（2019）京 73 行初 4077 号行政判决书。
③ 参见北京知识产权法院（2017）京 73 行初 7381 号行政判决书。
④ 参见北京知识产权法院（2018）京 73 行初 9419 号行政判决书。
⑤ 参见北京知识产权法院（2018）京 73 行初 11644 号行政判决书。

实践中偏向于采取上述第一种观点。在"PARISBAGUETTE 及图"商标无效宣告行政纠纷案中，二审法院认为，判断地名或含有地名的商标能否获准、维持注册，要看该商标是否具有强于地名的第二含义或者整体上具有区别于地名的含义，亦即该商标是否具有获准或维持注册应有的显著特征。[①] 又如在"兰州牛肉拉面 LanzhouNiurouLamian 及图"商标无效宣告行政纠纷案中，涉案商标"兰州牛肉拉面"是由地名和其他要素组成的商标，从含义上看，其并未脱离地名本身的含义，但是法院并未依据《商标法》第 10 条第 2 款对涉案商标予以无效，而是依据《商标法》第 11 条认为涉案商标通过实际有效的使用获得了固有含义之外的"第二含义"，应当继续维持注册。[②] 另外在"长安大排档"服务名称不正当竞争案中，法院在认定"长安大排档"是否构成有一定影响的服务名称时，认为"长安大排档"是由地名和经营方式组合而成的名称，并不具有固有显著性，但是其经过长期使用后已经具有了区分服务来源的"第二含义"，获得了显著性，构成有一定影响的服务名称。虽然本案涉及的是服务名称而非商标，但是服务名称和商标都能够起到识别来源的作用，法院对服务名称的认定逻辑同样可以说明，实践中认可地名通过使用获得显著性。[③] 对于实践中的做法，立法也予以了回应，2019 年北京市高级人民法院发布的《商标授权确权行政案件审理指南》第 8.10 条就结合实践对"地名商标的其他含义"进行了扩充，将地名商标本身无法与地名相区分，但是经使用后足以使公众将其与之区分的情形纳入"其他含义"的范围。因此，笔者认为应当对"其他含义"进行广义的理解，既包括地名商标本身从词义上看就具有其他含义的情形，也包括地名商标本身并不具有区别于地名的"其他含义"但经使用后获得"第二含义"的情形。

在美国、日本、德国等国家的立法和实践中，对于地名的可注册性问题也是分情况进行规定的。如果是欺骗性的地名，其使用会造成公众的误认，则绝对不能获得注册；但如果是表明产地等特征的具有描述性的地名，则与其他描述性标志一样，如果经实际使用获得了显著性，也能够获得商标注册。笔者认为，我国可以借鉴域外经验，对于地名商标的注册不应采取"一刀切"，而应根据欺骗性地名标志或描述性地名标志之不同采取不同的做法，以平衡商标权人和社会公众的利益。

---

① 参见北京市高级人民法院（2020）京行终 4838 号行政判决书。
② 参见北京市高级人民法院（2018）京行终 6256 号行政判决书。
③ 参见陕西省高级人民法院（2019）陕民终 284 号民事判决书。

五、结论

关于公众知晓的外国地名的可注册性问题，主要适用我国《商标法》第10条第2款的规定，原则上不予注册，但是该地名具有其他含义的除外。对于该条的适用范围，不仅及于"仅"由地名构成的商标，也及于"包含"地名的商标。在认定"公众知晓的外国地名"时，应以我国社会公众的普遍认知水平为标准，将我国的历史文化和语言习惯纳入考虑因素。在认定"其他含义"时，一方面需要考虑地名标志本身是否具有区别于地名的含义；另一方面也要考虑地名标志经使用后能否获得区分商品来源的"第二含义"。

固定含义词汇在商标中的判定

——上海某美食公司与国家工商行政管理总局商标评审委员会等商标争议行政纠纷案

/ 郭雅菲

● 本案要旨

　　知识产权案件审理中需要平衡对知识产权人利益的保护与对社会公众利益的维护。本案中，撤销申请人主张争议商标的注册属于恶意注册，且侵害其企业名称权，但由于撤销申请人的字号名称属于具有固定含义的中文词汇，为公众所普遍认知，故撤销申请人无权禁止他人在该固定含义上使用这一中文词汇。另外，本案争议商标属于采用"商标显著部分"加"通用名称"形式获得注册的商标，不会导致消费者发生混淆误认。本案体现了知识产权人与社会公众的权利的界定标准，避免知识产权人通过"符号圈地"的方式侵占公有领域、损害公共利益。

● 案件信息

　　申请人（一审原告、二审上诉人）：上海某美食公司

　　被申请人（一审被告、二审被上诉人）：国家工商行政管理总局商标评审委员会

　　一审第三人、二审被上诉人：上海某餐饮公司

　　案号：北京市高级人民法院（2010）高行终字第 630 号、最高人民法院（2013）行提字第 8 号

● 原被告主张及理由

　　上海某美食公司不服商评字（2008）第 30896 号《关于第 14×××95 号"竹家庄避风塘及图"商标争议裁定书》（以下简称第 30896 号裁定）裁定，向

北京市第一中级人民法院（以下简称一审法院）提起行政诉讼，请求法院判决撤销第 30896 号裁定，并判令国家工商行政管理总局商标评审委员会（以下简称商标评审委员会）重新作出裁定。上海某美食公司的主要理由为：（1）关于第 14××× 95 号"竹家庄避风塘及图"商标（以下简称争议商标），最初注册人上海竹某公司（以下简称竹某公司，上海某餐饮公司 2010 年受让该争议商标）存在主观恶意，属于以欺骗或者其他不正当竞争手段取得注册争议商标，商标评审委员会认定上海某美食公司未能举证属于认定事实错误。（2）竹某公司与上海某美食公司位于同一地域且处于同一行业，其注册争议商标侵害了上海某美食公司的在先企业名称权，构成不正当竞争。（3）第 30896 号裁定关于"争议商标获准注册并不能得出第 10××× 61 号商标应予以维持注册的结论"的认定，属于认定事实与适用法律错误。

商标评审委员会答辩称：（1）虽然竹某公司申请注册争议商标时，1993 年《商标法》规定"商标不得使用本商品的通用名称和图形"，但是在商标审查的实践中，采用"商标显著部分"加"通用名称"形式获得注册的商标比比皆是。这一审查标准既使商标使用人得以整体注册其商标标识，实践中也不会导致消费者混淆误认，并且符合商标审查的国际惯例，因此被 2001 年《商标法》所采纳，1993 年《商标法》第 8 条第 1 款第 5 项于是变化为 2001 年《商标法》第 11 条第 1 款第 1 项。竹某公司完全可以根据当时的审查实践，在认为"避风塘"为通用名称的同时，提出其"竹家庄避风塘及图"的商标注册申请。（2）上海某美食公司称争议商标侵害其在先企业名称权，该理由在评审阶段未提出。（3）商标评审委员会依据《商标评审规则》第 59 条的规定，对争议商标适用 2001 年《商标法》的有关规定进行评审，适用法律正确。

⊃ 一审法院查明的事实

争议商标由竹某公司于 1999 年 4 月 28 日向国家工商行政管理总局商标局（以下简称商标局）提出注册申请，商标局于 2000 年 7 月 28 日予以核准注册，指定使用在国际分类第 42 类"餐馆；酒吧；餐厅；自助餐馆；快餐馆；流动饮食供应"服务上。争议商标由竹子图案及汉字"竹家庄避风塘"组成。

1996 年，成都市某区避风塘海鲜大排档（以下简称避风塘大排档）向商标局提出注册申请，注册商标由中文"避风塘"加英文"bft"组成，注册号为 10××× 61，指定使用在国际分类第 42 类。1999 年 8 月 1 日，竹某公司针对第 10×××61 号"避风塘 bft"商标向商标评审委员会提出撤销申请。2000年 2 月，商标评审委员会作出商评字（2000）第 11 号《"避风塘 bft"商标注册不当案终局裁定书》[以下简称商评字（2000）第 11 号终局裁定]，该裁定认定，"避风塘"作为一种风味料理的名称，不应由一家独占，其不宜作为商标在餐馆等服务上注册。商标评审委员会依据 1993 年《商标法》第 8 条、第 27 条的规定，裁定撤销第 10×××61 号商标。

2003 年上海某美食公司向商标评审委员会提出针对争议商标的撤销申请。2008 年 12 月 29 日，商标评审委员会作出第 30896 号裁定，对争议商标予以维持。

➲ 一审法院判决理由与裁判结果

一审法院经审理认为：商评字（2000）第 11 号终局裁定所涉及的第 10×××61 号"避风塘 bft"商标是否应予撤销，不是本案的审查范围，也不是争议商标是否应予撤销的法定条件。争议商标由竹子图案与"竹家庄避风塘"文字组成，其中竹子图案占据该商标绝大部分面积，处于该商标的显著位置，且"避风塘"文字前还有文字"竹家庄"，因此，即使"避风塘"文字没有显著性，也不能认定争议商标缺乏显著性而予以撤销。上海某美食公司还主张争议商标的注册侵害其企业名称权。由于上海某美食公司在争议申请书中并未明确提出该理由，故该项主张缺乏事实依据，不予支持。一审法院判决维持商标评审委员会作出的第 30896 号裁定。

➲ 上诉主张及理由

上海某美食公司不服一审判决，向北京市高级人民法院（以下简称二审法院）提起上诉，请求撤销一审判决，撤销商标评审委员会作出的第 30896 号裁定。其主要上诉理由如下：争议商标申请人存在主观恶意，其行为构成以其他不正当手段取得争议商标的注册，争议商标应予以撤销；第 10×××61 号"避风塘 bft"商标是否应予撤销，与本案有密切联系，商标评审委员会认定其与本案无关，掩盖了商标评审委员会对争议商标和第 10×××61 号"避风塘 bft"商标采用不同的审查标准，进而损害了上海某美食公司合法权益的事实；认定争议商标的申请人是否具有恶意以及争议商标是否应予撤销，应当适用 1993 年《商标法》的有关规定；争议商标的注册侵害了上海某美食公司的企业名称权，并且构成不正当竞争。

⊃ 二审法院查明的事实

上海某美食公司提交的（2007）民三监字第 21-1 号民事裁定书的裁判日期为 2009 年 12 月 31 日，在本案一审判决之后，属于新的证据，且该民事裁定的相关内容与本案具有关联性，予以采信。

⊃ 二审法院判决理由与裁判结果

二审法院认为，本案中，商标评审委员会主要对争议商标是否属于以欺骗手段或者其他不正当手段取得注册进行评审，还包括"避风塘"是否属于上海某美食公司已经使用并有一定影响的商标。上海某美食公司在诉讼中提出，其撤销争议商标的理由还包括争议商标的注册侵害其企业名称权，但是并没有证据证明其已经明确提出该理由，因此，商标评审委员会针对争议商标是不是以欺骗手段或者其他不正当手段取得注册进行评审是正确的。

上海某美食公司认为争议商标的注册存在恶意，违反了 2001 年《商标法》第 41 条的规定。对此，二审法院认为，商标评审委员会 2000 年 2 月作出的商评字（2000）第 11 号终局裁定，与 2001 年 2 月作出的商评字（2001）第 187 号终局裁定，已经发生法律效力，第 10×××61 号"避风塘 bft"商标是否应予撤销，不能成为争议商标是否应予撤销的法定条件。竹某公司提出撤销第 10×××61 号"避风塘 bft"商标的行为是行使法律赋予的权利，不能以此认定其申请注册争议商标具有主观恶意。另外，争议商标由竹子图案与"竹家庄避风塘"文字组成，其中竹子图案占据该商标绝大部分面积，处于该商标的显著位置，且"避风塘"文字前还有文字"竹家庄"，因此商标评审委员会认定争议商标具有显著性也是正确的。

（2007）民三监字第 21-1 号民事裁定书并没有明确"避风塘"成为上海某美食公司已经使用并具有一定影响的商标的具体时间，因此，仅凭该裁定，尚不足以认定在争议商标申请日前"避风塘"属于上海某美食公司已经使用并具有一定影响的商标，不足以证明争议商标的注册属于以不正当手段抢先注册上海某美食公司已经使用并有一定影响的商标。

二审法院判决驳回上诉，维持一审判决。

⊃ 再审主张及理由

上海某美食公司不服二审判决，向法院申请再审称：（1）"避风塘"一词不是一种风味料理或者菜肴烹饪方法的通用名称，而是上海某美食公司自1998年创立并持续使用至今的主营品牌及企业字号。（2）本案引证商标"避风塘bft"与争议商标"竹家庄避风塘及图"之间有着密切的关联性，商标评审委员会与一、二审法院关于"引证商标是否应予撤销并不是本案的审查范围，也不是争议商标是否应予撤销的法定条件"的认定错误。（3）争议商标是以欺骗手段或者其他不正当手段取得注册的商标。（4）争议商标的注册侵害了上海某美食公司在先的企业名称权。（5）争议商标注册后已经历四次转让，且被多次授权许可使用，引发侵权纠纷，若继续维持争议商标注册，将会造成上海地区消费者的混淆与误认，影响上海地区餐饮服务业的市场秩序，不利于上海地区餐饮行业的发展。

⊃ 再审法院查明的事实

《香港词典》《四川烹饪》《中外菜肴调味宝典》《中国名菜词典》等相关内容。

2010年7月，广州、杭州、洛阳等地餐饮行业协会就本案出具书面意见，其主要内容为近两年，上海某美食公司以"避风塘"字号或"避风塘"商标受到侵害为由，在国内向数家经营避风塘料理的企业提起侵权赔偿诉讼，我会认为这是恶意的垄断行为，"避风塘"作为餐饮业的一种风味系列特色，不应当由上海某美食公司一家独享。

2011年10月14日，法院法官走访上海市餐饮行业协会，该协会秘书长介绍情况：在上海，字号、商标中包含"避风塘"字样的企业有四五家，其中上海某美食公司的规模最大，竹某公司的规模稍小，可能有六七家店；上海某美食公司和竹某公司原本是一家，后来分开，二者共存是历史形成的；对于这些企业，消费者一般可以区分。

⊃ 再审法院判决理由与裁判结果

法院认为，本案再审的焦点问题有四：其一，引证商标"避风塘bft"的撤销与争议商标"竹家庄避风塘及图"的注册是否具有关联性；其二，"避风塘"是否属于一种风味料理或者菜肴烹饪方法的通用名称；其三，争议商标是否属于以欺骗手段或者其他不正当手段取得注册的商标；其四，上海某美食公司在商标争议行政程序中是否主张了企业名称权，争议商标的注册是否侵害了上海某美食公司的企业名称权。

一、引证商标"避风塘 bft"的撤销与争议商标"竹家庄避风塘及图"的注册是否具有关联性

由于商标评审委员会于 2001 年 2 月 7 日作出商评字（2001）第 187 号终局裁定，维持其 2000 年 2 月 2 日作出的商评字（2000）第 11 号终局裁定，故引证商标"避风塘 bft"的撤销日为原终局裁定作出之日，即 2000 年 2 月 2 日。因此，在本案争议商标于 2000 年 7 月 28 日获准注册之前，引证商标已被撤销。上海某美食公司关于"引证商标构成争议商标获准注册的在先权利障碍"的主张不能成立。此外，由于争议商标由竹子图案与"竹家庄避风塘"文字组成，其中竹子图案占据商标的大部分面积，处于商标的显著位置，且在"避风塘"文字前还有文字"竹家庄"，因此，争议商标与引证商标相比差异明显，不能因为争议商标与引证商标均包含"避风塘"字样，就认为商标评审委员会对两商标采取了不一致的审查标准。上海某美食公司关于"商标评审委员会在引证商标与争议商标是否应予核准注册的问题上采取了不一致的审查标准"的主张不能成立。综上，引证商标的撤销与争议商标的注册不具有关联性。

二、"避风塘"是否属于一种风味料理或者菜肴烹饪方法的通用名称

根据法院查明的事实，"避风塘"一名源于我国香港特别行政区，最初是指香港渔民躲避台风的港湾。后来，渔民在港湾附近打捞鱼虾并以简单的烹饪方法（油盐水、艇仔粥）进行加工并销售给游客，这种料理因保留了鱼虾等食材的原味和鲜美而广受欢迎，"避风塘"一词遂由地理名词逐渐发展成为一种特别的风味料理或者烹饪方法的通用名称。从 20 世纪 70 年代起，香港已有多家经营避风塘料理的餐饮店。20 世纪 80 年代，我国内地开始出现经营避风塘料理的餐馆。目前，全国范围内经营避风塘菜品的店铺已有一百多家。这些店铺的菜单以及有关烹饪的书籍，均载有"避风塘炒蟹""避风塘炒虾""避风塘茄子"等菜肴名称。因此，法院认为，"避风塘"一词除具有渔民躲避台风的港湾这一含义外，还具有指称一种特别的风味料理或者菜肴烹饪方法的含义。

三、争议商标是否属于以欺骗手段或者其他不正当手段取得注册的商标

上海某美食公司申请再审称，争议商标的申请人在申请注册争议商标时，向商标审查机关隐瞒了两项事实：其一，引证商标是争议商标应予不核准注册的在先权利障碍；其二，"避风塘"一词已被商标评审委员会认定为菜肴的通用名称。对此，法院认为，判断引证商标是否构成争议商标获准注册的在先权利障碍，这属于商标行政主管部门的职权范围，争议商标的申请人不承担此项义务；并且，前文已述及，引证商标亦不构成争议商标获准注册的在先权利障碍。关于避风塘已被商标评审委员会认定为菜肴的通用名称一节，由于争议商标由竹子图案与"竹家庄避风塘"文字组成，不仅仅是"避风塘"文字，故争议商标具有显著性。并且，避风塘为菜肴的通用名称这一事实，本身即由商标评审委员会在前案中予以认定，本案争议商标的申请人无法隐瞒。因此，争议商标不属于以欺骗手段或者其他不正当手段取得注册的商标。

四、上海某美食公司在商标争议行政程序中是否主张了企业名称权，争议商标的注册是否侵害了上海某美食公司的企业名称权

首先，关于上海某美食公司在商标争议行政程序中是否主张了企业名称权。根据法院查明的事实，在上海某美食公司提交给商标评审委员会的《注册商标争议裁定申请书》中，尽管上海某美食公司为支持其请求引用了《商标法》第41条第1款与第2款，但该两款包含对违反《商标法》第10条、第11条、第12条、第13条、第15条、第16条、第31条的处理规定，结合《注册商标争议裁定申请书》中"事实与理由"部分的记载，可以认定上海某美食公司并未依据《商标法》第31条提出争议商标侵害其企业名称权的主张。

其次，关于争议商标的注册是否侵害了上海某美食公司的企业名称权。由于"避风塘"一词不仅是上海某美食公司的字号，还具有"躲避台风的港湾"和"一种风味料理或者菜肴烹饪方法"的含义，因此，只要不会造成相关公众的混淆、误认，上海某美食公司就不能以其企业名称权禁止他人在"躲避台风的港湾"和"一种风味料理或者菜肴烹饪方法"的含义上正当使用"避风塘"一词。本案争议商标由竹子图案与"竹家庄避风塘"文字组成，其中竹子图案占据商标的大部分面积，且处于商标的显著位置。对于餐饮行业相关公众而言，"避风塘"一词因具有"一种风味料理或者菜肴烹饪方法"的含义，故争议商标中的"竹家庄"文字与竹子图案更具有标识商品或服务来源的作用，因此，争议商标的注册、使用不会造成相关公众的混淆、误认，未侵害上海某美食公司的企业名称权。

综上，上海某美食公司的各项申请再审理由均不能成立，再审法院判决：一、维持北京市高级人民法院（2010）高行终字第630号行政判决；二、驳回上海某美食公司的再审请求。

➲ 案例解析

商标标志的选取是一种艺术，一种市场博弈，也是一种受到商标法律规范的行为。并非所有标志都适合作为商标，并非所有标志都能够作为商标注册而得到法律的有力保护。实践中，关于商标选取的博弈与挑战，最常见的是文字标志的选取。固定含义中文作为商标具有天然的优势，便于识别和记忆，对于中国消费者而言更具有母语的亲和力。那么固定含义中文怎样才能实现从书本到市场的华丽转身，成为打造企业品牌的利器，受到商标法的保护呢？"避风塘"商标案对此有很好的启发意义。

一、固定含义中文在商标法领域的理解

汉字以及中文语言博大精深，我国的文字不仅写形明义，而且抒意传情。即使经过篆书、草书、隶书、行书、繁体字乃至目前的通用简体字的发展，外形存在一定的变化，但汉语中内嵌的固定含义并未发生本质改变和失传。我国语言之所以能够源远流长，代代传承，离不开稳定的语义。固定含义对于我国语言的稳定和传承而言至关重要。对于单个汉字而言，我们可以从结构上进行分类。汉字能够拆分的有上下结构、左右结构，以及众多或方方正正或圆中取直的独体字，字头、字底、包围、左偏旁、右偏旁，常用的汉字涉及近百种偏旁部首。而大部分偏旁部首都具有特定的含义，例如，"沐""流"中"三点水"偏旁代表与水相关，"过""追"中，"走之旁"代表与行进相关。而独体字，如"田"，就是农用土地纵横阡陌的样子。因此，有时候一个单独的汉字就具有固定的含义。对于词汇而言，我们可以通过历史典故、日常生活观察汉语词汇的传承与发展演变。无论是来源于历史古籍里的语文教育或者阅读学习，还是来源于现代年轻人新生词汇或者旧词新意等网络流行语的快速传播，汉语词汇的固定含义是语言的基础，是文化的基石，与单个汉字一样属于公共领域。因而，汉语里具有固定含义的汉字、词汇本不存在于私人领域，也不应该被私人垄断。但是也应注意到，原本具有固定含义的汉字、词汇，在某些特殊情况下是可以被纳入私人的权利范围的，例如，自然人名字的选取、企业字号的选取，以及文字商标的注册。需要注意的是，法律保护上述权利不是因为个体选取这些固定含义的中文的行为，而是为了保护自然人人格权利、企业形象和商誉等个体利益。因此，上述权利绝不是对公共领域中固定含义在语言文字方面的垄断。

在上述关于固定含义中文的公共领域理解的基础上，下文进一步探讨商标法如何平衡固定含义中文有关的私人权利与公共利益目标。

首先，梳理我国现行《商标法》，固定含义中文可以分为以下两种类型。一方面，商标法中涉及特定名称的内容，是显性的固定含义中文，该固定含义直接体现在名称的限定词当中;另一方面,商标法中涉及特定含义的内容,是隐性的固定含义中文,该固定含义体现在对于某种抽象特性的解读中。前者所指的特定名称,例如,中华人民共和国的国家名称;外国的国家名称;政府间国际组织的名称;"红十字""红新月"的名称;县级以上行政区划的地名或者公众知晓的外国地名;复制、摹仿或者翻译他人未在中国注册的驰名商标、容易导致混淆的商标名称。后者所指的特定含义,例如,带有民族歧视性的中文;带有欺骗性,容易使公众对商品的质量等特点或者产地产生误认的中文;有害于社会主义道德风尚或者有其他不良影响的中文;仅有本商品的通用名称、型号的中文;仅直接表示商品的质量、主要原料、功能、用途、重量、数量及其他特点的中文;其他缺乏显著特征的中文。

其次,对于固定含义中文能否注册为商标,具体分为不同的处理情况。第一种是禁止注册、禁止作为商标使用的固定含义中文。根据是否存在例外,又分为三种,对于与我国国家名称、"红十字"、"红新月"的名称相同或者相似的,同中央国家机关的名称以及所在地特定地点的名称或者标志性建筑物的名称相同的中文,是无例外地禁止使用的。对于与外国的国家名称、政府间国际组织的名称相同或者相似的情况,均存在得到同意的例外,后者还包括不易误导公众的除外。对于县级以上行政区划的地名或者公众知晓的外国地名,例外有三种情况:一是地名具有其他含义;二是作为集体商标、证明商标组成部分;三是已经得到注册的使用地名的商标继续有效。由于绝对禁止是一种非常强的法律约束,因此我们可以看出商标法的规定并非"一刀切"的,而是存在优先级的差异,可见私人利益与公共利益的平衡调节。第二种是显著性的判断与获得显著性的突破。将固定含义使用在指定商品或服务上缺乏固有显著性,例如"苹果"的固定含义就是指代特定的水果,那么使用在苹果或者与苹果相类似的水果这一类指定商品上,就缺乏显著性,此时可援引通用名称相关条款驳回商标注册申请。但是,通过长期宣传、商业使用,这类固定含义的中文可以获得显著性,而能够得到注册。相反,如果文字商标本身具有显著性,随着管理不善或者其他原因成为固定含义中文,直接指代相关商品服务,则会失去其显著性,从而退化失去识别功能,进入公共领域。对于私人领域和公共领域的一进一出,也体现了私人权利和公共利益的平衡。第三种是对固定含义本身是否具有不良影响的解读与定位。民族歧视的、欺骗的、有害道德的或者容易造成其他不良影响的固定含义中文,不能作为商标注册。但这里,存在法律适用的问题,即事实判断、价值判断和法律判断的问题,因此是上述三种情况里最复杂的,也是较容易引发争议的。

另外，与固定含义中文相比，虽然外文不是我国官方用语，但是随着英语的普及和全球化潮流，外语学习和使用越来越普遍，因此在商标法领域同样存在固定含义外文注册为商标的情况。总体而言，这两者没有本质区别，都需要考察该外文在翻译后的固定含义和拟注册商标所指定使用商品服务类别情况，以及是否存在混淆和误导的可能性，从商标可注册性、显著性、商标正当使用等方面进行思考。

二、案件分析与解读

在"避风塘"商标案中，争议商标由竹子图案及汉字"竹家庄避风塘"组成，指定使用在国际分类第42类"餐馆；酒吧；餐厅"等服务上，最初商标权人为竹某公司，后来上海某餐饮公司受让该争议商标。上海某美食公司主张撤销该涉案商标的主要理由涉及一项已经被撤销的"避风塘 bft"商标。竹某公司曾以"避风塘"一词是"菜肴名称"为由，撤销了"避风塘 bft"商标，而上海某美食公司曾被许可使用并受让该商标。上海某美食公司认为，这是竹某公司恶意清除争议商标的注册障碍、搭上海某美食公司的"便车"的不正当行为。

一审法院指出，涉案商标中竹子图案占据该商标绝大部分面积，处于该商标的显著位置，且还有文字"竹家庄"，因此，"避风塘"文字没有显著性不影响涉案商标整体显著性的判断。上海某美食公司企业名称权侵权的主张未在行政程序中提及，不属于本案审理范围。二审法院在此基础上认为，根据上海某美食公司已经使用"避风塘"并具有一定影响的商标的具体时间，还不足以证明竹某公司对于争议商标的注册属于以不正当手段抢先注册他人已经使用并有一定影响的商标。最高人民法院在一、二审法院判决理由的基础上进行梳理，在判决中指出四个要点。第一，关于"避风塘 bft"商标与本案的关联性。该引证商标已经在涉案商标获准注册前撤销，上海某美食公司关于"引证商标构成争议商标获准注册的在先权利障碍"的主张不能成立，且涉案商标和引证商标差异明显，不能说明商标审查标准不一致。故与涉案争议商标的注册不具有关联性。第二，关于"避风塘"这个词在商标法中的定位。综合相关书面证据和法官走访调查的结果，"避风塘"表示一种风味料理或者菜肴烹饪方法，具有固定含义，属于通用名称。第三，关于竹某公司是否存在主观恶意。一方面，涉案商标具有显著性。另一方面，商标评审委员会在前案中对避风塘为菜肴的通用名称的事实予以认定，本案争议商标的申请人无法隐瞒，故申请人申请注册商标的行为本身不属于欺骗手段或者其他不正当手段。第四，关于上海某美食公司企业名称权。一方面，侵犯企业名称权的主张未经过行政程序。另一方面，竹某公司拥有正当权利，在菜肴的这一固定含义中使用"避风塘"这一通用名称，不侵犯上海某美食公司企业名称权。

本案中，"避风塘"特定含义更多涉及的是隐性固定含义中文的类型，并且涉及显著性的判断与获得显著性的突破，以及相关不良影响的解读。"避风塘"的固定含义是一种菜肴或者烹饪方法，具体到商标法中属于菜肴的"通用名称"。本案涉案商标由于是组合商标，其图案和其他文字使得商标整体具有显著性。而上海某美食公司主张"避风塘"作为自身未注册但使用且具有一定影响力的商标，举证失败，未使"避风塘"获得显著性。虽然本案涉及"避风塘 bft"商标撤销案件，但并不能阻碍本案商标的注册，也不能证明竹某公司的恶意。上海某美食公司虽然没有在行政程序中就主张企业名称权，但最高人民法院给出解释，即使主张侵犯企业名称权，也是不会得到支持的，因为对于通用名称在固定含义上的使用属于正当使用。另外，也可以说涉案商标并无不良影响。因此，在固定含义中文这一视角，上述判决理由都能够得到较为恰当的解释。

三、结论

在知识产权案件审理中，尤其是涉及市场竞争的商标案件，需要平衡对知识产权人利益的保护与对社会公众利益的维护。本案中，撤销申请人上海某美食公司主张争议商标的注册属于恶意注册，且在法院审理环节补充认为侵害其企业名称权，但由于撤销申请人的字号名称属于具有固定含义的中文词汇，为公众所普遍认知，故撤销申请人无权禁止他人在该固定含义上使用这一中文词汇。另外，本案争议商标属于采用"商标显著部分"加"通用名称"形式获得注册的商标，不会导致消费者发生混淆误认。本案体现了知识产权人与社会公众的权利的界定标准，避免知识产权人通过"符号圈地"的方式侵占公有领域、损害公共利益。该案实现了将公共领域的资源从私人领域取出还给大众，使大众正当使用受到法律保护的良好效果。

非物质文化遗产名称的商标注册问题研究

——杨某与国家知识产权局商标权无效宣告请求行政纠纷案

/ 陈彦蓉

⊃ 本案要旨

非物质文化遗产的知识产权保护，需注意非物质文化遗产的个性特点，尽管非物质文化遗产与公有领域的内容有重叠，但并不等于被认定属于非物质文化遗产后，就当然地进入公有领域。对非物质文化遗产名称予以商标权保护时，应当明确非物质文化遗产名称与通用名称之间并无直接联系，是否成为通用名称需要考虑国家标准、行业标准或相关公众的通常认知等因素。同时，包含描述性要素的标志也不一定就不具有显著性，当描述性要素并不影响标志整体的显著特征或描述性要素具有独特表现方式，或缺乏显著性的标志经过使用获得第二含义时，可以获得商标注册。

⊃ 案件信息

申请人（一审原告、二审上诉人）：杨某

被申请人（一审被告、二审被上诉人）：国家知识产权局

原审第三人：李某、郭某

案号：北京知识产权法院（2015）京知行初字第 3581 号、北京市高级人民法院（2016）京行终 1479 号、最高人民法院（2018）最高法行再 63 号

⊃ 原被告主张及理由

原告杨某诉称："汤瓶八诊"疗法系杨氏家族创立并在家族内部传承的一种疗法；"汤瓶八诊"注册商标（诉争商标）系文字组合商标，具有商标所应有的显著性；其与"汤瓶八诊"已经形成了一一对应的关系；其对诉争商标的长期使用和宣传，已经使"汤瓶八诊"具有很高的知名度和显著性，"汤瓶八

诊"已经成为驰名商标。请求法院撤销被诉裁定并判令商标评审委员会重新作出裁定。

被告原商标评审委员会辩称：被诉裁定认定事实清楚，适用法律正确，作出程序合法，杨某的诉讼请求和理由不能成立，请求驳回杨某的诉讼请求。

第三人李某和郭某共同述称：山东省高级人民法院作出的（2011）鲁民三终字第198号生效判决（以下简称198号判决）将"汤瓶八诊"认定为通用名称，这一疗法是传统技艺类非物质文化遗产，源于回族聚集体，具有1300年的历史，并非由个人创造和保存，属于公共领域范畴，为共有品牌，如由个人注册，无异于将公共财产占为私有。"汤瓶八诊"核准使用在第44类（医疗按摩）领域，作为回族传统医学项目，不具有识别服务来源的特点，显著性极低，且其与国家非物质文化遗产项目"汤瓶八诊疗法"特殊名称同名，不具有区别性。诉争商标一直没有在核定的医疗按摩领域使用，杨某擅自扩大适用范围到生活美容、保健按摩范围，并以其他图形为标志代替了商标核准的字样，且"汤瓶八诊"的宣传是政府为传承非物质文化遗产做的，不是商标法意义上的使用。杨某关于其取得宁夏著名商标的事实是虚假的，其关于驰名商标的主张亦无证据支持。综上，原商标评审委员会作出的第3993808号"汤瓶八诊"商标无效宣告请求裁定（以下简称被诉裁定）认定事实正确，适用法律正确，程序合法，请求驳回杨某的诉讼请求。

➲ 一审法院查明的事实

杨某于2004年在第44类上申请注册诉争商标。2008年，"回族汤瓶八诊疗法"作为传统医药项下的回族医药被确定为第二批国家级非物质文化遗产。2012年、2014年诉争商标被评为宁夏著名商标。2012年3月2日，山东省高级人民法院作出198号判决，认为"汤瓶八诊"四字构成通用名称，且"回族汤瓶八诊疗法"已被列入国家非物质文化遗产，这一事实表明，"汤瓶八诊疗法"本身属于公共领域的范畴，"汤瓶八诊疗法"这一名称具有特定含义，用于表明这一疗法专用的器具、非医药的诊疗理念和诊疗方法。后杨某就198号判决向最高人民法院申请再审。最高人民法院作出（2013）民申字第364号民事裁定书（以下简称364号裁定），认为通用名称是指法定的或约定俗成的某类商品或服务的名称，商标具有描述性要素不等于其为唯一描述方式，也不当然意味着商标成为通用名称。"汤瓶八诊"文字商标虽然是对核定使用服务内容的一种描述，但没有证据证明这种描述方式已经成为用于指代该类服务的通用名称。非物质文化遗产与公有领域的内容有重叠，但不等于一经认定为非物质文化遗产，就当然地进入公有领域。"回族汤瓶八诊疗法"是否属于公有领域的范畴，要看该疗法是否受某项知识产权专用权的保护。

2013年1月28日，郭某和李某以诉争商标的注册违反了2001年修改的《商标法》第11条、第41条的规定为由，对诉争商标提出撤销申请。对于"汤瓶"的命名以及"汤瓶八诊"的由来，根据当事人提交的证据可知，"汤瓶"是穆斯林具有代表性的专用器具，与穆斯林相关的文化、商标都以"汤瓶"命名，关于"八诊"，则包括头、面、耳、手、脚、骨、脉、气八大诊疗方法。还有资料记载"汤瓶八诊"是具有中国回族特色的非药物养生保健疗法之一，其起源于中东穆斯林先民的日常沐浴礼拜和先期的医疗实践活动，并随着商贸交流等活动传入我国。杨某是"汤瓶八诊"的第七代传人。

2015年4月29日，原商标评审委员会作出被诉裁定，该裁定认为诉争商标核定使用在按摩（医疗）、医疗诊所等服务上，虽具有一定描述性，但无法证明"汤瓶八诊"系诉争商标核定使用服务的国家标准、行业标准规定的或者约定俗成的名称，因此诉争商标未违反2001年修改的《商标法》第11条第1款第1项的规定。"汤瓶八诊"源自阿拉伯，经历代学者、医者总结、探索和完善后，逐步形成较为完整的具有回族特色的保健疗法。杨某提交的证据可以证明其对"汤瓶八诊"疗法进行了介绍、整理和编撰等工作，但无法证明这一疗法为其独创。其将此种疗法名称作为商标申请注册，并使用在核定的按摩（医疗）、医疗诊所等服务上，具有表述服务内容、服务方式等特点之虞，缺乏商标应有的显著性，且无证据证明其经过使用获得了显著性，遂裁定诉争商标予以无效宣告。

⊃ 一审法院判决理由与裁判结果

北京知识产权法院认为：本案争议焦点在于诉争商标是否属于"缺乏显著特征"而不得作为商标注册的情形。诉争商标由文字"汤瓶八诊"构成，"汤瓶"是一种具有穆斯林特色的器具，"八诊"则描述了包括"头、面、耳、手、脚、骨、脉、气"在内的八种诊疗方法。从文字构成上，诉争商标整体上描述的是穆斯林特色的一种诊疗方法，核定使用在第44类按摩（医疗）、医疗诊所、医务室、医院、保健、医疗辅助、理疗、护理（医务）、芳香疗法、疗养院等项目上，直接表示了服务的内容，不具有显著特征，且从其表现形式上看，诉争商标是文字商标，并不属于"以独特方式进行表现"的描述性要素，故诉争商标使用在核定的服务类别上不具有显著性，不能起到区分和识别服务来源的作用。相关刊物、图书对于"汤瓶八诊""回族汤瓶八诊""中国回族汤瓶八诊"等描述，属于对回族诊疗方法的介绍，并非商标法意义上的使用。"汤瓶八诊"本身为具有中国回族特色的非药物养生保健疗法，且杨某并无证据证明其与诉争商标建立了唯一特定联系，可以区别于不同市场主体，故其主张的使用行为是对"汤瓶八诊"非物质文化遗产的一般性传承，并非商标法意义上的使用，且亦无证据证明诉争商标经过使用获得了显著性。尽管诉争商标不具有显著特征，但杨某作为非物质文化遗产的传承者，不妨碍其继续使用该标志。对于诉争商标是否为通用名称部分的认定，由于当事人并未提交充分证据证明诉争商标构成通用名称，故对此不再展开讨论。综上，判决驳回杨某的诉讼请求。

⊃ 上诉主张及理由

上诉人杨某不服原审判决，向北京市高级人民法院提起上诉，请求撤销原审判决及被诉裁定，判令原商标评审委员会重新作出裁定，其主要的上诉理由如下：（1）"汤瓶"是一种具有穆斯林特色的器具，而非穆斯林文化的代表，使用在争议商标中具有显著性，"八诊"是对国家非物质文化遗产回族医药"汤瓶八诊"中最简单的八种诊疗方式的概括，无法描述或概括"汤瓶八诊"的内容，不会使相关公众将其认为是服务内容，原判事实认定错误。（2）原审判决认定诉争商标与杨某未建立唯一特定的联系，属于事实认定错误。非物质文化遗产"汤瓶八诊"是杨某及其家族独创并传承，诉争商标获准注册后，杨某以授权许可方式使用商标，并以非遗传承人的名义通过家族传承，对被授权主体进行有力的影响，除杨某及其授权的被许可主体外，市场上无其他"汤瓶八诊"相关服务的提供者，杨某实质上成为相关服务唯一的提供者。且诉争商标连续获得宁夏著名商标称号，为相关公众所知晓，杨某与诉争商标建立起唯一特定联系。（3）相关报道及书籍资料对"汤瓶八诊"的使用是商标法意义上的使用行为。（4）原审判决适用法律错误，依法应予以改判。

被上诉人原商标评审委员会、原审第三人李某、郭某服从原审判决。

⊃ 二审法院判决理由与裁判结果

北京市高级人民法院认为：根据相关法律规定，本案程序问题的审理应适用2013年修改的《商标法》，本案实体问题的审理应适用2001年修改的

《商标法》。根据杨某提供的相关证据表明"汤瓶八诊"是一种养生保健疗法，"回族汤瓶八诊疗法"作为传统医药项下的回族医药，于 2008 年 6 月 7 日被确定为第二批国家级非物质文化遗产。本案诉争商标由中文"汤瓶八诊"组成，核定使用在"按摩（医疗）、医疗诊所、医务室、医院、保健、医疗辅助、理疗、护理（医务）、芳香疗法、疗养院"服务上，作为商标使用在其核定使用的服务上，容易被相关公众理解为是对相关服务内容的介绍，而不易将其作为区分服务来源的商标标志加以识别，违反《商标法》第 11 条第 1 款第 3 项规定，因此，原审判决和被诉裁定并无不当，本院予以维持。

诉争商标虽然经过使用具有了一定知名度，并被评为宁夏著名商标，但相对于已有 1300 年历史、在回族民间广泛流传并被认定为国家级非物质文化遗产的"回族汤瓶八诊疗法"，无论是在诉争商标的使用时间、使用范围方面，还是相关公众的客观认知效果方面，诉争商标通过使用所建立的知名度，仍不足以抵消或者超越相关公众对"汤瓶八诊"是一种具有中国回族特色的养生保健疗法的认知。因此，在案证据尚不足以认定诉争商标属于《商标法》第 11 条第 2 款规定的情形，诉争商标应予以无效宣告，原审判决及被诉裁定的相关认定并无不当，本院予以维持，故驳回上诉，维持原判。

⊃ 再审主张及理由

再审申请人杨某申请再审称：（1）二审判决认定"汤瓶八诊"疗法为回族民间广泛流传的方法的证据不足，认定事实错误。这一疗法是杨氏家族在"末梢经络根传法"基础上创立并内部传承，具有回族特色但又有别于其他疗法。为了更好地传承这一疗法，杨某自 2004 年起开始进行商业化运营，并使用宣传资料进行宣传这一疗法在回族民间广泛流传，二审法院仅以此为由认定这一疗法为回族民间广泛流传的证据不足。相关证据能够证实这一疗法为家族独创并进行家族内部传承，经过长期使用，相关公众会将其与杨某进行联系，产生指示服务来源的意义，并未被通用化。（2）二审法院适用 2001 年《商标法》第 11 条第 1 款第 3 项存在错误。首先，认定"汤瓶八诊"是否具有显著性，关键在于判断这一疗法是否为家族内部创立并传承，如果是则具有显著性，否则为通用名称，而不应适用"其他缺乏显著特征"的规定。其次，即使"汤瓶八诊"疗法是回族民间广泛流传的疗法，但除杨氏家族外，并无其他经营主体从事类似医疗服务，杨某形成了独占使用的事实，这一疗法与杨某之间建立了一一对应关系。最后，这一商标经过杨某多年使用，已成为驰名商标，具有较高的显著性。（3）有新证据可以推翻二审，本案应当再审。综上，"汤瓶八诊"注册在第44类医疗等项目上具有较高显著性，请求撤销一、二审判决，支持杨某的诉讼请求。

被申请人国家知识产权局答辩称：根据当事人提供的证据可以证明"汤瓶八诊"是具有回族特色的保健疗法，杨某对这一疗法进行了介绍、整理等工作，但无法证明这一疗法为其所独创。且这一疗法已经有1300年的历史，一直在回族民间流传，因此无法证明这一疗法系杨某创始或由其家族创始并得以传承。杨某将疗法名称作为商标申请注册，并使用在核定的按摩、保健等服务上，具有表述服务内容、方式等特点之虞，缺乏显著性，且无证据证明经过使用获得了显著性，故原一、二审法院判决正确，应予以维持。

一审第三人李某、郭某提交意见称：（1）被诉裁定，一、二审法院判决认定事实清楚，适用法律正确，应当予以维持；（2）诉争商标已过专用权期限，杨某并未提供续展证明，且杨某经营范围与核定使用的服务不符；（3）"汤瓶八诊"使用在服务上属于描述性标志，不具有显著性，且无证据表明其获得了第二含义；（4）"汤瓶八诊"疗法被认定为非物质文化遗产，不易让相关公众将其与杨某产生对应联系，且杨某并非唯一经营者，这一疗法也并非在杨氏家族内部流传；（5）"汤瓶八诊"若注册为商标由私人持有，将不利于非物质文化遗产的传播；（6）非物质文化遗产与商标保护并不冲突，标志只要有显著性即可注册为商标，但应当在"汤瓶八诊"前添加区别标识。

⊃ 再审法院判决理由与裁判结果

最高人民法院认为：本案争议焦点在于诉争商标是否属于"其他缺乏显著特征"的情形，根据在案证据可以认为，"汤瓶八诊"具有一定的描述服务内容和方式的特点，但商标中具有描述性因素并不意味着其一定缺乏显著性，还需要考虑相关公众对于商标的整体的通常认识、商标使用情况等因素。根据一、二审法院查明的事实以及当事人提交的证据，可以认为杨某经过广泛使用，"汤瓶八诊"商标产生了一定的知名度，并连续被评为著名商标，且目前从事这一疗法的主体或是经过杨某授权，或是与其存在不同程度的关联关系，由此可见，诉争商标已经与杨某形成了较为明确的服务来源指向关系，相关公众能够将其与杨某及其杨氏家族建立联系，诉争商标在客观上已经发挥了指示特定服务来源的功能，应当维持诉争商标的注册。且根据《非物质文化遗产法》的相关规定可知，非物质文化遗产的传承与发展，并不当然排斥知识产权的保护方式。杨某作为"回族汤瓶八诊疗法"的传承人，负有传承非物质文化遗产的义务，在其实际使用中，也使得"汤瓶八诊"产生了指向特定服务来源的功能，因此，维持诉争商标的注册，实质上也促进了传统文化的传承与发展，遂判决撤销被诉裁定及一、二审判决。

⤷ 案例解析

本案是关于非物质文化遗产名称是否可以作为商标获准注册而引发的纠纷案件，法院的不同观点表明非物质文化遗产名称是否可以获得商标注册仍存在争议，例如被纳入非物质文化遗产保护名录与通用名称认定之间是否具有直接关联、非物质文化遗产名称是否一定缺乏显著性而属于公共领域等。以下将基于本案，对非物质文化遗产名称的商标法保护的有关问题进行探讨。

一、非物质文化遗产概述

现代文明的发展不断冲击着我国深厚而广博的非物质文化遗产，大量非物质文化遗产逐渐被淡化甚至消亡。因此，非物质文化遗产的保护工作尤为必要。在讨论非物质文化遗产保护的有关内容之前，应当先明确非物质文化遗产的概念、特点以及构成要件等基本要素。

（一）非物质文化遗产的概念

根据 2003 年的《保护非物质文化遗产公约》第 2 条的规定，非物质文化遗产是指被各社区、群体、个人等视为其文化遗产组成部分的各种社会实践、观念表述、表现形式、知识、技能以及相关的工具、实物、手工艺品和文化场所。我国 2011 年出台的《非物质文化遗产法》第 2 条也对非物质文化遗产给出了定义，即"非物质文化遗产，是指各族人民世代相传并视为其文化遗产组成部分的各种传统文化表现形式，以及与传统文化表现形式相关的实物和场所"。

（二）非物质文化遗产的特点及构成要件

非物质文化遗产作为一种受法律保护的对象，其具有的法律特征包括非物质性、价值性、代表性。非物质性，即没有物理占有，但是可以被人们感知、获取和捕捉的属性，这也是人们将非物质文化遗产纳入知识产权范围的主要原因之一。价值性，是指非物质文化遗产经过世代传承和积累使其具有了非同寻常的价值，这些价值可以体现为外在的现实利益或潜在利益。代表性，是指该非物质文化遗产应当具有一定特色并具备相应的影响力和一定认同感。非物质文化遗产的构成要件包括特有性、传承性和活态性。其中，特有性表明该非物质文化遗产仅在特定的民族、群体、社区或个人处显现；传承性是指代代相传，包括口传身授等方式；活态性是指非物质文化遗产在一代代传承的过程中一直存在、没有间断。①

二、非物质文化遗产名称商标权保护可行性

有观点指出，在非物质文化遗产保护方式中，只有"法律文化"能够调动"非物质文化遗产"不断发展，获取其特殊的价值。② 在法律文化的保护方式中，非物质文化遗产与知识产权存在内在相似性，使得知识产权的保护具有可行性，然而相关制度的认知和构建尚不清晰，限制了知识产权制度在非物质文化遗产法律保护中所发挥的作用。③ 也有观点指出，如果仅以非物质文化遗产与知识产权保护之间存在契合，而概括地研究保护路径，则难免会忽略个性中存在共性，共性中又彰显个性的问题。④ 因此，很有必要厘清知识产权制度为非物质文化遗产提供保护的路径。就本案而言，涉及非物质文化遗产名称是否能够受到商标法保护的问题。从立法层面来看，根据《非物质文化遗产法》第 44 条的规定可知，非物质文化遗产的使用涉及知识产权的，应适用知识产权的有关规定。对于非物质文化遗产名称的保护，则主要涉及商标法的保护。

（一）商标权保护具有可行性

非物质文化遗产的非物质性，以及其与知识产权同是人类智力劳动成果的共性特点，使得利用知识产权法对非物质文化遗产加以保护具有可行性。同理，商标法作为知识产权法的主要内容之一，在非物质文化遗产的保护方面也发挥着重要的作用，可以利用私权保护的模式为非物质文化遗产的传承和发展提供有力保障。因此，有观点指出商标权保护具有很多优点，因为商标可以续展且不限次数，选择商标保护的方式成本较低，且这一保护方式的更大优势在于能够促进非物质文化遗产的商业化开发，帮助其融入现代化发展进程。⑤ 还有观点认为商标权保护模式具有以下优势：一是符合非物质文化遗产商业化和

---

① 参见冯晓青主编：《知识产权法》（第 4 版），中国政法大学出版社 2024 年版，第 659~667 页。
② 参见吐火加：《知识产权文化视角下的非物质文化遗产保护》，载《学术论坛》2016 年第 6 期。
③ 参见齐爱民：《论知识产权框架下的非物质文化遗产保护及其模式》，载《贵州师范大学学报（社会科学版）》2008 年第 1 期。
④ 参见李一丁：《非物质文化遗产知识产权保护之殇："汤瓶八诊"系列案评析》，载《重庆理工大学学报（社会科学版）》2018 年第 32 期；李一丁：《再论非物质文化遗产法律保护手段——以获取和惠益分享为视角》，载《文化遗产》2012 年第 2 期。
⑤ 参见齐爱民：《论知识产权框架下的非物质文化遗产保护及其模式》，载《贵州师范大学学报（社会科学版）》2008 年第 1 期。

经济效益实现的需要；二是能够有效解决保护期限问题；三是商标法中的证明商标和集体商标能够有效解决非物质文化遗产中存在多个权利主体的问题；四是有利于挖掘非物质文化遗产中的商标化元素，促进非物质文化遗产的弘扬和传承。①

（二）对非物质文化遗产予以商标权保护的实践

事实上，不仅理论上商标法可以为非物质文化遗产提供相应的保护，实践中也有相关实际案例可以证明商标权保护方式的可行性。例如，泸州老窖酒酿制技艺属于非物质文化遗产，在中国商标网进行检索可以发现，泸州老窖股份有限公司将"泸州老窖""泸州老窖特曲""泸州老窖1989"等多个标志申请注册为商标。②类似的还有"景德镇""少林寺""九芝堂"等均被注册为商标。

（三）集体商标、证明商标符合多权利主体需要

对于非物质文化遗产私权保护与其多方权利主体之间的矛盾，如前所述，可以借助商标法中证明商标和集体商标的制度予以解决。根据2019年《商标法》第3条的规定可知，集体商标是指以团体、协会或者其他组织名义注册，供该组织成员在商事活动中使用，以表明使用者在该组织中的成员资格的标志；证明商标是指由对某种商品或服务具有监督能力的组织所控制，而由该组织以外的单位或个人使用于其商标或服务上，用以证明该商品或服务的原产地、原料、制造方法、质量或者其他特定品质的标志。从集体商标和证明商标的定义可以看出，其权利主体为有关群体，故集体商标和证明商标注册可以满足非物质文化遗产多方权利主体的需要。正如有观点指出的，利用集体商标或证明商标保护非物质文化遗产名称，不仅可以防止他人侵害非物质文化遗产，有利于促进商业化开发，还可以很好地协调发源地人民内部的利用，有助于非物质文化遗产的传承和发展。③

三、非物质文化遗产名称的商标权保护

非物质文化遗产名称利用商标权予以保护具有可行性，非物质文化遗产名称利用商标权予以保护具有可行性，但现行商标法仅对其提供概括性保护，未针对非物质文化遗产的个性特点作出具体规定。因此，实践中存在一些分歧。

---

① 参见徐辉鸿、郭富青：《非物质文化遗产商标法保护模式的构建》，载《法学》2007年第9期。
② 参见国家知识产权局官网，https://wcjs.sbj.cnipa.gov.cn/home，最后访问时间：2024年11月14日。
③ 参见齐爱民、赵敏：《非物质文化遗产的商标权保护模式与著作权保护模式之比较——兼论我国商标法修改的相关问题》，载《重庆工商大学学报（社会科学版）》2007年第1期。

（一）非物质文化遗产名称商标注册存在的问题

非物质文化遗产名称要获得商标权保护，应当满足《商标法》的有关规定，但由于立法并未对非物质文化遗产名称的保护提供明确路径，因此非物质文化遗产名称的商标法保护存在一些模糊的边界，并面临以下困境。

1. 对非物质文化遗产名称是否具有显著性存在不同理解

本案中，针对"汤瓶八诊"是否能注册为商标，法院和行政主管部门持不同观点，观点的分歧在于对非物质文化遗产名称的显著性认定标准不同。具体而言，本案中，原商标评审委员会以"汤瓶八诊"注册在第44类服务上具有描述性，缺乏显著性为由不予注册，但并不认为其属于通用名称；一审法院、二审法院认为"汤瓶八诊"使用在核定的服务类别上具有描述性作用，缺乏显著性；再审法院则认为"汤瓶八诊"虽然具有一定描述性，但应当考虑相关公众的认知，由于相关公众能够将"汤瓶八诊"与杨氏建立起联系，因此应当维持商标注册。对于"汤瓶八诊"的同类案，山东省高级人民法院作出的 198 号判决认为"汤瓶八诊"构成通用名称，而最高人民法院作出的 364 号裁定则认为尽管"汤瓶八诊"具有描述性要素，却不当然意味着其成为通用名称；且其被认定为非物质文化遗产，但这并不意味着其进入公有领域，若其符合《商标法》的显著性要求，可以获得商标权保护。上述案件中不同裁判主体给出了不同的裁判结果及理由，这也表明了非物质文化遗产名称的显著性判断仍存在较多分歧。

2. 私权保护与公共属性的冲突

非物质文化遗产的特性之一是具有一定的传承性，通常有多方权利主体，具有一定的公共属性。对于以某一集聚群体共同传承、发展的非物质文化遗产，如前所述，利用证明商标或集体商标予以保护可以很好地解决多方主体使用的问题，但对于仅在某个家族中传承的非物质文化遗产则难以利用证明商标或集体商标方式加以保护。对于这类非物质文化遗产，若利用私权予以保护，可能会排斥其他传承人的使用，与非物质文化遗产的公共属性产生冲突，而《商标法》中对于正当使用的规定，并未很好地对这一情况的使用给出衔接的办法。从目前的立法规定来看，若以通用名称或描述性标志的规定主张正当使用，则无法涵盖其他并非通用名称或描述性标志的情况，若以先用权主张抗辩，其他未获得商标权人授权的传承人则只能在原有范围内使用，难以继续扩大经营范围，不利于非物质文化遗产的发展和传承。司法实践中也试图给出解决办法，如指导性案例第 58 号成都某合川桃片有限公司诉重庆市合川区某桃片有限公司等侵害商标权及不正当竞争纠纷案确立了如下规则：与老字号相同或相近的文字被注册为商标后，老字号的传承人仍有权正当使用。[①] 后续也有案例援引了这一案例进行说理，如在王某诉商标评审委员会、第三人童某商标无效宣告行政纠纷案中，二审法院认为，即使第三人童某在醉蟹等商品上申请注册商标在先，但在处理家族非物质文化遗产传承及其相应商业标识保护问题时，应综合考虑多种因素，由于王某与童某均为童氏后人，均具备"童德大"醉蟹制作工艺，双方在醉蟹商品上使用"童德大"商标均具有正当性，不应排除对方的正当使用。

（二）完善非物质文化遗产显著性认定标准

非物质文化遗产名称的商标注册之所以遇到上文提及的难题，根源在于对非物质文化遗产名称显著性的判断未能回归商标法显著性判断的本质，即关注标识本身及相关公众认知。

1. 区分非物质文化遗产名称与通用名称

本案中，山东省高级人民法院在其作出的 198 号判决中明确指出"汤瓶八诊疗法"已被列入国家非物质文化遗产的事实表明其本身属于公共领域的范畴，"汤瓶八诊"四字构成通用名称。对此，有观点指出这一判决形成了一个悖论，即非物质文化遗产可以获得知识产权保护，但一旦被纳入非物质文化遗产保护名录而被认为是通用名称，将无法得到商标专有权保护，这也说明将非物质文化遗产项目的认定作为阻断非物质文化遗产知识产权保护的决定因素是不符合非物质文化遗产精神的，非物质文化遗产的认定是基于保护和传承的目的，并非将其作为通用名称认定的根据。[②] 笔者也赞成这一观点，认为应当区分非物质文化遗产名称与通用名称，两者之间并不存在直接联系。

2. 显著性的判断应着眼于标志本身

笔者认为，解决上述难题的方法之一就是回归商标法显著性判断的本质，即关注标志本身是否能够起到识别来源作用，而不应当仅以被列入非物质文化遗产名录为由排斥其具有显著性。前文提及，"景德镇""九芝堂"等被纳入非物质文化遗产名录的名称获准注册，这说明了即使是非物质文化遗产，也并不一定排除其获得商标注册的可能性，是否能够注册成为商标，仍要从《商标法》的立法宗旨、细化规定以及相关公众认知情况入手，考察标识是否符合《商标法》的有关规定。

---

① 参见重庆市高级人民法院（2013）渝高法民终字第 00292 号民事判决书。

② 参见胡世恩：《回族传统医药"汤瓶八诊"商标系列诉讼案的法文化反思》，载《回族研究》2016 年第 2 期。

四、结论

非物质文化遗产的传承和发展离不开保护工作的开展，其非物质性的属性使得其获得知识产权保护成为可能，但仅以现有法律规则非物质文化遗产提供概括保护，而不明确具体路径，则会导致非物质文化遗产的知识产权保护无法实现预期效果。本案的启示在于，非物质文化遗产名称的商标权保护，应当从非物质文化遗产名称本身入手，判断其名称是否具有显著性，而不应当仅因被纳入非物质文化遗产名录就认定非物质文化遗产名称为通用名称。

商标权利的限制与公共利益的关系

——鄄城县某工艺品有限责任公司等与山东某实业有限公司
侵犯注册商标专用权及不正当竞争纠纷案

/ 陈春鑫

➲ 本案要旨

通用名称是商标公共领域中较为典型的内容。当注册商标中含有本领域的通用名称时，商标专用权人无权禁止他人的正当性使用。山东省高级人民法院在认定民间手工棉纺织品是否为通用名称时，指明了"鲁锦"作为山东地区纺织行业领域内通用并属于相关社会公众约定成俗的名称，其作为注册商标使用在用鲁锦面料制成的服装上，该商标所应具有的显著性区别特征将被降低。同时，任何权利都应当受到限制，否则就会被滥用和威胁到公共利益。所以，对于那些虽然在商品或服务上使用了他人商标，但该商标含有通用名称这一公共领域元素，其他市场主体的正当性使用行为并不会使消费者对商品或服务来源发生误认，不属于侵犯商标专用权的行为。本案对于正当性使用注册商标中含有的通用名称相关法律适用具有指导作用，并能够启发我们思考关于商标权利限制与公共利益之间的关系问题。

➲ 案件信息

上诉人（一审被告）：鄄城县某工艺品有限公司、济宁某家纺有限公司

被上诉人（一审原告）：山东某实业有限公司

案号：山东省济宁市中级人民法院（2007）济民五初字第 6 号、山东省高级人民法院（2009）鲁民三终字第 34 号

➲ 原被告主张及理由

一审程序中，原告山东某实业有限公司诉称：原告原是嘉祥县瑞某民间

工艺品厂，1985年起原告将生产的棉布、工艺品、服装和床上用品等产品统称为"鲁锦"。1999年原告申请注册了"鲁锦"文字商标；2001年申请注册了"图形+LUJIN（鲁锦拼音）"组合商标。2006年，原告被中国商业联合会吸收为"中华老字号"会员单位。同年，原告的"鲁锦"商标被山东省工商局认定为"山东省著名商标"。原告发现在济宁市区域内，有大量被告生产、销售的鲁锦产品。这些产品都在显著位置标明了"鲁锦"字样，并由礼某邦鲁锦专卖店等众多专卖店进行销售。被告的产品侵犯了原告的"鲁锦"注册商标专用权。诉讼请求：（1）判令被告立即停止生产、销售带有"鲁锦"字样的侵权行为，并销毁已生产的侵权产品和包装；（2）责令被告变更企业名称，去掉其名称中的"鲁锦"字样；（3）判令被告赔偿经济损失50万元；（4）本案诉讼费、调查费、律师费等原告为制止被告侵权行为所支出的一切费用均由被告承担。

➲ 一审法院查明的事实

原告山东某实业有限公司的前身嘉祥县瑞某民间工艺品厂经向国家工商总局商标局申请于1999年12月21日取得注册号为第13××14号的"鲁锦"文字商标，有效期为1999年12月21日至2009年12月20日，核定使用商品为第25类服装、鞋、帽类，具体为"服装、套装、汗衫、制服、夹克（服装）、背心（马甲）、童装、睡衣（含睡衣裤）、运动衫、吸汗内衣等"。2001年11月14日取得注册号为第16××32号的"图形+LUJIN（鲁锦拼音）"的组合商标，有效期为2001年11月14日至2011年11月13日，核定使用商品为第24类的"纺织物、棉织品、内衣用织物、纱布、纺织品、毛巾布、无纺布、浴巾、床单、纺织品家具罩等"。嘉祥县瑞某民间工艺品厂分别于2001年2月9日、2007年6月11日经工商部门核准依法更名为嘉祥县某实业有限公司、山东某实业有限公司。

1993年4月22日，原告与日本国益某染织研究所合资成立嘉祥京鲁益某织造有限公司。原告在获得"鲁锦"注册商标专用权后授权该公司使用并在多家报社、杂志社、电视台等媒体栏目多次宣传报道其产品及注册商标。2006年3月，原告被"中华老字号"工作委员会接纳为会员单位。原告经过多年的艰苦努力及长期大量的广告宣传和市场推广，其"鲁锦"牌系列产品，特别是"鲁锦"牌服装，在国内享有一定的知名度。2006年11月16日，"鲁锦"注册商标被山东省工商行政管理局审定为"山东省著名商标"。

2007年3月，原告山东某实业有限公司从礼某邦鲁锦专卖店购买由被告鄄城县某工艺品有限责任公司生产的同原告注册商标所核定使用的商品相同或类似的商品，该商品上的标签（吊牌）、包装盒、包装袋及门面上均带有原告注册商标"鲁锦"字样。原告山东某实业有限公司认为被告在相同或类似商品上，将与原告注册商标"鲁锦"相同或者近似的文字作为其商品的名称或者商品装潢使用，明显误导了消费者。且被告企业的字号与原告的注册商标"鲁锦"相同或者近似，易使相关公众产生误认，二被告的行为侵犯了原告注册商标专用权，使原告的产品大量滞销，给原告造成很大的经济损失，为此原告诉至一审法院。

另查明，被告鄄城县某工艺品有限责任公司是 2003 年 3 月 3 日经工商局核准登记成立的有限责任公司，其在生产销售的产品上所使用的商标是"精一坊文字 + 图形"组合商标，该商标已向国家工商总局商标局申请注册，但尚未核准。2007 年 9 月，被告鄄城县某工艺品有限责任公司向国家工商总局商标评审委员会申请撤销原告已注册的第 13×××14 号"鲁锦"商标，商标评审委员会已经受理但至今未作出裁定。向原告出售商品的销售商的门面为"礼某邦鲁锦专卖"，"鲁锦"已被突出放大使用，但其出具的发票上所加盖的印章为济宁某家纺有限公司。

➲ 一审法院裁判理由与裁判结果

一审法院认为：本案的争议焦点如下：（1）被告鄄城县某工艺品有限责任公司在其生产的被控侵权商品上、被告济宁某家纺有限公司在销售的被控侵权商品上使用"鲁锦"字样标识，是否侵犯原告山东某实业有限公司的注册商标专用权；（2）被告鄄城县某工艺品有限责任公司应否变更其企业名称，去掉其企业名称中的"鲁锦"二字。解决上述两焦点问题的关键是认定"鲁锦"是不是一种山东民间纯棉手工纺织品的通用名称。

本案原告的"鲁锦"文字商标和"图形 +LUJIN"的组合商标，已经国家商标局核准注册并核定使用于第 25 类、第 24 类商品上，在该类商品上原告依法享有注册商标专用权，受法律保护。在案证据不能证明"鲁锦"属于国家商标局制定的《类似商品和服务区分表》中的第 25 类、24 类商品的通用名称或者第 25 类、24 类商品中的某一具体商品的通用名称。被告鄄城县某工艺品有限责任公司主张鲁锦是"历史文化遗产、社会公共资源、通用名称"，原告无权禁止被告在第 25 类、24 类商品上使用"鲁锦"的理由无法律依据和事实根据，一审法院不予支持。

本案从原告提供的被控侵权证据和本院证据保全时所拍摄的照片、录像来看，被告鄄城县某工艺品有限责任公司在与原告同一种或者类似商品上，将与原告注册商标相同或者近似的"鲁锦"作为被控侵权商品的名称或者商品装潢，在被控侵权商品的标签（吊牌）、包装盒、包装袋上，将"鲁锦"特意放大显示、醒目突出使用，更容易使消费者在视觉上的注意力集中在"鲁锦"上，暗示自己同"鲁锦"之间存在特殊的关系，由于原告的企业字号和注册商标均是"鲁锦"且使用在先，2006年原告的"鲁锦"商标又被认定为山东省著名商标，原告的"鲁锦"商品在相关公众中具有较高的知名度，依法应当属于知名商品。因此，被告突出使用"鲁锦"的行为，客观上极易使了解"鲁锦"的相关公众对被控侵权商品的来源和原告的商品产生误认、对商品误购。被告鄄城县某工艺品有限责任公司在与原告相同或近似的"鲁锦"商品上突出使用"鲁锦"标识并在济宁市范围内销售，客观上导致了相关公众对"鲁锦"商品市场主体和来源的混淆，可以认定被告鄄城县某工艺品有限责任公司存在主观过错，对原告的"鲁锦"注册商标专用权造成了损害，构成对原告注册商标专用权的侵犯。

根据已查明的事实，可以证实原告生产的"鲁锦"系列服装及纺织品、床上用品已有十几年的历史，所获得的各类荣誉称号显示出"鲁锦"系列服装在服装生产行业具有一定的知名度，在山东省境内服装行业也享有很高的知名度，特别是在济宁市及其周边地区的知名度更高，已为相关的经营者或者消费者知悉，属知名商品。从商标注册同企业名称核准的时间来看，原告注册商标在先，被告核准企业名称在后。被告企业名称中的字号"鲁锦"与原告的知名商品"鲁锦"系列服装和注册商标"鲁锦"完全相同。特别是在侵权商品的包装袋上，将"鲁锦"文字放大、突出使用；包装袋上未标识生产商、地址即使用的情况下，表明被告鄄城县某工艺品有限责任公司"搭便车"及误导公众的主观故意明显，违反了诚实信用原则，构成不正当竞争。

➲ 上诉主张及理由

二审程序中，鄄城县某工艺品有限责任公司上诉称："鲁锦"在1999年被山东某实业有限公司将其注册为商标之前，就已变成通用名称，是社会公共财富，历史文化遗产。上诉人的使用行为仅是表明上诉人的商品是用鲁锦面料制成的，仅是为了说明商品的面料是鲁锦的而不是其他种类的，上诉人的使用行为属于"正当使用"，不构成商标侵权，也不构成不正当竞争，请求二审法院依法驳回被上诉人诉讼请求。

济宁某家纺有限公司上诉称："鲁锦"是鲁西南一带特有的民间纯棉手工纺织品的通用名称，不知道"鲁锦"是注册商标，接到诉状后已停止了相关行为，所以不应当承担赔偿责任。请求二审法院依法驳回被上诉人诉讼请求。

被上诉人山东某实业有限公司答辩称：（1）"鲁锦"商标是被上诉人于1985年独自创造使用的，不是通用名称，当地人称他们所织造的织物为"土布""粗布"，不用"鲁锦"一词。（2）"鲁锦"是被上诉人依法注册的商标，不是通用名称，上诉人一会儿认为"鲁锦"是鲁西南织锦的通称，一会认为"鲁锦"是鲁西南织锦技艺的通称，一会儿认为"鲁锦"是鲁锦服饰的通用名称，这说明上诉人所谓"鲁锦"是通用名称指代不明确，所以不能认定为通用名称。（3）商品的通用名称除要具备较强的针对性外，还必须具备名称的规范性和公众知晓的广泛性，将棉布定义为"锦"反科学，而且很多地方并不将"土布"称为鲁锦，不具有广泛性。（4）"鲁锦"商标自1999年申请注册至今，被上诉人进行了广泛的使用和宣传，与被上诉人形成了唯一对应的关系，上诉人的行为构成了对被上诉人商标权的侵犯，也构成了不正当竞争行为。（5）即使能够认定"鲁锦"是通用名称，上诉人的使用行为突出了"鲁锦"二字，也不属于正当使用，仍然构成侵权。请求二审法院驳回上诉，维持原判。

二审法院查明的事实

二审法院查明的事实同一审法院。

二审法院判决理由与裁判结果

二审法院认为：该案经本院审判委员会讨论，认定"鲁锦"在1999年被上诉人山东某实业有限公司将其注册为商标之前已是山东民间手工棉纺织品的通用名称，"鲁锦"织造技艺为非物质文化遗产。鄄城县某工艺品有限责任公司、济宁某家纺有限公司的使用销售行为不构成商标侵权，也不构成不正当竞争。理由如下：

1.山东某实业有限公司的"鲁锦"文字商标和"图形+LUJIN"的组合商标，已经国家商标局核准注册并核定使用于第25类、第24类商品上，此注册商标专用权应依法受法律保护。虽然鄄城县某工艺品有限责任公司对此商标提出撤销申请，国家商标局商标评审委员会已受理，但在商评委未作出决定之前，此两商标的法律效力应受到尊重。但任何权利均有限制，没有限制的权利就会被滥用，从而威胁到公共利益。商标权也有其权利限制。商标的作用主要体现为识别性，使消费者能够依不同的商标而对应到相应的商品及服务的提供者，对商标权的保护的目的就是防止对商品及服务的来源产生混淆。故对于那些虽然在商品或服务上使用了他人商标，但并不会使消费者产生商品或服务来源认知的情况，应不属于商标专用权的保护范围。为此《商标法实施条例》第49条规定："注册商标中含有的本商品的通用名称、图形、型号，或者直接表示商品的质量、主要原料、功能、用途、重量、数量及其他特点，或者含有地名，注册商标专用权人无权禁止他人正当使用。"此条规定对商标权人来讲是一种权利限制，对使用者来讲是商标的合理使用。

2. 首先，通过已查明的事实，可以认定鲁西南民间织锦是山东民间纯棉手工纺织品，纹彩绚丽，灿烂似锦，在鲁西南地区已有上千年的历史。"鲁锦"指代这种具有山东特色的手工纺织品，不仅被国家级主流媒体、各类专业报纸、山东省的新闻媒体所公认，而且在山东省及济宁、菏泽、嘉祥、鄄城的省、市、县三级史志资料中也均将"鲁锦"作为传统鲁西南民间织锦的"新名"。在有关美术、艺术的工具书中，也认为"鲁锦"就是一种产自山东的民间纯棉手工纺织品。由此可见，"鲁锦"这一名称不是由某一自然人或企业法人单独占有使用，而是适用于山东地区特别是山东鲁西南地区的民间纯棉手工纺织品。其次，大量证据表明，"鲁锦"织造工艺历史悠久。在提到"鲁锦"二字时，人们想到的是一种具有鲜明地方特色、传统悠久的山东民间手工棉纺织品的织造工艺，用这种工艺织造出的纺织品，具有手工织造、纯棉质地、色彩绚丽、图案古雅、绿色环保、舒适耐用等特点。经山东省嘉祥县、鄄城县共同申报，"鲁锦织造技艺"于2006年被公布为第一批山东省非物质文化遗产，2008年"鲁锦织造技艺"被公布为国家级非物质文化遗产。因此，该名称下的纯棉手工纺织品的生产工艺并非由某一自然人或企业法人发明而成，而是由山东地区特别是山东鲁西南地区的人们长期劳动实践而成。再次，该名称下的纯棉手工纺织品的生产原料亦非某一自然人或企业法人特定种植，而是山东地区不特定的广泛种植的棉花。最后，该名称下的纯棉手工纺织品的消费者并非特定群体，而是普通社会公众。自20世纪80年代中期后，传统鲁西南民间织锦开始走入现代生活，以在北京民族文化宫举办"鲁锦与现代生活方式展"为始点，经过媒体的大量宣传，"鲁锦"一词进入公众视野，已成为以棉花为主要原料，手工织线、手工染色、手工织造的山东地区独有的民间手工纺织品的通称，且已被山东地区纺织行业领域内通用并被相关社会公众约定俗成的名称。综上，山东某实业有限公司的反驳主张均不能成立，"鲁锦"在1999年被上诉人山东某实业有限公司将其注册为商标之前，已是山东民间手工棉纺织品的通用名称。

3. 山东某实业有限公司于 1999 年获"鲁锦"文字商标，核定使用商品为第 25 类服装、鞋、帽类等。2001 年获组合商标，核定使用商品为第 24 类纺织物、棉织品等。鉴于商标可注册性的判断并非民事侵权案件可解决的问题，所以法院尊重其仍是有效商标的客观事实。因山东某实业有限公司商标所使用的文字与消费者所知晓的山东民间手工棉纺织品的通用名称"鲁锦"一致，故其商标所应具备的显著性区别特征趋于弱化，相应地，其作为商标被保护的特性亦弱化。"鲁锦"虽不是鲁锦服装的通用名称，但其却是山东民间手工棉纺织品的通用名称，"鲁锦"商标使用在用鲁锦面料制成的服装上，其商标所应具有的显著性区别特征降低。本案鄄城县某工艺品有限责任公司在其生产的涉嫌侵权产品的包装盒、包装袋上使用"鲁锦"二字，仅是为了表明其产品是鲁锦面料的，其生产技艺是符合鲁锦的生产特点的，不具有侵犯山东某实业有限公司"鲁锦"商标专用权的主观恶意，也并非作为商业标识的使用，不会造成相关消费者对商品来源的误认和混淆，属于对"鲁锦"商标的合理使用，不构成对"鲁锦"商标专用权的侵犯。鄄城县某工艺品有限责任公司在其产品的包装中应突出使用自己的商标"精一坊"，以此标明其鲁锦产品来源，方便消费者识别不同鲁锦产品的生产厂家。基于同样的理由，鄄城县某工艺品有限责任公司企业名称"鄄城县某工艺品有限责任公司"的使用也是正当的，此使用行为不会构成不正当竞争行为，山东某实业有限公司无权要求鄄城县某工艺品有限责任公司去掉其企业名称中的"鲁锦"二字。

综上，鄄城县某工艺品有限责任公司、济宁某家纺有限公司的使用销售行为不构成商标侵权，也不构成不正当竞争。撤销山东省济宁市中级人民法院（2007）济民五初字第 6 号民事判决。

⊃ 案例解析

任何权利皆有边界，商标权也不例外。"商标法的趣旨在于追求商标的识别力，通过禁止对商品或者服务来源的标志进行混淆性的使用行为，保护商标使用者的投资和信用，促进产业发展，并保护消费者的利益。"[①] 由此可见，即便商标权属于私权，但其自诞生之初便与市场秩序和产业发展有着密切的联系，法律对商标权利的授予和保护不仅涉及私人权益，而且与消费者利益和其他市场主体的竞争性利益等公共利益紧密相关。因此，商标权作为一项具有公

---

① 李扬：《商标法基本原理》，法律出版社 2018 年版，第 17 页。

共管理意味的私权，商标权人应当负有一定程度的公共义务，其商标专用权需要被限制。从根本上看，商标法不仅在于保护私权，更在于实现私主体利益和公共利益的更好平衡。本文中，笔者将首先分析公共利益在商标法中的体现，其次对商标权利限制的正当性进行梳理，最后以通用名称的正当性使用为例，分析商标权利限制与公共利益的关系问题。

一、商标领域中公共利益的体现

商标领域的公共利益内容十分丰富，从其本质属性上看，有学者认为"商标法上的公共利益是指商标权的取得和运行紧密相关的不特定多数人的普遍利益，它同样具有开放性、可共享性和层次性等特征"[①]。可见，公共利益与私人利益同时存在于商标领域，二者具有交互性，在有效平衡状态下达到商标法的最终目的。商标领域的公共利益在商标法律制度中的体现颇多。商标法的主要任务是授予商标权和保护商标权，商标领域的公共利益也集中体现在商标权取得和商标使用两个方面。

在商标权取得过程中，商标领域的公共利益体现在以下两个方面：其一，为保护公共资源不被侵占，商标注册不得将具有公共属性的信息纳入专用权范畴。具体而言，商标公共资源是指在商标的公共领域中供市场经营者以非商标性的形式进行自由使用的信息资源，保护商标公共资源的正当性基础是社会公众对公共文化信息的使用自由。例如，单一颜色、仅具有功能性的三维标志和缺乏显著性的文字和图形等商标领域公共的要素资源。又如，行业的通常表达、通用名称和具有公共文化属性的知识产物等商标领域公共的符号资源。这些公共资源所蕴含的价值和发挥的作用就是发掘和维持公共利益。其二，为保护公序良俗和社会主义道德风尚，商标注册不得包含可能产生不良影响的元素。商标的主要功能是在市场活动中区别商品或服务来源，便于消费者对经营者及其商品产生准确认知，促进市场中商品交易能够更稳定、高效和健康地运行。基于经营者对商标的持续公开使用，其具有产生高度传播度和熟知度的可能性，若商标中含有有损于社会主义道德风尚的元素，其广泛传播将产生超越社会主义市场经济层面的不良影响，对社会、文化和政治造成消极影响。故而，为了更为广泛的公共利益，商标注册不得包含可能产生不良影响的元素。其三，为保持市场竞争秩序处于良性状态，商标注册不得造成公众混淆。商标的基本功能是区别来源，待注册的商标若与已注册商标在类似商品上具有近似

[①] 黄汇：《商标法中的公共利益及其保护——以"微信"商标案为对象的逻辑分析与法理展开》，载《法学》2015 年第 10 期。

性，则难以发挥商标的识别功能。若二者共存于市场之中，将增加消费者对目标商品的搜索成本，也容易造成攀附商誉和"搭便车"等现象，最终破坏市场秩序。因此，在商标权利取得过程中，商标领域的公共利益在商标法律制度中多有体现，并被进一步具体化为商标公共资源、公共秩序和善良风俗，以及市场竞争秩序等。

在商标的使用过程中，商标领域的公共利益体现在正当性使用问题上。《商标法》第59条第1款规定，"注册商标中含有的本商品的通用名称、图形、型号，或者直接表示商品的质量、主要原料、功能、用途、重量、数量及其他特点，或者含有的地名，注册商标专用权人无权禁止他人正当使用"。这些元素是处于商标公共领域的具有公共属性的符号元素，注册商标权利人仅享有有限的商标专用权，其无法将公共元素纳入私权保护范畴。因此，商标公共利益还体现在商标法对商标权的限制方面。

二、商标权利限制的正当性

商标法对商标权的限制体现在多个方面，如对商标中公共属性元素和关联性元素的正当性使用，以及在先权利人的使用问题。有权利便有限制。商标权利限制的正当性基础体现在以下几个方面：

其一，实现公共利益。如前所述，商标公共利益体现在商标法对商标权的限制方面，因为商标权人负担着一定程度的社会义务，若赋予其对商标绝对的控制权和全面的禁止权，则难以防止权利滥用行为的发生，也难以为公共利益的维护提供制度空间。我国商标权取得采取注册机制，准入门槛相对较低，在此情形下授予权利人以完整的商标权能，则难免存在权利和义务不对等的嫌疑。所以，商标权利限制机制能够有效防止权利滥用行为的发生，进而维持公共利益的存续。

其二，实现利益平衡。关于商标权利限制机制所反映的利益平衡问题，有学者认为，商标法的均衡利益是指商标权人、其他竞争性厂商、社会公众间利益的合理分配。当商标权人的利益与社会公众的利益发生冲突时，除了保障商标权人的合法利益外，社会公众的利益也必须得到保障。在商标法涉及的利益主体中，商标权人的利益和其他利益主体既存在一致的方面，又存在相互冲突和矛盾的方面。对商标权进行限制既是商标权正当行使的保障，也是解决商标权人与社会公众间的利益冲突的保障。[①]由此可见，商标权限制机制具有平

---

① 参见冯晓青：《知识产权法利益平衡理论》，中国政法大学出版社2006年版，第668页。

衡商标各方利益的功能，商标权保护机制主要维护商标专用权人的利益，而商标权限制机制则为了保障消费者权益、其他市场主体的竞争性利益等广泛的社会公共利益。

因此，商标权利限制机制能够避免商标成为绝对的符号垄断，其正当性基础在于对商标权的限制能够保障公共利益不受威胁，也能够促进商标权人利益与社会公众利益的持续平衡。

三、商标权利限制与公共利益的关系

商标权利限制与公共利益之间存在复杂和紧密的联系，社会公众对通用名称的正当性使用是商标权限制的体现之一，本部分以通用名称的正当性使用为例，分析商标权限制与公共利益之间的关系问题。

《商标法》第 59 条第 1 款规定，"注册商标中含有的本商品的通用名称、图形、型号，或者直接表示商品的质量、主要原料、功能、用途、重量、数量及其他特点，或者含有的地名，注册商标专用权人无权禁止他人正当使用"。这类符号资源具有公共属性的特征，司法适用过程中，通用名称的认定过程充满了对公共利益的考量。如本案中，法院在对"鲁锦"是否为通用名称进行判断时认为，"'鲁锦'指代这种具有山东特色的手工纺织品，也是一种具有鲜明地方特色、传统悠久的山东民间手工棉纺织品的织造工艺。该名称下的纯棉手工纺织品的生产原料亦非某一自然人或企业法人特定种植，而是山东地区不特定的广泛种植的棉花。该名称下的纯棉手工纺织品的消费者并非特定群体，而是普通社会公众"[1]。由此可见，通用名称的认定过程需要时刻考量符号的大众性和不特定性，经过严格的论证和考察，方可认定符号具备通用名称属性，属于公共领域的范畴。

既然通用名称具有公共物品的属性，那么社会公众将都被允许在合理限度和方式下使用。商标权利限制机制就是为了保障这类公共资源不被私人权利所独占，也防止公共资源所蕴含的公共利益被压缩。如本案中，法院在判断被告在商品包装上使用"鲁锦"行为的正当性时认为，"在其生产的涉嫌侵权产品的包装盒、包装袋上使用'鲁锦'二字，仅是为了表明其产品是鲁锦面料的，其生产技艺是符合鲁锦的生产特点的，不具有侵犯山东某实业有限公司'鲁锦'商标专用权的主观恶意。也并非作为商业标识的使用，不会造成相关消费者对商品来源的误认和混淆，属于对'鲁锦'商标的合理使用，不构成

---

[1] 山东省高级人民法院（2009）鲁民三终字第 34 号民事判决书。

对'鲁锦'商标专用权的侵犯"①。因此，当注册商标中含有通用名称等公共属性元素时，商标的显著区别特征被削弱，这需要权利人承担更为高度的社会责任。此时，商标权利人无法禁止其他市场主体对该类公共元素的正当性使用，这表明商标权利限制能够保障其他社会主体对公共符号元素的使用利益，即其他市场主体应当享有的竞争性利益，这是商标领域公共利益的重要组成部分。

因此，任何权利均有限制。如果商标权限制缺失，商标权就会被滥用。而这最终将损害公共利益。相反，商标权限制机制的有效运行，能够保障商标公共领域资源的健康和充沛，能够维持较好的市场竞争秩序和商标管理秩序，并维护其他市场主体对公共元素的自由使用，以及公众的表达自由。这些都最终体现为商标公共利益的实现。

---

① 山东省高级人民法院（2009）鲁民三终字第 34 号民事判决书。

商标使用的诚实信用原则与商业道德

——新疆某甲实业股份有限公司与喀什市
某乙食品商行侵害商标权纠纷案

/ 崔昊瀚

⊃ 本案要旨

销售者有义务对其所售商品的来源是否正当合法进行审查并加以证明。在商标侵权及不正当竞争纠纷案件中，人民法院有必要对销售者的主观状态进行认定，尤其是销售者是否知晓侵权行为存在。随着社会的发展，竞争关系也随之扩张，因此对反不正当竞争法上的竞争关系应作扩大解释。销售者应当遵循诚实信用原则和公认的商业道德，不得损害消费者合法权益，销售者应确保所售商品具有合法来源，以维护公共利益。

⊃ 案件信息

上诉人（一审原告）：新疆某甲实业股份有限公司

上诉人（一审被告）：喀什市某乙食品商行

案号：新疆维吾尔自治区喀什地区中级人民法院（2019）新31知民初8号、新疆维吾尔自治区高级人民法院（2020）新民终281号

⊃ 原被告主张及理由

原告新疆某甲实业股份有限公司（以下简称某甲公司）起诉称：某甲公司是以伊力牌系列白酒生产销售为主业的大型国有企业。原告持有的"伊力"商标，在2002年被原国家工商行政管理总局认定为中国驰名商标。在使用宣传"伊力"商标时，原告于2015年12月21日在第33类白酒等商品上申请注册"伊力柔雅"文字商标，并于2017年6月7日核准注册。原告自2010年开始，生产、销售"伊力"伊力柔雅系列白酒产品，投入大量人力、物力和财力

进行伊力柔雅系列白酒的研发、推广和宣传，"伊力柔雅（蓝花瓷）"白酒具有独特的商品名称和具有辨识度的包装、装潢，在市场上成为知名商品。2018年11月，疏附县行政执法人员查获被告库存的用以销售的"柔雅（蓝花瓷）"白酒商品4394箱，该商品外包装显著位置上突出使用的"柔雅"标识与原告的"伊力柔雅"注册商标相近似，侵犯了原告注册商标专用权。同时，该"柔雅（蓝花瓷）"白酒商品包装、装潢与原告的"伊力柔雅（蓝花瓷）"白酒产品包装图案、颜色、排列方式、字体设计及整体视觉效果等高度相似。因原告企业及原告"伊力"白酒在市场上的知名度，被告对原告生产、销售的"伊力柔雅（蓝花瓷）"白酒商品包装、装潢理应知晓，但仍大量购进并在喀什地区销售与原告"伊力柔雅（蓝花瓷）"白酒商品包装、装潢相近似的"柔雅（蓝花瓷）"白酒商品，具有攀附原告"伊力柔雅（蓝花瓷）"白酒产品商誉的故意，容易使公众误认为该产品系原告生产或与原告存在特定关系，扰乱了酒类市场公平竞争秩序，构成对原告的不正当竞争。因此被告应当承担停止侵权、赔礼道歉、消除对原告的不良影响，并赔偿原告经济损失及维权所支付的合理费用。

被告喀什市某乙食品商行（以下简称食品商行）辩称：被告没有侵犯原告"伊力柔雅"注册商标专用权的行为和情形，原告请求法院判令被告停止侵权没有事实依据，应予以驳回。涉案白酒上使用的标识与原告注册商标标识不相同也不近似。涉案白酒上使用的商标标识是"柔雅"加"RAYALANHUA-CI"拼音，并有生产厂家名称，而原告注册商标标识是"伊力柔雅"；涉案白酒的标识书写方式和排列方式与原告注册商标不同；涉案白酒上虽然使用了"柔雅"文字，但同时使用了具有更高知名度的"贵州省仁怀市茅台镇某酒业公司"字样，不会对相关公众形成任何误导；原告的诉讼行为是对其注册商标异化后的过度保护，不应得到法院支持。另外，被告被查控的涉案白酒均有合法来源和明确的提供者、生产厂家，被告不应当承担赔偿责任。

➲ 一审法院查明的事实

原告某甲公司原为新疆伊犁酿酒总厂，1999年5月成为上市公司，在原新疆维吾尔自治区工商行政管理局进行登记，名称变更为现使用的名称"新疆某甲实业股份有限公司"。1964年12月1日在原国家工商行政管理总局商标局第33类商品上申请注册"伊力牌"商标，并获得核准。1994年8月9日在原国家工商行政管理总局商标局第33类商品中申请注册多个"伊力"商标，包括各种字体与字形，并获得核准。2002 年原国家工商行政管理总局认定"伊力"商标为中国驰名商标。2015 年 12 月 21 日，原告在第 33 类商品上申请注册第 18×××10 号"伊力柔雅"文字商标，并于 2017 年 6 月 7 日核准。自 2010 年起，原告开始生产、销售"伊力"商标系列的"伊力柔雅"酒类产品，并在新疆维吾尔自治区境内的门店进行推广销售，并投入资金在机场、电视、公交车等媒介上进行宣传、推广、传播。

被告食品商行为个体工商户，经营者谷某龙于 2016 年 2 月在喀什市市场监督管理局登记成立，经营范围为食品，乳制品，日用百货，办公用品，批发兼零售。2018 年，被告从山东省购进一批由贵州省仁怀市茅台镇某酒业有限公司委托山东省博兴县某酒厂生产的"柔雅（蓝花瓷）"白酒，存放于喀什市多来特巴格乡 7 村仓库；2018 年 12 月疏附县工商行政管理局与疏附县公安局在检查过程中，查获案外人无照销售酒类商品，了解到该批酒类为被告购得，遂由喀什市市场监督管理局采取行政强制措施，将该批酒类扣押。

另查明，经比对原告生产、销售的"伊力柔雅"商标蓝花瓷系列白酒产品与本案中涉案的"柔雅（蓝花瓷）"白酒产品，两者在商标使用、包装、装潢上存在高度相似之处。

⊃ 一审判决理由与裁判结果

本案的争议焦点如下：（1）被告的行为是否构成侵犯原告的商标权及构成不正当竞争；（2）如果构成侵权，被告是否应承担赔偿责任。

一、关于被告的行为是否构成侵犯原告的商标权的问题

《商标法》第 48 条规定："本法所称商标的使用，是指将商标用于商品、商品包装或者容器以及商品交易文书上，或者将商标用于广告宣传、展览以及其他商业活动中，用于识别商品来源的行为。"该法第 56 条规定："注册商标的专用权，以核准注册的商标和核定使用的商品为限。"该法第 57 条规定："有下列行为之一的，均属侵犯注册商标专用权：（一）未经商标注册人的许可，在同一种商品上使用与其注册商标相同的商标的；（二）未经商标注册人的许可，在同一种商品上使用与其注册商标近似的商标，或者在类似商品上使用与其注册商标相同或者近似的商标，容易导致混淆的；（三）销售侵犯注册商标专用权的商品的；（四）伪造、擅自制造他人注册商标标识或者销售伪造、擅自制造的注册商标标识的；（五）未经商标注册人同意，更换其注册商标并将该更换商标的商品又投入市场的；（六）故意为侵犯他人商标专用权行为提

供便利条件，帮助他人实施侵犯商标专用权行为的；（七）给他人的注册商标专用权造成其他损害的。"《最高人民法院关于审理商标民事纠纷案件适用法律若干问题的解释》第9条第2款规定："商标法第五十七条第（一）项规定的商标近似，是指被控侵权的商标与原告的注册商标相比较，其文字的字形、读音、含义或者图形的构图及颜色，或者其各要素组合后的整体结构相似，或者其立体形状、颜色组合近似，易使相关公众对商品的来源产生误认或者认为其来源与原告注册商标的商品有特定的联系。"本案中，涉案产品为"柔雅（蓝花瓷）"白酒饮料，属于第33类酒类饮料，与原告所主张的"伊力柔雅"系列商标核准使用类别相同。涉案产品外包装的瓶体、长方体纸盒上显著部位突出使用的"柔雅（蓝花瓷）"标识，起到识别商品来源的作用，属于商标意义上的使用。经隔离比对，"柔雅（蓝花瓷）"标识与原告"伊力柔雅"文字商标大部分近似，"蓝花瓷"部分图案、颜色及各要素组合后的整体结构相似，容易造成相关公众的混淆，误以为涉案产品与原告存在某种特定联系。虽然涉案产品上没有标注"伊力"二字，且在"柔雅"下方注明了生产者"贵州省仁怀市茅台镇某酒业有限公司"标识，但其远小于被控侵权标识"柔雅"，识别能力也远小于被控侵权标识，相关公众施以普通注意力，难以区分商品的来源，易造成混淆。因此，根据上述法律规定，涉案产品"柔雅（蓝花瓷）"属于侵犯原告注册商标专用权的产品。被告食品商行未经原告许可，在同一种商品上使用与原告注册商标近似的商标，容易导致消费者对产品来源产生混淆，属于侵犯原告注册商标专用权的行为。

二、关于被告食品商行是否构成不正当竞争的问题

2002年原告某甲公司所持有的"伊力"商标被认定为驰名商标，自2011年起，原告开始销售"伊力"商标"柔雅"蓝花瓷系列商品，并在新疆范围内持续宣传，以提高、保持该商品的知名度。2015年原告申请注册"伊力柔雅"商标，并于2017年获得核准。再依据原告提交的各种荣誉证书、广告代理合同等证据，可以看出经过原告的推广宣传使用，"伊力柔雅"蓝花瓷等酒类产品的包装、装潢具有一定影响力。原告所生产的"伊力柔雅"蓝花瓷酒类产品在相关市场中具有较高知名度，系知名商品，其特有的包装装潢应受法律保护。原告生产的"伊力柔雅（蓝花瓷）"与涉案"柔雅（蓝花瓷）"白酒产品包装盒均以蓝色为基本色调，盒体正面与背面均印有横向排列特大黑色宋体"柔雅"二字，二字中间竖直排列红色拼音字母。盒体正面与背面中心位置均有带"蓝"字的酒瓶，其下方均有带"蓝花瓷"字样的圆环形花纹图案。盒

体两侧均印有带粉色杏花的"蓝"字。"蓝"字左上角均有艺术体"情怀"二字。盒体左侧均有竖直排列以"喝出中国人的情怀"为主题的宣传语。盒体顶盖上均有圆环形花纹图案。两者在盒型、颜色搭配、文字图案、排列位置和顺序等方面高度近似。原告生产的"伊力柔雅(蓝花瓷)"与被诉"柔雅(蓝花瓷)"白酒产品瓶体均以蓝白色为基本色调,瓶身较粗、瓶颈为收缩状设计,瓶体形状均为半球形。瓶体正面均横向排列有特大宋体"柔雅"二字,下方均有带"蓝花瓷"字样的圆环形花纹图案。瓶身靠近瓶颈处均有白色背景环绕一周的蓝色花纹图案。原告生产的"伊力"牌"伊力柔雅(蓝花瓷)"与标注有"贵州省仁怀市茅台镇某酒业有限公司"名称的"柔雅(蓝花瓷)"白酒瓶身背面均有带粉色杏花的"蓝"字,"蓝"字左上角均有艺术体"情怀"二字。二者瓶体的整体轮廓、瓶颈与瓶腔的形状及比例基本相同。原告生产的"伊力柔雅(蓝花瓷)"与被诉"柔雅(蓝花瓷)"白酒包装箱均以土黄色为基本色调,箱体正中均有以蓝色为背景的土黄色大字及圆环形花纹图案,其中"柔雅"二字为宋体,中间竖直排列有拼音字母,圆环形图案中均有"蓝花瓷"字样。包装箱侧面均有以"喝出中国人的情怀"为主题的宣传语。包装箱顶盖均有"喝出中国人的情怀"字样。二者在箱型、颜色搭配、文字图案、排列位置和顺序等方面基本一致。

从上述描述来看,涉案"柔雅(蓝花瓷)"白酒商品的包装、装潢与原告"伊力柔雅(蓝花瓷)"白酒商品的包装、装潢从整体设计、颜色搭配、文字图案、排列设置等方面近似度极高。外包装上使用的广告语与原告产品上使用的广告语一致,以相关公众一般注意力为标准,足以使普通消费者误认为该商品来源于原告或与原告存在特定关系,造成混淆与误认。被告食品商行在其销售的涉案产品中使用了与原告的"伊力柔雅(蓝花瓷)"系列商品包装、装潢近似的标识,其行为违反了《反不正当竞争法》第6条"经营者不得实施下列混淆行为,引人误认为是他人商品或者与他人存在特定联系:(一)擅自使用与他人有一定影响的商品名称、包装、装潢等相同或者近似的标识……"的规定,构成不正当竞争。

三、关于被告食品商行应如何承担赔偿责任的问题

虽然被告食品商行在审理过程中提交了相关证据,用以证实其从上游生产厂家购买产品,不应当承担赔偿责任,但本院认为,基于诚实信用原则和公认商业道德的要求,销售者至少也应当对其所售商品的来源是否正当、合法进行审查并加以证明;而出于法律对共同侵权、帮助侵权等侵权样态的规定,人

民法院也有必要对销售者的主观状态进行认定，尤其包括销售者是否明知不正当竞争行为的存在。第一，随着社会及市场经济飞速发展，商业模式与技术手段均出现重大变革，反不正当竞争法调整的经营者和竞争关系等也随之发生扩张：经营者的范围从有从事经营法定资格者扩大到广义的市场参与者，即从事市场行为、影响市场竞争的任何主体；竞争关系也从同行业竞争扩展到非同业竞争，指向攫取交易机会、争夺购买力、挤占市场空间等。作为市场经济活动的参与者与得利者，产品销售者与生产者一样，都应当遵循诚实信用原则和公认的商业道德，不得损害消费者合法权益，破坏市场正常经济秩序。在此环境下，没有理由直接为销售者提供豁免权，也不能简单认为不正当竞争产品销售者与权利人之间不存在反不正当竞争法上的竞争关系。第二，同样是因为市场经济的发展，不正当竞争行为也开始不断翻新花样、层出不穷，反不正当竞争法虽未作特别规定予以禁止的行为，如果给其他经营者的合法权益造成损害，确属违反诚实信用原则和公认的商业道德而具有不正当性，不制止不足以维护公平竞争秩序的，可以适用原则规定予以规制。基于此，虽然销售不正当竞争侵权产品并不属于反不正当竞争法所列明的不正当竞争行为，但仍应受到反不正当竞争法原则性规定的规制与检验。第三，从学理角度出发易知，反不正当竞争法保护的知名商品特有名称、包装装潢、企业名称字号等均发挥着识别商品、服务来源的功能，和未注册商标极为类似。《最高人民法院关于审理不正当竞争民事案件应用法律若干问题的解释》第4条第3款规定："认定与知名商品特有名称、包装、装潢相同或者近似，可以参照商标相同或者近似的判断原则和方法。"该解释第17条第1款规定"……确定反不正当竞争法第五条、第九条、第十四条规定的不正当竞争行为的损害赔偿额，可以参照确定侵犯注册商标专用权的损害赔偿额的方法进行。"由此可以推导出，对广义商业标识的攀附、仿冒造成消费者误认混淆的不正当竞争行为，可以参照调整狭义商业标识即注册商标的商标法中的类似规定处理。最后，销售者应确保所售商品具有合法来源是诚实信用原则和公认商业道德的要求，也是权利义务相一致原则的体现：销售者参与市场经济并从中获利，在享受权利的同时，也应承担相应的义务，而确保所售商品具有合法来源即为其应承担的基本义务之一。这既是平衡权利人、竞争者、参与者等各方主体利益的考量，也是对消费者和社会负责任的做法，更是维护市场正常秩序和社会公共利益的要求。因此被告食品商行擅自销售涉案侵权产品的行为，侵犯了原告注册商标专用权，依法应承担停止侵权、赔偿损失等民事责任。关于原告要求被告在《新疆法制报》上刊登声明，消除因侵犯商标权产生的不良影响的请求，因原告并未举证证明其商誉受到了影响，故对原告的该请求，法院不予支持。

一审法院认定被告侵犯原告商标权，并构成不正当竞争，判令停止侵害，赔偿损失。

⊃ 上诉主张及理由

某甲公司上诉称：一审判决违反法定程序，事实认定部分有误，判赔数额畸低。（1）一审遗漏上诉人诉讼请求，对上诉人原审第二项诉请"判令食品商行立即停止不正当竞争行为，停止销售与伊力柔雅（蓝花瓷）白酒商品包装、装潢相近似的柔雅（蓝花瓷）白酒商品"未作审理、判决，依法应发回重审。（2）一审判决对食品商行实施了商标及不正当竞争侵权行为的结果认定正确，但对涉案侵权产品的委托商和销售商，以及某甲公司"伊力柔雅"（蓝花瓷）白酒上市时间的认定有误。（3）一审法院未充分考虑食品商行侵权行为性质、主观过错程度、侵权情节、销售数量及获取利润，以及某甲公司商标价值、企业声誉等情况，判定的赔偿数额畸低，既难以制止被上诉人的侵权行为，也不利于保护上诉人的知识产权，更不易消除给上诉人企业及品牌声誉造成的不良影响。（4）一审判决驳回上诉人要求食品商行登报赔礼道歉、消除影响的诉请，无事实和法律依据。

食品商行辩称：（1）食品商行并非涉案侵权产品的生产者，而是销售者。一审法院以《商标法》第57条第2项规定认定食品商行侵权于法无据。（2）食品商行系有合法进货来源的销售者而非生产者，并未主动擅自使用与他人有一定影响的商品名称、包装、装潢相同或近似的标识。而且，涉案侵权产品在外包装显著位置标明了产地，以一般人注意义务不足以引起混淆认识。一审法院认定上诉人构成不正当竞争无事实和法律依据。（3）食品商行在购买时不知"柔雅"（蓝花瓷）为侵权商品，且已提交证据证明所购涉案白酒系来源合法并可说明提供者，故不应承担赔偿责任。一审法院适用法律错误，案件事实认定不清。

食品商行上诉称：上诉事实及理由，与其针对上诉人某甲公司发表的答辩意见一致。

某甲公司辩称：食品商行上诉请求及理由无事实及法律依据，一审判决认定其构成商标侵权及不正当竞争正确。

➡ 二审法院查明的事实

二审查明的其他事实与一审法院查明事实一致。二审另查明：（1）自2010年10月起，某甲公司面向市场生产销售"伊力柔雅"（蓝花瓷）白酒。（2）2018年，食品商行从山东分别购入标注有"贵州省仁怀市茅台镇某酒业有限公司，产地：山东·德州"的"柔雅"（蓝花瓷）白酒，以及标注有"委托方：贵州省仁怀市茅台镇某酒业有限公司，生产厂家：山东省博兴县某酒厂，产地：山东·滨州"信息的"柔雅"（蓝花瓷）白酒。2018年11月20日，喀什市市场监督管理局查获食品商行库存的用以销售的"柔雅"（蓝花瓷）白酒商品4394箱，其中外包装标注有"委托方：贵州省仁怀市茅台镇某酒业有限公司，生产厂家：山东省博兴县某酒厂，产地：山东·滨州"信息的"柔雅"（蓝花瓷）白酒956箱，标注有"贵州省仁怀市茅台镇某酒业有限公司，产地：山东·德州"的"柔雅"（蓝花瓷）白酒3438箱。（3）经某甲公司申请诉前证据保全，喀什地区中级人民法院于2019年3月5日作出（2019）新31证保1号民事裁定，查封、扣押了食品商行位于喀什市××乡库房的4394箱"柔雅"（蓝花瓷）白酒商品。某甲公司为此支出保全费用5000元。后某甲公司又于2019年4月5日向喀什地区中级人民法院申请诉前财产保全，并为此支付案件申请费5000元、诉讼财产保全责任保险费12000元。

➡ 二审法院判决理由与裁判结果

一、关于一审程序是否错误

某甲公司主张一审法院遗漏了其关于"食品商行立即停止不正当竞争行为，停止销售与'伊力柔雅'（蓝花瓷）白酒商品包装、装潢相近似的'柔雅'（蓝花瓷）白酒商品"的诉讼请求，依法应发回重审。本院认为，本案系某甲公司以食品商行销售被控侵权产品"柔雅"（蓝花瓷）白酒的行为侵犯了其"伊力柔雅"注册商标专用权，并构成不正当竞争为由提起的诉讼，一审法院对食品商行是否构成商标侵权及不正当竞争均进行了审理、认定，因某甲公司主张侵犯商标权及构成不正当竞争的被控侵权商品具有同一性，均指向涉案"柔雅"（蓝花瓷）白酒，一审法院判令食品商行立即停止销售侵犯某甲公司第18×××10号"伊力柔雅"注册商标专用权的商品的行为，并未遗漏某甲公司诉讼请求。某甲公司该项上诉理由不成立，不予支持。

关于某甲公司提出的"一审法院认定侵权事实清楚，但未对涉案'柔雅'

（蓝花瓷）白酒与某甲公司'伊力柔雅'（蓝花瓷）白酒进行实物比对"，本案中因某甲公司已当庭提交涉案"柔雅"（蓝花瓷）白酒酒瓶、包装盒、包装箱照片等证据，且食品商行在一审庭审时对上述照片的真实性均予以认可，一审法院通过照片对涉案侵权产品"柔雅"（蓝花瓷）白酒和某甲公司"伊力柔雅"（蓝花瓷）白酒的酒瓶、包装盒、包装箱进行比对，程序并无不当，本院予以维持。

二、食品商行是否侵犯了某甲公司"伊力柔雅"注册商标专用权

根据 2013 年 8 月 30 日修改的《商标法》第 57 条第 3 项规定，销售侵犯注册商标专用权的商品，属于侵犯注册商标专用权的行为。本案中，"伊力柔雅"（蓝花瓷）白酒在市场上销售多年，"柔雅"二字已与某甲公司生产的"伊力柔雅"白酒商品建立了联系，对新疆维吾尔自治区的消费者而言已产生了其文意以外的指代。涉案侵权商品"柔雅"（蓝花瓷）白酒在酒瓶瓶体、外包装盒、包装箱上突出使用"柔雅"二字，已起到识别商品来源的作用，属于商标意义上的使用，且其"柔雅"二字文字、字体、颜色、排列、位置均与"伊力柔雅"白酒上的"柔雅"相同或相似，易导致消费者误认或混淆，误以为被控侵权产品系某甲公司生产或与其存在某种联系，二者构成近似商标。食品商行作为专门从事酒类产品零售、批发的经营者，分批大量购入被控侵权产品"柔雅"（蓝花瓷）白酒并销售，其行为已侵犯某甲公司"伊力柔雅"注册商标专用权。食品商行主张其虽为销售而购入被控侵权产品"柔雅"（蓝花瓷）白酒，但实际上未进行销售，且其不是生产者，一审法院认定侵犯某甲公司商标权错误。根据《民事诉讼法》第 64 条"当事人对自己提出的主张，有责任提供证据"的规定，其应就未销售涉案"柔雅"（蓝花瓷）白酒提供相应证据加以证明，但一审、二审中食品商行均未能提交全部购货协议、清单、货款交付凭证等有效证据证明其仅购入 4394 箱涉案"柔雅"（蓝花瓷）白酒，与喀什市市场监督管理局查获数量一致，故食品商行对此应承担举证不利的法律后果。一审法院关于食品商行侵犯某甲公司商标权的事实认定清楚，但适用法律错误，即不应适用《商标法》第 57 条第 2 项认定侵权行为，而应适用该法第 57 条第 3 项规定，本院在此纠正。食品商行销售被控侵权产品"柔雅"（蓝花瓷）白酒的行为，构成侵犯某甲公司"伊力柔雅"注册商标专用权，食品商行主张"不构成商标侵权"的上诉理由不能成立，本院不予支持。

三、食品商行销售与"伊力柔雅"（蓝花瓷）白酒包装、装潢高度相似的"柔雅"（蓝花瓷）白酒的行为，是否构成对某甲公司的不正当竞争

2017年11月4日修订的《反不正当竞争法》第2条第2款规定"本法所称的不正当竞争行为，是指经营者在生产经营活动中，违反本法规定，扰乱市场竞争秩序，损害其他经营者或者消费者合法权益的行为"。本案中，某甲公司主张食品商行销售的"柔雅"（蓝花瓷）白酒包装及装潢与其"伊力柔雅"（蓝花瓷）白酒的包装、装潢相似，易使消费者产生混淆或误认该"柔雅"白酒系某甲公司产品或与某甲公司存在特定联系，食品商行的销售行为构成不正当竞争。食品商行辩称其仅是销售者，没有主动擅自使用近似商标的行为，且涉案白酒名称、产地不同，以一般人注意义务不足以引起混淆认识。本院认为，经营者在生产经营活动中，应当遵循自愿、平等、公平、诚信的原则，遵守法律和商业道德。某甲公司系新疆维吾尔自治区知名白酒生产企业，其生产的各类白酒市场美誉度和竞争力较高，且经多年推广、销售，其生产的"伊力柔雅"（蓝花瓷）白酒等产品深受消费者认可。食品商行自2016年2月起便从事酒类产品批发、零售，其理应知悉"柔雅"（蓝花瓷）的酒瓶造型及装潢与"伊力柔雅"（蓝花瓷）白酒包装及装潢高度相似、消费者施以一般注意力容易混淆或误认，却仍然专门从山东大量购入"柔雅"（蓝花瓷）白酒在喀什市及其周边销售，明显有攀附某甲公司"伊力柔雅"（蓝花瓷）白酒商誉、增加"柔雅"（蓝花瓷）交易机会的意图，其销售行为有违诚信原则及商业道德。且其购入的侵权产品数量巨大，其行为已有别于一般的批发零售商，主观恶意较为明显，客观上也将产生在该区域排挤某甲公司"伊力柔雅"白酒竞争、攫取商业交易机会、扰乱市场竞争秩序，损害某甲公司或消费者合法权益的后果，其行为符合《反不正当竞争法》第6条第4项的规定，构成对某甲公司的不正当竞争。一审法院认定事实清楚，但适用法律错误，即不应适用《反不正当竞争法》第6条第1项"擅自使用与他人有一定影响的商品名称、包装、装潢等相同或者近似的标识"，因为该条款中的"擅自使用"仅指直接使用行为，不包括销售者的销售侵权产品行为，故本院在此予以纠正。食品商行提出的"一审法院认定食品商行构成不正当竞争无事实和法律依据"的上诉理由，不能成立，本院不予支持。

四、如构成侵权，食品商行的合法来源抗辩是否成立，应如何承担赔偿责任

合法来源抗辩仅是商标侵权纠纷中的免责情形，而非不构成商标侵权或不正当竞争的抗辩事由，且合法来源抗辩除要求销售者能够证明侵权商品是自己合法取得并能说明提供者外，还要求销售者不知道自己销售的是侵犯商标注册专用权的商品。本案中，食品商行明显具有"搭便车"、"傍名牌"、不正当利用某甲公司"伊力柔雅"（蓝花瓷）白酒的竞争力增加销售机会的主观故意，其辩称"不知道自己销售的是侵犯注册商标专用权"的说法，显然不能成立。

关于侵权责任如何承担，本案中，某甲公司针对食品商行侵犯商标权及不正当竞争行为，要求食品商行支付经济赔偿 200 万元，其中合理费用含财产保全费 5000 元、证据保全费 5000 元、保全责任保险费 12 000 元、律师费 143 100 元、差旅费 7746 元。虽然某甲公司未提交律师费用票据，但在本案保全费及保险费用就已达 22 000 元且食品商行被查获的涉案"柔雅"（蓝花瓷）白酒数量高达 4394 箱的情况下，一审法院判决食品商行赔偿某甲公司包括合理费用在内的经济损失 50 000 元，数额明显过低。某甲公司关于"一审法院判定赔偿数额畸低"的上诉理由成立，予以采纳。本院认为，在某甲公司未提交证据证明因侵权及不正当竞争受到的实际损失或食品商行因侵权及不正当竞争所获利益的情况下，综合考虑食品商行的侵权方式、侵权数量、经营规模、不正当竞争的情节、某甲公司"伊力柔雅"注册商标的市场价值、当地经济发展水平等各方面因素，酌定赔偿数额 150 000 元。关于合理费用，因财产保全费、证据保全费、保全责任保险费系某甲公司维权必要开支，故本院予以支持；关于律师费，虽然某甲公司未提交律师费票据，但其在一、二审诉讼中律师均出庭并提供了诉讼服务，故参照新疆维吾尔自治区律师服务费收费标准，本院酌定为 18 000 元；关于交通费，某甲公司虽主张差旅费 7746 元，但其提交的票据总额仅为 7555 元，其中上海某旅行社有限公司票号为 00××××90 的发票、金华某旅行社有限公司出具的票号为 21××××17、14××××21 的电子发票因与本案无关，本院不予认可，对其他有证据证明实际发生的交通费及住宿费共计 6389 元，本院予以支持。综上，食品商行需向某甲公司支付合理费用 46 389 元。

关于某甲公司要求食品商行在《新疆法制报》赔礼道歉，因赔礼道歉仅适用于侵犯自然人的人格权，而本案系商标侵权及不正当竞争纠纷，且某甲公司并未提交证明其商誉因食品商行商标侵权及不正当竞争行为受损的相关证据，故依法不适用赔礼道歉，一审法院对某甲公司该项诉请不予支持，并无不当，本院予以维持。某甲公司提出的"一审判决驳回上诉人要求食品商行登报赔礼道歉消除影响的诉请，无事实和法律依据"上诉理由，不能成立，本院不予支持。

综上，判决如下：一、撤销新疆维吾尔自治区喀什地区中级人民法院（2019）新 31 知民初 8 号民事判决第二项"食品商行于本判决生效之日起 10 日内赔偿某甲公司经济损失及合理费用 50 000 元（伍万元整）"；二、食品商行在本判决生效之日起 10 日内向某甲公司支付经济损失 150 000 元、合理费用 46 389 元，上述费用合计 196 389 元；三、驳回某甲公司的其他诉讼请求。

➲ 案例解析

本案是关于商标及其他商业标识使用是否违反诚实信用原则与商业道德引起的诉讼。诚实信用原则作为民法中的帝王原则，在知识产权法领域也具有重要意义。在营销实践中，销售者对其销售的商品应当承担最基本的知识产权担保义务，若未经审查随意销售可能存在商标侵权或不正当竞争问题的商品，就存在违背诚实信用原则和商业道德的法律风险，对消费者利益和公共利益都可能造成损害。本案是知识产权法领域诚实信用原则和商业道德作为裁判考量因素的典型案例。以下将结合案件探讨商标及其他商业标识使用与诚实信用原则和商业道德。

一、涉及商标使用的不正当竞争行为

根据我国《商标法》第 48 条的规定，商标的使用被定义为"将商标用于商品、商品包装或者容器以及商品交易文书上，或者将商标用于广告宣传、展览以及其他商业活动中，用于识别商品来源的行为"。商标使用往往会出现两类违法行为：一种是违反《商标法》第 56 条注册商标专用权的侵权行为；另一种则是《反不正当竞争法》第 6 条所规定的不正当竞争行为。有学者认为，商标保护也是反不正当竞争法的应有之义，司法实践中应当是优先适用《商标法》，再由《反不正当竞争法》补充保护。[①] 笔者对之难以苟同。商标法作为知识产权法的重要组成部分，其立法宗旨主要是保护商标权利人注册商标与其核定使用商品之间内在、唯一的联系，为注册商标权利人赋予具有垄断性的私权利。[②] 反不正当竞争法则立足于规制竞争行为，制止除了商标法已经明确规定的侵权行为以外的、有违诚实信用原则、损害竞争的不正当竞争行为。从两部法律不同的立法目的来看，商标法规定主要是防止对于私有权利的损害，反

---

① 参见杨守晶：《反不正当竞争法视阈下侵害知名商标民事案件裁判要点研究》，载《理论界》2020 年第 11 期。

② 参见史凡凡：《商标权保护与反不正当竞争保护的分界——清华大学与天津市某区小清华幼儿园侵害商标及不正当竞争案》，载《中华商标》2019 年第 6 期。

不正当竞争法是防止对公共市场中的竞争造成损害。因此，两部法律的适用并不存在先后问题。本文主要针对商标使用构成不正当竞争行为的情况进行分析。

《反不正当竞争法》中有关商标保护的是第 6 条市场混淆行为的规定，市场混淆行为所导致的限制竞争的结果具体表现为"引人误认为是他人商品或者与他人存在特定联系"，从法条出发，市场混淆行为的构成要件可以拆分为以下四点。

（一）主体

反不正当竞争法意在规制市场竞争，因此市场混淆行为主体是市场经营者。在 2017 年《反不正当竞争法》修订前，曾经对经营者有着"营利性"的要求，但这一要求实际上不利于自由竞争的保护。因此，修订后《反不正当竞争法》删去这一要求，进一步拓宽了经营者范围，只要是满足《反不正当竞争法》第 2 条"从事商品生产、经营或者提供服务（以下所称商品包括服务）的自然人、法人和非法人组织"，均可以称为市场混淆行为的主体。

（二）客体

市场混淆行为的客体比较特殊，主要是"有一定影响"的商业标识。其中"有一定影响"在实践中存在界定难度。《反不正当竞争法》修订时实际上是把"知名商品"和"特有标识"修改为"有一定影响"的商业标识，因此有学者认为，"有一定影响"的认定实际上与修改前没有实质区别。[①] 笔者对于这种观点不敢苟同："知名商品"的表述首先出现在 1993 年《反不正当竞争法》中，对其认定规则往往是采纳知名性标准，通过外在知名度进行判断；而"有一定影响"实际上是指经过使用将商业标识和商品或服务的联系建立在相关公众的认知中，其要求商业标识与商品或服务存在特定联系而不是商业标识广为人知，因此应根据其内在的显著性来认定，而宣传力度和销售情况等仅可作为参考条件。因此，认定市场混淆行为的客体时，应当通过实质显著性标准来判定是否满足"有一定影响"。

（三）主观因素

司法实践中，法院往往会结合经营者的主观意图来确定是否构成市场混淆行为。反不正当竞争法意在保护值得保护的合法竞争利益，故若经营者被证明存在明显的"搭便车"的恶意，司法实践中往往会适当降低"有一定影响"的判断标准，只要求商业标识在有限的相关范围内被公众所知晓并且与商品或

---

① 参见王丽君：《浅析市场混淆行为的认定》，载《市场周刊》2020 年第 2 期。

服务有固定联系即可。

（四）客观因素

市场混淆行为的客观因素主要是对行为的认定，根据《反不正当竞争法》第 6 条的规定，包括擅自使用他人有一定影响的商业标识、企业名称、域名等，造成了足以引人误以为是他人商品或与他人存在特定联系的结果。法条中同样规定了兜底条款，目的是防止新兴的有害竞争的市场混淆行为形式出现。

二、诚实信用原则

诚实信用原则被称为民法领域的"帝王原则"，主要是指在市场经济活动中形成的、要求人民讲究信用恪守诺言的原则。[1] 这一法律原则在早期一直以社会道德、商业习惯的形式存在，往往被视为法律之外的补充规范来调整民商法关系。随着经济快速发展，这一原则被纳入成文法体系中的民法领域，并被各国广泛采用。知识产权法作为民法组成体系的重要部分，同样也应当适用诚实信用原则。

以商标法为例，《商标法》第 7 条中明确规定了"申请注册和使用商标，应当遵循诚实信用原则"。商标是相关公众识别商品或服务的标志，也是商品或服务与经营者的桥梁，因此如果出现商标混淆行为，损害的不仅是商标的标识价值，而且是经营者的商誉价值。未经许可侵犯他人商标专用权的行为，实际上违背了诚实信用原则要求，侵权人没能恪守诺言为消费者提供公众所认为的服务或商品，当这种侵权行为缺乏具体法律规制时，就应当适用诚实信用原则。我国司法实践中，对于诚实信用原则可以由法官把握自由裁量权有限度地适用。

当然，知识产权领域诚实信用原则的适用同样也存在一些限制，如果存在可以优先适用的低层次个别制度，则不能先适用诚实信用原则。因为，如果直接适用诚实信用原则，一方面会使得法律适用不够明确，难以进行价值判断；另一方面可能导致诚实信用原则的滥用，阻碍知识产权的发展。

三、商业道德

诚实信用原则最早的表现形式是商业道德的一种。时至今日，商业道德的范围已经更加宽泛。公认的商业道德同样可以作为一种道德规范，在知识产权领域起到调整商业竞争行为的作用。需要明确的是，商业道德不同于世俗道德，世俗道德主要用以规范引导人们在社会生活中的日常行为，而商业道德则

---

[1] 参见梁慧星：《诚实信用原则与漏洞补充》，载《法学研究》1994 年第 2 期。

是判断商业活动中竞争行为是否具有正当性的标尺。因此，商业道德往往与反不正当竞争法紧密联系。

我国《反不正当竞争法》第2条规定，经营者在生产经营活动中应当遵守商业道德，商业道德实际上体现了反不正当竞争法在保护竞争之外的效率目的。笔者认为，商业道德应当是判断商业行为正当性的唯一标准。因为在商业竞争中，往往一方经营者取得竞争优势，其他经营者可能就会受到损失，但如果只着眼于其他经营者竞争受损，而罔顾前述经营者是通过合法的商业手段取得的竞争优势，认定其构成不正当竞争，实际上是在曲解反不正当竞争法的立法目的。因此商业道德更多强调竞争自由，竞争行为即便不同于社会生活的日常行为方式，也不一定不符合商业道德。

《反不正当竞争法》在2017年修改的过程中，将"公认的商业道德"修改为现在的"商业道德"，将其范围拓宽到既包含已经存在且被公认的商业道德，也包含法官在审理过程中确认的商业道德，[①] 这为法官在实践中通过商业道德来作出判决提供了法律基础。但在认定并适用商业道德的过程中，应当明确其内涵，以防通过日常道德衡量商业行为，造成不正当竞争行为的误判，阻碍自由竞争与经济发展。

四、销售商标使用违法商品的法律规制

本案中，被告作为一家食品商行，销售了商业标识与已注册的他人商标类似的商品，其行为可能同时违反了《商标法》和《反不正当竞争法》对于商标使用的规定，基于上文所述，笔者将分别从商标侵权和市场混淆行为两方面展开分析。

（一）商标侵权

根据法院查明，原告所主张的酒类商品上的"伊力柔雅"文字商标于2017年获得核准，而其他的"伊力"相关图形文字商标，也早已获得核准并使用于多个类别的商品中。我国《商标法》对于注册商标专用权的保护，限定在核准注册的商标和核定使用的商品上。因此，对于酒类商品，"伊力柔雅"文字商标有权获得注册商标专用权保护。本案中，被告某乙食品商行在销售涉案产品时，商品外包装的瓶体、长方体纸盒上均在显著部位突出使用了"柔雅（蓝花瓷）"标识，这一标识使得相关公众可以识别商品，属于商标意义上的使用。《商标法》第57条第3项规定，销售侵犯注册商标专用权的商品构成

---

① 参见王艳芳：《商业道德在反不正当竞争法中的价值和标准二重构造》，载《知识产权》2020年第6期。

侵犯注册商标专用权。《最高人民法院关于审理商标民事纠纷案件适用法律若干问题的解释》第9条则再次明确了这种侵权行为需要达到以相关公众的一般注意力即会对商品来源产生误认或认为有联系。结合案情可知，"柔雅（蓝花瓷）"标识与"伊力柔雅"文字商标大部分近似，整体结构相似，容易造成相关公众的混淆，误以为涉案产品与原告存在某种特定联系。因此，被告行为构成商标侵权。

（二）市场混淆行为

除了侵犯商标专用权以外，笔者认为被告行为同样构成了《反不正当竞争法》中所规定的市场混淆行为。本案中，被告所销售的"柔雅（蓝花瓷）"白酒商品的包装、装潢与原告"伊力柔雅（蓝花瓷）"白酒商品的包装、装潢无论是文字、图案还是元素组合等方面均近似度极高，以相关公众一般注意力为标准，足以使普通消费者误认为该商品源于原告或与原告存在特定关系，造成混淆与误认。原告经营酒业数十年，相关消费者对其伊力品牌熟知，"伊力柔雅（蓝花瓷）"白酒商品同样可以让相关公众联系到某甲公司，其商业标识与商品和企业有着内在显著性的关联，因此属于"有一定影响"的商业标识。市场混淆行为在法条规定中存在三项表现形式和一项兜底条款。因此，一审法院判决认定"柔雅（蓝花瓷）"白酒商品的生产商构成了市场混淆行为的第1项表现形式，即擅自使用他人有一定影响的商业标识。二审法院则纠正指出，"擅自使用"仅指直接使用行为，不包括销售者的销售侵权产品行为，应当构成市场混淆行为的第4项"其他混淆行为"。被告并非白酒生产商，其能否被视为具备竞争关系的经营者从而适用《反不正当竞争法》第6条，一、二审法院均着重考虑了诚实信用原则与商业道德，判断被告的主观状态。笔者认为，被告作为销售方，对于酒类商品应当有一定认识，某甲公司作为老牌酒业公司，其"伊力柔雅（蓝花瓷）"白酒商品占据了相当的市场份额，因此应当推定被告对该品牌和商品是熟知的，在这一前提下依旧选择采购这一批"柔雅（蓝花瓷）"白酒商品，存在"搭便车"的攀附心态，违反了诚实信用原则和公认的商业道德，与反不正当竞争法保护市场竞争目的不符，因此，应当结合被告主观状态，参照《反不正当竞争法》规定，确认其竞争关系，将其纳入市场混淆行为的规制范畴。

五、结论

商业标识的不当使用行为，既可能侵犯《商标法》所规定的注册商标专用权，也可能构成《反不正当竞争法》规定的市场混淆行为。这两个行为在法律规制上并非竞合关系，应当分别进行判断。如果销售者等不正当使用商业标识的行为影响了市场竞争，但难以明确竞争关系进而适用《反不正当竞争法》具体规定，就可以参考诚实信用原则和商业道德判断其主观状态，适用市场混淆行为的相关条款加以规制。销售者在从市场中获益的同时，还应当确保所售商品具有合法来源，这是权利义务相一致原则的体现，也是维护市场秩序和公共利益的基本保障。

商标权滥用的司法认定

——徐某与南京某甲实业有限公司等侵犯商标专用权纠纷案

/ 葛瑞祺

◯ 本案要旨

使用被控侵权标识是否构成对他人注册商标专用权的侵犯，可遵循以下裁判思路：首先，被控侵权标识与注册商标的构成要素是否相同或近似；其次，这种近似是否达到易使相关公众混淆或误认的效果。混淆性近似，不仅包括被控侵权标识与原告注册商标在颜色、线条以及构成等外观方面的近似，更重要的是会使得相关公众混淆商品来源或者认为二者存在特定联系。另外，对于注册商标给予保护是基于商标上所承载的商品或服务累积的商誉，而非商标这一形式本身，因此需要考虑该商标是否具备可供保护的实质性利益。比如注册商标在有效期内并未在核定使用的商品上实际使用，意味着注册商标未能给予其标记的商品或服务一定的商业价值，没有可保护的实质性利益存在。

◯ 案件信息

上诉人（一审原告）：徐某

被上诉人（一审被告）：某乙汽车集团公司、南京某丙有限公司

一审被告：南京某甲实业有限公司、北京公交某丁汽车服务有限责任公司

案号：江苏省南京市中级人民法院（2008）宁民三初字第 227 号、江苏省高级人民法院（2012）苏知民终字第 0183 号

◯ 原被告主张及理由

原告诉称：2007 年 10 月 28 日，其受让第 36×××84 号"名爵 MINGJUE 及图"注册商标。该商标 2005 年 1 月 21 日核准注册，核定使用在国际分类第 12 类"小型机动车、电动自行车、摩托车、自行车"等商品上。某乙汽车集

团公司（以下简称某乙公司）生产、北京公交某丁汽车服务有限责任公司（以下简称某丁公司）销售的轿车类小型机动车产品，擅自使用了被控侵权标识，将"名爵"文字突出使用在汽车车身、车尾、企业官方网站、销售店面门头、店内装饰广告和产品宣传彩页上。某乙公司、某丁公司的上述使用行为，侵犯了其注册商标专用权，故请求法院：（1）确认被告从 2007 年 10 月 29 日至 2008 年 1 月 22 日涉案商标被撤销前的侵权行为；（2）判令被告在全国性报刊上公开发表声明，消除影响；（3）判令被告赔偿原告 20 万元；（4）判令被告支付原告调查侵权行为的合理开支 2 万元；（5）由被告负担本案的诉讼费用。

被告共同辩称：被告在生产、销售的汽车及广告宣传、公司网站、经营场所等使用名爵文字不构成对原告商标的侵权，应驳回其诉讼请求。

➲ 一审法院查明的事实

2003 年 6 月 25 日，案外人林某向国家商标局申请注册"名爵 MINGJUE 及图"商标，2005 年 1 月 21 日经国家商标局核准注册，注册证号为第 36××× 84 号，核定使用商品（第 12 类）电动自行车、小型机动车、摩托车等。注册有效期自 2005 年 1 月 21 日起至 2015 年 1 月 20 日止。2007 年 10 月 28 日，该商标经国家商标局核准转让给徐某。

2007 年 2 月 13 日，国家发展和改革委员会发布的 2007 年第 9 号第 137 批汽车、摩托车、三轮汽车和低速货车生产企业及产品名录公告中，某乙公司生产的产品名录中包括名爵牌轿车。2008 年 3 月 17 日，国家发展和改革委员会发布 2008 年第 24 号公告，同意将列入公告的"某乙公司"企业名称变更为南京某丙有限公司。

南京某丙有限公司在生产销售的普通乘用车（轿车）车身前端标示 MG 及图商标，车身尾部标示"南京名爵"字样。在其汽车经销场所、网站及相关主体发布的广告中有使用"MG 名爵汽车"文字及 MG 及图与名爵文字并列等使用形式。

2008 年 1 月 11 日，徐某向北京市海淀区人民法院起诉某乙公司、某丁公司侵犯商标专用权，即本案。2008 年 7 月 21 日该案移送南京市中级人民法院一审审理。

2008 年 1 月 22 日，南京某丙有限公司以商标权利人连续三年停止使用为由，向国家商标局申请撤销涉案商标在"小型机动车"商品上的注册。2008 年 6 月 11 日，国家商标局作出撤 200800217 号《关于第 36××× 84 号"名爵

MINGJUE＋图形"注册商标连续三年停止使用撤销申请的决定》，以徐某提供的商标使用证据无效为由，决定：撤销徐某第 36×××84 号（第 12 类）"名爵 MING JUE 及图形"商标在"小型机动车"商品上的注册。2008 年 7 月 11 日，徐某向国家工商行政管理总局商标评审委员会提出商标复审申请。2009 年 4 月 20 日，商标评审委员会作出商评字〔2009〕第 09640 号决定，维持国家商标局的决定。复审商标指定使用在第 12 类小型机动车上的商品予以撤销，其他商品予以维持。徐某不服该决定，向北京市第一中级人民法院提起行政诉讼，该院于 2009 年 9 月 7 日作出（2009）一中行初字第 1417 号行政判决书，判决维持国家工商行政管理总局商标评审委员会作出的商评字〔2009〕第 09640 号关于第 36×××84 号"名爵 MING JUE 及图"商标撤销复审决定。徐某不服该判决，向北京市高级人民法院提出上诉。该院于 2009 年 12 月 8 日作出终审判决：驳回上诉，维持原判。

➡ 一审法院判决理由与裁判结果

一审法院认为本案争议焦点如下：（1）原告商标核定使用的小型机动车与被告汽车商品是否相同或类似；（2）原告商标与被告使用名爵文字标识是否相同或相近似；（3）被告行为是否构成商标侵权。

正确处理本案应确定被告使用名爵文字与原告商标是不是在相同或类似商品上使用相同或近似商标，同时该使用行为是否可能造成相关公众的混淆或误认。原告注册商标核定使用的小型机动车与被告生产的汽车虽属相同或类似商品，商标亦均有"名爵"之文字，但由于本案原告商标未在小型机动车商品上使用，其商标也未实际发挥市场识别作用，消费者不会将被告汽车上"名爵"文字与原告未使用的"名爵 MINGJUE 及图"商标相联系，市场中不可能造成相关公众的混淆或误认。故不构成对原告商标的侵权。

综上，一审法院判决：驳回原告徐某的诉讼请求。

➡ 上诉主张及理由

上诉人主张：（1）一审判决适用法律错误。徐某涉案注册商标与被控侵权标识相同。一审判决适用《最高人民法院关于审理商标民事纠纷案件适用法律若干问题的解释》第 9 条第 2 款关于商标近似的规定错误，本案应适用上述第 9 条第 1 款关于商标相同的规定。（2）一审判决认定事实错误。一审法院认为徐某未实际使用涉案商标，消费者不会误认被控标识的来源，且由于涉案商标权利存在时间较短，不存在可保护的实质利益，被上诉人没有侵犯上诉人的注册商标专用权，属于认定事实错误。徐某被核准注册的"名爵 MING JUE 及图形"商标核定使用在第 12 类商品上，其一审提交的《中国知识产权报》广告认刊合同书、广告发票等书证原件，足以证明涉案注册商标已使用，该商标的显著性及知名度已经产生，该注册商标自核准之日起至撤销之日止，其专用权利受法律保护。综上，请求二审法院撤销一审判决，支持其一审诉讼请求。

被上诉人抗辩：一审判决认定事实清楚，适用法律正确，应予维持。

➲ 二审法院判决理由与裁判结果

二审法院认为本案争议焦点在于被上诉人使用被控侵权标识是否构成对上诉人涉案注册商标专用权的侵犯。

被上诉人使用被控侵权标识不构成对上诉人涉案注册商标专用权的侵犯。

本案在运用商标法相关规定判定被控行为不构成商标侵权时考虑了以下三方面因素：

第一，被控侵权标识与涉案注册商标不构成相同。《最高人民法院关于审理商标民事纠纷案件适用法律若干问题的解释》第 9 条第 1 款规定："商标相同，是指被控侵权的商标与原告的注册商标相比较，二者在视觉上基本无差别。"本案中，涉案"名爵 MING JUE 及图"组合商标包括"名爵"文字、"MINGJUE"拼音和图形。被告只使用"名爵"文字。根据比对原则，虽然二者均包含了"名爵"文字，但整体观察，以普通消费者的认知，二者的不同是显而易见的。故徐某上诉认为二者均有名爵文字构成商标相同的上诉理由不能成立。

第二，被控侵权标识与涉案注册商标虽然构成要素近似，但不会造成相关公众的混淆和误认。《最高人民法院关于审理商标民事纠纷案件适用法律若干问题的解释》第 9 条第 2 款规定"……商标近似，是指被控侵权的商标与原告的注册商标相比较，其文字的字形、读音、含义或者图形的构图及颜色，或者其各要素组合后的整体结构相似，或者其立体形状、颜色组合近似，易使相关公众对商品的来源产生误认或者认为其来源与原告注册商标的商品有特定的联系。"由此可知，商标法意义上的近似，是指被控侵权标识与注册商标相比较，其文字的字形、读音、含义相同或相似，易使相关公众对商品的来源产生误认或者认为其来源与权利人注册商标的商品有特定的联系，即不仅是指被控侵权标识与原告注册商标在外观等方面的相似，还意味着必须易于使相关公众产生混淆，是一种混淆性近似。本案中，涉案注册商标为"名爵"文字、图形及"MING JUE"拼音共同构成的组合商标，而被控侵权标识仅为"名爵"文字，二者商标标识中"名爵"文字相同，字体相近，在对二者标识整体进行比对的情况下，被控侵权标识与涉案注册商标构成要素近似。但根据一审法院查明的事实，徐某受让涉案注册商标后，只在 2007 年 12 月 26 日、2008 年 1 月 11 日在《中国知识产权报》上登载涉案商标的《品牌授权招商》，并未在核定使用的小型机动车商品上实际使用，故涉案注册商标并不会因此而取得知名度，此后，又因连续三年停止使用而被撤销了其在小型机动车上的商标专用权，故涉案注册商标在有效期内客观上未能发挥市场识别作用，消费者不会将被控侵权标识"名爵"文字与涉案"名爵 MING JUE 及图"商标相联系，不会造成消费者的混淆或误认。

第三，本案无可保护的实质性利益。上诉人徐某主张其在受让涉案商标后至该商标被撤销前不到一年的期间内的商标专用权。对此，江苏省高级人民法院认为，商标受保护的原因不在于标识形式本身，而在于它所代表的商品或服务及由商品或服务所体现的商誉。如果注册商标在有效期内并未在核定使用的商品上实际使用，且因连续三年未使用已经被撤销，该权利在有效期内未能体现出其商业价值，亦即没有可保护的实质性利益存在，对于此类已被撤销的商标专用权，无须再给予追溯性的司法保护。

综上，二审法院判决：驳回上诉，维持原判。

○ 案例解析

权利意识的普及使得知识产权制度有了很大的发展，但如何正当行使自己的权利又成了新的问题。一方面，有些权利人企图超越权利界限牟取更多的不正当利益；另一方面，也有些权利人对自己的权利漠不关心，消极应对。实践中，大量出现以恶意抢占为目的注册商标的情况，同时可以发现撤销案件也在逐年增多，以至于在 2024 年商标局提出要重点治理恶意撤销案件的工作目标。本文从滥用或者使用商标的程度上将商标权滥用分为"违法使用型""不使用型"两个方面进行论述。

一、"违法使用型"商标权滥用

本文中"违法使用型"商标权滥用主要是指以违法目的谋取不正当利益的滥用商标权的行为。实践中最为常见的就是恶意抢注的商标权滥用行为，或者是以索赔为目的的商标恶意诉讼的滥用行为。

（一）理论基础

商标权滥用理论源于禁止权利滥用原则。禁止权利滥用原则是指民事权利的行使不得超过正当界限，否则构成权利滥用，而权利滥用则会引发侵权责任。① 虽然我国现行《商标法》对权利滥用原则没有直接的规定，但是从诚实信用原则中可以窥探一二。《瑞士民法典》第 2 条第 1 款正面表述诚实信用原则，第 2 款反面表述禁止权利滥用原则。② 这样的规定恰恰说明了禁止权利滥用原则实际上也是诚实信用原则的一个侧面，二者起到互相补充的作用。我国《商标法》第 7 条第 1 款③ 对诚实信用原则进行了规定。有学者认为在商标法领域诚实信用原则起到道德与法律的双重规范作用，一方面以道德教育的形式鼓励权利人以正当使用为目的诚信注册与使用；另一方面以成文法的形式调动法律的强制力实际约束权利人取得与使用权利的行为。④ 笔者认为，我国现行商标法框架下禁止权利滥用原则的存在会强化诚实信用原则在道德属性上的作用，引导权利人在必要限度内使用权利。因此可知权利人应在诚实信用的基础上取得与行使商标权，还应保持在正当限度内。

（二）实践适用

"违法使用型"商标权滥用的典型表现行为为恶意抢注或者是以索赔为目的进行商标恶意诉讼。两行为之间并非非此即彼的关系，而是可能有重复交叉或者可能从某一行为过渡到另一行为。比如，以抢占为目的的成功注册商标后以此为权利基础向其他使用人提起商标权侵权之诉的行为。

《商标法》对两种行为的成文规定较少：第 4 条对申请注册过程中的不以使用为目的的恶意申请行为进行了规制；第 68 条规定了商标代理机构的恶意申请与恶意诉讼行为的法律后果。申请阶段，往往通过对申请人过去申请商标注册的情况来识别恶意抢注行为。若该申请人曾经多次申请注册与他人声誉较高的商标类似的商标，那么其行为体现出的主观故意较为明显，恶意抢注的可能性大大提高。

当然，若这一"恶意"在申请阶段尚未被发现，导致商标注册成功，那么该商标持有人通常不会止步于此，而是会进入到下一阶段进行以索赔为目的的诉讼。比如在"赛克思"案中，原告成功注册了"赛克思 SAIKESI"商标，

---

① 参见马原主编：《中国民法教程》，中国政法大学出版社 1998 年版，第 35 页。

② 参见易继明：《禁止权利滥用原则在知识产权领域中的适用》，载《中国法学》2013 年第 4 期。

③ 《商标法》第 7 条第 1 款规定，申请注册和使用商标，应当遵循诚实信用原则。

④ 参见田龙：《论"诚实信用"原则在商标法中的贯彻与适用》，中央民族大学 2017 年硕士学位论文。

后以被告使用与其商标相同的文字作为企业字号，构成对其商标权侵害为由提起诉讼。法院采用了如下裁判思路：首先考虑某赛克思公司是否享有合法的在先权利；其次考虑某赛克思公司被诉行为是否具有正当性；最后考虑邵某注册涉案商标是否具有正当性的问题。在这一问题上，法院查明了邵某原在工商行政管理局的工作身份以及其掌握赛克思相关企业名称与商标的资料信息的事实。因此确认，"利用职务上的便利或业务上的优势，恶意注册商标，损害他人在先权利，为自己谋取不正当利益，属于违反诚实信用的行为，不应受法律的保护"。[1]

实践中另外具有指导意义的案例之一是已被最高人民法院在指导案例中确认的"歌力思"案。该案终审法院对权利滥用的行为表现以及法律后果进行了论述，"任何违背法律目的和精神，以损害他人正当权益为目的，恶意取得并行使商标权的行为均属于权利滥用，其相关权利主张不应得到法律的保护和支持"[2]。同时，按照下述逻辑进行说理：首先，被控侵权人具有合法的在先权利基础；其次，被控侵权人基于合法权利基础的使用方式和行为性质具有正当性；最后，权利人申请注册商标的行为难谓正当。[3] 这样的思路在前述"赛克思"案中也得到了体现与延续。

有学者认为商标权滥用的构成要件如下：（1）商标权的取得具有不正当性，其权利基础存在重大瑕疵；（2）商标注册人不适当地主张权利，具有损害他人利益的主观恶意；（3）商标权滥用行为造成他人合法利益损失，且损失与滥用商标权行为之间具有因果关系。[4] 这一概括是从商标权滥用的侵权本质出发产生的，其结论不无道理。但实践中可以将其简化为：第一，被告是否具有在先权利，对应前述（1）；第二，被告基于在先权利的基础行使权利的行为是否具有正当性，对应前述（2）前半句；第三，原告注册商标的行为以及诉讼的行为是否具有恶意，对应前述（2）后半句。而损失与因果关系的判断相对来说不占重点。其中，对在先权利的界定上有一定的争议。比如，在先权利的范围是否除民事权利外也包括民事权益等。广泛意义上的民事权益包括民事权利和民事法益，而民事法益属于不确定概念，天然具有含义上的模糊性。但从民事法律规定上看，法律不仅保护权利，也对民事权益予以相同的保护。

---

① 吴伟光：《商标权注册取得制度的体系性理解及其制度异化的纠正》，载《现代法学》2019年第1期。

② 参见最高人民法院（2014）最高法民提字第24号民事判决书。

③ 参见宋健：《商标权滥用的司法规制》，载《知识产权》2018年第10期。

④ 参见宋健：《商标权滥用的司法规制》，载《知识产权》2018年第10期。

因此，可知在先权利中的"权利"不仅包括法定权利，也包括未被明确的法益。① 另外，《商标法》第32条前句针对在先权利，后句指向他人已经使用并有一定影响的商标，两句话用逗号隔开且使用"也"字连接，从语句逻辑结构上看，在先权利与在先商标权以及在先未注册商标的权利非包含关系，而是并列关系。因此也侧面推知我国商标法下的"在先权利"不包括在先商标权与在先使用未注册商标的相关权利。

综上，实践中商标权滥用案件往往遵循"在先权利—行为正当性—恶意"这样的思路，对上述商标权滥用进行遏制与打击。这些"违法使用型"商标权滥用常体现为商标权与其他权利的冲突，在市场中增加了公众误认与混淆的可能性，对于消费者来说增加了挑选的成本，对于其他申请人来说增加了正当申请商标的成本，对于商标行政机关来说更是平添无数审查与解决纠纷的苦恼，实属损害公共利益、浪费公共资源的行为。

二、"不使用型"商标权滥用

本文中"不使用型"商标权的滥用是指商标权的不使用。在比较法意义上，商标权"不使用"主要包括商标权人主动放弃，商标权中断使用并不恢复使用以及注册商标沦为通用名称或丧失显著性。② 我国现行法下有明确法律规定的主要是由后两者构成的撤销制度。《商标法》第49条第2款规定，"注册商标成为其核定使用的商品的通用名称或者没有正当理由连续三年不使用的，任何单位或者个人可以向商标局申请撤销该注册商标"。下文主要从连续三年不使用撤销制度展开。

（一）规范意旨

之所以将商标的不使用列为商标权滥用的行为之一，是因为囤积商标而使其无法发挥商标功能的行为是一种消极对待权利的行为。有学者认为支撑连续三年不使用撤销制度的理论依据在于：一是商标的基本功能决定了使用在商标保护中的基础作用；二是权利失效理论；三是维护市场竞争秩序的需要。③ 也有学者关注撤销程序在申请主体之间的作用。④ 还有学者更加强调撤销程序的公益属性，将重点放在撤销制度的弥补功能上。⑤ 这一点在撤销申请程序上

---

① 冯晓青、周贺微：《我国〈商标法〉第三十二条之在先权利保护研究——以"捕鱼达人"案为考察对象》，载《邵阳学院学报（社会科学版）》2017年第4期。

② 参见叶赟葆：《抗辩视角下商标权限制体系研究》，华东政法大学2014年博士学位论文。

③ 参见张玉敏：《注册商标三年不使用撤销制度体系化解读》，载《中国法学》2015年第1期。

④ 张玉敏：《注册商标三年不使用撤销制度体系化解读》，载《中国法学》2015年第1期。

⑤ 参见张鹏：《规制商标恶意抢注规范的体系化解读》，载《知识产权》2018年第7期。

也有所体现，即申请主体并不限于利害关系人，而是任何人。诚然，实践中基于效率的考虑利害关系人作为申请主体的情况具有普遍性，但此种程序设置意在说明撤销程序具有公共属性，该程序设置致力于将商标资源重新释放。

使用是商标保护的逻辑前提之一。没有使用的商标虽然可以通过注册获得商标专用权的保护，但由于缺乏实际使用，商标与商品之间无法建立充分的对应关系，商标无法发挥识别商品来源的基本功能，因此这种保护仅具有形式意义。另外，没有使用的商标也并不值得被保护，因为对于注册商标给予保护是基于商标上所承载的商品或服务累积的商誉，而非商标这一形式本身，没有使用的商标不存在经使用产生的可供保护的实质性利益，因此缺乏保护的必要性。从利益平衡的角度去看，撤销制度的出现纠正了原本注册程序遗留的问题，对于其他申请人而言，增加了申请成功的可能性，将原本倾斜于不使用商标持有人的利益转向其他申请人。对于企业而言，利用撤销制度也可以更好地维护自己的核心商标，从而建构自己的商标维护体系，是企业间利益的动态平衡。对于公众而言，商标呈现形式是有限的，不使用商标的堆积是对有限商标资源的浪费，换言之是公共资源的流失。另外，撤销制度还体现出对公平竞争的追求，以及对商标注册秩序的维持。

（二）实践适用

本案中，法院将对被撤销商标的判断放在被控侵权商标与涉案商标是否造成公众混淆的论述中阐述。根据一审法院查明的事实，徐某受让涉案注册商标后，只于 2007 年 12 月 26 日、2008 年 1 月 11 日在《中国知识产权报》上登载涉案商标的《品牌授权招商》，并未在核定使用的小型机动车商品上实际使用。法院故而认为涉案注册商标并不会因此取得知名度。加之此后又因连续三年停止使用而被撤销了其在小型机动车上的商标专用权，故涉案注册商标未能在有效期内客观上发挥市场识别的作用，消费者也不会将被控侵权标识"名爵"文字与涉案"名爵 MING JUE 及图"商标相联系，不会造成公众的混淆或误认。最终法院判决使用被控侵权商标的行为并不构成对涉案商标的侵权行为。

理论界有学者提出，应当将无正当理由连续三年不使用撤销制度与无正当理由连续三年不使用撤销制度不得获取损害赔偿一起进行立法上的规定。[①]原因在于未经使用的商标即使尚未被撤销也失去了保护的必要性，因此请求损害赔偿没有正当性基础，而如此规定也能体现出规制此种商标权滥用行为的导

---

① 参见叶赟葆：《抗辩视角下商标权限制体系研究》，华东政法大学 2014 年博士学位论文。

向。如果按照这样的条文设置，能够更加明确商标权滥用的法律后果，对恶意索赔频发、交易秩序与权利秩序被搅乱的当下有着不一样的意义。

三、结论

本文将实践中常见的恶意抢注的商标权滥用行为，以索赔为目的的商标恶意诉讼的滥用行为，以及商标不使用的商标权滥用行为进行归类，同时结合理论与实践进行探讨。

从保护的必要性来看，对于注册商标给予保护是基于商标上所承载的商品或服务累积的商誉，而非商标这一形式本身，商标的形式保护只是出于对商标法与商标制度的尊重，而缺乏实质正当性。因此需要考虑该商标是否具备可供保护的实质性利益。比如注册商标在有效期内并未在核定使用的商品上实际使用，意味着注册商标未能给予其标记的商品或服务一定的商业价值，没有可保护的实质性利益存在，可撤销之，不必赋予更多的司法追溯性保护。

商标囤积与权利滥用

——北京某投资咨询有限公司与天津某置业有限公司侵害商标权纠纷案

/ 梁梓韵

⊃ 本案要旨

商标囤积行为对市场竞争秩序和公共利益都有不可忽视的负面影响，为了维护公平竞争，对此予以遏制是《商标法》题中应有之义。一般而言，对商标囤积行为应从两个方面认定：从主观意图上看，行为人是否存在真实的使用意图。从客观行为上看，注册人既未实际使用，也非准备使用。即使商标囤积行为之下取得了注册商标专用权，法院也可以从诚实信用原则的角度出发认定该行为属于权利滥用而选择不支持原告的诉讼请求。

⊃ 案件信息

上诉人（一审原告）：北京某投资咨询有限公司

被上诉人（一审被告）：天津某置业有限公司

案号：天津市第二中级人民法院（2017）津02民初497号、天津市高级人民法院（2018）津民终114号

⊃ 原被告主张及理由

上诉人北京某投资咨询有限公司（以下简称北京某公司）诉称：被上诉人天津某置业有限公司（以下简称天津某公司）对涉案商标的使用属于商标法规定的商标使用，依法应当承担侵权责任。（1）涉案商标系权利人唐某依法申请注册，唐某对涉案商标具有专用权；（2）天津某公司使用涉案商标在唐某注册之后，且作为商品楼盘名称对外宣传，与涉案商标注册类别第36类包含的"不动产管理、公寓管理、公寓出租、住所（公寓）"等项目相对应，属于商标性使用的行为；（3）北京某公司对涉案商标取得了商标权利人的排他性授

权，并且授权他人对涉案商标进行实际使用，一审法院忽略北京某公司在一审当中提交的相关证据，依法应予更正；（4）涉案商标的知名度和美誉度与否，不影响天津某公司侵权事实的存在，一审法院以此认为天津某公司对涉案商标的使用具有一定正当性的推理没有根据；（5）商标权利人唐某申请注册其他商标的事实，不能当然否认本案其维护合法权益的正当性，一审法院的推敲没有根据；（6）一审判决书第5页最后一段，本案争议焦点中天津某公司商品房销售行为与不动产管理类别与涉案商品核定范围相同，并非一审法院认定商品与服务之间的类似关系；（7）一审法院认定事实错误，必然导致适用法律错误，本案应适用《商标法》第57条第1项未经注册商标人的许可，在同一种商品上使用与其注册商标相同的商标的，被认为是侵权，一审法院适用《商标法》第57条第2项属于适用法律错误。

被上诉人天津某公司辩称：（1）天津某公司并没有攀附"爱这城"商标的任何信誉，天津某公司销售的商品房也不会导致公众的混淆。天津某公司仅在涉案楼盘小区的门口背景墙上，标识了"爱这城"三个字，是基于天津某公司的关联公司在北京的项目先于北京某公司商标申请注册以前使用了"爱这城"这一案名，并且天津某公司未利用"爱这城"三个字进行任何的商业宣传，这一做法符合多项目开发的房地产公司的商业习惯，并且从消费者的消费习惯来看，公众在购买商品房这一特定商品时，会更加谨慎地考虑开发商的出处、来源以及商品的来源。（2）北京某公司在商标注册后，并未实际使用"爱这城"商标。从一审天津某公司提交的证据来看，涉案的"爱这城"商标是源于首创旗下也就是天津某公司一方的公司旗下的北京的楼盘，该楼盘于2005年年底在北京地区的媒体上大量投放广告宣传，根据查询，本案"爱这城"商标的注册人唐某是于2006年1月16日提出的商标申请，从时间上可以推断商标注册人唐某这一行为属于恶意抢注。根据北京某公司在一审提交的授权管理合作协议，能够看到2017年3月31日唐某将包括"爱这城"在内的四个商标授权给北京某公司进行管理，北京某公司在得到授权以后没有进行任何事实的商业用途，反而是很快对涉案的小区进行了证据保全，提起诉讼，要求高额的赔偿。从商标网查询来看，唐某拥有"爱这城"在内的25个商标，其中还包括"谷歌"等大家所熟悉的商标，这完全超出了正常的生产经营所用。注册人的真正意图，是囤积商标恶意抢注，以谋求不法的获利。唐某以及北京某公司的行为是通过抢注来"搭便车"，通过诉讼要求高额的赔偿，达到营利目的。这一行为严重破坏了正常的市场经营秩序。（3）目前"爱这城"名称的使用者并非天津某公司，涉案项目是在2011年进行销售，于2013年年底销售完毕并且已全部移交给了购房业主。

⮕ 法院查明的事实

2009 年 8 月 7 日，案外人唐某经国家工商行政管理总局商标局核准取得第 51×××85 号"爱这城"文字商标注册证，核定使用商品（第 36 类）：保险；资本投资；艺术品估价；不动产管理；公寓管理；公寓出租；住所（公寓）；经纪；担保；代管产业（截止）。注册有效期限自 2009 年 8 月 7 日至2019 年 8 月 6 日。2017 年 3 月 31 日，案外人唐某与北京某公司分别作为甲、乙方签订《品牌授权管理合作协议》一份，双方约定将第 51×××85 号"爱这城"商标在内的四个商标排他使用许可给北京某公司管理、使用和维护，许可期限自 2017 年 3 月 31 日至该商标有效期届满之日止。该协议第 4 条约定："收益分配：4.1 乙方在合作期限内基于四商标获得的收益，与甲方按照4.5：5.5 的比例分配。"

涉案楼盘"爱这城"由天津某公司开发，该楼盘正式名称为"香雪苑"，位于天津市，该楼盘小区入门的园林背景墙上标有"爱这城"字样。该小区共有 16 栋住宅商品房，天津某公司于 2011 年 7 月 18 日取得"香雪苑"1 号楼的销售许可证，于 2012 年 5 月 31 日取得最后一栋住宅商品房"香雪苑"17号楼的销售许可证，并于 2013 年 7 月 9 日至 12 月 25 日陆续取得所有楼盘商品房准许交付使用证。2005 年 10 月 26 日北京首创新某置业有限公司在其北京开发的楼盘中使用"爱这城"名称，并在《北京青年报》上进行宣传报道。

北京某公司认可如果未能获得收益或者没有其他侵权收益，其不用向案外人唐某支付商标许可使用费。

本案"爱这城"商标注册人唐某还在第 36 类商品、服务类别上注册"旺座""名座""名筑""财贸""财源"等商标；在其他商品类别上注册"谷歌""结算宝""淘你喜欢""马上就点"等商标。

"爱这城"文字首先由北京首创新某置业有限公司在其北京开发的楼盘中使用，且在《北京青年报》的广告宣传中，将"爱这城"文字与英文字母"A–Ztown"一起使用。天津某公司在"香雪苑"小区入口处的园林背景墙上使用"爱这城"文字的方式与 2005 年北京首创新某置业有限公司在《北京青年报》上的推广使用方式相同。

⊃ 法院判决理由与裁判结果

一、一审法院认为

案外人唐某依法注册取得第 51××85 号"爱这城"文字商标，其商标专用权应依法受到保护。北京某公司经商标权人唐某许可获得该注册商标的使用权，该许可性质为排他使用许可，根据《最高人民法院关于审理商标民事纠纷案件适用法律若干问题的解释》第 4 条的规定，在发生注册商标专用权被侵害时，北京某公司有权自行提起诉讼。

本案争议焦点为天津某公司将"爱这城"作为其开发的"香雪苑"楼盘名称是否侵犯北京某公司商标权。北京某公司享有第 51××85 号"爱这城"注册商标的专用权，该商标核定使用于第 36 类的不动产管理、公寓管理、公寓出租等服务，与天津某公司商品房销售相比，两者功能用途、消费对象、销售渠道基本相同，不动产管理等服务与商品房销售存在特定的联系，应当认定为商品与服务之间的类似。天津某公司在其开发的楼盘使用"爱这城"标识，与北京某公司注册的商标完全相同，可以认定为相同标识。根据《商标法》第57 条第 2 项、《商标法实施条例》第 76 条的规定，在类似商品上将与他人注册商标相同的标志作为商标或商品名称使用的，构成商标侵权，须具备误导公众、容易导致混淆的条件。

综观本案事实，天津某公司关联公司在本案商标申请前已在北京相关楼盘使用"爱这城"标识宣传、销售商品房，天津某公司在天津使用"爱这城"标识虽在北京某公司商标注册之后，但基于本案商标注册后并无实际使用的证据，亦无证据证明北京某公司及商标注册人对"爱这城"商标进行任何商业宣传，从而表明本案"爱这城"商标具有一定的知名度和美誉度，故不能认定天津某公司具有攀附北京某公司商标信誉的主观心理态度。同时，因北京某公司主张权利的"爱这城"商标缺乏知名度，且"爱这城"在文字表述上具有"喜爱或者爱上这座城"的字面含义，天津某公司当时作为楼盘名称使用具备一定正当性，客观上亦不会造成相关公众的混淆。综合分析商标注册人唐某申请其他商标的情况，其维护合法权益的正当性值得推敲，故对北京某公司主张天津某公司的行为构成侵权，一审法院不予支持。综上，北京某公司的诉讼请求不能成立。

二、二审法院认为

不能认定天津某公司实施了侵害北京某公司享有的第 51××85 号"爱

这城"文字注册商标专用权行为。

依据《商标法》第1条，我国商标法的立法宗旨是加强商标管理，保护商标专有权，促使生产、经营者保证商品和服务质量，维护商标信誉，以保障消费者和生产、经营者的利益，促进社会主义市场经济的发展。《商标法》第48条规定，商标法所指的商标的使用，是指将商标用于商品、商品包装或者容器以及商品交易文书上，或者将商标用于广告宣传、展览以及其他商业活动中，用于识别商品来源的行为。《商标法》第56条规定，注册商标的专用权，以核准注册的商标和核定使用的商品为限。依据上述规定，注册商标专用权所保护的利益，不是核准注册的标识本身，而是经营者由于使用该标识于特定商品后产生的商誉，该商誉代表了经营者提供的商品或者服务的质量，是商标的真正价值所在，没有商品或者服务载体的标识本身是无法起到区别商品或者服务来源作用的，也是没有商标价值的。因此，取得商标注册并不意味着必然会受到注册商标专用权的保护。最高人民法院公布的指导案例82号，在王某永诉深圳歌某思服饰股份有限公司、杭州银某世纪百货有限公司侵害商标权纠纷案中，明确指出注册商标权利人如果构成权利滥用，是不应当受到保护的，该指导性案例阐述了权利滥用认定规则："诚实信用原则是一切市场活动参与者所应遵循的基本准则。一方面，它鼓励和支持人们通过诚实劳动积累社会财富和创造社会价值，并保护在此基础上形成的财产性权益，以及基于合法、正当的目的支配该财产性权益的自由和权利；另一方面，它又要求人们在市场活动中讲究信用、诚实不欺，在不损害他人合法利益、社会公共利益和市场秩序的前提下追求自己的利益。民事诉讼活动同样应当遵循诚实信用原则。一方面，它保障当事人有权在法律规定的范围内行使和处分自己的民事权利和诉讼权利；另一方面，它又要求当事人在不损害他人和社会公共利益的前提下，善意、审慎地行使自己的权利。任何违背法律目的和精神，以损害他人正当权益为目的，恶意取得并行使权利、扰乱市场正当竞争秩序的行为均属于权利滥用，其相关权利主张不应得到法律的保护和支持。"本案中，由于天津某公司明确抗辩，涉案注册商标权利人案外人唐某以及北京某公司的行为是通过恶意抢注"搭便车"，通过诉讼要求高额的赔偿，达到营利目的。因此需要依据最高人民法院指导案例82号明确的上述权利滥用认定规则进行审查，以认定北京某公司指控的天津某公司实施了侵害北京某公司享有的第51××
×85号"爱这城"文字注册商标专用权行为是否成立。

首先，天津某公司在该公司开发的"香雪苑"小区入口处的园林背景墙上使用"爱这城"文字源于北京首创新某置业有限公司在北京开发的楼盘中使用"爱这城"名称，天津某公司没有攀附涉案注册商标商誉的主观故意。根据已经查明的事实可知，"爱这城"文字首先由北京首创新某置业有限公司在其北京开发的楼盘中使用，且在《北京青年报》的广告宣传中，将"爱这城"文字与英文字母"A–Ztown"一起使用。天津某公司在"香雪苑"小区入口处的园林背景墙上使用"爱这城"文字的方式与2005年北京首创新某置业有限公司在《北京青年报》上的推广使用方式相同。天津某公司提供的关于北京首创新某置业有限公司使用"爱这城"文字的相关证据，能够证明天津某公司对"爱这城"文字的使用源于北京首创新某置业有限公司，本院对于天津某公司的该项主张予以采信。

其次，天津某公司在本案中使用"爱这城"文字行为不会使相关公众产生混淆，误认为天津某公司销售的"香雪苑"小区楼盘，与享有本案注册商标专用权的北京某公司具有关联性。如前所述，我国《商标法》所保护的商标的基本功能是区分商品和服务的来源。《商标法》第57条第2项规定，未经商标注册人的许可，在同一种商品上使用与其注册商标近似的商标，或者在类似商品上使用与其注册商标相同或者近似的商标，容易导致混淆的，属侵犯注册商标专用权。《最高人民法院关于审理商标民事纠纷案件适用法律若干问题的解释》第8条规定，商标法所称相关公众，是指与商标所标识的某类商品或者服务有关的消费者和与前述商品或者服务的营销有密切关系的其他经营者；该解释第11条规定，《商标法》第57条第2项规定的类似服务，是指在服务的目的、内容、方式、对象等方面相同，或者相关公众一般认为存在特定联系、容易造成混淆的服务；该解释第12条规定，人民法院依据《商标法》第57条第2项认定商品或者服务是否类似，应当以相关公众对商品或者服务的一般认识综合判断；《商标注册用商品和服务国际分类表》《类似商品和服务区分表》可以作为判断类似商品或者服务的参考。本案中，涉案商标核定使用的服务，包括：保险；资本投资；艺术品估价；不动产管理；公寓管理；公寓出租；住所（公寓）；经纪；担保；代管产业（截止）等。天津某公司作为经营房地产开发、销售的企业，在该公司开发的"香雪苑"小区入口处的园林背景墙上使用"爱这城"文字，应当认定为在房地产开发、销售中使用，由于涉案商标核定使用的服务包括不动产管理，但不包括房地产开发，因此，不应当认定天津某公司是在与涉案注册商标类似的服务中使用了"爱这城"文字。一审法院认定本案系"商品与服务之间类似"，认定有误，本院予以纠正。根据已经查明的事实，北京某公司虽从案外人唐某处取得涉案注册商标专用权授权，但无论是唐某还是北京某公司均没有在核定使用的商品上使用涉案商标，且北京某公司明确表示，该公司不从事房地产开发服务，其也没有提供证据证明唐某从事房地产开发服务。因此，对于关注房地产开发、销售的有关的消费者和其他经营者而言，不会在看到"香雪苑"小区入口处的园林背景墙上的"爱这城"文字时，联想到唐某、北京某公司。

最后，北京某公司取得和行使涉案注册商标专用权的行为不具有正当性。第一，涉案注册商标由案外人唐某于 2009 年 8 月 7 日经国家工商行政管理总局商标局核准注册，而早在 2005 年，北京首创新某置业有限公司已经在开发的楼盘上使用"爱这城"文字进行宣传，并在《北京青年报》上刊登，案外人唐某可以接触和知悉北京首创新某置业有限公司使用"爱这城"文字进行宣传的情况。第二，"爱这城"本身非汉语中的固定词组，将该文字组合用于指示房地产服务来源，具有较强的固有显著性，依常理判断，在完全没有接触或知悉的情况下，因巧合而出现共同用于区分服务来源的可能性甚小。第三，北京某公司没有提供任何证据证明该公司及唐某将涉案商标实际使用于核定使用的服务，相反，北京某公司提供的其与唐某的《品牌授权管理合作协议》，及河北亚太广告宣传等证据，恰恰证明北京某公司取得本案注册商标专用权的目的，就在于通过许可他人使用涉案注册商标使用权而获利，并且依约与唐某分配获利，无论是唐某还是北京某公司，取得涉案注册商标专用权的目的均不是通过真实使用商标取得商誉，唐某、北京某公司对于注册商标专用权的取得都不具有正当性。据此，根据前述最高人民法院指导案例 82 号确立的权利滥用认定规则，可以认定北京某公司以非善意取得的商标权对天津某公司的使用行为提起的侵权之诉，构成权利滥用，其与此有关的诉讼请求不应得到法律的支持。

综上，天津某公司在本案中使用"爱这城"文字的行为，主观上不具有攀附涉案注册商标商誉的意图，客观上也不会使相关公众对正确识别相关服务来源形成障碍，北京某公司以非善意取得的商标权对天津某公司的使用行为提起的侵权之诉，构成权利滥用，北京某公司主张天津某公司在本案中使用"爱这城"文字的行为构成《商标法》第 57 条规定的侵犯注册商标专用权行为的诉讼请求，无事实和法律依据，不应得到支持。

综上所述，一审法院判决驳回北京某公司的诉讼主张，并无不当，本院予以维持。但一审判决认定事实有瑕疵，适用法律亦有瑕疵，本院予以纠正。北京某公司的上诉请求不能成立，应予驳回。

⇒ 案例解析

本案是由商标囤积行为而引发的侵害商标权纠纷。行为人通常利用抢注等手段进行商标囤积，意图通过许可他人使用商标、提起注册商标专用权诉讼等滥用商标权的方式牟取不正当利益，对市场竞争秩序有着极大的负面影响。本案即关于商标囤积和权利滥用的典型案例之一。以下将结合案件，对商标囤积及其规制加以探讨。

一、商标囤积

（一）商标囤积的含义与现状

囤积性质的恶意抢注是指我国《商标法》第44条第1款规定的"以欺骗手段或者其他不正当手段取得注册的"恶意抢注。根据《商标审查及审理标准》的规定，该条"以其他不正当手段取得注册"的行为指的就是商标囤积行为。[①]

根据2017年《中国商标品牌战略年度发展报告》，我国不予注册（包括部分不予注册）异议决定共2.2万件，属于制止恶意注册的5734件，占26.6%，其中属于《商标法》第7条规定的违反诚实信用原则的抢注占5.6%；属于第13条规定的涉及驰名商标保护的抢注占10.91%；适用第15条代理人或代表人抢注的占1.13%；属于第32条规定的侵犯在先权利的抢注占8.92%。但该数据仅显示了异议程序中所查处的恶意注册数量，并不包括撤销以及无效宣告等环节，实践中的恶意注册数量远高于此。[②]

（二）商标囤积的危害

1.造成商标审查的行政、司法资源以及市场主体的资金与时间的极大浪费

一方面，商标制度本是为了维护商标权人的正当利益，商标囤积人却大量地以谋取不正当利益的目的注册其并不会使用的商标，为相关行政主体增加不必要的工作负担，浪费行政资源。另一方面，注册只是商标囤积者谋取不正当利益的前提。当其认为时机成熟、有利可图之时，首先会向善意使用人或在先使用人"敲竹杠"，要求他们向其以高价获得商标使用许可或转让，一旦谈判失败便一纸诉状将实际使用者告上法庭，这类诉讼时有发生，无疑是对目的

---

① 参见冯晓青、刘欢欢：《效率与公平视角下的商标注册制度研究——兼评我国商标法第四次修改》，载《知识产权》2019年第1期。
② 参见冯晓青、刘欢欢：《效率与公平视角下的商标注册制度研究——兼评我国商标法第四次修改》，载《知识产权》2019年第1期。

为解决纠纷的司法资源的浪费。对于市场主体而言，有商标意识的经营者在申请阶段为了避免被商标囤积者"敲竹杠"，不得不花费大量的精力和资源采用跨类注册的方式对可能被抢注的情形进行防御，且注册的商标往往会比实际受囤积的商标数量更大，于己而言造成了不必要的资金浪费，于行政主体而言又再一次地增加更大的负担。在商标的使用阶段，如果商标使用者没有商标囤积的防御意识，或是采取的防御手段失败，都会受到商标囤积者的敲诈，此时无论是就范，还是据理力争，都会为其带来额外的纠纷成本。从另一角度而言，这也是对正常的市场秩序的严重干扰。[①]

2. 商标囤积者为其他主体带来负外部性，长此以往影响市场效率

根据英国经济学家马歇尔及其学生庇古提出的"外部性理论"，一个主体的行为会对其他主体产生影响，而这种影响无法被轻易消除，这种现象被称作"外部性"。由此引申之，若一个主体的行为会给其他主体带来利益，而前者无法向后者收取报酬，则称为"正外部性"；若一个主体的行为会给其他主体带来损害，而后者无法向前者索要赔偿，则可称为"负外部性"。商标注册保护制度的本意是保护商标权人在商标之上投入劳动后凝结的商誉，以防止"搭便车"，原本这是一种意图实现外部性内部化的制度设计。然而该种制度设计自身有其负外部性，就商标囤积现象而言，增加了行政、司法、市场主体的成本和资源损失。从经济学的角度而言，外部性的存在本身就是低效率的。其所导致的资源配置扭曲最直接的经济后果即为市场失灵。

3. 商标囤积影响社会公平的实现

商标善意使用者和在先使用人通过长期的投入和努力在商标上凝结了商业信誉，而商标囤积者却总是伺机而动，瓜分他们胜利的果实。这种违反诚实信用的行为，显然与社会主义核心价值观不符。踏实努力的经营者遭受声誉和资金的双重损害，相较之下，寻租的投机者却能够轻而易举地通过攀附他人发家致富，如果放任这种现象，势必会影响公平正义的实现。

4. 公共资源被不当独占

公共资源原本应当由公众正当地自由使用。商标制度本身是通过商标赋予商标权人对于原本属于公共领域的文字、图形等元素以商标意义上一定范围内的独占权，以实现对其商誉的保护。然而在商标囤积行为中，行为人没有实际的使用目的，没有被法律保护的必要被赋予注册商标专用权和禁止权，此时原本属于公共领域的资源被不当地独占。

---

① 参见刘铁光：《规制商标"抢注"与"囤积"的制度检讨与改造》，载《法学》2016年第8期。

综上所述，商标囤积行为带来的每一种危害都可能对公众利益产生不可忽视的消极影响。

（三）诞生原因

1. 来源显著性与区别显著性的空隙

从保护商标权人所经营维护的商誉出发，商标制度的核心在于区别显著性（differential distinctiveness），即将商标权人提供的商品或服务与其他经营者的区别开。但依照我国法律，商标权的取得采取注册制，而其所要求的显著性为来源显著性（source distinctiveness），即只需要具备商品识别的效果就可以获得注册。这两种显著性之间并不是可以互换的等同关系，甚至也没有严格的包含关系，因而两者之间存在空隙。这种空隙为意欲谋取不正当利益者提供寻租的空间。[①]

2. 问题实质：商标注册制度中效率与公平的矛盾

国际上对于商标权取得所采取的制度，大体上可以分为两种路径：使用取得和注册取得。使用取得中的显著性更贴近区别显著性，也更能体现商标制度的原意，但是在对商标保护的及时性和审查难度上并不具备理想的效率。注册取得中要求来源显著性，对于商标制度的本质而言，其有可能获得提前的保护（如在商标注册前并未实际或准备使用），在审查的过程中也具有更高的效率。由于来源显著性与区别显著性间的空隙，也容易引发不公，如商标的抢注和囤积——商标的抢注和囤积只满足来源显著性，而不满足区别显著性，但在注册取得制度中，抢注和囤积的商标都可以获得注册。就这个层面而言，商标囤积问题是商标注册制度中效率与公平间矛盾的具体体现。

（四）商标囤积的规制

《商标法》第 7 条第 1 款规定："申请注册和使用商标，应当遵循诚实信用原则。"如前所述，商标囤积毫无疑问是属于违背诚实信用的行为，但是原则性的兜底条款似乎在实际中并不能起到十分强而有效的针对性规制效力。商标囤积对市场竞争秩序的扰乱已经达到不得不关注的地步。全国人民代表大会常务委员会第十次会议审议通过《关于修改〈中华人民共和国商标法〉的决定》，对商标的恶意注册问题予以极大关注。在修改前《商标法》第 4 条第 1 款中增加规定"不以使用为目的的恶意商标注册申请，应当予以驳回"，在第 19 条中也进一步规定商标代理机构接受委托时的注意义务，在第 33 条允许任

[①] 参见张铃：《商标抢注行为中诚信条款的司法适用研究》，载《东北大学学报（社会科学版）》2019 年第 5 期。

何人都可以就恶意商标注册申请向商标局提出异议，并在第 44 条、第 68 条规定了恶意注册商标无效申请和商标代理机构违反前述注意义务的惩罚。这些条款针对恶意注册商标的行为作出了具体的规定，进一步提高了恶意注册商标行为的防范和抵御的可能性。这些对商标囤积行为的规制都将发挥重要作用。

二、商标囤积的认定

一般而言，对商标囤积行为应从两个方面认定：

一方面，从主观意图上看，行为人是否存在真实的使用意图。根据《商标授权确权行政案件规定》第 23 条的规定，对"恶意"的认定应包括三个方面：第一，被抢注的商标在先使用且"有一定影响"；第二，申请人应知或明知该商标的存在；第三，相反推定。其中，只要满足在先使用并有一定影响和申请人应知或明知是"不正当手段"的推定要件，且没有相反证据能够证明申请人不具有恶意的，即构成"恶意"。此外，若出现兜售商标、胁迫他人进行贸易合作、向他人索要经济赔偿金、阻碍他人进入市场等行为，也可认定行为人不存在真实的使用意图。另一方面，从客观行为上看，行为人注册商标的客观使用行为，即注册人既不实际使用，又不准备使用。

本案中，首先，2005 年被告已经在开发的楼盘上使用争议商标进行宣传，并在当地有名的报纸上刊登，案外人可以接触和知悉被告使用争议商标文字进行宣传的情况。其次，原告与案外人签订的"合作协议"，以及原告在第 36 类商品、服务类别上注册"旺座""名座""名筑""财贸""财源"等商标；在其他商品类别上注册"谷歌""结算宝""淘你喜欢""马上就点"等商标；再次，原告并未实际使用争议商标。原告的这些行为都证明了其取得本案注册商标专用权的目的是想要通过许可他人使用涉案注册商标使用权牟取不正当利益，而并非通过实际使用商标从而获得商誉。因而，原告大量注册商标而并无实际使用的行为属于商标囤积行为，其注册商标专用权的取得不具有正当性。

三、商标囤积的后果

具体来说，商标囤积行为的后果可以从行政和民事两个角度把握。

（一）从行政角度而言

其一，在商标注册阶段，若商标局发现申请人不以使用为目的恶意注册商标，则该申请会被驳回。此外，商标代理机构如果发现申请人的商标申请是出于商标囤积的目的，则可以依据《商标法》第 19 条的规定拒绝接受申请人的委托。其二，在商标审核阶段，任何人若发现存在商标囤积情形的，可以依据《商标法》第 33 条向商标局提出异议，异议成立，则商标申请失败。其三，即便是商标已经注册成功，若商标局发现存在商标囤积的情况，则可以直接宣告注册商标无效；其他单位或个人也可以向商标局提交无效申请。其四，如果商标注册后无正当理由连续三年不使用，任何人都可以依据《商标法》第49条进行撤销申请。

（二）从民事的角度而言

在权利取得中，诚实信用原则要求民事主体以"洁净之手"取得权利，即要求请求法律救济的当事人不仅要清白地进入法庭，还需在诉讼程序中保持清白之手，不得从事与诉讼理由直接有关的不合理行为。[①]《商标法》第7条规定了诚实信用原则，商标权的取得和使用自然也需要受到该条的制约。因此，如果原告被认定为商标囤积，又以牟取不正当利益的目的提起侵害商标专用权诉讼，则其诉讼请求将不被支持。

本案中，由于判决之时《商标法》未进行第四次修改，二审法院引用最高人民法院指导案例82号进行说理，运用诚实信用原则判定原告的行为构成权利滥用，从而否定了原告的诉讼请求。

四、结论

商标囤积行为对市场竞争秩序和公共利益都有不可忽视的负面影响，为了维护公平竞争，对此予以遏制是《商标法》题中应有之义。一般而言，对商标囤积行为应从两个方面认定：一是从主观意图上看，行为人是否存在真实的使用意图；二是从客观行为上看，注册人既未实际使用，也非准备使用。即使通过商标囤积行为取得了注册商标专用权，法院也可以从诚实信用原则的角度出发认定该行为属于权利滥用而选择不支持原告的诉讼请求。

---

① 参见张铃：《商标抢注行为中诚信条款的司法适用研究》，载《东北大学学报（社会科学版）》2019年第5期。

从"歌力思"案看我国商标权滥用的司法规制

——王某诉深圳某服饰股份有限公司侵害商标权纠纷案

/ 郭珊

➲ 本案要旨

对在先企业字号进行规范使用，并附加商标进行区分，应当属于对企业字号的合理使用，而非商标性使用，不构成侵权。在明知他人在先登记和使用的企业字号的情形下，为牟取不正当利益，将与他人企业字号相同的标志恶意注册为商标，并以此为基础对其提起诉讼，会严重损害他人的在先权利，也会使消费者混淆，扰乱正常的商标注册秩序和公平竞争环境。商标的注册和使用应当遵循诚实信用原则，应当在不损害他人利益以及社会公共利益的情形下，在法律规定的范围内行使权利，否则会构成权利滥用。

➲ 案件信息

申请人（一审原告、二审被上诉人）：王某

申请人（一审被告、二审上诉人）：深圳某服饰股份有限公司

一审被告：杭州某百货有限公司

案号：浙江省杭州市中级人民法院（2012）浙杭知初字第 362 号、浙江省高级人民法院（2013）浙知终字第 222 号、最高人民法院（2014）民提字第 24 号

➲ 原被告主张及理由

原告王某诉称：王某长期从事女包生产和销售，一直使用"歌力思"作为女包的品牌。深圳某服饰股份有限公司（以下简称深圳某公司）明知王某拥有第 41×××40 号商标（以下简称第 41×××40 号商标）、第 79×××73 号"歌力思"商标（以下简称第 79×××73 号商标），仍在女包等商品上使用王

某的上述注册商标，其侵权范围广、数量大，严重损害了王某的合法权益。杭州某百货有限公司（以下简称杭州某公司）销售了侵犯注册商标专用权的商品。综上，深圳某公司与杭州某公司的行为构成对王某享有的第 41×××40 号、第 79×××73 号商标权的侵害，请求法院判令深圳某公司与杭州某公司停止侵权，消除影响，赔偿损失。

被告深圳某公司辩称：（1）深圳某公司是注册于第 25 类商品上的第 13×××83 号"歌力思"商标权人，深圳某公司取得上述权利的时间早于第 79×××73 号商标核准注册的时间，且王某公证购买被诉侵权商品的深圳某公司店铺的开设时间均在王某申请注册涉案商标之前。（2）深圳某公司在第 18 类女式手袋上使用的是第 42×××04 号"ELLASSAY"注册商标，在吊牌上标注中文品牌"歌力思"并不是作为商标使用，且在被诉侵权商品的显著位置均没有使用"歌力思"标识而只是使用"EL-LASSAY"注册商标。（3）深圳某公司从 1995 年起从事女装设计、生产和销售，在全国各地大中型城市均有专卖店、专柜或加盟店，这些店铺将"EL-LASSAY"商标作为主商标使用，相关公众不可能对此与王某销售的商品产生混淆或误认。（4）王某恶意抄袭、复制深圳某公司已有 16 年历史并为相关公众广为知晓的、享有较高声誉的第 13×××83 号"歌力思"商标，其恶意注册和使用第 79×××73 号商标的行为将直接误导公众，致使深圳某公司的合法权益受到损害。王某恶意提起本案诉讼，侵犯了深圳某公司的注册商标专用权等合法利益。综上，请求法院驳回王某的全部诉讼请求。

被告杭州某公司辩称：杭州某公司与深圳某公司签订联营专柜合同，并提供场地给深圳某公司设置专柜经营商品。杭州某公司一直遵守合同并履行合同项下义务，并未侵害王某的商标权，其诉讼主张没有事实和法律依据。请求法院驳回王某的诉讼请求。

⊃ 一审法院查明的事实

1. 第 79×××73 号商标的注册人为王某，注册有效期自 2011 年 6 月 21 日至 2021 年 6 月 20 日，核定使用商品（第 18 类）：仿皮；钱包；手提包；旅行包（箱）；护照夹（皮革制）；兽皮（动物皮）；皮带（马具）；背包；公文包。

第 41×××40 号商标的注册人亦为王某，注册有效期自 2008 年 6 月 28 日至 2018 年 6 月 27 日，核定使用商品（第 18 类）：手提袋；钱包；公文包；

公文箱；皮帽盒；卡片盒；（动物）皮；乐谱盒；背包。2012年8月16日，商标评审委员会就申请人深圳某服饰设计有限公司对该商标的异议复审申请发出商标评审申请受理通知书。

2. 王某提供了浙江省杭州市钱塘公证处出具的（2011）浙杭钱证民字第7318号、第7317号、第7316号公证书等多份公证书，用以证明深圳某公司和杭州某公司的侵权行为。

3. 2007年4月17日，王某以个体工商户的身份，成立广州市某皮具商行，该企业的经营范围：批发、零售皮革制品。该企业因经营不善于2011年6月17日注销。

4. 深圳某服饰设计有限公司成立于1996年11月18日，2011年5月9日，该公司更名为深圳某投资管理有限公司。深圳某服装实业有限公司成立于1999年6月8日，2011年11月4日，该公司更名为深圳某服饰股份有限公司（本案中的深圳某公司）。深圳某服饰设计有限公司为本案深圳某公司的股东（发起人）之一。

第13×××83号"歌力思"商标的注册人为深圳某服饰设计有限公司，核定使用商品为第25类的衬衣；服装；皮衣（服装）；裤子；裙子；内衣；童装；大衣；睡衣；外套。有效期限自1999年12月28日至2009年12月27日。2008年12月18日，深圳某服装实业有限公司受让取得第13×××83号"歌力思"商标。2009年11月19日，该商标经核准续展注册有效期自2009年12月28日至2019年12月27日。2012年3月1日，该商标经核准变更后的注册人为深圳某公司。

第42×××04号"ELLASSAY"商标注册人为深圳某服装实业有限公司，核定使用商品为第18类的（动物）皮；钱包；旅行包；文件夹（皮革制）；皮制带子；裘皮；伞；手杖；手提包；购物袋。注册有效期限自2008年4月14日至2018年4月13日。

广东省服装服饰行业协会出具给商标评审委员会的证明载明：深圳某公司是中国服装协会副会长单位，是一家集设计、生产、营销为一体的大型企业。其品牌"ELLASSAY（歌力思）"在行业中具有较高知名度和影响力。2008年入选中国500最具价值品牌排行榜，品牌价值达8.9亿元；2010年，在《福布斯》中国潜力企业榜中首度上榜列第22位，成为唯一入选榜单的女装品牌。

5. 深圳某公司与杭州某公司自2008年11月起即存在联营专柜合同关系，深圳某公司在杭州某公司设专柜经营其生产的注册商标为"歌力思"与"EL-

LASSAY"的女装。

一审法院判决理由与裁判结果

1. 深圳某公司与杭州某公司是否侵害王某的商标权。王某系本案所涉商标注册人，现该两商标尚在注册有效期限内。深圳某公司在其手提包商品的吊牌上标注"品牌中文名：歌力思"标识的行为应认定为将该标识作为商标在商品上的使用。经庭审比对，本案被诉侵权的女式手提包与王某第79××73号、第41××40号商标核定使用的手提包、手提袋属相同种类商品，被诉侵权商标"歌力思"与第79××73号商标相同、与第41××40号商标相近似，极易造成相关公众混淆。深圳某公司的行为侵害了王某的注册商标专用权，杭州某公司销售上述商品的行为亦构成对上述商标专用权的侵害。

2. 如深圳某公司侵权事实成立，其应赔偿王某经济损失及维权合理费用的数额。因王某没有提供其因侵权所受损失或深圳某公司因侵权所获利益的相关证据，且其主张的计算方式并无依据，故一审法院根据深圳某公司侵权行为的性质、主观过错程度，并结合被诉侵权商品的销售数量、价格以及涉案商标知名度等因素，对深圳某公司应赔偿王某经济损失及维权合理费用的金额酌情予以确定，对其中的合理部分予以支持。

综上，一审法院判决：一、深圳某公司、杭州某公司立即停止侵害王某享有的第79××73号、第41××40号商标专用权的行为；二、深圳某公司于判决生效之日起10日内赔偿王某经济损失及维权合理费用共计10万元；三、深圳某公司于判决生效之日起30日内在《中国企业报》刊登声明消除影响，费用由深圳某公司负担；四、驳回王某的其他诉讼请求。

上诉主张及理由

深圳某公司上诉称：（1）深圳某公司并没有使用王某的涉案商标，不构成侵权。（2）深圳某公司的企业名称登记注册在先，应当受法律保护。（3）王某没有任何广告宣传投入和实体门店销售，其网店经销的商品没有知名度，深圳某公司没有给其造成声誉及商誉损害，一审判决深圳某公司在《中国企业报》上刊登声明以消除影响不当。（4）一审程序不当。请求二审法院改判驳回王某的诉讼请求，并由王某负担本案诉讼费用。

王某辩称：在商品吊牌上使用"歌力思"标识属于商标使用，深圳某公司未经商标注册人许可，在相同的商品上使用与王某的注册商标相同或近似的标识，构成商标侵权。此外，一审程序并无不当。请求二审法院驳回上诉。

二审法院查明的事实

二审中，各方当事人均无新证据提交。二审判决认定事实与一审判决一致。

二审法院判决理由与裁判结果

一、关于是否构成侵权

首先，深圳某公司在商品吊牌上的"歌力思"文字之前标明"中文品牌名"，是将"歌力思"作为商标使用的明确意思。其次，根据《商标法实施条例》第3条的规定，在吊牌上印刷的企业名称、地址、电话等，可以起到识别商品或服务来源的作用，故在吊牌上标注商标标识亦属商标的使用行为。综上，被诉侵权商品吊牌上标注的"歌力思"文字与第79××73号注册商标"歌力思"相同、与第41××40号注册商标近似，易使相关公众对商品的来源产生误认或认为与使用上述商标的商品有特定联系，侵犯了王某的注册商标专用权。

二、关于侵权责任承担

深圳某公司作为一家大型服装生产、销售企业，其侵权行为在较大范围内给王某造成了影响，一审判决其在《中国企业报》上刊登声明以消除影响，并无不当。因侵权获利及权利人所受损失均难以确定，一审法院根据侵权行为的性质、主观过错程度，并考虑到深圳某公司的商标使用情况等因素，酌定赔偿数额为10万元亦为合理。

综上，二审法院判决驳回上诉，维持原判。

再审主张及理由

深圳某公司再审称：（1）一审、二审法院程序违法。（2）深圳某公司没有对王某造成任何损害，一审、二审法院判决深圳某公司承担相应的法律责任明显不当。（3）深圳某公司在服饰商品吊牌上使用"歌力思"字样是正当行使自身权利的行为，不构成对他人权利的侵犯。综上，请求本院依法撤销一审、二审判决，驳回王某的全部诉讼请求。

王某辩称：（1）一审、二审判决认定事实基本正确。（2）一审、二审判决适用法律有误，赔偿数额明显偏低。（3）一审、二审判决不存在重大程序问题。请求驳回深圳某公司的再审申请。

王某再审称：一审、二审判决认定事实基本正确，但确定的赔偿数额明显偏低，请求改判深圳某公司赔偿王某经济损失600万元。

深圳某公司辩称：一审、二审判决认定事实不清，适用法律错误，深圳某公司未侵犯王某的商标权，故本案中不存在赔偿数额明显偏低的问题，请求驳回王某全部诉讼请求。

➲ 再审法院查明的事实

第41××40号商标于2004年7月7日提出注册申请，指定使用在第18类的手提袋、钱包、公文包、皮帽盒、卡片盒、书包、（动物）皮、乐谱盒、背包等商品上。经初步审定公告后，深圳某服饰设计有限公司（系深圳某投资管理有限公司的前身）在法定异议期内提出异议。2011年3月2日，商标局裁定对被异议商标予以核准注册。深圳某服饰设计有限公司不服该裁定，于2011年4月11日向商标评审委员会提出异议复审申请。商标评审委员会于2013年8月13日裁定对被异议商标予以核准注册。深圳某投资管理有限公司不服该裁定，于2013年10月11日向北京市第一中级人民法院提起行政诉讼。北京市第一中级人民法院于2013年12月13日作出判决，认为第41××40号商标违反了《商标法》第28条和第31条的规定，不应予以核准注册，判决撤销第34678号裁定，并责令商标评审委员会针对第41××40号商标重新作出裁定。王某不服该判决，向北京市高级人民法院提起上诉，北京市高级人民法院于2014年4月2日作出判决：驳回上诉，维持原判。

另查，在本院再审审查及提审审理过程中，深圳某公司为证明第41××40号商标权利状况及深圳某公司的经营情况和品牌知名度，向本院补充提交了三组共10份证据。王某为证明其实际经营情况、商标注册情况等，当庭向本院提交了九组共23份证据。

➲ 再审法院判决理由与裁判结果

一、关于深圳某公司、杭州某公司在本案中的行为是否构成侵害商标权

第一，关于深圳某公司、杭州某公司的行为是否侵害第41××40号商

标权的问题。2014年4月2日，北京市高级人民法院作出（2014）高行终字第466号判决，认定第41××40号商标违反了《商标法》第28条和第31条的规定，判决撤销商标评审委员会对第41××40号商标予以核准注册的异议复审裁定。由此可见，第41××40号商标迄今为止尚未被核准注册，无从产生注册商标专用权，王某无权据此对他人提起侵害商标权之诉。

第二，关于深圳某公司、杭州某公司的行为是否侵害第79××73号商标权的问题。本院认为，诚实信用原则是一切市场活动参与者所应遵循的基本准则。首先，深圳某公司拥有合法的在先权利基础。根据已经查明的事实可知，深圳某公司及其关联企业最早将"歌力思"作为企业字号使用的时间为1996年，深圳某公司最早在服装等商品上取得"歌力思"注册商标专用权的时间为1999年。此后，经长期使用和广泛宣传，"歌力思"品牌于2008年即已入选中国500最具价值品牌，作为企业字号和注册商标的"歌力思"已经具有了较高的市场知名度，对前述商业标识享有合法的在先权利。其次，深圳某公司在本案中的使用行为系基于合法的权利基础，使用方式和行为性质均具有正当性。本案中，从销售场所来看，深圳某公司对被诉侵权商品的展示和销售行为均完成于杭州某公司的歌力思专柜，专柜通过标注"ELLASSAY"商标等方式，明确表明了被诉侵权商品的提供者。在深圳某公司的字号、商标已经具有较高的市场知名度，而王某未能举证证明其申请注册的第79××73号商标同样具有知名度的情况下，深圳某公司在其专柜中销售被诉侵权商品的行为，不会使普通消费者误认该商品来自王某。从深圳某公司的具体使用方式来看，深圳某公司在被诉侵权商品的外包装、商品内的显著部位均明确标注了"ELLASSAY"商标，而仅是在商品吊牌之上使用了"品牌中文名：歌力思"的字样。由于"歌力思"本身就是深圳某公司的企业字号，且与其"ELLASSAY"商标具有互为指代关系，故深圳某公司在被诉侵权商品的吊牌上使用"歌力思"文字来指代商品生产者的做法并无明显不妥，不具有攀附第79××73号商标知名度的主观意图，亦不会为普通消费者正确识别被诉侵权商品的来源制造障碍。最后，王某取得和行使第79××73号商标权的行为难谓正当。第79××73号商标与深圳某公司在先使用的企业字号以及注册的"歌力思"商标的文字构成完全相同。"歌力思"本身具有较强的固有显著性，依常理判断，在完全没有接触或知悉的情况下，因巧合而出现雷同注册的可能性较低。深圳某公司地处广东省深圳市，王某曾长期在广东省广州市经营皮具商行，作为地域接近、经营范围关联程度较高的商品经营者，王某对"歌力思"字号及商标完全不了解的可能性较低。在上述情形之下，王某仍于 2009 年在与服装商品关联性较强的手提包、钱包等商品上申请注册第 79××73 号商标，其行为难谓正当。据此，王某以非善意取得的商标权对深圳某公司的正当使用行为提起的侵权之诉，构成权利滥用，其与此有关的诉讼请求不应得到法律的支持。综上所述，对王某所提深圳某公司、杭州某公司侵害其第 79××73 号商标权的诉讼主张，本院不予支持。

二、关于王某所提赔偿数额明显偏低的再审理由能否成立

鉴于本院已经认定深圳某公司、杭州某公司的行为不构成侵害商标权，深圳某公司、杭州某公司亦无须在本案中承担相应的法律责任，故对王某所提赔偿数额明显偏低的再审理由，本院不予支持。

综上，一审、二审判决认定事实和适用法律均有错误，深圳某公司再审申请的理由成立，本院予以支持。判决撤销一审、二审判决，驳回王某的全部诉讼请求。

⇨ 案例解析

司法实践中，经常出现通过恶意抢注等方式不正当获得商标权，并以此为基础恶意提起商标侵权诉讼的情形。由于提起诉讼的原告有合法的权利外衣，法院在审理此类案件时也十分谨慎。对于这种滥用商标权恶意提起诉讼的行为，本案实现了重大突破，首次明确将商标权滥用作为侵权抗辩事由，通过这种方式实质性地否认了恶意抢注的商标的效力。由于本案是最高人民法院发布的指导性案例，其对于之后法院审理此类案件具有重要影响，值得我们进行深入学习和思考。下面将以本案为基础，对我国商标权滥用的司法规制问题进行探讨。

一、禁止商标权滥用原则

禁止权利滥用原则来源于民法。我国 2017 年在《民法总则》(已失效) 第 132 条中规定："民事主体不得滥用民事权利损害国家利益、社会公共利益或者他人合法权益。"在此之前，民事法律中并无相关规定。虽然如此，不少学者认为之前《民法通则》第 4 条中规定的诚实信用原则包含了禁止权利滥用原则，认为禁止权利滥用原则是诚实信用原则的延伸。笔者认为，禁止权利滥用原则与诚实信用原则确有着十分密切的联系，诚实信用原则是对民事主体的积极要求，而禁止权利滥用原则是对不诚信行使权利行为的规制，从消极层面要求民事主体，二者之间相辅相成，共同发挥作用。

诚实信用原则条款是所有民事主体应当遵循的行为准则。本案中，再审法院也专门对诚实信用原则进行了阐述。法律保护民事主体通过诚实劳动获得的财产性权利，同时也要求民事主体在行使民事权利的过程中善良诚实，不侵害他人利益和社会公共利益。这一原则同样适用于民事诉讼活动中，《民事诉讼法》第 13 条对此进行了规定，一方面保护当事人在合法范围内处分自己的民事权利和诉讼权利；另一方面也要求当事人在行使诉讼权利的过程中遵循诚信原则，如果恶意行使权利，损害他人和社会的利益，则可能构成权利滥用。本案中再审法院就依据《民事诉讼法》第 13 条将王某不正当取得商标权并以此为基础提起恶意诉讼的行为认定为权利滥用，并以此为由拒绝支持王某的诉讼请求。

在商标法领域，2013 年《商标法》第 7 条中新增诚实信用条款，要求商标的申请注册和使用都遵循诚实信用原则，这也为禁止商标权滥用提供了依据。商标权滥用可以分为两种情形：一种情形是权利来源正当的商标权滥用，指商标权的获得本身合法，但商标权人在行使权利的过程中超过了必要限度的情形。如商标法虽然为驰名商标提供跨类保护，但是这种跨类保护应仅限于与商标的驰名程度相适应的类别，而不能绝对性地禁止他人的使用，如果驰名商标权利人不当扩大保护范围限制他人的使用，则构成商标权的滥用。另一种情形是权利来源不正当的商标权滥用，在这种情形中，商标权的取得具有不正当性（如恶意抢注他人商标）从而导致获得的商标权本身存在瑕疵，如果权利人继续行使该权利或利用该权利维权以获得不当利益，也构成对商标权的滥用。本案涉及的商标权滥用就属于第二种情形。

二、商标权滥用的构成要件

关于商标权滥用的构成要件，本文仅对权利来源不正当的商标权滥用的情形进行分析。结合司法实践和理论研究中的各种观点，笔者认为商标权滥用有如下要点需要关注：

第一，商标权利基础不稳定。合法正当的商标权是权利人行使权利的基础，如果商标权的取得本身不正当，那么权利的行使也难谓正当。《商标法》中已经明确了商标的申请注册应遵循诚实信用原则，且对各种商标恶意注册行为进行规制，主要包括如下几种情形：《商标法》第 13 条规定不得对驰名商标进行恶意抢注；第 15 条规定商标代理人不得对被代理人或被代表人的商标进行恶意抢注；第 30 条规定不得在相同商品或类似商品上注册与他人商标相同或近似的商标；第 32 条规定不得损害他人现有在先权利，不得对他人已经使用并有一定影响力的未注册商标进行抢注；第44条规定不得以欺骗手段或其他不正当手段取得商标注册。2019年《商标法》更是在第4条中增加"不以使用为目的"的商标恶意注册条款，加大了对囤积商标牟利行为的打击力度。对于这些商标恶意注册的行为，《商标法》的规定是不予注册，在有些情形下还禁止作为商标使用，如果这类恶意注册的商标被核准注册，还可以通过商标无效宣告程序否认其效力。值得注意的是，在某些情况下，有些恶意申请注册的商标被获准注册，且尚未被异议或无效，若商标权人以此为基础提起商标侵权之诉，则有可能构成商标权的滥用。如果法院对这类存在瑕疵的权利予以支持，无疑会助长恶意注册之风，因此对于权利基础不稳定的商标权，法院在审判时应当更为谨慎，避免由此造成对他人或社会利益的损害。

第二，商标权人有利用权利的行为。商标权滥用的前提是要对商标权进行利用，这里的利用并不限于对商标的使用，还包括以此为基础进行许可、转让、维权等，甚至有些权利人会以此为筹码要挟他人以达到自己的目的，这些方式都能够使得商标权人通过有瑕疵的权利获得不正当利益。本案中，当事人王某以其非善意取得的商标权为基础提起了商标侵权之诉，并提出巨额侵权赔偿，企图通过滥用权利牟取利益。

第三，商标权人具有主观恶意。这里的主观恶意并非商标权不当获得时的主观恶意，而是权利人获得权利后利用权利时的恶意，表现为商标权人明知其获得的商标权不具有正当性，仍然以其为基础主张权利或进行利用，意图从中牟取不正当利益。"恶意"本身具有主观性，通常难以认定，实践中可以通过涉案商标的注册情况、商标权人的经营情况、商标权人的行为特征等客观事实加以推断。

第四，造成损害后果。商标权人对商标权的滥用通常是出于牟利目的，同时也会对他人或社会造成严重损害。如果权利人以抢注的商标为筹码高价进行商标交易，则不仅会损害被抢注人合法取得商标权的利益，也会破坏商标注册秩序。如果权利人囤积大量有潜在价值的公共资源进行转让或许可，并以此获利，则会扰乱正常的经济秩序。如果权利人恶意提起商标侵权诉讼并索要大量赔偿，则会损害他人的财产，浪费司法成本，扰乱司法秩序。对商标权滥用行为进行规制的目的之一也是减少这些损失。

三、商标权滥用的司法规制

对于商标权滥用的行为，目前司法实践中主要有三种规制方式：第一种是像本案一样，直接由法院认定当事人的行为构成商标权滥用，并据此驳回当事人的请求。第二种是被告提出商标权滥用作为抗辩理由，从而阻止商标权滥用行为对被告造成损害。第三种是直接向法院提起侵权之诉或不正当竞争之诉。其中第一种和第二种都是在诉讼过程中通过将原告的行为认定为商标权滥用以保护被告，属于 "防御型" 策略；而第三种是主动提起诉讼，属于 "进攻型" 策略。下面分别进行探讨。

对于主动提起诉讼的 "进攻型"，目前实践中多为恶意提起知识产权诉讼损害责任纠纷，即恶意诉讼之诉。如在某讯公司诉比某公司恶意诉讼案[①]中，某讯公司认为比某公司此前对其提起的商标侵权之诉为恶意诉讼，要求比某公司支付侵权损害赔偿，该案一审、二审以及再审法院均认为比某公司构成恶意诉讼，并主要从三个因素进行认定：（1）原告提起诉讼的权利基础；（2）原告提起诉讼的主观目的；（3）提起诉讼所造成的损失。首先，比某公司以其申请注册的 "TELEMATRIX" 商标为权利基础提起诉讼，但此后商评委以恶意抢注为由撤销了涉案商标，涉案商标自始无效，比某公司也因此自始不具有正当基础。其次，比某公司与某讯公司是具有竞争关系的同业竞争者，为同一家公司加工产品，比某公司通过提起诉讼要求某讯公司停止生产、销售、进出口相关产品，这种利用缺乏权利基础的诉讼打击竞争对手行为的主观目的难谓正当。最后，比某公司的行为不仅直接对某讯公司造成了经济损失，还使其失去了交易机会，对其生产经营产生了负面影响。最终，法院综合以上因素认定比某公司构成侵权。可以看出，在恶意诉讼之诉中，法院认定是否构成恶意诉讼时，所考量的因素与上文总结的商标权滥用的构成要件是基本一致的。目前我国对于商标权滥用的侵权之诉刚刚开始发展，且多限于恶意诉讼这一类情形，需在以后的发展中逐步完善我国的滥用权利侵权之诉。

对于 "防御型" 司法规制，我国司法实践也经过较长时间的发展，其中涉及商标权滥用的民事诉讼争议较大，因此本文主要对民事领域的司法实践问题进行探讨。由于民事案件中无法对商标的效力问题进行认定，而如果法院以商标权滥用为由驳回原告的请求，则从实质上否认了商标的效力，因此法院在对此进行认定时通常都比较谨慎，更多是在涉案商标已经被行政机关驳回、撤销或无效后，才支持对原告商标权滥用的认定。如在优某库商标再审案[②]中，指某针公司和中某公司是涉案商标 "UL" 的共有人，其认为优某库公司和迅某公司未经许可在相同商品上使用了与涉案商标相同的商标，并以涉案商标专

---

① 参见最高人民法院（2019）最高法民申 366 号民事裁定书。
② 参见最高人民法院（2018）最高法民再 396 号民事判决书。

有权为依据向优某库公司和迅某公司提起了侵权诉讼。后迅某公司以指某针公司和中某公司不以使用为目的大量囤积商标并以此牟取不正当利益为由请求对涉案商标宣告无效。再审时，涉案商标已被商标评审委员会予以无效宣告。最高人民法院认为指某针公司和中某公司在以不正当方式取得商标权后进行高价转让和批量诉讼的行为违反诚信原则，具有主观恶意，构成商标权滥用，依法不予保护。

"歌力思"商标案这一指导案例的出现确立了将商标权滥用作为商标侵权抗辩理由的司法规则，为各级法院处理相关问题提供了司法指引。如在确某同案①中，原告对被告提出了确认不侵权之诉。该案中，被告将原告享有著作权的产品装潢上的图案抢注为商标，此后并未将该商标投入商业使用，而是对原告相关产品的网店发起大规模、持续性投诉，严重影响了原告的正常经营，据此法院最终认定原告使用自己享有在先著作权的图案的行为并不构成对被告的侵权。"歌力思"商标案也在我国商标权纠纷司法程序上跨出了一大步，在我国，商标行政程序和民事诉讼程序是相互独立的，民事案件中无法直接对商标的效力进行否认，当事人只能另行向行政机关申请撤销商标或宣告商标无效，但是由于行政程序复杂、耗时长，也会影响司法机关的审判效率，损害权利人的利益。因此一直以来，实践中在不断优化民行交叉程序，试图在民事程序中突破商标效力问题。本案中法院超越行政机关对商标效力的认定程序，直接认定原告取得和行使商标权的行为具有不正当性，并驳回其诉讼请求，在一定程度上产生了否认原告商标效力的实质效果。这种不直接否认商标的效力，而是在个案中将缺乏正当性的权利行使认定为权利滥用并不予支持的做法，能够更好地衔接行政程序和民事诉讼程序，也能够更好地保证个案中的公平正义。但是，为防止出现行政机关和司法机关认定标准不统一、同案不同判的情形，行政机关和司法机关应加强交流沟通，形成统一认定规则。

四、结论

对于违反诚实信用原则，不正当获得注册商标专用权，并以此为基础恶意行使商标权或提起维权诉讼以获取不正当利益的行为，应当被认定为商标权滥用。商标权滥用不仅会损害他人的利益，也会损害商标注册秩序和市场公平竞争，因此应当予以规制。对于商标权滥用行为，司法实践中主要有两种规制方式：一种是主动提起他人滥用商标权的侵权或不正当竞争之诉，目前在我国

---

① 参见浙江省杭州市中级人民法院（2018）浙01民终4546号民事裁定书。

主要表现为对他人恶意诉讼提起的诉讼；另一种是对于他人提起的诉讼利用商标权滥用进行抗辩以保护自身利益免受损害。在民事诉讼程序中对商标权滥用进行认定时，由于涉及商标权利基础的问题，因此应当注意民事程序与行政程序的衔接，优化民行交叉程序。

商标指示性合理使用制度

——某甲公司、某丙公司侵害商标权纠纷案

/ 梁梓韵

⊃ 本案要旨

企业在生产经营活动中为如实说明商品或者服务的特点、用途等而使用他人注册商标的行为，不构成商标侵权，而属于商标指示性合理使用范畴。在认定涉诉侵权行为是否构成商标的指示性使用时，首先，需要观察涉诉注册商标商品的包装上是否明确说明该商品的来源；其次，需要确认该商标使用行为是否导致相关公众对商品来源产生混淆。如涉诉商品包装上已明确其来源且不导致相关公众对商品来源产生混淆，则该行为可被认定为商标的指示性使用而不构成商标侵权。

⊃ 案件信息

上诉人（一审原告）：某甲公司

被上诉人（一审被告）：某乙公司、某丙公司

案号：广东省珠海市香洲区人民法院（2017）粤 0402 民初 573 号、广东省珠海市中级人民法院（2018）粤 04 民终 3074 号

⊃ 原被告主张及理由

2011 年 8 月 23 日，某甲公司的前身某甲 A 公司注册登记成立，注册资本为 4 万元，法定代表人为张某，股东陈某、张某各持股 50%。2013 年 5 月 23 日，该公司变更名称为某甲公司，持股比例变更为陈某持股 80%、陈某某持股 20%，法定代表人变更为陈某某。第 10×× 694 号、第 10×× 717 号商标核定使用商品 / 服务项目为第 30 类，由某甲 A 公司于 2011 年 10 月 9 日申请，分别于 2013 年 1 月 7 日、2013 年 3 月 7 日申请注册成功，专用权有效

期分别至 2023 年 1 月 6 日、2023 年 3 月 6 日，于 2013 年 7 月 29 日上述商标申请变更商标申请人为某甲公司。案外人台湾某公司于 2011 年 7 月 19 日在香港特别行政区登记注册，法定代表人为陈某，由陈某的男友林某委托香港某邦国际企业注册中心办理登记注册，并由林某支付了办理费用。

某乙公司系一家成立于 2014 年 5 月 30 日的有限责任公司，法定代表人为柯某健。第 17××× 373 号字商标、第 17××× 283 号商标的注册人均为某乙公司，核定使用商品均为第 30 类，注册有效期分别为 2016 年 8 月 21 日至 2026 年 8 月 20 日、2016 年 8 月 7 日至 2026 年 8 月 6 日。

某丙公司系一家成立于 2015 年 4 月 28 日的有限责任公司（法人独资），投资法人为某乙公司，其法定代表人柯某金系某乙公司法定代表人柯某健之子。某丙公司系某乙公司的销售点之一，负责经营沉香、砗磲、崖柏、珊瑚的工艺品和沉香茶叶。

2013 年 3 月 25 日，林某对台湾某公司出具一份授权委托书，授权陈某、陈某某经营管理林某在中国的产业，包含（惠州）某甲 A 公司、台湾某公司（香港）、信宜市某制造厂等 8 个投资的产业。后于 2015 年 1 月 16 日撤销对陈某、陈某某的委托授权。

2014 年 8 月 1 日，林某以"台湾某公司"的名义向广州市某包装店出具授权书，内容为"本人林某今同意将本公司台湾奇楠唯字商标授权予珠海市远某奇楠沉香农业科技有限公司使用，有必须印刷或包装的厂家，请给予支持，特此书授柯某健先生存执"。

另查，某甲公司与某乙公司、某丙公司均向广州市某包装店下达茶叶包装订单，广州市某包装店于 2017 年 4 月 1 日出具一份《情况说明》，内容为"我司自 2011 年起承接信宜市某合作社、台湾某公司、某甲公司制作印刷台湾奇楠沉香茶的包装业务，上述公司在业务往来中，均是实际控制人、执行长林某与我司洽谈业务、出具授权书，陈某、陈某某一直是以林某的老婆、小舅子身份与我司联系，跟进林某与我司商定的业务。2014 年 8 月 1 日，我司收到林某出具的某甲公司、台湾某公司授权珠海市远某奇楠沉香农业科技有限公司使用唯字商标的授权书，请我司给予支持包装和印刷"。

经一审当庭对某甲公司公证购买的货物进行拆验，其中椭圆罐茶、龙头罐茶、小圆罐茶、大小木盒印刷的是台湾远东奇楠商标，其上载明监制：台湾某公司，出品：某乙公司，生产产地：信宜市某合作社；小方纸盒茶叶带字商标，出品是某乙公司，地址及生产产地同上；大小木盒、椭圆罐茶、小圆罐茶六个包装袋也是写的台湾某公司，印刷的是商标。某乙公司、某丙公司主张椭圆罐茶、龙头罐茶、小圆罐茶系从某甲公司处购买，没有变更包装，六个包装袋亦为某甲公司提供，且包装中可以看出商标的使用人及实际持有人均为台湾某公司，且该公司实际控制人及所有人为林某。

另查，某甲公司确认某乙公司向其购买的茶叶有3次，数额分别为2140元、20 000元、5400元，其中20 000元系购买的散茶，其他为带"唯"字商标已包装好的茶叶，购买时间均发生在2013年12月某甲公司更名之后。某乙公司则认为，其所销售的茶叶均源于某甲公司，既有更名前的交易，也有更名后的交易，且大部分为现货交易，货款约几十万元，其中散茶系由某甲公司发货给其后，同时由某甲公司告知广州市某包装店生产包装盒，再由某乙公司去取包装盒（地址写的珠海），再自行包装出售，包装盒费用均由某乙公司支付。某甲公司确认其自行出售的产品包装盒均为广州市某包装店印刷，散茶由某甲公司卖给某乙公司，但包装由某乙公司自行解决，某乙公司销售的散茶使用了"唯"字商标，构成侵权。后某甲公司在一审庭审中又确认其销售给某乙公司的带有"唯"字商标的产品并不在其主张的侵权产品范围内，并在一审庭审中陈述"某乙公司、某丙公司均为柯某健代表公司进货，但进货金额与数量大于某乙公司所陈述的几十万元数额"，后在一审法院要求其解释其在一审庭审中前后矛盾之陈述时，未给出合理说明。

⊃ 法院判决理由与裁判结果

一、一审法院认为

首先，某甲公司认可某乙公司、某丙公司有在其处购买已包装好带涉案商标的沉香茶及散茶的事实，同时某乙公司、某丙公司也在商品上明确说明了销售的商品受台湾某公司监制，并标明产地，足以证明某乙公司、某丙公司所销售的商品来自某甲公司。其次，对于某乙公司、某丙公司销售的已包装好带涉案商标的沉香茶的行为。某甲公司作为涉案注册商标权利人，使用注册商标的商品一经合法投放市场，其商标权利即已用尽，不能对商品的进一步流通予以干预，否则可能使其获得不合理的利益。因此，某乙公司、某丙公司销售从某甲公司处合法购买的带涉案商标侵权产品，并不构成对某甲公司涉案商标权的侵犯。再次，对于某乙公司、某丙公司销售散装茶叶的行为。该些茶叶源于某甲公司，且包装来自与某甲公司同一的广州某包装店，同时某乙公司、某丙公司也在商品包装上明确说明了销售商品的来源及产地，某乙公司、某丙公司销售的涉案产品并未改变商品的外观和品质，故某乙公司、某丙公司在产品包装上的商品名称、产地等标明商品品牌应属于商标指示性使用，某乙公司、某丙公司转售分销这些商品时使用该注册商标进行转售，并不会使消费者对商品来源产生混淆或损害注册商标信誉，不构成商标侵权。最后，结合广州某包装店的情况说明，亦能证明某乙公司、某丙公司分销某甲公司茶叶的市场地位及正常使用涉案商标的情况。综上，某甲公司虽否认某乙公司、某丙公司取得其经销商地位，未经其许可进行销售，但某乙公司、某丙公司能够证明其所销售商品来自商标权人，其商业宣传及营销方式符合市场运行的基本规则，并未超出合理范畴，且不存在主观恶意，未对注册商标的商誉产生负面、消极的影响，亦未导致相关公众对商品来源产生混淆等情形，某乙公司、某丙公司销售某甲公司产品的相关行为不构成对某甲公司涉案商标权的侵犯。

二、二审法院认为

本案系侵犯商标专用权纠纷。针对上诉人某甲公司的上诉和某乙公司、某丙公司的答辩，本案的争议焦点为某乙公司、某丙公司销售印有商标的沉香茶及散茶是否侵犯某甲公司注册商标专用权。某甲公司上诉提出林某对于某甲公司及台湾远某奇楠沉香农业科技有限公司均不享有任何法律上的权利。经查，林某出具的《授权委托书》证实其将其在华南地区所投资的产业（香港）台湾某公司、（惠州）某甲A公司等经营管理权、市场开拓权等授权给陈某、陈某某。林某向惠州市公安局惠城区分局出示的台湾某公司向香港特别行政区申请注册的公司注册证明书、法团成立表格、惠东远某奇楠公司持有的商标注册证、地方税收纳税申报表、营业执照、运营规划、惠东公司现金收支明细表、商标设计修改图等证据的原件，林某与张某、陈某某、陈某等人的往来邮件打印件、发货单、代理合同书、台湾某公司中国总代理协议书、台湾奇楠沉香茶厂股东协议书的原件、电子印章样式、授权书等证据。以上证据与证人林某、张某一审出庭作证的内容相互印证，足以证实林某是台湾某公司和上诉人某甲公司的实际投资人，某乙公司、某丙公司是某甲公司的经销商，林某也多次向某乙公司、某丙公司出售沉香茶，且在公司名称变更时，股东之间达成过口头协议经销商可以继续销售未销售完毕的茶叶。某甲公司上诉称林某对于某甲公司及台湾远某奇楠沉香农业科技有限公司均不享有任何法律上的权利与本案查明的事实不符，本院不予支持。

某乙公司、某丙公司能够证明其所销售的商品来自商标权人，某甲公司认可某乙公司、某丙公司在其处购买已包装好带涉案商标的沉香茶及散茶的事实，同时某乙公司、某丙公司也在商品上明确说明了销售的商品受台湾某公司监制，并标明产地，足以证明某乙公司、某丙公司所销售的商品来自某甲公司。某甲公司作为涉案注册商标权利人，使用注册商标的商品一经合法投放市场，其商标权利即已用尽。因此，某乙公司、某丙公司销售从某甲公司处合法购买的带涉案商标的产品，并不构成对某甲公司涉案商标权的侵犯。某甲公司提出某乙公司、某丙公司并无充分证据证明其所销售的茶叶全部购自某甲公司。经查，某甲公司在某乙公司、某丙公司处公证购买的 7 件茶叶中，在印有某甲公司"唯"字商标的包装上，均明确标识源于某甲公司，如前所述，某乙公司、某丙公司能够证明其所销售商品来自商标权人，其销售某甲公司产品的相关行为不构成对某甲公司涉案商标权的侵犯。某甲公司以某乙公司、某丙公司只向其购买过三次茶叶来推定某乙公司、某丙公司并无充分证据证明其所销售的茶叶全部购自某甲公司没有依据，本院不予支持。上诉人某甲公司的上诉请求没有事实和法律依据，应予驳回。一审判决认定事实清楚，适用法律正确，应予维持。

⊃ 案例解析

指示性合理使用是为了客观地说明商品或者服务的特点、用途等而在生产经营活动中使用他人注册商标的行为。[①] 商标指示性合理使用制度，是平衡商标权人利益与社会公众利益的重要制度，已被多数国家的立法或司法所承认，在防止商标权人权利过度扩张、垄断社会公共资源等方面发挥了重要作用。[②]

一、商标指示性合理使用制度的合理性

（一）商标指示性合理使用具有市场效益

商标法保护商标权，实际上是要保护商标上附着的商标权人投入精力和资源凝结而来的商誉，防止其他经营者"搭便车"。《商标法》的立法目的是通过赋予商标权利人在商标法意义上对于特定图形、文字等可以构成商标的元素以一定的垄断权，从而维护市场竞争秩序。基于这一立法目的，《商标法》对商标的保护必然是有限制的，如果保护商标权人利益有可能损害公共利益时，商标权人的权利则理应受到限制。

---

① 参见冯晓青：《商标权的限制研究》，载《学海》2006 年第 4 期。
② 参见周园：《商标指示性合理使用的法律问题研究——兼评"FENDI"商标案》，载《学术论坛》2018 年第 6 期。

商标指示性合理使用制度具有市场效益。一方面，商标法也保护其他经营者与商标权人的公平竞争，与消费者凭借商标识别商品品质一样，其他经营者也需要在市场竞争中使用语言符号，以向消费者传达其经营信息，其享有竞争自由、信息自由等社会经济活动中的自由权利；同时，商标主要由社会公共领域的文字、图形、字母、数字及颜色组合等构成，臆造的商标构成要素少之又少，若允许商标权人垄断商标标志的使用，将导致不合理地垄断社会公共资源，压缩市场经营者自由表达的空间。[①] 在商标指示性合理使用的语境下，一方面，虽然相应经营者并未获得商标使用的授权，但是该种使用并不建立在标记来源的意义上，因此不存在"搭便车"的嫌疑。另一方面，消费者可以通过指示性使用的商标对不同的商品之间进行充分的了解和比对，从而使良性的市场竞争更加充分。

（二）商标指示性合理使用具有社会公共效益

构成商标的元素，如符号、文字、图形等，大部分具有公共属性，这种属性决定了商标权人的专有权范围应当有限制。出于对商标法的立法目的的关注，美国 Kozinski 法官表示："商标权人无权禁止公众在识别来源功能范围之外使用商标标志。"从社会效益的层面上讲，在商标指示性使用的场景下，由于使用人并不在识别来源的意义上使用商标，并没有扰乱消费者通过商标对商品、服务进行来源识别的过程，因此建立商标指示性合理使用，可以在一定程度上防止公有领域的元素，即公众在表达层面上自由使用的符号资源的垄断，从而促进优化利用前述资源。此外，由于商标指示性使用的原意是指明商品、服务的特点、用途等，故允许商标指示性使用一方面保障了消费者了解商品真实情况的权利；另一方面也减少了消费者调查、了解的成本与误解之后被损害的可能性。[②]

二、指示性合理使用的认定要件

明晰商标指示性使用的构成要件是判断商标使用情形是侵权还是合理使用的前提。有学者通过对相关案例的梳理发现，司法实践中，我国法院针对被告指示性合理使用的抗辩一般倾向于认定在店招上单独使用他人商标的行为已经超出了指示商品来源所必要的范围，不构成合理使用，从而认定构成商标侵权，而且不同法院在认定商标指示性合理使用时存在裁判思路上

---

① 参见冯晓青：《商标权的限制研究》，载《学海》2006 年第 4 期。
② 参见冯晓青：《商标权的限制研究》，载《学海》2006 年第 4 期。

的分歧。①

（一）混淆可能性的有无不应纳入指示性合理使用的判断中

例如，在某商店品牌管理公司与某投资管理有限公司侵害商标权及不正当竞争纠纷案中，法院认为在指示性使用涉案商品商标过程中，应当限于指示商品来源，如超出了指示商品来源所必需的范围，则会对相关的服务商标专用权构成侵害。又如，在某股份公司与某商贸有限公司等侵害商标权及不正当竞争纠纷案中，法院总结"说明、描述自己经营的商品的必要范围"，认为转售商对商标的合理使用需满足：（1）使用商标标识系出于善意；（2）未将商标标识作为自己商品或服务的商标使用；（3）仅是在说明或者描述自己经营的商品等必要范围内使用他人商标标识。

（二）混淆可能性的有无应纳入指示性合理使用的判断中

此种裁判思路认为，混淆可能性的判断应作为认定指示性合理使用的必要前提。例如，在某股份公司与某房地产开发有限公司等侵害商标权及不正当竞争纠纷案中，法院认为，即使转售商所销售的商品为正品，其为指示所销售的商品而使用他人商标的指示性合理使用也应受到一定的限制，即在主观上，对他人商标的使用必须出于善意，没有故意攀附该商标已有商誉的企图；在客观上，对他人商标进行使用的形式、内容和程度应当保持在合理、必要的范围内，符合一般的商业惯例，尤其是不能使相关公众误认为该店铺与商标注册人存在直营或授权许可等商业上的联系。又如，在某有限公司诉顾某商标权纠纷案中，法院认为，行为人具有试图使消费者误认为其与联某公司存在特许经营、加盟、专卖等特定商业关系的攀附故意，客观上也形成了上述效果，显然属于对合理指示商品来源的权利的不当扩张，已经超出了商标指示性使用的合理范畴。由此可知，此处法院认为，行为主观上无间接混淆故意、客观上亦无间接混淆效果，是构成指示性合理使用的必要条件。

回归本案探讨，本案一审法院提及了指示性使用的认定，认为：该些茶叶来源于某甲公司，且包装来自与某甲公司同一的广州某包装店，同时某乙公司、某丙公司也在商品包装上明确说明了销售商品的来源及产地，某乙公司、某丙公司销售的涉案产品并未改变商品的外观和品质，故某乙公司、某丙公司在产品包装上的商品名称、产地等标明商品品牌应属于商标指示性使用，某乙公司、某丙公司转售分销这些商品时使用该注册商标进行转售，并不会使消费

———————

① 参见周园：《商标指示性合理使用的法律问题研究——兼评"FENDI"商标案》，载《学术论坛》2018 年第 6 期。

者对商品来源产生混淆或损害注册商标信誉，不构成商标侵权。由此可知，广东省珠海市香洲区人民法院支持第二种观点，即混淆可能性的有无应纳入指示性合理使用的判断中。

在注册商标专用权纠纷案件中，若被告的行为被法院认定为商标的指示性合理使用，则其商标使用行为不被判定为商标侵权行为。本案中，一审法院认为，其一，涉案商品已由原告合法投放市场，该商标权利已经用尽。其二，被告行为属于对商标的指示性使用，不应被认定为侵犯原告注册商标专用权的行为。因而，本案中被告的使用行为不构成商标侵权。

三、结论

当保护商标权人利益有可能损害公共利益时，商标权人的权利应受到限制。商标指示性合理使用就是为了客观地说明商品或者服务的特点等目的而在生产经营活动中使用他人注册商标的行为，具有市场效益及社会公共效益，成为商标正当使用类型之一，可成为商标侵权的抗辩理由。司法实践中，商标指示性合理使用的认定要件可总结为：首先，负载涉诉商标商品的包装上应明确说明该商品的来源；其次，涉诉商标使用行为并未导致相关公众对商品来源产生混淆。当以上两个条件均满足时，涉诉商标使用行为可被认定为指示性合理使用，不构成商标侵权。

商标指示性合理使用的认定

——上海某电子有限公司与深圳某电子科技有限公司侵害商标权纠纷案

/ 王惠庭

➲ 本案要旨

商标使用是否属于合理使用，应从其具体使用方式出发，综合分析其使用行为是否为善意使用，是否在描述、说明自己商品的特点等必要范围内使用，以及该使用行为是否造成相关公众的混淆误认。如果在商业活动中使用他人商标仅是为了描述或说明某一客观情况，并不属于商标法意义上的商标使用行为，而是构成对商标的指示性合理使用。对于虚假宣传行为的认定，应当根据日常生活经验、相关公众的一般注意力、发生误解的事实以及被宣传对象的实际情况等因素综合判断。如果宣传内容不产生欺骗、误导消费者的效果，则不属于虚假宣传。

➲ 案件信息

上诉人（一审原告）：上海某电子有限公司

被上诉人（一审被告）：深圳某电子科技有限公司

案号：上海市浦东新区人民法院（2019）沪0115民初30873号、上海知识产权法院（2019）沪73民终385号

➲ 原被告主张及理由

原告上海某电子有限公司向一审法院提出以下诉讼请求：（1）被告停止在其官网及相关商务网站使用"雷莫LEMO"等相关字样，删除使用"雷莫""LEMO"等相关字样的侵权文字、图片，停止商标侵权及虚假宣传的不正当竞争行为；（2）被告赔偿原告经济损失及合理支出15万元。事实和理由如下：瑞士某控股有限公司在连接器等商品上注册了"雷莫""LEMO"商标，并

授权原告独占使用上述商标。被告在中国制造网的中英文网站推广、销售连接器等商品时使用"雷莫 LEMO"字样，侵害了原告的注册商标专用权。此外，被告声称其产品可与雷莫产品相兼容或可替代雷莫产品，属于虚假宣传的不正当竞争行为。

被告深圳某电子科技有限公司在一审中答辩称：被告使用"兼容雷莫"是为了表明被告的商品可与原告的商品兼容，不属于商标法意义上的使用，系功能性使用，不具有识别商品来源的作用。被告在商品图片及商品展示页面均写明了被告的英文简称，不会导致相关公众的混淆。被告销售的商品可与原告品牌的商品相兼容，被告在商品标题中使用"兼容雷莫""替代雷莫"是功能性描述使用，不构成虚假宣传。被告经营规模小，原告主张的赔偿金额过高。

上诉人上海某电子有限公司上诉请求：（1）依法撤销一审判决，改判深圳某电子科技有限公司立即删除并停止使用"雷莫""LEMO"的文字或图片，停止商标侵权及不正当竞争行为；（2）深圳某电子科技有限公司向上海某电子有限公司赔偿经济损失人民币（以下币种均为人民币）20万元。事实和理由如下：第一，一审判决第7页认定深圳某电子科技有限公司在商品标题或商品信息描述中使用"兼容雷莫""ReplacementLemo"字样的行为不构成商标侵权，属于认定事实错误，适用法律错误。其一，涉案商标的使用不是《商标法》第59条规定的合理使用；其二，涉案商标的使用行为不属于"正当地提及他人商标"。第二，深圳某电子科技有限公司所称的替代或兼容"雷莫""Lemo"产品，是根本不存在事实根据的虚假宣传。首先，深圳某电子科技有限公司和上海某电子有限公司是相同产品的同业竞争关系；其次，深圳某电子科技有限公司对于涉案商标的使用具有不正当性，具有描述不存在的事实来实现"搭顺风车"的故意；最后，深圳某电子科技有限公司所谓能够"替代""兼容"雷莫 Lemo 产品是不存在的事实，是明显的不正当竞争行为，允许这样的宣传会造成严重后果。综上，上海某电子有限公司请求法院判如所请。

深圳某电子科技有限公司在二审中答辩称：第一，深圳某电子科技有限公司未侵犯上海某电子有限公司第 ××××××× 号和第 26××87 号商标的专用权。深圳某电子科技有限公司使用的"雷莫""Lemo"只是为了表明可以兼容或替代上海某电子有限公司产品等用途，在客观上不构成商标法意义上的使用，且主观上不具有恶意。第二，深圳某电子科技有限公司不构成不正当竞争。深圳某电子科技有限公司使用"兼容""替代"词汇仅为表明深圳某电子科技有限公司产品与上海某电子有限公司相应产品的功能一致，仅做功能性描述使用，不存在虚假宣传行为。第三，上海某电子有限公司主张的赔偿金额明显过高，缺乏事实和法律依据。首先，上海某电子有限公司未举证证明其损失或深圳某电子科技有限公司获利；其次，上海某电子有限公司主张的赔偿数额缺乏事实和法律依据，明显过高；最后，深圳某电子科技有限公司未实施侵权行为且不具有任何主观过错。综上，请求法院判决驳回上海某电子有限公司的全部上诉请求。

➡ 法院查明的事实

上海某电子有限公司于 2008 年 7 月 2 日成立，登记的经营范围为设计、开发、装配、加工电子连接器、光纤连接器、电子及光纤线缆组件，销售自产产品并提供相关售后服务。

瑞士某控股有限公司是第26××87号"LEMO"商标和第×××××××号"雷莫"商标的注册人。第26××87号"LEMO"商标核定使用商品为第9类的接线盒、光导纤维电缆用接线器，经续展注册，注册有效期至2026年10月29日。第×××××××号"雷莫"商标核定使用商品为第9类的电器连接器、光纤连接器、电器插头、电器接插件等，经续展注册，注册有效期至2026年9月13日。

瑞士某控股有限公司与上海某电子有限公司签订的《商标使用许可合同》约定：瑞士某控股有限公司将第×××××××号"雷莫"商标、第26××87号"LEMO"商标许可给上海某电子有限公司使用，许可方式为独占许可，许可使用费是免费。第×××××××号"雷莫"商标许可使用期限自2016年9月14日至2026年9月13日止，第26××87号"LEMO"商标许可使用期限自2016年10月30日至2026年10月29日止。

深圳某电子科技有限公司于 2016 年 4 月 28 日成立，注册资本 100 万元，登记的经营范围包括电子元器件、精密连接器、线束的技术开发与销售等。

深圳某电子科技有限公司在相关网站以两种方式使用"雷莫""LEMO"字样。一是将"LEMO"作为商标使用。例如深圳某电子科技有限公司在中国制造网使用的商品标题"IP68WatertightDustCapCoverforLemo0K1K2 KSocket"（Lemo0K1K2K 插座 IP68 防水防尘盖），深圳某电子科技有限公司在其公司官网使用的商品标题"lemo 2B16pinsplug，withOBDCable"（OBD 线缆 lemo2B16 芯插头，带 OBD 线缆）。二是在商品标题或商品信息描述中使用"兼容雷莫""ReplacementLemo"字样。如深圳某电子科技有限公司在中国制造网的商标标题"兼容瑞士雷莫 00B5 芯插座插头圆形推拉自锁连接器开孔 M7 医疗迷你连接器""PowerCable10PoleMetalSocketReplacementLemo"（替代 Lemo 电源线缆 10 芯金属插座）。

⇒ 法院判决理由与裁判结果

本案的争议焦点是被控行为是否构成商标侵权及虚假宣传。

一、一审法院认为

《商标法》第 57 条第 1 项规定，未经商标注册人的许可，在同一种商品上使用与其注册商标相同的商标的，属侵犯注册商标专用权的行为。《商标法》第 48 条规定，本法所称商标的使用，是指将商标用于商品、商品包装或者容器以及商品交易文书上，或者将商标用于广告宣传、展览以及其他商业活动中，用于识别商品来源的行为。深圳某电子科技有限公司在相关网站以两种方式使用"雷莫""LEMO"字样。一是将"LEMO"作为商标使用。深圳某电子科技有限公司在推销自己的连接器时使用"LEMO"商标，侵害了上海某电子有限公司对涉案商标享有的独占许可使用权。二是深圳某电子科技有限公司在商品标题或商品信息描述中使用"兼容雷莫""ReplacementLemo"字样。深圳某电子科技有限公司此种使用方式，是为了说明该商品可与雷莫品牌的商品相兼容，不是为了指示商品的来源，且产品的图片和详情页都有深圳某电子科技有限公司自己的标识，相关公众亦不会对所涉商品的来源产生混淆，深圳某电子科技有限公司该使用行为不构成商标侵权。

根据《反不正当竞争法》第 8 条第 1 款的规定，经营者不得对其商品的性能、功能、质量、销售状况、用户评价、曾获荣誉等作虚假或者引人误解的商业宣传，欺骗、误导消费者。上海某电子有限公司主张深圳某电子科技有限公司的行为构成虚假宣传，其需证明深圳某电子科技有限公司进行了虚假或者引人误解的宣传行为。上海某电子有限公司未证明深圳某电子科技有限公司销售的涉案商品不能与上海某电子有限公司的商品相兼容，且按照通常的理解，商品能相兼容并不意味着商品具有相同的质量，深圳某电子科技有限公司亦未宣称其商品与上海某电子有限公司的商品有相同的质量，相关公众亦不会因深圳某电子科技有限公司称"兼容雷莫"就会误认为两者具有相同的质量。上海某电子有限公司关于深圳某电子科技有限公司构成虚假宣传的主张，本院不予支持。

二、二审法院认为

（一）关于被控行为是否构成商标侵权

商标的基本功能在于区别商品或服务来源，对于经营者在商业活动中使用他人商标是否构成商标侵权的判断，应当考虑具体使用行为是否破坏了商标与商品或服务之间的联系功能，即是否会导致相关公众就商品或服务的来源产生混淆。如果在商业活动中使用他人商标只是为了描述或说明某种客观情况，则该行为并非商标法意义上的商标使用行为，而是一种正当的商标使用行为。本案中，被控行为表现为被上诉人在网络上销售产品时标注有"兼容雷莫""兼容 LEMO""ReplacementLemo"等字样。对于上述商标的使用方式是否构成商标的正当使用，分别评述如下。

1. 关于"兼容雷莫""兼容 LEMO"的表述是否构成商标正当使用

"兼容雷莫""兼容 LEMO"的表述是否构成商标正当使用，应当综合考虑下列因素：首先，"兼容"一词在本案所涉语境中的含义。"兼容"一词具有多种含义，依通常理解，本案中"兼容"的含义系指不同品牌产品间可相互配合、稳定工作。被上诉人宣称兼容雷莫品牌产品，并不意味着可达到雷莫品牌产品间匹配产生的性能和效果，仅意味着被上诉人所销售的产品可与上海某电子有限公司产品相互配合、稳定工作。其次，关于被上诉人所销售的产品是否与上海某电子有限公司产品兼容。本案中，上诉人确认其未对被控侵权产品是否可与相应的雷莫产品相互配合、稳定工作进行过测试，依据民事诉讼高度可能性的证明标准，上诉人所提供的证据尚不足以证明被上诉人所销售的产品不能与相应的上海某电子有限公司产品进行兼容。最后，关于被上诉人使用雷莫商标是否合理、必要。被上诉人在宣传中使用兼容雷莫产品的表述，意在向消费者说明其所销售产品可以与有关的雷莫产品相互配合、稳定工作，其对雷莫商标的使用在主观上并非攀附上诉人的商誉，而是描述客观事实的必要。并且，消费者在阅读被上诉人的宣传用语时，并不会就商品的来源产生混淆。

2. 关于"PowerCable10PoleMetalSocketReplacementLemo"（替代 Lemo 电源线缆 10 芯金属插座）等包含有"Replacement"字样的表述是否构成商标的正当使用

"Replacement"的中文含义通常系指"替代""更换"，本案中，相关的商标使用方式是否构成正当使用，应当在其具体使用方式的基础上，综合分析其使用行为是否具有善意，是否在描述、说明自己商品的特点等必要范围内使用，以及使用行为是否造成相关公众混淆误认。本案中，有关"替代"雷莫产品的表述所涉产品系专业零部件产品，且所替代的对象为上海某电子有限公司某一具体型号产品，可见该产品系上海某电子有限公司特有型号的零部件，并需与上海某电子有限公司其他产品进行匹配使用。在未侵犯上海某电子有限公司其他合法权益的情况下，法律本身并不禁止他人模仿生产上海某电子有限公司的零部件产品。在此情况下，若被上诉人所售产品确系模仿上海某电子有限公司特有型号的产品，其在销售过程中使用替代上海某电子有限公司具体型号产品的表述，目的是向相关消费者传递产品信息，这种使用方式尚属必要、合理，且相关公众不会就商品的来源产生混淆。

关于被上诉人所售产品是否可以替代上海某电子有限公司相应型号的产品。在本案所涉语境下，以相关公众一般理解，被上诉人所称替代雷莫相应型号产品，并不代表该产品在质量、性能和效果上与上海某电子有限公司相应型号产品没有差异，且上诉人也未实际购买被控产品进行过测试，依据民事诉讼高度可能性的证明标准，上诉人所提供的证据尚不足以证明被上诉人所销售的产品不能替代上海某电子有限公司相应型号的产品。

综合上述因素，在现有证据情况下，本院认为被控行为构成商标正当使用，不构成商标侵权。对于上诉人的相关上诉理由，本院不予采纳。

（二）关于被控行为是否构成虚假宣传

反不正当竞争法所规制的虚假宣传，其本质在于有关的宣传内容是否会产生欺骗、误导消费者的效果。对于虚假宣传行为的认定，应当根据日常生活经验、相关公众的一般注意力、发生误解的事实和被宣传对象的实际情况等因素进行综合判断。如前所述，兼容雷莫品牌产品或替代雷莫产品，并不意味着可达到与雷莫品牌产品间匹配产生的性能和效果。被上诉人使用兼容雷莫品牌产品、替代雷莫产品的宣传用语，以该领域相关公众的一般理解，其应当知晓该产品并非来自上海某电子有限公司，该产品的功能、效果也可能会与上海某电子有限公司产品有所差异，故本案被控的宣传用语并不会产生欺骗、误导消费者的效果。对于上诉人的相关上诉理由，本院不予采纳。

上海市浦东新区人民法院判决：一、深圳某电子科技有限公司于判决生效之日起立即停止侵害上海某电子有限公司对第26××87号"LEMO"商标独占享有的使用权；二、深圳某电子科技有限公司于判决生效之日起10日内赔偿上海某电子有限公司经济损失30 000元，以及上海某电子有限公司为制止侵权行为所支出的合理开支23 350元，合计53 350元；三、驳回上海某电子有限公司的其余诉讼请求。

上海知识产权法院驳回上诉，维持原判。

⊃ 案例解析

一、使用人主观是否善意

使用人主观上的善意是商标指示性合理使用的重要构成要件，也是使用行为具有正当性的基础。善意表明使用人在主观上没有侵害商标权人利益的意图且使用他人商标是基于正当目的。具体而言，如果商标指示性合理使用人是出于善意使用商标，其主观上就不能以不正当竞争为目的，故意欺骗或误导消费者，使消费者对其服务或者商品的来源产生误认或混淆。

由于被诉侵权人的主观意图难以感知，需要借助外部行为进行推定。一般而言，被诉侵权人的主观意图可以根据其商标使用行为的必要性以及具体的使用情况综合认定。

如果被诉侵权人出于逐利心理使用商标权人的商标，削弱商标权人与商标之间的联系，则可以推定其主观上具有商业攀附和进行不正当竞争的故意，不符合商标指示性合理使用的善意要件。例如，宁波某购物有限公司与古乔古某股份公司侵犯商标专用权及不正当竞争纠纷案一案[1]中，法院认为宁波某购物有限公司以醒目且显著的方式大量突出宣传"GUCCI"商标和字号，并以具有歧义性的、引人误解的广告语使人误认为被告正在装修的商铺系原告在中国大陆开设的直营店或被告使用"GUCCI"商标和字号的行为经过原告的授权或许可。宁波某购物有限公司的上述使用和宣传行为是建立在"GUCCI"标识的高知名度上的，这种行为直接利用了"GUCCI"的声誉和古乔古某股份公司的经营成果，使其在市场竞争中取得有利的地位。宁波某购物有限公司主观上有通过这种行为抬高其自身形象的故意，其使用"GUCCI"商标并非只是为了描述其服务或者商品，而是为了在商业上扩大影响力、提升自身形象。宁波某购物有限公司对"GUCCI"商标的使用不能认定为合理的、善意的。再如，在顾某华与联某（北京）有限公司侵害商标权纠纷一案[2]中，顾某华在其营业场所内大量使用涉案商标，并且在销售清单、名片、门店装饰等处突出地使用"le-novo""lenovo联某"等标志。除此之外，顾某华还在其名片和销售清单上使用了"泰兴旗舰店"和"lenovo联某专卖店"字样。从顾某华的上述行为中可以推断出其故意使消费者错误地认为其与联某公司具有特许专卖、加盟、经营等特定业务往来关系，[3]并且实际上也达到了误导消费者的效果，这就显然超出了商标指示性使用的合理范畴。

二、是否有使用商标的必要

是否有使用商标的必要是指示性合理使用的基本前提，即如果不使用他人的商标，就难以向消费者传达自己商品或服务的真实信息。之所以这样规

---

① 参见浙江省宁波市中级人民法院（2009）浙甬知初字第355号民事判决书。

② 参见江苏省高级人民法院（2014）苏知民终字第0142号民事判决书。

③ 参见赵银雀：《商标侵权抗辩制度研究》，湘潭大学2021年博士学位论文。

定，其目的是以保护商标权人的根本利益为基础，同时促进服务或者商品的自由流通。

司法实践中，有使用商标的必要是商标指示性合理使用认定的基础性要素。比如，福建省泉州市味某食品有限公司、湖北周某鸭企业发展有限公司侵害商标权纠纷案①中，法院认为，判断是否有使用商标的必要需同时满足两个条件：一是不得大量使用商标权人的商标标识；二是若不使用商标标识便难以描述商品或服务的性质或范围。法院认为，商标指示性使用在实践中是指商家销售商品时，在必要的范围内使用他人注册商标来达到说明产品用途、产品来源等信息的目的。福建省泉州市味某食品有限公司在涉案被控侵权产品上使用"周黑鸭香膏"字样与说明产品来源和指示产品用途无关。因此，福建省泉州市味某食品有限公司使用"周黑鸭香膏"非指示性使用。

本案中，二审法院强调在判断相关的商标使用方式是否构成正当使用时要对是否在描述、说明自己商品的特点等必要范围内使用进行分析。法院认为：被上诉人在宣传中使用"兼容雷莫"产品的表述，意在向消费者说明其所销售产品可以与有关的雷莫产品相互配合、稳定工作，深圳某电子科技有限公司对雷莫商标的使用在主观上具有描述客观事实的必要，而非存在攀附上诉人商誉的故意。

三、是否以合理的方式使用商标

商标指示性合理使用要求商标使用人应当以合理方式使用他人注册商标，而不能过度使用，其使用方式只能达到区分、指示商标使用人和商标权人的服务和商品来源的程度。判断商标使用方式是否合理相对复杂，应当根据商标使用人进行商标使用的具体方式来具体分析，最终决定其是否属于商标指示性合理使用。实务中，通常从以下几个维度分析商标使用方式是否合理。

（一）是否附加提示性文字

商标使用人在商标指示性合理使用时应当附加清晰、醒目的提示性文字，使相关公众或者一般消费者清晰地意识到注册商标权人与商标使用人之间不存在任何关联关系。如果商标使用人在使用商标权人的商标时，没有附加提示性文字，就可能造成相关公众或者一般消费者对于商品来源的误认，从而排除合理使用的适用。本案中，深圳某电子科技有限公司在商品标题或商品信息描述中使用"兼容雷莫""ReplacementLemo"字样，如在中国制造网上的商标标

①　参见安徽省合肥市中级人民法院（2018）皖 01 民初 624 号民事判决书、安徽省高级人民法院（2019）皖民终 793 号民事判决书。

题 "兼容瑞士雷莫 00B5 芯插座插头圆形推拉自锁连接器开孔 M7 医疗迷你连接器""PowerCable10PoleMetalSocketReplacementLemo"（替代 Lemo 电源线缆 10 芯金属插座）。深圳某电子科技有限公司在使用雷莫商标的同时附加了提示性文字 "兼容""Replacement"，其使用目的是说明该商品可与雷莫品牌的商品相兼容。

（二）是否清晰地标注自己的商标

商标使用人在商标指示性合理使用时，还应当把自己的商标清晰地标注在醒目位置，以此将自己的商标和商标权人的商标区分开来，给予消费者正确的引导。如果商标使用人没有清晰地标注自己的商标或没有将自己的商标单独标注出来，实际上构成对于自己商标的故意隐藏，其目的在于造成信息的模糊和消费者误认。例如，在某公司与瑞安市某滤清器有限公司商标侵权纠纷案①中，"FOR CATERPILLAR" 这一标识以黑色加粗字体显著地呈现在涉案滤清器产品上，并在显著位置印有商标权人 "C" 图形标识，而商标使用人自己的商标标注在可以方便揭去的镭射标签上，该镭射标签以银白色为底色，镭射标签上的英文字母也呈白色小体字，难以分辨。瑞安市某滤清器有限公司显然是对自己商标进行了故意隐藏，该使用方式已经超出商标指示性合理使用范围。

（三）是否进行突出使用

商标使用人在商标指示性合理使用时，不得突出使用商标权人的商标。即使商标使用人附加了提示性文字并标识了自己的商标，但如果将商标权人的商标在醒目位置上进行突出显示，也不能构成商标指示性合理使用。比如，莱某品牌股份公司与广州莱某电气设备有限公司侵害商标权、不正当竞争纠纷案② 中，莱某电气公司在 "leister.net.cn" 网站的页面上突出使用涉案 "LEIS-TER" 商标，结合其网站其他宣传内容、莱某电气公司的企业名称，以及域名 "leister.net.cn" 中主要部分的 "leister" 之因素，莱某电气公司使用涉案商标行为超越了商标指示性合理使用的边界。又如，前述的顾某华与联某（北京）有限公司侵害商标权纠纷案中，顾某华的门店招牌上的白色字样和橙色背景，一方面较为接近联某公司品牌门店的门面规范设计；另一方面也使顾某华的门店招牌突出、醒目。顾某华在其店铺的销售清单、名片、门店装饰等多处突出使用 "lenovo""lenovo 联某" 等标志标识，不能构成商标指示性合理使用。

---

① 参见上海市浦东新区人民法院（2006）浦民三（知）初字第 122 号民事判决书。
② 参见广东省广州市南沙区人民法院（2015）穗南法知民初字第 184 号民事判决书。

（四）是否符合商业惯例

在某些特定的情形下，商业惯例也是商标指示性合理使用的考虑因素。例如，苏某超市有限公司摄山星城连锁店、苏某超市有限公司和老某祥股份有限公司侵害商标权纠纷一案①中，一审法院参考超市销售的商业惯例，从以下四个方面考量使用方式的合理性：其一，老某祥股份有限公司正品包装装潢的使用形式与涉案注册商标分包包装的使用形式一致，不存在贬损涉案注册商标；其二，显示商品来源的生产者信息并未在分包包装上被更改；其三，商品本身即铅笔的消费安全和质量未受影响，分包包装也未对铅笔的独立销售单位做任何更改；其四，被告苏某超市有限公司摄山星城连锁店、苏某超市有限公司系超市销售模式，在其所售的商品上附着商品吊牌标签是符合一般商业惯例的。因此，该种商标的使用，其直接指向的是商标注册人的商品，而非其他任何商品，属于指明商标权人的商标指示性使用。又如，郭某林与洪某发侵害商标权纠纷案②中，一审法院根据商业惯例，认为被告洪某发在商品名称中使用"以纯"字样应是为指示其所销售商品的品牌信息，如果该商品名称所对应的商品系出自郭某林或者经郭某林授权的第三方所生产的，那么洪某发在这些商品名称上标注商品的品牌应当属于对商标的指示性使用。

四、是否导致消费者产生混淆

目前，对于导致消费者产生混淆是否为商标指示性合理使用的认定标准的问题，存在不同的观点。北京市高级人民法院2004年颁布的《关于审理商标民事纠纷案件若干问题的解答》第19条③规定，商标合理使用的构成要件应当包括不会造成消费者或相关公众的误认、混淆。但在北京市高级人民法院2006年颁布的《关于审理商标民事纠纷案件若干问题的解答》中却删除了该要件。④ 欧美法院的司法实践也表明，在善意使用的前提下，即使导致消费者的混淆，也不能就此否定合理使用的存在。

在我国司法实践中，法院通常把"是否导致消费者混淆"作为认定商标

---

① 参见南京铁路运输法院（2013）宁铁知民初字第22号民事判决书、江苏省南京市中级人民法院（2014）宁知民终字第17号民事判决书。

② 参见湖南省衡阳市中级人民法院（2014）衡中法民三初字第4号民事判决书、湖南省高级人民法院（2015）湘高法民三终字第189号民事判决书。

③ 《北京市高级人民法院关于审理商标民事纠纷案件若干问题的解答》第19条规定："商标合理使用应当具备以下构成要件：（1）使用出于善意；（2）不是作为商标使用；（3）使用只是为了说明或者描述自己的商品或者服务；（4）使用不会造成相关公众的混淆、误认。"

④ 姚鹤徽：《商标侵权构成中"商标使用"地位之反思与重构》，载《华东政法大学学报》2019年第5期。

指示性合理使用的判断因素之一。例如，前述苏某超市有限公司摄山星城连锁店、苏某超市有限公司和老某祥股份有限公司侵害商标权纠纷一案，案件审理法官就明确地从被诉侵权行为是否会使消费者或相关公众对商品的来源产生误认和混淆进行分析。法院认为，被告在涉诉侵权商品包装上使用原告公司的商标，其目的是能够如实客观地向消费者说明该商品的品牌；并且分包包装上保留了商品来源的生产者信息，能够充分地向消费者说明该商品的来源；铅笔本身作为独立的消费单位也注明了生产者信息。该商标指示性使用行为，并未给原告的商品与涉案注册商标的对应性带来影响，商标的识别功能没有受到损害，不会导致消费者对于商品来源的混淆、误认，亦不会造成涉案注册商标的淡化。本案中，一审法院与二审法院在界定合理使用的界限时，均使用了"是否导致消费者产生混淆"这一标准。商标的基本功能在于区别商品或服务来源，对于经营者在商业活动中使用他人商标是否构成商标侵权的判断，应当考虑具体使用行为是否破坏了商标与商品或服务之间的联系功能，即是否会导致相关公众就商品或服务的来源产生混淆。[1]

五、结论

认定商标指示性合理使用要求综合考虑商标使用人的使用方式的合理性、主观意图、产生的效果、使用的必要性等因素。合理使用要求商标的使用不会导致相关公众对商品来源产生混淆或误认，[2] 相关公众也不会认为商标使用人与商标权人之间存在某种特定的商业关系。设立商标指示性合理使用这一制度，在一定程度上可以防止商标权滥用，从而有利于资源的合理配置与市场的公平竞争。本案具有一定的典型性，能够为司法实践中商标指示性合理使用的认定问题提供参考和借鉴。

---

[1] 参见范静波：《为说明商品销售商而使用他人商标是否构成侵权》，载《中国知识产权报》2015年9月2日。

[2] 参见赵银雀：《商标侵权抗辩制度研究》，湘潭大学2021年博士学位论文。

指示性合理使用之构成要件

—— 某甲（中国）有限公司诉上海某乙贸易有限公司等
侵害商标权纠纷案

/ 薛利康

● 本案要旨

产品经销商为促销宣传，往往会使用其所销售产品的注册商标。根据《商标法》第 57 条第 1 款的规定，未经商标注册人的许可，在同一种商品上使用与其注册商标相同的商标的，属于侵犯注册商标专用权的行为。但若经销商使用他人注册商标的行为只是用于说明其所销售的产品，而非指向经销商本身，且并未导致相关公众混淆产品来源，也未对商标权利人的利益造成损害，则不属于侵犯他人的注册商标专用权的行为，而是对商标的指示性合理使用。

● 案件信息

上诉人（一审原告）：某甲（中国）有限公司

被上诉人（一审被告）：上海某乙贸易有限公司、浙江某丙网络有限公司

案号：上海市徐汇区人民法院（2011）徐民三（知）初字第 138 号、上海市第一中级人民法院（2012）沪一中民五（知）终字第 64 号

● 上诉主张及理由

上诉人某甲（中国）有限公司（以下简称某甲公司）称：（1）原审判决认定事实错误。①被上诉人上海某乙贸易有限公司（以下简称某乙公司）无证据证明其销售的立邦产品来源合法，故某乙公司在其他商品上擅自使用立邦商标构成商标侵权。②被上诉人某乙公司在其淘某网页上使用立邦商标、代理品牌、立邦网络旗舰店等图标，故意暗示公众其为立邦品牌代理人及其开设的网店（立邦旗舰店），与上诉人存在紧密商业关系，足以造成消费者误认，不属

于商标合理使用。③涉案立邦商标系驰名商标，被上诉人某乙公司未经授权、未支付对价而擅自使用，影响了上诉人对驰名商标的监管，损害了驰名商标所包含的质量保障和信誉价值。④淘某网作为电子商务平台经营者，未履行事前审查和事后补救义务，应与某乙公司承担连带责任。（2）原审判决适用法律错误。①原审法院将是否符合商业惯例作为认定侵权行为的标准，又在判决结果中将符合商业惯例作为判决被上诉人未构成侵权的主要依据，与法有悖。②被上诉人某乙公司应构成《商标法》第 52 条第 5 项规定的商标侵权行为，原审法院舍弃明确的法律规则，错误援引商标法立法目的作为判案依据。

被上诉人某乙公司答辩称：某乙公司销售的是具有合法来源的立邦产品，虽在店铺网页中使用了上诉人产品的商标和图片，但这些使用仅是为了告诉消费者其销售的是某甲公司的产品，以及区分不同的品牌产品，不存在消费者混淆。

被上诉人浙江某丙网络有限公司（以下简称某丙公司）答辩称：（1）作为淘宝卖家的某乙公司在淘某网上使用某甲公司商标，是为了如实反映所销售商品的提供者，而其销售的恰恰是某甲公司生产的产品，该商标使用符合商标的功能，不构成对上诉人的商标侵权。（2）即使某乙公司构成侵权，某丙公司作为网络服务提供商也不存在主观过错，不构成侵权。据此，请求驳回上诉，维持原判。

⊃ 法院查明的事实

某甲公司系第 34×××90 号图形与文字组合注册商标注册人，核定使用商品为第 2 类的油漆凝集剂、茜素燃料、铝涂料、苯胺染料、防腐剂、漆、油漆、底漆等，注册有效期限自 2004 年 11 月 21 日至 2014 年 11 月 20 日。

案外人立某集团国际有限公司（NIPSEA HOLDINGS INTERNATIONAL, LIMITED）系第 16×××56 号"立邦"文字注册商标注册人，核定使用商品为第 2 类的染料、颜料、印刷油墨、油漆、漆、底漆、稀料、油胶泥（腻子）、防腐剂、天然树脂，某甲公司经商标局核准受让上述注册商标。

浙江省通信管理局颁发的编号为浙 B2-20080224 增值电信业务经营许可证，记载域名"taobao. com; taobao. com. cn; tmall. com"的运营公司为某丙公司，有效期限为 2008 年 10 月 26 日至 2013 年 10 月 25 日。

2011 年 5 月 18 日，某甲公司向上海市东方公证处申请保全证据公证，该公证处公证员张某、公证人员刘某现场监督，于同年 5 月 23 日出具了（2011）

沪东证经字第 4530 号公证书，主要记载内容为使用 Internet Explorer 浏览器软件，在该软件地址栏内输入"http：//www. taobao. com"，在淘某网的商铺中搜索"汇通油漆商城"。点击进入该店铺，首页顶部显示"汇通油漆商城、实物拍摄、原厂正货、七天退换、用心服务"，下方有"首页、店铺评分、代理品牌、5 折活动专区、多乐士色卡链接、立邦色卡链接、售后服务须知、防伪及物流须知、装修小常识"等页面的链接，页面中部第 2 张广告介绍品牌为立邦漆，广告上部显示"Nippon Paint* 立邦漆"，页面下方为掌柜推荐宝贝、立邦漆、华润漆、多乐士等部分商品的图片、简要信息、价格、销售量等信息。页面左侧显示"公司名：上海某乙贸易有限公司，所在地：上海，商家：汇通油漆商城"。还显示有"品牌木器漆：多乐士木器漆、立邦木器漆、华润木器漆、紫荆花木器漆；品牌墙面漆：多乐士墙面漆、立邦墙面漆、华润墙面漆、紫荆花墙面漆；侨波活性炭；涂刷工具"。点击首页中"代理品牌"链接，页面自上而下分别显示立邦漆、多乐士、德国汉高、来威漆、华润漆、森戈各品牌的广告，其中立邦漆广告共 4 幅：首张广告的左上部显示"*"、中部显示"*2010 为爱上色"，第 3 张广告左上部显示"* 装饰新家，刷新幸福"，第 4 张广告左上部显示"* 小编 120 分推荐净味性价王"。某甲公司为包括本案在内的 5 件类似纠纷进行了保全证据公证，共支付公证费人民币（以下币种同）6000 元。

2011 年 6 月 16 日，经某甲公司申请，上海市东方公证处对某甲公司员工高某电脑中部分电子邮件的浏览、打印过程进行保全证据公证，该公证处公证员张某、徐某渊现场监督，于同年 6 月 20 日出具了（2011）沪东证经字第 5632 号公证书，主要记载内容为：2011 年 3 月，某甲公司认为某丙公司运营的淘某网中有 6 家店铺存在侵害其商标权的侵权行为，通过邮件向某丙公司投诉。某丙公司对某甲公司来函均予以答复，主要内容为要求某甲公司提供身份证明、权利证明、代理关系证明、判断侵权成立的初步证明资料及侵权商品信息的具体链接地址；并表示如果淘某网卖家发布的商品信息是某甲公司产品，则该卖家发布商品的图片上出现某甲公司产品原有的标识及卖家在文字描述上对商品的陈述均非法律法规定义的商标侵权。

二审法院另查明：在被上诉人某乙公司的淘某网店铺"汇通油漆商城"中，首页的中上方是一个图片框，滚动显示 3 幅不同图片，其中第一幅系多乐士漆广告，第二幅系立邦漆广告（该广告上部显示"Nippon Paint* 立邦漆"，下方是立邦涂料的介绍）。点击首页菜单栏中的"代理品牌"链接，页面自上而下分列几个图片框，分别系立邦漆、多乐士、德国汉高、来威漆、华润漆、森戈品牌的广告。其中立邦漆图片框中滚动显示该品牌的 4 幅广告图片：第一张图片系对一个网页的截图，上方显示"*ECOLOR 首页美丽家居工业与工程我的立邦网上商城"，中部是一个图片框，其中显示"*2010 为爱上色"，该图片框下方左侧系立邦新闻信息，右侧显示有"立邦网络旗舰店马上登录""漆量计算器""为爱上色电子书"等；第三张图片、第四张图片均系立邦漆的产品介绍，其中第三张图片左上方突出显示了"*装饰新家，刷新幸福"，第四张图片左上方突出显示"*小编 120 分推荐净味性价王"。

➲ 法院判决理由与裁判结果

本案的争议焦点为某乙公司在淘某网上销售某甲公司商品时使用上述注册商标进行宣传，是否侵害了某甲公司享有的注册商标专用权。

一、一审法院认为

商标是商品或服务的提供者为了将自己商品或服务区别于他人提供的同种类或类似商品或服务而使用的标记，其主要作用在于区分商品或服务来源。《商标法》规定，为了加强商标管理，保护商标专用权，促使生产、经营者保证商品和服务质量，维护商标信誉，以保障消费者和生产、经营者的利益，促进社会主义市场经济的发展，特制定本法。从上述法律规定可以看出，法律对商标予以保护主要目的旨在确保消费者能够根据商标的识别功能选择商品或服务，防止消费者对商品或服务来源产生混淆，以维护商标权人的商誉。本案中，原审法院关注的是某乙公司在销售某甲公司商品使用某甲公司注册商标时，是否超出合理使用的范围、是否符合商业惯例。

首先，某乙公司在其网络店铺中销售多种品牌油漆，对部分品牌的油漆进行了促销宣传，其在促销宣传中使用某甲公司注册商标的目的在于告知消费者，所宣传商品指向的具体品牌，促使消费者了解欲购买油漆品牌的特点，以区别于其经营的其他油漆品牌，某乙公司使用某甲公司注册商标属于向消费者说明其销售商品来源的表述性使用。其次，某乙公司使用某甲公司注册商标促销宣传时并没有宣传其自身，不足以导致一般社会公众误认某乙公司与某甲公司存在关联关系。故某乙公司在销售某甲公司商品时，促销宣传中使用涉案注册商标的方式合理，符合一般商业惯例。若限制某乙公司等销售商合理使用所销售商品的注册商标，则会不当地限制销售商宣传自己经销商品的方法，直接损害了商品在市场自由流转这一市场经济赖以存在的基本原则，故某甲公司要求某乙公司承担侵害某甲公司的注册商标专用权赔偿责任的诉讼请求不予支持。鉴于某乙公司未构成侵权，故某甲公司要求某丙公司承担共同侵权赔偿责任的诉讼请求亦不予支持。

二、二审法院认为

上诉人某甲公司系第34××× 90号、第16××× 56号注册商标权人，依法享有注册商标专用权，他人未经许可，在同一种商品或者类似商品上使用与其注册商标相同或者近似商标的，均构成对某甲公司商标专用权的侵害。但是，如果被控侵权行为人使用立邦商标仅为指示其所销售商品的信息，未造成相关公众混淆，亦未造成商标利益损害的，则不应被认定为商标侵权行为。

本案中，被上诉人某乙公司在其淘某网络店铺中销售某甲公司产品时使用了多幅与立邦相关的图片，其中涉及涉案两个立邦商标。从商标使用方式来看，商标系图片组成部分，图片主体内容系对立邦产品的介绍。此外，涉案网站上亦同时存在多乐士、德国汉高、华润漆等其他品牌油漆的宣传图片。而从网站的页面设置来看，首页的主体位置均系各品牌油漆商品的图片、名称、价格、销售量等信息。结合图片使用方式以及网页布局，相关公众通常会认为该商标传达的是在售商品的广告，即指示其所销售商品的品牌信息，而不是传达经营者的商号、商标或经营风格。再从被控侵权使用行为是否会使相关公众对服务来源产生混淆和误认角度来分析，该种商标指示性使用，商标直接指向的是商标注册人的商品，并非指向被上诉人某乙公司，即立邦商标与立邦商品的对应性并没有受到影响，相关公众也不会认为在售立邦产品源于被上诉人某乙公司。在此情况下，不存在消费者对于商品来源认知的混淆，也不涉及商标显著性或知名度的降低，故也不存在其他商标利益的损害。综上所述，被上诉人某乙公司为指示其所销售商品的信息而使用上诉人某甲公司的注册商标，未造成相关公众的混淆，也不存在其他商标利益的损害，故上诉人指控被上诉人某乙公司构成商标侵权的主张不能成立。而被上诉人某丙公司作为网络服务提供者，在被上诉人某乙公司不构成商标侵权的前提下，也不应被认为构成商标侵权。

上诉人认为被上诉人某乙公司在其淘某网页上使用立邦商标、"代理品牌""立邦网络旗舰店"等图标，足以造成消费者的误认，不属于商标合理使用。本院认为，经庭审查证，"立邦网络旗舰店"系一个网页截图中的一部分文字表述，并非可单独点击的模块，且该截图与其他图片一并在"代理品牌"界面滚动显示，不足以构成整个页面中的突出显示部分，也不属于淘某网所定义的网络旗舰店。虽然被上诉人某乙公司在其网络店铺首页菜单栏中设置"代理品牌"链接，并在代理品牌界面设置众多品牌广告图片的行为确有不妥，但是该种行为并不属于商标法调整的范畴，上诉人以此主张被上诉人侵犯其商标权缺乏法律依据，本院不予支持。

上诉人认为被上诉人某乙公司未经授权、未支付对价而擅自使用立邦商标，损害了立邦作为驰名商标所包含的质量保障和信誉价值。本院认为，商标的质量保障功能实质上是商业来源意义上的保障功能，保证与特定商标关联的商品具有一定的质量水平。本案中，被上诉人某乙公司销售的是某甲公司的产品，不存在商品质量的降低，且在商标使用过程中，也不存在对商标的贬损，故上诉人的该项上诉理由，本院不予支持。

一审法院和二审法院均认为某乙公司使用某甲公司第34××90号和第16××56号商标的行为为指示性合理使用，未侵犯某甲公司的商标专用权，判决驳回某甲公司的诉讼请求。

⊃ 案例解析

一、指示性合理使用的由来

根据《商标法》第57条的规定，未经商标注册人的许可，在同一种商品上使用与其注册商标相同或者近似的商标，或者在类似的商品上使用与其注册商标相同或者近似的商标，容易导致混淆的，属于侵犯注册商标专用权的行为。注册商标专用权并不意味着无条件绝对禁止他人使用其商标。指示性合理使用是指在商业活动中，使用者为了说明有关商品或者服务的真实信息，使用他人商标的行为。[①] 我国目前商标法并没有明确对指示性合理使用予以规定，但2004年北京市高级人民法院发布的《关于审理商标民事纠纷案件若干问题的解答》中规定了描述性合理使用，即使用他人注册商标是为了说明或者描述自己的商品，且在满足其他构成要件时，不视为对他人注册商标专用权的侵犯，而是对商标的正当使用。

指示性合理使用起源于美国，其中最典型的案例为普某斯特尼茨案，原告是一名公民，在香水和香粉上拥有注册商标"Coty"的专用权，被告是位于纽约的一家名为普某斯特尼茨的公司，被告购买了原告的香粉，并将其压缩、分装在金属小盒中二次出售，并且在出售时使用了"Coty"的商标，原告认为被告侵犯了其注册商标专用权，遂诉至法院要求其停止侵权行为。联邦地方法

---

① 参见王连峰：《商标法学》（第3版），北京大学出版社2018年版，第188页。

院认为如果被告能够在分装盒上说明其本身与"Coty"商标无关，销售品内装物是将"Coty"的产品进行的分装，便允许其继续以这种方式使用。但是巡回上诉法院考虑到香水非常细腻和易挥发、易变质以及掺假可能性较大等因素，被告的压缩、分装、出售以及使用"Coty"商标的行为容易对原告的商誉造成不利影响，因此判令被告禁止使用"Coty"商标。后该案上诉到美国联邦最高法院，美国联邦最高法院认为：商标并未授予商标权人禁止他人使用商标中的单词的权利，商标不是版权。商标仅授予权利人禁止他人使用该商标的权利，以此来保护权利人的信誉免于他人假冒产品的损害。该案中，受保护的商标表明该商品来自位于美国的原告，即使不是原告生产的，也不能放在国外进口的其他相同商品上。当商标以不欺骗公众的方式使用时，我们并没有在相关的字眼中看出如此神圣的含义，以至于其不能被用来说明产品的真实情况，这不是禁忌。[1] 美国联邦最高法院的判决明确了商标专用权是为了保护权利人的商誉，而不是绝对禁止他人使用注册商标，为说明商品的真实信息而使用商标不属于侵犯注册商标专用权的行为。

二、指示性合理使用的构成要件

2006 年《北京市高级人民法院关于审理商标民事纠纷案件若干问题的解答》规定了商标合理使用的要件：（1）使用出于善意；（2）不是作为自己商品的商标使用；（3）使用只是为了说明或者描述自己的商品。[2] 这一文件曾对司法审判起到了一定的指导作用，但是该条文只适用于北京地区，而不能在全国范围内进行适用。通过对司法裁判的总结，一般在判断是否属于指示性合理使用时主要从以下几个方面考量。

（一）使用出于善意

使用出于善意是主观方面的构成要件，是指使用他人商标的行为不能出于攀附他人商誉和"搭便车"的不正当竞争的意图，而是出于说明或者描述商品的正当目的。[3] 实践中，判断行为人是否出于善意使用时，一般通过行为人的客观使用行为来进行推断。如果行为人在使用他人商标时进行了说明，例如说明其与商标权人并无特许经营、加盟等关系，则可以判断行为人使用商标出于善意。但实践中，很少有商家会做这样的说明，此时，就应当结合具体的使

---

① 参见 Prestonettes v. Coty.264 U.S. 359（1924）。

② 参见《北京市高级人民法院关于审理商标民事纠纷案件若干问题的解答》第 26 条。

③ 参见郝廷婷、王敏：《将他人商标作为指示商品来源唯一标识不属于合理使用》，载《人民司法（案例）》2016 年第 2 期。

用行为以及商业习惯等进行推断。例如，在某甲（中国）有限公司与舒城县迎某漆业有限责任公司侵害商标权纠纷一案中，法院认为："被告舒城县迎某漆业有限责任公司曾经作为原告某甲（中国）有限公司的加盟经销商，在加盟经销协议到期后，未取得某甲公司继续授权许可的情况下，仍然沿用某甲公司特约经销商的名义对外经营，并在其经营的油漆专卖店门头匾额上突出使用某甲公司注册的系列商标和专卖授权号，其主观意图并非善意的指示商品的目的，而是通过对某甲公司商标的使用使相关公众误认为其仍然是某甲公司的加盟经销商，销售的商品或服务的来源与某甲公司存在某种特殊关系。"①

（二）使用行为具有正当性

使用他人的商标是为了说明其所销售的商品或服务的品牌、特点等，而不是为了指示商品或服务的来源，通常使用行为还应当具有一定的必要性，即如果不使用其商标，相关公众就无法了解其所销售的商品或者服务。此外，正当性的含义还应当包括"在合理限度内"，若所使用的商标不是用于核准使用的商品，而是用在其他商品上，便不具有正当性。例如，在北京东某雨虹防水技术股份有限公司与徐州东某雨虹防水工程有限公司侵害商标权纠纷一案中，被告徐州东某雨虹防水技术股份有限公司在进行宣传时，突出使用原告的商标，不仅宣传了原告的注册商标核定使用的产品，还宣传了其自身及关联企业的其他产品，超出了销售产品的合理使用范围。②

（三）无混淆可能性

相比于 2004 年的《北京市高级人民法院关于审理商标民事纠纷案件若干问题的解答》（已失效），2006 年的版本去掉了"使用不会造成相关公众的混淆、误认"的条件。而对于指示性合理使用构成要件的分歧，也体现在"使用不会造成公众混淆、误认"这一条中。学术界主流观点认为，构成指示性合理使用不需要"使用不会造成公众混淆"这一条件，理由主要有以下三点：一是认为指示性合理使用为一种非商标性使用，不会产生识别商品或服务来源作用，也不会导致消费者混淆；二是认为指示性合理使用属于一种侵权抗辩事由，与混淆可能性是相互独立的关系；三是从举证责任的角度出发，认为如果将不会产生混淆可能性作为构成要件，对于被告来说证明责任太重。③ 也有一些学者认为，无混淆可能性应当是商标合理使用的构成要件，主要理由是如果有混淆的可能性，那就不构成合理使用，合理使用一定是在无混淆可能性的基

---

① 参见安徽省高级人民法院（2015）皖民三终字第 00074 号民事判决书。
② 参见江苏省高级人民法院（2016）苏民终 70 号民事判决书。
③ 参见邵红红：《指示性合理使用的司法规则构建研究》，载《研究生法学》2020 年第 2 期。

础之上的。

不仅理论上对于指示性合理使用的构成要件有争议，司法实践中亦是如此，不同的法院的裁判标准并不统一。司法实践中，有些法院将混淆可能性作为判断是否构成指示性合理使用的重要标准，并结合其他构成要件进行分析；更多的法院则将无混淆可能性作为判断的结果，即无混淆可能性就不构成商标侵权，对于构成商标侵权的结论也是直接通过客观行为推导其行为是否会产生混淆可能性。例如，在东莞市以某集团有限公司与朱某彬侵害商标权纠纷案中，四川省高级人民法院认为，朱某彬在其网店中使用涉案商标中的文字即"以纯"等字样，其目的在于说明自己提供的商品与使用该商标的商品配套，该使用方式系对商标的指示性使用，并非指向销售该商标商品的网店，"以纯"商标与"以纯"商品的对应性并未受到影响，相关公众亦不会认为所销售的以纯商品来源于该销售网店，因此，不存在消费者对商品来源的混淆。①法院并未从构成要件的角度出发进行论述，而是从被告的行为以及目的的角度出发，最终落脚点为"使用不会产生混淆可能性"，从而得出未侵犯注册商标专用权的结论。在"北京东某雨虹防水技术股份有限公司与徐州东某雨虹防水工程有限公司侵害商标权纠纷"一案中，一审法院认为被告徐州东某雨虹防水工程有限公司使用原告的商标属于合理使用，不构成对原告注册商标专用权的侵害，但是二审法院认为被告使用商标的行为容易使相关公众认为两者之间存在特许经营、加盟等关联关系，导致消费者混淆，侵害了原告的注册商标专用权。②可以看出二审法院的判决也是将混淆可能性作为结果进行判断。

商标所有人认为他人侵犯其注册商标专用权的法律依据一般为《商标法》第57条，即他人未经许可使用其注册商标，容易导致混淆。该"混淆"与"无混淆可能性"中的"混淆"是相同的含义，即导致相关公众混淆商品或者服务的来源，而导致混淆的前提是使用者将商标所有人的注册商标进行商标性使用，那么问题的关键是指示性合理使用是否属于商标性使用。《商标法》第48条规定："本法所称商标的使用，是指将商标用于商品、商品包装或者容器以及商品交易文书上，或者将商标用于广告宣传、展览以及其他商业活动中，用于识别商品来源的行为。"根据该规定，商标性使用的目的是识别商品来源，而指示性合理使用的目的是说明商品的真实信息，因此从使用目的上便可以得出指示性合理使用不属于商标性使用；此外，从体系结构上来看，商标性使用

① 参见四川省高级人民法院（2015）川知民终字第135号民事判决书。
② 参见江苏省高级人民法院（2016）苏民终70号民事判决书。

·231·

规定在第六章"商标使用的管理"中的第 48 条，而指示性合理使用规定在第七章"注册商标专用权的保护"中的第 59 条，从法条的安排上可以看出，指示性合理使用不属于商标使用的框架内，因此不能认为指示性合理使用属于商标性使用。

判断无混淆可能性是属于构成条件还是结果，不应当仅停留在实体法的层面，而应当结合诉讼程序进行讨论。根据"谁主张、谁举证"的原则，注册商标所有人根据《商标法》第 57 条主张他人的使用行为容易导致混淆而侵犯其注册商标专用权的，应当举证证明使用者的使用行为具有混淆的可能性。对原告的指控，被告可以提出其使用原告商标的行为属于指示性合理使用来进行抗辩，也可以对其属于指示性合理使用进行举证。如前所述，一般认为指示性合理使用的构成要件包括无争议的"使用出于善意"和"使用具有正当性"，以及有争议的"混淆可能性"，被告通过证明"无混淆可能性"以及其他要件来对原告的"具有混淆可能性"的控诉进行抗辩，这本身就不符合逻辑。一方面，原告的控告关键点在于被告使用其商标的行为容易导致相关公众混淆，若被告能够证明其行为未导致混淆，那么证明指示性合理使用的其他要件显然是画蛇添足，因此可以看出"无混淆可能性"不属于指示性合理使用的构成要件。另一方面，从民事诉讼法中"抗辩"与"否认"的概念的区别中也可以得出同样的结论。"抗辩"是被告针对原告的请求原因事实提出新的事实，用以证明原告的请求原因不成立，而并不排斥原告提出的事实，在抗辩的情况下，被告对其提出的新的事实应当承担举证责任；"否认"是被告对原告提出的请求原因事实的排斥，即单纯地否认原告提出的事实，而被告也不承担举证不利的后果，但被告可以通过举证使原告提出的事实不清，从而由原告承担举证不利的后果。具体到侵害商标专用权纠纷中，原告提出被告使用其商标的行为容易导致相关公众混淆，侵犯其商标专用权，对此，被告可以通过提出新的事实进行抗辩并举证证明，即其使用原告商标的行为属于指示性合理使用，原告在举证证明指示性合理使用的构成要件时，不应包括"无混淆可能性"，因为"有无混淆可能性"的事实不属于新的事实，应当由原告承担举证责任；或者，对于原告的指控，被告可以作出否认，即被告的使用行为并未导致相关公众混淆，被告只需提出一些事实使原告提出的事实处于不清楚的状态即可，举证不力的后果仍然由原告承担。由此可以看出，"无混淆可能性"与指示性合理使用的构成要件完全是平行的关系，而不是从属关系。

三、本案分析

本案的管辖法院为上海市的法院，因此，《北京市高级人民法院关于审理商标民事纠纷案件若干问题的解答》中规定的商标合理使用的构成要件并不适用，一审法院和二审法院也并未参考该文件，而是直接通过被控侵权的行为来认定其行为未造成相关公众混淆，也未造成商标利益损害，不应当被认定为商标侵权。

在论述某乙公司使用立邦商标的行为是否造成消费者混淆时，上海市第一中级人民法院主要从商标的使用方式、网站的页面设置、图片的使用方式以及页面布局的角度进行分析认为，某乙公司并未只使用立邦商标，也使用了其他在售商品的商标，且立邦商标并不是处于网站中非常显眼的位置，其传达的是所销售商品的品牌信息，而并未指向经营者——某乙公司，因此不容易造成相关公众混淆，不会对某甲公司的商标专用权造成损害。

四、结论

在判断是否具有混淆可能性时，往往要对商标所有人与商标使用人进行利益权衡。即便使用他人商标的一方可以通过证明其使用不属于商标性使用，而是指示性合理使用进行抗辩，商标所有人也可以通过证明其使用超出合理范围，容易造成相关公众混淆进行反驳。法院在判断是否容易造成混淆时，不仅要分析使用者的使用行为，还要结合商标的知名度等事实进行综合判断。

叙述性合理使用的判断及其与
相关公众混淆的关系

——某甲股份有限公司与北京某乙生物技术有限公司商标权权属、
侵权纠纷案

/ 刘碧君

➲ 本案要旨

叙述性合理使用的构成要件包括使用者主观的善意、使用行为不构成商标性使用和使用目的用以描述商品的特征或类别。相关公众的混淆是叙述性合理使用判断中应当考虑的要素，虽然在结果上二者可以兼容，但应当兼顾商标权人私有权利的保护和公共利益的平衡。混淆结果在合理范围内是叙述性合理使用的成立要件之一。

➲ 案件信息

上诉人（一审原告）：某甲股份有限公司

被上诉人（一审被告）：北京某乙生物技术有限公司

案号：北京市海淀区人民法院（2014）海民（知）初字第 26212 号、北京知识产权法院（2015）京知民终字第 1196 号

➲ 原被告主张及理由

原告某甲股份有限公司（以下简称某甲公司）诉称："东阿阿胶"是我公司享有独占许可使用权的注册商标，已被认定为驰名商标，同时也是我公司的企业字号。被告北京某乙生物技术有限公司（以下简称某乙公司）为商业目的，在其经营的京某商城"某乙旗舰店"销售产品的商品介绍中，擅自使用"东阿阿胶"字样，因"东阿阿胶"既是我公司享有权利的注册商标，同时又

是我公司企业名称中的字号，被告使用"东阿阿胶"字样，目的是让消费者误认为该商品为原告商品或与原告有必然联系。被告这种故意引人误解的虚假宣传行为，既侵犯了原告的注册商标专用权，同时又构成不正当竞争。故请求法院判令被告：（1）立即停止侵权行为；（2）赔偿我公司经济损失20万元及合理开支700元。

被告某乙公司辩称：我公司并没有侵犯原告的注册商标专用权。我公司销售的是熙美牌阿胶产品，并非东阿阿胶牌。销售网站标题中，虽然使用了包含原告商标的文字"东阿阿胶块"，但该使用方式并不构成商标意义上的使用。涉案商品销售页面的首要显著位置突出了"熙美"，在之后的宣传信息中也多次标出了熙美商标，不会使相关公众对商品来源产生误认。我公司未突出使用原告"东阿阿胶"的字样宣传自己的产品，不构成所谓其他损害的行为。我公司在宣传信息处使用了"山东东阿阿胶块"，只是为了表明我公司销售的商品来源于山东省东阿县，原告截取东阿阿胶，纯属断章取义，而且此后我公司就没有再使用东阿阿胶字样，我公司并不存在恶意。原告起诉我公司构成不正当竞争，没有任何事实和法律依据。请求法院驳回原告的诉讼请求。

➲ 一审法院查明的事实

一、关于涉案商标

山东某甲A集团有限责任公司于2002年2月核准注册了第17××70号"东阿阿胶"文字商标，该商标核定使用商品类别为第5类"阿胶"，有效期限截至2012年2月6日。2011年10月18日，该商标被依法核准续展，有效期至2022年2月6日。经核准，该商标被转让给某甲B有限公司。

2012年11月15日，某甲B公司与某甲公司约定将第17××70号"东阿阿胶"文字等数个商标以独占许可的方式授予某甲公司使用，第17××70号商标的许可使用商品范围为阿胶，许可期限自2012年2月7日至2022年2月6日。国家工商行政管理总局商标局对该商标的使用许可合同进行了备案。

二、关于某甲公司诉称的涉案侵权行为

在"京某网"上搜索"东阿阿胶"，其中名为"山东东阿阿胶块熙美阿胶片240g铁盒装……"的链接中，商品图片以较大字体显示"阿胶片"，并有熙美标识。该商品卖家为某乙旗舰店，公司名称为北京某乙生物技术有限公司。名为"熙美阿胶片山东东阿阿胶块240g铁盒装……"的商品链接页面显示了

商品图片及上述与链接名称相同的商品描述信息，除评价人数及标题不同之外，其他内容与上述商品相同。名为"山东东阿阿胶块熙美阿胶片240g铁盒可做阿胶糕固元膏可打粉……"的商品链接，显示商品图片及与上述链接名称相同的商品描述信息。名为"618大促姿美堂山东东阿阿胶块熙美阿胶片240g铁盒装……"的商品链接，显示商品图片及与上述链接名称相同的商品描述信息，商家信息与上述商品均相同。上述四个销售信息中的商品均为同一商品。

某甲公司提供了证据证明被告在知晓原告已提起诉讼的情况下，仍在某网站上使用原告商标宣传其所销售的商品。

某乙公司提交的其在某商城及某网站上销售涉案商品的网页打印件显示，网页链接及商品标题已不再使用"东阿阿胶"字样，某甲公司认可某乙公司于2014年10月在京某商场网站上已停止使用"东阿阿胶"字样描述其商品。

三、关于涉案商品及其产地

某甲公司认为某乙公司销售的涉案商品并非为侵犯其注册商标专用权的侵权商品，但是其销售时使用"东阿阿胶"字样进行宣传，则侵犯了其依法享有的注册商标专用权，并构成了不正当竞争。某乙公司当庭提交了其在京某商城网站上销售的涉案商品，经比对，该商品与原告公证的京某网站上销售的商品图片外观一致，商品外包装上标有"熙美"文字商标、阿辉文字及图形商标，商品包装背面显示产品名为阿辉牌阿胶片，产地山东聊城东阿，生产企业为山东东某古胶阿胶系列产品有限公司，地址是东阿县陈集乡驻地。

"熙美"商标为某乙公司的注册商标，核定使用商品为第5类，包括维生素制剂等，有效期限自2013年12月21日至2023年12月20日。阿辉牌阿胶片的申请人为山东东某古胶阿胶系列产品有限公司，备案内容载明申请人地址由山东省东阿县阿胶街东首变更为山东省东阿县陈集乡驻地。某乙公司提交了批件号为2009××××的国家食品药品监督管理局国产保健食品批准证书复印件证明阿辉牌阿胶片符合相关规定。

◉ 一审法院判决理由与裁判结果

本院认为，商标是识别商品和服务来源的标识，判断商标侵权，首先应当判断被控侵权行为是否属于商标意义上的使用，即所使用的标识是否具有指示商品或服务来源的作用。对于非商标意义上的使用行为，注册商标权人无权禁止。注册商标中含有的描述性组成要素，他人基于说明或客观描述商品特征、用途、产地等目的，以善意、合理的方式在必要范围内使用，在不会造成相关公众混淆的前提下，应当属于正当使用，商标权人无权加以干涉。

本案中，某甲公司主张某乙公司在网站销售过程中使用了"山东东阿阿胶块熙美阿胶片"及"熙美阿胶片山东东阿阿胶块"的文字表述，由此认为该表述构成对"东阿阿胶"注册商标的商标意义上的使用。对此，某乙公司辩称，该使用系对东阿地名的使用，意在表述涉案商品产地位于山东省东阿县。在判断该行为性质时，需要结合商品实物进行判断。

本院认为，判断某乙公司的使用行为是否构成正当使用，需要判断其使用行为是否属于描述性使用、使用人的主观意图是否善意及使用方式是否合理。

从事实角度，"东阿"系山东省聊城市东阿县和济南市平阴县东阿镇的简称，为地名，同时也是阿胶及其系列产品的主要产地。根据涉案商品外包装的标注及国家食品药品监督管理局网站的查询，涉案商品系产自于山东省聊城市东阿县。某乙公司使用"山东东阿阿胶块熙美阿胶片"及"熙美阿胶片山东东阿阿胶块"的表述"山东东阿"作为地名显然用于修饰主语"阿胶块"，某乙公司用"山东东阿"的字样，来反映其销售的商品与产地之间的内在联系，并无不妥。且该种表述方式并不在于区别商品来源，事实上也无法起到区别商品来源的作用，因为涉案商品上用于区别商品来源的标识系"熙美"和"阿辉牌"，并非"东阿阿胶"。

在使用方式上，某乙公司并未突出显示"东阿阿胶"字样，也没有使用与"东阿阿胶"注册商标相同的字体描述其商品产地。使用时，未单独强调"东阿阿胶"四个字，而是同时使用了"熙美阿胶片"，以表明其商品来源，防止混淆的发生。故主观方面，某乙公司在标明产地的同时，并不存在攀附东阿阿胶商标知名度的主观恶意。客观方面，其实际使用方式也未超过合理限度。因山东省东阿县为阿胶系列产品的主要产地，而涉案商品作为阿胶系列产品之一亦具有较强的地域特色。某乙公司作为销售者，无法在商品外包装或说明书中表明商品产地，而在其销售网站页面中以标题的方式标明，从而提升其商品与产地之间的黏性，吸引更多消费者的关注。该种方式符合销售者在销售过程中利用商品特点对商品进行宣传的惯例，并未超过合理限度。

从混淆角度，该种使用方式也不会造成相关公众对商品来源的混淆和误认。因为根据消费者惯常的网购方式，在购买商品时，往往不会仅看到商品标题即下单购买，而是会在商品图片清晰的情况下，点击图片和商品详情仔细查看，以决定该商品是否符合其购买意愿。故在某乙公司未对东阿阿胶商标进行突出使用的情况下，消费者不会因其标题中有"山东东阿阿胶块"字样，而误认为该商品源于某甲公司或者与某甲公司之间存在某种关联。故某乙公司在网站标题中对东阿阿胶文字的使用属于正当使用，并不构成对某甲公司商标权的侵犯。

因某乙公司使用含有"东阿阿胶"字样的表述不会造成消费者的混淆或误认，也没有对产地予以虚假表示，故即便东阿阿胶系原告的字号，某乙公司的行为亦不构成对某甲公司的不正当竞争，本院对某甲公司的诉讼请求不予支持。

综上，判决如下：驳回原告某甲公司的全部诉讼请求。

⊃ 上诉主张及理由

上诉人某甲公司提起上诉：一审法院认定某乙公司不构成侵害商标权错误。（1）某甲公司的"东阿阿胶"商标具有较强的显著性和较高的知名度，已成为某甲公司生产的阿胶类产品的代名词，相关公众提到"东阿阿胶"，自然会想到某甲公司及其产品。因此，某乙公司使用"东阿阿胶"的行为，构成商标法规定的指示商品或服务来源的作用，是商标性使用。（2）某乙公司在商品标题中使用"东阿阿胶"是突出使用。（3）东阿系山东省聊城市东阿县和山东省济南市平阴县东阿镇的简称，由于购买阿胶的相关公众应当是对该行业了解较多或有消费经验的人群，使用描述不明的用词描述商品产地不符合常理。一审法院以描述不明的"山东东阿"和认定为笔误的"阿胶块"认定某乙公司不构成侵权，缺乏依据。（4）某乙公司销售的熙美阿胶片与某甲公司生产销售的东阿阿胶牌阿胶片系同一商品。某乙公司在其商品销售标题中使用"东阿阿胶"来吸引相关公众对其商品的注意力，容易使相关公众产生"东阿阿胶"已成为阿胶片产品通用名称的错误认识。一审法院认定某乙公司商品标题中使用"东阿阿胶"不构成不正当竞争错误。某甲公司与某乙公司为阿胶片的同业经营者，具有市场竞争关系。某乙公司在涉案商品标题中使用"山东东阿阿胶块"文字，属于攀附某甲公司品牌知名度和商誉感召力宣传自己的商品，并易使相关公众对涉案商品在质量、原材料、生产者等多方面向某甲公司的商品靠拢，属于引人误解的虚假宣传，构成不正当竞争。

被上诉人某乙公司答辩称：同意一审判决。

⊃ 二审法院判决理由与裁判结果

根据《商标法》第57条第1~2项的规定，未经商标注册人的许可，在同一种商品上使用与其注册商标相同的商标的行为，以及未经商标注册人的许可，在同一种商品上使用与其注册商标近似的商标，或者在类似商品上使用与其注册商标相同或者近似的商标，容易导致混淆的行为，均属于侵犯注册商标专用权的行为。判定被诉行为是否属于侵犯注册商标专用权的行为，首先要判定被诉行为是否构成商标法意义上的使用行为。《商标法》第48条规定，本法所称商标的使用，是指将商标用于商品、商品包装或者容器以及商品交易文书上，或者将商标用于广告宣传、展览以及其他商业活动中，用于识别商品来源的行为。由此可见，商标法意义上的商标使用应是以识别商品来源为目的的将商标用于商业活动的行为。如果不是以识别商品来源为目的使用商标，或者将商标用于非商业活动中，都不构成商标法意义上的使用行为。

《商标法》第59条还对正当使用进行了规定。该条规定，注册商标中含有的本商品的通用名称、图形、型号，或者直接表示商品的质量、主要原料、功能、用途、重量、数量及其他特点，或者含有的地名，注册商标专用权人无权禁止他人正当使用。所谓正当使用，是指经营者为了说明自己所提供的商品和服务，便于消费者辨认，可以对他人注册商标中所包含的信息依法不经注册商标权人许可而使用。商标要素的正当使用本质上并非对他人注册商标的使用，而是对他人商标中所包含的公共领域中的描述性信息的使用。

本案中，上诉人主张权利的商标为"东阿阿胶"文字商标只包括表示地名的"东阿"和表示商品通用名称的"阿胶"文字，无其他构成要素。因此，在使用"东阿阿胶"文字时，就既涉及对整个商标标识的使用，又涉及对其商标中描述性信息的使用。在此种情形下判断被诉行为是否构成商标法意义上的使用，需要根据被诉行为的具体使用方式，结合《商标法》第44条和第59条第1款的规定，判断该使用行为系发挥商标指示商品或服务来源的功能，还是发挥其中描述性信息的作用。

被上诉人某乙公司对"东阿阿胶"文字的使用系将"山东东阿阿胶块熙美阿胶片……"设置为商品名称，使得消费者以"东阿阿胶"为关键词进行搜索时，能够得出包含被上诉人商品的搜索结果。同时，在商品页面中也显示了"山东东阿阿胶块熙美阿胶片……"的信息。首先，对一个具有正常注意力的消费者而言，通常不会在购买前因搜索结果和网页信息中含有"东阿阿胶"文字，即误认为其对应的商品是上诉人某甲公司提供的商品，而会在购买时根据商品页面中的商品名称、描述信息及商品照片中显示的内容认定其为"熙美牌"阿胶。因此，被诉使用行为并未起到指示商品或服务来源的作用。其次，对产自山东省东阿县的阿胶产品进行描述，必然要使用"东阿"和"阿胶"文字。在以商品名称等方式使用时，由于描述信息的字数有限，将"东阿"与"阿胶"连用亦属合理。且被上诉人某乙公司不仅使用了"东阿阿胶"文字，还使用了"山东""块"这样的描述性文字，充分表明这是其对商品产地、性质的描述。综上所述，被诉使用行为不构成商标法意义上的使用，而构成对商标中描述性信息的正当使用。被诉行为不构成商标法意义上的使用行为，不构成侵犯注册商标专用权的行为。

根据《反不正当竞争法》第 5 条第 3 项的规定，经营者不得擅自使用他人的企业名称或者姓名，引人误认为是他人的商品。本案中，上诉人的企业名称为某甲公司，曾用名为山东某甲公司，"东阿阿胶"仅为其字号，且该字号具有其他含义，即表明某类商品的性质和产地。被上诉人某乙公司既未使用上诉人某甲公司的企业名称，其使用的"东阿阿胶"字样也不会使消费者误认其商品是某甲公司的商品，故被诉行为不构成对上诉人某甲公司的不正当竞争，一审法院对此认定正确。

综上所述，判决如下：驳回上诉，维持原判。

⊃ 案例解析

商标的合理使用被认为是对商标权的一种限制，我国立法中没有采取合理使用这一术语，而是采用了正当使用的表述，"是指法律出于保护第三人正当目的的需要，或者为了保护社会公共利益，允许第三人依法合理使用他人注册商标的法律制度"。[①] 本案是关于商标叙述性合理使用的典型案件，被告使用了"山东东阿阿胶"的文字描述，原告认为该行为侵犯了其"东阿阿胶"注册商标专用权。诉争商标"东阿阿胶"是包含地名"东阿"和商品名"阿胶"的含有叙述性的商标，两审法院分别对该行为是否构成叙述性正当使用进行了角度不同的判断。

一、商标叙述性合理使用的内涵及基础

虽然都源于知识产权的专有性和公共领域之间的平衡，商标权的合理使用与著作权、专利权的合理使用有本质的区别。著作权、专利权的合理使用的权利内容是由权利人创造的、私有的智慧成果，合理使用的目的是著作权、专利权有关的创作、创新继续发展，保障公众对著作权人、专利权人创造结果的接触。商标权的合理使用目的与之有一定的差异。叙述性合理使用制度的对象

---

① 尹红强:《商品通用名称与商标权辨析》，载《河北学刊》2014 年第 2 期。

是本身即含有描述性特征的商标，这种商标本身就是从公共领域中获得的，甚至仍然属于公共领域，仅是因为商标权人的注册行为在一定范围内被认为由商标权人持有并垄断该权利。正如有学者所言，叙述性商标权人享有的权利是对公共资源的"圈占"而产生，因而公众的使用权是在必要之时对公共资源的"取回"，而不是商标权人对公众的私权的"让渡"。① 因此，商标叙述性合理使用的判断和认定，更多地考虑的是商标权人对商标的专有权和公共领域中其他经营者对公共领域中该元素运用的"博弈"，而非商标权人在何种程度上"让渡"其权利。

叙述性合理使用，又称描述性合理使用或说明性合理使用，是指行为人在描述其商品或者服务时对与他人商标相同或相似文字所进行的合理使用，包括自己名称或地址的使用、商品通用名称以及自己商品或服务特性的描述等。② 《商标法》没有采用"合理使用"的表述，《商标法》第 59 条第 1 款以"正当使用"进行了规定——"注册商标中含有的本商品的通用名称、图形、型号，或者直接表示商品的质量、主要原料、功能、用途、重量、数量及其他特点，或者含有的地名，注册商标专用权人无权禁止他人正当使用"。

叙述性合理使用制度源于知识产权的私权性和公共利益的平衡，即法律为了建立且维持和谐的市场秩序，本着公平和正义的法律原则，努力在他人及社会公众的利益与商标权人的利益之间取得平衡，尽量使社会各利益团体得以公平、合理地分享社会财富。③ 商标是一种私权利，其作用是标识商品或服务的商品来源，对象是所在商品的相关公众。商标的主要特征是显著性，缺乏显著性的商标将不允许注册。一些商标本身不具有显著性，即其自身的"主要含义"仅为描述性词汇或通用名称，但经过经营者的经营，相关公众可以将该词汇和经营者这一商品来源联系起来，由此产生了该词汇的"第二含义"，从而被允许注册为商标。这种商标的注册和权利的保护会导致对其他经营者描述自身商品的选择空间压缩，影响市场竞争的正常秩序。因此，为防止此类商标持有者对其注册商标专用权的滥用，商标法允许其他经营者使用这些本存在于公共领域的通用名称、描述性特征、地名等词汇描述自己具有这些特征的商品。如前所述，可被叙述性合理使用的商标本身即含有公共领域中的元素，叙述性合理使用的判断是商标权人的专有权和其他人对公共领域中该元素的使用权之

① 参见凌洪斌：《叙述性商标合理使用之证伪——兼评我国新〈商标法〉第 59 条第 1 款》，载《西安电子科技大学学报（社会科学版）》2015 年第 1 期。

② 参见程黎明、王桂禄：《叙述性商标合理使用的司法认定》，载《人民司法》2017 年第 25 期。

③ 参见尹红强：《商品通用名称与商标权辨析》，载《河北学刊》2014 年第 2 期。

间的权衡。

二、商标叙述性合理使用的判断要件

在商标叙述性合理使用的判断上，并没有统一明确的标准，也难以设立刚性的判断标准。《北京市高级人民法院关于审理商标民事纠纷案件若干问题的解答》第 26 条对构成正当使用的行为要件予以了规定，也即使用出于善意、不是作为自己商品的商标使用、使用只是为了说明或者描述自己的商品三种情形。在已经失效的 2004 年版的上述司法指导文件第 19 条中，同样列举了商标合理使用应具备的构成要件，除上述三个要件外，还有"使用不会造成相关公众的混淆、误认"。

本案涉案商标"东阿阿胶"由表示地名的"东阿"和表示商品的"阿胶"组成，属于含有叙述性要素的商标。一审法院从事实、使用方式、混淆三个角度进行了分析。被告所售卖的商品产地确为山东东阿，所售卖的商品类型也为阿胶。使用方式上，被告没有强调、突出显示"东阿阿胶"字样，也未采用相同字体，且同时显示了自己的商标以表明商品来源。从使用方式上可以判断被告主观上不具有恶意，客观上使用未超过合理限度。从相关公众的角度上，这种使用也不会造成相关公众对商品来源的混淆。二审法院则主要从消费者的注意力角度判断该使用行为不能指示商品的来源，因此不属于商标性使用。同时，结合被告为表明商品来源和产品名称而使用原告所拥有商标的字面含义具有必要性。使用方式上，被告是在对商品的描述中有"东阿阿胶"四字，前有"山东"这一状语，后有"块"这一对阿胶的形状的描述，综合来看，可以认定使用方式是恰当合理的。二审法院综合上述要件认为被诉使用行为不构成商标性使用，而构成正当使用。

综合两审法院的分析和北京市高级人民法院上述规定，在叙述性合理使用的判断中，主要对以下要素进行判断：主观要素，即使用者的善意；使用方式恰当，包括表述方式是否有必要性、显示突出程度是否在合理范围内等因素，即不能是商标意义上的使用，不用于区分商品来源；使用目的恰当，即使用者的商品具有被诉商标所包含的叙述性特征或是该商标所代表的通用名称所指代的商品。作为前提的是涉案商标需具有叙述性，即该商标包含《商标法》第 59 条第 1 款所规定的通用名称、地名、商品特征等元素。如果涉案商标本身不含有此类特征，不能构成叙述性合理使用。

两审法院都对涉案商标的使用是否可能造成相关公众的混淆进行了考量，而依据北京市高级人民法院上述规定 2004 年与 2006 年版本的变化，相关公众的混淆结果并不是正当使用的构成要件。在实践和理论上，关于叙述性合理使用的构成和相关公众混淆结果的关系存在多种观点。有学者认为，通常只有将他人商标用作识别来源的标记时才有可能会使相关公众产生混淆，商标的叙述性合理使用代表着使用者的行为仅是对商品进行描述，本身就具有不易造成相关公众混淆的特征，因此商标叙述性合理使用能够对抗一定程度的混淆可能性，司法机关无须再予以判断。[①] 有些学者认为，商标合理使用制度是平衡商标权人权利与社会公共资源使用权、知情权、言论自由权的结果，为判断利益的平衡状态，则必须对使用行为的结果进行考量，即便不以单独构成要件形式判断，公众是否混淆也应作为使用者主观善意、行为方式合理恰当的判断依据。[②] 也有学者认为，商标的正当化使用是非基于商标目的而是为描述或说明而"迫不得已"使用权利人的注册商标，以不误导相关公众为使用边界。[③] 上述观点并非完全互斥。是否造成相关公众混淆是商标侵权的核心要素。只需考虑使用行为无须考虑混淆结果的观点，预设了"非商标使用难以达到混淆结果"，省略了判断步骤。如果完全对该结果不作判断，仅对使用行为进行考量，可能导致利益失衡。如果使用行为造成了严重的混淆、误认，那么仍然仅以使用方式、目的和主观要件认为属于叙述性合理使用，则过度侵袭了商标权人的权利，使该商标的注册失去意义。如果完全否定混淆结果和叙述性合理使用的共存，那么一旦产生一点混淆可能，叙述性合理使用则不能构成，这也使叙述性合理使用制度的利益平衡目的难以达成。因而，叙述性合理使用应在一定或者较大程度上可以和相关公众的混淆共存，二者相互独立。在判断使用者的主观善意、使用行为是否恰当时，相关公众的混淆可能和混淆结果是其中一个考察要素。

三、商标叙述性合理使用制度的完善

就目前的立法现状来说，关于叙述性合理使用的立法较为概括，在规范中也没有采用"叙述性合理使用"的表述。在判断标准上，北京市高级人民法院虽在上述规定中对构成要件进行了列举，但其效力范围有限。对于商标叙述性合理使用制度的完善，可以从立法完善和司法认定完善两方面入手。

（一）叙述性合理使用制度的立法完善

《商标法》第 59 条第 1 款被认为是叙述性合理使用的规定，但这一规定

---

① 参见冯晓青、郭珊：《商标叙述性合理使用制度研究》，载《邵阳学院学报》2020 年第 4 期。
② 参见程黎明、王桂禄：《叙述性商标合理使用的司法认定》，载《人民司法》2017 年第 25 期。
③ 参见尹红强：《商品通用名称与商标权辨析》，载《河北学刊》2014 年第 2 期。

并不全面明确。第一，在法律规定中仅采用"正当使用"这一表述，并没有明确该使用行为的法律性质，不利于理论研究的深入，也不利于叙述性合理使用等其他形式进入合理使用规范体系。应当规范术语的运用，注意知识产权体系内术语的统一和明确。第二，《商标法》第59条第1款所采取的列举式规范方法在实际运用中的可操作性较低，缺乏对"提供时间""提供方式"等可能为其他同业经营者出于描述自己的商品而运用的要素的限制，参考其他国家的相关规定，采用"概括＋列举"的形式更能够使该制度明确并灵活地发挥作用。

（二）叙述性合理使用的司法认定完善

在叙述性合理使用的构成要件上，目前缺乏明确的、全国性的规范，导致实践中裁判规则难以统一。综合上文，叙述性合理使用的构成要件应当包括：（1）使用者主观的善意，即主观上不具有使用商标权人的商标的故意；（2）使用目的的限制，即必须以说明自己的商品为目的，商品应具有所表述的特征；（3）使用方式的限制，即不能以使相关公众认为是区分商品来源的方式来使用。对于不造成相关公众混淆这一结果要件，相关公众混淆的可能性和结果与叙述性合理使用的成立并不是互斥关系。当一个商标的使用行为符合叙述性合理使用的认定要件，但其使用行为造成严重的混淆，使商标权人因此遭受巨大损失时，仍不应认为成立叙述性合理使用。若要求使用者使用商标所含有的描述性要素时完全不能造成与商标权人商品的混淆，也无法发挥叙述性合理使用制度"归还"公共领域词汇的目的。因此，笔者认为，应当将相关公众混淆程度在合理限度内作为司法认定中的考察要素，保证商标权人的垄断和公共领域的使用在恰当的程度上兼容，并在造成极端结果的案件上保留适用的灵活性。

四、结论

叙述性合理使用制度旨在平衡商标专用权和公共利益，与著作权合理使用不同，其本质上是对公共领域中词汇的"独占"的"归还"。立法和司法上目前对于叙述性合理使用的规制并不明确，仅在《商标法》第59条第1款进行了列举式的规定，且未采用"合理使用"的表述。北京市高级人民法院虽对构成要件进行了规定，但该规定的层次较低，适用范围局限于地方。我国对之相关立法不足。本文通过对相关公众混淆可能性与叙述性合理使用的成立之间的关系分析认为，二者之间可以在较大程度上兼容。立法上，应当注意术语的使用和体系的建立，采取概括列举并用的规定方式，保证相关规则的可操作性。在司法认定上，叙述性合理使用的构成要件包括主观善意、使用目的为描述商品、使用方式为非商标性使用。笔者认为，是否容易导致相关公众混淆也应当作为司法认定中的考察要素之一，以此保证商标权人在极端情况下可以自我保护。

商标叙述性使用性质及构成要件

——某有限公司与某超市有限公司、某乳业股份有限公司侵害商标权纠纷案

/马彪

⊃ 本案要旨

在处理涉及商标正当使用抗辩的问题时，应当在比对被控侵权标识与涉案注册商标相似程度、具体使用方式的基础上，分析被控侵权行为是否善意和合理，以及使用行为是否使相关公众产生混淆和误认等因素，综合判断被控侵权行为究竟是商标侵权行为，还是正当使用行为，以合理界定注册商标专用权的保护范围，以达到商标专用权和公共利益之间的平衡。

⊃ 案件信息

上诉人（一审被告）：某乳业股份有限公司

被上诉人（一审原告）：某有限公司

一审被告：某超市有限公司

案号：上海市黄浦区人民法院（2016）沪0101民初24718号、上海知识产权法院（2018）沪73民终289号

⊃ 原被告主张及理由

原告诉称：（1）两被告立即停止侵犯原告第××××××号、第××××××号、第××××××号、第××××××号注册商标专用权的行为，具体包括立即停止在产品包装上、广告宣传中使用原告上述注册商标，立即停止销售侵犯原告注册商标专用权的商品；（2）被告某乳业股份有限公司（以下简称某乳业公司）赔偿原告经济损失500万元；（3）被告某超市有限公司赔偿原告因制止侵权花费的合理开支69.2元，被告某乳业公司赔

偿原告合理开支 59 500 元；（4）本案诉讼费由两被告负担。

被告某超市有限公司辩称：其与被告某乳业公司曾签订《商品供销合同》，并审核了该公司的营业执照、商标注册证和食品经营许可证，合同约定某乳业公司根据其商品订单向各门店供应商品，某乳业公司承诺所提供商品不构成对任何第三方合法权利（知识产权或工业产权等）的侵权行为。涉案商品系原告在其所属分公司老西门店购买，现因该店已注销，其民事责任由其承担。在接到诉状后，含有涉案包装的牛奶产品均已下架。根据我国商标法的规定，某超市有限公司在销售涉案商品时主观上并无过错，且来源合法，故不应承担侵权责任，现不同意原告的诉讼请求。

被告某乳业公司辩称：某乳业公司并未侵犯原告的注册商标专用权，故不同意原告所有的诉讼请求。

上诉人诉称：某乳业公司认为一审判决存在 3 节事实的错误和遗漏。对此：（1）对于一审判决中有关被控侵权标识与涉案商标比对的事实查明部分；（2）对于某乳业公司关于一审法院对某乳业公司知名度有关的事实未予查明的上诉意见；（3）对于某乳业公司关于其在使用巴氏杀菌技术生产鲜牛奶的过程中，确实使用了"85℃"的杀菌温度的事实一审法院未能查明的上诉意见。

⊃ 一审法院查明的事实

一、原告系列注册商标权属的事实

2008 年 9 月 7 日，原告经中国商标局核准注册了第 ×××××× 号商标，核定使用服务为第 43 类：饭馆、咖啡馆、餐馆、蛋糕店（主要供店内食用）等，注册有效期至 2018 年 9 月 6 日止。2014 年 7 月 7 日，原告经中国商标局核准，注册了第 ×××××× 号商标，核定使用商品为第 29 类：牛奶制品、奶茶（以奶为主）、可可牛奶（以奶为主）等，注册有效期至 2024 年 7 月 6 日止。2015 年 11 月 7 日，原告经中国商标局核准，注册了第 ×××××× 号商标，核定使用商品为第 29 类：豆奶（牛奶替代品）、牛奶、牛奶饮料（以牛奶为主）、牛奶制品等，注册有效期至 2025 年 11 月 6 日止。2010 年 2 月 7 日，原告经中国商标局核准，注册了第 ×××××× 号商标，核定使用商品为第 29 类：牛奶、牛奶饮料（以牛奶为主）、牛奶制品、奶茶（以奶为主）、可可牛奶（以奶为主）等，注册有效期至 2020 年 2 月 6 日止。

原告先后与旗下的津某（上海）餐饮管理有限公司（以下简称津某上海

餐饮公司）等中国的 13 家公司签订《商标使用许可协议》，约定：原告许可上述 13 家公司使用其所注册的 "85" 系列商标，使用期限自 2015 年 1 月 1 日至 2018 年 12 月 31 日。

二、原告及其 "85" 系列商标具有较高知名度的事实

（1）原告公司的沿革。（2）原告及其关联企业的各种媒体报道。①网络媒体的报道；②纸质媒体的报道；③参与公益事业的情况。（3）原告公司宣传片和电视新闻报道。（4）原告及其关联公司有关商标、品牌的获奖证明。

三、与两被告被控侵权行为相关的事实

（1）2016 年 4 月 19 日，原告向被告某乳业公司送达了《告知函》。（2）2016 年 5 月 19 日，原告至某超市有限公司老西门店购买被告某乳业公司生产的某优倍高品质鲜牛奶 950mL 二盒、260mL、1.35L 各一盒三种规格的商品。上述所有包装盒左侧上部均有 "光明、优倍和 UBEST 及图" 的组合商标，下部有 "某乳业股份有限公司" 的名称及地址，条形码下方印有 "某乳业" 字样。（3）2016 年 5 月 18 日原告向上海市徐汇公证处申请证据保全，同年 6 月 6 日该公证处出具（2016）沪徐证经字第 3896 号公证书。（4）原告提供的形成日期为 2016 年 8 月 28 日由中国女排某教练代言时长 15 秒的被告某乳业公司优倍系列产品视频广告中，多次出现某优倍巴氏鲜奶的包装盒。（5）经当庭比对，被告在某优倍鲜牛奶包装盒正面使用的 "85℃" 与原告第 ××××××× 号商标，两者均包含数字 "85"，主要识读部分均为 "85 度"，含义均与温度有关，且两者的排列组合方式无实质差异，不同之处仅在于原告的商标高低稍有错落，且系美术字体，"C" 字相对偏小，而被告某乳业公司则采用较为标准、大小一致的字体，但就整体而言，以相关公众的一般注意力为标准，两者在视觉上基本无差别，构成相同。（6）经当庭上网演示，打开 360 浏览器，在百度搜索栏中键入关键词 "牛奶巴氏消毒 85"，点击第 5 个搜索结果，显示发布于 2016 年 3 月 24 日的问题为 "优倍 85 度 C 巴氏杀菌奶是脱脂还是全脂"，最佳答案为 "是全脂的"，浏览次数为 40 次。

四、两被告与本案相关的事实

2014 年 1 月 14 日，被告某乳业公司经中国商标局核准注册了第 ××××××× 号 "光明、优倍和 UBEST 及图" 组合商标，核定使用商品为第 29 类：可可牛奶（以奶为主）、奶茶（以奶为主）、牛奶、牛奶饮料（以牛奶为主）、牛奶制品等，注册有效期至 2024 年 1 月 13 日止。被告提供的化学

工业出版社出版的《液态奶》第 162 页表 4-12 显示，乳品厂中主要的热处理方法有：高温短时间巴氏杀菌（牛乳）72℃~75℃，15S~20S 等；第 163 页高温短时间杀菌就是高温短时间巴氏杀菌；用于新鲜乳时高温短时间杀菌工艺是把鲜乳加热到 75℃~78℃，保持 15S~20S 后再冷却。

➲ 一审法院判决理由与裁判结果

一、原告的注册商标是否注册在先，并具有较高知名度

85 度 C 取自"咖啡在 85℃时喝起来最好"的意思，因这温度最能品尝到咖啡香醇、浓厚、均衡的口感，创业者由此将其经营的咖啡、烘焙专卖店命名为"85 度 C"。自 2008 年至 2015 年原告在中国商标局注册的、四个商标均合法有效，原告对上述注册商标所享有的专用权，受中国商标法保护。

二、被告某乳业公司对 85℃的使用是否构成正当使用

根据我国《商标法》第 59 条的规定，当注册商标具有描述性时，他人出于说明或者客观描述商品特点的目的，以善意方式在必要的范围内予以标注，不会导致相关公众将其视为商标而导致来源混淆的，构成正当使用；判断是否属于善意和必要，可以参考商业惯例等因素。

首先，被控侵权标识应当具有描述性含义，这是构成正当使用的前提，本案被告标注的 85℃本身属于描述性词汇，表明温度概念。其次，标识本身具有描述性属性仅是正当使用的法定构成要件之一，法院仍需审查其具体使用方式以及通过使用方式体现出来的正当性与否，即正当使用的核心不在于或不仅在于标识本身的描述性属性，而更强调的是使用行为的正当性，包括主观善意和客观合理。善意强调主观上无恶意，合理强调行为的妥当性和必要性，并应当参考商业惯例等因素予以综合判定。一是即使某乳业公司使用了 85℃的杀菌工艺，标注的目的是表明更新鲜的产品特点，但是，85℃的杀菌工艺并不能得到比其他的巴氏杀菌奶更新鲜、更好的牛奶，其突出标注 85℃显然缺乏正当性基础；二是必要性是指使用人若不使用他人商标，就不能或很难说明特定的商品或服务，本案被告某乳业公司并非必须标明杀菌的具体温度，被告某乳业公司的此种标注方式显然有违商业惯例，亦违反必要性原则；三是鉴于原告的"85 度 C"系列商标在咖啡烘焙连锁餐饮业内具有一定的知名度，且同时销售各类饮品和牛奶的事实，某乳业公司负有一定的注意义务，即在标注 85℃前应当查询在相关类别上是否已注册了相关的商标，并予以避让；四是就普通消费者而言，并不知悉或完全了解巴氏杀菌工艺，也未必能够将被控侵权标识清晰地指向巴氏杀菌工艺中的温度参数，相反，可能将该突出标注的标识解读为原告的商标；五是即使被告某乳业公司是为了说明巴氏杀菌的工艺特点，也应当按照商业惯例以适当方式予以标注。

综上所述，这种在商业活动中完整使用他人注册商标的使用方式已经超出说明或客观描述商品本身的特点而正当使用的界限，其主观上难谓善意，客观上可能造成相关公众对商品来源的混淆。因此，被告某乳业公司关于其标注"85℃"字样属于正当使用的抗辩主张不能成立。

三、两被告的行为是否构成商标侵权

（一）被告某乳业公司标注 85℃ 不构成商标侵权

1. 被告某乳业公司未侵犯原告第 ××××××× 号注册商标专用权。虽然被控侵权标识与原告的商标构成相似，但是，原告的商标核定使用的是第 43 类饭馆、咖啡馆、餐馆、蛋糕店（主要供店内食用）等服务类别上，而被控侵权标识使用在牛奶商品上，两者分属不同的服务和商品类别，现原告未提供证据证明牛奶与饭馆、咖啡馆、餐馆、蛋糕店等之间存在特定联系，也未提供证据证明正是由于这种特定联系而使相关公众产生混淆，因此，原告关于被告某乳业公司侵犯其第 ××××××× 号注册商标专用权的请求，缺乏事实与法律依据，本院不予支持。

2. 被告某乳业公司侵犯原告第 ××××××× 号注册商标专用权。首先，商标侵权的构成并不必然以借助权利人的商誉为前提条件或者法定的构成要件。其次，即使被告某乳业公司及其注册商标具有较高的知名度，其没有必要攀附原告商标具有极大的可能性，但是，注册商标作为一项标识性民事权利，商标权人不仅有权禁止他人在相同或类似商品上使用该注册商标标识，更有权使用该注册商标标识其商品或者服务，在相关公众中建立该商标标识与其商品来源的联系。最后，如果认为被告某乳业公司及其享有的注册商标更有知名度即可以任意在商品上突出使用他人享有注册商标的标识，将实质性损害该注册商标发挥识别商品来源的功能，对该注册商标专用权造成基本性损害，同时，亦有违商标管理的秩序，故被告某乳业公司的上述抗辩，不能成立。

3. 被告某乳业公司未侵犯原告第 ××××××× 号、第 ××××××× 号注册商标专用权相关公众购买时在不施以较高注意力的情况下，可能将被告某乳业公司标注的 85℃ 解读为商标标识，但在施加一定的注意力后，即可

通过包装盒正面的文字描述，结合部分包装盒侧面的营养分析表和所有包装盒侧面的生产厂家等信息，可将原告的商品与被告某乳业公司的牛奶加以区分，两者混淆的可能性不大。因此，综合考量上述因素及各因素之间的相互影响，被告某乳业公司此种标注方式未侵犯原告第×××××××号、第×××××××号注册商标专用权。

综合考量上述因素及各因素之间的相互影响，被告某乳业公司此种标注方式未侵犯原告第×××××××号、第×××××××号注册商标专用权。

（二）两被告销售涉案商品是否构成商标侵权

两被告销售侵犯原告注册商标专用权的商品，构成商标侵权。我国《商标法》第57条第3项规定，销售侵犯注册商标专用权的商品的，属侵犯注册商标专用权的行为。由于被告某乳业公司在产品的外包装盒上标注85℃，侵犯了原告注册商标，该商品属于侵犯注册商标专用权的商品，被告某乳业公司对外销售该商品，某超市有限公司老西门店从某乳业公司进货后，亦实施对外销售，两被告的销售行为均构成对原告注册商标专用权的侵犯。

一审法院判决：被告某乳业公司应于本判决生效之日起立即停止侵犯原告某有限公司第×××××××号注册商标专用权的行为，具体包括立即停止在产品包装上、广告宣传中使用原告上述注册商标，立即停止销售侵犯原告上述注册商标专用权的商品。

⊃ 二审法院判决理由与裁判结果

一、关于涉案第×××××××号注册商标专用权的保护范围，以及被控侵权标识与涉案第×××××××号注册商标的比对

将被控侵权标识85℃与涉案第×××××××号注册商标相比对，两者字形元素相同但排列不同；实践中，商标权人及相关公众对涉案商标标识的读音与一般公众对85℃作为温度表达时的读音也不尽相同。在功能、用途、销售渠道、消费对象等方面基本相同，根据《最高人民法院关于审理商标民事纠纷案件适用法律若干问题的解释》第11条规定，两者之间构成类似商品。

二、关于被控侵权行为是对注册商标的使用还是对温度表达的正当使用

首先，在涉案被控侵权商品外包装上使用被控侵权标识85℃，是温度的标准表达方式，与涉案第×××××××号注册商标标识具有明显区别。因此，某乳业公司对于温度的标准表达方式85℃的使用，尚不属于对某有限公司涉案第××××××号注册商标标识的恶意使用。其次，某有限公司对于某乳业公司在其使用的巴氏杀菌技术生产工艺过程中包括了"15秒钟使用85℃的温度杀菌"的事实并无异议，由此可见某乳业公司在被控侵权商品外包装上使用85℃具有一定的事实基础。且虽然被控侵权外包装上的85℃的字号大于相同位置的文字，但该85℃并非孤立的，而是分别配以"85℃巴氏杀菌乳新鲜说""认准巴氏杀菌乳才是鲜牛奶""就是要喝85度杀菌的巴氏鲜奶""我是巴氏杀菌乳我更新鲜""85℃巴氏杀菌乳高品质鲜牛奶"等文字，上述文字亦充分说明，某乳业公司使用85℃所表达的就是温度，且仅是在表达温度意义上的使用。

因此，本院认为，某乳业公司在被控侵权商品上使用85℃，仅是为了向相关公众说明其采用的巴氏杀菌技术的工艺特征，仍属于合理描述自己经营商品特点的范围，并非对某有限公司第××××××号注册商标的使用，而是对温度表达方式的正当使用。

三、关于被控侵权行为是否使相关公众产生混淆和误认

即使对涉案第××××××号注册商标熟知的相关公众，对于被控侵权外包装予以一般注意，亦自然会认为被控侵权商品外包装上标注的85℃是某乳业公司采用的巴氏杀菌技术的温度，而不会产生被控侵权商品源于某有限公司或与某有限公司有关的混淆和误认。对于一审法院查明的，在网页中有"优倍85度C巴氏杀菌奶是脱脂还是全脂"的事实，本院认为，个别网友以"85度C"称谓"85℃"，难以得出相关公众已经产生被控侵权商品源于某有限公司或与某有限公司有关的混淆和误认的结论。本院对于某有限公司的相关意见，不予采纳。

二审法院判决：撤销上海市黄浦区人民法院（2016）沪0101民初24718号民事判决；驳回被上诉人（原审原告）某有限公司的一审全部诉讼请求。

🔁 **案例解析**

一、叙述性使用性质及其影响

（一）叙述性使用的概念及价值

商标的正当使用是竞争者以其固有意义使用某些已经成为他人商标权的

保护对象的标志以描述他自己的产品而不构成侵犯商标权的行为。[①] 叙述性使用针对的是注册商标中含有的本商品的通用名称、图形、型号，或者直接表示商品的质量、主要原料、功能、用途、重量、数量及其他特点，或者含有的地名，注册商标专用权人无权禁止他人正当使用。

叙述性使用与说明性使用作为商标正当使用的"车之两轴"，有助于维护商标使用秩序，保证市场中具有公共利益的符号能够自由流动，以防止出现商标领域内符号圈地，损害公共资源等不合理现象。对于大部分商标标志而言，均具有一定的固有含义，属于公共领域。商标权人不能通过商标注册行为而进行"符号圈地"，独占商标标志原属于公共领域的，市场竞争者均可自由使用的初始、固有含义。

（二）叙述性使用是非商标性使用

叙述性使用因其并不发挥商标识别作用，而不构成商标性使用，亦无产生混淆的可能性。商标的识别功能是建立起商品服务与商标权人联系的关键，于消费者而言，正是借助于一般认知上的联系才能够"按标购物"，此种关联的价值即为商誉。但叙述性使用的目的并不在于形成上述联系，而仅就商品服务的客观、公知常识进行宣传，增加消费者对商品的认识和理解，比如产地、原材料、用途等。换言之，消费者并不会因商品服务的客观特征或属性而形成对商标权人的联系，更何况此种标识是在公共领域内使用的普遍符号，其识别性较之于其描述性功能不可相提并论。

（三）叙述性标识对商标保护范围的影响

在现有商标注册制度下，即便商标内部包含相关叙述性标识，但可因其排列顺序、拼合组合等方式产生显著性，当然也有可能因为长期使用而获得后发显著性，从而获得商标注册并产生一定的排他效力，但此种注册并不当然将叙述性标识所代表的内容进行垄断，不能因为叙述性标志经组合成为整体被视为显著性，片面地将显著性延及至叙述性部分。否则，会出现通过锁定并注册特定行业内有关术语，通过符号垄断形式，损害其他经营者正常使用利益，破坏健康公平的市场竞争秩序。比如本案，85℃直接表示了商品的特点，而将作为温度标准表达方式的85℃标识直接予以注册商标，显然有悖于上述《商标法》第11条的规定，有损社会公共利益，难以获得商标注册部门的认可。但是，涉案第××××××××号注册商标标识将元素"8""5""℃"采用不同字体及高低错落排列的表达方式，与温度标准表达方式85℃具有了显著区别，

---

① 参见王太平：《商标法原理与案例》，北京大学出版社2015年版，第375页。

客观上增强了涉案第××××××号注册商标标识的显著性而获得了注册，但也因此限制了涉案第××××××号注册商标标识的保护范围。

二、叙述性使用要件界定

商标正当使用实质上使用的是商标标志的固有含义，并非商标的使用。因此，判断是否构成商标正当使用的核心是看商标使用是否发挥了商标区分商品或服务来源的作用。应当在比对被控侵权标识与涉案注册商标相似程度、具体使用方式的基础上，分析被控侵权行为是否善意和合理，以及使用行为是否使相关公众产生混淆和误认等因素，综合判断。

（一）使用目的为善意

诚实信用规则贯穿于商标法体系，使用人的使用行为的目的在于使用词汇的固有含义来描述商品或服务具有的某些特点，禁止窃取商誉主观意图的行为。与反不正当竞争法类似，商标法具有强烈的维护市场竞争秩序和商标注册秩序的价值内核，诚实信用规则可谓市场健康发展的"压舱石"，商标法中禁止恶意抢注、打击商标囤积以及侵权混淆规则都是以形成良好的市场竞争秩序为目标，防止他人恶意窃取商誉为目标。

此种善意是指使用人虽明知他人已注册为商标或者具有一定知名度，但在使用时并不具有不正当竞争意图，此种意图需要结合一系列客观行为予以表现、个案认定。一方面，关于叙述性词汇，应当按照商业惯例以适当的方式予以标注，可以参照相关行业规定或标准化文件；另一方面，通常讨论较多的是在包装正面以放大的特殊字体进行强调这一要素，不能当然推定为恶意。要综合叙述性词汇所在的词汇和图案，综合判定词汇所表达的固有含义。如在本案中二审法院认为，指明温度的目的在于标识采用的巴氏杀菌技术的工艺特征，85℃所表达的就是温度，且仅是在表达温度意义上的使用。

（二）使用方式为必要

使用方式的妥当性和必要性是判断正当性使用的关键。叙述性使用场合，使用方式应当仅限于表达叙述性词汇的固有或功能性意义，在说明或表示自己的商品或服务的名称、种类、质量等特点时，不可避免地使用注册商标的文字、词语等；或者在必要范围内使用他人注册商标标识的。

文字商标属于某种商品的叙述性词汇，重庆市高级人民法院在"金丝案"①中指出，通常需要考虑如下因素：（1）该词汇的词典含义；（2）该词汇

---

① 参见重庆市高级人民法院（2018）渝民终281号民事判决书。

被用以描述涉案商品的实际使用情况；（3）普通消费者将该词汇与涉案商品属性或特点联系起来的难易程度；（4）竞争者用该词汇描述涉案商品的必要性。语言的使用习惯要从消费者的一般认知角度，综合考虑行业规范和商业习惯进行判定。需要明确的是，他人使用的应当是叙述性标识的固有含义，即第一含义。现实生活中存在大量的经过长期使用获得第二含义的标识，在进行侵权判定时，需要区分使用含义的第一含义和第二含义。

除此之外，使用方式妥当性需要结合案件事实综合判断。如利用不同的商业外观以及放大突出使用、使用鲜亮颜色等方式。在"西湖龙井案"①中，"赛西湖龙井"虽然从本身语义上讲，具有赛过、好于"西湖龙井"的含义，但是"赛西湖龙井"几个字比较简洁，其使用在涉案网店商品标题即商品链接名称时，与商品标题其他内容相对分离，容易使相关公众认为是一种茶叶品牌。

（三）使用结果无混淆

混淆可能性之判断存在于商标任何阶段。我国《商标法》在2013年修改②时正式引入商标混淆可能性的规定，被学者称为"反映了自1988年以来商标实践的相关成果，顺应了相关国际公约和世界各国和地区商标立法与司法发展的潮流，具有重大的进步意义"。③混淆可能性应当是构建商标法律制度的关键，并不应当局限于商标侵权维权阶段。

《商标授权确权行政案件规定》第12条规定，人民法院应当综合考量如下因素以及因素之间的相互影响，认定是否容易导致混淆：（1）商标标志的近似程度；（2）商品的类似程度；（3）请求保护商标的显著性和知名程度；（4）相关公众的注意程度；（5）其他相关因素。

商标近似，是指被控侵权的商标与原告的注册商标相比较，其文字的字形、读音、含义或者图形的构图及颜色，或者其各要素组合后的整体结构相似，或者其立体形状、颜色组合近似，易使相关公众对商品的来源产生误认或者认为其来源与原告注册商标的商品有特定的联系。整体对比是指在进行商标近似度比较时，要从相关公众一般注意力出发对商标全部构成要素给人的整体感官印象，应当考虑全部构成要素、整体结构和整体感觉三部分内容。以整体对比为主，辅之以主要部分对比。

---

① 参见浙江省高级人民法院（2019）浙民终1792号民事判决书。
② 参见《商标法》第57条第2项。
③ 王太平：《商标侵权的判断标准：相似性与混淆可能性之关系》，载《法学研究》2014年第6期。

商品类似，是指在功能、用途、生产部门、销售渠道、消费对象等方面相同，或者相关公众一般认为其存在特定联系、容易造成混淆的商品。类似服务，是指在服务的目的、内容、方式、对象等方面相同，或者相关公众一般认为存在特定联系、容易造成混淆的服务。认定商品或者服务是否类似，应当以相关公众对商品或者服务的一般认识综合判断；《商标注册用商品和服务国际分类表》《类似商品和服务区分表》可以作为判断类似商品或者服务的参考，但并非唯一依据。

商标法所称相关公众，是指与商标所标识的某类商品或者服务有关的消费者和与前述商品或者服务的营销有密切关系的其他经营者。至于注意程度的理解，应当以合理谨慎消费者的一般注意义务为标准。

关于显著性的界定，《商标授权确权行政案件规定》指出，应当根据商标所指定使用商品的相关公众的通常认识予以判断。商标标志中含有描述性要素，但不影响其整体具有显著特征的，或者描述性标志以独特方式加以表现，相关公众能够以其识别商品来源的，应当认定其具有显著特征。关于知名度的界定，可以参照驰名商标认定的参考因素，如相关公众对该商标的知晓程度，商标使用的持续时间，该商标的任何宣传工作的持续时间、程度和地理范围，该商标作为驰名商标受保护的记录，该商标驰名的其他因素。

对于含有叙述性词汇的注册商标，除非是经过长期使用而获得第二含义，大多数叙述性词汇如温度、质量、重量等均不会成为主要部分，否则该商标不具备显著性。不具有显著性且属于公共领域的要素不发挥识别功能，不构成商标主要部分。例如"中粮案"①中，法院认为，三个商标共同构成要素"福"字，仅为书写方法、字体近似，其本身为通用词汇，缺乏显著性，且该种字体已被普遍使用，早已进入公共领域。涉案两个注册商标中的"福临门"文字具有较强的显著性，而非"福"文字，单独的"福"亦并非涉案注册商标的主要识别部分。

三、结论

商标正当性使用不发挥商标识别功能，不是商标性使用。在处理商标正当性使用和商标侵权过程中，重点仍应建立在混淆可能性发生的基础上。一方面，从叙述性使用的角度，要保持使用目的的善意，不具有窃取商誉的目的，同时使用方式要妥当且必要，使用叙述性词汇的固有功能且不突出使用。另一

---

① 参见广东省深圳市中级人民法院（2017）粤 03 民终 17944 号民事判决书。

方面，叙述性使用不得产生识别功能，以及混淆可能性。从相关公众的一般认识，在综合考量叙述性使用的标志近似性、使用商品或服务类别的相似性以及相关标志的显著性和知名度的基础上，进行判断。

叙述性合理使用与商标侵权的认定标准

——枣庄市某食品公司与江西某食疗某公司侵害商标权纠纷案

/ 李鑫

➲ 本案要旨

通用名称由于缺乏显著性，一般不得作为商标使用。但原告通过长期使用和广泛宣传营销，使通用名称具有了较高知名度，并产生了第二含义，可以作为商标注册使用。被告与原告的商品种类相同，被告在商业活动中，在外包装上突出使用与原告注册商标近似的标识，超出了描述产品成分的合理使用的范畴，客观上起到了表明商品来源的作用，会引起相关公众的混淆，不具有正当性，侵犯了原告的商标权。

➲ 案件信息

申请人：（一审被告、二审上诉人）枣庄某食品公司

被申请人：（一审原告、二审被上诉人）江西某食疗公司

一审被告：济南某超市

案号：山东省济南市中级人民法院（2018）鲁01民初215号、山东省高级人民法院（2018）鲁民终1604号、最高人民法院（2019）最高法民申1653号

➲ 原被告主张及理由

原告江西某食疗公司诉称：江西某集团申请注册涉案商标，其许可原告使用上述涉案商标，后依法转让给原告。原告是该集团旗下的专业食疗公司，于2016年10月推出食疗新产品——某猴姑米稀。原告为该产品投入巨额广告费用，使该猴姑米稀在很短的时间内获得全国广大消费者认知，迅速成为市场上的知名商品。经调查，原告发现被告生产、销售的猴菇米糊商品上使用了与原告近似的商标，构成商标侵权，严重侵害了原告的合法权益，应当承担相应

的侵权责任。

被告枣庄某食品公司辩称：被告产品在包装上使用的"猴菇"文字是对产品的主要原料猴头菇进行提示，属于《商标法》第59条规定的正当使用。被告产品使用的是自己注册的"袁师傅"商标，不存在商标侵权行为，请求依法驳回原告的诉讼请求。

被告济南某超市辩称：被告对销售的产品构成侵权不知情，产品有合法来源，请求依法驳回原告的诉讼请求。

上诉人枣庄某食品公司主张：撤销一审判决，依法改判驳回江西某食疗公司的诉讼请求或发回重审，本案一、二审诉讼费用由江西某食疗公司承担。理由如下：（1）本公司在包装上使用的"猴菇"文字是对产品的主要原料猴头菇的描述，属于正当使用。本公司使用了自己注册的"袁师傅"商标。被诉产品与江西某食疗公司的产品区别明显，消费者能够区分。（2）猴菇为原材料的通用名称。江西某食疗公司恶意抢注"猴姑"商标，导致其他生产者无法在产品包装上对产品的原材料进行描述，垄断了公共资源。（3）本公司突出猴菇是正当的宣传需要，添加了猴菇粉可以叫猴菇饼干或米糊。（4）本公司未使用第152××208号商标，被诉猴子标识为猴子剪纸图形，与该商标不会产生混淆。

被上诉人江西某食疗公司答辩请求驳回上诉，维持原判。理由为被告称其对猴菇的使用是非商标性使用，属于通用名称使用并非事实。被诉产品使用的猴菇字体与第130××691号商标相同，猴子图形与第152××208号商标近似，容易产生混淆。

枣庄某食品公司申请再审称：二审判决认定基本事实缺乏证据证明。（1）公司对"猴菇"的使用不属于商标性使用。首先，"猴菇"是猴头菇的又名，是通用名称，消费者购买商品时主要是因为看中商品中含有具有养胃功能的"猴菇"成分，本公司对"猴菇"的使用均为猴菇的本意，即指代一种具有养胃功能的菌类。其次，本公司的产品包装符合《预包装食品标签通则》（GB7718-2011）的相关规定。再次，涉案产品与饼干并不属于类似产品。复次，本公司在涉案产品显著位置上使用了其为申请人的注册商标，且产品在价格和包装等方面均与江西某食疗公司的产品不同，故不会导致相关公众的混淆。最后，本公司对"猴菇"的使用属于正常的商业性使用，而非商标性使用，并不具有区分商品来源的作用。（2）本公司使用的猴子图案源于公共领域，且与江西某食疗公司涉案商标不同，该图案仅仅起到对包装封面进行装饰的作用，并非商标性使用，二审判决对第152××208号商标知名度的认定亦存在错误。

江西某食疗公司未提交书面意见，其在口头答辩中称，原审法院认定事实清楚，枣庄某食品公司的再审申请理由不能成立，请求驳回该公司的再审申请。

➲ 一审法院查明的事实

1. 江西某集团申请注册了第 130××691 号、第 130××935 号、第 152××208 号、第 152××214 号商标。上述商标核定使用商品范围为第 30 类，包括：饼干、蛋糕、谷粉制食品、面包、糕点、燕麦食品、干果和坚果制的早餐食品、芝麻糊、粥、面粉制品等商品。上述商标的有效期分别至 2024 年 12 月 13 日、2024 年 12 月 13 日、2025 年 11 月 13 日、2025 年 10 月 27 日。2015 年 10 月 28 日，江西某集团以独占许可方式授权原告使用上述商标，并授权以原告自己的名义进行维权，包括诉讼、要求停止侵权并获得赔偿等权利。2017 年 11 月 6 日，江西某集团将上述商标转让给原告江西某食疗公司。

2. 2017 年 6 月 5 日，在山东省济南市长清公证处公证人员的监督下，原告的委托代理人来到被告某超市的经营场所内，花费 88 元购买了"袁师傅猴菇米糊"一箱，取得了被告的定额发票、购物小票及银联签购单。后来到济南某超市的经营场所内，花费 108 元购买了"喜迎人家猴菇核桃粉"一箱，花费 168 元购买了"袁师傅猴菇蛋白粉"一箱，取得了超市增值税发票、购物小票及银联签购单。公证人员对公证过程进行了拍照，封存了所购物品，并根据上述公证过程出具了（2017）济长清证民字第 1264 号公证书和（2017）济长清证民字第 1265 号公证书。庭审中，将上述公证书所附封存实物予以拆封，被诉侵权三款产品的生产商均为被告，其包装上均突出标有"猴菇"字样，猴菇核桃粉产品上还标有"猴子托桃"的图案标识。

3. 原告为证明其"猴姑"饼干在社会上的影响力和市场价值，向本院提交了（2017）赣洪江证内字第 336 号、第 337 号、第 338 号三份公证书；原告提供了与北京某广告公司及国内各大媒体签订的猴姑饼干产品广告发布合同、广告投放证明予以证明产品的影响力。原告还提供了广州某咨询有限公司于 2013 年至 2014 年出具的四期猴姑饼干品牌消费者调研报告，以证明猴姑饼干产品是知名商品，且知名度持续上升。

4. 被告枣庄某食品公司成立于 2004 年 9 月 21 日，注册资本 100 万元，经营范围包括方便食品等的生产、销售。被告为第 78×××84 号、第 84×××42 号"袁师傅"商标的注册人。

被告济南某超市成立于 2014 年 5 月 21 日，系个体工商户，经营范围包括食品、五金、日用品等零售。被告济南某超市为证明其销售的产品有合法来源，提供了某商行营业执照复印件及双方销货的单据；被告枣庄某食品公司的营业执照、食品生产许可证及产品出厂检验报告复印件。被告枣庄某食品公司认可该商行为其产品的经销商。

⊃ 一审法院判决理由与裁判结果

就本案而言，被诉侵权产品为饼干，与原告涉案注册商标核定使用商品相同。被诉侵权产品上所使用的"猴菇"表现形式为外包装标注的毛笔书写体，字体大且突出，该使用具有识别商品来源的作用，属于《商标法》第 48条规定的商标的使用。在隔离状态下将被诉侵权产品中使用的"猴菇"标识与涉案第 130××691 号"猴姑"注册商标相比较，其文字的字形、读音近似，易使相关公众对商品的来源产生误认或者认为其来源与原告注册商标的商品有特定的联系，容易导致混淆。

本院认为根据查明的事实，被告使用的"猴菇"字体大且突出，且未完整使用猴头菇这一普通描述性词汇，有增强显著性和区分度之作用，具有了识别商品来源的功能，已经超出了为描述商品的主要原料或者说明商品其他特点而正当使用的范畴。故综合考虑涉案注册商标的显著性和知名度、被告的使用方式及主观状况等相关因素，对于该抗辩本院不予支持。

综上所述，被告枣庄某食品公司未经商标注册人的许可，在相同商品上使用的"猴菇"商标与涉案"猴姑"注册商标构成近似，容易导致混淆，侵犯了第 130××691 号"猴姑"注册商标专用权。同时，被告未经商标注册人的许可，在相同商品猴菇核桃粉产品上使用的"猴子托桃"的图案标识与涉案注册商标构成近似，容易导致混淆，侵犯了第 152××208 号注册商标专用权。被告枣庄某食品公司对其上述商标侵权行为，依法应承担停止侵权、赔偿损失的民事责任。

被告济南某超市系侵权产品的销售商，依法应停止侵权行为。被告某超市提供的证据具有关联性，能够证明其销售的商品具有合法来源，且原告未能证明被告超市对侵权行为知情，故原告要求被告某超市承担赔偿责任的诉讼请求不予支持。原告要求销毁库存侵权产品及模具，因原告并未提供相应的证据，且上述要求属于判决生效后执行停止侵权判决主项的具体措施，故本院在停止侵权判决主项中不具体涉及。

➲ 二审法院查明的事实

本院二审查明的事实与一审法院一致。另查明，猴头菇别名包括猴菇、猬菌、刺猬菌、猴头菌等，是一种珍贵的食用菌，同时也是药材，用猴头菇制成的药品叫猴菇片，具有养胃的功效，用于胃、十二指肠溃疡及慢性胃炎的治疗。

➲ 二审法院判决理由与裁判结果

一、关于猴菇是否为产品通用名称的问题

根据枣庄某食品公司二审提交的证据，可以证明猴菇和猴头菇指代同一种菌类，猴头菇应用最为广泛，有药品名称为猴菇片。故枣庄某食品公司关于猴菇为一种菌类通用名称的主张成立。本案中，被诉产品并非猴菇菌类产品，而是含有猴菇成分的米糊、蛋白粉和核桃粉产品，故枣庄某食品公司是否将猴菇用于产品通用名称的使用需结合其具体使用行为认定。

二、关于枣庄某食品公司对猴菇的使用是否为商标性使用，是否侵害了江西某食疗公司的商标权，枣庄某食品公司应否承担相应侵权责任的问题

本案中，枣庄某食品公司在其生产、销售的产品上使用与江西某食疗公司第 130××691 号"猴姑"注册商标近似的"猴菇米糊""猴菇"标识，主观指引消费者关注的意图明显，客观上起到了识别商品来源的功能，不属于对产品通用名称的使用，而是构成商标性使用。枣庄某食品公司虽抗辩称其对"猴菇"的使用是为标注产品成分的描述性使用，但基于"猴姑"注册商标已有的市场知名度，以及生产者对产品成分的惯有标注方式，枣庄某食品公司被诉使用的"猴菇米糊""猴菇"标识已突破了描述性使用行为的范畴，足以导致消费者产生混淆误认，不具有正当性。

综上，一审法院认定枣庄某食品公司在相同商品上使用与江西某食疗公司第 130××691 号"猴姑"注册商标近似的"猴菇"标识，容易导致混淆，侵害了江西某食疗公司的注册商标专用权，枣庄某食品公司应依法承担停止侵权、赔偿损失等民事责任，合法适当，应予维持。

三、关于枣庄某食品公司使用的猴子图形是否侵害了江西某食疗公司的商标权，枣庄某食品公司应否承担相应侵权责任的问题

本案中，根据已查明的事实，枣庄某食品公司被诉核桃粉产品上使用的

猴子图案与江西某食疗公司第152××208号注册商标中的猴子的形体、姿态基本一致,构成近似标识。枣庄某食品公司虽抗辩称第152××208号商标中的猴子具有母性猴子特征,被诉标识中的猴子则没有,但以一般消费者的注意力,不会注意到该细节特征,通过整体比对、要部比对、隔离比对,消费者容易因被诉标识中的猴子要素和猴子托桃要素而将其识别为第152××208号商标,从而对商品来源产生混淆误认。枣庄某食品公司还抗辩称被诉标识源于公共领域,但其并未提交被诉猴子图案的权威版权信息,不能证明该美术作品创作完成时间及权利归属,本院对其该项抗辩亦不予支持。

综上,一审法院认定枣庄某食品公司在相同商品上使用与江西某食疗公司第152××208号注册商标近似的猴子图案标识,容易导致混淆,侵害了江西某食疗公司的注册商标专用权,枣庄某食品公司应依法承担停止侵权、赔偿损失等民事责任,合法适当,应予维持。

➲ 再审法院查明的事实

本院再审查明的事实与一审、二审法院一致。

➲ 再审法院判决理由与裁判结果

一、关于"猴菇"文字标识的使用问题

根据二审查明的事实以及在案证据显示,"猴菇"作为一种菌类的通用名称,与猴头菇指代的是同一种菌类。但本案中,枣庄某食品公司所生产的被控侵权产品并非猴头菇菌类产品,而是米糊、核桃粉、蛋白质粉等速食性商品,因而,枣庄某食品公司在产品外包装上使用"猴菇米糊""猴菇"标识,并非将"猴菇"作为一种菌类的通用名称使用,而是用于其速食产品的广告宣传;同时,被控侵权产品外包装显示,产品配料中含有大豆蛋白粉、豆奶粉、植脂末、乳粉以及猴菇粉等多种成分,但猴头菇成分仅占5%,而在产品外包装上,枣庄某食品公司仅将"猴菇"字样进行艺术化设计后进行突出展示,而对其他产品成分并未以类似方式标注,该做法不符合产品成分标注的通常做法,故枣庄某食品公司关于其使用上述标识系对产品通用名称的使用以及系对产品主要原料或产品成分的标注,属正当使用的诉讼主张不能成立。枣庄某食品公司在产品外包装上突出性使用上述标识,起到了识别商品来源的作用,符合《商标法》第48条规定的"商标的使用"情形。

江西某食疗公司系案涉第 130××691 号"猴姑"商标的商标权人，该商标核定使用商品范围为第 30 类：饼干、蛋糕、谷粉制食品、面包、糕点、燕麦食品、干果和坚果制的早餐食品、芝麻糊、粥、面粉制品等商品。经过江西某食疗公司近年来对其"猴姑"品牌产品的营销和广泛宣传，该商标已具有较高的市场知名度。枣庄某食品公司生产、销售的被控侵权产品（米糊、核桃粉、蛋白粉）与案涉第 130××691 号商标核定使用的商品同属第 30 类商品，在功能、用途、原料、销售渠道、消费对象等方面有共同之处，属于类似商品；且被控侵权产品外包装上使用的"猴菇米糊""猴菇"标识，与上述第 130××691 号商标字形近似，呼叫一致，其行为易导致相关公众认为其生产的上述产品与江西某食疗公司存在特定联系，容易造成混淆误认，符合《商标法》第 57 条第 2 项规定的情形。因此，一、二审判决认定枣庄某食品公司对上述标识的使用侵害了江西某食疗公司的注册商标专用权并无不当。

二、关于猴子图形标识的使用问题

《最高人民法院关于审理商标民事纠纷案件适用法律若干问题的解释》第 10 条规定，人民法院依据《商标法》第 52 条第 1 项的规定，认定商标相同或者近似按照以下原则进行：（1）以相关公众的一般注意力为标准；（2）既要进行对商标的整体比对，又要进行对商标主要部分的比对，比对应当在比对对象隔离的状态下分别进行；（3）判断商标是否近似，应当考虑请求保护注册商标的显著性和知名度。根据原审查明的事实，枣庄某食品公司生产、销售的核桃粉产品上使用的猴子图案与江西某食疗公司第 152××208 号注册商标中的猴子图案相比，二者的显著识别部分均为一只面朝左侧、跪坐在地、手托一圆形物品的猴子，尽管枣庄某食品公司认为二者在细节处存在差异，但由于图案本身面积较小，故一般公众难以发现该细微差别。二审判决通过整体比对、要部比对和隔离比对，认为两个图形构成近似标识，相关公众容易将二者混淆误认，该结论并无不当。枣庄某食品公司的此项再审申请理由亦不成立。

→ 案例解析

本案是由于商标侵权而引发的诉讼，诉争标识有文字标识和图形标识。对于文字标识来说，判断侵权的主要争议点在于被告对文字标识的使用是否构成商标的叙述性合理使用，对于图形标识来说，争议点则在于被告的图形标识是否与原告的注册商标近似并导致混淆。

一、叙述性合理使用

商标的合理使用制度源于美国，是为了限制商标权的不当扩张，对社会公共利益造成侵害而发展起来的对抗商标侵权的抗辩制度。《美国兰哈姆法》第33条将他人对个人名称的使用，对产品或服务，以及地理产地有叙述性的名词或图形的使用作为合理使用，不构成商标侵权。[①] 日本、欧盟和中国等国家和地区的商标法也将类似的合理使用行为视作对商标侵权的抗辩。

在商业环境下，商标的合理使用制度一般分为叙述性合理使用和指示性合理使用，目前我国《商标法》仅规定了叙述性合理使用，第59条第1款指出商标权人不能阻止他人对商品的通用名称、图形、型号，商品的特点或含有的地名的正当使用。这条规定将我国的叙述性合理使用划分为对通用名称、图形、型号的使用，对描述性词汇的使用和对地名的使用三种情形，本案中被告即主张其产品上的文字标识是对通用名称的使用，并不构成商标侵权。

商标注册的一个基本要求是商标要具有显著性，使消费者能够识别商品或服务的来源出处，商品的通用名称、主要原料、产地等词汇标识往往因为不具有显著性，不足以使消费者知晓商品背后的生产厂家而不能被注册。但如果通过长期的使用和宣传，使这类标识产生独立于其原有名称的"第二含义"，并在商品与消费者之间搭建起桥梁，产生指明商品来源的作用，就可能会因为获得了显著性而被允许注册。不过，虽然长期的宣传使用使这类商标具有了"第二含义"，却并不意味着其作为通用名称、主要原料、产地等最初的"第一含义"的消失，如果其他人仅仅是在"第一含义"的基础上使用该商标名称对其产品或服务作介绍或描述，就属于对商标的叙述性合理使用。

商标的叙述性合理使用之所以能作为商标侵权的抗辩事由，一方面，构成商标侵权的前提要求侵权人有商标使用行为，且此时使用的商标要具有指示商品来源的作用。如上文所述，一些以通用名称、主要原料、产地等标识注册的商标标识都具有两层含义，只有其"第二含义"才具备这种指示功能，因此只有在商标的"第二含义"层面上的商标使用行为才属于商标法意义上的商标使用行为，且只有满足了该要件，才有可能进一步讨论他人是否构成商标侵权。如果仅仅在这类商标标识最原始的"第一含义"层面上使用商标的行为，就不属于商标法意义上的商标使用，也不会构成商标侵权。另一方面，虽然商标权人可以通过长期使用使通用名称、地名等获得显著性而被注册为商标，但

---

① 参见颜峰：《商标描述性合理使用与混淆可能性的关系》，载《人民司法（应用）》2016年第34期。

商标权人的权利范围是具有一定边界的。如果商标权人禁止他人对文字名称本来含义的正常使用，就会垄断社会公共资源，侵占社会公共领域，阻碍社会公众的正当使用与表达，这并不符合商标法保护公共利益的立法目的，因此不能将公众的正当使用情形认作侵权。

二、叙述性合理使用的认定标准

《商标法》仅列举了符合叙述性合理使用的情形，并未明确其判断标准，但结合《商标法》的列举与各级法院的司法实践可以总结出，叙述性合理使用的认定标准主要应包括以下几个要件。[①]

（一）使用目的

叙述性合理使用要求对他人商标的使用是为了介绍或描述自己商品的特征，如商品的型号、主要成分、功能、用途以及产地来源等。这种仅在"第一含义"的层面上使用商标标识的行为，不会产生商标的指示效果，且由于这种描述与商品本身的特征也具有紧密的联系，相关公众一般并不会将这类标识认作商标。

（二）使用方式

他人对通用名称、地名等文字名称的使用也并非随意，不受任何限制。叙述性合理使用要求在适当、合理的范围内使用他人商标，使用的性质不能违反法律规定。要避免将与他人商标相同的商品通用名称、地名等突出使用，例如将这些文字放大字体，用其他显眼颜色标注以及放置在显眼醒目的位置。突出使用的明显后果就是会实际上产生商标法意义上的商标使用的效果，客观上使这类名称文字成为区别商品来源的标识，从而误导消费者。实践中，较为常见的合理的使用方式一般包括：避免突出使用与他人商标相同的名称词汇；附上自己的商标以作区分；不单独使用与他人商标相同或近似的文字等。

（三）主观状态

叙述性合理使用还要求他人的使用行为是出于善意、正当的目的，不能具有故意引起他人混淆的不正当竞争的意图。这里的善意要件也是商标法所遵循的诚实信用原则在合理使用制度中的体现。不过由于使用人的主观状态在实践中难以直接认定，一般需要从使用目的上考察使用他人商标的必需性，从使用方式上考察使用人是否具有合理的注意，并采取了一定的措施避免出现相关公众的混淆及实际的使用后果等，综合判断并推导出使用人的主观状态。

---

① 参见冯晓青、郭珊：《商标叙述性合理使用制度研究》，载《邵阳学院学报（社会科学版）》2020年第4期。

另外，也有学者基于调整商标权人、使用人和其他主体的权利平衡等理由，主张将无混淆可能性也作为商标合理使用的构成要件。[①] 不过笔者认为这种主张并不合理，理由主要有以下三点：首先，对使用目的和使用人主观心态的要求，已经在一定程度上满足了混淆可能性的考验，并不需要重复判断。其次，商标的合理使用制度是基于对社会公共资源的保护，以及对社会公众的正当使用等基本权利的保障而构建的，混淆误认并不能影响对公共资源的合理使用的行为的正当性。最后，混淆可能性是商标侵权的判断标准，如果使用行为不会造成相关公众混淆，就不构成侵权，既然不属于商标侵权，证明使用行为构成合理使用就没有实际意义，反而会出现证明逻辑上的混乱。从法院的实践来看，北京市高级人民法院也逐步发现了这种认识的不合理，将"使用不会造成相关公众的混淆、误认"从认定商标合理使用的内部规定中删除了。[②]

本案中所涉及的"猴菇"作为一种菌类的通用名称，是猴头菇的又名，二者指代的是同一种菌类。但本案被诉产品并非完全由猴菇制成的菌类产品，而是含有猴菇成分的其他产品，判断被告对"猴菇"一词的使用是否属于对通用名称的合理使用需要结合具体的使用行为进行认定。在被诉产品的产品配料表中，含有5%的猴头菇成分，被告有通过"猴菇"这一通用名称描述产品特征的权利。由于本案原告已就该通用名称注册了商标，其他使用人在使用该名称描述产品特征时，就应承担一定的注意义务，在合理的范围内进行使用，避免引起混淆误认，侵犯他人商标权。因为猴头菇并非被诉产品的主要成分，且被告在产品外包装上还将"猴菇"字样进行艺术化设计后突出放大展示，对其他的产品成分则并未以类似的方式标注，这种突出性的使用方式并不符合产品成分标注的通常做法。

因此，尽管被告对"猴菇"这一通用名称的正当使用是受法律保护的，可以作为商标侵权的抗辩，但实际上被告对"猴菇"一词采取的突出性的使用方式，并不符合叙述性合理使用在适当、合理的范围内使用他人商标的要求，并不能构成商标的叙述性合理使用。

[①] 参见程黎明、王桂禄：《叙述性商标合理使用的司法认定》，载《人民司法（应用）》2017年第25期。

[②] 参见冯晓青、郭珊：《商标叙述性合理使用制度研究》，载《邵阳学院学报（社会科学版）》2020年第4期。

三、商标侵权的认定标准

明确了被告的使用行为不属于叙述性合理使用后，还需要进一步认定这种使用行为是否侵犯了原告的商标权。《商标法》规定了多种商标侵权行为，其中"未经许可，在同种商品上使用与他人注册商标近似的商标，容易导致混淆的"就是一类典型的商标侵权行为。这类商标侵权行为采取的是"相似性＋混淆可能性"的认定标准，其中，"相似性"是前置性要件，"混淆可能性"是结果性要件，只有同时满足这两个要件，才能构成商标侵权。①

相似性包括商标的近似和商品的相似，以及商品的相同或类似，一般可以参考《类似商品和服务区分表》进行认定。本案中，原被告使用的商品类别相同，因此主要对二者的商标标识进行对比和判断。商标相同或近似，是指被两商标标识文字的字形、读音、含义或者图形的构图及颜色，或者其各要素组合后的整体结构相同或相似，或者其立体形状、颜色组合相同或近似。② 商标是否相同或近似是从相关消费者的角度，以其一般注意力判断两标识的文字、图形及其构成从整体上或主要部分上是否相同或类似，主要采用的方法有整体比较法和主要部分比较法等。另外，在判断商标是否相同或近似时，还应考虑注册商标的显著性和知名度。③

混淆可能性，是指某商标的相当一部分相关消费者会将来源不同的商品或服务误认为来自同一来源，或二者来源之间存在某种关联关系。是否存在混淆可能性一般可以从以下三个方面认定：一是主体上确定商标的消费者群体；二是程度上需要有相当一部分消费者的混淆；三是混淆范围包括来源混淆和关联关系混淆。

本案中，对被告图形标识与原告的图形商标进行整体比对和主要部分对比可以发现，两图形中所含猴子的形体、姿态基本一致，仅在细节处有微小差异，一般公众难以发现，属于近似商标。且由于两种商标使用在同一类商品上，易导致相关公众认为其生产的上述产品与江西某食疗公司存在特定联系，容易造成混淆误认，因此可以认定被告产品上的商标标识构成了商标侵权。

---

① 参见姚鹤徽：《论商标侵权判定的混淆标准——对我国〈商标法〉第 57 条第 2 项的解释》，载《法学家》2015 年第 6 期。

② 参见姚鹤徽：《论商标侵权判定的混淆标准——对我国〈商标法〉第 57 条第 2 项的解释》，载《法学家》2015 年第 6 期。

③ 参见《最高人民法院关于审理商标民事纠纷案件适用法律若干问题的解释》（2020 年修正）第 10 条。

四、结论

在商标侵权纠纷案件中，要结合双方使用的商标和商品的具体情况，以混淆可能性为标准判断是否构成商标侵权。叙述性合理使用可以作为商标侵权的抗辩理由，保护使用人的正当使用。但对叙述性合理使用的认定，要从使用人的使用目的、使用行为和主观心态上进行综合判断，尤其要注意使用人的使用行为是否在合理、适当的范围内，避免使用人借合理使用之名，牟取不正当利益。

地名商标的描述性正当使用判断

——某饭店与某科技公司等侵害商标权纠纷案

/ 段麟欧

⊃ 本案要旨

在判断商标使用是否属于描述性正当使用时，应综合竞争者使用该商标的必要性以及竞争者使用的叙述性词语与注册商标的近似程度进行判断。对于图文组合商标，需要综合文字部分与图形部分进行判断，若权利人在相同或类似商品上所使用图形、文字部分均与权利人商标的图形、文字部分相同或近似，则该使用行为超出描述性使用范畴，构成商标侵权。值得注意的是，当图文组合商标文字性部分由县级以上地名与通用名称组合构成时，须判断该商标的文字性部分是否为同类商品的唯一表述，若非唯一表述，针对知名度较高的商标，他人在使用相似标识时应当进行合理避让，否则容易超出叙述性使用范围，侵犯他人注册商标专用权。

⊃ 案件信息

上诉人（一审被告）：某饭店

被上诉人（一审原告）：某餐饮公司

一审被告：某科技公司

案号：北京市海淀区人民法院（2018）京 0108 民初 6256 号、北京知识产权法院（2019）京 73 民终 2004 号

⊃ 原被告主张及理由

某餐饮公司向本院提出诉讼请求：（1）某饭店和某科技公司立即停止侵犯原告第 98××× 35 号商标（以下简称涉案商标）的行为；（2）某饭店赔偿某餐饮公司经济损失 140 000 元及合理开支 10 000 元（包括律师费 8000 元及

公证费 2000 元）。事实和理由如下：永某食品（中国）股份有限公司（以下简称永某食品公司）系涉案商标的专用权人，其将上述商标的独占使用权授予某餐饮公司，许可使用期间为 2014 年 4 月 7 日至 2024 年 2 月 27 日。某餐饮公司发现某饭店未经其合法授权，擅自在其经营的"永和豆浆"餐馆的门头招牌及餐具上突出使用涉案商标中的"永和豆浆"这一显著文字部分，并且在某科技公司运营的网站"美某"（以下简称涉案网站）可以查询到某饭店相关信息，商户名称为"永和豆浆"，容易使消费者混淆商品和服务来源，侵害了某餐饮公司的商标权，故二被告应当承担相应的侵权责任。

某科技公司辩称：涉案网站的信息由商户自行提供；且其作为平台，仅承担通知删除义务，而其在收到起诉状前对被诉侵权行为并不知情，收到起诉状后已立即将涉案商户信息下线，不同意某餐饮公司的全部诉讼请求。

某饭店辩称：不同意某餐饮公司的全部诉讼请求，理由如下：（1）某饭店使用"永和豆浆"字样，是因为黄豆的来源是永和县，目的是向顾客说明其豆浆是用纯正的永和大豆磨制而成的；（2）豆浆是商品通用名称，永和是地名，某餐饮公司无权禁止他人使用；（3）某饭店实际开业 7 个月，没有盈利还略有亏本，某餐饮公司在侯马市无加盟店，故亦无损失，某餐饮公司要求的经济赔偿和合理开支没有依据。

➲ 一审法院查明的事实

涉案商标为稻草人头像、"YON HO"英文字样、"永和豆浆"中文字样上下排列而成的图文商标，注册人为永某食品公司，核定使用商品为第 43 类（餐厅、餐馆、快餐馆、饭店等）；商标有效期限自 2014 年 4 月 7 日至 2024 年 4 月 6 日。2016 年 6 月 27 日，永某食品公司出具《授权证明书》，载明其将包括涉案商标在内的 7 个商标授权给某餐饮公司，授权性质为独占使用许可，某餐饮公司有权以自己的名义维权，授权期限自 2014 年 4 月 7 日至 2024 年 2 月 27 日，授权区域中国大陆。某餐饮公司通过近年来的经营，获得若干荣誉。

某饭店，门头有两处使用"永和豆浆"中文字样，遮雨棚上方仅有"永和豆浆"字样，字号较大；遮雨棚下方的"永和豆浆"字号较小，左方有一由草帽和石磨组成的图形（草帽在上，石磨在下）；涉案餐馆的门上有"永和豆浆欢迎您"字样，并突出使用了"永和豆浆"字样；餐具上有"永和豆浆"字样，字样的左方有组合的文字和图形（从上到下分别为椭圆框中显示"永和"

字样的图标、"YUNG HO"英文字样、方形框中显示稻草人头像的图标）；机打小票上有菜品名称为"永和豆浆"。

➲ 一审法院判决理由与裁判结果

某饭店在其门头和餐具等处使用"永和豆浆"字样，在餐具上使用与涉案商标近似的稻草人头像，系在同一种服务上使用与涉案商标近似的商标，且容易导致相关公众产生混淆。某饭店上述行为违反了《商标法》第57条第2项，侵害了某餐饮公司对涉案商标享有的商标专用权。某餐饮公司据此请求某饭店停止在涉案餐馆门头招牌、餐具上停止使用"永和豆浆"字样和"稻草人头像"，并赔偿经济损失等法律责任，一审法院予以支持。

某饭店辩称：豆浆是商品通用名称，永和是地名，某餐饮公司无权禁止他人使用，因其豆浆使用的黄豆来自永和县，故其使用"永和豆浆"属正当使用。根据《商标法》第59条第1款规定，"注册商标中含有的本商品的通用名称、图形、型号，或者直接表示商品的质量、主要原料、功能、用途、重量、数量及其他特点，或者含有的地名，注册商标专用权人无权禁止他人正当使用"。本案中，"豆浆"确为通用名称，"永和"是县级行政区划的地名，某餐饮公司无权禁止他人正当使用。但基于如下理由，一审法院认为某饭店使用"永和豆浆"字样并不构成正当使用：第一，表明涉案餐馆出售的豆浆使用的是永和县的黄豆有多种表述方式，并非必须使用"永和豆浆"字样；第二，某饭店在门头和餐具等处使用的"永和豆浆"字体与涉案商标中的"永和豆浆"字体相同，此行为并非标识黄豆来源所必需；第三，某饭店除使用"永和豆浆"字样外，还在餐具中使用了与涉案商标近似的"稻草人头像"图形。因此，某饭店关于其使用"永和豆浆"字样系正当使用的辩称缺乏事实依据，一审法院不予采纳。某饭店另提出的关于其对涉案门头的使用系基于与店铺所有权人签订的《租赁协议书》的辩称缺乏法律依据，一审法院亦不予采纳。

综上，一审法院依照《商标法》第57条第2项、第59条第1款、第63条以及《民事诉讼法》第64条第1款之规定，判决如下：一、判决生效之日起，某饭店立即停止涉案侵害商标权行为；二、判决生效之日起10日内，某饭店赔偿某餐饮公司经济损失30 000元及合理开支3000元；三、驳回某餐饮公司的其他诉讼请求。

⇒ 上诉主张及理由

上诉人主张：撤销一审判决，改判驳回某餐饮公司的全部诉讼请求，诉讼费用由某餐饮公司承担。事实和理由如下：一审判决认定事实不清，适用法律不当。（1）某饭店不存在侵犯涉案商标注册权的行为，未在某饭店门头、餐具上使用与涉案注册商标近似的标识，现某饭店已停止经营。涉案餐具上载明的"永和豆浆"标识含义指向豆浆出自永和县，"永和豆浆"系通用名称的使用，并非使用涉案商标区分商品来源的行为。（2）某饭店经营场所门头标识系出租方所有，相关餐具亦为出租方移交使用，与某饭店无关，双方约定承租方某饭店不得擅自拆除门头及标识，某饭店仅履行合同义务，不具有侵犯注册商标专用权的主观恶意，且不知晓出租方是否获得某餐饮公司的合法授权。

被上诉人某餐饮公司同意一审判决。

原审被告某科技公司同意一审判决。

⇒ 二审法院判决理由与裁判结果

《商标法》第 57 条规定，未经商标注册人许可，在同一种商品上使用与其注册商标相同的商标的；以及在同一种商品上使用与其注册商标近似的商标，或者在类似商品上使用与其注册商标相同或近似的商标，容易导致混淆的，属于侵犯注册商标专用权的行为。

某餐饮公司作为涉案注册商标的独占使用许可权利人，具有独立起诉的资格。本案中，某饭店门头、餐具等处使用与涉案商标相同的"永和豆浆"字样及在餐具上使用与涉案商标相似的稻草人头像，该行为系在同一种服务上使用与涉案商标近似的商标，容易造成相关公众混淆与误认，构成《商标法》第 57 条第 2 项规定之情形。某饭店上诉主张某饭店未实行上述侵权行为，"永和"系指豆浆购自永和县，"永和豆浆"系通用名称的使用，上述主张均不能构成其正当使用的抗辩理由，本院不予采信。

关于某饭店主张该饭店门头及餐具系经营地出租方要求悬挂及使用，某饭店不具有过错，故某饭店不承担侵害注册商标权的赔偿责任。本院认为，认定商标侵权责任采取过错原则，基于某餐饮公司提交的证据足以证明涉案商标在中国具有较高知名度及广泛的使用范围，某饭店作为涉案商标同一行业，知晓涉案商标的可能性较大，同时某饭店在门头、餐具多处使用与涉案商标高度近似的"永和豆浆"及稻草人图案，存在明显过错。某饭店虽基于出租方的合同约定履行悬挂带有"永和豆浆"门头及使用相关餐具，但该协议内容无法成为商标侵权正当合法的抗辩理由，本院对该抗辩不予采纳。某饭店可基于《租赁协议》主张相关权利义务另案予以解决。

鉴于某饭店已经构成侵害注册商标专用权行为，应当承担停止侵权、赔偿损失、支付制止侵权行为所支付的合理开支等法律责任。

判决：驳回上诉，维持原判。

● 案例解析

描述性正当使用，是指经营者为描述自己提供的商品或服务的基本信息，善意、合理地使用他人商标中的通用名称、图形、型号等具有描述性含义的全部或部分。由于除了臆造商标之外，大部分商标标志原本属于公共领域，商标法律制度为了平衡公共利益和商标权人利益，设置了正当使用制度，使属于公共领域的部分标志，即便因为使用产生了显著性而被予以注册，获得商标专用权的保护，但是注册商标权利人也"不能独占属于公共领域的那些初始含义"。[①]另外，商标法律制度只对那些具有显著性的商标进行有限保护，使原本属于公共领域的标志初始含义不会被任何人所独占，即便是那些具有显著性的注册商标，其含义一旦被公众普遍认可和记忆，进而丧失其作为商标的显著性，则该注册商标所代表的含义也会成为公共领域的一部分，且该含义不再被任何人所独占。也即当任何人在描述自己的商标标志时，若使用了他人注册商标中属于公共领域初始含义的部分，且仅仅为了描述某商品或服务时，该种使用行为天然具有正当性。

我国《商标法》第 59 条第 1 款规定："注册商标中含有的本商品的通用名称、图形、型号，或者直接表示商品的质量、主要原料、功能、用途、重量、数量及其他特点，或者含有的地名，注册商标专用权人无权禁止他人正当使用。"根据该条规定，正当使用抗辩成立，应当包含以下两方面要件："其一，注册商标包含本商品的通用名称、图形、型号，或者直接表示商品质量、主要原料、功能、用途、重量、数量及其他特点，或者地名等描述性含义。其二，他人的使用行为具有正当性。"[②]

一、是否构成描述性使用

构成描述性使用的前提是他人注册商标中含有具有描述性含义的内容，

---

① 王太平：《商标法原理与案例》，北京大学出版社 2019 年版，第 375 页。

② 参见新兴县鲜仙乐凉某实业有限公司与广东佳某集团有限公司侵害商标权纠纷、不正当竞争纠纷案，广东省高级人民法院（2019）粤民终 1861 号民事判决书。

具体包括：（1）商品的通用名称、图形、型号；（2）直接表示商品的质量、主要原料、功能、用途、重量、数量及其他特点的描述；（3）含有地名。对含有以上内容的注册商标，虽然该商标已核准注册，其注册商标专用权受到合法保护，但由于商标法同样保护正当的公共利益，因此对于该类商标专用权也设置了一定的限制，如果使用人能够举证其使用系对于该商标的描述性使用，则侵权阻却事由成立，使用人不构成侵权。构成描述性使用，需要使用他人商标的部分以描述某一商品或者服务，表明商品或服务的种类、质量、主要原料、功能、用途、重量、数量或产地来源等。笔者通过梳理案例发现，目前采用描述性正当使用抗辩的多见于"他人注册商标中含有地名"或"他人注册商标中含有通用名称"两种情况，与本案情况相近。

在"他人注册商标中含有地名"的情况中，由于是否属于地名较为明确和固定，因此对于他人注册商标中含有地名的判断非常简单。例如，在本案商标"永和豆浆"中，"永和"是县级行政区划的地名，他人可以使用"永和"二字描述产品的来源。虽然一审法院认为某饭店使用"永和豆浆"字样并不构成正当使用的原因之一是"表明涉案餐馆出售的豆浆使用的是永和县的黄豆，应有多种表述方式，并非必须要使用'永和豆浆'字样"[①]，但"豆浆"为通用名称，"永和"是县级行政区划的地名，二者均属于公共领域内本身具有初始含义的描述性词语，二者结合起来，指代的是永和县的豆浆，因此，单纯使用"永和豆浆"描述其提供的商品系永和县的豆浆本身是没有问题的，不能因为侵权人使用了已注册商标中的全部文字而认定其不是描述性使用。另外值得注意的一点是，本案对于地名拼音的使用。一般而言，地名拼音与地名相对应，同样可以认定为属于公共领域内本身具有初始含义的描述性词语，他人使用地名拼音可以构成正当使用。但本案中，侵权人在其餐具上使用"Yung Ho"英文字样，并非永和的拼音"Yong He"，且与永和豆浆的注册商标字母部分"Yon Ho"构成近似，该种使用方式并非对于地名的描述性使用。

在图形部分是否构成描述性使用的判断中，一般而言，能够表明商品或服务种类的图形不能直接注册成为该商品或服务类别的商标。例如，表示西瓜的图形不能注册在西瓜商品上，因为其直接表示了商品种类，西瓜图形与西瓜本身直接对应。如果在先注册商标中图形部分含有能够直接表明商品或服务种类的图形，则在后使用人使用与该图形相同或者近似的图形不构成侵权；如

---

① 参见侯马市紫金山北街逸某缘饭店与上海弘奇永某餐饮管理有限公司侵害商标权纠纷案，北京知识产权法院（2019）京 73 民终 2004 号民事判决书。

果在先注册商标中图形部分并非能够直接表明商品或服务种类的图形，则在后使用人使用与该图形相同或者近似的图形是否正当，需结合整体使用情况进行判断。本案中，"稻草人"系图案，将稻草人使用在"豆浆"商品上，并不能直接表示商品本身，也不能直接表明商品或服务的种类、质量、主要原料、功能、用途、重量、数量或产地来源等特征，因此，某饭店对于被侵权商标的图形部分的使用并非描述性使用。

对于使用他人商标中属于通用名称的部分情况，需要先判断某一词汇是否构成通用名称，再进一步判断对于该词汇的使用是否构成描述性使用。例如，在认定"千页豆腐"是否构成通用名称的判断中，法院认为，"千页豆腐"并非规范化的商品名称，直至诉争商标核准注册时，市场上对此类产品的称呼方式仍有多种，并不符合构成约定俗成通用名称的特征要件。[1] 因此，认定"千页豆腐"并不属于通用名称。当"千页豆腐"不满足构成通用名称的前提下，又由于千页豆腐并不直接表明商品的种类、质量、主要原料、功能、用途、重量、数量等特征，因此主张描述性正当使用的前提也不存在。换言之，对于不构成通用名称、又不直接表明商品其他特征的商标，不存在构成描述性使用的可能，如果商标本身部分或全部涵盖商品通用名称，他人在使用该商标时，才具有构成描述性使用的前提。例如，在鲁锦工艺品侵犯注册商标专用权及不正当竞争纠纷中，法院认为，"鲁锦"是山东传统民间手工纺织品的通用名称，[2] 因此才能够有后续是否构成描述性正当使用的判断。

二、正当使用的判断

商标法意义中的"正当使用是指竞争者以其本来意义使用某些已经成为他人商标的标志以描述自己的产品，而不构成侵犯商标权的行为"[3]。对于使用他人商标是否构成正当使用，一般认为，应从使用目的、使用行为、使用方式、使用结果等几个方面进行综合判断。正当使用要求使用者的使用目的并非出于"搭便车"，使用行为和使用方式上并非对他人商标进行突出使用，在使用结果上并未导致混淆可能性的存在。

是否进行"突出使用"可以反推使用者是否具有"正当目的"。突出使用"是指将与商标权人注册商标文字相同或相近似的字号从企业名称中脱离出

① 商标评审委员会、典某食品（苏州）有限公司诉上海清某绿色食品有限公司无效宣告（商标）案，北京市高级人民法院（2018）京行终587号行政判决书。
② 济宁礼某邦家纺有限公司、鄄城县鲁某工艺品有限责任公司与山东鲁某实业有限公司侵害商标权纠纷、不正当竞争纠纷案，山东省高级人民法院（2009）鲁民三终字第34号民事判决书。
③ 王太平：《商标法原理与案例》，北京大学出版社2019年版，第375页。

来，在字体、大小、颜色等方面突出醒目地进行使用，使人在视觉上产生深刻印象的行为"。①《最高人民法院关于审理商标民事纠纷案件适用法律若干问题的解释》第1条第1项作了明确规定，根据该规定，"将与他人注册商标相同或者近似的文字作为企业的字号在相同或者类似商品上突出使用，容易使相关公众产生误认的"，属于《商标法》规定的给他人注册商标专用权造成其他损害的行为。例如，在片仔癀商标专用权纠纷中，法院认为，"宏某公司如果是为了说明其产品中含有片仔癀成分，应当按照商业惯例以适当的方式予以标注……宏某公司却在其生产、销售商品的包装装潢显著位置突出标明'片仔癀'、'PIEN TZE HUANG'字样，该标识明显大于宏某公司自己的商标及其他标注，并且所采用的字体与片仔癀公司的注册商标基本一致。该种使用方式已经超出说明或客观描述商品而正当使用的界限，其主观上难谓善意，在涉案商标已经具有很高知名度的情况下，客观上可能造成相关公众产生商品来源的混淆"。最终法院从宏某公司的"突出使用"行为反推出其对于"片仔癀"的使用不具有善意，认定其不构成描述性正当使用。

若是对于地名商标的正当使用，还需结合地名商标的知名度、他人使用地名商标的行为是否出于善意等因素进行考虑。一般认为，如果地名作为商标其知名度高于地名本身，则他人在相同商品上使用该地名时应当进行合理避让，若地名商标的知名度高于地名本身，仍在相同商品上使用同一地名的，则可以认为该行为具备正当性的可能性较低。但如果地名的知名度高于商标的知名度，在相同商品上使用同一地名的，则可以认为该行为具备正当性的可能性较高。例如，在"汤沟镇"侵权纠纷中，法院认为，"'汤沟镇'，原本表示的只是地名，但经过商标权人在酒类商品上作为商标的长期使用，'汤沟'二字在原有地名的含义上逐渐取得了商标的含义，且'汤沟'作为商标的知名度已明显高于其作为地名的知名度。在此情况下，陶某的酒厂作为后开办的企业，在相同的商品上使用'汤沟'地名时应当受到严格限制……陶某在其产品包装上突出使用'汤沟'文字的方式，表明其主观上并非出于标明其商品产地来源的正当目的而使用'汤沟'，不属于我国商标法实施条例第49条规定的正当使用，亦不属于对其企业名称的正当使用"。②再如，在"茅山"地名商标纠纷

① 南京雪某彩影婚纱摄影有限公司与上海雪某彩影婚纱摄影有限公司江宁分公司、上海雪某彩影婚纱摄影有限公司侵害商标权纠纷、不正当竞争纠纷案，江苏省南京市中级人民法院（2004）宁民三初字第312号民事判决书。

② 江苏汤沟两某和酒业有限公司、灌南县预算外资金管理局与陶某侵害商标权纠纷案，江苏省高级人民法院（2006）苏民三终字第0094号民事判决书。

中，法院认为，"'茅山'作为地名的知名度远远高于作为商标的知名度，且在茅山地区，'老（草）鹅'、'草鸡'这种腌制食品已成为当地的土特产。因此，消费者在识别这类商品时，往往会结合生产者及其他相关标识等一系列因素加以区分"①，一般不会产生混淆，造成误认。该案同时反映出，在先使用可以构成使用他人商标中含有地名部分的侵权阻却事由。法院指出，"柏某经营的美味饭店位于茅山地区，柏某在其生产的'老（草）鹅'、'草鸡'商品名称前注明'茅山'，只是标明该商品的产地来源，而非将'茅山'字样特定化，作为商品的标识使用。在联某厂获准注册'茅山'商标之前，柏某就已在自己的商品上使用'茅山'字样，故柏某的使用行为属于在先使用，其也不存在侵犯他人注册商标的主观恶意"②。因此，法院认为柏某对于茅山的使用具有正当性。

对含有地名商标的使用程度可以反映出使用目的是否正当。通常而言，含有地名的注册商标，地名仅为该商标的一部分，商标权人无权禁止他人正当使用地名，但是可以禁止他人使用该商标中除去地名中的部分。换言之，如果超出使用他人商标中的地名部分，进一步使用了他人商标的全部或主要显著性部分，则不属于正当的使用行为。例如，在"古丈毛尖"商标纠纷案中，法院认为，"注册商标中含有地名的，注册商标专用权人无权禁止他人正当使用该地名，但被告并非仅使用原告证明商标中的地名，而是对其中文字部分的完整使用……商标法中的正当使用为善意使用，被告刻意隐藏其'壶珍图形'注册商标，而突出'古丈毛尖'文字，该使用行为易造成混淆误认，故其主观非属善意"③，因此认定被告不构成对于"古丈毛尖"的正当使用。

本案中，注册商标"永和豆浆"，"永和"系县级以上行政区划的名称，而"豆浆"是商品的通用名称，因此，某饭店对于"永和豆浆"几个字存在进行描述性使用的可能。但是，已注册商标本身的"永和豆浆"并非常见字体，在此种情况下某饭店还使用了与注册商标相同字体的"永和豆浆"，则显然超出描述性正当使用的使用范围。再结合某饭店在其门店中使用的英文与图形与永和食品公司的英文商标与图形商标高度近似，明显超出描述性正当使用的范

---

① 句容市联某卤制品厂诉柏某侵害商标权纠纷案，江苏省高级人民法院（2004）苏民三终字第003号民事判决书。

② 句容市联某卤制品厂诉柏某侵害商标权纠纷案，江苏省高级人民法院（2004）苏民三终字第003号民事判决书。

③ 古某茶业发展研究中心与湖南平某堂实业有限公司、湖南省华某茶业有限公司侵害商标权纠纷案，湖南省长沙市天心区人民法院（2008）天民初字第2500号民事判决书。

围，很难推定某饭店对于"永和豆浆"在整体上的使用为描述性正当使用。因此，某饭店的行为构成商标权侵权。

三、结论

在探讨商标的使用行为是否构成描述性正当使用这一问题时，首先，应先对使用者使用的部分是否构成描述性使用进行判断，如果使用该商标的部分不构成描述商品或服务的某些特点时，则已不属于描述性使用。其次，应从使用者的使用行为和使用结果上看是否具有正当性，即从使用者是否进行了突出使用、地名与商标的名气高低、是否仅使用了他人商标中的地名部分还是使用了他人商标中主要的显著性部分、是否属于在先权利等方面进行综合判断。

商标在先使用制度研究

——湖南某甲教育科技有限公司诉怀化某乙文化传播有限公司侵害商标权及不正当竞争纠纷案

/ 苏媛

➲ 本案要旨

明知他人在先使用的标识具有相当知名度时，以他人在先使用的标识申请注册商标的，违反诚实信用原则。以非善意方式取得的注册商标的权利人对在先使用人主张商标权侵权并要求赔偿属于权利滥用行为，缺乏权利的正当性基础，严重扰乱商标注册秩序、损害他人合法的在先使用利益。在先使用抗辩的成立条件有三：一是时间条件，即在先标识在注册商标申请注册前已经使用；二是影响力条件，即在先标识具有一定影响力；三是范围条件，在先使用人未超出原使用范围使用在先标识。满足以上条件的，在先使用抗辩成立，不侵犯他人注册商标专用权。

➲ 案件信息

上诉人（一审原告）：湖南某甲教育科技有限公司
被上诉人（一审被告）：怀化某乙文化传播有限公司
一审第三人：武汉某丙文化传播有限公司
案号：湖南省怀化市中级人民法院（2019）湘12民初114号、湖南省高级人民法院（2019）湘知民终642号

➲ 原被告主张及理由

原告湖南某甲教育科技有限公司（以下简称湖南某甲公司）提出诉讼请求：（1）被告停止侵害，消除影响，赔礼道歉；（2）被告赔偿原告因侵权行为调查取证费用3000元；（3）被告赔偿原告因侵权行为聘请律师费用12 000

元；（4）被告赔偿原告损失 30 000 元。事实和理由如下：被告于 2015 年 12 月开始，一直使用"银某医考"字样对外宣传和招生，对原告造成很大影响，也误导了很多学员。被告无"银某医考"字号，也未经原告的许可，在微信公众号、微信朋友圈、互联网中使用了"医诚教育银某医考""医诚教育 – 银某医考""银某医考教育""【医诚教育】银某医考"等字样，上述行为已经侵害了原告的企业名称权和商标专用权。

被告怀化某乙文化传播有限公司（以下简称某乙公司）辩称：不同意原告的全部诉讼请求。事实和理由如下：（1）涉案商标的"教育、安排和组织培训班"等范围被宣告无效，其无权以涉案商标为由主张答辩人的使用行为侵犯其注册商标专用权。2018 年 12 月 10 日，商标评审委员会作出商评字〔2018〕第 0000229079 号裁定书，裁定涉案商标在"教育；就业指导（教育或培训顾问）；安排和组织培训班；出借书籍的图书馆；文字出版（广告宣传材料除外）；录像带发行；俱乐部服务（娱乐或教育）"等服务范围上予以无效宣告。被答辩人无权以涉案商标为由主张答辩人的使用行为侵犯其注册商标专用权。（2）涉案商标属于不以使用为目的的恶意抢注，属于滥用商标权，其相关主张不应得到法律的保护和支持。本案中，被答辩人作为第三人武汉某丙文化传播有限公司（以下简称武汉某丙公司）的代理商，其主观上应明知武汉某丙公司在教育培训领域对"YC 银某医考"享有在先使用权；客观上，武汉某丙公司经过多年的运营，其原创的"YC 银某医考"在医考培训领域具有了较高的知名度；而且，被答辩人申请注册涉案商标具有不正当目的，自注册成立之日起至今，被答辩人先后恶意抢注了大量以"银某"为核心识别要素的商标，也抢注了大量以答辩人字号"医诚"为核心识别要素的商标，被答辩人申请注册商标并非出于真实使用目的，其主要是为了干扰答辩人及武汉某丙公司的合法经营行为。因此，被答辩人的商标注册申请行为和诉讼行为严重违背了诚实信用原则，属于不以使用为目的的恶意抢注和维权行为。（3）第三人武汉某丙公司在教育培训领域对"YC 银某医考"享有在先使用权，答辩人长期作为武汉某丙公司的授权经销商，其使用行为具有合理性和合法性。首先，武汉某丙公司运营的"YC 银某医考"在医考教育培训领域具有较高的知名度，使用"YC 银某医考"已达十余年，宣传时间、程度、地理范围涉及全国，为医考学员所知晓。其次，答辩人作为武汉某丙公司的授权经销商，其经武汉某丙公司合法授权许可使用"银某医考"具有合法性和合理性。最后，答辩人在商业活动中标注"医诚教育中心""医诚教育银某医考""武汉某丙医考怀化分部""医诚教育银某"等内容，已尽到合理的注意和规避义务，并没引起任何程度的混淆。（4）答辩人的实际使用的商标与涉案商标不构成相同或类似范围上近似商标。（5）答辩人的使用行为不构成不正当竞争。综上，本案属于恶意诉讼。故请求驳回原告的全部诉讼请求。

➲ 法院查明的事实

2015年10月15日，湖南某甲公司成立，系有限责任公司，设立时名称为怀化某文化传播有限公司，2016年12月28日变更为怀化某教育科技有限公司，2018年1月18日变更为湖南某甲教育科技有限公司。湖南某甲公司成立时的法定代表人为陈某，原始股东为陈某和陈某某。2018年6月15日法定代表人变更为杨某。湖南某甲公司的经营范围为：教育软件开发；医学教育服务；医学技能培训；电脑技术培训；计算机软硬件开发及维护；图书、光盘、音像制品、电子出版物的销售（依法须经批准的项目，经相关部门批准后方可开展经营活动）。湖南某甲公司成立后在怀化地区从事了包括执业（助理）医师资格考试等相关医学考试的培训业务，培训使用网络培训、现场培训等方式，在对外招生宣传中使用贺某成编著的医学考试辅导教材作为培训教材，并在对外招生宣传中使用了贺某成的照片，使用了"面授老师：贺某成最佳搭档王某梅、段某婷等国内顶级医考专家亲临授课""贺某成顶级师资团队亲临怀化帮助广大医考生胜利通关"等宣传语。

2015年10月21日，某乙公司成立，系有限责任公司，股东为刘某和刘某某。其经营范围为：医学教育服务；医学技能培训；图书、光盘及音像制品的销售（依法须经批准的项目，经相关部门批准后方可开展经营活动）。某乙公司成立后在怀化、铜仁地区从事了包括执业（助理）医师资格考试等相关医学考试的培训业务，培训使用网络培训、现场培训等方式，并使用贺某成编著的医学考试辅导教材作为培训教材。被告在对外培训招生宣传时，在微信公众号、微信朋友圈、互联网中使用了"医诚教育银某医考""医诚教育–银某医考""银某医考教育""【医诚教育】银某医考"等字样。

2008年11月18日，第三人武汉某丙公司成立，系有限责任公司。经营范围为文化艺术活动交流，音像制品零售，国内公开发行出版图书零售（许可项目经营期限与许可证核定的期限一致）。武汉某丙公司从事销售贺某成编著的医学资格考试辅导教材，并录制了一系列执业（助理）等医师资格考试的相关讲课培训视频，将上述教材和讲课培训视频授权包括被告在内的代理商在约定的地区进行销售。武汉某丙公司从2011年2月开始在公开出版的医考培训教材中使用"银某医考"等商业标识。2012 年开始持续在公开出版的教材、培训视频资料、宣传资料及新浪微博上公开使用"银某医考"等标识，与合作对象及代理商所签订的协议中也有"银某医考"字样或标识，而其医考培训合作对象及代理商覆盖全国多个省、区、市，并且该合作行为已持续多年。

湖南某甲公司成立时的法定代表人为陈某，原始股东为陈某和陈某某。2018 年 6 月 15 日法定代表人变更为杨某。某乙公司股东有刘某、刘某某。2012 年至 2015 年，陈某、刘某、刘某某三人为合伙关系，三人合伙作为乙方与第三人武汉某丙公司就国家临床执业（助理）医师资格考试等培训服务进行合作，并分别于 2012 年 11 月 24 日签订《银某医考产品代理协议书》、2013 年 10 月 26 日签订《银某教育 2014 临床类执业医师培训产品合作协议》、2014 年 10 月 29 日签订《银某教育 2015 临床类执业医师培训产品合作协议》，代理销售武汉某丙公司的医学考试培训教材和视频教学课程类资料。上述协定签订后，陈某和刘某、刘某某三人合伙以"银某医考"标识对外进行临床执业（助理）医师资格考试培训等服务。后三人因个人原因，合伙关系解散，并各自成立原、被告公司。

○ 法院判决理由与裁判结果

一审湖南省怀化市中级人民法院认为，本案的争议焦点是被告的行为是否侵犯了原告的注册商标专用权和企业名称权，是否应承担侵权责任。

首先，本案的原、被告均在怀化地区从事执业（助理）医师资格考试等医学资格考试培训，原告拥有"银某医考及图"的注册商标，被告在培训招生宣传中使用了含有"银某医考""YC"字样的商标，被告属于在同一种商品或者类似商品上使用与原告注册商标相同或者近似的商标。

其次，原告于 2015 年 11 月 4 日提出的注册商标申请，武汉某丙公司从 2011 年 2 月开始就已在公开出版的医考培训教材中使用"银某医考"等商业标识，在 2012 年 5 月 24 日，武汉某丙公司又在新浪微博中使用"银某医考"等商业标识进行宣传，在 2012 年至 2017 年，武汉某丙公司与陈某、刘某、刘某某所在公司及其个人分别所签订的合作协议中，均有"银某医考"的相关字样或标识，且在协议中约定由武汉某丙公司负责在各大视频网站、相关医考论坛通过上传视频、宣传资料等对"银某医考"的品牌进行宣传，陈某和刘某、刘某某 2015 年 10 月 7 日在解除合伙关系的协议中也约定共同维护武汉某丙公司的声誉及以共生共荣共赢的态度做好"银某医考"，同时，武汉某丙公司所出版的教材、制作的教学视频及与银某医考（怀化分部）等合作对象签订的合作协议，均与国家临床执业（助理）医师资格考试等医考培训相关，因此，武汉某丙公司使用"银某医考""银某医考"标识属于在同一种商品或者类似商品上先于商标注册人原告使用与注册商标相同或者近似的商标。被告作为武汉某丙公司在怀化、铜仁地区的代理商，其使用"银某医考"及类似标识系根据武汉某丙公司的授权进行，是合理合法的使用行为。

再次，武汉某丙公司自2012年开始持续在公开出版的教材、培训视频资料、宣传资料及新浪微博上公开使用"银某医考"等标识，与合作对象及代理商所签订的协议中也有"银某医考"字样或标识，而其医考培训合作对象及代理商覆盖全国多个省、区、市，并且该合作行为已持续多年；同时，原告的原法定代表人陈某与被告的两名股东刘某、刘某某曾合伙作为武汉某丙公司在怀化的代理商，三人对于武汉某丙公司的产品有充分了解，再结合原告在其执业（助理）医生资格考试培训中多次使用武汉某丙公司发售的教材上贺某成的照片，并使用"贺某成"字样进行招生宣传的事实，由此可见原告对武汉某丙公司的产品影响力亦是认可的。因此，本案的证据能够认定武汉某丙公司所使用的"银某医考"及类似商标在医考领域属于有一定影响的商标。

最后，在原、被告公司成立之前，刘某就曾作为其与武汉某丙公司怀化代理商的代表与武汉某丙公司签订《银某医考产品代理协议书》等协议，代理销售武汉某丙公司的银某医考产品，直至2015年刘某、刘某某与陈某解除合伙关系，刘某等人便设立了被告公司并以被告公司名义继续与武汉某丙公司签订协议，代理武汉某丙公司的"银某医考"产品，该授权行为和代理行为具有连续性，且已持续多年，因此被告作为武汉某丙公司在怀化、铜仁地区的合法授权代理商，其根据武汉某丙公司的授权在怀化、铜仁地区使用"银某医考"标识，属于《商标法》第59条第3款规定的使用人在原使用范围内继续使用该商标的情形。

综上，被告某乙公司在武汉某丙公司的合法授权下，使用武汉某丙公司在先使用且在医考领域有一定影响的"银某医考"商标标识，合法合理，也不属于不正当竞争。故判决驳回原告湖南某甲公司的全部诉讼请求。

二审湖南省高级人民法院认为，湖南某甲公司原法定代表人以及现股东陈某曾与武汉某丙公司就医师资格考试培训服务有过多年合作，知晓"银某"品牌，在武汉某丙公司的"银某"在2015年已经有一定影响的情况下，湖南某甲公司仍将含有"银某"字样的标识申请注册为商标，其行为有悖诚实信用原则。湖南某甲公司以非善意取得的注册商标权对某乙公司的正当使用行为提起的侵权之诉，构成权利滥用。故驳回湖南某甲公司的上诉请求，维持原判。

➲ 案例解析

本案是注册商标与普通未注册商标冲突处理的案件。我国商标法采用注册取得制度，对注册商标在相同或类似商品或服务范围上提供了充分保障，但对未注册商标的保护存在一定缺失。"在先使用并具有一定影响力的商标"属于未注册商标的一种类型。商标的主要功能是识别商品或服务的来源，产生该功能的核心在于商标使用行为。我国《商标法》设置商标在先使用抗辩制度，以平衡在先使用人与在后注册商标权利人的利益关系。商标在先使用抗辩的制度功能在于，当在先使用人面临注册商标人的侵权指控时，能够以自己先于商标注册申请日使用标识且实际产生一定的影响力进行抗辩，从而阻却商标侵权构成并享有原使用范围的继续使用标识的权利。商标在先使用抗辩是商标侵权抗辩体系的重要内容。本案是认定普通未注册商标在先使用抗辩的典型案例。

一、我国商标在先使用抗辩制度的确立

尽管我国商标法在注册商标专用权取得上采用注册主义，但商标注册与否仍是商标使用人的自由选择，商标保护意识存在差异，产生了注册商标和未注册商标共存的局面。因"注册行为"的存在与否，使两种功能一致的商业标识实际上处于截然不同的法律地位，注册商标享有法律上的专有权，而未注册商标没有法定的权利。司法实践中，既存在"恶意"将与他人未注册商标相同或近似的标识抢先注册在竞争商品上而产生的商标冲突局面；也存在"善意"将与他人未注册商标相同或近似的标识正常注册在竞争商品上而产生的商标冲突局面，如"杜家鸡"案。[①] 在 2001 年《商标法》的规范体系下，对于恶意心态所致的冲突情况，在先使用人尚可以通过注册商标的异议程序攻击注册商标的稳定性进而维护自身的利益，而对于善意心态所致的冲突情况，在先使用人难以通过异议程序进行救济，也缺乏其他商标法救济路径保护未注册商标上所积累的商誉。解决注册商标权人与在先使用人之间的利益冲突，特别是后一种利益冲突，不仅是满足司法实践的现实需求的必经之路，更是以公平为其立法价值之一的商标法所不容忽视的问题。在此背景下，我国于 2013 年 8 月修改

---

① 参见湖北省武汉市江岸区人民法院（2010）岸知民初字第 70 号民事判决书。

《商标法》，正式确立商标在先使用抗辩制度，为未注册商标提供更加完善的法律保护。

二、商标在先使用抗辩的基础

全球视野下，注册取得、使用取得、混合取得是商标权取得方式的基本制度模式。在先使用抗辩在采纳商标使用取得方式的国家没有存在的制度空间，因商标使用行为即可获得商标专用权，无须以抗辩的形式维护自身合法权益，故探讨"在先使用并具有一定影响力的商标"保护问题的前提在于采取单一注册取得制度。在商标注册取得制度下，商标在先使用抗辩制度产生的根源在于商标注册取得制度自身的缺陷以及商标使用行为所产生的信用和利益。[①]

（一）弥补商标注册取得制度的局限性

商标注册取得制度因程式化的注册手续从而具有众多优势，具体表现在权利稳定、权利推定、权利公示、维护公共秩序以及效率高等方面，但同时也为恶意抢注、商标囤积埋下了隐患。[②] 前述隐患可谓触及了注册取得制度的优势，动摇了注册取得制度的基础，造成了注册取得制度的异化现象。实践中，恶意抢注他人使用的商标以及不以使用为目的的商标囤积行为频发，严重损害了良好的商标注册秩序。为规制不正当的商标注册行为，有学者建议，我国应认识到以单一注册取得制度确定《商标法》保护对象及保护范围的局限性，借《商标法》第三次修改的机会，对我国商标注册取得制度进行"改造"——在商标的内在框架层面明晰使用行为对注册商标效力的重要性，在外在框架层面辅以注册时效取得、商标在先使用抗辩以及商标共存等制度，在保留商标注册取得制度优势的前提下，整合商标使用取得制度的优点。[③]

（二）保护商标使用行为产生的正当权益

商标的功能在于区分商品或服务来源，而商标的识别功能的发挥恰恰依赖于持续性的商标使用行为。正是如此，尽管我国采用商标注册取得制度，但是商标的使用亦是我国现行《商标法》不断协调平衡的因素之一。可谓，商标使用行为所产生的事实上的显著性是未注册商标保护的正当性基础，[④] 视未注册商标的类型从而产生不同类型的保护形式，具体有商标权、抗辩权等形式。

---

① 参见李杨：《商标在先使用抗辩研究》，载《知识产权》2016 年第 10 期。

② 参见李雨峰、曹世海：《商标权注册取得制度的改造——兼论我国〈商标法〉的第三次修改》，载《现代法学》2014 年第 3 期。

③ 参见李雨峰、曹世海：《商标权注册取得制度的改造——兼论我国〈商标法〉的第三次修改》，载《现代法学》2014 年第 3 期。

④ 参见冯术杰：《未注册商标的权利产生机制与保护模式》，载《法学》2013 年第 7 期。

"在先使用但有一定影响的商标"系未注册商标的一种类型，在先使用人的商标使用行为，使标识产生事实上的显著性，并积累了商誉，在特定产品和服务上具有一定的影响力，但是因其未履行相关商标注册手续从而无法取得排他性的商标专用权。考虑到在先使用人对此种商誉和影响力享有的正当利益，需要赋予在先使用人在原有使用范围的使用权。

当然，需要澄清的一点是，在先使用抗辩制度的引入，并不意味着未注册商标与注册商标可以获得同等保护，因在先使用制度是对我国商标注册取得制度的补充，不宜提供过高的保护水平，以免冲击注册制度这一商标法基本机制。[①] 故我国对"在先使用并有一定影响的未注册商标"提供的保护有较多的前提条件，并对在先使用人未来的使用行为进行了一定的限制。

三、商标在先使用抗辩的构成要件

根据我国现行《商标法》第 59 条第 3 款的规定，在先使用抗辩的构成要件有三：一是时间要件；二是影响力要件；三是范围要件。在认定在先使用抗辩是否成立时，应当结合个案事实予以具体判断。

（一）时间要件

在先使用抗辩的时间要件，指的是在商标注册人申请商标注册前，在先使用人已经在同一种商品或者类似商品上先于商标注册人使用与注册商标相同或者近似的商标。在先使用的时间点是判定是否构成在先使用抗辩的关键要件。此时间要件包含商标注册申请日以及商标注册人使用日这两个时间基准，即两个"先于"条件。[②] 司法实践中，在先使用人对其未注册商标的使用时间不仅需要早于商标注册申请日，还必须早于商标注册人首次使用日。[③] 原因在于：如果商标注册人在申请注册前使用了商标，使得标识发挥标识作用，使相关公众建立起标识与商品的联系，则有必要禁止在后使用人再行使用，以排除相关公众的混淆。[④] 具体到本案中，武汉某丙公司于 2008 年 11 月成立，使用"银某医考"标识的时间为 2011 年 2 月，湖南某甲公司的商标申请注册时间为

---

① 参见芮松艳、陈锦川：《〈商标法〉第 59 条第 3 款的理解与适用——以启航案为视角》，载《知识产权》2016 年第 6 期。

② 参见曹新明：《商标先用权研究——兼论我国〈商标法〉第三次修正案》，载《法治研究》2014 年第 9 期。

③ 参见芮松艳、陈锦川：《〈商标法〉第 59 条第 3 款的理解与适用——以启航案为视角》，载《知识产权》2016 年第 6 期。

④ 参见芮松艳、陈锦川：《〈商标法〉第 59 条第 3 款的理解与适用——以启航案为视角》，载《知识产权》2016 年第 6 期。

2015 年 11 月，武汉某丙公司使用其未注册商标的时间远早于湖南某甲公司的申请注册时间，符合时间要件。

（二）影响力要件

在先使用抗辩的影响力要件，指的是在先使用人使用的标识具有一定影响力。正如前文所述，未注册商标因商标使用行为产生的实际上的显著性是未注册商标保护的正当性基础，而在先使用未注册商标的影响力表现为标识的显著性，即识别功能，相关公众可建立标识和商品或服务之间的联系，且通过该标识区分特定商品或服务上的来源。经对比未注册驰名商标保护的"为相关公众所熟知的商标"的要求，普通未注册商标的影响力要件中"一定影响"应从较低知名度、较窄的地域范围进行把握、理解，而不能要求在先使用的商标有较高的影响力。在认定未注册商标是否具有一定影响时，是根据未注册商标的使用情况进行判断的，具体可以参考《商标审查及审理标准》从相关公众对该商标的知晓情况、该商标使用的持续时间和地理范围、该商标宣传时间及范围等因素进行综合判断。具体到本案中，法院认定"银某医考"标识具有一定影响力时，不仅考虑了武汉某丙公司使用"银某医考"标识开展销售服务的区域、标识持续使用时间、经营方式和宣传方式，更是考虑到湖南某甲公司的恶意抢注行为所体现出的不正当心态。

（三）范围要件

在先使用抗辩的范围要件，指的是在先使用人在原使用范围内使用标识，并未扩大未注册标识的使用范围。在先使用标识的可用范围大小与在先使用商标所产生的识别功能辐射区域应保持一致。超出原使用范围使用标识的，系进入新领域拓展标识影响力的行为，缺乏因先前使用行为产生的正当合法权益。如果对超范围的使用行为同样给予在先使用抗辩保护，实际上架空了商标注册取得制度，亦不符合在先使用抗辩的制度价值。《商标法》第 59 条第 3 款中"原使用范围"是在先使用抗辩制度的重要概念。法院认定是否构成在"原使用范围"内使用标识，一般从"商品或服务类别的原有性""地域范围的原有性""主体范围"等方面介入。具体到本案中，武汉某丙公司自 2012 年便与各地代理商开展持续性的合作，授权各地代理商使用"银某医考"标识并销售医考教材，其授权某乙公司使用"银某医考"标识，销售带有"银某医考"标识的书籍，仍是在"原有商品或服务类别"使用未注册标识的行为，符合在先使用抗辩的范围要件。

四、商标对在先使用抗辩的限制：附加区别性标记

如前文所述，在先使用抗辩的制度价值在于维护市场竞争秩序以及维护在先使用人因商标使用行为而产生的合法权益，是与商标注册取得制度"优势互补"的制度安排。我国仍是采取商标注册取得制度的国家，不宜为未注册商标提供与注册商标同等的保护力度，否则将使商标注册制度束之高阁，因此需要对在先使用抗辩进行一定的限制，即所谓限制的限制。在先使用人的使用范围的限定性以及适当添加区分标识是我国对在先使用抗辩所采取的限制措施。因前文已就在先使用的"范围要件"展开了较为详细的叙述，故不赘叙，下文对"适当添加区分标识"展开讨论。

在先使用抗辩制度的引进，产生了商标共存的局面，而作为商标法立法目的中极为重要一环的相关公众很可能因此对商品或服务的来源产生混淆因而利益受损。[1] 具体来讲，从行为外在形式来看，在先使用人的商标使用行为已满足了传统混淆理论下商标侵权构成要件，容易造成公众混淆；而从行为内在实质来看，在先使用人实施前述行为是基于其在先的、持续性的使用行为所产生的正当合法权益，进而不构成侵权。但值得注意的是，在先使用人使用标识客观上具有混淆可能性，故不仅为避免消费者产生混淆或者误认，也为了更好地发挥商标的识别功能，有必要对共存的未注册商标以及注册商标进行区分。

适当区别标记，应当理解为以相关公众的一般注意力判断，能够明确将在先使用人使用的商标与注册商标区别开来，不会混淆在先使用人与注册商标权人商标或者与经济主体的标识。[2] 从字面上理解，"附加"是在先使用人对其在先使用商标构造之外进行的添加，而不能是直接针对在先使用商标构造的修改，否则就等于否定了在先使用权。[3] 在先使用人附加的区别性标记是否适当的问题，以混淆可能性为依据，避免公众对商品或服务的来源产生混淆。

五、结论

"在先使用并有一定影响力的未注册商标"的保护制度的设置是商标注册取得制度下对商标使用要素重新衡量的法律选择，是解决注册商标与未注册商

---

① 参见李杨：《商标在先使用抗辩研究》，载《知识产权》2016 年第 10 期。

② 参见李杨：《商标在先使用抗辩研究》，载《知识产权》2016 年第 10 期。

③ 参见杜颖：《商标先使用权解读——〈商标法〉第 59 条第 3 款的理解与适用》，载《中外法学》2014 年第 5 期。

标冲突关系的具体体现。在认定被控侵权人是否构成在先使用抗辩时，需要从时间要件、影响力要件、范围要件等方面进行逐一审查，不满足任一要件的，均不能成立在先使用抗辩，进而无法阻却商标侵权构成。对于明知他人在先使用具有一定影响力，以抢注等不正当手段取得的注册商标并向在先使用人主张商标侵权的，则属于损害他人合法的在先使用利益的权利滥用行为。

未注册商标在先使用抗辩的适用

——钱某与某音乐厅侵害注册商标专用权纠纷案

/ 王惠庭

➲ 本案要旨

商标注册人申请商标注册前，他人已经在同一种商品或者类似商品上先于商标注册人使用与注册商标相同或者近似并有一定影响的商标的，注册商标专用权人无权禁止该使用人在其原有使用范围内继续使用该商标。在先使用抗辩要求在先使用人进行商标法意义上的使用，即用以指示商品或服务的来源，在客观上成为未注册商标。另外，在先使用抗辩要求相关公众也借助该标识建立了与在先使用人较为固定的联系，该标识在涉案商标申请注册之前具有一定的影响力。此外，在先使用抗辩要求在主观上是善意的，本案在先使用行为具体表现为在相关的经营活动中使用标识，并未将该标识扩展至其他业务领域中。

➲ 案件信息

申请人（一审原告、二审上诉人）：钱某

被申请人（一审被告、二审被上诉人）：某音乐厅

案号：北京市西城区人民法院（2014）西民初字第 17652 号、北京知识产权法院（2014）京知民终字第 00134 号、北京市高级人民法院（2015）高民（知）申字第 2546 号

➲ 原被告主张及理由

原告钱某在一审中诉称：原告系第 57××496 号、第 57××497 号"打开音乐之门"文字注册商标持有人，原告认为被告在《法制晚报》上刊登"打开音乐之门"广告、在其公告栏和展示栏及地铁广告栏展示"打开音乐之门"系列节目海报以及向公众发放宣传册、节目单的行为，非法使用了原告的注

册商标，现原告诉至法院，请求判令：（1）被告停止在《法制日报》等报纸上使用原告享有"打开音乐之门"商标专用权进行的宣传；（2）被告停止在公告栏、展示栏上使用原告享有"打开音乐之门"商标专用权进行的宣传；（3）被告停止在各种宣传册、节目册上使用原告享有的"打开音乐之门"商标专用权进行的宣传；（4）停止以"打开音乐之门"的名义举办演出；（5）被告赔偿因侵权行为给原告造成的实际损失，包括调查取证费、交通费、律师代理费等约计4万元；（6）被告在国内主要报刊刊登道歉声明、消除影响。

被告某音乐厅在一审中辩称：（1）"打开音乐之门"这一语言符号在音乐、艺术、文化的传播、推广领域被社会公众普遍使用，被告使用该通用宣传语，不构成对原告侵权；（2）原告所持有的"打开音乐之门"注册商标不具有显著性，与被告使用的"打开音乐之门"具有明显区别，被告不构成侵权；（3）被告在北京地区在先持续使用"打开音乐之门"举办暑期公益性质音乐会，在广大音乐爱好者和社会公众中具有极高的知名度，被告依法享有"打开音乐之门"的在先使用权，不应受原告恶意诉讼侵害。综上，被告不同意原告的诉讼请求。

上诉人钱某不服原审判决，向本院提起上诉，请求撤销原审判决，发回重审或依法改判。

被上诉人某音乐厅服从原审判决，认为原审判决认定事实清楚，适用法律正确，不同意上诉人钱某的上诉请求。

钱某申请再审称：（1）申请人有新证据能够证明某音乐厅同意申请人以个人名义申请"打开音乐之门"的商标注册，某音乐厅没有异议。（2）二审判决认定事实严重错误，某音乐厅没有提交过任何一份证据能够证明"打开音乐之门"的演出是由其创作并实施的；申请人在某音乐厅场所经营期间，申请人使用在先，并非某音乐厅使用在先。（3）本案一、二审判决适用法律错误。

⊃ 法院查明的事实

某音乐厅系某乐团（现某交响乐团）所属事业单位。1993年10月15日，中央乐团作为甲方与作为乙方的北京塞某艺术品有限公司（以下简称塞某公司）签订《承包经营合同书》。原告钱某作为乙方塞某公司的代表在上述《承包经营合同书》上签字，后乙方依据上述合同约定，派原告钱某出任被告某音乐厅总经理，并担任法定代表人。钱某在担任某音乐厅总经理期间，以该音乐厅名义先后组织策划了包括"打开音乐之门"在内的一系列音乐演出活动，并取得了一定影响。对此，某音乐厅曾于 2008 年 1 月 10 日出具一份《证明》，称"钱某在 1994 年 3 月至 2002 年 2 月承包经营某音乐厅期间，先后策划并精心组织实施了'打开音乐之门'、'千古名篇音乐朗诵会'等系列演出项目"，并认为上述演出活动"引起社会巨大反响和广泛好评。之后，作为优秀的固定演出项目延续至今，从未间断"。

1999 年 11 月 24 日，钱某作为乙方与作为甲方的中某公园音乐堂签订《承包经营合同书》，由甲方聘请乙方担任中某公园音乐堂总经理，将音乐堂所属经营场地交乙方承包经营。承包经营期从 1999 年 12 月 1 日开始至 2003 年 12 月 31 日止。中某公园音乐堂曾于 2006 年 11 月 13 日出具《证明》，证明在承包音乐堂期间，"钱某策划了'千古名篇音乐朗诵会'、'高原如歌系列音乐会'、'打开音乐之门'等众多演出，取得了较好的社会效益"。

1998 年 8 月 1 日至 31 日，"打开音乐之门"暑期系列音乐会在某音乐厅举办；1999 年，"打开音乐之门"周末普及音乐会在某音乐厅举办；2000 年 7 月 15 日至 8 月 31 日，"打开音乐之门"暑期系列音乐会在某音乐厅、中某公园音乐堂举办；2001 年，"打开音乐之门"周末普及音乐会在某音乐厅、中某公园音乐堂举办。对于上述"打开音乐之门"演出活动的举办情况，原被告双方均认可，但其均认为上述活动是自己对"打开音乐之门"的使用。

2006 年 11 月 23 日，钱某向国家工商行政管理总局商标局申请在第 16 类、第 41 类注册"打开音乐之门"文字商标。2009 年 12 月 28 日，原告钱某就该商标取得注册号为第 57××497 号的商标注册证，核定使用商品为第 16 类，杂志（期刊）（截止）。注册有效期限自 2009 年 12 月 28 日至 2019 年 12 月 27 日止。2011 年 10 月 7 日，原告钱某就该商标取得注册号为第 57××496 号的商标注册证，核定服务项目为第 41 类，包括：培训；组织竞赛（教育或娱乐）；图书出版（广告宣传册除外）；演出；健身俱乐部；电视文娱节目；节目制作；为艺术家提供模特；娱乐；提供在线电子出版物（非下载的）（截止）。

2009 年某音乐厅开始再次举办"打开音乐之门"系列演出活动，包括：2009 年某音乐厅主办"打开音乐之门"暑期系列音乐会；2010 年 11 月至 12 月，某音乐厅主办"打开音乐之门"肖邦与舒曼诞辰 200 周年钢琴系列音乐会；2011 年某音乐厅主办"打开音乐之门"暑期系列音乐会；2012 年 7 月至 8 月，某音乐厅主办"打开音乐之门"暑期系列音乐会。

2013 年"打开音乐之门"暑期系列音乐会在某音乐厅举办，活动时间为 7 月 12 日至 8 月 30 日。某音乐厅于 2013 年 6 月 18 日、19 日、26 日在《法制晚报》上刊登宣传广告，并在其场所公告栏、展示栏张贴、摆放该活动宣传海报，印制宣传册、节目单等向公众发放。

2013 年 8 月 12 日，原告钱某委托律师向某音乐厅发出《律师函》，要求被告停止使用"打开音乐之门"商标，在相关媒体上致歉。

2014 年"打开音乐之门"某音乐厅暑期系列音乐会在某音乐厅举办，活动时间：7 月 11 日至 8 月 31 日。某音乐厅在地铁广告栏对该活动进行了宣传，并印制宣传册、节目单等向公众发放。

⊃ 法院判决理由与裁判结果

本案的争议焦点是在涉案注册商标申请注册前，某音乐厅是否存在在先使用"打开音乐之门"举行系列演出及宣传活动的行为，其在先使用抗辩是否成立的问题。

一、一审法院认为

2001 年《商标法》第 52 条第 1 项规定，未经商标注册人的许可，在同一种商品或者类似商品上使用与其注册商标相同或者近似的商标的，属于侵犯注册商标专用权的行为。2013 年《商标法》第 57 条第 1 项、第 2 项规定，未经商标注册人的许可，在同一种商品上使用与其注册商标相同的商标的；在同一种商品上使用与其注册商标近似的商标，或者在类似商品上使用与其注册商标相同或者近似的商标，容易导致混淆的，均属于侵犯注册商标专用权的行为。故判断商标侵权，首先，要判定是否属于同一种或类似商品或服务。被告以"打开音乐之门"为名举办 2013 年和 2014 年暑期系列音乐会的行为与原告拥有的第 57××496 号注册商标核定服务项目中"演出"一项应属同一服务。其次，要判断是否属于商标意义上的使用。本院认为，商标的实质是一种来源标志，指示商业来源即商品或服务与商标所有人在经营过程中的一种联系。本案中，某音乐厅使用"打开音乐之门"标题举办暑期系列音乐会，普通消费者可以将"打开音乐之门"与暑期系列音乐会以及举办者建立联系，即"打开音乐之门"可以指向音乐会演出这一形式以及这项服务的来源，故应当属于商标意义上的使用。

某音乐厅认为"打开音乐之门"系音乐艺术领域社会公众习惯使用的语言，体现中华民族语言文字使用特点和社会风俗习惯，被告对其的使用是通用的宣传语，故不构成侵权。根据相关法律规定，注册商标中含有本商品通用名称、图形、型号或直接表示商品的质量、主要原料、功能、用途、重量、数量及其他特点，或者含有的地名，注册商标专用权人无权禁止他人正当使用。本案中，第一，"打开音乐之门"不是普通的宣传语，系商标性使用；第二，"打开音乐之门"并不是音乐会等演出的通用名称，不符合相关法律规定。故本院对某音乐厅的该项抗辩意见不予采纳。

某音乐厅认为钱某所持有的"打开音乐之门"注册商标不具有显著性，与被告使用的"打开音乐之门"具有明显区别，故被告不构成侵权。原告钱某注册的"打开音乐之门"为文字商标，字体统一无变形。被告某音乐厅使用的"打开音乐之门"，对"音乐"二字进行了艺术变形，与原告注册商标相比，二者在视觉上有差别。但二者读音、含义相同，整体结构相似，易使相关公众造成混淆，属于近似商标，不能因此否定侵权。故对某音乐厅的此项抗辩意见，本院不予认可。

某音乐厅认为其在北京地区在先持续使用"打开音乐之门"举办公益性质音乐会，并在广大音乐爱好者和社会公众中具有极高的知名度，某音乐厅依法享有"打开音乐之门"的在先使用权，不构成侵权。2001年《商标法》第31条规定，申请商标注册不得损害他人现有的在先权利，也不得以不正当手段抢注他人已经使用并有一定影响的商标。2013年《商标法》第59条第3款规定，商标注册人申请商标注册前，他人已经在同一种商品或者类似商品上先于商标注册人使用与注册商标相同或者近似并有一定影响的商标的，注册商标专用权人无权禁止该使用人在原使用范围内继续使用该商标，但可以要求附加适当区别标识。

第一，1993年与中央乐团（现中国交响乐团）签订《承包经营合同书》的是塞某公司，而不是钱某个人。第二，钱某出任某音乐厅的总经理，同时亦担任法定代表人，其对外代表的是某音乐厅。无论是依承包经营合同约定，还是履行总经理的职责，钱某均有义务使某音乐厅在演出质量、经济效益以及经营管理等方面进入更高的层面。而策划、实施"打开音乐之门"等项目正是实现某音乐厅经营宗旨的手段之一，该项目旨在为广大普通音乐爱好者，特别是青少年，普及高雅音乐艺术，同时也为某音乐厅带来了良好的社会效果与知名度。对此，原告作为某音乐厅的总经理，具有积极的贡献，但其行为终究是履行职责的职务行为。因此，钱某认为系其个人在先使用"打开音乐之门"商标的观点，本院不予认可。

本院认可某音乐厅自1998年至2001年连续使用了"打开音乐之门"商标，其时间早于钱某于2006年申请注册"打开音乐之门"商标之时，符合在先使用的情形。并且从原被告双方提交的各类媒体报道看，本院可以认定某音乐厅"打开音乐之门"系列音乐会在北京地区具有一定知名度与社会影响力。

综上，被告某音乐厅在原告钱某申请商标注册之前，已在同一种商品上先于商标注册人使用与注册商标近似并有一定影响的商标，钱某作为注册商标专用权人，无权禁止某音乐厅在原使用范围内继续使用涉案商标，原告的诉讼请求没有事实和法律依据，本院不予支持。

二、二审法院认为

被上诉人某音乐厅在一系列演出及相关的宣传活动中使用了"打开音乐之门"的标识，上述演出及相关活动与涉案第57××496号"打开音乐之门"注册商标核定使用的服务"演出"相同；此外，某音乐厅所使用的"打开音乐之门"与涉案注册商标唯一区别在于在部分宣传过程中对"音乐"二字进行了艺术变形，鉴于该标识与涉案注册商标相比，文字的读音、含义、完全相同，其视觉上的细微差异不影响二者整体结构的相似，易导致相关公众的混淆，属于近似标识。某音乐厅虽主张涉案注册商标显著性不强，被控侵权标识的使用属于对其所提供服务的通用性描述语言，但并无充分证据证明其主张，故对其该项主张，本院不予采信。

2001年《商标法》第31条规定，申请商标注册不得损害他人现有的在先权利，也不得以不正当手段抢注他人已经使用并有一定影响的商标。2013年《商标法》第59条第3款规定，商标注册人申请商标注册前，他人已经在同一种商品或者类似商品上先于商标注册人使用与注册商标相同或者近似并有一定影响的商标的，注册商标专用权人无权禁止该使用人在原使用范围内继续使用该商标，但可以要求附加适当区别标识。

首先，根据本案查明的事实及双方当事人的陈述，自1998年起至2001年，"打开音乐之门"便被作为标识性的用语用于在某音乐厅举办的一系列演出及宣传活动中，上述活动与涉案注册商标核准注册的服务属同一类别，时间亦早于涉案注册商标注册申请的2006年11月23日，故可确认"打开音乐之门"这一标识存在在先使用的情形。

其次，根据某乐团与赛某公司于1993年签订的《承包经营合同书》，赛某公司委派钱某担任某乐团所属的某音乐厅的法定代表人。在承包经营期间，钱某参与了"打开音乐之门"系列音乐活动的经营，组织策划了以"打开音乐之门"为名的一系列演出及宣传活动，对该服务品牌的发展作出了一定的贡献，对"打开音乐之门"这一标识在相关公众中知名度的扩大和影响力的提升起了重要作用。

但是，根据本院已查明的事实，鉴于签署上述合同的双方为某乐团（现某交响乐团）与赛某公司《承包经营合同书》，双方若产生与合同履行有关的争议，可另行解决。此外，钱某也并非该合同的相对方，无权依据该份合同约定提起诉讼。同时，该份合同中并无关于商业性标识等无形资产所有权归属的约定，而是仅就双方在承包经营某音乐厅期间内应尽的职责和义务进行了约定，无法据此推定承包期间可能产生的商业性标识等无形资产的归属人，双方因该承包经营合同产生的争议可另行解决。作为发包方某乐团的下属单位，某音乐厅参与了申报许可、承办演出等活动，而在使用了"打开音乐之门"标识的一系列演出及宣传活动中，对外宣称的主体亦均为某音乐厅，无论钱某所从事的行为是否为职务行为，亦无论其为"打开音乐之门"系列演出和宣传活动作出了何种贡献，该标识客观上已指向了某音乐厅这一提供服务的来源，相关公众亦借助该标识建立了与某音乐厅较为固定的联系，以"打开音乐之门"为标识的一系列演出及宣传活动所赢得的商誉亦不可否认地积累于某音乐厅这一主体之上。故，某音乐厅在涉案注册商标申请注册前已在类似服务上对"打开音乐之门"进行了商标性的使用。

最后，对于"打开音乐之门"这一标识知名度的问题，鉴于双方当事人在二审期间均认可在涉案商标申请注册之前该标识已具有了一定的知名度，且从某音乐厅连年以此为名举办系列演出和宣传活动的事实来看，上述活动已成为某音乐厅固定的特色活动之一，故本院认定该标识在相关公众中具有了一定的影响力。综上，虽然某音乐厅使用"打开音乐之门"标识举办系列演出及宣传活动属于在相同服务上使用与涉案注册商标近似标识的行为，但是，鉴于某音乐厅在涉案注册商标申请日前，即依据其上级单位某乐团与赛某公司签订的承包合同，在承包经营期间在先使用"打开音乐之门"标识，在某音乐厅举行系列音乐演出活动，且相关活动广为宣传，知名度高，该标识的使用也具有一定影响，某音乐厅对于"打开音乐之门"标识的使用属于符合 2013 年《商标法》第 59 条第 3 款的规定的行为，上诉人钱某无权禁止某音乐厅在涉案范围内继续使用上述标识，其关于自己是"打开音乐之门"标识的在先使用者，某音乐厅的行为属于侵害其注册商标专用权行为的主张，缺乏充分的事实和法律依据，本院不予支持，某音乐厅提出的在先使用抗辩成立，其涉案被控侵权行为不构成对涉案注册商标专用权的侵犯。

三、再审法院认为

根据某乐团与赛某公司于 1993 年签订的《承包经营合同书》，赛某公司委派钱某担任某乐团所属的某音乐厅的法定代表人。在承包经营期间，钱某参与了"打开音乐之门"系列音乐活动的经营，组织策划了以"打开音乐之门"为名的一系列演出及宣传活动。需要指出的是，在上述活动中，所涉及的演出及宣传活动信息均以某音乐厅名义发布，因此，钱某所从事的行为属于职务行为。无论其为"打开音乐之门"系列演出和宣传活动作出了何种贡献，该标识客观上已指向了某音乐厅这一提供服务的来源，相关公众亦借助该标识建立了与某音乐厅较为固定的联系，以"打开音乐之门"为标识的一系列演出及宣传活动所赢得的商誉亦不可否认地积累于某音乐厅这一主体之上。故某音乐厅在"打开音乐之门"商标申请注册前已在类似服务上对"打开音乐之门"进行了商标性的使用。钱某在本案再审审查过程中提交的《情况说明》仅能证明钱某策划了"打开音乐之门"系列活动，但不足以改变上述活动均以某音乐厅名义进行这一事实。据此，钱某关于某音乐厅使用"打开音乐之门"不属于在先使用的主张于法无据。两审法院根据查明的事实并结合相应证据所作判决，并无不妥。钱某的再审理由不能成立。

北京市西城区人民法院驳回原告钱某的诉讼请求。

北京知识产权法院驳回钱某的上诉，维持原判。

北京市高级人民法院驳回钱某的再审申请。

⊃ 案例解析

一、在先使用人的商标使用时间要求

在先使用抗辩实现的前提是使用行为在先。《商标法》第59条规定了在先使用的两个时间节点，包括先于商标注册人使用和商标注册人申请商标注册前。司法实践中对于在先使用人的商标使用时间要求存在不同理解。

第一种观点认为，在先使用人的商标使用无须满足在商标注册人的首次使用之前这一条件，只需满足在商标注册人申请商标注册前即可。第二种观点则认为，在先使用人的商标使用不仅需要在商标注册人申请商标注册前，而且需要在商标注册人的首次使用之前。如果晚于商标注册人首次使用，即使在注册商标申请日前使用，在先使用抗辩就不能成立。该观点对于在先使用抗辩提出了更高的要求。值得注意的是，《商标法》第59条有关在先使用抗辩的设立，体现了在先使用人与商标权人的利益冲突时，商标法对于在先使用人商业利益的保护。因此在某种程度上，第二种观点不利于实现《商标法》第59条有关在先使用抗辩的立法意图。此外，司法实践中，注册商标的申请日是公开且容易查询的，而注册商标的首次使用时间难以确定。尤其是在先使用人与商

标注册人在地理位置上相隔甚远时，对于商标是否已经使用的事实在大多数情况下难以获悉。在先使用人很难举出证据证明其使用时间比商标注册人使用时间更早，从而加重了在先使用人利用《商标法》第59条主张在先使用抗辩的举证责任。

在北京市启某世纪科技发展有限公司和北京市海淀区启某考试培训学校、北京中某东方教育科技有限公司商标权纠纷一案[①] 中，二审法院分析了《商标法》第59条第3款的适用条件，认为《商标法》第59条第3款虽然从字面含义上能够理解为在先使用行为应当比商标注册人的使用行为早，但是此规定实质是排除在先使用人可能存在的恶意情形，因此在适用该规定时应充分考量在先使用是否是出于善意，而不是仅仅拘泥于条文本身的字面含义。并非只要商标注册人早于在先使用人使用商标，在先使用抗辩就不成立。例如，虽然商标注册人有在先使用行为，但在先使用人并不知道，同时也没有其他的证据能够证明在先使用人知道或者应当知道商标注册人的申请注册商标意向，却仍然在相同或类似商品上使用相同或近似的商标，此时不能否定在先使用抗辩的成立。[②]

本案中，判断在先使用的时间点同样为商标申请注册之日。一审判决指出，商标注册人钱某于2006年申请注册了"打开音乐之门"商标，而某音乐厅早在1998年至2001年就已经开始使用"打开音乐之门"商标，某音乐厅使用"打开音乐之门"商标的时间早于钱某申请注册"打开音乐之门"商标的时间，符合在先使用的情形。二审判决也指出：某音乐厅在其举办的一些宣传和演出活动上将"打开音乐之门"作为标识性用语，早于"打开音乐之门"商标注册申请时间。

二、在先使用抗辩要求在我国存在商标性使用

在先使用抗辩要求该诉争商标在客观上为未注册商标且应构成商标法意义上的使用。商标性使用，是指将商标用于广告宣传、销售等商业活动中，用于识别商品或服务来源的行为。此外，在先使用抗辩具有地域性，其使用行为必须发生在我国。如果商标的在先使用发生在中国境外，那么在商标侵权诉讼中就不能援引商标在先使用这一抗辩事由。

具体到本案中，某音乐厅以"打开音乐之门"为标题，举办了一系列暑

---

① 参见北京知识产权法院（2015）京知民终字第588号民事判决书。

② 参见王志超、符竹：《论商标权权利限制法律制度的完善（上）》，载《中华商标》2022年第12期。

期音乐会，而"打开音乐之门"客观地指向了音乐会服务来源的提供者是某音乐厅。相关公众则能够将举办者与系列暑期音乐会和"打开音乐之门"较为固定地联系起来，认为"打开音乐之门"作为标题的系列宣传活动和演出活动得到的商誉是某音乐厅获得的。因此，可以得出结论，即某音乐厅在"打开音乐之门"商标申请注册前已在类似服务上对"打开音乐之门"进行了商标性使用。

三、在先使用抗辩中"有一定影响"的评判标准

我国《商标法》明确规定在先使用具有一定影响力是在先使用抗辩的前提条件。设置"有一定影响"这一要件对于在先使用抗辩的适用提出了更高的要求，体现了商标法对于在先使用人与商标权人的利益冲突进行的平衡。《商标法》及有关司法解释并未对如何认定"有一定影响"加以明确，但对"有一定影响"的审查标准不宜过高，否则将不利于实现设立在先使用抗辩以保护在先使用的立法意图。此外，商标在先使用抗辩仅为对商标注册人权利行使的一种限制，而非阻却其商标注册的禁止事由。从在先使用抗辩的设置效力的角度来看，对其影响力的评价标准也不宜过高。

司法实践中，普遍认可对"有一定影响"的评判标准不宜过高。在广州悦某信息科技有限公司和深圳市悦某运动文化有限公司侵害商标权纠纷案[1]中，法院认为，从立法原意看，普通注册商标无"影响"要求，而"为相关公众广为知晓"则是驰名商标的要求，所以说，具有"一定影响"的在先使用商标评判标准低于驰名商标、高于普通注册商标，"一定影响"的认定标准应当低于"为相关公众知晓的"标准。前面论述的北京市启某世纪科技发展有限公司、北京市海淀区启某考试培训学校与北京中某东方教育科技有限公司商标权纠纷案中，二审法院对于"一定影响"的界定问题也作出了明确阐述，认为我国商标法对未注册商标提供保护的前提条件是：对尚未注册的商标，在先使用人对其产生的利益已经需要商标法进行保护，而原则上该商标是否知名度较高不是产生此种利益的必要条件，亦不要求其知名度已延及较大的地域范围。因此，一般来说，只要商标通过在先使用人的真实使用在使用区域内并起到识别作用，就达到了我国《商标法》第 59 条规定的具有"一定影响"的要求。

本案二审对于"打开音乐之门"是否具有"一定影响"的问题也作了阐述。在二审期间，双方当事人均认可涉案商标在申请注册前在使用地区内已具有一定知名度。此外，某音乐厅曾连续多年以"打开音乐之门"为名举办系列

---

[1] 参见广东省深圳市中级人民法院（2017）粤 03 民初 977 号民事判决书。

宣传活动和演出，该活动已成为其一大特色。因此，二审法院判定"打开音乐之门"在相关公众中具有一定的影响。

此外，司法实践对于《商标法》第 32 条[①] 规定的"有一定影响"与《商标法》第 59 条所规定的"有一定影响"在评判标准上是否应当一致存在不同的观点。有观点认为二者的评判标准一致，对在先使用抗辩中"有一定影响"进行评判时，直接适用《最高人民法院关于审理商标授权确权行政案件若干问题的意见》第 18 条第 2 款[②] 的规定。例如，前面所述的广州悦某信息科技有限公司和深圳市悦某运动文化有限公司侵害商标权纠纷案中，法院认为，驰名商标的认定标准应当明显高于《最高人民法院关于审理商标授权确权行政案件若干问题的意见》中关于"一定影响"的认定标准，但认定因素大致相同，《商标法》与《最高人民法院关于审理商标授权确权行政案件若干问题的意见》在法律适用上具有协调性和统一性，因此可以借鉴和参考《最高人民法院关于审理商标授权确权行政案件若干问题的意见》中关于"一定影响"标准的认定。在默某（天津）表面处理技术有限公司和北京美坚默某化工产品有限公司侵害商标权纠纷案[③] 中，法院对《商标法》第 59 条在先使用抗辩所规定的"有一定影响"进行评判时，也参考了《最高人民法院关于审理商标授权确权行政案件若干问题的意见》第 18 条的规定。还有观点认为《商标法》第 32 条规定的"有一定影响"与《商标法》第 59 条所规定的"有一定影响"的评判标准并不一致。商标的在先使用抗辩仅仅是限制商标注册人权利的行使，而《商标法》第 32 条规定的是对商标注册的阻却。从二者的效力上看，对在先使用抗辩中"有一定影响"的评判标准应低于《商标法》第 32 条。此外，《商标法》第 32 条对于阻却商标注册情形的判断，既关注商标本身的显著性、影响力，也考虑商标注册人的主观意图以及不正当行为，而在先使用抗辩的判断主要关注在先使用商标本身的知名度。

四、使用的商品相同或类似且商标相同或近似

注册商标专用权的保护范围是以核准注册的商标和核定使用的商品为限。

---

① 《商标法》第 32 条规定："申请商标注册不得损害他人现有的在先权利，也不得以不正当手段抢先注册他人已经使用并有一定影响的商标。"

② 《最高人民法院关于审理商标授权确权行政案件若干问题的意见》第 18 条第 2 款规定："在中国境内实际使用并为一定范围的相关公众所知晓的商标，即应认定属于已经使用并有一定影响的商标。有证据证明在先商标有一定的持续使用时间、区域、销售量或者广告宣传等的，可以认定其有一定影响。"

③ 参见天津市和平区人民法院（2014）和知民初字第 0411 号民事判决书。

在先使用人使用的商标与商标注册人注册的商标相同或近似、使用在相同或类似商品上是构成商标侵权的两个必要条件。只有这两个条件同时满足，才可能涉及在先使用抗辩。

本案法院在阐述在先使用抗辩之前就先对注册商标专用权的侵权问题进行了分析。二审法院在判决中指出，判断是否构成侵害注册商标专用权，应从该注册商标与被控侵权标识是否相同或近似，以及从该注册商标核定使用的服务或商品与被诉商标侵权人所提供的服务或商品是否相同或类似加以判断，并同时判断该注册商标与被控侵权标识是否容易造成相关公众的误认和混淆。之后，二审法院对于本案中相同的服务与近似的商标进行了分析："打开音乐之门"这一标识被某音乐厅在相关宣传活动和许多演出活动中进行使用，上述演出及相关活动与涉案第 57××496 号"打开音乐之门"注册商标核定使用的服务"演出"相同；此外，某音乐厅所使用的"打开音乐之门"与涉案注册商标唯一区别是在部分宣传过程中对"音乐"二字进行了艺术变形，鉴于该标识与涉案注册商标相比，文字的读音、含义、完全相同，其视觉上的细微差异不影响二者整体结构的相似，容易引起相关公众混淆，属于近似标识。

五、在先使用抗辩出于善意

在先使用抗辩对于善意的要求主要包括两个方面：一方面，只有在先使用人在主观上是善意的，侵犯注册商标专用权需要承担的法律责任才可能免除。设置这一条件的主要目的是对在先使用抗辩的适用范围进行限制，防止在先使用人滥用在先抗辩，导致注册商标专用权人的权利空间被压缩。[1]另一方面，他人对同一商标进行注册并取得商标专用权后，在先使用人不得故意与注册商标专用权人提供的服务和商品相混淆，也不得以不正当竞争为目的在先使用该商标。

本案中，某音乐厅只在系列宣传活动和演出活动中使用"打开音乐之门"这一标识，没有将其拓展到其他业务上。某音乐厅的行为并不足以被认定为有侵犯他人注册商标专用权的恶意，因此可认定其并未恶意在先使用"打开音乐之门"标识。[2]

---

[1] 参见马云鹏：《未注册商标在先使用抗辩的适用》，载《中国知识产权报》2015 年 2 月 27 日，第 7 版。

[2] 参见马云鹏：《未注册商标在先使用抗辩的适用》，载《中国知识产权报》2015 年 2 月 27 日，第 7 版。

六、结论

本案法院从使用时间点、商标性使用、标识知名度等角度分析在先使用抗辩的成立与否。某音乐厅近些年一直使用的"打开音乐之门"这一标识被本案判决依法维护，实现了注册商标专用权人和在先使用人之间的利益平衡。本案对在先使用抗辩的适用进行了积极而有益的探索，被最高人民法院列为北京知识产权法院、上海知识产权法院、广州知识产权法院审结的十四起典型案例之一，具有一定的指导意义。

注册商标不使用撤销制度中"商标使用"的界定

——某甲股份有限公司诉商标评审委员会商标撤销复审行政纠纷案

/ 王翀

➲ 本案要旨

商标使用的判断是注册商标三年不使用撤销制度的核心，司法实践中对商标使用的判断标准尚存争议。在判断商标使用时，要严格把握其实质要件，不仅要以交易的目的将商标投入商业使用，商标注册人还应具备真实使用的意图以及区分商品或服务来源的目的，避免商标的"象征性使用"。商标使用形式必然随着经济和科技发展而多种多样，司法实践中应着重对商标实质要件的考察，还应注意商标注册人以许可他人使用的方式实现商标使用的情形。商标使用是商标赖以存在的基础，是商标确权以及商标侵权判断的核心要件，应严格把握商标使用的认定标准。

➲ 案件信息

上诉人（一审原告）：某甲有限公司

被上诉人（一审被告）：商标评审委员会

一审第三人：上海某乙文化用品有限公司

案号：北京市第一中级人民法院（2014）一中行（知）初字第7005号、北京市高级人民法院（2015）高行（知）终字第613号

➲ 一审法院查明的事实

2003年10月10日，某甲有限公司（以下简称某甲公司）向国家工商行政管理总局商标局提出国际注册第80××33号图形商标（以下简称复审商标）的领土延伸保护申请，复审商标核定使用在第28类"娱乐品、玩具、体育和运动用品（服装、鞋子和地毯除外）、游戏用球、网球、网球发球机、球拍、

球拍用线和肠线、网球网、乒乓球台和网、板球包、高尔夫手套、高尔夫球杆和球棍、带或不带轮子的高尔夫球杆袋、曲棍球球棍、棒球手套、射箭弓、击剑武器、击剑手套和面罩、圣诞树用装饰品"等商品上。

针对复审商标，上海某乙文化用品有限公司（以下简称某乙公司）以连续三年停止使用为由，向商标局申请撤销复审商标的注册，商标局认定某甲公司提交的商标使用证据无效，决定撤销复审商标的注册。

某甲公司不服上述决定，向国家工商行政管理总局商标评审委员会提出复审申请，并提交了 5 份证据。某甲公司在庭审中称其中证据 5 可以证明复审商标在指定期间的实际使用情况。证据 5 系 2007 年上海大师杯网球赛的相关照片，某甲公司为赛事主要赞助商，在运动员、工作人员的服装上，休息室的背景墙、展览用球上，发布会、庆功会墙面上均显示有复审商标。

2013 年 12 月 16 日，商标评审委员会作出商评字〔2013〕第 136337 号《关于国际注册第 80××33 号图形商标撤销复审决定书》（以下简称被诉决定）。该决定认为：某甲公司提交的专柜合同、三方协议仅涉及服饰类商品，未体现复审商标核定使用的娱乐品、玩具等商品。网页证据形成日期均晚于 2008 年 7 月 27 日。某甲公司赞助网球赛事的相关证据不足以证明复审商标在 2005 年 7 月 28 日至 2008 年 7 月 27 日期间在核定使用的商品上进行了使用。复审商标应予撤销。综上，依照 2001 年修改的《商标法》第 44 条第 1 款第 4 项、第 49 条的规定，商标评审委员会决定：复审商标在第 28 类商品上的注册予以撤销。

诉讼过程中，某甲公司另行提交了如下证据：2008 年 5 月有关某甲公司对未来 75 年后即 2083 年网球服装的最新构想的一篇报道，所配图片上显示有复审商标。

➲ 一审法院判决理由及裁判结果

本案应适用 2001 年《商标法》进行审理。本案的争议焦点在于现有证据能否证明复审商标于 2005 年 7 月 28 日至 2008 年 7 月 27 日期间（指定期间）在第 28 类娱乐品、玩具、网球等商品上公开、真实、合法地进行了商业使用。

本案中，某甲公司在商标评审阶段提交的网球赛事相关照片反映的是某甲公司作为赞助商参与网球赛事的情况，在服装、道具、背景墙上印制商标是赞助商常见的推广自身品牌的方式。虽然展览用网球上印制有复审商标，但没有证据表明印制有复审商标的网球已进入商品流通领域，或即将进入商品流通领域，因此这种使用方式不符合 2001 年《商标法》对商品商标有关公开商业使用的要求。某甲公司在诉讼过程中补充提交的报道涉及的是某甲公司对未来网球赛事装备的构想，并非实际使用情况的反映。因此，在案证据不足以证明复审商标在指定期间内在核定使用商品上进行了公开、真实、合法的商业使用。

北京市第一中级人民法院判决：维持被诉决定。

⊃ 上诉主张及理由

上诉人某甲公司的主要上诉理由如下：（1）某甲公司在指定期间对复审商标进行了公开、真实、合法的商业使用，原审判决事实查明部分有遗漏。（2）某甲公司在指定期间之前及之后始终在使用复审商标，使用意图真实，连续程度高，原审判决对此项因素没有充分考虑。（3）某甲公司对复审商标的使用，符合 2001 年《商标法》及 2002 年《商标法实施条例》的相关规定，原审判决关于商业使用的判决理由不能成立。（4）某甲公司与网球运动有着深厚的历史渊源，通过长期使用，相关公众已经将某甲公司的鳄鱼图形商标与网球等体育用品和体育运动建立了密切的联系，某甲公司对复审商标具有真实的使用意图和长期的使用历史。

商标评审委员会、某乙公司服从原审判决。

⊃ 二审法院查明的事实

原审判决查明的事实基本清楚，有复审商标的商标档案、商标评审委员会被诉决定、当事人提交的相关证据材料及当事人陈述等在案佐证，本院予以确认。

另查，复审商标核定使用在第 28 类"娱乐品、玩具、体育和运动用品（服装、鞋子和地毯除外）、游戏用球、网球、网球发球机、球拍、球拍用线和肠线、网球网、乒乓球台和网、板球包、高尔夫手套、高尔夫球杆和球棍、带或不带轮子的高尔夫球杆袋、曲棍球球棍、棒球手套、射箭弓、击剑武器、击剑手套和面罩、圣诞树用装饰品"等商品上。

2008 年 7 月 28 日，某乙公司针对复审商标向商标局提出连续三年不使用的撤销申请。

某甲公司在商标评审期间向商标评审委员会提交了五组证据：证据 1：某甲公司在中国授权经销商签订的三方协议复印件，涉及的商品均为服饰类商品；证据2：某甲公司在中国设立"LACOSTE"专柜的合同复印件，某甲公司在该组证据中明确标注"原件请见同时提交的针对该商标在第25类的使用证据二"，涉及的商品均为服饰类商品；证据3：相关网页打印件，相关网页中显示的商品虽然涉及复审商标核定使用的商品，但其形成时间均晚于本案的指定期间；证据4：某甲公司在2001年和2002年赞助上海网球公开赛的照片；证据5：某甲公司在2004年北京网球公开赛和2007年上海大师杯网球赛上作为主要赞助商的相关照片。

以上事实，有复审商标的商标档案、被诉决定、当事人提交的证据等证据在案佐证。

⊃ 二审法院判决理由及裁判结果

2001年《商标法》第44条第4项规定，注册商标"连续三年停止使用的"由商标局责令限期改正或者撤销其注册商标。2002年《商标法实施条例》第3条规定："商标法和本条例所称商标的使用，包括将商标用于商品、商品包装或者容器以及商品交易文书上，或者将商标用于广告宣传、展览以及其他商业活动中。"

本案中，复审商标核定使用在第28类"娱乐品、玩具、体育和运动用品（服装、鞋子和地毯除外）、游戏用球、网球、网球发球机、球拍、球拍用线和肠线、网球网、乒乓球台和网、板球包、高尔夫手套、高尔夫球杆和球棍、带或不带轮子的高尔夫球杆袋、曲棍球球棍、棒球手套、射箭弓、击剑武器、击剑手套和面罩、圣诞树用装饰品"等商品上，某乙公司于2008年7月28日提出连续三年不使用撤销申请，因此，本案的焦点问题在于在2005年7月28日至2008年7月27日的指定期间内复审商标是否在上述核定使用商品上进行了真实、公开、合法的商业使用。

某甲公司在复审期间提交了五组证据，其中第一组、第二组证据涉及的均是相关商品在服装类商品上的使用证据，而复审商标核定使用的商品中明确载明"服装、鞋子和地毯除外"，因此，上述两组证据不能作为本案复审商标实际使用的证据；第三组、第四组证据或者早于指定期间，或者晚于指定期间，均不属于指定期间的商标使用证据；第五组证据中涉及2004年北京网球公开赛的证据不属于指定期间的商标使用证据。因此，上述证据均不足以证明复审商标在指定期间在核定使用的商品上进行了实际的使用。就第五组证据中涉及2007年上海大师杯网球赛的相关证据材料而言，虽然在服装、道具、背景墙上出现了复审商标的商标标志，但服装等商品不属于本案复审商标核定使用的商品，展览用网球上虽然出现了复审商标标志，但没有证据表明印制有复审商标的网球已进入商品流通领域，或即将进入商品流通领域，尤其是此类证据数量极为有限，据此尚不足认定复审商标在核定使用商品上进行了实际使用。因此，即使考虑广告宣传、展览以及其他商业活动中的商标使用行为，这种零星的、象征性的使用证据亦不足以证明复审商标已经在指定期间在其核定使用商品上进行了真实的、公开的商业使用。某甲公司在原审期间补充提交的证据亦不能体现复审商标在指定期间在核定使用商品上进行了实际的商业使用。因此，被诉决定依照 2001 年《商标法》第 44 条第 4 项的规定对复审商标在第 28 类商品上的注册予以撤销并无不当。原审判决的相关认定亦无不当，本院予以维持。某甲公司的相关上诉理由缺乏事实和法律依据，本院不予支持。

故二审法院认定：原审判决事实认定清楚，适用法律正确，本院予以维持。某甲公司的上诉理由不能成立，对其上诉请求本院不予支持。判决：驳回上诉，维持原判。

➲ 案例解析

本案是针对注册商标不使用撤销制度中的"商标使用"界定的诉讼，本质上是针对撤销阶段商标使用的判断。商标使用是商标区分商品或服务来源功能实现的基础，是商标受法律保护最基本的实质条件。我国采商标注册主义，商标注册有助于商标权推定、商标权利公示和商标管理，也为当事人举证提供便利；但实践中因注册主义带来的恶意囤积商标不使用的情况显著，为弥补这一商标注册制度的不足，我国立法中越来越强调商标使用的重要性，即存在对商标注册主义的修正趋势。

我国现行商标法对使用的规定主要分为三个阶段：对未申请注册商标基于其使用给予一定程度的保护；对申请注册商标强调实际使用或意图性使用；对已注册商标强调实际使用：（1）对未申请注册商标基于其使用给予一定程度的保护：就相同或者类似商品申请注册的商标是复制、摹仿或者翻译他人未在中国注册的驰名商标，容易导致混淆的，不予注册并禁止使用，体现于《商标法》第 13 条第 2 款；赋予有一定影响商标的在先使用者有限的实体权利，体现于《商标法》第 59 条第 3 款。（2）对申请注册商标强调使用目的：①不以使用为目的的恶意商标注册申请，应当予以驳回，体现于《商标法》第 4 条。

②两个或者两个以上的商标注册申请人，在同一种商品或者类似商品上，以相同或者近似的商标申请注册，同一天申请的，初步审定并公告使用在先的商标，体现于《商标法》第31条。（3）对已注册商标强调实际使用：明确商标使用概念，明确注册商标连续三年不使用撤销制度，体现于《商标法》第48条、第49条第2款。

商标的生命在于使用，未经过使用的商标，其商誉无从积累，也不会产生市场价值，法律不应予以保护。现行《商标法》第49条第2款规定，注册商标成为其核定使用的商品的通用名称或者没有正当理由连续三年不使用的，任何单位或者个人可以向商标局申请撤销该注册商标。但司法实践及理论界，对于连续三年不使用撤销制度中的商标使用的判断有争议，本案是关于判断商标使用的典型案例之一，以下将结合案件，对商标使用的构成要件加以探讨。

一、注册商标不使用撤销制度

注册商标不使用撤销制度的本质在于对商标使用的强调，无论商标注册主义国家还是商标使用主义国家，商标使用都是商标制度的核心和关键。商标只有使用才能积累商誉，发挥商标的本质功能——识别和区分商品或服务的来源。注册商标不使用撤销制度是各国商标法普遍采用的一项制度，各国立法区别主要在于法定期限的规定不同，部分国家规定为三年，如《美国商标法》第45条规定，商标停止使用而无继续使用之意思者视为放弃，继续停止使用满三年即为表面上证据确凿之放弃。部分国家规定为五年，如《法国商标法》第714–5条规定，无正当理由连续五年没有在注册指定的商品或服务上实际使用商标时，其所有人丧失商标权利。《TRIPs协定》第19条第1款也对此作出规定，如维持注册需要使用商标方可，则只有在至少连续三年不使用后方可注销注册，除非商标所有权人根据对商标使用存在的障碍说明正当理由。①

我国现行《商标法》第49条第2款规定，注册商标成为其核定使用的商品的通用名称或者没有正当理由连续三年不使用的，任何单位或者个人可以向商标局申请撤销该注册商标。商标局应当自收到申请之日起9个月内作出决定。有特殊情况需要延长的，经国务院工商行政管理部门批准，可以延长3个月。依据《商标法实施条例》第66条、第67条，在商标局受理撤销注册商标申请后，应当通知商标注册人，限其自收到通知之日起2个月内提交该商标在撤销申请提出前使用的证据材料或者说明不使用的正当理由。前款所称使用的

① 参见张玲：《商标不使用抗辩规则的困境与出路》，载《烟台大学学报（哲学社会科学版）》2019年第4期。

证据材料，包括商标注册人使用注册商标的证据材料和商标注册人许可他人使用注册商标的证据材料。《商标法》第 49 条所述的正当理由包括不可抗力、政府政策性限制、破产清算及其他不可归责于商标注册人的正当事由。

二、注册商标不使用撤销制度适用的要件

适用注册商标连续三年不使用撤销制度涉及两大判断要点，即形式判断和实质判断，形式判断主要涉及三年时间的计算，实质判断主要涉及撤销制度中商标使用的认定。形式条件较容易认定，主要对于商标使用问题的认定是司法实践中的关键要件。

关于商标使用，各国在其立法中都有明确规定。司法实践中，对于商标使用的判断以及举证也需要满足一定的构成要件。

我国 2002 年《商标法实施条例》第 3 条对商标使用以列举式作出规定：商标法和本条例所称商标使用，包括将商标用于商品、商品包装或者容器以及商品交易文书上，或者将商标用于广告宣传、展览以及其他商业活动中。但并未明确商标使用的本质，如果固守只要具备该规定中的使用方式就构成"商标使用"的做法，将导致 2001 年《商标法》第 44 条第 4 项中注册商标"连续三年停止使用撤销"制度的立法目的无法实现。① 鉴于此规定的不合理性，我国2013 年修订的《商标法》也采取了"概念 + 列举"式，第 48 条对商标使用的本质进行了界定：本法所称商标使用，是指将商标用于商品、商品包装或者容器以及商品交易文书上，或者将商标用于广告宣传、展览以及其他商业活动中，用于识别商品来源的行为。

商标使用规定在《商标法》第 48 条，面临一个问题，商标使用是否兼顾在商标授权确权阶段和商标侵权阶段，两者适用的条件是否一致，商标使用是否是贯穿商标全过程的一项必备要件。

（一）商标授权确权阶段的商标使用

在商标授权阶段，2019 年《商标法》第 4 条对"不以使用为目的的恶意注册"行为进行规制，而在商标注册主义的大背景下，对使用目的的强调实际是以商标注册作为商标使用的推定之策，将后续确权阶段的商标使用要求作为商标本质代表的商誉积累的关键。

在商标确权阶段，也就是本文讨论的以撤三制度要求商标使用为代表的制度，对商标使用的行为和效果均予以强调。而《商标法》第 48 条商标使用

① 参见刘铁光：《〈商标法〉中"商标使用"制度体系的解释、检讨与改造》，载《法学》2017年第 5 期。

规定使用的目的是用以识别和区分来源，并未对商标使用的效果，即实际产生的识别和区分效果作出要求。但在理论和司法实践中，逐渐发展出对商标使用效果的强调。基于我国立法，结合各国法律规定及司法实践中适用标准，得出商标撤销阶段的商标使用需同时具备以下要件：（1）以交易为目的。即只有在竞争语境下，在商业活动中对商标的使用才是商标意义上的使用。商标使用形式可以将商标用于商品、商品包装或者容器以及商品交易文书上，也可以将商标用于广告宣传、展览以及其他商业活动中。（2）具备诚实使用意图和区分商品或服务来源的目的。对商标使用的要求，各国商标法除了规定在商业活动中连续使用外，还要求当事人的商标使用行为应当是在真实和善意的主观状态下进行，而不能仅仅为了保留或维持商标权利而进行"象征性"的使用。[①]（3）产生了实际区分商品或服务来源的效果。

区分商品或服务来源的目的是否等同于产生使相关公众识别商品或服务来源的效果，需要区分不同情况。商标申请注册时要求申请注册的商标应以使用为目的，受制于商标注册主义制度，很多商标申请注册并未实际投入使用，而立法上对"商标使用目的"的判断并不明确，审查实践中一般根据注册商标的数量、申请注册的商品或服务类别与申请人从事领域相关度等综合判断，此时强调商标申请人具备诚实使用意图比识别商品或服务来源的效果更有意义，两者要求的程度不同。对于注册商标连续三年不使用制度中对商标使用的标准便更进一步，即要求商标已经实际投入使用，并且产生了相关公众识别商品或服务来源的效果，此时目的和效果的有无应保持一致。若由于经营能力、经营时间等多方面因素，商标虽已投入使用，但在三年的法定期限内没有实际产生普遍识别效果的情形，此时讨论的是识别效果强弱的问题，而非识别能力有无的问题。

我国2013年修正《商标法》时，对第48条的官方释义阐述为：对于不属于本条规定的情形，但实质上是以识别来源为目的将商标用于商业活动的行为，即应认定为本法意义上的商标使用。[②]即商标的使用要从实质要件进行判断，随着现代科技和经济的发展，商标的使用判断不应局限在法条明文规定的使用形式上，而要根据商标使用构成的实质性要件具体问题具体分析。此外，该立法解释暗含商标注册人诚实地用商标来识别来源，且真实地使用了商标，但由于经营能力、经营时间等多方面因素，虽已投入使用，但在三年的法定期

---

① 参见王莲峰：《商标的实际使用及其立法完善》，载《法学论坛》2011年第6期。

② 参见郎胜主编：《中华人民共和国商标法释义》，法律出版社2013年版，第96页。

限内没有实际产生较强识别效果的情形。注册商标三年不使用撤销制度中的商标使用规定的目的主要是规制恶意囤积商标行为，而非善意使用但未产生普遍识别效果的商标使用行为。故而笔者认为尽管相较于商标侵权阶段更强调使用行为的商标使用，商标授权确权阶段的商标使用更强调效果，但同时也应考虑可能存在的善意使用但未产生普遍识别效果的情形。

（二）商标连续三年不使用制度的修正意见

撤三制度应进一步体现商标制度对于使用行为的强调。对此，有学者针对我国撤三制度提出修正意见。

1. 撤三前的紧急使用是否构成商标使用

有学者认为，注册人得知撤销之诉提起前 3 个月才开始紧急使用商标的行为应认定为无效。[①] 对此，笔者认为，应从撤三制度的立法目的出发，撤三制度的设立不在于惩罚商标不使用人，而在于督促商标权人行使权利、清理闲置商标。若撤三制度的设定能使得权利人及时行使权利，那么便发挥了制度的价值，使闲置商标重新活跃，在市场中逐渐积累商誉，若将撤三前的紧急使用认定为不构成商标使用，便违背了制度设定的目的。因此，只要在撤三期限内的使用都应当认定为构成商标使用。

2. 商标不使用的法律后果

基于撤三制度对商标使用的强调，商标不使用的法律后果应在后续阶段予以明确。商标不使用的后果不仅仅是该注册商标将被撤销，也可以规定不能依据该商标对他人的商标提出异议、无效乃至于诉讼请求，使对商标不使用行为的规制贯穿商标法的始终。

（三）结合本案分析

审查注册商标在指定期限内不使用的本质在于判断注册商标使用情况。2008 年 7 月 28 日，某乙公司以复审商标连续三年停止使用为由，向商标局申请撤销复审商标，2013 年 12 月 16 日，商标评审委员会作出被诉决定，决定复审商标予以撤销。本案对复审商标是否无正当理由连续三年不使用的判断，取决于某甲公司提供的注册商标使用证据是否形成完整的证据链，证明力是否达到高度盖然性。

本案中，商标评审委员会的被诉决定的作出时间为 2013 年 12 月 16 日，因此本案实体问题适用的是 2001 年的《商标法》。而对于商标使用在立法条文中的明确规定则源于 2013 年《商标法》的第三次修改，赋予了商标使用在商

---

① 参见黄汇：《注册取得商标权制度的观念重塑与制度再造》，载《法商研究》2015 年第 4 期。

标法上更高的地位。

原告某甲公司提交的证据未能证明其在指定期间内使用了注册商标，因此应当承担举证不能、商标撤销的法律后果。某甲公司在商标评审期间向商标评审委员会提交了五组证据，证据 1 是某甲公司在中国授权经销商签订的三方协议复印件，涉及的商品均为服饰类商品，证据 2 是某甲公司在中国设立"LACOSTE"专柜的合同复印件，证据 5 是某甲公司在 2004 年北京网球公开赛和 2007 年上海大师杯网球赛上作为主要赞助商的相关照片，涉及的商品均为服饰类商品，但根据商标注册信息，复审商标核定使用的商品中明确载明"服装、鞋子和地毯除外"，因此，上述三组证据不能作为本案复审商标实际使用的证据。证据 5 显示的网球上的复审商标标注证据极其有限，更倾向于认定为防止撤销而进行的象征性使用。证据 3 是相关网页打印件，其形成时间均晚于本案的指定期间，证据 4 是其赞助上海网球公开赛的照片，同样早于指定期间，不能作为指定期间的商标使用证据。

某甲公司未能通过提供证据显示其在指定期间将商标以交易为目的用于商品、商品包装以及商品交易文书上，且将商标用于广告宣传等商业活动中，进行了商标使用。零星的、象征性的使用证据亦不足以证明复审商标已经在指定期间在其核定使用商品上进行了真实的、公开的商业使用。因此，被诉决定依照 2001 年《商标法》第 44 条第 4 项的规定对复审商标在第 28 类商品上的注册予以撤销并无不当。

三、结论

注册商标不使用撤销制度中对于是否进行商标使用的判断是重点。司法实践中，商标使用方式既包括将商标用于商品、商品包装或者容器以及商品交易文书上，也包括将商标用于广告宣传、展览以及其他商业活动中。但商标使用形式必然随着经济和科技发展而多种多样，因此在司法实践中应通过对商标使用构成要件的严格掌握以及对商标使用形式的了解，准确判断商标使用。商标使用的构成要件如下：（1）以交易为目的使用；（2）具备诚实使用意图和区分商品或服务来源的目的。商标使用不宜强制要求其已经产生普遍区别商品或服务来源的效果，但商标注册人的主观意图一定要真实、善意，排除"象征性使用"的情形。唯有如此，才能准确判断商标使用，发挥商标区分商品或服务来源的作用，更好地维护市场秩序、保护消费者的利益。

商标异议中"类似商品"的主客观判断标准

——某甲公司与国家工商行政管理总局
商标评审委员会商标异议复审行政纠纷案

/姜美辰

⊃ 本案要旨

在商标异议案件中认定异议人自身商标知名度，应当具体到异议商标申请前的时间点是否已经达到知名程度，以及异议商标指定使用的商品范围内是否达到知名程度。如果指定使用的商品与引证商标注册范围在生产销售方式、功能、消费对象等方面均有区别，关联性较弱，则不构成类似商品，也不构成在相同或类似商品上使用相同或近似商标的行为。

⊃ 案件信息

上诉人（一审原告）：某甲公司

被上诉人（一审被告）：国家工商行政管理总局商标评审委员会

案号：北京市第一中级人民法院（2012）一中知行初字第 3322 号、北京市高级人民法院（2013）高行终字第 737 号

⊃ 原被告主张及理由

2012 年 3 月 28 日，商标评审委员会作出第 12790 号裁定，认定：第一，被异议商标指定的游戏机、智能玩具商品与某甲公司引证商标及某甲公司其他在先注册的"苹果""APPLE"商标核定使用商品在功能、用途、消费人群、销售渠道、产品特性等方面都有所不同，不构成类似商品。虽然被异议商标与引证商标有相似之处，双方商标共同使用在上述非类似商品上，不易导致消费者的混淆和误认。故被异议商标的注册未构成《商标法》第 28 条规定的情形。第二，某甲公司称被异议商标侵犯其驰名商标的合法权益。驰名商标实行个案

认定原则，本案中某甲公司未提交任何证据用以认定引证商标在被异议商标申请之日前已成为驰名商标。若考虑另案证据（某甲公司对本案商标提起的异议复审申请的案件），多为某甲公司在中国之外的使用证据，故某甲公司提交的另案证据亦不足以证明某甲公司的"苹果""APPLE"商标在被异议商标申请注册前，在中国已经过长期、广泛的宣传使用并为中国相关公众广为知晓，从而构成《商标法》第13条所述"驰名商标"。并且，一方面"苹果""APPLE"作为自然界的客观事物，用作商标的独创性相对较弱；另一方面游戏机、智能玩具商品与某甲公司商标核定使用的商品在功能、用途、消费人群等方面差别较大，因此，被异议商标使用在上述商品上一般不会导致消费者对其来源产生混淆误认。某甲公司称被异议商标复制、摹仿其驰名商标缺乏事实依据，商标评审委员会不予支持。第三，某甲公司在本案未提交任何证据用以证明某甲公司以"苹果""APPLE"作为商标或商号，在与游戏机、智能玩具等相类似的商品及领域内在中国进行了实际使用，若考虑另案证据亦不足以证明某甲公司以"苹果""APPLE"作为商标或商号，在与游戏机、智能玩具等相类似的商品及领域内在中国进行了实际使用，更不能证明其在以上商品及领域内对该标识进行了长期、广泛的商业使用及宣传并获得一定知名度。因此，某甲公司称被异议商标系侵犯其在先商号权的理由缺乏事实依据，商标评审委员会不予支持。另外，本案中，被异议商标的文字组合用于指定使用的商品上，未构成《商标法》第10条第1款第8项所指的情形。根据《商标法》第33条、第34条的规定，商标评审委员会裁定：被异议商标在游戏机、智能玩具商品上予以核准注册。

某甲公司上诉理由如下：（1）被异议商标与引证商标构成使用在类似商品上的近似商标，违反了《商标法》第28条的规定。首先，被异议商标与引证商标已构成近似商标。其次，被异议商标指定的游戏机、智能玩具等商品与引证商标核定使用的计算机、电脑等商品属于类似商品。（2）被异议商标侵害了某甲公司的在先商号权，违反了《商标法》第31条的规定。（3）某乙公司申请注册被异议商标具有明显的恶意，驳回被异议商标的注册申请，符合公平正义和诚实信用原则。

⊃ 法院查明的事实

针对中山市某乙电子有限公司（以下简称某乙公司）经初步审定并公告的第30××011号"苹果APPLE"商标（以下简称被异议商标），某甲公司提出异议申请，国家工商行政管理总局商标局作出（2010）商标异字第 23302 号裁定，裁定某甲公司所提异议理由成立，被异议商标在游戏机、智能玩具商品上不予以核准注册。某乙公司不服该裁定，向国家工商行政管理总局商标评审委员会申请复审。2012 年 3 月 28 日，商标评审委员会根据《商标法》第 33 条、第 34 条的规定，作出商评字（2012）第 12790 号《关于第 30××011 号"苹果 APPLE"商标异议复审裁定书》（以下简称第 12790 号裁定），裁定被异议商标在游戏机、智能玩具商品上予以核准注册。

被异议商标：第 30××011 号"苹果 APPLE"商标，由某乙公司于 2002 年 2 月 19 日向商标局申请注册，指定使用在第 28 类游戏机、魔术器械、积木、玩具、玩具汽车、智能玩具、滑翔伞、口哨、游泳池（娱乐用品）、合成材料制圣诞树、钓鱼竿、球拍用吸汗带等商品上。2004 年 5 月 21 日，经商标局初步审定并刊登在第 928 期《商标公告》上。

第 16××63 号"apple"商标（引证商标一），为某甲公司于 1981 年 4 月 2 日向商标局申请注册，1982 年 12 月 15 日核准注册，核定使用在第 9 类数字计算机及其有关设备商品上，经续展，专用期限至 2012 年 12 月 14 日止。

第 34××17 号"苹果"商标（引证商标二），为某甲公司于 1988 年 7 月 29 日向商标局申请注册，1989 年 5 月 20 日核准注册，核定使用在第 9 类电脑即印字机、已录制于磁带、磁碟的电脑程序的载体、全部用于电脑程序的设备及显示装置、电脑设备等商品上，经续展，专用期限至 2019 年 5 月 19 日止。

第 34××18 号"APPLE"商标（引证商标三），为某甲公司于 1988 年 7 月 29 日向商标局申请注册，1989 年 5 月 20 日核准注册，核定使用在第 9 类电脑包括印字机、已录制于磁带、磁碟电脑程序的载体、全部用于电脑程序的设备及显示装置、电脑设备等商品上，经续展，专用期限至 2019 年 5 月 19 日止。

⮕ 法院判决理由与裁判结果

一、一审法院认为

某甲公司主张被异议商标指定使用的游戏机、智能玩具商品与第 16××63 号"apple"商标（引证商标一）、第 34××17 号"苹果"商标（引证商标二）、第 34××18 号"APPLE"商标（引证商标三）核定使用的数字计算机及其有关设备等商品构成类似商品。然而，游戏机、智能玩具与数字计算机及其有关设备等商品在功能、用途、生产部门、销售渠道、消费对象等方面均有区别，关联性较弱，不构成类似商品。虽然被异议商标与引证商标一、二、三标识近似，但分别使用在非类似商品上不易引起相关消费者混淆误认。因此，商标评审委员会认定被异议商标与引证商标一、二、三未构成《商标法》第28条所指的相同或类似商品上的近似商标，并无不当。

本案中某甲公司未提交任何证据用以证明其以"苹果""APPLE"作为商标或商号，在游戏机、智能玩具等商品或所属相关行业在中国大陆进行了实际使用。根据申请人不同，商标评审委员会针对（2010）商标异字第23302号裁定分别作出第12790号裁定及商评字（2012）第12785号《关于第30××011号"苹果APPLE"商标异议复审裁定书》（以下简称另案裁定），因此某甲公司在另案裁定行政程序中提交的证据本案应予以考虑。然而，上述证据亦不足以证明某甲公司以"苹果""APPLE"作为商标或商号，在中国大陆经过实际商业使用在游戏机、智能玩具等商品或所属相关行业并已具有一定知名度，为相关公众所熟知。综上，商标评审委员会认定被异议商标的申请注册未违反《商标法》第31条规定，并无不当。

此外，某甲公司关于某乙公司申请注册被异议商标具有恶意以及被异议商标没有实际使用，故不应予以核准注册的主张，缺乏事实和法律依据，不予支持。

二、二审法院认为

经审查，各方当事人对第12790号裁定中无争议部分的合法性予以确认。本案审理的焦点问题在于被异议商标是否属于《商标法》第28条、第31条规定的不得注册的情形。

《商标法》第28条规定，申请注册的商标，凡不符合本法有关规定或者同他人在同一种或者类似商品上已经注册的或者初步审定的商标相同或者近似的，由商标局驳回申请，不予公告。

各方当事人对被异议商标与三引证商标属于近似商标均无异议，本院予以确认。被异议商标是否属于《商标法》第28条规定的情形的关键在于被异议商标指定使用的游戏机、智能玩具商品与引证商标核定使用的数字计算机及其有关设备等商品是否构成类似商品。

类似商品是指在功能、用途、生产部门、销售渠道、消费对象等方面相同，或者相关公众一般认为其存在特定联系，容易造成混淆的商品。人民法院审查判断相关商品是否类似，应当考虑商品的功能、用途、生产部门、销售渠道、消费群体等是否相同或者具有较大的关联性。《商标注册用商品和服务国际分类表》《类似商品和服务区分表》可以作为判断类似商品的参考。被异议商标指定使用的游戏机、智能玩具商品与引证商标核定使用的数字计算机及其有关设备等商品在功能、用途、生产部门、销售渠道、消费对象等方面均有区别，关联性较弱，不构成类似商品，商标评审委员会及原审法院认定正确。虽然被异议商标与引证商标一、二、三标识近似，但分别使用在非类似商品上不易使消费者产生混淆、误认。因此，被异议商标与引证商标一、二、三不属于《商标法》第 28 条所规定的不应注册的情形，某甲公司的相关主张不能成立，本院不予支持。

《商标法》第 31 条规定，异议商标注册不得损害他人现有的在先权利，也不得以不正当手段抢先注册他人已经使用并有一定影响的商标。

本案中某甲公司主张被异议商标的申请注册侵害了其在先商号权益，但某甲公司未提交任何证据证明其在被异议商标申请注册之前，以"苹果""APPLE"作为商标或商号，在游戏机、智能玩具等商品上或所属相关行业在中国进行了实际使用。根据申请人不同，商标评审委员会针对商标局作出的（2010）商标异字第 23302 号裁定分别作出两个裁定，因此某甲公司在另案裁定行政程序中提交的证据本案应予以考虑，然而，该案证据亦不足以证明某甲公司在被异议商标申请注册之前，以"苹果""APPLE"作为商标或商号，于中国在游戏机、智能玩具等商品上或所属相关行业上进行过实际商业使用并已具有一定知名度，为相关公众所知晓。因此，商标评审委员会及原审法院认定被异议商标的申请注册未违反《商标法》第 31 条规定正确，某甲公司的相关主张不能成立，本院不予支持。

此外，某甲公司关于某乙公司申请注册被异议商标具有恶意以及被异议商标没有实际使用，故不应予以核准注册的主张，缺乏事实和法律依据，本院亦不予支持。

北京市第一中级人民法院判决：维持第 12790 号裁定。

北京市高级人民法院判决：驳回上诉，维持原判。

➲ 案例解析

本案最重要的争议焦点在于被异议商标是否属于 2013 年《商标法》第 28 条（该条规定在 2019 年修正时予以保留）规定的情形，判断的关键在于被异议商标指定使用的游戏机、智能玩具商品与引证商标核定使用的数字计算机及其有关设备等商品是否构成类似商品。在商标法实务中，类似商品的判定尤为重要。

一、类似商品判定的学理分析

对于商标领域中的类似商品的判定主要有客观标准和主客观相结合的标准。客观标准的判定强调商品的自身属性，不考虑是否造成相关公众的混淆，客观标准的适用主要依据区分表，区分表是按其原材料构成、用途、性能、制造方式或服务性质等因素对商品类别予以划分的；主客观相结合的标准即除了分析销售的渠道方式、功能及用途、生产的部门等与商品特性相关的要素外，还关注了消费群体是否混淆的主观因素，将容易导致混淆作为商品类似判断的标准。[①]

关于商标领域类似商品判断主观标准，其一，类似商品的主观要素分析应当主要是围绕是否会造成消费者群体对商品来源或者特定联系混淆。商品的种类、分类及其区别和联系也需要不断调整。对于日常快消品，面向大众消费者群体，普通消费者有机会购买或者接触到不同商品，则这些商品极容易造成混淆，构成类似商品。相反，在一些专业领域内，一些价格高昂、专业度极高、精密度极高的商品领域，一般消费者群体很难重合，则一般认定为类似商品的可能性比较低，因为消费者对于不同的价格区间的商品以及对于商品的质量和专业度要求不同。所以主观因素判定中，消费者是一个可变的因素，但是可变因素也有规律可循，主观因素不代表完全的主观臆断。其二，较高的商标知名度可能会降低类似商品的判断标准。法院的裁判也提出，使用引证商标拥有知名度的商品的类别，应当与争议商标指定使用的商品类似，否则引证商标主张的知名度无法延伸至争议商标指定使用的商品的类别。本案中，苹果商标使用在电子设备上具有一定知名度，但是无法延伸到娱乐游戏领域。

二、类似商品的判断标准

类似商品是指在功能、用途、生产部门、销售渠道、消费对象等方面相同，或者相关公众一般认为其存在特定联系，容易造成混淆的商品。人民法院审查判断相关商品是否类似，应当考虑商品的功能、用途、生产部门、销售渠道、消费群体等是否相同或者具有较大的关联性。《商标注册用商品和服务国际分类表》《类似商品和服务区分表》可以作为判断类似商品的参考。实务中，如何判定被异议商品与引证商品之间是否构成类似商品，可以从以下几个角度进行分析。

---

① 参见刘子银：《我国商标法类似商品判断研究》，华东政法大学 2018 年硕士学位论文。

（一）功能、用途是否存在差异

商品的功能、用途是指消费者购买的目的，直接体现了消费者的需求。商品的功能和用途，如果存在密切关联或者趋近一致，则商品类似的可能性很大。本案中某甲公司的商标主要用在电子设备上，而游戏机、智能玩具与电子设备从功能角度而言，完全不具备同等的功能性。苹果商标以电子设备为主要营业内容，主要为手机、平板电脑和智能手表等通信办公类商品。游戏机与智能玩具都属于娱乐类，其功能和用途存在巨大的差异，并且没有重合性。用途上也没有替代或者重合甚至是功能替换的可能，一种是为了日常的办公和通信交流，属于随身携带日常使用频次较高，而另一种玩具游戏机类属于娱乐，日常使用频次较低，所以从功能用途的角度而言，不具备符合类似商品的条件。

（二）商品的销售者及销售渠道是否存在差异

商品的销售者及销售渠道如果存在重叠或相邻，消费者在终端零售购买时容易出现认知混淆。销售渠道对消费者是否容易混淆有着重要的影响，相同的渠道销售的商品，认定为类似商品的可能性比较大，反之，如果两者的销售渠道相差甚远，则构成类似商品的可能性极低。本案中，娱乐类的玩具与日常通讯办公使用的商品在市场中属于不同的区块和销售领域，销售场所不同，类别也不同，故其存在着不同的销售渠道，专门区域的销售场所差异会导致消费群体不同。例如，对于苹果品牌的手机电脑的购买属于全年龄段、全职业群体，但是对于玩具类的受众则局限于游戏爱好者，所以消费群体的差异会导致造成混淆的可能性极低。

（三）两者在《类似商品和服务区分表》的区分

这看似是最浅显的判定方式，但同时也是极为科学有效的判断方式，通过二者在《类似商品和服务区分表》中的分类，可以判定其是否有交叉和重合的可能，是否会有混淆的可能性。在商标行政管理中，应当肯定《类似商品和服务区分表》的重要参考作用。商标侵权纠纷与商标行政管理的制度模式不同，也承载着不同的制度功能和价值取向，前者更多涉及特定民事利益的保护，强调个案性和实际情况。因此，认定类似商品时可以有限度地参考《类似商品和服务区分表》，但更重要的是关注案件发生时的市场实际情况，分析涉案商品的类似关系是否已经发生了明显的变化，并且这种变化能否为一般公众所接受。①

---

① 参见刘祎歆：《商标侵权之类似商品认定标准研究》，载《质量与市场》2020年第14期。

三、驰名商标认定的被动原则

驰名商标认定中的被动认定原则，是指法院在涉及驰名商标认定的案件中不能主动依职权启动程序，而应当由当事人先提出申请，然后法院结合案件的具体情况决定是否启动认定程序。即只有当涉案商标注册人认为他人侵害其商标权且造成损害时，人民法院才能根据案件情况决定是否进行驰名商标的认定。之所以要确立被动原则，原因如下：一是可能导致商标法确定的驰名商标基本保护界限被硬性无理的司法裁判行为逾越；二是可能导致公权力机关不适宜地介入到市场竞争领域中，超越市场成为评判人，并且法院本身就是被动司法，这是最基本的原则，也是一脉相承的重要理由，对于驰名商标的判定也应当是被动的。本案申请人未在司法审判过程中提出驰名商标认定，故法院未论述驰名商标跨类保护的问题。

四、结论

由于指定使用的商品与引证商标注册范围，在生产销售方式、功能、消费对象等方面均有区别，关联性较弱，不构成类似商品，故不构成在相同、类似商品上使用相同近似商标的行为。本案申请人未在司法审判过程中提出驰名商标认定的问题，所以法院未论述有关驰名商标跨类保护的问题，本案对于类似商品、驰名商标的认定问题以及被动性原则的适用都具有一定的借鉴和指导意义。

老字号中断使用与公有领域的关系

——西双版纳某茶业股份有限公司与云南易武某茶业有限公司等擅自使用他人企业名称、姓名纠纷上诉案

/ 段麟欧

⊃ 本案要旨

当注册商标专用权与在先商号产生冲突时，应首先确定商标注册的时间，以商标申请日作为时间节点，考察在商标权人申请商标之前，冲突商号是否在先使用且经过该在先使用行为获得一定影响力。若商标先于商号进行申请并获准注册，则商号所有人主张在先商号权的请求不会得到支持。由于一些不可抗力因素，某些老字号会暂时中断使用，但权利主体的消失并不意味着老字号就已经进入公有领域，非权利人应注意避让，不得随意使用，以防不慎侵犯他人在先权利。

⊃ 案件信息

申请人（一审原告、二审上诉人）：西双版纳某茶业股份有限公司

被申请人（一审被告、二审被上诉人）：云南易武某茶业有限公司

案号：云南省西双版纳傣族自治州中级人民法院（2014）西民一初字第17号、云南省高级人民法院（2016）云民终534号、最高人民法院（2017）最高法民申2722号（指令云南省高级人民法院再审）、云南省高级人民法院（2018）云民再22号

⊃ 再审主张及理由

西双版纳某茶业股份有限公司（以下简称西双版纳公司）申请再审称：（1）二审法院未就西双版纳公司据以主张权利的33××521号"同庆及图"注册商标进行评述，属于遗漏当事人的诉讼请求。（2）自2005年开始，我方

将"同庆号"作为企业字号登记注册，通过受让取得 33××521 号"同庆及图"商标，随后注册取得 55××734 号"同庆"文字商标，在生产、销售的普洱茶商品上长期使用上述商标以及"同慶號·普洱茶"或"同庆号·普洱茶"字样，使"同慶號"或"同庆号"具有了未注册商标的属性，并超越其作为老字号所承担的历史文化属性，与我方的"同庆及图"注册商标和"同庆"文字注册商标以及西双版纳公司产生了唯一对应的紧密联系，再加上我方目前已经取得 55××323 号"同庆号+图形"、190××772 号"同庆号"商标、190××775 号"同慶號"注册商标，因此我方对于"同庆号"享有注册商标专用权，应当得到相应保护。（3）二审将"同庆号"由私权属性转化到公共领域，必将造成"同庆号"这一老字号的消亡。（4）云南易武某茶业有限公司（以下简称易武公司）和高某莉实施的各项涉案行为均已构成对两涉案注册商标的侵权行为，且构成不正当竞争，应承担连带责任。

易武公司和高某莉辩称：（1）我方生产的被控侵权产品上使用的"同慶金磚"字样，与申请人的"同庆及图"商标和"同庆"文字商标不构成相同或近似，二者并不会造成混淆，而且我方产品生产时间比申请人的"同庆"文字商标获得注册早，属于在先使用，因此我方产品并没有侵害申请人的注册商标专用权；（2）申请人故意调换或有意毁损证物，使用虚假证据的诉讼请求不应得到支持；（3）我方属于在先使用，不构成侵权和不正当竞争；（4）我方的年销售额仅为西双版纳公司的 1.4%，不可能与对方形成竞争关系。

➲ 法院查明的事实

1736 年，刘氏家族的先辈在古普洱府辖区的西双版纳易武茶乡设坊制茶，取名"同慶號"茶庄。"同慶號"普洱茶品质精良，被官府选定为贡品。在刘氏几代人的不懈努力下，1900 年以后"同慶號"茶庄成为云南最大的茶号之一，因仿冒者甚多，"同慶號"茶庄依据清政府《商标注册试办章程》《商标注册细目》申办了"龙马图文"商标。1937 年以后，战争导致云南普洱茶行业集体陷入低谷，"同慶號"茶庄于 1948 年歇业。之后，作为商号的"同慶號"及作为商标的"龙马图文"长期停止使用。

2005 年 6 月 3 日西双版纳某茶业有限公司成立，2015 年 12 月更名为西双版纳某茶业股份有限公司，经营范围包括茶叶种植、加工和销售等。2004年 6 月 7 日案外人申请的第 33××521 号"同庆及图"商标获准注册，核定使用商品为第 30 类，包括茶、茶叶代用品等。2007 年 11 月 28 日西双版纳公司受让该商标。2009 年 6 月 14 日第 55××734 号"同庆"商标获准注册,核定使用商品亦为第 30 类,西双版纳公司为商标注册人。西双版纳公司在其普洱茶商品和宣传资料上使用"龙马图文""同慶號·普洱茶"等标识。

西双版纳公司与"同慶號"茶庄无历史渊源。西双版纳公司在普洱茶商品和宣传资料上没有单独使用"同庆"标识,而是组合使用了(1)"龙马图文"标识;(2)"同慶號·普洱茶"或"同庆号·普洱茶";(3)"同庆号始创于乾隆元年""始创于 1736 年"或"Since1736"。其中,"龙马图文"标识系"同慶號"茶庄的商标,在西双版纳公司商品外包装上占据较大比例,"龙马图文"标识为矩形,上端有"雲南同慶號"文字,中间是云龙、白马、宝塔组合图案,下端是"同慶號"茶庄的介绍:"本庄向在云南,久历百年字号,所制普洱督办易武正山阳春细嫩白尖,叶色金黄而厚水,味红浓而芬香,出自天然,今加内票以明真伪。同慶老号启。"

2006 年 12 月 18 日,云南易武某 A 茶业有限公司成立,2008 年 9 月 3 日更名为云南易武某茶业有限公司,法定代表人高某莉,经营范围为茶叶销售等。2006 年 6 月 14 日第 40××515 号"易武同庆号 YIWUTONGQINGHAO"商标获准注册,核定使用商品为第 30 类,包括茶、茶叶代用品等。2006 年 12 月 31 日易武公司获得该商标独占使用权。

易武公司、高某莉与"同慶號"茶庄无历史渊源。易武公司在店铺墙面上标注"同慶號""同慶號茶業公司";在公司网页上曾标注"同慶號茶葉""盛世同慶惠澤天下""同慶號""易武同慶號""同庆传奇""雲南易武【同慶號】茶業有限公司"等;在商品宣传册上使用"同慶號""易武同慶號 YIWUTONGQINGHAO""同庆号始创于乾隆元年""正本清源真实再现""雲南易武【同慶號】茶業有限公司";在 2014 年的商业活动现场悬挂"慶祝同慶老字號復葉制茶十周年""同慶老字號復業制茶十周年研讨会——暨 2014 年春茶品鉴會""易武同慶號復業 10 周年研讨会"横幅,使用"同慶號""同慶十年签到簿"标识;在《云南普洱茶》杂志上使用"雲南易武同慶號茶業有限公司";在"同慶金磚"普洱茶商品(生产日期为 2009 年 4 月 9 日)的外包装上标注有"百年老茶號""雲南易武【同慶號】茶業有限公司"。

2010 年 10 月 19 日,西双版纳公司对高某莉注册的第 40××515 号商标提出争议申请,国家工商行政管理总局商标评审委员会于 2013 年 7 月 29 日作出商评字〔2013〕第 24678 号裁定,认定第 40××515 号商标与第 33××521 号引证商标未构成近似商标,争议商标在指定商品上的注册应予维持;北京市高级人民法院(2014)高行终字第 1206 号行政判决书,维持了该行政裁决。

西双版纳公司 55××323 号"同庆号＋图形"、190××772 号"同庆号"商标、190××775 号"同慶號"商标的"商标注册证"三个商标获得国家商标局核准注册，西双版纳公司对其享有注册商标专用权；易武公司官网宣传至审判时仍在使用【同庆号】、易武同慶號、同慶号等字样；西双版纳公司向国家商标局申请"同庆"文字商标注册日期是 2006 年 7 月 26 日，获准注册时间是 2009 年 6 月 14 日；2011 年 11 月，西双版纳公司及其"同庆"文字商标被云南省商务厅授予"云南老字号"称号；易武公司于 2013 年 10 月被云南省商务厅授予"云南老字号"的事实。

⇒ 再审法院判决理由与裁判结果

本案中，西双版纳公司自成立以来，依法通过转让或注册申请，先后取得"同庆及图"和"同庆"文字两涉案商标，并经其长期持续性使用，获得诸多奖项，积攒了大量商誉，两涉案商标本身已经具有相当的知名度；同时，西双版纳公司在经营过程中通过对两涉案商标及其企业字号的长期持续性使用，建立了其与"同庆"文字及图文、"同庆号"、"同慶號"的密切联系，对"同慶號"这一老字号的回归、维护和传承作出了贡献，客观上使该老字号商业标识的功能愈加显著，因此两涉案商标在有效存续期间应获得合法有效的保护。至于老字号"同慶號"茶庄 1948 年歇业后处于长期停用状态这一事实，并不意味着该老字号成为任何人均可以以任意方式使用的文化符号，因为权利主体的消失并不意味着其已进入公有领域，因此二审法院关于"从法律性质上讲，中断使用的老字号标识失去了私权属性，成为公共资源"的认定错误，再审予以纠正。

易武公司在被控侵权行为中对于"同慶號""同慶"等字样的使用，即使是基于对"同庆"商标的使用，也属于《最高人民法院关于审理注册商标、企业名称与在先权利冲突的民事纠纷案件若干问题的规定》第 1 条第 2 款规定的以拆分、变造、简化等方式改变商标显著特征的行为，其目的在于指向和引导商品来源，属于商标性使用；而由于西双版纳公司的"同庆"文字商标和"同庆及图"商标的主要识别部分均为"同庆"文字，易武公司实施上述行为中所使用标识的主要识别部分亦为"同慶"字样，该字样完整包含了两涉案商标的文字部分，读音、含义完全相同，而且如前所述，西双版纳公司在经营过程中通过对两涉案商标及其企业字号的长期持续性使用，建立了其与"同庆"文字及图文、"同庆号"、"同慶號"的密切联系，再加上易武公司与西双版纳公司同为茶叶产品生产、经销企业，所处行业和产品类别几无二致，其使用"同慶號""同慶"字样的行为就非常容易使相关公众对易武公司和西双版纳公司的商品来源产生误认或者认为二者具有特定联系，因此，易武公司在上述行为中突出使用"同慶號""同慶"字样，根据《最高人民法院关于审理商标民事纠纷案件适用法律若干问题的解释》第9条第2款关于商标近似"是指被控侵权的商标与原告的注册商标相比较，其文字的字形、读音、含义或者图形的构图及颜色，或者其各要素组合后的整体结构相似，或者其立体形状、颜色组合近似，易使相关公众对商品的来源产生误认或者认为其来源与原告注册商标的商品有特定的联系"的规定，与西双版纳公司的"同庆及图"商标和"同庆"文字商标构成商标近似。

虽然易武公司辩称其早在2004年就开始在其产品和店铺宣传中使用"同慶號""同慶"字样，而被控侵权产品"同慶金磚"的生产日期为2009年4月，早于西双版纳公司"同庆"文字商标核准注册日期，其属于在先使用，本院经审查认为，首先，西双版纳公司第55××734号"同庆"文字商标的注册申请日为2006年7月26日，故应当以此时间点作为认定易武公司是否具有在先使用行为的标准。经查，被控侵权产品"同慶金磚"的生产时间为2009年4月，远远晚于西双版纳公司"同庆"文字商标的申请注册时间（2006年7月26日）。其次，易武公司被云南省商务厅授予"云南老字号"称号是在2013年10月，这两个称号的获得均远远晚于西双版纳公司"同庆"文字商标的申请和获准注册日期，当然更无法证实在"同庆"文字商标申请注册的2006年7月26日以前，其使用"同慶號""同慶"字样具有"一定影响"。因此，易武公司和高某莉所称的使用行为不符合《商标法》第59条的规定，其关于在先使用的抗辩不能成立。最后，西双版纳公司作为"同庆及图"和"同庆"文字两涉案商标的权利人，对两涉案商标享有注册商标专用权，依法不受他人的侵犯。易武公司作为与西双版纳公司同处一个行业和地区的茶业企业，在西双版纳公司对两涉案商标获得注册商标专用权以后，本应在生产、经营过程中自行规范使用自己商标以及相关的商标性行为，避免实施容易导致其商品来源与西双版纳公司的两涉案商标或商品产生混淆或误认的行为。但如前所述，易武公司不仅没有规范自己的相关行为，反而在商业宣传、广告和店铺外墙以及企业名称使用中，使用"同慶號""同慶"字样，与西双版纳公司的两涉案商标构成混淆性商标近似。根据《商标法》第57条第2项和《最高人民法院关于审理商标民事纠纷案件适用法律若干问题解释》第1条第1项的规定，上述行为已经构成侵犯西双版纳"同庆及图"商标和"同庆"文字商标的行为，易武公司应当向西双版纳公司承担商标侵权责任。

而对于易武公司在被控侵权产品上标注"同慶金砖"字样的行为，经查，该产品的生产日期是 2009 年 4 月，晚于西双版纳公司通过受让获得"同庆及图"商标的时间，即 2007 年 11 月，但早于"同庆"文字商标获准注册的 2009 年 6 月 14 日。根据《商标法》第 3 条的规定，商标注册人自商标核准注册即享有商标专用权并受法律保护，因此，虽然被控侵权产品"同慶金砖"与两涉案商标均构成混淆性商标近似，但由于其生产时间早于"同庆"文字商标的核准注册时间，因此该被控侵权产品对"同庆"文字商标不构成侵权，而对"同庆及图"商标构成侵权。同时需要强调的是，本院这里只是认定早于"同庆"文字商标生产的"同慶金砖"被控侵权产品不构成商标侵权，如果易武公司在 2009 年 6 月 14 日以后仍然生产"同慶金砖"产品，该行为即构成对"同庆"文字商标的侵权，依法应当承担相应的侵权责任。而且如前所述，易武公司也不能适用"在先使用"抗辩权。

至于易武公司不规范使用企业名称是否构成不正当竞争的问题，本院认为，鉴于反不正当竞争法是对商标侵权认定的补充，既然该行为已被认定侵害西双版纳公司对"同庆及图"商标和"同庆"文字商标享有的商标专用权，商标法对商标权人提供的救济已经足以弥补商标权人所受损失或者足以对侵权人进行惩处，因此本院已无必要对此问题进行评判和认定。

最终，法院认为，西双版纳公司的再审请求部分成立，应予支持；二审判决认定易武公司没有侵犯西双版纳公司"同庆"文字商标专用权，在认定事实和适用法律上均有不当，再审依法予以撤销。

再审法院判决：撤销云南省高级人民法院（2016）云民终 534 号民事判决；被申请人易武公司于本判决生效之日起，立即停止实施侵害申请人西双版纳公司第 55××734 号"同庆"文字商标的侵权行为，并规范使用易武公司茶业有限公司的企业名称。

⊃ 案例解析

本案是涉及老字号商标注册的典型案例，但与其他涉及老字号商标的案件相比较，本案的特殊点在于老字号"同慶號"茶庄由于历史原因，老字号歇业后处于长期停用状态，现在该案双方当事人均与老字号"同慶號"茶庄无历史渊源，而对于权利主体消失之后老字号是否进入公有领域的认定不同，也导致了二审与再审的不同结果。以下将结合老字号商标争议的原因、现阶段对于老字号商标争议的司法实践进行分析。

一、老字号商标易引发争议的原因

老字号是指历史悠久，拥有世代传承的产品、技艺或服务，具有鲜明的中华民族传统文化背景和深厚的文化底蕴，取得社会广泛认同，形成良好信誉的品牌。[①]"老字号"作为市场经济活动中的一项重要商业标志，其"不仅承载了经营者长期培育的商誉，也蕴含着传统的物质文化、行为文化以及经营主体的价值观念、道德风尚、行业修养、民族情感等观念文化"[②]，这使得老字号在市场经营活动中具有重要地位。

虽然"老字号"可以作为在先权利或未注册商标受到保护，但是由于诸多现实原因，实践中对于老字号的保护仍然存在困难。首先，无论是在中央还是地方标准中，一般而言，对于老字号的认定均要求老字号品牌的创立至少50年，具有良好的信誉，得到社会的广泛认同和赞誉，且"老字号"相较于普通注册商标而言，其总量少之又少，因此，兼具高价值和高稀缺的"老字号"本身就容易被"搭便车"。其次，大多老字号本身就处于易被侵权状态。由于很多老字号创立时间较早，在客观上没有办法进行商标注册。虽然1949年以来，我国商标制度逐渐建立和完善，部分"老字号"进行了申请注册，但仍有许多老字号并未进行商标申请注册。我国对于字号、商号的保护属于非授权性保护，因此如果有在后注册的老字号商标，则在先未注册老字号商标或者企业字号会受到一定限制。再次，"老字号"对企业品牌或商号创立有时间要求。在过去50年中，我国市场环境和经济体制发生了巨大变化，因此很多传统老字号企业并没有参与市场经营，导致老字号品牌的经营中断。一些在后企业为弘扬老字号品牌，将在先老字号申请注册成为商标或是申请成为企业商号，因而部分老字号出现多个权利人并存的情况。最后，由于我国实行商标及其他商业标识分离保护，企业名称登记实行"同行业、分级登记"制度，因此在实践中同一"老字号"可能会被不同地域主体登记成为不同企业，而不同主体所申请注册的"商标"也可能共存于市场之中，进一步导致老字号商标保护困难重重。

二、"老字号"商标司法实践

在涉及"老字号"权利冲突的案件中，一般会出现老字号商标之间的冲

---

① 参见《"中华老字号"认定规范（试行）》。

② 张术麟：《论传统老字号商号权的法律保护》，载《湖北民族学院学报（哲学社会科学版）》2004年第3期。

突、老字号商标与老字号的冲突以及老字号之间的冲突。第一种是老字号商标之间的冲突，如"稻香村商标案"及本案"同庆号商标案"；第二种是老字号商标与老字号商号之间的冲突，如"同德福案"和"张小泉案"；第三种是老字号商号之间的冲突，如"吴良材眼镜案"。司法实践中，一般围绕"使用他人注册商标作为字号以及将字号在商品或服务上突出使用的行为是否构成商标侵权或不正当竞争"[①] 对老字号商标的问题进行讨论，而法院主要采取诚实信用原则、在先权利原则和商标注册在先原则等进行判断，以下逐一进行分析。

（一）"老字号"权利冲突解决之保护注册商标专用权

老字号作为一种市场中的重要商业标志，兼具商标与商号的双重属性，同时其不同属性也分由不同部门所管辖。如某人将老字号作为商标申请注册，商标局并不会主动审查申请注册的商标是否为老字号，也不会主动审查申请注册人是否具有该老字号的使用资格。如果某人要申请对老字号进行认定，主管老字号认定的部门也并不会主动审查该老字号是否已经注册成为商标。虽然在行政上如此划分，但是根据我国商标法律制度的设置，对于注册商标的保护力度强于未注册商标，也强于企业字号。同时，我国商标法实行申请在先原则，但要保护在先权利和在先使用。因此，只要没有在先申请人，且没有人对申请注册的商标提出在先权利的异议，则老字号商标申请人理应获得核准注册，享有注册商标专用权。

在老字号商标中，虽然部分老字号由于种种原因已经不再参与市场经营，但是如果老字号商誉不再延续，经过一段时间后有市场经营者主动延续该商誉，善意申请商标注册，赋予老字号以新内容和新内涵，则市场应当允许这样的经营行为存在。因为"若后人对老字号长期未进行使用和宣传，以致消费者无法将该字号与经营者建立起对应联系，老字号则丧失了基本功能，已形成的商誉和知名度自然也无法延续"[②]。在"信远斋"老字号纠纷中，法院认为，第三人对于"信远斋"商号或商标的持续使用使其自身与"信远斋"建立了稳定而持续的联系，从而赋予老字号"信远斋"以全新的内容和内涵，第三人在主观上不具有恶意……第三人"信远斋"产品已形成了一定的市场格局和稳定的消费群体，诉争商标若被宣告无效则于法无据。[③]

本案属于典型的老字号经营中断且后继无人的情况。在此种情况下，已

---

① 参见郑璇玉、鞠丽雅：《司法实践中"老字号"的裁判考虑——从"义兴张"商标与字号的历史谈起》，载《中华商标》2019年第8期。

② 北京知识产权法院（2017）京73行初5372号行政判决书。

③ 北京知识产权法院（2017）京73行初5372号行政判决书。

经闲置的老字号被申请注册成为商标，由其他经营者继续发扬光大，理应尊重已经形成的市场。二审法院认为，"西双版纳公司和易武公司与老字号无历史渊源，但双方均以老字号的历史进行宣传，企图嫁接老字号历史，误导公众，都涉嫌不正当竞争"。其显然没有考虑到在老字号既没有在先权利人，也没有在先使用人的情况下应当按照保护注册商标权利人的原则来进行保护。

（二）"老字号"权利冲突解决之诚实信用原则

诚实信用原则不仅贯穿整部《商标法》，该原则也是《反不正当竞争法》的基本原则。根据《商标法》及《反不正当竞争法》一般条款难以解决历史原因导致的老字号归属不明，但被控侵权人实际上又属于善意的情况，则可以在尊重法律规定的前提下，采用诚实信用原则，平衡多方利益，尊重历史因素，解决涉及"老字号"的权利冲突问题。

例如，在"同德福"商标权及不正当竞争纠纷[①]中，成都同德福公司的"同德福 TONGDEFU 及图"商标核准注册时间早于个体工商户余某及重庆同德福公司将"同德福"作为字号进行登记并使用的时间。按照商标注册在先原则，成都同德福公司享有"同德福"商标并有权禁止他人使用，但是余某基于同德福斋铺的字号曾经获得的知名度和同德福斋铺原经营者直系后代的身份，将其个体工商户字号登记为"同德福"符合常理，具有合理性。余某在字号中使用"同德福"属于善意的使用行为，没有违反诚实信用原则。虽然余某并非注册商标的商标权人，也并非属于指示性正当使用或描述性正当使用的情形，但是基于历史原因，其使用具有合理性，没有违反诚实信用原则。故而，余某作为非注册商标权利人和字号享有人，其对于老字号的使用并不构成商标法意义上的商标侵权，亦不构成反不正当竞争法中的不正当竞争行为。[②]

又如，在"宏济堂"老字号商标侵权、不正当竞争案中，老字号"宏济堂"为济南本土的中药老字号，创立于1907年。"宏济堂"历经分立、合并、改制和更名等多次调整，最后分为现在的山东宏济堂制药集团和山东宏济堂医药集团，因此，山东宏济堂制药集团和山东宏济堂医药集团均享有对"宏济堂"字号的使用权，任何一方单独使用"宏济堂"都不构成侵犯对方的商标权。山东宏济堂医药集团有限公司投资设立了子公司山东宏济堂阿胶有限公司，山东宏济堂阿胶公司基于母子公司之间的投资关系使用"宏济堂"字号，且依法在工商局核准注册。1998年他人申请注册"宏济堂"商标，2005年山

---

① 重庆市高级人民法院（2013）渝高法民终字第00292号民事判决书。
② 参见郑璇玉、鞠丽雅：《司法实践中"老字号"的裁判考虑——从"义兴张"商标与字号的历史谈起》，载《中华商标》2019年第8期。

东宏济堂制药集团有限公司通过受让成为"宏济堂"商标的权利人。自"宏济堂"商标核准注册之后，山东宏济堂阿胶公司对于"宏济堂"字号的使用在形式上构成侵权。但是实质上，山东宏济堂阿胶公司对于"宏济堂"商标的使用也属于正当使用，在实质上并不构成侵权。法院持相同看法，认为医药集团与制药公司对于"宏济堂"在阿胶产品上的使用，历史上没有形成权利划分。阿胶公司对"宏济堂"字号的使用是基于其母公司医药集团的历史传承与授权，并非恶意攀附他人企业名称或商标。阿胶公司对"宏济堂"商标、字号的使用是历史形成的，是善意的，不构成商标侵权及不正当竞争。①

再如，在吴良材眼镜商标权侵权及不正当竞争纠纷中，由于"吴良材"作为企业字号的长期使用，其知名度和影响力也随之不断扩大，并于1993年被认定为"中华老字号"，三联集团和三联吴良材眼镜公司的前身早在1987年6月和1997年5月即在江苏省境内相继设立，"吴良材"作为眼镜行业的企业字号在江浙地区已具有较高知名度。苏州吴良材眼镜公司作为"吴良材"字号影响力所覆盖区域内的同行业竞争者，其在理应知晓"吴良材"字号知名度及影响力的情况下，仍将其企业名称由"宝顺"变更为"吴良材"，主观上明显具有攀附三联吴良材眼镜公司"吴良材"字号知名度和影响力的故意。虽然苏州吴良材在形式上享有了"吴良材"字号，但是在实质上苏州吴良材并非善意使用，有违诚实信用原则，最后法院并未支持苏州吴良材眼镜公司对于"吴良材"字号的使用。②

（三）"老字号"权利冲突解决之在先权利原则

《商标法》第32条规定，申请商标注册不得损害他人现有的在先权利。同时，国家知识产权局发布的《商标审查及审理标准》对《商标法》第32条规定的在先权利进行了明确，在先权利是指在系争商标申请注册日之前已经取得的，除商标权以外的其他权利，包括字号权……因此，在商标注册及复审阶段，"将与他人在先登记、使用并具有一定知名度的字号相同或者近似的文字申请注册为商标，容易导致中国相关公众混淆，致使在先字号权人的利益可能受到损害的，应当认定为对他人在先字号权的损害，系争商标应当不予核准或者予以无效宣告"。③在商标争议审理阶段，如果双方当事人一方在老字号的使用上存在在先权利，则需秉持保护在先权利的原则。

① 最高人民法院〔2014〕民申字第1192号民事裁定书。

② 江苏省高级人民法院（2009）苏民三终字第0181号民事判决书。

③ 详见《国家知识产权局关于政协十三届全国委员会第三次会议第4014号（商贸旅游类101号）提案答复的函》。

例如，在最早一批老字号商标与字号权利冲突案件之一的杭州张小泉集团有限公司与上海张小泉刀剪总店、上海张小泉刀剪制造有限公司商标侵权及不正当竞争纠纷上诉案中，法院认为，由于"刀剪总店"的"张小泉"字号的取得远远早于上诉人"张小泉牌"注册商标及驰名商标的取得，也远远早于上诉人"张小泉"注册商标的取得，因此，根据保护在先权利的原则，上诉人不能以在后取得的注册商标及驰名商标禁止在先取得的字号的继续使用，故被上诉人"刀剪总店"在企业名称中使用"张小泉"文字不构成对上诉人"张小泉"及"张小泉牌"注册商标及驰名商标的侵犯。①

又如，在苏州采芝斋食品有限公司、杭州采芝斋食品有限公司侵害商标权纠纷②案中，法院查明，1988年4月4日，苏州采芝斋食品有限公司的前身苏式糖果厂经营范围中增加糕点等生产项目；1962年8月30日《浙江日报》即有关于杭州采芝斋食品有限公司的前身生产中秋月饼的相关宣传报道，早于苏州采芝斋食品有限公司在糕点商品上使用"采芝斋"标识的时间。法院进而认为，杭州采芝斋食品有限公司经过长年的经营发展，其经营的"采芝斋"糕点在杭州地区的消费者群体中早已具有较高的知名度，积累了良好的商业信誉……一审认定杭州采芝斋食品有限公司的先用权抗辩成立并无不当，杭州采芝斋食品有限公司仍有权在原使用范围内继续使用"采芝斋"商标，但应附加"杭州采芝斋"的区别性标识。也即，享有在先权利的杭州采芝斋食品有限公司可以基于其在先权利继续使用其老字号商标。

三、结论

老字号因为带着深刻的历史印记，因此对于涉及老字号商标的保护也比普通商标困难，但是，老字号也是商标，对于老字号商标的保护仍然应当立足于商标法律制度进行讨论。在审理过程中应当考虑商标注册时间、是否存在在先权利、是否为善意、是否已经形成稳定的市场秩序等综合来看。坚持"在依法保护在先权利的同时，尊重相关公众已在客观上将相关商标区别开来的市场实际。要把握商标法有关保护在先权利与维护市场秩序相协调的立法精神，注重维护已经形成和稳定了的市场秩序"。③

---

① 上海市高级人民法院（2004）沪高民三（知）终字第27号民事判决书。
② 浙江省杭州市中级人民法院（2019）浙01民终5000号民事判决书。
③ 参见《最高人民法院关于当前经济形势下知识产权审判服务大局若干问题的意见》第9条。

商标商号权利冲突问题研究

——四川某甲制药有限公司与四川某乙制药有限公司 侵害商标权纠纷案

/ 陈彦蓉

➲ 本案要旨

在商号与他人注册商标发生冲突时，应以维护公平竞争秩序和社会公共利益为出发点，坚持诚实信用原则，在对注册商标给予充分保护的同时，不能忽视对商号权的合理保护。对于故意将他人注册商标作为商号突出使用，容易导致相关公众混淆误认的，应认定属于商标侵权行为。如果企业使用的商号与他人注册商标相同，但该企业并无恶意攀附的意图，且其经营活动遵循诚实信用原则和商业道德，则应允许其继续使用该商号。在必要时，可以要求企业增加适当的区分标识，以避免混淆。

➲ 案件信息

上诉人（一审原告）：四川某甲制药有限公司

被上诉人（一审被告）：四川某乙制药有限公司

案号：四川省南充市中级人民法院（2008）南中法民初字第 29 号、四川省高级人民法院（2009）川民终字第 155 号

➲ 一审法院查明的事实

四川某甲制药有限公司（以下简称某甲制药公司）与四川某乙制药有限公司（以下简称某乙制药公司）系同处四川省阆中市的药品生产企业。某甲制药公司于 1985 年 12 月经国家工商行政管理总局商标局核准，取得了商标注册证号为 16××518 号的"保宁"商标，核定使用商品为第 5 类，即原料药、中药成药、各种丸、散、膏、丹、生化药品、药酒。该注册商标为文字商标，即

"保宁"变形文字，下方为"BAO NING"拼音。"保宁"商标在 2000 年、2003 年、2006 年被南充市工商行政管理局评为知名商标。

某乙制药公司的前身是四川保宁制药厂，1999 年 2 月 9 日，某乙制药公司原法定代表人赵某购买了四川保宁制药厂，1999 年 5 月 6 日，某乙制药公司以"四川某乙制药有限公司"为企业名称向工商行政管理部门申请注册登记，1999 年 5 月 24 日经核准成立，经营范围为原料药（葡萄糖）、颗粒剂、硬胶囊剂、片剂、散剂、糖浆剂等。某乙制药公司的注册商标为和平鸽图案加"金乐"文字的图文组合商标，其产品外包装上完整地使用了"四川某乙制药有限公司"企业全称，同时标注了"金乐"图文组合商标。某乙制药公司的合格证为椭圆形透明塑胶纸，上方为"金乐"图文组合商标加注册商标标记，中部为"合格证"，下方为"四川保宁"，贴附于产品外包装的封口处。

另查明，《阆中县志》记载，元至元十三年至民国初，阆中一直为保宁府治，"保宁"原系阆中市行政区划中一个镇的名称，地处阆中市城区，于 1981 年经四川省人民政府批准由阆中县城关镇更名而来，至 2003 年 3 月，因撤销镇建制，改设为保宁街道办事处。

同时查明，某甲制药公司经国家食品药品监督管理局（以下简称国家药监局）批准的产品种类只有两种，其 2004 年至 2006 年的年产销量均在 60 万元左右。而某乙制药公司经国家药监局批准的产品种类有 38 种。

⊃ 法院判决理由与裁判结果

商标是区别不同商品或服务来源的标志。企业名称是区别不同市场主体的标志，由行政区划、字号、行业或经营特点、组织形式等构成，其中字号又是区别不同企业的主要标志。商标权和企业名称权均是经法定程序确认的独立权利，分别受商标法律法规和民法通则、企业名称登记管理法规的调整和保护。某甲制药公司依法享有第 16××518 号"保宁"注册商标专用权，而某乙制药公司经合法注册成立，依法享有企业名称权，享有在不侵犯他人合法权益基础上使用企业名称进行民事活动的权利。当不同权利主体的商标专用权和企业名称权发生冲突时，应当适用维护公平竞争，尊重和保护在先合法权利，禁止混淆的原则进行处理。

阆中在历史上曾被称为"保宁府"，1981 年至 2003 年 3 月"保宁"系阆中市行政区划中地处阆中市城区的一个镇的名称，2003 年 3 月之后改设为保宁街道办事处。在阆中有很多以"保宁"命名的产品和企业，如"保宁蒸馍""四川保宁醋有限公司"等，从某种意义上讲，"保宁"已成为阆中的代名词。某乙制药公司的前身是四川保宁制药厂，1999年由自然人赵某购买后，在保留"保宁"字号的同时重新设立了四川某乙制药有限公司，由此可见，某乙制药公司将"保宁"文字登记为企业名称中的字号在主观上并无恶意。

关于某乙制药公司将某甲制药公司享有专用权的"保宁"注册商标中所使用的"保宁"文字登记为企业名称中的字号，是否会引起相关公众对商标专用权人和企业名称所有人的混淆和误认问题，原审法院认为，《最高人民法院关于审理商标民事纠纷案件适用法律若干问题的解释》第1条第1项规定"将与他人注册商标相同或者相近似的文字作为企业的字号在相同或者类似商品上突出使用，容易使相关公众产生误认的"，属给他人注册商标专用权造成其他损害的行为。该种侵权行为必须同时具备下列构成要件：（1）文字相同或近似；（2）在相同或类似商品上使用；（3）突出使用；（4）结果是容易使相关公众产生误认。其中，"突出使用"是指企业字号在字体、字号、颜色等方面突出醒目地使用与商标权人注册商标相同或近似的文字，使人在视觉上产生混淆的行为。① 本案中，某乙制药公司在所有产品外包装上均整体规范地使用了其经核准登记的企业名称，同时还使用了本企业的"金乐"图文组合商标，不存在任何突出使用"保宁"文字的情形，其在合格证下方所标注的"四川保宁"文字也已被四川省高级人民法院（2008）川民终字第191号民事判决认定为合理使用。某甲制药公司虽然举出了曾三次被南充市工商行政管理局评为"南充市知名商标"的证据，但其获奖时间是在某乙制药公司登记成立之后，没有证据表明在某乙制药公司成立之前，"保宁"商标已经具有一定知名度。因此，某乙制药公司将"保宁"作为字号进行企业名称登记，不会使相关公众认为"保宁"商标注册人与某乙制药公司具有关联性，不会导致相关公众对商标专用权人和企业名称所有人的混淆和误认，故某乙制药公司的行为不构成对注册商标专用权的侵犯。原审法院认为，在维护公平竞争秩序和社会公共利益的前提下，解决商标专用权与企业名称之权利冲突应遵循诚实信用原则，对注册商标专用权给予充分保护的同时，无法定事由亦不能忽略企业名称权的存在。故此，判决驳回某甲制药公司的诉讼请求。

---

① 吴太轩、邱威棋：《论在先登记企业字号构成在先权利的"竞争因素"》，载《商丘师范学院学报》2020年第5期。

➲ 上诉主张及理由

上诉人某甲制药公司不服一审判决，提起上诉，请求：撤销原判，改判支持某甲制药公司全部诉讼请求。（1）依法确认某乙制药公司的企业名称侵犯了某甲制药公司"保宁"注册商标在先权利；（2）判令某乙制药公司立即停止使用与某甲制药公司在先注册商标"保宁"相同的企业名称；（3）本案诉讼费用由某乙制药公司负担。其主要理由如下：①原判认定事实有误。一是原判认定某乙制药公司将"保宁"文字登记为企业名称中的字号在主观上无恶意与客观事实不符；二是原判认定某乙制药公司在所有产品外包装上均整体规范使用了其经核准登记的企业名称，不存在突出使用"保宁"文字情形与事实不符；三是原判认为某乙制药公司在合格证下方所标注的"四川保宁"文字已被四川省高级人民法院（2008）川民终字第191号民事判决认定为合理使用与事实不符。②原判适用法律有误。一是行政区划地名不得作为企业名称字号进行工商登记，原判认定"保宁"为地名、"保宁"系阆中的代名词，又认定"保宁"为某乙制药公司字号是自相矛盾；二是原判以某甲制药公司在被侵权期间产值不高、产品种类不及某乙制药公司多，作为认定某乙制药公司侵权行为不足以导致相关公众对"保宁"商标专用权人和企业名称所有人的混淆和误认的前提和基础，与法相悖；三是原判以某甲制药公司"保宁"商标被南充市工商行政管理局评为"南充市知名商标"的时间均在某乙制药公司登记成立之后为由，认定某乙制药公司侵权行为不会使相关公众混淆和误认是违背客观实际的。

被上诉人某乙制药公司庭审口头答辩称：某乙制药公司是在保留原四川保宁制药厂字号基础上形成，保宁在阆中是特定的地域文化，可以理解成阆中的代名词，某乙制药公司办理工商登记时没有恶意。四川保宁制药文字使用的合理性已被人民法院生效判决所确认，某乙制药公司没有在药品外包装上突出使用保宁文字，相关公众不会产生混淆。某乙制药公司在核准登记企业名称时，某甲制药公司"保宁"商标不具有知名度，对某甲制药公司认为"保宁"商标具有一定区域知名度的看法不予认同。原判认定事实清楚，适用法律正确。请求二审法院驳回上诉，维持原判。

➲ 二审法院查明的事实

"保宁"商标系由阆中县中药材公司饮片加工厂于1985年经商标局核准注册，某甲制药公司2000年4月27日成立后，于当年12月28日受让取得

"保宁"注册商标专用权。原审查明"保宁"商标系某甲制药公司于1985年12月经商标局核准取得的事实有误,本院予以纠正。原审法院查明其他案件事实属实,本院予以确认。

➲ 二审法院判决理由与裁判结果

本案争议焦点是某乙制药公司使用"保宁"文字作为企业名称中的字号是否侵犯了某甲制药公司"保宁"注册商标专用权,是否应当承担停止使用的民事责任。

本院认为商标是区别不同商品或者服务来源的标志,企业名称是区别不同市场主体的标志,字号是企业名称的核心组成部分。字号与商标均属于识别性标记,但分别受不同的法律法规调整,经过合法注册产生的注册商标专用权和经依法核准登记产生的企业名称权均为合法权利。当两种权利发生冲突时,人民法院应当依照诚实信用、维护公平竞争和保护在先权利等原则处理。

就本案情况而言,首先,某乙制药公司使用"保宁"字号无主观恶意。在阆中,"保宁"名称的由来有其历史渊源。从元朝设立"保宁府"管治阆中等县开始,至明清两代阆中一直为"保宁府"辖治。1981年至2003年3月,保宁镇系阆中市市行政区划中的一个区级镇,2003年3月之后改设为保宁街道办事处。在阆中有很多以"保宁"命名的产品和企业,如"保宁醋""四川保宁醋有限公司"等。某乙制药公司的前身是四川保宁制药厂,也是以"保宁"命名的企业。1999年该厂改制为有限责任公司时保留了"保宁"字号。可见,某乙制药公司使用"保宁"字号有其历史因素,没有违反诚实信用的商业道德。其次,在相同商品上某甲制药公司注册商标虽先行使用"保宁"标识,但该标识并非由某甲制药公司或在先的阆中县中药材公司饮片加工厂臆造,固有显著性不足。某甲制药公司也没有提交证据证明某乙制药公司成立之前,"保宁"商标经过使用已经在药品行业的相关公众中具有一定知名度,某乙制药公司使用其作为企业字号具有明显的攀附故意。再次,《最高人民法院关于审理商标民事纠纷案件适用法律若干问题的解释》第1条第1项规定"将与他人注册商标相同或者相近似的文字作为企业的字号在相同或者类似商品上突出使用,容易使相关公众产生误认的",属于给他人注册商标专用权造成其他损害的行为。本案中,某乙制药公司字号虽使用于与某甲制药公司同类商品上,但某甲制药公司所提交的证据均不足以证明某乙制药公司在其产品外包装上突出使用"保宁"字号并足以造成相关公众对二者来源的误认。某甲制药公司"保宁"商标采用圆圈内的"保宁"变形文字加下方"BAO NING"拼音组合，与某乙制药公司产品外包装上的"保宁"文字相比，二者视觉差异较大。并且，某乙制药公司产品外包装清楚标明了本企业的"金乐"注册商标，使用字号时不仅有"四川保宁制药"简称，还规范使用了其经核准登记的企业名称"四川某乙制药有限公司"，相关公众在销售、购买产品时会清楚认识该产品源于某乙制药公司，不会与某甲制药公司相同或类似产品相混淆。故某乙制药公司字号使用不属于商标侵权行为。最后，某甲制药公司受让"保宁"注册商标时某乙制药公司已经成立，某甲制药公司受让时应当清楚在同一行业的同类商品上其"保宁"商标与某乙制药公司"保宁"字号同时存在的情况。综合以上因素考虑，本院认为某乙制药公司字号使用不构成对某甲制药公司注册商标专用权的侵犯。某甲制药公司上诉理由不成立，本院不予支持。因某乙制药公司企业名称未侵犯某甲制药公司"保宁"注册商标在先权利，某甲制药公司要求某乙制药公司停止使用其企业名称的诉讼请求也不能成立，本院不予支持。本院同时也认为，虽然某乙制药公司企业名称权依法应受保护，但在市场经营活动中，某乙制药公司应当恪守诚实信用原则，遵循应有的商业道德，依法正确、谨慎地使用企业名称，维护公平竞争的市场秩序。综上，原判认定事实清楚，适用法律正确。判决：驳回上诉，维持原判。

⊃ 案例解析

在市场交易环境中，由于商标与商号发挥的作用存在重合，且商标与商号实行分别保护的模式，因此，司法实践中经常出现商标与商号冲突的情况。随着市场经济的发展和竞争的不断加剧，商标与商号权利冲突的情况也越发突出，如何解决商标商号之间的权利冲突问题，对于冲突的双方当事人及社会公众而言意义重大。本案即是商标与商号权利冲突的典型案例之一，本文将基于这一典型案例，对商标与商号权利冲突的相关问题展开研究。

一、商标与商号的概念及其关系

从我国司法实践来看，商标与商号之间的权利纠纷由来已久，在讨论商标商号权利冲突问题之前，有必要先对商标与商号的概念以及两者之间的关系进行简述。

（一）商标与商号的概念

商标是指任何能够将自然人、法人或非法人组织的商品与他人的商品区别开的标志，包括文字、图案、字母、数字、三维标志、颜色组合和声音等，以及上述要素的组合。商标的核心功能在于能够识别商品或服务来源。商号又称字号，是指经营者在经营活动中用来区分自己和其他经营者的特有名称，可以认为商号是经营者人格化的标志，是经营者商业信誉和服务质量特征的重要体现。[①] 也有一些观点将企业名称和商号作同义处理，但严格来说，两者不属于同义，前者的外延明显大于后者，后者是前者的核心部分。

（二）商标与商号的关系

商标和商号均属于知识产权范畴，在市场经营过程中，两者发挥的作用和特点存在一定重合，但也存在一定区别。从两者的相同点来看，两者均为符号，均具有非物质性，能够在市场经营活动中起到区分不同经营主体、进行广告宣传和商品促销的作用，且通常两者都具有表彰商品或服务质量的效果。因此，商标和商号在某些方面发挥着相似的作用。例如，区分不同经营主体、表彰商品或服务质量等，也正是两者的相同之处使得商标和商号经常产生权利冲突。

两者也有不同之处，具体而言：第一，两者的排他性不同。商标的权利范围是全国。商号采用分级登记制度，其权利范围仅限于核定使用的地区，若要超出核定使用地区的，应当重新在目标地区办理登记手续。第二，两者构成要素不同。如前所述，商标的构成要素十分丰富，可以由文字、字母、图案、数字、声音等要素组成。根据《企业名称登记管理规定》（2020 年修订）第 8条的规定可知，商号应当由两个以上的汉字组成，即仅限于文字要素。第三，两者的使用对象不同，商号使用在企业主体上，可以认为是企业的"姓名"。商标使用在商品或服务上，并不直接用于企业主体上，相关公众在认牌购物的情况下，可能并不清楚商品的生产商是谁，只关心商标是否为目标商标。不仅如此，商标权人还可以许可其他经营者主体使用其商标，即使用相同商标的商品可能实际来自不同的商事主体。因此，从这个意义上来看，商号相比于商标而言，与企业主体的联系更为紧密。且一个企业只能拥有一个商号，若想使用其他字号的，应当申请变更登记等手续，而一个企业可以注册多个商标，并可以同时使用在不同商品上。

二、商标商号权利冲突的类型及原因

商标与商号所发挥的相似作用使得两者在实践中的冲突愈加强烈，商标和商号合二为一也成为趋势。例如，有企业将其先注册的商标作为其企业的商

---

① 参见冯晓青主编：《知识产权法》（第 4 版），中国政法大学出版社 2024 年版，第 627 页。

号或将先使用的商号申请商标注册，这种将商标商号一体化的方式有助于提高企业在相关公众中的辨识度。正如有学者指出的，商标商号一体化已经成为现代企业的一种重要的竞争战略，这一战略之所以被越来越多的企业采纳，是因为可以将商标商号各自的优势结合起来，企业在宣传商标的同时也宣传了自己的企业形象，反过来也一样。① 商标商号一体化的趋势也表明若不同经营主体使用相同文字分别注册为商标和商号，则容易导致商标及商号的识别度大大降低，使得知名度较低的企业搭上知名度较高企业的"便车"，因此，商标和商号之间权利冲突问题的协调和解决成为市场经营过程中的当务之急。

（一）商标与商号冲突的类型

商标与商号的冲突通常发生在不同权利主体之间，是指商标权人与商号权人之间因为商标与商号所使用的核心文字相同或相似，容易造成相关公众混淆，从而引发的权利冲突。② 商标与商号的冲突主要表现为两方面：一是在先的商标权与在后的商号权之间的权利冲突；二是在先的商号权与在后的商标权之间的权利冲突。③ 还有观点认为商标与商号的冲突还有第三种表现形式，即商标权与商号权的交叉冲突，是指当他人在先登记的商号和在先注册的商标不相同时，他人在后的商标与在后的商号又分别与在先的商号和在先的商标产生冲突的情况。④

司法实践中，商标与商号冲突的案件屡见不鲜。例如，杭州张小泉公司与上海张小泉刀剪总店等商标侵权及不正当竞争纠纷案（以下简称张小泉案）就属于在先的商号与在后注册的商标之间的冲突。⑤ 又如指导案例成都同德福合川桃片公司与重庆市合川区同德福桃片公司等侵害商标权及不正当竞争纠纷案（以下简称同德福案）则属于在先注册的商标与在后使用的商号之间的冲突。⑥ 从张小泉案和同德福案的共同点可以看出，商标商号的冲突经常出现在企业改制后继续使用原有字号的情况。本案涉及的商标和商号也与前述两个案例相似，涉及地名的使用、当地企业命名惯例、企业改制等因素，因此需要考虑的因素也比一般案件更为复杂。但从冲突的类型来看，本案属于第二类在先商号权与在后商标权之间的冲突。虽然本案"四川某乙制药有限公司"作为企

---

① 参见冯晓青：《企业知识产权战略》（第 4 版），知识产权出版社 2015 年版，第 212 页。

② 参见刘轶男：《论商标权与其他标识性知识产权的权利冲突问题》，载《辽宁师范大学学报（社会科学版）》2007 年第 4 期。

③ 参见郭洪波：《商标权与其他标识性知识产权冲突问题研究》，载《法学》2005 年第 9 期。

④ 参见张欢：《商标权与商号权的权利冲突分析》，载《中华商标》2016 年第 6 期。

⑤ 参见上海市高级人民法院（2004）沪高民三（知）终字第 27 号民事判决书。

⑥ 参见重庆市高级人民法院（2013）渝高法民终字第 00292 号民事判决书。

业名称的登记时间为 1999 年 5 月 6 日，"保宁"商标注册时间为 1985 年，但"四川某乙制药有限公司"是由其前身四川保宁制药厂改制而来，四川保宁制药厂的成立时间早于"保宁"商标的注册时间，故实际上本案的情况属于在先商号权与在后商标权之间的冲突。

（二）商标与商号冲突的原因

商标与商号之间存在冲突的原因是多方面的，从类型化的角度出发，可以认为冲突的原因分为内在原因和外在原因。

1. 内在原因

商标与商号冲突的内在原因主要是商标与商号的基本属性和功能存在内在相似性，且对商标的保护呈现逐渐扩张的趋势，商标不仅发挥着识别来源的作用，还承载着对商标权人的商誉评价。从商誉评价的角度来看，商标和商号基本发挥着相同的功能。具体而言，商标与商号在很多方面存在相似之处，例如，均具有知识产权的非物质属性、均能够起到区分不同经营主体的识别作用、均能够起到保证商品质量的效果、均与经营者的商誉存在密切联系、均能够起到广告宣传作用等。这些相似之处使得商标与商号被不同经营主体分别享有的时候，容易使得消费者混淆来源，影响经营者的商誉，产生权利交叉冲突的情况。也正是因为商标和商号的内在相似性，在制定企业知识产权战略时，通常会建议将商标与商号统一起来，既方便企业管理和维护，也能够集中力量提高企业辨识度。

2. 外在原因

商标与商号冲突的外在原因则涉及多个方面，主要包括经济层面和制度层面等，这些外在因素与商标和商号的内在相似性一起加剧了两者的权利冲突。具体而言，导致商标与商号之间产生冲突的外在原因包括：一是市场经营主体的逐利本性与资源的有限性之间的矛盾。有市场就有竞争，这是市场经营主体的逐利本性所致。但由于能够产生具有竞争优势的资源相对而言比较紧缺，因此，对于同一辨识度较高、具有"市场卖点"的文字，经常出现商标权人和商号权人相互争夺的情况。二是对商号缺乏具有针对性的规定。商号作为企业名称的核心内容之一，一般认为企业名称的相关规定可以适用于商号。但严格来说，商号和企业名称并不等同，目前商号权的保护制度并不健全，从而导致商号与商标产生权利冲突时，没有专门立法对相关问题进行明确，通常需要借助反不正当竞争法加以解决。三是商标和商号没有实行统一保护。有关商标的法律主要规定在《商标法》中，而有关商号的法律主要规定在《企业名称登记管理规定》中，虽然《商标法》第 32 条规定了申请商标注册的，不得损害他人现有的在先权利，第58条规定了将他人注册商标、未注册的驰名商标作为字号使用，误导公众的，依据《反不正当竞争法》的相关规定处理，《企业名称登记管理规定》（2020年修订）第11条第1款第8项规定企业名称不得让公众受骗或产生误解，这些规定对商标和商号权利冲突问题的解决提供了一定依据，但由于商标审查和企业名称审查由不同部门分别负责，且两部门之间并无联合审查制度，也缺乏沟通和协调机制，在审查过程中可能会出现纰漏。知名商标和商号在一定的条件下能够对抗在后的商标或商号的注册或登记，但一些不知名的商标或商号不具有这么强的排他力，这些商标权人或商号权人仍需要通过诉讼的方式解决权利冲突问题。

三、商标商号权利冲突问题的解决途径

如前所述，商标商号存在权利冲突具有内在和外在的原因，要解决商标和商号权利冲突的问题，需要多方面的努力。

（一）完善立法规定

由于目前对于商标与商号权利冲突问题的解决，法律规定得较为分散，且衔接方式还有待完善，要解决商标和商号冲突的问题，有必要先从立法规定入手。

1. 建立商号权专门保护制度

如前所述，目前对于商号权的保护体系尚不健全，并无专门立法，现有法律规定也相对分散且立法层级不一。当商号权人的商号被他人注册为商标时，虽然《商标法》规定了商标注册不得侵害他人在先权利，并规定了侵害他人在先权利的标志获准注册后，相关权利人仍可以依据法律规定提出注册商标无效宣告申请，但提出该申请除非涉案商标属于恶意注册，否则具有5年的期限限制。这意味着，若商号权人在五年内均没有提出，商号权人将无法申请相关部门宣告侵害其商号权的注册商标无效。在该商标与商号冲突的情况下，商号权人只能借助反不正当竞争法。由此，可以看出目前立法对于商号提供的保护力度不如商标，但商号也是值得保护的知识产权，有必要完善商号权的保护机制。

2. 加强不同法律之间的衔接

除了对商号权进行专门保护外，还需要关注不同法律之间的衔接问题。例如，《商标法》规定，对于将在先的注册商标或未注册驰名商标作为字号使用，误导公众的，构成不正当竞争行为的，依照反不正当竞争法的规定处理。现行《反不正当竞争法》并未对这一规定作出对应的衔接规定，只能依据《反

不正当竞争法》（2019 年）第 6 条的兜底条款或第 2 条原则性条款进行规制。但根据《最高人民法院关于审理商标民事纠纷案件适用法律若干问题的解释》（2020 年）第 1 条第 1 款第 1 项的规定可知，将与他人注册商标相同或相近似的文字作为企业的字号突出使用在相同或类似商品上的，容易使相关公众产生误认的，属于《商标法》规定的"给他人注册商标专用权造成其他损害的行为"，即根据这一司法解释，这一行为属于商标侵权行为。虽然商标侵权行为与不正当竞争行为之间并无排斥关系，但对于将与注册商标相同或相近似的文字用作商号的，可以同时适用不同法律规定，实际上是立法较为分散，且衔接不足所致。

（二）司法裁判应遵循的基本原则

由于现有规定对于商标和商号冲突问题并未给出具体的解决办法，司法实践中商标和商号冲突问题的解决通常需要借助一些原则性规定进行判断。

1. 保护在先权利原则

保护在先权利原则是指在商业标识发生冲突时，应保护最先合法取得的商业标识权利，[1] 这一原则在许多法律中均有规定。例如，商标法明确规定商标注册不得侵犯他人在先权利，因此若商号登记在先，可以主张与其商号相同或相似的商标无效。同时，商标法还规定了商标注册后，他人将与注册商标相同或相近的文字登记为商号的是商标侵权行为，即在先注册的商标可以对抗在后登记的商号。因此，保护在先权利原则是处理商标和商号冲突的一项基本原则。

2. 禁止混淆原则

无论是商标法还是反不正当竞争法，均禁止混淆，对于商标和商号这类具有识别意义的商业标识而言，禁止混淆是不同商事主体均应当遵守的原则。禁止混淆原则通常要求商事主体不得突出使用与他人相同或相似的商业标识。本案中，一审法院和二审法院均认为由于某乙制药公司并无突出使用的行为，因此某乙制药公司的使用行为不会造成相关公众混淆。

3. 利益平衡原则

在商标与商号产生权利冲突的情况下，遵循利益平衡原则也是解决权利冲突问题的有力方式。利益平衡原则要求法院在解决商标和商号冲突问题时，应当考虑双方的实际使用情况、造成的客观影响以及是否存在历史渊源等因

---

[1]　参见孙双秀、王金贵：《试论商业标识权利冲突的解决原则》，载《社科纵横》2006 年第 10 期。

素，并进行综合判断，在衡量多方因素后，按照诚实信用原则、公平原则等市场竞争基本原则进行裁判，在维护公共利益的前提下，避免当事人双方之间出现利益失衡的情况。实际上，商标共存的情况也多次被司法实践所肯定。[①] 这意味着在多方主体权利均需要受到保护时，允许商标共存也是利益平衡原则的体现。举重以明轻，连相同的商标都可能存在共存的情况，存在一定差异的商标和商号共存也具有可行性。

本案中，由于"保宁"是四川省阆中市的代名词，当地很多企业均用"保宁"命名，且某乙制药公司是由原有的四川保宁制药厂改制而来。某乙制药公司使用"四川某乙制药有限公司"的企业名称并无恶意，符合诚实信用原则。在某甲制药公司注册的"保宁"商标受到商标法保护的同时，允许某乙制药公司继续在其企业名称中使用"保宁"也不违背公平原则。因此，某乙制药公司并不构成商标侵权行为或不正当竞争行为。但正如二审法院所指出的，某乙制药公司在后续的使用过程中，仍应恪守诚实信用原则，遵守商业道德，谨慎使用其商号。

四、结论

商标和商号权利冲突的问题由来已久，要解决这一冲突，需要立法和司法都做出一定努力，即立法上需要完善相关法律制度以及衔接机制，司法上需要遵循基本原则，考虑多方因素，进行综合判断。本案的启示在于，对于商标与商号的权利冲突问题，司法实践中需要考虑各方权利主体的实际使用情况、是否存在历史原因等，并依据诚实信用、维护公平竞争和保护在先权利等原则进行综合判断。在允许商标和商号共存时，双方当事人还应当注意标注方式，恪守诚实信用原则和商业道德，避免产生混淆。

---

① 参见罗莉：《信息时代的商标共存规则》，载《现代法学》2019 年第 4 期。

商标与商号冲突类型化研究

——某实业有限公司与某建材有限公司侵犯商标专用权纠纷案

/ 马彪

➲ 本案要旨

行为人使用商号侵犯他人注册商标权判定的基本规则为将与他人注册商标相同或者相近似的文字作为企业字号在相同或者类似商品上突出使用，容易使相关公众产生误认。商品相同或类似是指在功能、用途、生产部门、销售渠道、消费对象等方面相同或类似，或者相关公众一般认为其存在特定联系、容易造成混淆的商品。行为人先于商标注册日前就商号进行商标性使用，并建立起商号与商品联系的，商标法对此部分商号通过在先使用权的方式予以保护。

➲ 案件信息

上诉人（一审原告）：某实业有限公司
被上诉人（一审被告）：某建材有限公司
案号：上海市第二中级人民法院（2009）沪二中民五（知）初字第26号、
上海市高级人民法院（2010）沪高民三（知）终字第44号

➲ 上诉主张及理由

上诉人诉称：（1）原判认定事实存在根本错误。纤维素浆不是木浆、纸浆；本案熟胶粉与纤维素浆是类似商品；某实业有限公司使用"好美家"注册商标的商品是熟胶粉；某建材有限公司使用"好美家"商标销售熟胶粉。（2）原判适用法律存在根本错误。某实业有限公司依法使用合法注册的"好美家"商标，某建材有限公司使用"好美家"商标销售的商品与某实业有限公司使用"好美家"商标的产品相同；某建材有限公司对"好美家"文字拥有的是企业名称权，不能对抗某实业有限公司的注册商标权；某建材有限公司对其字号享有的在先权不能对抗某实业有限公司的注册商标权；某建材有限公司对某实业有限公司商标侵权行为存在明显恶意。据此，请求二审法院撤销原判，改判支持某实业有限公司一审诉请，本案诉讼费用由某建材有限公司承担。

被上诉人辩称：纤维素浆和熟胶粉不相类似，纤维素浆是纸浆类商品；某建材有限公司对"好美家"享有在先权利；不能将双方产品进行比对；某实业有限公司未能证明其产品在江浙沪进行销售，具有知名度；某实业有限公司恶意抢注"好美家"商标。据此，原审认定事实清楚，适用法律正确，上诉缺乏事实依据，请求驳回上诉。

➔ 一审法院查明的事实

原告某实业有限公司成立于 1999 年 6 月 15 日，经营范围为批发和零售贸易。加工、制造：黏合剂、涂料、日用塑料制品等。

2003 年 5 月 14 日，原告某实业有限公司将"好美家"文字向国家工商行政管理总局商标局（以下简称国家商标局）申请商标注册。2005 年 2 月 21 日，国家商标局向原告颁发了第 35××568 号《商标注册证》，该注册证载明：核定使用商品为第 1 类（工业用黏合剂；工业用胶；非文具、非家用胶水；氯丁胶；纤维素浆；皮革黏合剂；防火制剂；胶木粉；未加工人造树脂）。

被告某建材有限公司成立于 1998 年 4 月 14 日，当时登记的企业名称为"上海某建材有限公司"。经营范围为销售建筑材料、五金产品、工艺美术品、家具、包装材料、陶瓷制品、室内装潢、日用百货等。2002 年 1 月 10 日，上海市工商管理局虹口分局核准更名为"某建材有限公司"。2006 年核发的被告的《企业法人营业执照》载明，注册资本为人民币（以下币种同）3.45 亿元。

2008 年 9 月 16 日，原告某实业有限公司在被告某建材有限公司购买了两盒熟胶粉，并当场取得收银条和发票。在熟胶粉的包装盒上，"好美家"文字使用的具体情况如下：在包装盒正面和反面的左上方均印有"好美家"、在下方均印有"某建材有限公司"、在侧面均印有"好美家熟胶粉"、在仰面印有"好美家"；在收银条和发票上则分别有"好美家熟胶粉"、单价为人民币 16.50 元和"好美家超浓缩熟胶粉"、单价为人民币 24.90 元等文字。上海市闵行公证处对上述购买过程进行了公证，对所购产品予以封存，并出具了（2008）沪闵证字经第 3021 号公证书。

原告某实业有限公司在起诉时提供的证据显示，其在上海市的九某建材市场和恒某建材市场等处销售的熟胶粉的包装袋上使用了涉案商标和"高士"

注册商标。

与原告某实业有限公司相关的事实。1997 年 5 月 28 日，国家商标局向案外人广州市荔湾区德某实业公司颁发了第 10××116 号《商标注册证》，授予"好美家"为注册商标，该注册商标核定使用商品为第 1 类（黏合剂，熟胶粉，胶木粉，墙纸黏合剂）。2004 年 4 月，该注册商标转让给原告的法定代表人莫某全，同时，莫某全将该注册商标许可给原告使用。

与被告某建材有限公司相关的事实。（1）被告于 2002 年 3 月 12 日在广州市设立了一家子公司即"广州友谊某建材有限公司"（后更名为"广州广天某建材有限公司"）。截至 2003 年 5 月 14 日，被告在上海市、北京市、广州市、南京市、武汉市、深圳市、合肥市、成都市、宁波市、青岛市已拥有子公司 20 余家。（2）被告 1999 年的营业收入约为 9825 万元，2000 年的营业收入约为 4.2 亿元，2001 年的营业收入约为 6.42 亿元，2002 年的营业收入约为 8.7 亿元，2003 年的营业收入约为 12 亿元，2004 年的营业收入约为 15.5 亿元，以后又逐年递增。（3）被告从成立起先后通过《中国商报》《解放日报》《新民晚报》《生活周刊》《新闻晨报》《新闻晚报》《青年报》《房产周刊》《南方都市报》《羊城晚报》《南方日报》《京华时报》《青岛早报》等二十余家报刊和广播电台及网络（如搜狐焦点网、东方网）等各种媒体进行广告宣传。被告 1998 年的广告费用约为 6 万元、1999 年的广告费用约为 67 万元、2000 年广告费用约为 138 万元、2001 年至 2002 年的广告费用约为 710 万元、2003 年广告费用约为 1174 万元、2004 年广告费用约为 1578 万元，以后又逐年大幅递增。

被告提供的网页显示：2004 年 12 月 16 日，案外人武汉爱某商贸有限公司将"AIDI 爱迪"文字申请商标注册（国际分类号 2）；国家商标局于 2008 年 3 月 21 日予以授权；熟胶粉类似群为 0205。

➲ 一审法院判决理由与裁判结果

首先，纤维素浆与熟胶粉不是同一种商品。其次，关于纤维素浆与熟胶粉是不是类似商品的问题。本案中，纤维素浆在《类似商品和服务区分表》中与木浆、纸浆一起，安排在 0116 类似群"纸浆"类商品里。木浆、纸浆是一种主要用于造纸的原料。而被告在其生产和销售的熟胶粉的包装盒上明确注明"好美家熟胶粉"是一种"采用优质进口原粉，和水泥、石膏粉等混合后使用，能大幅度提高黏合力和保湿性"的产品。由此可见，纤维素浆与熟胶粉两者的功能和用途不同。纤维素浆的消费对象主要是企业，主要的销售渠道是在化工原料市场进行批发，而被告生产和销售的熟胶粉的消费对象主要是进行装潢的个人和单位，主要的销售渠道是在建材市场进行零售。由此可见，两者的消费对象、销售渠道也不相同。另外，原告也未提供纤维素浆和熟胶粉系相同部门生产，以及相关公众一般认为纤维素浆与熟胶粉存在特定联系、容易造成混淆的证据。据此，原审法院认定纤维素浆与熟胶粉不是类似商品。由于纤维素浆与熟胶粉不是类似商品，所以，被告在其生产和销售的熟胶粉的包装盒、收银条和发票上使用"好美家"文字的行为，未违反我国《商标法》第52条第1项的相关规定。所以，被告的上述行为不构成对原告涉案注册商标专用权的侵犯。

另外，本案被告于1998年4月14日成立，当时的企业名称为"上海某装饰建材有限公司"，2002年1月10日经工商部门批准更名为现在的"某建材有限公司"。即从被告成立时至今，被告一直将"好美家"文字作为其企业名称中的字号使用。而原告于2003年5月14日才将"好美家"文字申请注册商标，2005年2月21日才得到国家商标局的授权。由此可见，被告将"好美家"文字作为字号使用的时间早于原告将"好美家"文字申请商标注册和得到授权的时间。据此，原审法院确认被告对其企业名称中的字号即"好美家"文字享有在先权，该合法权利受我国法律的保护。同时，由于被告提供的证据证明如下事实：（1）被告从成立时起至2003年5月，已在上海市、北京市、广州市、南京市、武汉市、深圳市、合肥市、成都市、宁波市、青岛市拥有了子公司超20家；（2）被告在1999年的营业收入就约为9825万元，之后又逐年大幅递增，到2003年被告的营业收入已达约12亿元；（3）被告从成立时起就通过报刊杂志、电视台、广播电台等媒体进行广泛和持续的广告宣传，到2003年被告投入的广告费用已达约1174万元，之后又逐年大幅递增；（4）被告在2003年年底前已先后获得了诸多的荣誉，如"2000年中国建筑五金行业优秀企业"、2002年名列"中国连锁百强第54名"、1999年至2003年连续获得上海市人民政府颁发的"上海市文明单位"称号等。据此，原审法院确认，在2003年5月之前，"好美家"作为被告企业名称中的字号，在全国范围内已有高知名度。而且，被告在其熟胶粉的包装盒上使用"好美家"字样的同时，还注明了被告的企业名称和公司的地址、电话等，相关公众在被告处选购熟胶粉，也能够知晓该熟胶粉为被告的产品。

综合上述事实，被告在其生产和销售的熟胶粉的包装盒、收银条和发票上使用"好美家"文字，主观上没有与原告的"好美家"商标混淆的恶意。该行为未违反我国《反不正当竞争法》关于"经营者在市场交易中，应当遵循自愿、平等、公平、诚实信用的原则，遵守公认的商业道德"的规定。

一审法院判决：驳回原告某实业有限公司的诉讼请求。

● 二审法院判决理由与裁判结果

未经商标注册人的许可，在同一种商品或者类似商品上使用与其注册商标相同或者近似的商标的行为，构成我国商标法规定的注册商标专用权侵权行为。本案中，某实业有限公司主张某建材有限公司在熟胶粉产品包装及收银条、发票上使用"好美家"文字，侵犯了其注册在纤维素浆商品上的"好美家"注册商标，那么其首先应证明某建材有限公司生产的熟胶粉产品与其注册的纤维素浆商品属于同种或类似商品。

对于上诉人某实业有限公司关于原判认定事实存在根本错误、熟胶粉与纤维素浆是类似商品的上诉理由，本院认为，类似商品，是指在功能、用途、生产部门、销售渠道、消费对象等方面相同，或者相关公众一般认为其存在特定联系、容易造成混淆的商品。根据国家2002年8月发布的《类似商品和服务区分表》，0116类"纸浆"类商品分类下，共有3种商品，分别是木浆、纸浆和纤维素浆，故在商标注册的商品分类中，纤维素浆类商品隶属于纸浆类商品，应主要用于制造纸类商品，是木浆和纸浆的类似商品。而熟胶粉则是在建筑墙面处理中，与水泥用灰浆等混合使用的添加剂，起到增加黏稠度和顺滑度的作用。用于造纸的纤维素浆的消费对象主要为专业的纸类产品生产企业，一般通过工业原料市场等专门的销售渠道进行销售；而熟胶粉的销售对象为有建筑装潢需要的企业或个人，一般通过建材超市、建材市场等销售渠道进行销售。因此，两者在功能、用途、生产部门、销售渠道、消费对象等方面均有明显区别，相关公众不会认为两者存在特定联系并容易造成混淆，故本院认为，纸浆类下属的纤维素浆和熟胶粉并不构成相同或类似商品。至于某实业有限公司在庭审中抗辩所称的纤维素概念，属于有机化学分类中的一大类，与本案争议的用于造纸的纤维素浆的概念并不相同。此外，某实业有限公司抗辩称其亦在熟胶粉上使用"好美家"注册商标，对此本院认为，注册商标的专用权，以核准注册的商标和核定使用的商品为限，某实业有限公司在本案中依据其在纤维素浆等商品上注册的"好美家"注册商标起诉，本院则应以其被核准的商标实样和核定使用的纤维素浆等商品为审查依据，至于某实业有限公司在熟胶粉上使用"好美家"注册商标的情形，不能作为本案商标侵权诉讼的权利依据，与本案商标侵权纠纷亦无关联。综上，本院认为，熟胶粉与纤维素浆并非同种或类似商品，原判对此事实的认定并无不当。上诉人此项上诉理由，本院不予支持。

对于上诉人某实业有限公司关于原判适用法律存在根本错误之上诉理由，本院认为，鉴于某建材有限公司生产的熟胶粉与某实业有限公司"好美家"商标注册的纤维素浆商品并非同种或类似商品，因此，某建材有限公司在熟胶粉商品的包装及收银条、发票上使用"好美家"文字，并不构成未经商标注册人的许可，在同一种商品或者类似商品上使用与其注册商标相同或者近似商标的注册商标专用权侵权行为，并未侵犯某实业有限公司在纤维素浆等商品上依法享有的"好美家"注册商标专用权。因此，上诉人某实业有限公司此项上诉理由，本院亦不予支持。

二审判决：驳回上诉，维持原判。

⊃ 案例解析

一、商标与商号的冲突概述

（一）冲突根源——基于商业标识的识别功能

商标与商号同属于商业标识，用于在一定地域内建立经营者和特定事物的联系。商号是一个企业的商业活动与其他企业的商业活动区别开来的标记；而商标则是通过在特定标识和特定物品之间搭建桥梁，使消费者和相关公众能够按标购物，建立起关于特定标识的商誉。

之所以会产生商标与商号的冲突，关键就是识别功能的重合。借助符号理论，商标或商号作为一种符号，体现的是在某事物代表某事物的规定中两个事物间相互依存的关系，缺乏任意一方面均不构成商号。能指是符号形式，即标志形式；与此对应的是所指，即商号所表达的信息内容。观照社会现实，实际上很多企业在经营过程中，并未明确区分使用商号和商标，往往构成混同，或者是构成实质性相同。这就很容易产生在符号所指的对象中，商品或服务类别和特定经营者的混同，这也就是产生冲突的理论根源。比如说生活中常见的海尔空调，其既能指经营生产海尔空调的海尔公司，也可以指称使用海尔空调商标的那些产品。

（二）概念辨析——商号与商标的差异分析

商号与商标在事实层面的混用，亟须法律精细化地分析，以准确、明晰地适用法律规则。

第一，表现形式不同。按照《企业名称登记管理规定》第8条的规定，商号应当由两个以上的字组成，只能用汉字来表示。数字、图形、拼音、英文字母等都被排斥在外。而商标的表现形式是复杂多样的，根据《商标法》的规定，文字、图形、字母、数字、三维标志和颜色组合，以及上述要素的组合，均可作为商标进行注册。随着社会的发展，其他具有识别功能的标识，如 QQ 登录的特定声音也被注册为商标，部分国家还承认气味商标的合法性。

第二，功能不同。商标主要是用来区别商品的，代表着商品的信誉，必须与其所依附的某些特定商品相联系而存在，其所指与能指的关系建立在标志和特定商品之间；商号主要是用来区别企业的，代表着厂商的信誉，必须与商品的生产者或经营者相联系而存在，[①] 而其所指与能指的关系存乎于标志和特定厂商企业之间。

第三，保护规则不同。在注册制度下，商标须经申请审批注册程序才能获得完整的排他权利，未经注册的商标的保护程度和范围受到限制；而对于商号而言，如果商号经过登记成为企业名称，则可以受到《企业名称登记管理规定》和《反不正当竞争法》等法律的保护，若该商号仅仅是长期使用并获得一定影响，并未进行登记注册，则仅能作为未注册商业标识获得《商标法》或者《反不正当竞争法》的保护。

第四，效力范围不同。注册商标在全国范围内有效，根据《商标国际注册马德里协定》在缔约国具有优先权，且基于维持注册制度有效性，《商标法》亦规定对于商标无效和异议的除斥期间；但商号登记仅在登记机关所管辖范围内有效，且因其并不需要维持注册制度的稳定性和可预期性，其商号的维持和无效较为简单。

第五，保护期限不同。注册商标期限为 10 年，可续展；而商号的存续与企业绑定。

（三）冲突协调——实现权利的利益平衡

在完善法治环境，进一步推进营商环境建设的大背景下，商标和商号作为一种商业标识权，是经营者的受法律保护的"脸面"，是长期经营并积累商业评价的"台面"。冲突的出现源于功能重合和商业习惯的内在张力，通过将问题实现制度内部的化解，是实现利益平衡、维护市场公平竞争秩序的关键所在。

商标保护归属于商标法，商号保护更多在反不正当竞争法范畴内讨论。因此，谈论商标和商号的协调与平衡，讨论商标法和反不正当竞争法的关系成

---

① 邹伟明：《浅论商号权的救济》，载《中国工商管理研究》2007 年第 5 期。

为题中应有之义。一般而言，商标法和反不正当竞争法的主流观点认为反不正当竞争法实行对商标法的兜底保护，对商标法无法保护的对象，反不正当竞争法依据诚实信用原则，以维护市场正常竞争秩序为目的进行保护。

作为商业标识的不同类型，商标和商号的关系协调应当遵循商业标识的识别功能的客观规律，把握商标法和反不正当竞争法就商业标识所共同保护的目标和遵守的原则，即保护在先权利，保障权利人的在先合法权益；禁止商标混淆，稳定所指和能指的联系，防止市场中恶意抢注和"搭便车"行为窃取商业利益。此两项原则构成了商业标识相关法律的核心，应当认真理解和把握。

二、商号与商标冲突的处理原则

（一）保护在先权利

对于在先使用并具有一定影响的商号，他人不当抢注商标的行为违反诚实信用原则，基于保护在先权利的原则，商号权人可以请求停止使用或赔偿损失等要求。但在法律适用过程中，应当注意在先权利的界定问题，一是在先权利时间上的"在先性"；二是在先权利的"合法性"；三是在先权利的"知名度"。

1. 在先性

"在先性"是对在先权利最基本的要求，即只有该权利形成于争议商标申请注册前，才有可能制止后续商标申请中对其权利的侵犯。以"常奥案"[①]为例，在判决书中法官尽管承认常奥公司自2014年至今多次在马拉松、排球联赛中突出使用了"常奥"标志，可以证明其"常奥"字号在组织体育比赛等服务上具有一定的知名度，但是由于其晚于被告2013年的注册时间，故否认其存在在先商号权。

2. 合法性

在先权利的"合法性"指的是在先权利必须是合法有效存在的，而非处于权利基础不稳定的状态，也不能为窃取他人权利所获得的利益，如窃取他人知名商标或标志装潢产生的商号利益，因其权利来源不合法，在主张权利请求时会因缺乏合法性基础而被驳回。

3. 知名度

知名度是在先权利需要具备的三要素中最关键的要素。一般来说，在先商号权、在先姓名权只能规制与其知名领域相同或近似领域的商标注册使

---

① 常奥公司诉国家知识产权局无效宣告（商标）案，北京市高级人民法院（2019）京行终2998号行政判决书。

用，且"姓名权""商号权"等在先权利的知名度需要形成于争议商标申请注册前。在"MARCELO BURLON 案"①中，法院指出，"马塞洛公司提交的有关'MARCELO BURLON'先生及'MARCELO BURLON'品牌产品的介绍等证据，大部分证据的形成时间晚于诉争商标申请日，或系该品牌在香港特别行政区的宣传报道，不足以证明在诉争商标申请日之前，'MARCELO BURLON'先生已经在中国为相关公众广泛知悉"，基于此，法院驳回了马塞洛公司的诉求。

（二）禁止混淆

混淆可能性属于柔性规则，需要根据个案认定，而其判定参考因素则更为多样化。我国亦提出具体客观因素予以参考，《商标授权确权行政案件规定》第12条第1款规定："……人民法院应当综合考量如下因素以及因素之间的相互影响，认定是否容易导致混淆：（一）商标标志的近似程度；（二）商品的类似程度；（三）请求保护商标的显著性和知名程度；（四）相关公众的注意程度；（五）其他相关因素。"

相关公众注意程度中的"相关公众"，应理解为包含商标所标识的某类商品或者服务有关的消费者和与前述商品或者服务的营销有密切关系的其他经营者。至于注意程度的理解，应当以合理谨慎消费者的一般注意义务为标准。

商品类似性在形式上应当参照《商标注册用商品和服务国际分类表》《类似商品和服务区分表》文件进行分析判断，若出现类别不一致的情况，则实质上主要依据的是对商品的功能、用途、消费渠道、销售对象、销售场所的比对，以及服务的内容、方式、对象、场所等方面的比对。

商标近似性的判断方法遵循《最高人民法院关于审理商标民事纠纷案件适用法律若干问题的解释》的规定，以相关公众的一般注意力为标准；既要对商标整体进行比对，又要对商标主要部分进行比对，比对应当在比对对象隔离的状态下分别进行；判断商标是否近似，应当考虑请求保护注册商标的显著性和知名度。

显著性和知名度越高留给消费者的印象就越高，尤其在争议标识和引证标识知名度相差较大的情形下，该要素可以作为商标混淆可能性判断的核心。知名度是商标权人在市场经营过程中投入大量的精力和成本积攒的商誉，知名度越高其承载的商誉价值就越高，获得法律保护力度也随之扩张。商标显著性包括固有显著性和获得显著性，消费者得以通过该标志识别信息来源。根据显

---

① 马塞洛公司诉国家知识产权局无效宣告（商标）案，北京市高级人民法院（2019）京行终1532号行政判决书。

著性的大小将商标分类为臆造商标与任意商标、暗示商标、描述性商标和通用标志，保护范围和程度与商标类型及其对应的显著性成正比关系，如臆造性商标因其显著性较高，其获得保护范围较之于描述性商标高。

三、商号与商标的冲突类型化分析

（一）先注册商标，后使用商号

将他人商标作为企业名称中的字号使用，《最高人民法院关于当前经济形势下知识产权审判服务大局若干问题的意见》（法发〔2009〕23号）作出区分：（1）在相同类似商品上突出使用，容易使相关公众误认的，构成侵害商标权行为，依照《商标法》处理；（2）未突出使用，但误导公众，构成不正当竞争行为，依照《反不正当竞争法》处理。

无论是《商标法》还是《反不正当竞争法》路径，都将混淆可能性作为最终判断要素，并综合考虑商标相似性、商品相似性等要件。其中，是否突出使用引发了法律适用的分歧。江苏省高级人民法院在"南京雪中彩影案"[①]中指出，"突出使用"是指企业名称中，与注册商标文字相同或相近似的字号在字体、大小、颜色等方面突出醒目，使人在视觉上产生深刻印象的使用行为。值得注意的是，相较商标法路径，在适用《反不正当竞争法》时，法院大多重点论证诚实信用和商业道德规则，以证明使用人的主观恶意。在"华润案"中，法院认定华润某公司在注册成立时没有合理避让华润集团公司已有在先权益，而仍选择"华润"作为字号，并在后续经营活动中持续、大量予以使用，法院认为其在主观上难谓善意，有违诚实信用原则和公认的商业道德。[②]

商号并非如商标权一致，采取严格的注册制并具有全国性公示效力，因此并无为保证商号稳定性而设立的五年争议期制度。根据《企业名称登记管理规定》的规定，已经登记注册的企业名称，在使用中对公众造成欺骗或者误解的，或者损害他人合法权益的，应当认定为不适宜的企业名称予以纠正。

（二）先使用商号，后注册商标

商标抢注在先知名商号按照在先权利保护的规定进行界定。需要注意的是，为维护商标注册制度的稳定，一般不可请求宣告经过五年争议期的注册商标无效。否则，将导致商标注册制度形同虚设，不仅严重降低审查效率、提高审查注册成本，而且会给商标稳定性和可预期性带来不小的挑战，进而降低

---

① 参见《最高人民法院公报》2006年第5期。
② 华润集团公司与杭州某广告有限公司、东阳市某有限公司侵害商标权案，浙江省杭州市中级人民法院（2017）浙01民初1328号民事判决书。

社会公众对商标注册制的信赖程度。与此同时，在我国商标注册制度下，也应重视商标性使用的重要价值和意义。商标所建立的商品与提供者之间的联系源于长时间的商标性使用，而商标法有关制度对此种长期投入所形成的商誉价值需要提供充分的保护，以实现商标注册与商标使用之间的动态平衡。

根据现行《商标法》第45条第1款规定，如果注册商标存续期未超过五年，在先权利人或者利害关系人可以请求宣告该注册商标无效。《商标审查及审理标准》中规定，将他人在先登记、使用并具有一定知名度的字号相同或者近似的文字申请注册为商标，容易导致相关公众混淆，致使在先字号权人的利益可能受到损害的，应当认定为对他人在先字号权的损害，系争商标应当不予核准注册或者予以无效宣告。

虽然注册商标存续期间超过五年，但由于注册商标会持续性对商号权人的财产利益造成损害，因此必须采取一定的禁止措施。注册商标人应进行明确、区分性使用，通过一定的合理方式从而足以阻断公众对原、被告之间的关联性产生联想，如在媒体、报纸和后续产品上进行大范围的、集中的、规模化的区别性提示等合理方式。

（三）历史原因产生冲突

我国有着诸多老字号企业，但鉴于历史渊源由来已久，缺乏实物考证等原因，当今市场上存在老字号与商标冲突的情况。对此，最高人民法院在《关于当前经济形势下知识产权审判服务大局若干问题的意见》（法发〔2009〕23号）第10条中指出，对于因历史原因造成的注册商标与企业名称的权利冲突，当事人不具有恶意的，应当视案件具体情况，在考虑历史因素和使用现状的基础上，公平合理地解决冲突，不宜简单地认定构成商标侵权或者不正当竞争；对于权属已经清晰的老字号等商业标识纠纷，要尊重历史和维护已形成的法律秩序。

对于由历史原因所产生的老字号商号和商标间的冲突，重点考虑行为人使用商业标识时主观恶意和商业标识所产生的市场知名度影响，平衡历史渊源因素和现有市场格局，最终作出更换名称、区分标注等不同程度的纠正措施。在"张小泉案"① 中，法院指出，应当在考虑特定的历史背景的前提下，根据公平、诚实信用原则以及保护在先取得的合法权利的原则来处理本案。具体而言，对于具有经过长时间经营所产生的商誉价值的老字号，应依据《商标法》

---

① 杭州张小泉某公司与上海张小泉某公司、上海张小泉某店侵害商标权案，上海市高级人民法院（2004）沪高民三（知）终字第27号民事判决书。

对在先权利给予保护以及《反不正当竞争法》对企业名称给予保护。同样地，对于以善意目的使用商号且产生了一定影响的注册商标，法律也要尊重既有的市场格局。此种善意目的要考虑使用老字号时是否对其进行客观、全面、包容介绍，而非仅突出使用老字号恶意窃取不正当利益。

四、结论

商号是区分商事主体的标记，而商标是表明商品或服务来源的标志。由于商号与商标在表现形式和商业功能上存在相似性，都在于提供识别符号、引导消费者选择，实践中常出现因商标与商号的权利冲突引发的纠纷。在处理相关纠纷中，应坚持保护在先权利、禁止混淆原则，根据案件实际情况，将权利冲突情况类型化为先使用商标、后注册商号，先使用商号、后注册商标和因历史原因产生冲突等情形，并形成差异化认定思路。

注册商标专用权与企业字号名称权冲突之解决

——北京某食品公司与桂林某食品公司侵害商标权纠纷上诉案

/ 林艺婷

⊃ 本案要旨

解决注册商标专用权与企业字号名称权的冲突，需要本着尊重历史的原则，认定被告使用的字号名称是否侵害在先的注册商标专用权，应当按照公平、诚实信用和保护在先取得的合法权利的原则加以处理。同时，需要基于案件中被告使用行为是否存在攀附原告注册商标商誉，是否具有主观恶意等因素加以判定。此外，为了防止消费者在市场中混淆原被告提供的产品，促进公平竞争秩序的构建，对于被告核准登记的企业名称也要求规范使用，具体标准是消费者能够在相同或者类似商品上区分注册商标与字号名称。

⊃ 案件信息

上诉人（一审原告）：北京某食品公司

被上诉人（一审被告）：桂林某食品公司

案号：广西壮族自治区桂林市中级人民法院（2011）桂市民三初字第 9 号、广西壮族自治区高级人民法院（2012）桂民三终字第 19 号

⊃ 原被告主张及理由

原告北京某食品公司诉称：原告前身为广西桂林腐乳厂，2006 年 1 月由北京某食品集团公司改制而成，主要生产"花桥"牌腐乳等系列知名品牌产品，是广西最大的腐乳、腐竹生产企业。"花桥"腐乳历史悠久、闻名中外，被誉为"桂林三宝"之一。原告公司的前身桂林腐乳厂于 1966 年 2 月 27 日向国家工商总局申请注册使用在腐乳上的"花桥牌"商标，1979 年核发了第 3××6 号的"花桥牌"商标注册证。1993 年 3 月，国家工商行政管理总局给

桂林腐乳厂颁发了使用在豆腐乳上的第11××27号"花桥牌"商标注册证。1999年12月，第11××27号"花桥牌"商标注册人名称变更为广西壮族自治区桂林腐乳厂，2006年7月又变更为北京某食品公司。原告生产的"花桥牌"白腐乳经过多年传承发展，具有较高知名度，为相关公众所知晓。从1999年至今，原告公司的"花桥"（白腐乳）商标连续三次被认定为广西著名商标。被告桂林某食品公司生产的250克"香和"腐乳，在其商标"香和"下方突出标注"花桥食品系列"字样，误导消费者认为其为腐乳产品的商标，被告公司的行为构成侵犯原告"花桥"腐乳的商标专用权，严重误导了消费者的选择。

被告桂林某食品公司辩称：被告于1965年依法获准"花桥"商标注册，商标图样为花桥图形及仿宋印刷体文字"花桥牌"，使用至今，1991年至今为广西壮族自治区工商局认定的"优秀注册商标"及"广西著名商标"。花桥为桂林著名景点之一，被告公司原地址位于花桥头，故"花桥"商标及公司字号有其内在联系。原告于1979年获准注册的商标，图样中花桥图形为完全摹仿被告花桥图形，图样中文字为"桂林红桥"，1993年后至今，变更为仅有花桥图形而无任何文字。长期以来，原告在其商品瓶贴包装上使用的商标图样，大量冒用其注册商标中没有的"花桥牌"文字名称，严重侵犯了被告的商标中"花桥牌"名称的专用权，现在原告反而污蔑被告侵权，严重毁损了被告的良好商誉。

上诉人北京某食品公司上诉称：一审忽略了"花桥"牌商标的知名度以及其作为广西著名商标所具有的禁止他人作为商品名称和字号使用的权利，且认定原桂林酱料厂的第4××96号"花桥"牌辣椒酱商标于2001年被国家工商总局核准换发新证为第160××59号商标注册证存在认定事实不清；认定桂林某食品公司在其生产腐乳的标贴和瓶盖使用"花桥食品""花桥食品系列"文字未构成法律上"突出使用"情形在理解和适用法律上存在明显错误，因此上诉请求撤销一审判决并改判。

被上诉人桂林某食品公司答辩称：（1）北京某食品公司于1979年获准注册的商标，图样中花桥图形完全摹仿桂林某食品公司花桥图形，图样中文字为"桂林红桥"；1993年后变更为仅有花桥图形而无任何文字。（2）北京某食品公司摹仿桂林某食品公司商标图形，冒用"花桥牌"文字名称，变造商标注册证书，损毁桂林某食品公司商誉。（3）桂林某食品公司未将"花桥"文字作为香和牌腐乳产品的商标使用，其在产品瓶贴标识及包装上使用"花桥食品"及"花桥食品系列"为商务宣传用语且已于2008年停止了使用。北京某食品公司的主张无事实和法律依据。

⇒ 法院查明的事实

一、关于原告北京某食品公司及其注册商标的事实

北京某食品公司的前身为桂林腐乳厂，于1979年8月28日被核发第3××6号商标注册证，在豆腐乳产品上使用"花桥"商标，所附文字为"红桥商标"。后该证经国家工商总局变更为第11××27号商标注册证，商标为"花桥牌"，所附图形上文字"花桥商标"中的"花"字明显为"红"字手写改写而成，而该图形下方另有一花桥图案商标，未有任何文字。1999年12月7日，第11××27号商标注册人名称变更为"广西壮族自治区桂林腐乳厂"。2003年2月27日，第11××27号商标续展注册，有效期从2003年3月1日至2013年2月28日。2006年1月，原广西壮族自治区桂林腐乳厂与北京某食品集团公司联合改制为北京某食品公司。同年7月31日，第11××27号商标变更注册人为北京某食品公司。

北京某食品公司的前身桂林腐乳厂是广西最大的腐乳生产企业，"花桥"腐乳历史悠久、中外闻名，是"桂林三宝"之一，花桥牌瓶装腐乳自1979年以来连续被评为广西优质名牌产品，1980年荣获广西"著名商标"，1982年、1983年、1987年3次获轻工部优质产品证书，1983年和1988年荣获国家银质奖。

2010年，国家工商总局商标局在给广西壮族自治区工商局的商标监字（2010）第98号《关于"花桥牌"文字是否享有商标专用权的复函》批复为：使用在商标注册用商品和服务国际分类第29类豆腐乳商品上的"花桥牌"商标是北京某食品公司的注册商标，注册号为第11××27号，该商标"花桥"文字及图形均享有商标专用权，受法律保护。2011年3月14日，国家工商总局商标局给北京某食品公司核发了第784××42号商标注册证，核定在商品第29类腐乳等商品上原告享有花桥图形加文字"花桥牌"的商标。

二、关于被告桂林某食品公司及其被控侵权行为的事实

桂林某食品公司的前身为桂林市酱料厂，该厂于1956年建厂，是桂林市生产桂林辣椒酱最大的国有企业，该厂生产的"花桥牌"桂林辣椒酱从1980年以来共获13次国家、省部级和博览会奖，1997年广西名牌产品，1998年广西著名商标。2004年桂林市酱料厂改制后与香港某发展公司合资成立新公司，后于2004年10月28日成立桂林某食品公司。

1965年，原桂林市酱料厂获得第4××96号商标注册证，享有辣椒酱商品上"花桥"文字及图形商标。2001年，国家工商总局商标局核准换发新证

为第 160××59 号商标注册证，桂林市酱料厂享有辣椒酱等商品上的花桥图形及文字商标专用权。2005 年 6 月 2 日，国家工商总局商标局核准第 160××59 号商标变更注册人为桂林某食品公司。2008 年国家工商总局商标局核发第 481××03 号商标注册证，桂林某食品公司在第 29 类腐乳等商品上享有"香和"注册商标。

2008 年 3 月 10 日，桂林市工商局在桂林某食品公司厂区内检查封存了部分花桥食品系列"香和"250 克腐乳及花桥食品"香和"瓶盖及商标标识。经观察桂林某食品公司被控侵权产品的瓶盖、瓶贴，瓶盖分两部分，上部分底色为红色，在中间的椭圆形图案中以白底红色斜体大号字体标注"香和"商标；下部分底色为黄色，以黑色中号字体标注桂林花桥食品，在桂林花桥食品下方的红色长框内标注有桂林三宝字样。瓶贴的上部分也是在椭圆形图案中以白底红色斜体大号字体标注"香和"商标，瓶贴的中部以红色大号字体标注商品名称桂林腐乳，在"香和"商标和商品名称中间有黑色小号字体"花桥食品系列"，瓶贴的下部标注生产厂家桂林某食品公司，该字形、颜色、大小尺寸与"花桥食品系列"相同。

三、其他事实

二审法院另查明：桂林腐乳厂和桂林市酱料厂原同为桂林一轻局直属厂，桂林腐乳厂在其生产的豆腐乳产品上使用"花桥牌"图形加文字商标，桂林市酱料厂在其生产的桂林辣椒酱上使用"花桥牌"图形加文字商标。1965 年桂林市酱料厂取得了第 4××96 号商标注册证，在辣椒酱产品上使用花桥牌图形加文字商标。因历史原因，桂林腐乳厂于 1979 年获得第 11××27 号商标注册证，在豆腐乳产品上使用"花桥牌"图形加文字商标。

⊃ 法院判决理由与裁判结果

一、一审法院认为

（一）被告企业名称使用"花桥"字号以及在其生产的腐乳产品上标注"花桥食品""花桥食品系列"字样的行为并不构成对在先注册的原告"花桥"商标专用权的侵犯

原告北京某食品公司的商标专用权和被告桂林某食品公司的企业名称均是经法定程序确认的权利，分别受商标法律、法规和企业名称登记管理法律、法规的保护。

根据我国《商标法》的有关规定，原告有权禁止他人在豆腐乳商品上使用"花桥"文字作为标识。对于将与注册商标相同的文字作为企业名称中的字号登记并进行使用的行为是否构成对商标专用权的侵犯，《最高人民法院关于审理商标民事纠纷案件适用法律若干问题的解释》第1条第1项规定："下列行为属于商标法第五十七条第（七）项规定的给他人注册商标专用权造成其他损害的行为：（一）将与他人注册商标相同或者相近似的文字作为企业的字号在相同或者类似商品上突出使用，容易使相关公众产生误认的。"该侵权行为的构成需要同时具备四个要素：一是具有使用他人注册商标的主观意图，即知道是他人的注册商标而有意在字号中进行使用；二是字号的文字与注册商标相同或近似；三是在相同或类似商品上突出使用；四是足以产生市场混淆。其中"突出使用"是指将与商标权人注册商标文字相同或相近似的字号从企业名称中脱离出来，在字体、大小、颜色等方面突出醒目地进行使用，使人在视觉上产生深刻印象的行为。

　　本案被告桂林某食品公司的企业名称中虽然包含与原告北京某食品公司注册商标"花桥"相同的文字，但桂林某食品公司在其生产的腐乳产品的瓶贴和瓶盖上均规范使用了其企业名称，"花桥"的字号在字体、大小上与企业名称中的其他文字相同，且与原告的注册商标"花桥"字体相区别，被告自己的商标"香和"在瓶贴和瓶盖上字体和大小均非常突出，因此被告的行为不构成对"花桥"字号的突出使用。我国现行行政法规、规章允许企业使用简化名称和字号，且被告使用"花桥食品"和"花桥食品系列"等文字均未在字体、大小、颜色等方面突出"花桥"字号，故亦不构成突出使用，因此被告的行为不应认定为商标侵权行为。

　　（二）关于本案原、被告之间的权利冲突如何解决的问题

　　原告北京某食品公司在豆腐乳商品上的"花桥"注册商标与被告桂林某食品公司的企业名称虽然客观上存在冲突，但是，本案权利冲突的产生有其特定的历史背景和原因，不宜简单套用现有的法律制度来处理本案。"花桥"品牌的形成已有几十年的历史，桂林花桥辣椒酱、桂林花桥腐乳的知名度和声誉的产生有着长期的历史原因。原、被告公司及其前身企业均对"花桥"品牌声誉的形成作出过一定的贡献，因此应当在考虑特定历史背景的前提下，根据公平、诚实信用以及保护在先取得的合法权利的原则来处理双方纠纷。

　　为了规范市场，营造良好的公平竞争秩序，避免造成相关消费群体对原、被告产品产生混淆，被告今后应在其产品、服务上规范使用其经核准登记的企业名称，以便普通消费者能够正确区分"花桥"注册商标和企业名称。

一审法院判决驳回北京某食品公司的诉讼请求。

二、二审法院认为

（一）桂林某食品公司是否侵害北京某食品公司的注册商标专用权

北京某食品公司认为桂林某食品公司存在两方面的侵权行为：一是桂林某食品公司在其腐乳产品上使用"花桥"字样作为商品名称的主要部分；二是桂林某食品公司在其生产、销售的"香和牌"腐乳产品的瓶贴和瓶盖上突出使用"花桥食品""花桥食品系列"字样并使用"花桥"为企业字号。本院认为，桂林某食品公司没有实施北京某食品公司上诉主张的两种侵权行为，具体理由分析如下：

1.桂林某食品公司没有违反《商标法实施条例》第50条第1项的规定。该条规定：在同一种或者类似商品上，将与他人注册商标相同或者近似的标志作为商品名称或者商品装潢使用，误导公众的，属于《商标法》第52条第5项所称侵犯注册商标专用权的行为。

观察被控侵权产品的瓶贴及瓶盖，桂林某食品公司的产品名称为"桂林腐乳"，其没有将"花桥食品""花桥食品系列"作为商品名称使用；桂林某食品公司的产品商标为"香和牌"，与北京某食品公司的第11××27号注册商标标识既不相同，也不相似。桂林某食品公司使用"花桥食品""花桥食品系列"不足以产生市场混淆，导致公众误认。

2.桂林某食品公司在其生产、销售的"香和牌"腐乳产品的瓶贴和瓶盖上使用"花桥食品""花桥食品系列"字样也不属于突出使用。《最高人民法院关于审理商标民事纠纷案件适用法律若干问题的解释》第1条第1项规定，将与他人注册商标相同或者相近的文字作为企业字号在相同或者类似商品上突出使用，容易使相关公众产生误认的行为属于给他人注册商标专用权造成其他损害的行为。该规定中"突出使用"的客体应是企业字号；"突出使用"的方式应是以醒目、突出的字样进行使用，给相关公众以视觉上的冲击；"突出使用"的目的应是足以产生市场混淆，使相关公众对双方企业的关系或对商品的来源产生误认或误认的可能。

经观察桂林某食品公司的"香和牌"腐乳产品的瓶贴和瓶盖，桂林某食品公司并没有将"花桥"字样作为公司字号突出使用，整体观察"花桥食品""花桥食品系列"字样及其背景，该字样在瓶贴、瓶盖上并不突出醒目；桂林某食品公司的腐乳产品的注册商标、产品品名、生产厂家上均有明确标志，其腐乳产品的瓶贴、瓶盖上标注有"花桥食品"及"花桥食品系列"字样，并不会导致相关公众对两个公司的关系或对商品的来源产生误认、导致市场混淆的后果。

3. 桂林某食品公司使用"花桥"为企业字号并非恶意依傍北京某食品公司著名商标的行为。桂林某食品公司早在 1965 年就拥有了"花桥牌"文字及图形注册商标，其生产的"花桥牌"桂林辣椒酱自 1980 年以来共获得了 13 次国家、省部级和博览会奖，桂林某食品公司的"花桥牌"商标也多次被评为广西著名商标，因桂林某食品公司生产的"花桥牌"辣椒酱多次获奖的历史，桂林市政府也把桂林某食品公司定为"桂林三宝"的龙头企业之一。桂林某食品公司有自己悠久的生产历史和"花桥"品牌，其无须依傍北京某食品公司的"花桥"品牌而导致相关公众误认。

此外，花桥也是桂林七星岩风景区的景点之一及自由路东端地名，在桂林市家喻户晓。根据《商标法实施条例》第 49 条"注册商标中含有的本商品的通用名称、图形、型号，或者直接表示商品的质量、主要原料、功能、用途、重量、数量及其他特点，或者含有地名，注册商标专用权人无权禁止他人正当使用"的规定，桂林某食品公司可以合理使用"花桥"字样。

（二）北京某食品公司是否有权请求判令桂林某食品公司停止侵权、赔礼道歉以及赔偿损失

桂林某食品公司主观上不存在恶意依傍北京某食品公司的"花桥"品牌而导致相关公众误认的故意，客观上既没有将北京某食品公司的"花桥牌"注册商标作为企业名称使用，也没有在其瓶贴、瓶盖上突出使用，依法不属于侵害商标专用权的情形。北京某食品公司的上诉请求没有事实和法律依据。

（三）关于本案原、被告之间的权利冲突如何解决

北京某食品公司和桂林某食品公司各自生产的"花桥牌"桂林豆腐乳和"花桥牌"辣椒酱，均继承了传统制作工艺，地方特色浓郁，历史悠久，中外驰名。北京某食品公司和桂林某食品公司又均是"桂林三宝"的龙头企业，对传承历史风味、推广地方品牌都有着极大的贡献。由于历史原因，北京某食品公司和桂林某食品公司都拥有"花桥牌"注册商标，且两个商标的图形、文字完全一样，北京某食品公司与桂林某食品公司应当严格按照我国商标法及相关司法解释的规定，合法使用其注册商标，严格在核定使用的商品上使用经核定注册的商标图形和文字。关于北京某食品公司的"花桥"注册商标与桂林某食品公司的企业名称权利的冲突问题：

其一，桂林某食品公司早在 1965 年就拥有了"花桥"牌注册商标，其公司名称也经依法注册登记取得，该公司以花桥为企业字号并不属于恶意使用北

京某食品公司的注册商标行为。

其二，因本案涉及一些历史原因，应在充分尊重历史的前提下，根据公平、诚实信用、保护在先权利的法律原则，从维护北京某食品公司与桂林某食品公司两个企业知名度的现状出发处理本案，以保护"桂林三宝"这一地方传统名牌的健康发展。为了避免两个企业之间的误解及相关群体对相关产品的混淆，桂林某食品公司应当严格按照国家工商总局发布的《企业名称登记管理规定》规范使用企业名称，不在产品上使用可能使人误解的文字，在生产与北京某食品公司"花桥"产品的相同或相似产品时要注意标识的区别性、规范性。

二审法院判决：驳回上诉，维持原判。

● 案例解析

本案是针对由历史原因引起的企业字号名称权与在先注册的商标专用权之间的冲突。鉴于其特定的历史背景和原因，不宜简单套用现有的法律制度，法院明确了在处理此类案件时应当按照公平、诚实信用和保护在先取得的合法权利的原则。同时结合被告的客观行为和主观意图等方面的考量，对企业名称的规范使用加以判定。本案是关于解决企业字号名称权与商标专用权之间权利冲突的经典案例，以下将结合案件，对上述问题加以探讨。

一、企业名称权与注册商标权之冲突的类型

企业名称由行政区划名称、字号、行业或者经营特点、组织形式四个部分依次组成，[①] 其中字号是核心，具有显著的识别和区分作用。企业名称和商标在表明商品来源方面具有类似的功能，因而基于企业名称和注册商标而产生的权利在实践中经常发生冲突，知名案例包括"同仁堂"案、"张小泉"案、"同德福"案等。[②] 企业字号名称权与注册商标专用权之间的冲突可以表现为以下四种类型：

[①] 《企业名称登记管理规定》(2020年12月14日国务院第118次常务会议修订通过)第6条规定："企业名称由行政区划名称、字号、行业或者经营特点、组织形式组成。跨省、自治区、直辖市经营的企业，其名称可以不含行政区划名称；跨行业综合经营的企业，其名称可以不含行业或者经营特点。"

[②] 参见袁博：《企业名称权与注册商标权冲突的类型及规则》，载《中华商标》2014年第7期。

（一）在后注册商标与在先注册商标的冲突

对于未超出核定商品范围使用的在后商标与在先注册商标的冲突，应向商标评审委员会申请通过无效程序得到解决；而对于超出核定商品范围或核定使用方式的，则应向人民法院提起诉讼。①

（二）在后注册商标与在先企业名称的冲突

由于《商标法》第32条规定了商标注册时不得侵害他人在先权利的规则，同时规定了对因商标注册而被侵害的在先权利的两种救济途径，即商标异议和无效宣告制度。对于此类冲突，在先企业名称权利人可以侵权为由向法院提起诉讼。②

（三）在后企业名称与在先企业名称的冲突

此种冲突的处理不是依据《商标法》，而是依据《反不正当竞争法》，但在侵权的认定上存在相似之处，即是否构成不正当竞争行为的判断标准也是在后企业名称与在先企业名称是否构成相同或近似，是否足以使相关公众对名称所表彰的来源产生混淆。③

（四）在后企业名称与在先注册商标的冲突

对于此类冲突，参照《商标法》对商标侵权的规定进行认定，无论是相同的还是近似的企业字号，均以要求"突出使用"和容易使人产生"误认"为条件。④

之所以在企业字号名称权与注册商标专用权之间会产生此类权利冲突，主要原因在于我国对于企业名称与文字商标的注册存在两套互不相通的管理系

---

① 《最高人民法院关于审理注册商标、企业名称与在先权利冲突的民事纠纷案件若干问题的规定》第1条第2款规定："原告以他人使用在核定商品上的注册商标与其在先的注册商标相同或者近似为由提起诉讼的，人民法院应当根据民事诉讼法第一百二十四条第（三）项的规定，告知原告向有关行政主管机关申请解决。但原告以他人超出核定商品的范围或者以改变显著特征、拆分、组合等方式使用的注册商标，与其注册商标相同或者近似为由提起诉讼的，人民法院应当受理。"

② 《最高人民法院关于审理注册商标、企业名称与在先权利冲突的民事纠纷案件若干问题的规定》第1条第2款规定："原告以他人注册商标使用的文字、图形等侵犯其著作权、外观设计专利权、企业名称权等在先权利为由提起诉讼，符合民事诉讼法第一百一十九条规定的，人民法院应当受理。"

③ 《最高人民法院关于审理注册商标、企业名称与在先权利冲突的民事纠纷案件若干问题的规定》第2条规定："原告以他人企业名称与其在先的企业名称相同或者近似，足以使相关公众对其商品的来源产生混淆，违反反不正当竞争法第六条第（二）项的规定为由提起诉讼，符合民事诉讼法第一百一十九条规定的，人民法院应当受理。"

④ 《最高人民法院关于审理商标民事纠纷案件适用法律若干问题的解释》第1条规定："下列行为属于商标法第五十七条第（七）项规定的给他人注册商标专用权造成其他损害的行为：（一）将与他人注册商标相同或者相近似的文字作为企业的字号在相同或者类似商品上突出使用，容易使相关公众产生误认的……"

统：① 商标由国家知识产权局商标局管理，企业字号则由国家市场监督管理总局及地方市场监督管理部门进行管理。由于两个系统的不同机构之间存在信息传递不通畅的问题，难以实现信息资源共享，也无法进行交叉检索，导致相互冲突的商标注册申请与企业名称登记申请在申请之初的初步审查中未被发现，从而获得注册，进而在实践中发生冲突。

本案中，法院指出原告北京某食品公司的商标专用权和被告桂林某食品公司的企业名称均是经法定程序确认的权利，分别受商标法律、法规和企业名称登记管理法律、法规的保护。既然原被告的商标权与字号权均是合法有效的，而由于历史原因导致了两者的冲突，那么在实践中不存在两者之间的侵权问题，不应阻碍两者的继续使用，但如果继续使用会造成消费者混淆，则需要对在后企业名称的使用进行一定限制。

二、解决权利冲突的基本原则

本案中，一审和二审法院均指出："应在充分尊重历史的前提下，根据公平、诚实信用、保护在先权利的法律原则，从维护北京某食品公司与桂林某食品公司两个企业知名度的现状出发处理本案。"法院在此明确了处理企业名称权与注册商标权之间冲突的基本原则，即公平原则、诚实信用原则以及保护在先权利原则。

（一）维护公平竞争原则

市场经济的平稳有序发展离不开公平的竞争秩序。商标法和反不正当竞争法的共同根源系仿冒之诉，这使得二者在维护公平竞争方面有着共同的基础，② 二者的规制对象一致地指向了欺诈、仿冒等以不正当方式利用他人市场竞争优势的行为。无论是不需法定程序而经使用所产生的知名商品名称，还是经依法核准或登记注册所产生的商标、商号，在法律设定的边界范围内都不得被侵犯，这是维护公平竞争的根本需要。③

维护公平竞争原则在处理权利冲突的司法实践中也逐渐成为一项重要的司法原则。这一原则在实践中具体体现为"防止混淆"和"反淡化"，同时，"维护既有的市场格局"是对"防止混淆"和"反淡化"的限制和补充。④ 如前所述，在企业名称与注册商标的冲突中，出于维护公平竞争秩序和保护公众

---

① 袁博：《企业名称权与注册商标权冲突的类型及规则》，载《中华商标》2014 年第 7 期。
② 杨晓玲：《商业标识权利冲突法律问题研究》，西南政法大学 2016 年博士学位论文，第 82 页。
③ 冯晓青、杨利华：《知识产权权利冲突及其解决原则》，载《法学论坛》2001 年第 3 期。
④ 杨晓玲：《商业标识权利冲突法律问题研究》，西南政法大学 2016 年博士学位论文，第 83 页。

识别利益的目的，"是否足以使相关公众产生混淆"本身构成许多情形下法院判断侵权的标准。但维护公平竞争原则不仅禁止由不正当竞争行为而引起的混淆或者淡化，还包括了对竞争秩序和市场格局的平衡，这也是对各方利益的一种权衡考量。即尽管不同商业标识之间存在冲突、具有一定的混淆可能性，若已经形成了相对固定的消费群体和较为稳定的市场秩序，则不应随意打破不同商业标识之间形成的相对平衡的市场格局。

与本案相关的是法院对于"防止混淆"以及"维护既有的市场格局"的考量，法院指出，本案涉及一些历史原因，应从维护北京某食品公司与桂林某食品公司两个企业知名度的现状出发处理本案，以保护"桂林三宝"这一地方传统名牌的健康发展。我国现行行政法规、规章允许企业使用简化名称和字号，特别是被告生产的"花桥"牌辣椒酱已为桂林及周边市场广大消费者认可的品牌产品，长达几十年之久，在相关消费群体中形成了一定的知名度。因此，从"维护既有的市场格局"的角度看，应允许被告继续使用其字号。同时，为了避免两个企业之间的误解及相关群体对相关产品的混淆，还应从"防止混淆"的角度出发，要求被告企业采取一定措施防止相关公众的误认。

（二）诚实信用原则

诚实信用原则是我国民事法律领域的一项重要原则，民法上诚实信用原则的法律渊源来自多部民事法律对于该原则直接或间接的规定。[①]《反不正当竞争法》的一般条款也明确将诚实信用作为一项重要原则。[②]一直以来《商标法》将诚实信用原则体现于许多具体条文中，我国2013年修改的《商标法》又进一步对诚实信用原则作出了明确的规定，以一种统领式的原则性规定，强调在申请注册商标和使用商标的过程中都要遵守诚实信用原则，同时，这一原则也可以在权利出现冲突时作为一个衡量标准。

对于诚实信用原则存在多种解读，该原则的抽象性和弹性要求我们在司法实践中结合特定案件事实将其具体化。在权利冲突的解决中，诚实信用原则主要包含了两层含义：第一，权利不得滥用；第二，权利行使应怀

---

① 直接规定如《民法典》第7条，该条规定："民事主体从事民事活动，应当遵循诚信原则，秉持诚实，恪守承诺。"《商标法》第7条第1款规定："申请注册和使用商标，应当遵循诚实信用原则。"间接规定如《商标法》第15条第2款，该款规定："就同一种商品或者类似商品申请注册的商标与他人在先使用的未注册商标相同或者近似，申请人与该他人具有前款规定以外的合同、业务往来关系或者其他关系而明知该他人商标存在，该他人提出异议的，不予注册。"

② 《反不正当竞争法》第2条第1款规定："经营者在生产经营活动中，应当遵循自愿、平等、公平、诚信的原则，遵守法律和商业道德。"

善意心态。①

　　与本案相关的是诚实信用原则中主观状态的考量，体现在商业标识权利冲突的处理中应注意考察当事人的主观状态是否善意。本案法院指出："被告花桥食品有限公司在其产品包装上使用'花桥食品''花桥食品系列'字样的行为伴随着其企业名称的使用一同发生，是一个历史演变的过程，并非为争夺市场故意在产品包装上使用'花桥食品''花桥食品系列'，因此被告在其产品包装上使用'花桥食品''花桥食品系列'字样，不具有主观恶意。"因此，桂林某食品公司主观上不存在恶意依傍北京某食品公司的"花桥"品牌而导致相关公众误认的故意，客观上既没有将北京某食品公司的"花桥牌"注册商标作为企业名称使用，也没有在其瓶贴、瓶盖上突出使用，不属于侵害商标专用权的情形。

　　（三）保护在先权利原则

　　以权利产生的时间先后性为标准，是权利冲突解决的基本模式。② 保护在先权利原则，适用于知识产权权利之间的冲突，也主要集中体现于各种商业标识之间的冲突解决，被视为"解决知识产权权利冲突的最基本的法律原则"③。这一原则也明显地体现在《商标法》第 32 条关于不得损害他人在先权利的规定④ 中，用以保护因商标不当注册而被侵害的企业名称权等在先权利。

　　保护在先权利原则是对商标权注册取得制度的缺陷的弥补。在商标领域，无论是奉行注册主义的法日等大陆法系国家，还是商标权使用取得的美国，注册作为商标公示的手段，具有其重要的形式价值。⑤ 而在商号领域，企业名称的取得实行登记制度。因此，在这样一种商业标识的注册登记与商业标识的使用取得共同存在的情况下，为了防止商标注册制度的异化，保护在先权利原则成为平衡"在先权利"与"在后权利"的权利人之间利益冲突的重要工具，对先使用利益予以保护。

　　本案中，法院查明的事实表明："1965 年桂林市酱料厂取得了第 4××96 号商标注册证，在辣椒酱产品上使用花桥牌图形加文字商标。因历史原因，桂林腐乳厂于 1979 年获得第 11××27 号商标注册证，在豆腐乳产品上使用花桥

---

　　① 参见杨晓玲：《商业标识权利冲突法律问题研究》，西南政法大学 2016 年博士学位论文，第 78 页。

　　② 参见冯玉军：《法经济学范式》，清华大学出版社 2009 年版，第 326 页。

　　③ 冯晓青、杨利华：《知识产权权利冲突及其解决原则》，载《法学论坛》2001 年第 3 期。

　　④ 《商标法》第 32 条规定："申请商标注册不得损害他人现有的在先权利，也不得以不正当手段抢先注册他人已经使用并有一定影响的商标。"

　　⑤ 参见付继存：《形式主义视角下我国商标注册制度价值研究》，载《知识产权》2011 年第 5 期。

牌图形加文字商标。"可见，是桂林某食品公司在先取得并使用"花桥牌"图形加文字商标，而北京某食品公司由于历史原因获得了"花桥牌"商标的注册。因此，出于保护在先权利的原则，应尊重桂林某食品公司对其注册商标和企业字号的使用权。

三、解决权利冲突的具体规则

企业字号名称权与注册商标专用权之间的权利冲突是否构成一方对另一方的侵权，应从权利取得和权利行使两个方面进行判断。如前所述，诚实信用原则要求考虑当事人的主观状态，即是否有欺诈、"搭便车"的故意，而善意和恶意的区分可以从这两个方面进行判断。

在权利取得方面，应考察企业字号和注册商标是否具有合法来源，即考察在注册登记时申请人是否具有善意。本案中，双方权利冲突的产生有其特定的历史背景和原因，双方均享有合法、有效的权利，被告权利的取得过程中不存在恶意的主观状态。

在权利行使方面，应考察企业字号的使用形式，是否存在"突出使用"情形，以及是否因这种"突出使用"而造成了相关公众的"误认"，即考察在使用过程中使用人是否具有善意。根据《最高人民法院关于审理商标民事纠纷案件适用法律若干问题的解释》第1条第1项的规定，将与他人注册商标相同或者相近似的文字作为企业字号在相同或者类似商品上突出使用，容易使相关公众产生误认的，构成商标权侵权。该解释指出了企业文字字号是否构成商标侵权的判断需要认定以下要素：从客观方面看，一是企业字号的文字与注册商标相同或近似；二是行为人在相同或类似商品上使用；三是使用方式为突出使用；四是容易造成相关公众的误认。从主观方面看，行为人具有使用他人注册商标的主观意图，即明知而有意地使用。其中，"突出使用"和"产生误认"的判断是认定侵权与否的关键，可以从以下要素的角度进行判断：（1）"突出使用"是指将与商标权人的注册商标文字相同或相近似的字号从企业名称中脱离出来，在字体、大小、颜色等表现形式方面突出醒目地使用，使人在视觉上产生深刻印象，具有突出的视觉效果[①]；（2）行为人是否附加有区别性标识以主动避免"误认"；（3）区别性标识是否足以引起消费者的注意并能够消除混淆误认。[②]

---

① 吴太轩、邱威棋：《论在先登记企业字号构成在先权利的"竞争因素"》，载《商丘师范学院学报》2020年第5期。

② 中国汽车保修设备行业协会法务部：《企业名称权与在先注册商标权冲突的处理原则》，载《汽车维修与保养》2018年第5期。

本案中，法院指出，"经观察，桂林某食品公司并没有将'花桥'字样作为公司字号突出使用，整体观察'花桥食品''花桥食品系列'字样及其背景，该字样在瓶贴、瓶盖上并不突出醒目；桂林某食品公司的腐乳产品的注册商标、产品品名、生产厂家上均有明确标志，其腐乳产品的瓶贴、瓶盖上标注有'花桥食品'及'花桥食品系列'字样并不会导致相关公众对两个公司的关系或对商品的来源产生误认、导致市场混淆的后果"。同时，为了规范市场秩序，避免造成相关公众混淆，法院要求被告应在其产品、服务上规范使用其经核准登记的企业名称。①

四、结论

商标与商号作为商业标识，同样起到了表明商事主体和商品来源的作用，同时还承载着商事主体享有的商誉。随着市场经济的发展，商标权与字号权的权利冲突不断发生且有加剧之势，如何解决企业字号名称权与注册商标专用权之间的权利冲突就成为重要问题。实践中，对于涉及历史原因造成的权利冲突，应当充分考虑和尊重相关历史因素，遵循维护公平竞争、诚实信用和保护在先权利等法律原则，根据解决权利冲突的具体规则，从维护既有市场格局和公平竞争秩序出发处理案件。同时，还应考虑到避免企业之间及相关群体对企业的混淆，应要求相关企业严格按照国家规定规范使用企业名称，注意标识的区别性、规范性。这样才能合理平衡企业名称权与注册商标权之间的利益关系，平衡权利人与社会公众之间的利益关系，促进市场经济的繁荣。

---

① 吕国强：《论知识产权的权利冲突及其协调机制》，载《知识产权法研究》2006年第4卷，第7页。

商标商号冲突路径及边界研究

——某轴承有限公司与卢某、某机电有限公司侵犯企业名称（商号）权纠纷案

/ 马彪

➲ 本案要旨

商标和商号均能发挥识别功能，但在表现形式、使用范围和效力上有所区别，实践中权利冲突现象亟须解决。商标与商号冲突的解决应当遵循诚实信用、保护在先权利及禁止混淆三个原则，三者缺一不可。诚实信用原则要求行为人对有一定知名度的商标负有注意义务，不得抢注或使用；保护在先权利原则平衡商标权与其他权利的关系；禁止混淆则是商标和商号侵权判定的核心原则。行为人抢注有一定知名度的在先字号，攀附恶意明显且造成消费者混淆、误认，可以依据《反不正当竞争法》第5条第3项之规定"擅自使用他人的企业名称或者姓名，引人误认为是他人的商品"，认定为不正当竞争行为。

➲ 案件信息

申请人（一审原告、二审上诉人）：某轴承有限公司

被申请人（一审被告、二审被上诉人）：卢某、某机电有限公司

案号：浙江省杭州市中级人民法院（2008）杭民三初字第347号、浙江省高级人民法院（2009）浙知终字第51号、最高人民法院（2011）民提字第276号

➲ 原被告主张及理由

原告诉称：卢某为某轴承有限公司代理商，应当知悉某轴承有限公司商号"德源"在行业内的知名度。卢某在同类产品上注册使用"德源"商标，违

反诚实信用原则，具有明显的主观恶意，足以造成消费者混淆、误认，构成不正当竞争，请求判令：（1）某轴承有限公司、某机电有限公司立即停止侵犯某轴承有限公司商号权及不正当竞争行为；（2）某轴承有限公司、某机电有限公司共同赔偿某轴承有限公司经济损失人民币10万元；（3）本案诉讼费用由某轴承有限公司、某机电有限公司负担。

被告卢某、某机电有限公司辩称：（1）某轴承有限公司系泉州当地一家普通企业，没有多少知名度。（2）"德源"一词被很多企业作为商号使用，并非某轴承有限公司独创并最早使用，如温州德源电器有限公司于1994年就已经注册。（3）卢某经过法定程序获得注册商标权，依法应得到法律保护。某轴承有限公司具有的只不过是具有地域性的商号权，卢某注册使用商标不构成对某轴承有限公司商号权的侵犯。（4）某轴承有限公司无权禁止卢某、某机电有限公司使用依法核准的注册商标，其提出的赔偿额亦过高。（5）"德源"系某轴承有限公司的商号，某轴承有限公司无权将其作为商标使用。

上诉人诉称：（1）一审判决忽视诚实信用原则的基本要求，回避了卢某作为某轴承有限公司代理商员工的特殊身份，并未准确区分"恶意注册"与"合理使用"的界限；（2）某轴承有限公司的"德源"字号为在先权利，卢某曾是某轴承有限公司杭州地区代理商的员工，对某轴承有限公司企业字号以及产品信息、销售渠道等应当十分清楚，有意将某轴承有限公司的字号注册为商标，该行为应认定为恶意；（3）卢某将某轴承有限公司的字号注册为商标，并用于与某轴承有限公司主营范围相同的商品，相关消费者基于卢某的身份，极易认为某机电有限公司的商品或者服务与某轴承有限公司之间存在某种关联，足以造成消费者的混淆、误认。

被上诉人辩称：（1）卢某注册"德源"商标的行为属于正当民事行为，并未侵犯某轴承有限公司的"商号权"，亦不构成不正当竞争；（2）某轴承有限公司的商号，仅仅在泉州市丰泽区注册，其没有提供相关知名度的证据，也没有提供混淆的证据，且现实中，有大量以"德源"作为字号且早于某轴承有限公司的企业；（3）"德源"作为字号，已经公开使用，某轴承有限公司认为卢某存在恶意缺乏相应的理由；（4）某轴承有限公司并没有在卢某申请商标公告期内提出异议，现在要求不得使用没有法律依据。

申请再审人诉称：（1）某轴承有限公司提交的证据证明卢某曾在杭州兴某轴承有限公司（以下简称兴某公司）工作，并参与经销某轴承有限公司产品。卢某违反《反不正当竞争法》第2条规定的诚实信用原则，具有明显的主观恶意。（2）某轴承有限公司提交的证据证明产品曾由兴某公司在浙江省内经销，原审法院认定两公司地域范围存在不同，认定事实错误。卢某曾经销某轴承有限公司的"德源"轴承产品，其离职后申请"德源"商标并许可某机电有限公司使用，消费者极有可能因其特殊身份误认为卢某仍然在经销某轴承有限公司的产品，从而可能导致误认为其为法定代表人的某机电有限公司系某轴承有限公司的关联企业。（3）构成不正当竞争的关键不在于是否利用了在先使用商号的商誉或声誉，而在于是否未经权利人的许可而擅自使用权利人的企业名称或姓名，并造成混淆（包括混淆的可能性）。卢某未经某轴承有限公司许可，擅自将某轴承有限公司的商号申请注册为商标并使用，其行为违反了诚实信用原则，侵害了某轴承有限公司的在先权利，且足以造成消费者混淆，构成不正当竞争。

被申请人辩称：（1）某轴承有限公司提交的证据并不能直接证明卢某知道某轴承有限公司的商号，原审法院认定"可能明知"正确。某轴承有限公司也没有直接证据证明其商号的知名度和声誉，卢某并不具有利用某轴承有限公司的知名度和声誉获取非法利益的故意。（2）商号权和商标权同属知识产权项下的识别性标志权，两种民事权利均受法律的保护。两种权利冲突的处理，应当遵守诚实信用、保护在先权利及禁止混淆三个原则，三者缺一不可。相关公众对商品或者服务是否产生混淆误认是构成侵权的一个必要前提。（3）商标评审委员会作出的商评字〔2010〕第03629号裁定书不具有溯及力，也不属于有"新的证据足以推翻原判决、裁定的"情形。综上，请求驳回某轴承有限公司的再审申请。

➲ 一审法院查明的事实

某轴承有限公司于1998年8月27日经泉州市丰泽区工商行政管理局核准后成立，经营范围包括生产、制造轴承、汽车配件，其生产、销售的产品上使用的商标为"LDK"。兴某公司于2001年作为某轴承有限公司杭州总经销，销售该公司生产的轴承等产品。2001年至2002年，卢某作为兴某公司业务员，参与经销某轴承有限公司生产的轴承产品。2004年10月14日，卢某取得了注册号为第33××× 59号"德源"文字商标，核定使用的商品为第7类（包括轴承等商品），注册有效期自2004年10月14日起至2014年10月13日止，该商标至今有效。卢某将其所有的第33××× 59号"德源"注册商标许可某机电有限公司使用，许可方式为普通许可，许可期限自2004年10月14日起至2014年10月13日。2007年10月22日，卢某将该商标许可合同报国家工商行政管理总局商标局备案。某机电有限公司成立于 2003 年 7 月 28 日，注册资本 50 万元，法定代表人卢某，经营范围包括批发零售轴承、轴承座及配件等。某机电有限公司在其网站上声称其经营的品牌为 "RSB/ 德源"，同时在其宣传材料中称其主要以生产和销售 "RSB" 品牌轴承为主，同时代理和销售国内外各种知名品牌轴承。

某轴承有限公司提交的大量销售清单上明确标明某轴承有限公司（某轴承厂）字样，卢某为制单人。卢某在离开兴某公司后较短的时间内（2002 年 12 月 10 日）申请注册了 "德源" 商标并成立某机电有限公司。某机电有限公司销售的产品上明显标明了 "德源" 轴承。2007 年 3 月，某轴承有限公司对卢某 "德源" 商标提出撤销申请。国家工商行政管理总局商标评审委员会于 2010 年 2 月 5 日作出商评字［2010］第 03629 号《关于第 33××× 59 号 "德源" 商标争议裁定书》，以卢某申请注册 "德源" 商标损害某轴承有限公司商号权，违反《商标法》第 31 条为由撤销了 "德源" 商标。

2011 年 3 月 29 日，北京市第一中级人民法院作出（2011）一中知行初字第 472 号行政判决，维持了商标评审委员会第 03629 号裁定。卢某在法定期间内未对该判决提起上诉，该判决已经发生法律效力。北京市第一中级人民法院在判决中认定，在争议商标（"德源" 商标）申请注册日之前，相关公众已经能够将 "德源" 与某轴承有限公司相联系，即 "德源" 作为某轴承有限公司的商号在轴承和配件制造行业已经具有一定的影响力。

➲ 一审法院判决理由与裁判结果

商标是区分不同商品或服务来源的标志，而企业名称是区别不同市场主体的标志。商标权与企业名称权均是经法定程序确认的两项不同的民事权利，依法受到法律保护。企业名称经核准登记后，权利人享有在不侵犯他人合法权益的基础上使用企业名称进行民事活动，在相同行政区划范围内阻止他人登记同一名称，即禁止他人假冒企业名称的民事权利。商标经核准注册后，权利人享有商标专用权和禁止权。商标权与企业名称权作为各自独立存在的民事权利，通常情况下，两者并不互相排斥，即商标权不能限制合法取得的企业名称权的行使，企业名称权也无权禁止注册商标权的行使。但当商标中的文字和在先企业名称中具有很高知名度的字号相同或相近似，并使他人对市场主体及其商品来源或者服务的来源产生混淆，即引起相关公众对企业名称所有人与商标注册人的误认或者误解时，使用该注册商标的行为可认定为违反公平和诚实信用原则的不正当竞争行为。

本案中，某轴承有限公司企业名称权相对于"德源"注册商标权而言属于在先权利，该企业字号与"德源"注册商标相同；但要认定在轴承等产品上使用"德源"商标的行为构成对某轴承有限公司不正当竞争，还须同时具备该"德源"商号具有很高的知名度、相关公众会对两者产生混淆等要件。然而，某轴承有限公司未提供任何证据证明其"德源"商号具有一定的知名度及较强的显著性，即某轴承有限公司不能证明在消费者心中，"德源"商号已成为某轴承有限公司与其他同行业产品主体和商品来源的主要识别性商业标识；某轴承有限公司与某机电有限公司生产、销售的产品上所使用的商标、企业名称、地址等均不一致，相关消费者根据上述标识足以区分二者产品，并不会引起相关公众对两种产品来源产生混淆、误认，或者使相关公众认为某机电有限公司产品与某轴承有限公司具有某种特定联系，导致对产品的市场主体或来源产生混淆。某轴承有限公司也没有提供任何证据表明上述两种产品已经产生混淆。因此，卢某、某机电有限公司在经营活动中使用"德源"商标，属于其作为商标注册人及被许可使用人应有的一项权利，并无不当。

一审法院判决：驳回某轴承有限公司的诉讼请求。

⊃ 二审法院判决理由与裁判结果

商号是一个企业的商业活动与其他企业的商业活动区别开来的标记；商标是生产经营者在自己提供的商品或服务上使用的标记。商号权和商标权同属知识产权项下的识别性标志权，两种民事权利均受法律的保护。两种权利冲突的处理，应当遵守诚实信用、保护在先权利及禁止混淆三个原则，三者缺一不可。相关公众对商品或者服务是否产生混淆、误认应当作为判断是否构成侵权的一个必要前提。

就本案而言，首先，尽管某轴承有限公司的商号权对于卢某的"德源"注册商标权而言属于在先权利，且卢某作为某轴承有限公司原代理商兴某公司的员工，有可能属于明知的情形，但是在某轴承有限公司没有提供足够证据证明某机电有限公司所生产、销售的产品与其所生产、销售的产品已经导致消费者误认、混淆（包括混淆可能性）的前提下，认定卢某、某机电有限公司侵犯某轴承有限公司的商号权缺乏事实与法律依据。

其次，一般意义上讲，商号有两个方面的含义：一是名称方面，仅仅涉及企业的名称和身份；二是财产权方面，是指商号尤其是其中的字号所体现出来的商誉和声誉。后注册的商标对在先使用的商号是否构成不正当竞争，关键在于在后的商标注册人及被许可使用人是否利用了在先使用商号的商誉或声誉获取了不正当的利益，即是否造成了在先使用商号权人的经济利益的损害（包括损害的可能性）。本案中，某轴承有限公司既没有提供证据证明，某机电有限公司所销售的标注为"德源"商标的轴承已经导致相关消费者混淆（包括混淆的可能性），且不合理地侵占了在先使用商号权人即某轴承有限公司的市场，造成了对某轴承有限公司经济利益的损害（包括损害的可能性）；也没有提供证据证明，其商号在轴承行业具有一定的知名度，某机电有限公司存在攀附利用其商号知名度造成消费者混淆的故意。相反，某轴承有限公司和某机电有限公司生产、销售的产品所使用的商标、企业名称、地址等方面均不一致，相关消费者根据上述标志足以区分二者的产品，并不会引起相关消费者产生混淆或者误认。某轴承有限公司也确认二者产品在外包装上的差异并不会导致相关消费者产生误认、混淆。

最后，某轴承有限公司的企业注册地在福建省泉州市丰泽区，而某机电有限公司的企业注册地在浙江省杭州市，两者地域范围存在较大的不同。如果以不享有较高知名度的商号权去禁止他人在全国范围内注册的商标权的使用是不公平的，亦不符合权利冲突处理的原则。卢某、某机电有限公司在经营活动中使用"德源"商标，并未侵犯某轴承有限公司的企业商号权，亦不构成不正当竞争。

二审法院判决：驳回上诉，维持原判。

○ 再审法院判决理由与裁判结果

某轴承有限公司在一审提起诉讼时主张其享有合法的在先企业名称权，卢某注册使用"德源"商标，显然违反诚实信用原则，足以造成消费者的混淆、误认，构成不正当竞争行为。可见某轴承有限公司一审的诉讼请求是主张卢某的注册商标侵犯了其企业名称权。一、二审法院审理的重点也是围绕卢某、某机电有限公司在经营活动中使用"德源"商标是否侵犯了某轴承有限公司的企业名称权。同时，根据卢某和某机电有限公司的被诉侵权行为的构成要件，本案应当适用《反不正当竞争法》第5条第3项的规定判定卢某、某机电有限公司的被诉侵权行为是否构成不正当竞争，而不应当适用第2条的规定。

某轴承有限公司提交的销售清单足以证明卢某明知或者应当知晓"德源"系某轴承有限公司的字号，上述清单和北京市第一中级人民法院认定的事实也证明某轴承有限公司的产品在浙江省内具有一定的市场知名度。卢某作为某轴承有限公司代理商的员工，在明知"德源"系某轴承有限公司的商号情形下，在离职后较短的时间内在相同的商品上将"德源"申请注册为商标，并成立某机电有限公司，许可其使用"德源"商标。某机电有限公司销售的轴承产品上亦明显标明了"德源"字样。可见，卢某和某机电有限公司的上述行为具有较明显的恶意，容易引起消费者的误认。因某轴承有限公司的轴承产品在浙江省地域范围具有一定知名度，依据《反不正当竞争法》第5条第3项以及《最高人民法院关于审理反不正当竞争民事案件应用法律若干问题的解释》第6条规定，卢某和某机电有限公司的上述商标使用行为构成不正当竞争。一、二审法院以"德源"字号不具有知名度、不会导致消费者误认、混淆等为由认定卢某、某机电有限公司的行为不构成不正当竞争属于适用法律错误。鉴于某轴承有限公司未提交证据证明其所受损失以及卢某和某机电有限公司获利的具体数额，根据卢某和某机电有限公司的侵权情节，酌定其赔偿某轴承有限公司经济损失1万元。

再审法院判决：撤销浙江省高级人民法院（2009）浙知终字第51号民事判决；撤销浙江省杭州市中级人民法院（2008）杭民三初字第347号民事判决；卢某、某机电有限公司自本判决生效之日起立即停止使用侵犯某轴承有限公司"德源"字号权益的"德源"商标。

○ 案例解析

一、商号的性质及内涵界定

（一）商号本质上是商业标识

商号作为企业特定化的标志，用于识别在一定地域内和一定行业中不同经营者的称谓，比如"全聚德"烤鸭、"王致和"豆腐乳。商号在市场竞争过程中指向于特定经营者，表彰其商誉评价。在商号这种符号的商号标志和商号标志所代表的信息内容中，商号所代表的信息是有关经营者的商誉及相关评价，是商号的灵魂，没有商誉或评价就没有商号，因此商号在本质上是一定的信息，其借助于商号这一标识予以体现。

对于商号形式而言，《最高人民法院关于当前经济形势下知识产权审判服务大局若干问题的意见》指出："对于具有一定市场知名度、为相关公众所熟知、已实际具有商号作用的企业名称中的字号、企业或者企业名称的简称，视为企业名称并给予制止不正当竞争的保护。"根据《企业名称登记管理规定》第 6 条的规定："企业名称由行政区划名称、字号、行业或者经营特点、组织形式组成。跨省、自治区、直辖市经营的企业，其名称可以不含行政区划名称；跨行业综合经营的企业，其名称可以不含行业或者经营特点。"该规定第 10 条规定："企业应当根据其组织结构或者责任形式，依法在企业名称中标明组织形式。"

对于商号内容而言，商号所代表的信息是社会上对企业的正面与负面评价内容，此种信息以企业为主体。当然，需要注意的是，对于相关公众而言，商标和商号均在一定程度上混用。比如提到"农夫山泉"，我们既可以想到在矿泉水行业有较高知名度的农夫山泉公司，亦知晓该水的提供者是农夫山泉公司，具有质量保障。因此，在一定程度上，商号的不正当使用也会产生消费者混淆产品与提供商联系的可能性，而通过对在先使用且有一定知名度的商号作为商标进行抢注亦有利可图。

（二）商号保护路径

对于在先使用并有一定影响的商号，一方面，可以借助《商标法》第 32 条在先权利条款予以保护。《商标授权确权行政案件规定》第 21 条规定："当事人主张的字号具有一定的市场知名度，他人未经许可申请注册与该字号相同或者近似的商标，容易导致相关公众对商品来源产生混淆，当事人以此主张构成在先权益的，人民法院予以支持。"另一方面，也可借助《反不正当竞争法》第 6 条第 2 项的规定，"经营者不得实施下列混淆行为，引人误认为是他人商品或者与他人存在特定联系……（二）擅自使用他人有一定影响的企业名称（包括简称、字号等）、社会组织名称（包括简称等）、姓名（包括笔名、艺名、译名等）"。

二、商标商号冲突解决的商标法路径

（一）他人抢注在先使用并有一定影响的商号

商号是经过长期使用建立起的企业商誉，是一项重要的财产利益，属于《商标法》第 32 条的在先权益。对于此类行为，应当满足如下要件：

1. 在先权益时间、合法性和知名度要素。该权利需形成于争议商标申请注册前，才有可能制止后续商标申请中对其权利的侵犯。合法性是指在先权益具有合法来源，在出现争议时权利稳定存续；知名度则是指商号经过真实、积极地使用，该企业简称已为特定地域内的相关公众所认可，且该商号与该企业建立起了稳定的联系。①

2. 在相同或相似的商品或服务上使用相同或近似的标识。虽然《商标法》在先权利条款并未明确非跨类保护，但是在司法解释中明确是双相似要件。根据《最高人民法院关于审理商标民事纠纷案件适用法律若干问题的解释》第 1 条第 1 项规定，"将与他人注册商标相同或者相近似的文字作为企业的字号在相同或者类似商品上突出使用，容易使相关公众产生误认的"，属于《商标法》第 57 条第 7 项规定的给他人注册商标专用权造成其他损害的行为。

3. 其他产生混淆可能性的要素。如相关公众对标识的知名度、显著性认知，以及实际混淆的证据。值得注意的是，知名度需要足够的证据支撑，仅凭销售发票不能证明。

（二）使用注册商标作为企业名称，并突出使用

使用注册商标并作为企业名称的行为，若具有窃取他人商誉的恶意，并造成消费者对商品服务提供者的混淆并损害经营者利益，则其应当受到规制。《最高人民法院关于当前经济形势下知识产权审判服务大局若干问题的意见》作出区分：企业名称在相同或类似商品上突出使用，容易使相关公众误认的，构成侵害商标权行为，依照《商标法》处理；企业名称未突出使用，但误导公众，构成不正当竞争行为，依照《反不正当竞争法》处理。

1. 突出使用商标作为商号是不同法律适用规则的标准，强调突出使用的目的在于界定商标性使用，即企业名称中，与注册商标文字相同或相近似的字号在大小、颜色等方面突出醒目，使人在视觉上产生深刻印象的使用行为，产生代替注册商标的作用，使得消费者混淆商品服务与其提供者之间的联系。在"同福德案"中，法院指出，"同德福"三字位于企业全称之中，与整体保持一致，没有以简称等形式单独突出使用，也没有为突出显示而采取任何变化，且整体文字大小、字形、颜色与其他部分相比不突出。明显不具有商业标识的形式，也不够突出醒目，客观上不容易使消费者对商品来源产生误认，亦不具备替代商标的功能。

2. 相同或类似商品上使用相同或近似标志。商品类似性判定主要考虑以下因素，首先形式上应当参照《商标注册用商品和服务国际分类表》《类似商品和服务区分表》文件进行分析判断，若出现类别不一致的情况，则实质上主要依据的是对商品的功能、用途、消费渠道、销售对象、销售场所的比对，以及服务的内容、方式、对象、场所等方面的比对。应当明确的是由于分类表或

---

① 参见最高人民法院（2018）最高法行申 10469 号行政裁定书。

区分表并非作为商品类似程度判定的唯一依据，一般消费者的实质性认知才是判断商品类型的根本要件。

商标近似是指被控侵权的商标与原告的注册商标相比较，其文字的字形、读音、含义或者图形的构图及颜色，或者其各要素组合后的整体结构相似，或者其立体形状、颜色组合近似，易使相关公众对商品的来源产生误认或者认为其来源与原告注册商标的商品有特定的联系。商标近似性应当以相关公众的一般注意力为标准，对标志既要进行对商标整体的比对，又要进行对商标主要部分的比对，比对应当在比对对象隔离的状态下分别进行，并结合标识的知名度和显著性进行综合判断。

3. 其他导致混淆可能性的因素。知名度是商标权人在市场经营过程中投入大量的精力和成本积攒的商誉，知名度越高其承载的商誉价值就越高，而显著性则是商标发挥识别功能的体现，因此知名度和显著性越强，其获得法律保护的力度也随之扩张。

三、商标商号冲突解决的反不正当竞争法路径

（一）注册商标使用有一定影响的商号，并产生混淆

擅自使用他人有一定影响的企业名称（包括简称、字号等），引人误认为是他人商品或者与他人存在特定联系，该行为落入《反不正当竞争法》第6条第2项规定的情形。商号权人可以通过主张不正当竞争要求侵权人停止违法行为，包括但不限于停止使用相关标识、赔偿损失、合理区分标识等法律责任。

针对在先商号，商标不当使用行为可以同时通过《商标法》和《反不正当竞争法》路径请求保护。但值得注意的是，《反不正当竞争法》较之于《商标法》的适用要件，在商品相同或近似、商标相同或近似、知名度和显著性考察、在先权利合法性要素和混淆可能性的基础上，增加了主观恶意这一关键要素。在司法实践中，法院多通过论证诚实信用和商业道德规则方式讨论行为人是否存在窃取他人商誉、损害公平竞争秩序的恶意。如法院在"全友"[①]案中指出，全友卫浴在主观上具有攀附全友家私涉案商标声誉的主观意图，客观上易使相关公众产生混淆或误认，违反了诚实信用原则，破坏了公认的商业道德，扰乱了正常的市场秩序，构成了对全友家私的不正当竞争。

（二）企业名称未突出使用注册商标，但产生混淆

《商标法》第58条规定，将他人注册商标、未注册的驰名商标作为企业

---

① 参见最高人民法院（2014）民三终字第1号民事判决书。

名称中的字号使用，误导公众，构成不正当竞争行为的，依照《反不正当竞争法》处理。这里的"作为企业名称中的字号使用"，指的是不突出使用的情形，也可以称之为规范性使用。需要注意的是，此种规范性使用需要结合知名度和相关公众认知等要素，判断使用目的的恶意以及商业规则和诚信信用规则的遵守与否。在"某包子铺"①案中，法院指出徐某某将其姓名作为商标或企业字号进行商业使用时，不得违反诚实信用原则、不得侵害他人的在先权利，但鉴于其在北京餐饮行业工作过，具有攀附的恶意。

四、结论

诚实信用原则作为商号权和商标权发生冲突时必须考虑的原则之一，对反不正当竞争法的适用起到了补充解释作用。在后注册的商标对在先使用的字号是否构成不正当竞争，需要综合考虑在后商标注册人是否利用了在先使用商号的商誉或声誉，造成公众混淆，获取了不正当利益。在司法实践中，如果被告作为原告代理商的员工，明知在先商号存续，在离职后较短的时间内故意注册相同商标，此种造成市场混淆的仿冒行为违反诚实信用原则，应受到反不正当竞争法规制。

---

① 参见最高人民法院（2016）最高法民再 238 号民事判决书。

域名与商标冲突的原因及解决方法

——成都某甲科技有限公司等与某乙股份有限公司等 侵害商标权及不正当竞争纠纷案

/杨子莹

⊃ 本案要旨

在域名与注册商标存在冲突情形时，如需对使用域名的行为是否构成商标侵权进行认定，应当结合以下两个要件：其一，是否将与他人注册商标相同或者相近似的文字注册为域名；其二，是否通过该域名进行相关商品交易的电子商务，同时以易使相关公众产生误认为判断标准。因此，仅将域名进行注册却并未进行使用的行为不构成商标侵权。同时，未经授权使用他人具有显著特征的识别元素，使用者主观上具有攀附他人商誉的恶意，既有损他人商业利益，又易导致公众产生误认，有违诚实信用原则及商业道德，具有明显的不正当性。

⊃ 案件信息

上诉人（一审被告）：成都某甲科技有限公司、青岛某丙互动网络技术有限公司

被上诉人（一审原告）：某乙股份有限公司、上海某丁网络技术有限公司

一审被告：广州某戊网络科技有限公司

案号：广州知识产权法院（2015）粤知法商民初字第64号、广东省高级人民法院（2017）粤民终1395号

⊃ 原被告主张及理由

原告诉称：（1）被告成都某甲科技有限公司（以下简称某甲公司）、被告青岛某丙互动网络技术有限公司（以下简称某丙公司）立即停止在游戏上使用

被诉标识，立即停止使用 mcnba.com 和 mcnba.cn 域名并将其转让给原告某乙股份有限公司（以下简称某乙公司）；（2）被告某甲公司立即停止运营、被告某丙公司立即停止开发、更新萌卡篮球和萌卡 MC 游戏，停止侵害 NBA 商标权、NBA 集体肖像权和 NBA 特征识别库的行为；（3）被告某戊公司立即停止在其运营的手游通平台上提供萌卡篮球游戏的行为。事实和理由如下：原告某乙公司为 NBA 知识产权、集体肖像权、无形财产权的持有方。NBA 是原告某乙公司在中国持有的驰名商标，原告某乙公司同时就 NBA 集体形象享有集体肖像权，对 NBA 特征识别库享有民事权益。原告上海某丁网络技术有限公司（以下简称某丁公司）基于原告某乙公司许可，有权禁止他人未经许可使用 NBA 标识及相关元素。被告某甲公司、被告某丙公司在被诉游戏中对 NBA 标识及相关元素的使用构成商标侵权及不正当竞争。被告某戊公司为被告某甲公司、被告某丙公司上述侵权行为提供便利，且收到原告警告函后未停止帮助行为，构成共同侵权。

被告某甲公司、被告某丙公司共同辩称：（1）没有证据显示阿某获得原告某乙公司授权提起本案诉讼。（2）没有充分证据证明原告某乙公司享有 NBA 知识产权、集体肖像权、无形财产权等权利。（3）原告提交的证据不足以证明 NBA 是驰名商标，也不能证明本案有认定该商标驰名的必要性。（4）原告所主张的 NBA 特征识别库不属于法律保护的对象。（5）被告某甲公司并非被诉游戏的开发和经营者，其与本案无关。（6）被告某丙公司开发的被诉游戏未侵犯两原告商标权，也不构成不正当竞争。故请求驳回原告起诉或驳回其全部诉讼请求。

被告某戊公司辩称：被诉游戏没有放在我方平台的首页。我方只是提供被诉游戏的下载链接，用户需要搜索指定名称才能下载。我方没有因被诉游戏获得任何收入。我方并未收到原告发来的警告函。收到本案诉讼材料后我方已经下架被诉游戏。

⊃ 一审法院查明的事实

一、关于原告某乙公司起诉的授权
有系列文件存在。

二、关于原告主张的 NBA 驰名商标
第 77××93 号注册商标是 NBA，注册人是原告某乙公司，核定使用在第

41 类娱乐服务上。

第 11××992 号注册商标是 NBA，注册人是原告某乙公司，核定使用在第 41 类服务上。

第 10××934 号注册商标是 NBA，注册人是原告某乙公司，核定使用在第 9 类商品上。

本案中，原告主张核定使用在第 41 类组织篮球比赛服务上的第 77××93 号和第 11××992 号 NBA 商标是驰名商标，并提交了相关证据材料。

被告某甲公司和被告某丙公司对相关证据的真实性均无异议，但认为原告应以注册在第 9 类商品上 NBA 商标作为权利依据，本案不涉及跨类保护的必要性，不存在认定第 41 类服务上 NBA 商标驰名的必要性。

三、关于原告主张的 NBA 集体肖像权和特征识别库

原告主张的 NBA 集体肖像权是指 NBA 球员、教练、管理层肖像的集合体。

原告主张的 NBA 特征识别库是指除上述集体肖像权外，还包括 NBA 球员姓名、绰号、技术特点，教练和管理层姓名，以及 NBA 球队名称、队标、球员清单。

四、关于两原告的关系及原告某丁公司经营的游戏

经授权，原告某丁公司有权与原告某乙公司作为共同原告，针对第三方的商标侵权行为和 / 或不正当竞争行为提起民事诉讼。

NBA 梦之队及 NBA 梦之队 2 的手机游戏软件在国家版权局进行了登记，登记著作权人是原告某丁公司。NBA 梦之队游戏官网由原告某丁公司经营，首页标注 "NBA 官方授权手机游戏"。游戏中的球员以 NBA 球员真人形象体现。

五、关于被诉侵权事实

萌卡篮球游戏软件在中国版权保护中心网站登记的著作权人是被告某丙公司。庭审中，被告某丙公司确认萌卡篮球软件由其开发。

另查明，萌卡篮球游戏首页及游戏中均可见被诉标识。游戏首页还可见 NBA 人物卡通形象，基本与现实人物对应。萌卡篮球游戏中的球队与真实的 NBA 球队名称拼写有一定差别。另外，两者的队标图案也存在一定差别。

又查明，2014 年 3 月 14 日，原告向萌卡篮球官网标注的联系邮箱发送《关于未经授权使用 NBA 知识产权事宜》的电子邮件。2014 年 4 月 2 日，发件人 "飘渺孤鸿雨" 回复刘某凯联系邮箱，称：我是被告某丙公司商务经理杨某。3 月 14 日收到您对我们游戏的宝贵意见，我们已经加紧改版，由于工作

量较大，更新时间调整为 4 月 10 日之前，届时将有新的且不涉及授权问题的游戏版本替换。庭审中，被告某丙公司确认杨某是其员工，但否认杨某是"飘渺孤鸿雨"。

2015 年 7 月 20 日，原告通过邮政快递向被告某戊公司邮寄《投诉函》。该《投诉函》称：被告某甲公司和被告某丙公司未经授权，在《萌卡篮球》中擅自使用多个 NBA 识别元素，严重损害原告某乙公司的合法权益，已经构成侵权及不正当竞争。被告某戊公司在其网站提供该游戏下载。故要求被告某戊公司依法履行网络服务提供者的"通知—删除"义务。2015 年 7 月 21 日，该邮件妥投签收。庭审中，被告某戊公司称未收到该《投诉函》，但确认收件人的公司名称、地址、电话等信息正确。被告某戊公司还称已经于 2016 年 3 月删除萌卡篮球链接，原告予以确认。

2016 年 7 月 15 日，原告向苹果公司投诉萌卡篮球侵犯其知识产权。8 月 31 日，苹果公司回复原告称苹果商店已经将萌卡篮球软件删除。9 月 28 日，萌卡篮球微信公众号发布消息称：萌卡篮球 3.0 版本已经更新完毕，请玩家在 appstore 中搜寻"萌卡 MC"下载最新游戏端。当天及 10 月 10 日，原告分别通过苹果商店和萌卡篮球官网对萌卡 MC 游戏进行了下载试玩。萌卡 MC 游戏内容与萌卡篮球游戏并无区别。庭审中，被告某丙公司确认萌卡篮球于 2016 年 9 月底 10 月初更名为萌卡 MC。

另外，mcnba.cn 域名亦由被告某丙公司注册。庭审中，原告确认该域名未在使用。

⊃ 一审法院判决理由与裁判结果

广州知识产权法院认为，双方当事人争议的焦点包括：本案起诉是否经合法授权；如果是，原告主张被告侵犯 NBA 注册商标专用权能否成立；原告主张被告侵犯 NBA 集体肖像权、特征识别库的财产利益并构成不正当竞争能否成立。

一、关于本案起诉是否经合法授权的问题

本案起诉具有合法授权。

二、关于原告主张被告侵犯 NBA 注册商标专用权能否成立的问题

（一）关于使用被诉标识及被诉表述是否构成商标侵权的问题

1. 关于使用被诉标识是否构成商标侵权的问题

根据《最高人民法院关于审理商标民事纠纷案件适用法律若干问题的解

释》第 10 条的规定，本案中，被诉标识的主要部分是卡通图案和萌卡篮球中文，并不是域名中的 NBA 英文。尽管原告 NBA 商标知名度高，但以相关公众一般注意力为标准，在隔离状态下进行整体比对和要部比对，不难得出被诉标识与原告 NBA 商标不相同也不近似的结论。所以，原告不能证明被告该行为构成商标侵权。

2. 关于使用被诉表述是否构成商标侵权的问题

根据《商标法》第 48 条的规定，本案中，原告涉案 NBA 商标并非臆造商标，是美国职业篮球联盟的简称。"萌卡篮球是一款以 NBA 为题材的休闲竞技游戏"，显然此处 NBA 是作为本义使用，是为了对被诉游戏题材进行说明的正当使用，并非用于识别被诉游戏的来源。

（二）关于注册、使用被诉域名是否构成商标侵权及不正当竞争的问题

根据 2001 年施行的《最高人民法院关于审理涉及计算机网络域名民事纠纷案件适用法律若干问题的解释》第 4 条及 2009 年施行的《最高人民法院关于审理涉及驰名商标保护的民事纠纷案件应用法律若干问题的解释》第 2 条的规定，在被诉标识和被诉表述因缺少相关要件本案没有必要认定原告涉案 NBA 是驰名商标的情况下，也不能以《最高人民法院关于审理涉及计算机网络域名民事纠纷案件适用法律若干问题的解释》第 4 条和第 6 条为依据，认定该 NBA 商标为驰名商标，并进而认定被诉域名构成商标侵权。

根据《最高人民法院关于审理涉及计算机网络域名民事纠纷案件适用法律若干问题的解释》第 7 条第 1 款及《最高人民法院关于审理商标民事纠纷案件适用法律若干问题的解释》第 1 条第 3 项的规定，被诉域名与原告涉案 NBA 商标相比，区别仅在于前者多了"mc"两个字母。由于原告涉案 NBA 商标具有极高的知名度和美誉度，故被诉域名的注册、使用足以造成相关公众误认。故被告注册、使用被诉域名，明显是为了攀附原告涉案 NBA 商标的知名度和美誉度，具有恶意，被告某丙公司注册、使用被诉域名构成对两原告的不正当竞争。

三、关于原告主张被告侵犯 NBA 集体肖像权、特征识别库的财产利益并构成不正当竞争能否成立的问题

根据《侵权责任法》第 2 条的规定可知，民事利益虽然尚未被确定为民事权利，也应当受到法律保护。

判断被告行为是否构成不正当竞争，归根结底在于判断其是否违反诚信原则和公认的商业道德，损害了他人的合法权益。如上所述，NBA 识别元素

商品化垄断使用的利益是法律保护的民事利益，由原告某乙公司享有。被诉游戏使用 NBA 识别元素，属于对这些元素的商品化使用。被告未选择其他元素却选择 NBA 识别元素进行商品化使用，不是毫无目的的随机行为，而是希望通过利用 NBA 联盟和联赛的高知名度和美誉度，吸引更多玩家购买其游戏服务，从而获取更大利益的故意行为。该行为并未得到原告某乙公司许可，属于搭别人知名度便车，攫取他人劳动成果的行为，无疑违反了诚信原则和公认的商业道德，损害了两原告的合法权益，构成对两原告的不正当竞争。

一审法院作出如下判决：一、被告某甲公司和被告某丙公司于本判决发生法律效力之日起立即停止在萌卡篮球和萌卡 MC 游戏使用涉案 NBA 识别元素的不正当竞争行为；二、被告某丙公司于本判决发生法律效力之日立即停止使用 mcnba.com 域名，并于 30 日内将 mcnba.com 和 mcnba.cn 域名转让给原告某乙公司；三、被告某甲公司和被告某丙公司于本判决发生法律效力之日起 30 日内在《中国工商报》显著位置刊登声明以消除涉案不正当竞争行为给原告某乙公司和原告某丁公司造成的不良影响（声明内容须经本院审定）；四、被告某甲公司和被告某丙公司于本判决发生法律效力之日起 10 日内连带赔偿原告某乙公司和原告某丁公司共人民币 300 万元，被告某戊公司对其中的 10 万元负连带赔偿责任；五、驳回原告某乙公司和原告某丁公司其他诉讼请求。

➲ 上诉主张及理由

上诉人某甲公司上诉请求：（1）裁定驳回起诉或依法撤销一审判决第一、二、三、四项，并改判驳回某乙公司和某丁公司全部诉讼请求；（2）判决某乙公司、某丁公司承担一、二审诉讼费用。

上诉人某丙公司上诉请求：（1）裁定驳回起诉或依法撤销一审判决第一、二、三、四项，并改判驳回某乙公司和某丁公司全部诉讼请求；（2）判决某乙公司和某丁公司承担一、二审诉讼费用。

被上诉人某乙公司答辩称：（1）在案证据足以证明某乙公司法定代表人阿某有权代表某乙公司授权提起本诉讼。（2）某乙公司对 NBA 集体肖像权、特征识别库享有财产利益，受法律保护。（3）某丙公司在域名中使用某乙公司"NBA"商标的行为构成不正当竞争，某丙公司关于合法使用域名的主张不能成立。（4）某甲公司与某丙公司在《萌卡篮球》游戏中大量使用 NBA 集体肖像、NBA 识别元素的行为，侵犯了某乙公司就 NBA 集体肖像权、特征识别库享有的民事权益，构成不正当竞争。（5）某甲公司、某丙公司为涉案游戏的开发商和运营商，双方构成共同侵权，应承担连带责任。（6）一审法院判决赔偿300万元证据充分、合法合理。故请求二审法院予以维持。

被上诉人某丁公司答辩称：某丁公司同意某乙公司答辩意见，并补充如下意见：（1）某丁公司作为"NBA"注册商标、NBA集体肖像权、特征识别库的被许可人，经某乙公司授权，有权以自己名义提起本诉讼。（2）某丁公司与某甲公司、某丙公司及某戊公司存在竞争关系。被诉行为侵犯了某丁公司的合法权益，构成不正当竞争。

某戊公司未提交答辩意见。

⊃ 二审法院查明的事实

一审法院查明事实属实，二审法院予以确认。

⊃ 二审法院判决理由与裁判结果

广东省高级人民法院认为，本案系侵害商标权及不正当竞争纠纷。

一、关于本案诉讼的提起是否经过合法授权

经过合法授权。

二、关于相关被诉行为是否构成不正当竞争的问题

首先，本案当事人不仅属于反不正当竞争法意义上的经营者，且当事人之间存在竞争关系。其次，某乙公司在本案所主张的权益应受到反不正当竞争法保护。最后，本案被诉行为违反诚信原则和公认的商业道德，具有明显的不正当性，损害某乙公司和某丁公司权益。

三、关于某丙公司使用相关域名的行为是否构成侵权的问题

根据《最高人民法院关于审理涉及计算机网络域名民事纠纷案件适用法律若干问题的解释》第4条的规定，经查，某乙公司在本案中已提交证据证明其分别在第41类和第9类商品上注册有"NBA"商标。其中第10××934号注册商标核准注册在第9类商品上，某丁公司经某乙公司授权得以在手机游戏上使用NBA商标，依法享有商标使用权。某乙公司与某丁公司为宣传、维护、提升涉案"NBA"商标知名度付出了商业努力，使其具有一定知名度与美誉度。现某丙公司所注册的mcnba.com和mcnba.cn域名，主要识别部分"mcnba"与被上诉人涉案商标"NBA"相比只多了"mc",其他部分完全相同,整体构成相近似,容易导致相关公众混淆、误认。且某丙公司实际上通过该域名进行与被诉游戏相关的电子商务交易,侵害了涉案"NBA"商标权。至于mcnba.cn域名,因各方当事人均确认该域名并未实际使用,故其不构成商标侵权,但某丙公司对该域名的主要部分不享有权益,也没有注册的正当理由,明显具有攀附某乙公司"NBA"标识知名度的恶意,故一审认定该域名的注册构成不正当竞争,并无不当。

⊃ 案例解析

本案主要是由商标侵权及不正当竞争而引发的诉讼,其中涉及域名与商标冲突的问题。随着互联网的发展,电子商务越发兴盛,对域名的商业使用行为越发常见,由此引发的域名商标冲突问题也屡见不鲜。域名与商标具有很多相似之处。其一,同样具有识别来源的功能。商标具有区分商品或服务来源的特征,而域名因与计算机 IP 地址一一对应,也具有唯一指向性,使用者通过域名就能锁定唯一的指向网址。其二,同属无形财产。商标因其所负载的商誉而成为无形财产,域名同样如此。因为二者的相似性,且商标的发展早于域名,当商标具备一定知名度时,为攀附商标商誉,相关主体将商标所包含的字符注册为域名,域名商标冲突由此产生。因本文涉及域名商标冲突,以下将结合案件,对域名商标冲突问题加以探讨。

一、域名与商标

(一)域名

随着信息网络技术的迅速发展,互联网与公众的生活紧密联系。互联网以其信息传播与获取的效率优势催生互联网经济。在庞杂的信息网络中,如何精准识别信息的指向及区分不同信息来源显得尤为重要。由此产生域名这一概念。域名即网址,是运用于互联网中以区别不同网站主页的网络地址。就其技术结构而言,域名是为了使网络用户能够迅速而便捷地寻找及获取目标网页而由字母或数字构成的一组具有特定含义的符号,其与计算机 IP 地址形成一一对应关系。从域名独特的技术结构可推知域名的基本特征,标识性及唯一性。[①]

---

① 参见赵林青:《对域名法律保护的思考——以域名与商标的冲突为视角》,载《法学杂志》2007 年第 5 期。

基于域名在互联网中所能产生的识别性功能及其自身的唯一性特征，当域名能够与其所指向的商家及品牌产生联系甚至具备同一性时，从仅为一个网络地址演变为与商家及商誉挂钩，逐步具备自身价值成为一种无形资产。字母或数字的组合并非无限的，能够借由字母或数字的组合产生与商品品牌类似的含义更是有限。因此，域名亦成为经营者争夺的对象。[①]

（二）域名与商标之比较

根据前文所述域名的含义及作用，可推知域名的功能。关于域名的功能，北京市高级人民法院在《关于审理因域名注册、使用而引起的知识产权民事纠纷案件的若干指导意见》中明确指出："域名具有技术性和标识性两方面的功能。"由此可见，域名的使用是为在互联网中精准搜寻与定位，其技术性的功能使域名产生唯一性的特征。同时，域名产生后，可被相关主体人为赋予特定含义，与特定事物产生联系，从而有别于其他域名。由此，域名具备标识性特征。从域名的特征及功能可知，其与商标具备一定的相似性。但二者亦有区别，不可混为一谈。

就域名与商标的相似性而言。首先，二者都具备区分功能。域名是网址，与计算机 IP 地址一一对应，从根本上区分不同网页。商标则是起区分商品或服务来源的作用，旨在使消费者能够清楚认知商标所指向的商品。[②]二者关于区分功能的相似性在电子商务经济中体现得尤为明显，特别是当构成域名的字母或数字组合与商标的文字发音相同或相似时。其次，二者都可构成无形资产。域名与商标累积自身价值从而成为无形资产的历程是相似的。二者皆通过其区分功能，逐步使相关公众将其与特定商品或服务或网页形成特定联系，获得相关公众的认可，从而可代表商品或品牌，累积商誉或品牌价值，获得独立的经济价值成为无形资产。

虽然域名与商标具备相似性，并在电子商务环境中体现得尤为明显，但二者间的差异性亦不可忽视。其一，二者的容错率程度不同。域名因与计算机 IP 地址一一对应，因此其要求对整个域名的拼写毫无误差，即容错率为零。商标则不同，在使用注册商标的过程中允许与申请注册时的商标稍有差别，即相较于域名而言，对商标的表达容错率较高。其二，二者的本质作用不同。虽然二者都具备区分功能，但本质上，域名所具备的应当为定位功能，即对唯

[①] 参见蔺建平、高茹：《网络域名与商标冲突原因及解决策略研究》，载《河北法学》2006 年第 12 期。

[②] 参见刘震岩、董声洋：《商标侵权判定中混淆可能性要件的地位及裁量因素——对沈某诉天津 C 公司商标侵权案的评析》，载《天津法学》2018 年第 3 期。

一网页进行确定，所具备的区分功能只是定位之后的附加体现。商标则是为区分商品或服务来源，本质即为区分。其三，二者的排除范围不同。因为域名是由字母或数字构成的一组具有特定含义的符号，且与计算机 IP 地址一一对应，因此可反推之，只要字母或数字的排列方式略有差异，即可成为不同的域名。而关于商标的规定则不同，其不允许将与他人注册商标相同或近似的标识使用在与注册商标核准使用的相同或类似的商品或服务上，目的是防止消费者误认。其四，二者的应用范围不同。域名本身是基于互联网的发展应运而生的，因此域名本身应用于互联网，而互联网又具备全球性，因此域名应用的空间范围为全世界。商标基于地域性的特征，应用的空间范围一般为某一特定地理区域，如国家或地区。随着电子商务的发展，商标逐步从实体运用发展至网络应用，对地域性的特征有一定的突破。其五，二者对于注册的要求不同。域名本质上是为更好运用互联网而发展出的技术手段，因此只有在经过注册后才可称其为域名。但对于商标而言，尽管我国实行注册商标制度，但并不意味着只有经过注册才可作为商标使用，未注册商标仍可作为商标使用，只是其在受保护程度上与注册商标有所差异。①

通过前述分析可知，域名与商标之间既具备相似性又存在差异性。正是因为二者之间的相似与差异，使得域名与商标尤其在电子商务中易产生冲突。

二、域名与商标冲突的原因

域名与商标之间的冲突是因为二者之间虽本质上存在差异，但事实上又出现在同一场合互相关联造成的，具体可从以下几方面进行分析。

（一）域名与商标的不同特点

域名在全球范围内的唯一性，使得相同的域名有且仅有唯一的权利主体。商标则是因为其所具备的地域性特征，在不同地域范围内所受的法律保护不同。因此，就全球范围而言，虽然已可以申请注册国际商标，但同一商标在不同地域范围具有不同权利人的情况无法避免。域名的唯一性即决定域名的权利主体亦具备唯一性特征。因此，在同一商标具有多个权利主体，却至多只有一位权利主体能成为域名注册人时，域名注册人与注册商标权利人之间的冲突就无法避免。

---

① 参见蔺建平、高茹：《网络域名与商标冲突原因及解决策略研究》，载《河北法学》2006 年第12 期。

（二）利益导向的必然趋势

随着互联网的不断发展，其中蕴含的经济价值不断增长，而要想参与互联网经济，从中获取经济价值，域名则是相关主体在互联网经济中发展的必备条件。域名注册后，一方面，域名指向网页有利于发展电子商务；另一方面，域名本身即有成为无形资产的可能。因此，如何增加域名的附加价值使其能够产生更大的经济价值是理性的经营者必须考虑的事情。想要域名的经济价值实现从无到有的过程，最快速的方法即为从外界给域名附加价值。因此，采用商标进行域名注册的做法不失为一种好的选择。

（三）现行法律规定的不足

我国对于域名及商标的管理分属不同的部门，由不同的法律进行规定。其中，域名注册主要遵循《互联网域名管理办法》的相关规定，而商标注册则主要遵循《商标法》的相关规定。《商标法》并未明确对将他人注册商标注册为域名的行为进行定性，以判断其是否构成商标侵权行为，而《互联网域名管理办法》亦未对商标在互联网中的地位进行明确。因此，在法律规定中并未产生联系，而在实际运用中关联甚密的域名与商标产生冲突不可避免。

（四）技术手段的限制

在完整域名中，仅三级域名是个性的体现，顶级域名及二级域名皆为通用部分。[①] 在本就有限的部分如何更好地体现个性十分重要。商标区分属性明显，故在域名中体现商标相关信息是最有效的个性方式，由此产生域名与商标的冲突。[②]

正是因为域名在互联网中的独特作用，以及在互联网经济中体现出的巨大经济价值潜力，关于域名的竞争格外激烈。域名又以其自身特征与商标紧密关联，但是域名在互联网中的作用又有与商标类似之处，因此二者间的冲突凸显。

三、域名与商标冲突情形

随着互联网经济的发展，域名原本具备的技术性特征逐步淡化，而其具备的识别特征及经济价值愈发明显，因此在利益导向的驱动下，经营者对于域名这一无形资产的争夺愈发激烈。又正因为域名与商标存在相似性，注册商标权人往往选择与自身商标相同或近似的域名进行注册。但同一域名有且仅有唯

---

① 参见殷和清：《试析域名抢注与商标权保护》，载《江西社会科学》2001年第1期。

② 参见赵林青：《对域名法律保护的思考——以域名与商标的冲突为视角》，载《法学杂志》2007年第5期。

一的权利主体，而同一商标因地域因素及商品或服务类型的不同可能会有多个权利主体，由此产生的关于域名的争夺即为域名商标冲突。具体而言，存在后续几种表现形式。

（一）域名与在先商标权的冲突

此类冲突又可根据域名注册人的主观意图分为两种情况：一是域名注册人为善意注册，即域名注册人申请域名注册时对于侵害他人在先商标权不存在主观故意；二是域名注册人恶意抢注，即域名注册人申请域名注册时明知他人的在先商标权而依然申请注册域名，以便攀附商标商誉或以域名为媒介与在先商标权人进行交易以谋取不正当利益。对于善意的域名注册无可厚非，在先商标权人如想取得域名的所有权可自行与域名注册人以合法形式进行交易。对于域名恶意抢注，虽然商标法及域名有关法律法规并未规定，但该行为明显有违诚信原则应予制止。

（二）同一商标的多个权利人中某一权利人将商标申请注册域名

对于此种情况，一旦同一商标的多个权利人中某一权利人将商标成功申请注册为域名，其他商标权利人则丧失将该商标申请注册为域名的机会，只能申请注册相似域名或寻求与成功申请注册域名的权利人合作的机会。此亦是域名商标冲突，但属于市场自由竞争的合理范畴。

（三）将他人在先域名注册为商标

此种冲突与前述第一种冲突形式有相似之处，亦有商标注册申请人主观意图的善恶意之分。对于善意的商标注册申请人，如其在成功申请注册商标取得商标专用权后，虽然一般情况下并不对域名的使用产生不利影响，但不排除特殊情况，例如，商标经由辐射范围广、持续时间长的活动而迅速积累知名度。此时，域名与商标之间的冲突则会显现。主观恶意的注册商标申请人往往将知名度较高的域名作为抢注对象。虽然《商标法》规定，商标注册不得与他人在先权利冲突，但在潜在巨大经济利益的驱动下仍有人选择铤而走险，毕竟未成功申请注册商标亦不会有何损失，而如果成功申请注册商标则有带来巨大经济效益的可能。随着域名类型的不断丰富，此类域名商标冲突会愈发明显。[①]

因域名与商标之间的相似性及差异性而引发的域名商标冲突表现形式各种各样。对于此类冲突不能放任，而应在现行法律制度范围内积极寻求解决冲突的可能。

---

① 参见蔺建平、高茹：《网络域名与商标冲突原因及解决策略研究》，载《河北法学》2006年第12期。

四、解决域名商标冲突的方法探析

（一）有关域名商标的现行法律规定

目前域名管理所依据的法律规范主要为《互联网域名管理办法》，其第 28 条是关于域名注册的禁止性规定，旨在维护国家利益、社会公共利益及他人合法权益。但该办法主要规制对域名有关机构的管理，并不涉及关于域名商标冲突的规定。

关于域名商标冲突的规定并非没有，只是散见于《最高人民法院关于审理涉及计算机网络域名民事纠纷案件适用法律若干问题的解释》（2020 年修正）及《最高人民法院关于审理商标民事纠纷案件适用法律若干问题的解释》（2020 年修正）两个司法解释中。其中，《最高人民法院关于审理涉及计算机网络域名民事纠纷案件适用法律若干问题的解释》（2020 年修正）第 4 条对注册、使用域名构成侵权或不正当竞争的要件进行规定，即关于域名商标冲突的规定，共需要满足四个要件。其一，注册商标权合法有效。其二，以商标是否驰名为判断标准，为驰名商标的，判断域名与商标是否相同或近似，或构成翻译或音译；为普通注册商标的，判断域名与商标是否相同或近似，以及足以造成相关公众误认。[①] 其三，对于域名不享有合法权益，亦无注册、使用的必要。其四，具有恶意。根据《最高人民法院关于审理涉及计算机网络域名民事纠纷案件适用法律若干问题的解释》（2020 年修正）第 5 条的规定，具有商业目的或谋取不正当利益意图即为恶意。《最高人民法院关于审理商标民事纠纷案件适用法律若干问题的解释》（2020 年修正）第 1 条即规定在域名商标冲突中，满足三个要件即属于对他人注册商标专用权造成其他损害的行为。其一，注册与他人注册商标相同或相近似的域名。其二，通过该域名开展相关商品的电子商务交易。其三，易造成相关公众误认。[②]

由此可见，我国关于域名商标冲突的规定以司法解释的形式体现，且并未形成体系，仅散见于关于域名或商标纠纷的司法解释中。

---

① 赵敏洁：《论网络域名的知识产权保护》，载《沈阳大学学报（社会科学版）》2012 年第 6 期。

② 根据《最高人民法院关于审理商标民事纠纷案件适用法律若干问题的解释》（2020 年修正）第 1 条第 1 款规定，下列行为属于《商标法》第 57 条第 5 项规定的"给他人注册商标专用权造成其他损害的行为"：一是将与他人注册商标相同或者相近似的文字作为企业的字号在相同或者类似商品上突出使用，容易使相关公众产生误认的；二是复制、摹仿、翻译他人注册的驰名商标或其主要部分在不相同或者不相类似商品上作为商标使用，误导公众，致使该驰名商标注册人的利益可能受到损害的；三是将与他人注册商标相同或者相近似的文字注册为域名，并且通过该域名进行相关商品交易的电子商务，容易使相关公众产生误认的。

（二）关于域名商标冲突的法律分析

根据前述关于域名商标的现行法律规定的分析可知，现行关于域名注册的正当性与否，是以域名注册行为是否具有必要性及申请注册人是否具有恶意为判断标准的。因此，商标权有向域名注册领域扩张效力的可能。在域名注册前，商标权有天然的优势，而如果商标驰名则此种优势会更加扩大。但商标权本身具备地域性特征，为保护地域性权利而制止域名在先的注册，无疑是对商标权的扩张。同时，商标权保护体系与域名注册体系应为不同的运行体系，仅以商标的知名度为判断标准对域名的注册是否具有恶意进行判定，是否有悖于公平原则值得探讨。虽然注册商标制度产生在先，且历经发展渐趋完善，但并不能使商标制度不正当扩展至域名领域。同理，域名注册制度产生较晚，不能因为新事物的出现而不正当影响注册商标制度的运行与发展。[①]

五、结论

随着信息化水平的不断提升，互联网已经渗透至社会公众生活的方方面面。为更好地于互联网中检索与定位目标信息，域名由此产生。尽管域名属于新兴事物，且看似与商标的使用范围截然不同，但二者之间的冲突层出不穷。究其原因，可从二者特征的相似性探知一二。而二者间冲突的表现则在于域名及商标注册的时间顺位。同时，由于域名产生及发展的时间较短，规制域名的法律规范并不十分完善，因此，对于域名商标冲突的解决主要依靠散见于诸如商标法等的法律条文规定，主要规制的为恶意注册商标或域名的行为。本案则部分涉及域名商标冲突的问题，在该问题上，因未对域名进行使用，则不构成商标侵权行为，但对于该案涉域名注册的正当性则需结合申请注册的必要性及申请注册人的主观意图进行判断。唯有如此，才可更好地解决域名商标冲突，使域名及商标在互联网领域达成动态的平衡。

---

① 参见赵林青：《对域名法律保护的思考——以域名与商标的冲突为视角》，载《法学杂志》2007 年第 5 期。

驰名商标的跨类保护之"反混淆"与"反淡化"理论分析

——某知名跨国公司诉苏州某电梯有限公司商标权侵权纠纷案

/ 姜美辰

⊃ 本案要旨

我国《商标法》第 13 条以及《最高人民法院关于审理商标民事纠纷案件适用法律若干问题的解释》规定了对驰名商标的跨类保护，即就不相同或者不相类似商品申请注册的商标是复制、摹仿或者翻译他人已经在中国注册的驰名商标，误导公众，致使该驰名商标注册人的利益可能受到损害的，不予注册并禁止使用。对于驰名商标的认定应当结合该商标在市场上的声誉以及在相关公众中的知名程度进行认定。此外，涉案商标是否属于驰名商标是对事实的基本认定，不以商标权人在诉讼中独立提出相应的诉讼请求为前提。

⊃ 案件信息

原告：某知名跨国公司

被告：苏州某电梯有限公司

案号：江苏省苏州市中级人民法院（2005）苏中民三初字第 0213 号

⊃ 原被告主张及理由

原告某知名跨国公司诉称：原告公司始创于 1880 年，是一家生产传统数码影像产品、医疗影像产品、商业摄影产品、光学元器件和显示器的知名跨国公司，具有极高的知名度和良好的市场声誉。在中国，该公司的 "KODAK" 商标早在 1982 年就已在第 1 类 "有机化学品和无机化学品" 上核准注册，注册号为 15××21，在此基础上，该公司又在第 1 类、第 9 类商品上注册了多个"KODAK"商标。作为世界最大的影像产品及相关服务的生产和供应商，其"KODAK"商标在中外早已成为驰名商标，中国国家工商行政管理局先后于 1999 年和 2000 年两次将诉争商标列入了《全国重点商标保护名录》。

苏州某电梯有限公司未经授权，在其产品、宣传资料以及公司网站上使用与某知名跨国公司"KODAK"注册商标完全相同的商标，并将"KODAK"注册为其域名，侵犯了原告注册商标专用权，损害了该公司"KODAK"商标的形象。

被告苏州某电梯有限公司答辩称：（1）其与原告经营不同类且不相类似的产品，要认定其构成侵权的首要前提是认定"KODAK"商标为驰名商标，其次才能适用跨类保护，原告注册"KODAK"商标是否为驰名商标应由法院依照法律进行认定；（2）即使原告注册"KODAK"商标被认定为驰名商标，被告的行为也不构成侵权，理由如下：一是被告使用"KODAK"字样只是表达企业字号的英文翻译方法，没有将"KODAK"作为产品商标使用，而其电梯产品与原告注册"KODAK"商标核准使用商品既非同类商品也不是相似商品，不会造成公众混淆与误认，被告使用"KODAK"字样对原告的利益不构成实质性损害；二是被告注册网站域名 kodaklift.com.cn、kodak-bj.com 进行宣传的均是有关电梯的产品，而非通过这些域名进行与原告相同或类似产品的交易，不存在造成相关公众误认的效果或后果。

⊃ 法院查明的事实

某知名跨国公司始创于 1880 年。1888 年，其创设"KODAK"品牌，并将其使用于照相机产品；1889 年，该公司生产出成卷的采用硝酸纤维片基的软片；1891 年，生产出由摄影师自己装卸的胶卷，"KODAK"相机及胶卷的出现及普及，推动了摄影的普及，全球相机及胶片由此走向成熟并飞速发展，该公司"KODAK"品牌也逐步发展成为世界最大的影像产品及相关服务的生产和供应商。在百年发展过程中，该公司在全球范围内持续宣传及使用"KO-DAK"商标，并为宣传该商标支付大量费用，包括连续 40 年成为奥运会品牌赞助商。迄今，该公司已在世界各国和地区广泛注册了"KODAK"商标或以"KODAK"文字为主体的商标，"KODAK"商标具有极高的知名度和良好的市场声誉。

在中国，该公司于 1979 年 9 月 27 日向国家商标局提出"Kodak"商标注册申请。1982 年 2 月，在第 1 类"有机化学品和无机化学品"产品上获准注册"KODAK"英文商标，商标注册号为15××21。在此基础上，又在第1类、第9类商品上注册了多个"KODAK""Kodak""Kodak"文字及"K"型图案商标，并申请注册与"KODAK"相对应的"柯达"中文商标。该公司在中国对"KODAK""柯达"商标通过各类媒体，持续数十年进行了大范围高强度的广告宣传，其"KODAK"商标广为公众所熟知。中国国家工商行政管理局先后于1999年和2000年两次将"KODAK柯达"商标列入《全国重点商标保护名录》。

被告成立于2001年，经营范围为"生产、销售各类电梯、自动扶梯及电梯安装、维修、保养、售后服务"。被告以变形的"科达"文字及图注册商标品牌生产销售其电梯产品。自2005年年初，被告在其电梯产品、公司门牌、员工名片、产品介绍、企业宣传资料上，均以独立标识或与其"科达"上下并列的方式突出标注"KODAK"文字。被告及其北京分公司还分别向中国互联网管理中心申请注册"kodaklift.com.cn""kodak-bj.com"域名，用于网络宣传经营。原告发现后，即提出侵犯"KODAK"商标权诉讼。

➲ 法院判决理由与裁判结果

关于本案争议之一，"KODAK"商标是否可作为驰名商标获得商标法的保护。"KODAK"商标系某知名跨国公司于1888年始创设的臆造性文字商业标识，已先后在全球范围内广泛注册，通过该知名跨国公司100多年来对该商标大范围持续的广告宣传，以及"KODAK"商标及其商品的良好质量，原告"KODAK"商品拥有全球范围内广泛的用户群。中国作为原告主要市场，"KODAK"商标于1979年即进行了相关注册，原告对该商标享有专用权。原告多年来投入巨额广告费进行了持续广泛的品牌宣传，"KODAK"品牌传统和数码影像产品等在中国拥有大量的消费者，同时，由于"KODAK"传统和数码影像产品与广大民众生活紧密贴近，"KODAK"已实际成为家喻户晓的商业品牌。鉴于以上事实，本院认为，原告"KODAK"注册商标属在市场上享有较高声誉并为相关公众所熟知的商标，在司法保护中，应认定为驰名商标并获得法律所确定的跨商品或服务领域的高水平保护。至于本案中被告提出因原告诉讼中未独立提出认定"KODAK"商标为驰名商标的诉讼请求，且"KODAK"商标未经商标行政管理部门认定为驰名商标，本案中即不能以驰名商标予以法律保护抗辩。本院认为，侵犯商标权纠纷司法审判中对涉案商标是否具备驰名商标属性的认定属对案件基本事实的认定，并基于该事实判定而对涉案商标予以相应法律保护，苏州某电梯有限公司的前述抗辩观点显然对此存在误解。对该辩述，本院不予支持。

关于本案争议之二，被告使用"KODAK"商业标识是否为合理使用以及是否侵犯原告的"KODAK"注册商标权。被告在其商品、公司门牌、员工名片及企业宣传资料上均印制独立且突出的"KODAK"文字标识，被告及其分公司还以"KODAK"为商业标识索引申请注册了"kodaklift.com.cn"及"kodak-bj.com"域名用于网络宣传经营，虽诉讼中被告解释其"KODAK"系其企业字号"科达"的英文翻译方法，且未作为产品商标使用，但从其实际使用形式来看，被告显然是以商品商标的形式突出使用"KODAK"商业标识。从另一事实来看，如前所述，"KODAK"系原告臆造创设的商业标识，该文字直接指向原告，为原告具有独特显著性的商业标识，而并无其他文字含义。被告虽解释其"KODAK"商业标识源于其"科达"企业字号，但"KODAK"与"科达"字号间并不具有符合语言学的中英文翻译对应关系，不符合我国的语言翻译惯例及语音习惯，对此被告也无合理解释。结合前述本案中原告公司的"KODAK"及"柯达"商标广为公众知晓的事实认定则可以判断，被告以"KODAK"标示其"科达"字号的使用明显是复制、摹仿了原告"柯达"与"KODAK"商标。因此，被告主张其"KODAK"标识系其"科达"企业字号语言翻译及合理使用的辩述，显然不能成立。至于被告辩述其使用"KODAK"字样对原告的利益不构成实质性损害因而不构成侵权。根据《最高人民法院关于审理商标民事纠纷案件适用法律若干问题的解释》第 1 条的规定，"下列行为属于商标法第五十七条第（七）项规定的给他人注册商标专用权造成其他损害的行为……（二）复制、摹仿、翻译他人注册的驰名商标或其主要部分在不相同或者不相类似商品上作为商标使用，误导公众，致使该驰名商标注册人的利益可能受到损害的"；与该法条相应的《保护工业产权巴黎公约》第 6 条之二规定：驰名商标，本联盟各国承诺，如本国法律允许，应依职权，或依有关当事人的请求，对商标注册国或使用国主管机关认为在该国已经属于有权享受本公约利益的人所有而驰名，并且用于相同或类似商品的商标构成复制、仿制或翻译，易于产生混淆的商标，拒绝或取消注册，并禁止使用。这些规定，在商标的主要部分构成对上述驰名商标的复制或仿制，易于产生混淆时，也应适用。《TRIPs》则在其第二部分"有关知识产权的效力、范围及利用的标准"第二节"商标"第 16 条"所授予的权利"之二对上述条款进一步规定：巴黎公约 1967 年文本第 6 条之二原则上适用于与注册商标所标示的商品或服务不类似的商品或服务，只要一旦在不类似的商品或服务上使用该商标，即会暗示该商品或服务与注册商标所有人存在某种联系，从而注册商标所有人的利益可能受损。结合本案事实及上述法律规范，被告使用"KODAK"标识，显然是模仿及对于原告"KODAK"驰名商标的商誉进行"搭便车"，以取得不正当商业利益。从保护驰名商标专有性角度出发，被告使用"KODAK"标识必然会降低原告"KODAK"驰名商标显著性甚至导致其驰名商标的商誉价值遭到损害，原告"KODAK"驰名商标专有性及长期商业标识形象利益受到实质性损害。因此，被告未经"KODAK"驰名商标权利人同意而使用"KODAK"商业标识的行为，应判定为侵权。

➲ 案例解析

本案涉及两个主要的争议点，其中一个是"KODAK"商标是否可作为驰名商标获得商标法的保护；另一个是被告使用"KODAK"商业标识是否为合理使用以及是否侵犯原告"KODAK"注册商标权。该判决主要围绕的问题为驰名商标的认定以及跨类保护的问题，即在电梯商品上使用商标"KODAK"，是否构成对数码影像产品领域的驰名商标"KODAK"的侵权，是否要对"KODAK"这一驰名商标进行跨类保护，同时涉及关于驰名商标的跨类保护的界限问题。我国《商标法》第13条第3款规定："就不相同或者不相类似商品申请注册的商标是复制、摹仿或者翻译他人已经在中国注册的驰名商标，误导公众，致使该驰名商标注册人的利益可能受到损害的，不予注册并禁止使用。"《最高人民法院关于审理涉及驰名商标保护的民事纠纷案件应用法律若干问题的解释》第9条第2款规定："足以使相关公众认为被诉商标与驰名商标具有相当程度的联系，而减弱驰名商标的显著性、贬损驰名商标的市场声誉，或者不正当利用驰名商标的市场声誉的，属于商标法第十三条第二款规定的'误导公众，致使该驰名商标注册人的利益可能受到损害'。"《最高人民法院关于贯彻实施国家知识产权战略若干问题的意见》中提到了要"合理适度确定驰名商标跨类保护范围"。《最高人民法院关于充分发挥知识产权审判职能作用推动社会主义文化大发展大繁荣和促进经济自主协调发展若干问题的意见》中提出："驰名商标保护的目的在于适当扩张具有较高知名程度的商标的保护范围和保护强度，不是评定或者授予荣誉称号。凡当事人主张驰名商标保护且符合保护条件和确有必要的，应当依法予以认定和保护。对于一般公众广泛知晓的驰名商标，要结合众所周知的驰名事实，减轻商标权人对于商标驰名情况的举证责任。认定驰名商标并不要求具有等同划一的知名程度，但驰名商标的保护范围和强度要与其显著性和知名度相适应,对于显著性越强和知名度越高的驰名商标,要给予其更宽的跨类保护范围和更强的保护力度。"可见我国商标法领域对于驰名商标的跨类保护足够重视,并且出台了一定量的文件和规定试图厘清驰名商标跨类保护问题。与此同时,对于驰名商标跨类保护的限制也作出了一定的回应,既要注重对于商标的显著性和知名度的保护,又要防止保护的边界过分蔓延,从而侵害其他权利人的利益或者损害公共利益。

一、"反混淆"与"反淡化"理论基础与驰名商标跨类保护

探讨驰名商标之所以可以进行跨类保护的正当性基础就在于"反混淆"理论与"反淡化"理论。目前的学界探讨不一,但是如果认真研读我国相关立法,我们可以从《商标法》的第13条中感受到其中蕴含的价值导向,我国《商标法》第13条第3款规定的"误导公众,致使该驰名商标注册人的利益可能受到损害"就体现出立法层面的判断倾向,即会出现"误导公众"的情况,导致"利益受损"的情况,所以对于"误导公众"的理解,就成为实务中判断是否适用驰名商标跨类保护的关键。《最高人民法院关于审理涉及驰名商标保护的民事纠纷案件应用法律若干问题的解释》第9条第2款对于判定"误导公众"给出了具体的解释,即"足以使相关公众认为被诉商标与驰名商标具有相当程度的联系,而减弱驰名商标的显著性、贬损驰名商标的市场声誉,或者不正当利用驰名商标的市场声誉的",所以对于这些标准的分析和研究就成为我们探究哪种理论更符合我国的驰名商标跨类保护问题的重点。

各国对于"反淡化"以及"反混淆"理论各有不同的规定和倾向,我国理论界也有所争议,有的学者认为,"误导公众"表现在不相同或者不相类似的商品或者服务上,更多的是导致驰名商标显著性受到动摇和削减、使驰名商标在相关消费者心中所代表的独特且唯一的商标商誉形象降低,这实质上就是"淡化"理论的本质。[①] 即侧重对于驰名商标在目标消费者心中的心理预期的改变,使得消费者心里的特有的独树一帜的商标文化和商誉信念有所动摇,并且其更偏重强调消费者对于商标以及其对应商品的关注,为了提高自身的生活质量和消费体验,所以更偏重"淡化"的效果。有的学者则认为消费者之所以被误导,其根本原因就是对商标的理解和认识出现了偏差,商标侵权的本质就在于使消费者产生了混淆的心理状态,没有消费者对于商品或者服务的来源产生直接混淆或者间接混淆,也就没有出现误导的可能性,所以误导只是混淆的

---

① 参见夏君丽:《关于驰名商标司法保护价值取向及制度设置的思考》,载《法律适用》2007年第12期。

另一种说法而已。所以有学者直接提出，这些关于侵权判定的规定都不是关于商标淡化行为的。[①] 仍然是传统的商标混淆领域内的侵权行为，被判定和理解为"淡化"，其实是学者们对于淡化理论的一种误读，本质上驰名商标跨类保护的理论基础还是"反混淆"。

（一）混淆理论

混淆包括直接混淆和间接混淆。直接混淆是对商品出处的混淆，即消费者认为该商标标识所指向的商品是此商标的所有者提供的，这是对商品来源的错误认识。间接混淆是对直接混淆的一种范围上的扩大，即消费者可能会认为此标记与目标商标的所有权人之间存在某种商业经营的关系或者其他许可上的联系。直接混淆导致对商品出处的混淆，是商标法禁止的最基本的侵权类型，也是商标法禁止的最基本情况，间接混淆也是侵权的典型行为。对于商标而言，其基本功能是区别出处，因此，商标只是提供一种信息，降低消费者搜寻商品的成本，关键在于保护公众，而不是商标所有人。在混淆的可能之下，商标保护突破了相同或类似商品的局限。现在，商品或服务不类似时发生间接混淆的情况普遍存在。[②]

（二）淡化理论

在商标侵权判定中，在"混淆"可能性之外，还存在削弱商标影响力的危险因素，这也给商标注册人造成一定的商誉减损的威胁。例如，我们经常提及的，将香水的知名商标品牌用于厕所用品上，这种容易影响目标消费者的消费感受，并且对本身该领域的驰名商标的形象减损行为，其实就是"淡化"行为。"淡化"与"混淆"的不同在于，"混淆"是消费者对于商品的来源可能产生错误的关联，但是"淡化"不同，"淡化"只是将这种原本的消费者与商品来源的关联认识冲淡。

有学者将淡化行为分为"冲淡"和"污损"，"污损"行为是指对于商标权人的商标进行恶意的诋毁，即可能采用不正当的手段对于商标所对应的商品的质量和服务进行诋毁，污损行为对商标权人的侵害是明显的，所以相关行为的认定和分析在学界和司法界没有什么分歧。但是，关于冲淡行为存在解释上的诸多争议。商标淡化的类型可以分为"弱化""丑化"以及"退化"三种，"丑化"可以理解为污损或者玷污。例如，将香水商标用于污水处理中，或者将食品用于袜子和内衣内裤上甚至计生用品上等。"弱化"和"退化"是指将

---

① 杜颖：《商标淡化理论及其应用》，载《法学研究》2007 年第 6 期。

② 参见周樨平：《混淆理论和淡化理论在驰名商标跨类保护中的适用》，载《河北大学学报（哲学社会科学版）》2011 年第 6 期。

一些本来具有口碑特色的商标变得普通大众化，使其丧失了一定的经济价值。

（三）混淆与淡化的区分

在驰名商标的跨类保护中，对于"混淆"和"淡化"的区分应当聚焦于驰名商标的特质进行分析。作为商标侵权判定中的两种不同情形，混淆理论针对的是商标的区别功能和承载商誉功能的保护，在商品跨类的情况下，侵权者使用与驰名商标相同或者近似的商标，是为了吸引消费者，[①]甚至有"搭便车"的嫌疑，将驰名商标商品的商誉嫁接在自己的商品之上，如果恰好"搭便车"的行为人的商品质量堪忧，则对驰名商标持有人的商誉造成伤害。淡化理论保护的是商标本身的价值，淡化行为虽然不会使消费者产生一定的标记联结的错误认识，但是会强调消费者的注意，有一种"哗众取宠"从而赚取关注和流量的嫌疑。所以两种理论其实针对的问题焦点有所不同。

二、驰名商标认定的性质

本案还有一个值得关注的点，即被告提出因原告在诉讼中未独立提出认定"KODAK"商标为驰名商标的诉讼请求，且"KODAK"商标未经商标行政管理部门认定为驰名商标，本案中即不能以驰名商标予以法律保护抗辩。法院认为，侵犯商标权纠纷司法审判中对涉案商标是否具备驰名商标属性的认定属对案件基本事实的认定，并基于该事实判定而对涉案商标予以相应法律保护适用。法院的裁判说明对于商标是否属于驰名商标的认定属于客观事实的认定。[②]

法院的裁判有理有据，因为驰名商标之所以"跨类"保护，是相较普通注册商标而言，其并不因驰名而产生了独立的驰名商标权。驰名只是个客观事实，这种事实并非因认定而发生，也不会因认定而改变。认定驰名商标，是对事实的确认，不应成为目的，只是获得保护的一个手段。[③]驰名商标的认定曾经一度成为企业的一种经营和营销手段，甚至不惜虚假争诉来获取认定"驰名商标"的机会，并且在获得驰名商标后的商业行为中对其进行大肆宣传，这些行为与当初设立驰名商标保护制度的初衷可以说是背道而驰，甚至起到了相反的作用，所以驰名商标的认定应当是对客观事实的认定，要坚持个案认定、被动认定，不应当以其为争诉的目标并且作为不正当竞争和宣传的工具。

---

① 周樨平：《混淆理论和淡化理论在驰名商标跨类保护中的适用》，载《河北大学学报（哲学社会科学版）》2011年第6期。

② 参见《最高人民法院公报》2008年第5期。

③ 参见夏君丽：《关于驰名商标司法保护价值取向及制度设置的思考》，载《法律适用》2007年第12期。

三、结论

我国《商标法》第13条以及《最高人民法院关于审理商标民事纠纷案件适用法律若干问题的解释》规定了对驰名商标的跨类保护，即就不相同或者不相类似商品申请注册的商标是复制、摹仿或者翻译他人已经在中国注册的驰名商标，误导公众，致使该驰名商标注册人的利益可能受到损害的，不予注册并禁止使用。本案电梯和数码相机是不同的商品种类，侵权行为人试图"搭便车"的行为是对商标权人的商标权益的侵害。此外，涉案商标是否属于驰名商标是对事实的基本认定，不以商标权人在诉讼中独立提出相应的诉讼请求为前提。

驰名商标跨类保护界限研究

——广东某材料集团公司与广州某建材公司等
侵害注册商标专用权纠纷案

/ 苏媛

○ 本案要旨

因驰名商标拥有较高的知名度和声誉，我国法律对驰名商标提供跨类保护，扩张了驰名商标的保护范围。但此种跨类保护是有限度的，在界定驰名商标保护范围时，不仅应当与驰名商标自身知名度及显著性相适应，还应当考虑他人在先合法权利。驰名商标的跨类保护无法延伸到商标驰名之前他人已注册商标的合法保护领域。在商标驰名之前，他人已经申请注册相同或近似商标的，商标法应保护这种合法权利，而不得以驰名商标的跨类保护为由禁止他人依法使用其在不同商品类别上合法注册的商标。若他人同时将其注册商标作为企业字号，且在时间上同样早于商标认定驰名的时间时，该字号的使用亦起区分商品来源的作用，不易造成公众混淆，有一定合理性，不应认定侵犯驰名商标注册商标专用权。

○ 案件信息

申请人（一审原告、二审上诉人）：广东某材料集团公司

被申请人（一审被告、二审上诉人）：广州某建材公司

被申请人（一审被告、二审被上诉人）：佛山某洁具公司

案号：广东省佛山市中级人民法院（2012）佛中法知民初字第 515 号、广东省高级人民法院（2015）粤高法民三终字第 143 号、最高人民法院（2017）最高法民再 80 号

⟶ 当事人主张及理由

一、一审中的主张

广东某材料集团公司起诉请求法院依法认定原告持有的注册商标驰名，判令：（1）广州某建材公司停止侵害第 14××× 67 号"M+蒙娜丽莎 +MON-ALISA+ 图形"注册商标、第 34××× 38 号"蒙娜丽莎"注册商标的行为，具体包括停止使用"蒙娜丽莎"字号，并限期变更"蒙娜丽莎"字号；（2）二被告停止侵害第 17××× 62 号"MONALISA"注册商标、第 34××× 38 号"蒙娜丽莎"注册商标、第 32××× 10 号"蒙娜丽莎头像"注册商标的行为，具体包括停止在网站、宣传图册、名片、店面招牌、浴室产品上使用含"MON-ALISA""蒙娜丽莎""蒙娜丽莎头像"的商标、停止悬挂"蒙娜丽莎"画像；（3）二被告在《中国建材报》和《法制日报》上刊登声明，消除影响；（4）二被告共同赔偿广东某材料集团公司损失和因本案支出的合理费用共计 200 万元。事实与理由如下：广东某材料集团公司于 1992 年成立，现已发展成为国内知名大型建筑陶瓷企业。广东某材料集团公司于 1999 年就在瓷砖商品上使用"蒙娜丽莎"商标，并于 2000 年 11 月 21 日取得国际分类第 19 类第 14××× 67 号"M+蒙娜丽莎 +MONALISA+ 图形"商标注册证书，2002 年 5 月 14 日取得第 17××× 62 号"MONALISA"英文商标注册证书，2004 年 1 月 14 日取得第 19 类第 32××× 10 号"蒙娜丽莎"头像商标注册证书，2004 年 9 月 21 日取得第 19 类第 34××× 38 号"蒙娜丽莎"中文商标注册证书。广东某材料集团公司所经营的"蒙娜丽莎"品牌多次被认定为广东著名驰名商标、中国驰名商标。广州某建材公司于 2007 年 9 月 28 日登记成立，该公司的字号登记为"蒙娜丽莎"，并在其网站、卫浴产品、销售店内将"蒙娜丽莎"中文、"MONALISA"英文、蒙娜丽莎头像进行突出使用。佛山某洁具公司是广州某建材公司在佛山、广州的经销商，其在经营场所和对外宣传资料以及名片中使用"蒙娜丽莎"、"MONALISA"、蒙娜丽莎头像等标识。广州某建材公司明知广东某材料集团公司"蒙娜丽莎"品牌驰名的情况，恶意将"蒙娜丽莎"登记为字号，侵犯了原告对第 14××× 67 号"M+蒙娜丽莎 +MONALISA+ 图形"注册商标、第 34××× 38 号"蒙娜丽莎"中文商标的注册商标专用权，同时，广州某建材公司和佛山某洁具公司还将"蒙娜丽莎"中文、"MONALISA"英文、蒙娜丽莎头像作为商标进行突出使用，构成对第 17××× 62 号"MONALISA"英文商标权、第 34××× 38 号"蒙娜丽莎"中文商标、第 32××× 10 号蒙娜丽莎头像驰名商标侵权行为。

广州某建材公司答辩称：（1）广州某建材公司的"蒙娜丽莎"字号具有长久的历史渊源，系对自身合法在先权利的延续和继承。广州某建材公司的大股东广州某洁具公司早在1999年就开始使用"蒙娜丽莎"字号经营洁具产品。广州某建材公司的企业字号源于其控股公司，与其具有一致性；且广东某材料集团公司就广州某建材公司的企业登记字号以相同理由和证据向花都工商局提出异议，本案属于一事不再理范畴，不应予以受理。（2）广州某建材公司企业字号的使用是对自身在先合法权利的使用，不构成对他人任何权利的侵害。（3）没有任何证据显示广州某建材公司使用广东某材料集团公司的商标，并侵害其商标权益。（4）没有任何证据显示被诉行为对广东某材料集团公司造成任何不良影响，原告主张消除影响没有任何事实和法律依据。（5）没有任何证据显示广州某建材公司的使用行为导致原告任何损失。（6）本案没有必要认定涉案商标驰名，已有在先注册商标权的前提下，后驰名的商标权益无法通过扩大保护对抗在先核准注册的商标专用权和在先形成的企业名称权。

佛山某洁具公司未提交答辩意见。

二、二审中的主张

广东某材料集团公司上诉请求部分改判一审判决，判令广州某建材公司和佛山某洁具公司停止在销售店铺内使用蒙娜丽莎画像的商标侵权行为。理由如下：（1）广州某建材公司和佛山某洁具公司在销售场所对蒙娜丽莎画像的使用，并非单纯的艺术品画像使用，而是商标性使用；（2）蒙娜丽莎画像经广东某材料集团公司多年宣传、使用，从"显著性不强的世界名画"变成驰名商标，蒙娜丽莎头像商标已经与陶瓷建材产品建立了不可分割的联系，并因此引发大量的仿冒；（3）广州某建材公司和佛山某洁具公司对蒙娜丽莎头像商标的使用，与其他侵权人的区别仅仅在于有画框和无画框的区别，如认定这种使用形式合法，无疑是鼓励更多侵权仿冒者变换使用方式对蒙娜丽莎头像商标进行仿冒，背离商标保护的立法精神。因此，应当判令广州某建材公司和佛山某洁具公司停止侵害蒙娜丽莎头像商标的行为，依法保护我方的合法权益。

广州某建材公司答辩称：广东某材料集团公司并未提交证据证明我方销售场所使用了这幅画像，且该画像系世界名画，广东某材料集团公司不能禁止他人的欣赏和以其他方式使用。

广州某建材公司亦不服一审判决，上诉请求依法撤销一审判决，改判驳回广东某材料集团公司全部诉讼请求。理由如下：（1）原审法院对于本案原审各被告之间的关系未予查明或查明事实有误。我方作为案外人广州某洁具公司最早设立的控股子公司，不掌握母公司网站的控制权。涉案公证书所记载的网站内容，只能证明我方与广州某洁具公司存在某种关联，不能证明佛山某洁具公司系我方经销商。（2）原审对于被诉侵权使用行为的主体认定错误。本案原审中广东某材料集团公司提交的侵权证据并未显示与我方存在任何关联，据此将佛山某洁具公司和案外人的侵权行为认定为我方侵权行为，显然于法无据。（3）认定广东某材料集团公司商标构成在先驰名属于事实认定不清，证据不足，适用法律错误。（4）原审法院在界定权利冲突时不仅违背保护在先权利原则，违背商标专用权独占排他性原则，同时存在适用法律错误，应予纠正。（5）原审在法律适用及程序上存在多处错误。首先，对于我方字号合法性问题法律适用及分析错误；其次，本案适用驰名商标淡化理论认定我方构成侵权明显错误；最后，本案原审程序错误，未将我方原审证据材料全部予以审查，未对我方追加第三人请求进行裁定。（6）原审判决我方承担高额赔偿缺乏事实和法律依据。

广东某材料集团公司答辩称：（1）原审法院对于原审各被告之间关系事实及侵权事实的认定清楚，适用法律正确，不存在错误。（2）广州某建材公司虽然2010年取得"蒙娜丽莎monalisa"注册商标，但长期不规范使用，并刻意模仿答辩人商标，导致实际的混淆和误认，已经构成侵害我方驰名商标权。（3）广州某建材公司的法定代表人于2004年通过入股方式控制了案外人广州某洁具公司，在2007年以案外人为股东成立广州某建材公司，在2012年又再次以案外人成立另一家广州某洁具股份有限公司，这种不断扩张字号使用的行为明显超过合理界限，应当予以制止。（4）广州某建材公司肆意使用各种与其注册商标不同的商标图样，并结合蒙娜丽莎头像进行使用，还不断成立新的公司，扩张其字号，不正当地攀附了我方的驰名商标，明显违反了诚实信用、公平竞争、合理避让、禁止混淆几个原则。

佛山某洁具公司未提交答辩意见。

三、再审中的主张

广东某材料集团公司申请再审请求撤销二审判决，改判广州某建材公司、佛山某洁具公司停止在店面装潢中使用蒙娜丽莎画像；维持一审判决其他判决事项。事实与理由如下：（1）广州某建材公司的侵权行为持续到2014年《商标法》实施之后，应适用2014年《商标法》，一、二审法院适用法律错误。（2）广州某建材公司成立远晚于广东某材料集团公司注册及使用"蒙娜丽莎"商标的时间，其使用蒙娜丽莎作为字号侵害了广东某材料集团公司的注册商标权。二审法院对此未予认定，适用法律错误，应予改判。（3）一、二审法院认为广州某建材公司及佛山某洁具公司在其销售店铺中使用蒙娜丽莎画像的使用行为是"装饰"，不构成商标侵权，系适用法律错误，应予纠正。（4）广州某建材公司及佛山某洁具公司不规范使用其注册商标，侵害了广东某材料集团公司的"蒙娜丽莎"系列商标专用权。

广州某建材公司辩称：广东某材料集团公司申请再审没有提交新的事实和证据，二审判决适用法律正确，本案不符合《民事诉讼法》第 200 条第 1 项、第 1 项、第 5 项的规定，应予驳回。

佛山某洁具公司未提交答辩意见。

⊃ 法院查明的事实

广东某材料集团公司于 1998 年 10 月 20 日经工商部门核准成立。2000 年 11 月 21 日，南海市樵某陶瓷有限公司经国家商标局核准注册了第 14××× 67 号注册商标，核定使用商品为第 19 类，该注册商标专用权于 2003 年 12 月 14 日经国家商标局批准受让给广东某陶瓷有限公司；2002 年 5 月 14 日，南海市某陶瓷有限公司经国家商标局核准注册了第 17×××62 号英文商标，核定使用的商品为第 19 类，该商标权利人于 2005 年 5 月 31 日变更为广东某陶瓷有限公司。2004 年 1 月 14 日，广东某陶瓷有限公司经国家商标局核准注册了第 32×××10 号注册商标（指定颜色），核定使用的商品为第 19 类。2004 年 9 月 21 日，广东某陶瓷有限公司经国家商标局核准注册了第 34×××38 号中文商标，核定使用的商品为第 19 类。以上四个商标的权利人于 2011 年 6 月 28 日均变更为广东某材料集团公司。

2006 年 10 月 12 日，国家商标局在商标驰字〔2006〕第 131 号批复中，认定广东某陶瓷有限公司使用在第 19 类陶瓷商品上的第 14×××67 号"M+蒙娜丽莎 +MONALISA+ 图形"注册商标为驰名商标。

广东某材料集团公司所生产、销售及经营的"蒙娜丽莎"品牌分别于 2002 年 9 月、2005 年、2008 年 10 月被广东省质量技术监督局授予"广东省名牌产品"，于 2003 年 9 月被中国质量监督检验检疫总局授予"中国名牌产品"等荣誉称号；于 2003 年 1 月、2006 年、2008 年 12 月被认定为"广东省著名商标"（有效期为 3 年），2008 年 12 月被中国建筑材料联合会授予"建筑材料科学技术奖科技进步类一等奖"；2007 年、2009 年分别参与微晶玻璃陶瓷复合砖、陶瓷砖、建筑幕墙用瓷板、陶瓷板等国家标准或行业标准的制定。

2009 年广东某材料集团公司被授予"改革开放 30 年广东建材 30 强企业""改革开放 30 年广东建材突出贡献企业"等荣誉称号。2009 年 11 月参加"辉煌六十年——中华人民共和国六十周年成就展"被中国建筑材料联合会授予建材工业展区"优秀参展奖";2010 年 12 月 31 日经授权为"中国 2010 年上海世博会特许生产商";2011 年 3 月该集团的"低碳陶瓷板梵高金"荣获第七届中国陶瓷行业新锐榜"最佳产品";2011 年 3 月被授予"用户满意产品诚信服务企业";2011 年 4 月蒙娜丽莎瓷砖被中国保护消费者基金会推介为"维护消费者权益——诚信服务满意品牌"。广东某材料集团公司近年来所生产的产品项目多次被认定为"国家优秀火炬计划项目",并承担了国家"十一五"科技计划支撑重大项目(建筑陶瓷薄板),同时荣获"国家火炬计划重点高新技术企业""广东省高新技术企业"等荣誉称号。

广东某材料集团公司为大力推广蒙娜丽莎品牌,先后在《南方都市报》《北京晚报》《深圳特区报》《解放日报》《上海商报》等知名报业,本市、广东乃至全国各地的近百家报业,新浪网、搜狐网、腾讯网等国内知名的各大门户网站以及中央电视台《购时尚》和北京、上海、广州等户外路段投入了大量资金进行广告宣传,以提高品牌知名度。

根据广东省广州市公证处(2012)粤广广州第 005247 号公证书的记载,2012 年 11 月,广东某材料集团公司的委托代理人何某在公证人员的随同下,来到佛山市禅城区江湾三路,对店铺外观及店内使用的"monalisa 蒙娜丽莎"招牌、所销售商品上显示的"monalisa"商标等情况进行拍照,何某在该店取得名片一张、产品资料一份。所附照片显示,店内墙上标识、浴缸产品上有"MONALISA""蒙娜丽莎""蒙娜丽莎头像"标识。

根据广东省广州市公证处(2012)粤广广州第 227161 号公证书的记载,2012 年 8 月 10 日,广东某材料集团公司的委托代理人李某翔在公证人员的随同下,来到广州某洁具公司。李某翔对公司门牌及内部展示的产品进行拍照,并取得公司员工名片一张、产品资料两份。公司前台接待处墙上有"蒙娜丽莎 MonaLisa"字样,悬挂有一幅蒙娜丽莎画像。公司内展示的产品旁边所放置的标牌上,使用有"蒙娜丽莎 MonaLisa""蒙娜丽莎卫浴"字样。

根据广东省广州市公证处(2010)粤穗广证内经字第 104858 号公证书的记载,2010 年 9 月 13 日,广东某材料集团公司的委托代理人徐某伟在公证人员的监督下使用公证处的计算机及网络设备连接互联网,在地址栏中输入"http://www.monalisa.cn/web2010",进入广州某建材公司网站首页,浏览并打印了相关网页的内容。在该网站的"联系我们"页面,有"广州展示厅地

址：中国广州市×××""佛山营销中心地址：广东省佛山市禅城区江湾三路
×××"文字。

根据广东省广州市公证处（2012）粤广广州第005245号公证书的记载，
2012年1月11日，广东某材料集团公司的委托代理人何某在公证人员的监
督下使用公证处的计算机及网络设备链接互联网，在地址栏中输入"http：//
www.monalisa.cn"，进入该网站首页，浏览并打印了相关网页的内容。该网站
首页显示有广州某建材公司的公司概况。在"联系我们"页面，有"广州展示
厅地址：中国广州市×××""佛山营销中心地址：广东省佛山市禅城区江湾
三路×××"字样。

另查，"www.monalisa.cn"网站主要内容显示了广州某建材公司的简介、
地址、联系方式和产品信息，网页下端载明文字"版权所有@广州某建材
公司"。

广州某建材公司是一家有限责任公司，成立于2007年9月28日，公司
原股东为自然人丁某（出资比例20%）和法人股东广州某洁具公司（出资比
例80%）；2008年7月，经广州工商局花都分局核准，股东变更为自然人丁某
（出资比例95%）、李某（出资比例5%）。广州某洁具公司成立于2001年8月
21日，股东为自然人丁某、李某。

2001年4月21日，广州现某康体设备有限公司经国家商标局核准注册
了第15×××42号"蒙娜丽莎MonaLisa"商标，核定使用在第11类。2012年
4月13日，经国家商标局核准，第15×××42号注册商标由广州某建材公司
和广州某洁具公司共同受让。2009年12月21日，广州某建材公司和广州某洁
具公司经国家商标局核准共同注册第55×××36号"蒙娜丽莎MONALISA及
图"商标，核定使用在第11类。

另查，第15×××42号"蒙娜丽莎MonaLisa"商标最早于1999年12月
28日由广州现某康体设备有限公司提出申请注册，2001年4月20日，南海
市樵某陶瓷有限公司对此向国家商标局提出异议申请。国家商标局于2003年
9月17日作出不予支持的（2003）商标异字第01440号裁定。2003年9月20
日，广东某材料集团公司因不服国家商标局裁定，向国家工商行政管理总局商
标评审委员会申请复审，商标评审委员会于2009年6月22日作出复审理由不
成立的第16668号裁定。广东某材料集团公司先后提起一审、二审行政诉讼，
最高人民法院再审后作出（2011）知行字第31号行政裁定，驳回其再审申请。
该裁定书认为，被异议商标核定使用在第11类商品类别上，其中除"浴室装
置"以外的蒸汽浴设备、电热水器、淋浴隔间等商品，与引证商标（本案涉案

商标）核定的第 19 类的瓷砖等商品，功能、用途存在较大的差异，明显不构成近似，不应当认定为类似商品。

2010 年 3 月 24 日，广州某建材公司向国家商标局申请注册第 81×××66 号 "monalisa" 商标，该商标现处于异议复审阶段，未获得核准注册。

另外，经广州某建材公司确认，佛山某洁具公司为其经销商。

⊃ 法院判决理由与裁判结果

一、一审法院

广东省佛山市中级人民法院认为本案的争议焦点如下：（1）广州某建材公司的字号是否侵害广东某材料集团公司的注册商标专用权；（2）被诉侵权标识是否侵害广东某材料集团公司的注册商标专用权。

（一）关于广州某建材公司的字号是否侵害广东某材料集团公司第 14×××67 号、第 34×××38 号注册商标专用权

1. 广东某材料集团公司的涉案商标是否应认定驰名

根据最高人民法院（2011）知行字第 31 号行政裁定书的裁判要旨指出，"卫浴陶瓷制品"与"浴室装置"不是类似商品。我国《商标法》第 13 条是对驰名商标跨类保护的规定，另《最高人民法院关于审理涉及驰名商标保护的民事纠纷案件应用法律若干问题的解释》第 2 条以及《最高人民法院关于审理商标民事纠纷案件适用法律若干问题的解释》第 22 条第 3 款是对驰名商标认定情形的规定。本案中，广东某材料集团公司相关商标曾于 2006 年 10 月、12 月分别被行政主管机关和司法机关认定为驰名商标，据此主张要求给予其驰名保护，而广州某建材公司对涉案商标的驰名提出异议，故涉案商标是否驰名是本案需要认定的事实问题。我国《商标法》第 14 条是关于驰名商标认定需考虑的因素的规定。本案中，广东某材料集团公司所有的注册商标作为驰名商标保护的记录较多，其所有的第 14×××67 号商标、第 17×××62 号商标、第 34×××38 号中文商标属在市场上享有较高声誉并为相关公众所熟知的商标，应认定为驰名商标，并依法应予以跨类保护。

2. 广州某建材公司的在先权抗辩是否成立

首先，母公司广州某洁具公司是否享有在先权。根据《最高人民法院关于审理涉及驰名商标保护的民事纠纷案件应用法律若干问题的解释》第 5 条第 1 款及第 11 条第 2 款规定，在审理驰名商标与字号的权利冲突案件中，判断字号是否拥有在先权利，主要考虑以下两点：一是时间上的在先性，即在与

字号登记时间进行比较时，商标是否驰名在先；侵权行为发生时，即字号注册时，商标是否驰名。二是在先权的合法性，即在先权利的产生具有实质合法性，并未侵害他人权利。本案中，广州某洁具公司成立时间（2001年8月）虽然稍晚于广东某材料集团公司（1998年10月），但其公司2001年注册之际广东某材料集团公司并未驰名，故其字号的取得具有合法的在先性，依法不能以广东某材料集团公司之后的商标驰名来否定广州某洁具公司使用蒙娜丽莎字号的合法性。因此，广州某洁具公司的字号相对于本案涉案的驰名商标拥有在先权利。

其次，广州某建材公司能否承继广州某洁具公司的字号。本案中，所谓承继，应为原公司不存在后，由新公司承继其债权债务乃至公司字号。广州某洁具公司在设立子公司广州某建材公司后依然独立存在，两者之间仅存在过控股关系，后来广州某建材公司在成立一年后即2008年由自然人股东接替母公司广州某洁具公司的法人股份，控股关系业已消除，而广州某洁具公司依然存在，并无承继和延续之说。至此，广州某建材公司其企业名称由广州某洁具公司延续和继承之抗辩理由不能成立。

最后，鉴于广州某建材公司与广州某洁具公司系独立存在的民事主体，故本争议焦点的实质在于拥有在先权利的广州某洁具公司能否许可广州某建材公司使用其字号？第一，许可使用将不利于驰名商标的特殊保护。第二，结合商标法的立法宗旨，许可使用将不利于保护消费者利益、维护市场秩序。第三，从民法的基本原则考量，许可使用将违背权利不得滥用原则。第四，从制度利益而言，许可使用实为绕道侵权。故权衡当事人利益、制度利益和社会公众利益之后可以得出的结论：与驰名商标可以合法共存的在先字号在使用中，应对驰名商标权利范围进行合理避让，不能许可他人使用相同字号，以避免许可使用可能产生的负面影响。

综上，广州某建材公司的在先权抗辩缺乏事实与法律依据，一审法院不予支持。

3.广州某建材公司的字号是否构成侵权

涉案商标权和企业名称权作为两种不同的民事权利，均受到法律的保护，但其取得和使用都必须遵循《民法通则》中的诚实信用原则，并不得侵害他人的合法在先权利。本案中，既要看是否使普通消费者对市场主体及其服务的来源产生混淆或者混淆的可能，也要看广州某建材公司实施该行为主观上是否存在故意。一方面，广州某建材公司注册使用该字号的行为可能会导致消费者对产品的来源主体产生混淆。另一方面，广州某建材公司注册"蒙娜丽莎"字号不能排除有明显攀附的故意，故构成侵权。

（二）被诉侵权标识是否侵害广东某材料集团公司第 17××× 62 号、第 34××× 38 号、第 32××× 10 号注册商标专用权

根据相关规定可知，在广州某建材公司被告提出商标的注册申请时，广东某材料集团公司的商标尚未驰名，就不能获得禁止被告在后注册商标使用的特殊保护。从一审法院查明的事实可知，广州某建材公司对第 15××× 42 号商标提出注册申请时，广东某材料集团公司的注册商标并不驰名。故广州某建材公司对其所有的第 15××× 42 号注册商标的使用并非在广东某材料集团公司的涉案商标驰名后才故意使用的，没有违背诚实信用原则，也不存在"搭便车"利用广东某材料集团公司驰名商标的主观故意，享有在先权。故广州某建材公司对其第 15××× 42 号注册商标享有合法正当的在先权利。

对于广州某建材公司所使用被诉侵权标识的行为，其是否有权主张在先权利。商标专用权范围既是商标注册人行使权利的根据，也是对其权利进行保护的界限，权利人应按照其注册商标的范围来行使权利。超出注册商标专用权的范围，本质上是滥用注册商标专用权。滥用注册商标专用权的行为，非正当地行使注册商标专用权的，构成侵权。广州某建材公司将注册商标的图形等变形使用，改变其显著特征的使用方式，已明显改变其注册商标的特征，不属于商标法保护的商标专用权的范围。同时，将被诉侵权标识与涉案商标第 17××× 62 号、第 34××× 38 号比对，字母和文字也完全相同，仅是字体、排列上或组合结构上有所变化，略有差异，构成相近似。根据《最高人民法院关于审理涉及驰名商标保护的民事纠纷案件应用法律若干问题的解释》第 9 条第 2 款的规定，在广东某材料集团公司的注册商标已经被认定驰名的情况下，广州某建材公司并没有规范行使注册商标专用权，将原本享有在先权利的、与涉案商标较为近似的商标进行各种变形，从而造成与涉案商标混淆与误认，具有明显地攀附他人商标声誉的主观故意；且从保护消费者权益的角度考虑，在两个市场主体已有近似商标共存的状态下，再增加一些变形的近似商标充斥市场，无疑增加了消费者的识别难度，进一步造成混淆与误认，因此广州某建材公司上述行为构成侵害广州蒙娜丽莎注册商标专用权。

另外，关于广东某材料集团公司诉请广州某建材公司停止在其门店悬挂"蒙娜丽莎"画像的要求。一审法院认为，该画像为举世皆知的名画，且该画像仅悬挂在门店处并非作为商标使用。为维护社会公众利益和建立公平有序的市场秩序的原则，即便广东某材料集团公司拥有蒙娜丽莎图像的注册商标专用权，其也无法禁止对方在门店悬挂该画像，一审法院不予认可。

综上，广东省佛山市中级人民法院判决：广州某建材公司立即停止侵害广东某材料集团公司所有的第 14××××67 号 "M+ 蒙娜丽莎 +MONALISA+ 图形"、第 17×××62 号 "MONALISA" 英文商标、第 34×××38 号 "蒙娜丽莎" 中文商标专用权的行为；广州某建材公司在判决生效之日起 30 日内停止使用 "蒙娜丽莎" 字号；广州某建材公司赔偿广东某材料集团公司经济损失 43 万元；驳回广东某材料集团公司的其他诉讼请求。

二、二审法院

广东省高级人民法院认为本案的争议焦点如下：（1）广州某建材公司是否使用被诉侵权标识；（2）如果广州某建材公司使用被诉侵权标识，是否侵害广东某材料集团公司注册商标专用权；（3）广州某建材公司使用 "蒙娜丽莎" 企业字号是否侵权。

（一）关于广州某建材公司是否使用被诉侵权标识的问题

广州某建材公司所称被诉侵权行为由广州某洁具公司和佛山某洁具公司实施的意见。二审法院认为，根据在案证据显示，广州某建材公司为被诉侵权行为的受益方，相关网站、宣传资料、名片均主要显示广州某建材公司的简介、地址、联系方式或产品信息等。原审法院据此认定广州某建材公司存在使用被诉侵权行为有事实依据、法律依据，二审法院予以确认。

（二）关于广州某建材公司使用被诉侵权标识是否侵害广东某材料集团公司注册商标专用权的问题

二审法院认为，广东某材料集团公司与广州某建材公司的争议实质是注册商标与驰名商标的权利范围争议，正确处理该争议，应当充分考虑注册商标与驰名商标之间的关系并准确界定二者权利边界。首先，广州某建材公司的注册商标权利基础正当、稳固，依法应受保护。广州某建材公司的涉案商标核准注册时，广东某材料集团公司的涉案注册商标并不驰名。广州某建材公司在合法获得核准注册的商品类别上，合理使用自己注册商标，系行使自身正当权益的行为，他人无权干涉更无权禁止。其次，我国法律给予驰名商标的保护具有相对性，需遵循利益平衡原则，从维护市场秩序，保护信赖利益的角度出发，合理界定驰名商标禁用权的范围。我国法律给予驰名商标强于一般注册商标的保护，其享有更大范围的禁用权，即跨类保护。但这种跨类保护并非跨越所有商品类别的 "全类保护"，而是与其驰名程度和显著性相适应的跨类保护，其行使仍应受到约束，不能绝对排他地禁止他人正当、合理使用，亦不应跨入他人注册商标业已依法存续的领域。若如原审法院所称，在商标驰名之后，在先合法注册的商标行使权利应受到约束和避让，不得另行转让或许可，该主张显然混淆了驰名商标禁用权与注册商标专用权之间的界限，不符合我国实施的商标注册基本制度及其内蕴的公示公信原则，破坏业已稳定的市场格局和竞争秩序，有违法律追求的公平正义目的。综上，在处理在先注册商标与驰名商标的关系问题上，应当遵守公平诚信、利益平衡的基本原则，充分考量注册商标与驰名商标的权利边界，尊重既有法律秩序与市场格局，不能机械、简单地处理双方之间的冲突，以促进经营者之间实现包容性发展。

在此基础上，二审法院对广州某建材公司使用被诉侵权标识是否侵害广东某材料集团公司商标专用权的问题论述如下：（1）广州某建材公司悬挂蒙娜丽莎画像，该使用方式仅起到装饰作用，未发挥指示商标来源的功能，不是商标使用行为。（2）广州某建材公司注册所有的第15××× 42 号注册商标的核心特征在于"蒙娜丽莎"和"monalisa"两个要素，其既有规范使用，也有变形使用，但仍保持前述核心识别特征，未作实质性修改，仍属对其注册商标的合理使用，不足以造成市场混淆，并未侵害广东某材料集团公司的注册商标专用权。原审法院对此认定不当，予以纠正。

（三）关于广州某建材公司的企业字号是否构成侵权的问题

广州某建材公司将"蒙娜丽莎"作为字号登记为企业名称的行为，不符合在商品上突出使用的商标性使用要件，不属于侵害注册商标专用权的行为。广州某建材公司将"蒙娜丽莎"作为企业字号予以登记和使用，与其注册商标发挥的指示来源功能相一致，具有合理性和正当性，不足以导致相关公众混淆误认，在充分尊重历史因素和既有市场格局前提下，考虑到广州某建材公司享有注册商标权等因素，不宜认定广州某建材公司的企业字号构成对广东某材料集团公司注册商标和驰名商标的侵害。

综上，广东省高级人民法院判决撤销一审判决并驳回广东某材料集团公司的全部诉讼请求。

三、再审法院

最高人民法院认为本案的争议焦点如下：（1）广州某建材公司使用被诉侵权标识是否侵害了广东某材料集团公司的注册商标专用权；（2）广州某建材公司的企业字号是否侵害了广东某材料集团公司的注册商标专用权。

（一）广州某建材公司使用被诉侵权标识是否侵害了广东某材料集团公司的注册商标专用权

"浴缸"与"瓷砖"类商品不构成类似商品。广州某建材公司提交的证据显示第 15××× 42 号注册商标经过长期使用具有一定知名度。而第 15××× 42 号注册商标的核心识别特征在于"蒙娜丽莎"和"monalisa"两个要素，被诉侵权标识虽然存在对上述要素的变化使用，但并未改变该注册商标的核心识别特征。因此，相关公众不会据此认为被诉侵权标识与第 15××× 42 号注册商标属于不同的商品来源。广东某材料集团公司提交的证据虽然能够证明其涉案注册商标在第 19 类商品上享有较高的知名度，但其涉案注册商标最早被认定为驰名商标的时间为 2006 年，迟于第 15××× 42 号商标申请注册的 1999 年及核准注册的 2001 年。故广东某材料集团公司关于其在后驰名的商标应扩张保护以对抗在先核准注册的第 15××× 42 号注册商标专用权的意见，再审法院不予认可。二审判决认为广州某建材公司使用被诉侵权标识未侵害广东某材料集团公司的注册商标专用权，并无不当，再审法院予以维持。

（二）广州某建材公司的企业字号是否侵害了广东某材料集团公司的注册商标专用权

广州某建材公司系由其法人股东广州某洁具公司与自然人股东丁某于 2007 年共同设立。而广州某洁具公司的生产、经营范围与广东某材料集团公司涉案注册商标核定使用的第 19 类瓷砖类商品存在较大差异，并且其成立时间为 2001 年 8 月，早于广东某材料集团公司涉案商标最早被认定为驰名的时间（2006 年）。故广州某洁具公司合法在先取得"蒙娜丽莎"这一字号。广州某建材公司成立时沿用其投资企业合法取得的字号，反映了其与投资主体的特定关系。广州某建材公司成立之时，第 15××× 42 号注册商标已由其股东丁某合法受让，后该商标又由广州某建材公司与广州某洁具公司共同受让，且广州某建材公司的经营范围与其第 15××× 42 号注册商标核定使用的商品类别相一致。广州某建材公司使用其注册商标作为企业字号，与其注册商标发挥指示来源的功能相一致。故二审判决认为广州某建材公司使用"蒙娜丽莎"字号具有一定的合理性和正当性，不足以导致相关公众的混淆误认，未侵害广东某材料集团公司注册商标专用权，并无不当。

综上，最高人民法院判决维持二审判决。

⊃ **案例解析**

本案是针对驰名商标跨类保护而引发的商标侵权纠纷，直接体现为"在先注册商标"与"在后驰名商标"的权利界限问题。考虑到驰名商标的知名度以及其承载的优质商誉，我国制定了驰名商标保护规则，区分驰名商标的注册情况给予不同程度的保护。在驰名商标保护规则中，最受关注的是"驰名商标跨类保护"问题。"驰名商标跨类保护"挑战了传统商标法的混淆理论，近年来司法实践中出现"驰名商标异化"的现象，如何合理界定驰名商标跨类保护的限度是学界和司法实践中讨论的重点。本案系讨论驰名商标跨类保护限度的典型案例之一，对驰名商标认定条件以及驰名商标跨类保护的限制作了明晰的认定。本文将结合该案例，对驰名商标的认定原则及认定条件、驰名商标跨类保护的理论基础及其合理限制等问题加以探讨。

一、驰名商标跨类保护的制度发展

驰名商标（Well-known Trademarks）源自《保护工业产权巴黎公约》（1925 年海牙文本），最终形成《保护工业产权巴黎公约》（1979 年版）第 6 条之二的规则：如本国法律允许，应依职权，或依利害管理人的请求，对商标注册国或使用国主管机关认为在该国已经驰名，属于有权享有本公约利益的人所有，并且用于相同或类似商品的商标构成复制、仿制或翻译，易于产生混淆的商标，拒绝或撤销注册，并禁止使用。此条款旨在保护未在他国获得注册的驰名商标，避免驰名商标被他人恶意抢注，保护范围限于相同或类似商品上。《TRIPs 协定》在《保护工业产权巴黎公约》保护的基础上，进一步扩大对驰名商标的保护力度及保护范围，同时规范了驰名商标认定须考虑的因素。《TRIPs 协定》第 16 条第 3 款 [①] 是注册驰名商标跨类保护的特殊规则，将注册驰名商标的保护范围扩大到不相同或不类似商品或服务上，以避免损害商品或服务与注册商标之间的唯一联系。《保护工业产权巴黎公约》和《TRIPs 协定》在驰名商标保护开创先河，可惜两者均未对"驰名商标"做出任何界定。为明确界定"驰名商标"的概念，WIPO 于 1995 年成立驰名商标专家委员会对前述问题进行研究，最终于 1999 年形成《关于驰名商标保护规定的联合决议》，此决议列举了认定驰名商标的因素，也规定驰名商标可用于对抗与其冲突的商标、营业标识和域名。

我国在 2001 年《商标法》修法的过程中，借鉴并引入前述国际公约以及联合决议中涉及驰名商标特殊保护的规则安排，规定了"禁止使用复制、摹仿或翻译他人的驰名商标""驰名商标的认定标准"和"驰名商标人对注册不当

---

① 《TRIPs 协定》第 16 条第 3 款规定：《保护工业产权巴黎公约》（1967 年）第 6 条第 2 款原则上适用于与注册商标所示商品或服务不类似的商品或服务，只要一旦在不类似的商品或服务上使用该商标，即会暗示商品或服务与注册商标所有人存在某种联系，并且注册商标所有人的利益可能因这种使用而受损。

商标的撤销权"等内容，与驰名商标国际保护基本接轨。但我国2001年《商标法》在驰名商标的使用方式、认定机关、认定原则等方面并不存在法律层面的规定，导致实践中驰名商标泛滥，不乏借驰名商标进行不正当宣传、误导消费者的经营主体。为维护公平竞争的市场秩序、优化商标注册环境，我国于2013年《商标法》修改之际，明确驰名商标认定的基本原则、认定机关，并规范"驰名商标"字样的使用方式，禁止经营主体将"驰名商标"字样用于商业宣传。自此，我国驰名商标特殊保护趋于完善。

二、驰名商标的认定原则及认定条件

驰名商标跨类保护是驰名商标保护规则的重要内容。在驰名商标"异化"情况下，不仅使驰名商标因跨类保护获得过度保护，也挤压正常市场竞争行为的生存空间，严重扰乱了公平有序的竞争秩序。在此情境下，我国需谨慎认定驰名商标，明确驰名商标的认定原则以及考虑因素。

（一）认定原则

在2013年《商标法修正案（草案）》及其说明文件中，明确"对驰名商标特殊保护制度修改作出的解释，明确驰名商标的认定属于案件事实认定范畴，应遵循个案认定、被动保护的原则"[①]。2014年的《驰名商标认定和保护规定》第4条亦重申前述原则。除此之外，按需认定原则亦是司法实践中驰名商标认定须遵循的原则。具体认定原则的含义阐述如下。

1. 被动保护原则

被动保护原则也称事后认定原则，与主动保护原则是相对概念，指仅在发生商标侵权或不正当竞争纠纷后，权利人提出申请或提起诉讼之后，行政机关或人民法院才能够基于请求和处理具体案件的需要，对所涉商标是否构成驰名商标进行认定，而在争议发生之前，即便是某一注册商标为相关公众所熟知，任何主体都不得请求有关部门认定该商标是否驰名，有关部门亦不能主动进行认定。细寻我国驰名商标认定原则的流变，我国曾对驰名商标采取主动认定的保护原则。1996年《驰名商标认定和管理暂行规定》以及1998年《驰名商标认定和管理暂行规定》第4条规定，商标行政部门可根据商标注册和管理工作的需要，依职权主动认定驰名商标，直至2003年，商标行政部门一改主动保护原则，转而采取被动认定原则。

---

① 周伯华2012年12月24日在第十一届全国人民代表大会常务委员会第三十次会议上作的《关于〈中华人民共和国商标法修正案（草案）〉的说明》。

2. 个案认定原则

个案认定原则指的是驰名商标的认定依赖于具体案件，无法脱离具体案件事实进行一般性认定、批量化认定，驰名商标的认定结果对个案有效，对其他案件并不当然有效。个案认定原则针对的是驰名商标认定结果的效力问题，回应实践中商标权人将其享有的商标被认定为驰名商标的结果进行不当使用的现象。不少权利人误解并歪曲了驰名商标特殊保护的制度价值，认为驰名商标认定结果具有永久效力，得以持续性适用于后续商标纠纷案件，而我们需要认识到这样一个前提，即不同于其他事实认定的稳定性，驰名商标的使用情况以及驰名程度随市场竞争而发生变化，极具变动性和不稳定性，此种变动性和不稳定性是影响驰名商标认定结果效力范围的关键原因。

我国在驰名商标认定结果的效力范围上遵循个案有效原则，但并不排除对其他案件的影响力。根据《最高人民法院关于审理涉及驰名商标保护的民事纠纷案件应用法律若干问题的解释》（法释〔2020〕19号）第5条第1款①以及第7条第1款②规定，商标曾被作为驰名商标受保护的记录是驰名商标认定的重要考量因素，在被告对商标驰名事实不持异议的情况下，人民法院可以认定在该案中商标驰名。若被告持异议的，人民法院需要重新对商标是否驰名进行认定。故个案中驰名商标认定结果对其他案件的事实仍然存在影响，但此种影响弱于其他案件的生效判决所认定事实的影响力。

3. 按需认定原则

按需认定原则是指驰名商标的认定是根据具体案件中认定事实和适用法律的必要性而进行的认定，具体表现在案件类型的必要性、穷尽商品类别和法律规范的可能性。按需认定原则与我国驰名商标制度"异化"现状有紧密关系，该原则严格限定驰名商标认定的案件范围，将驰名商标特殊保护作为纠纷解决的最后方式。这意味着如商标权人有多个请求权基础可以用来追究他人侵害其商标权的民事责任，在能以驰名商标特殊保护制度之外的请求权基础提供

① 《最高人民法院关于审理涉及驰名商标保护的民事纠纷案件应用法律若干问题的解释》第5条第1款规定："当事人主张商标驰名的，应当根据案件具体情况，提供下列证据，证明被诉侵犯商标权或者不正当竞争行为发生时，其商标已属驰名：（一）使用该商标的商品的市场份额、销售区域、利税等；（二）该商标的持续使用时间；（三）该商标的宣传或者促销活动的方式、持续时间、程度、资金投入和地域范围；（四）该商标曾被作为驰名商标受保护的记录；（五）该商标享有的市场声誉；（六）证明该商标已属驰名的其他事实。"
② 《最高人民法院关于审理涉及驰名商标保护的民事纠纷案件应用法律若干问题的解释》第7条第1款规定："被诉侵犯商标权或者不正当竞争行为发生前，曾被人民法院或者行政管理部门认定驰名的商标，被告对该商标驰名的事实不持异议的，人民法院应当予以认定。被告提出异议的，原告仍应当对该商标驰名的事实负举证责任。"

充分救济的情况下，无须通过驰名商标认定制度进行救济。①

（二）考虑因素

在满足前述驰名商标认定原则的前提下，方可在具体案件中对涉案商标是否构成驰名商标进行认定。根据现行《商标法》第 14 条的规定，驰名商标的认定应综合考虑相关公众对该商标的知晓程度、该商标使用的持续时间、该商标的任何宣传工作的持续时间和地理范围、该商标作为驰名商标受保护的记录等因素。

三、驰名商标跨类保护下驰名商标与注册商标的合理界限

除了明确驰名商标的保护原则以及严格限定驰名商标的认定条件之外，我们仍需要思考驰名商标跨类保护的界限问题，特别是注册商标与驰名商标的冲突问题，该冲突的解决是明晰驰名商标跨类保护界限的关键步骤。而此问题的讨论，需要在理解驰名商标理论依据以及冲突来源的前提下，对"注册商标"与"驰名商标"利益关系进行分析，进而合理划定驰名商标跨类保护的权利界限。

（一）冲突源起：淡化理论下的商标权能扩张产生的利益冲突

淡化理论是驰名商标跨类保护的理论基础。最早由美国学者弗兰克·斯凯特提出，认为将相同或近似的商标、名称用于非竞争性商品或服务上，因消费者就商品或服务的来源没有发生错误认识，传统的商标混淆侵权理论无法为商标权人提供保护，但是这种行为会逐渐消耗或稀释公众对某种商标的认识，使商标与其所有人之间唯一特定的联系被淡化，进而降低、弱化商标的显著性，损害商标的销售力和广告价值，故商标法需要对这种行为予以禁止。② 传统混淆理论建立在商标的识别功能基础上，目的在于避免消费者混淆商品或服务的来源。可见，淡化理论不同于传统的混淆理论，实现了"消费者中心主义"到"商标权人中心主义"的立场转变，关注商标权利人与标识的唯一性联系，将驰名商标的权能扩张至非竞争领域。驰名商标的权能扩张使得注册驰名商标的禁用权与非竞争领域中的注册商标的商标专用权产生交叉地带，此交叉地带"聚集"注册驰名商标在非竞争领域的禁用权和非竞争领域的注册商标专用权的利益冲突关系。

（二）合理界限：在后驰名商标不能扩张至在先注册商标的领域

注册驰名商标在非竞争领域的禁用权与非竞争领域中的注册商标专用权

---

① 参见祝建军：《驰名商标跨类保护应受到限制——两则案例引发的思考》，载《知识产权》2011 年第 10 期。

② Frank Schechter, *The Rational Basis of Trademark Protection*, Harvard Law Review, 1927, 40（6）.

的利益冲突关系，可根据商标注册时间以及商标驰名时间的先后关系，将注册商标与驰名商标的冲突细分为"在先驰名商标与在后注册商标的冲突""在先注册商标与在后驰名商标的冲突"这两类。"在先驰名商标与在后注册商标的冲突问题"有相应的法律规范基础，司法实践中也形成了统一的裁判规则。"在先注册商标与在后驰名商标的冲突问题"则是权利人不断延伸权能引发的争议，缺乏相应的规范基础，是本文讨论的重点。

对于此问题，在后驰名商标不能扩张至在先注册商标的领域，这是利益平衡原则下对驰名商标跨类保护的合理限制。驰名商标跨类保护，正是基于其具有普通商标不享有的较高声誉，既是切实保护驰名商标权利人的利益，亦是维护社会公共秩序所需而作出的必要制度安排；但需要关注的一点是，我国为注册驰名商标提供的跨类保护，并非毫无原则地保护，仍需要受其他合法权益的限制。我们应承认，涉及驰名商标的法律关系中，其他的利益主体也存在合法的利益，为实现此种合法利益，需要对驰名商标反淡化保护予以适当的限制，以达到各方利益平衡之状态，如此才算真正实现驰名商标跨类保护的制度价值。[①] 从注册商标存在的现实情况来看，在先注册商标人申请注册的时间以及后面的一段时间内，他人的注册商标并未驰名，两个适用于不同领域的相同或近似商标存在是商标注册取得制度下的惯常现象，双方各自安好。注册商标的驰名程度是动态发展的因素，不具有预测性和可控性。若注册商标驰名后，主张驰名商标跨类保护进而指控他人在非竞争领域所有的注册商标构成侵权，不仅是对曾在不同领域各自存在的客观事实的否认，也是对商标注册取得制度下的注册商标权能的无视。故非竞争领域下的在先注册商标亦属于商标法需要保护的合法利益，他人依照《商标法》的商标注册程序核准注册的商标，依法享有注册商标专用权并受《商标法》保护，在后驰名的注册商标无法延伸至前述非竞争领域。

四、结论

综上，驰名商标跨类保护为驰名商标提供了更加有力的保护，而这并不意味着已注册驰名商标可享有全类别、全方位的保护，其因跨类保护享有的禁用权是有限度的，不仅应与驰名商标自身知名度及显著性相适应，还应当考虑他人在先合法权利。他人在先申请注册的商标享有在特定商品或服务上的注册商标专用权，依法受《商标法》保护，在后驰名商标享有的禁用权无法延伸到商标驰名之前他人已经注册商标的合法保护领域。

---

① 参见冯晓青：《注册驰名商标反淡化保护之探讨》，载《湖南大学学报（社会科学版）》2012年第3期。

驰名商标跨类保护的认定

——四川省某甲食品产业有限公司等与某乙股份有限公司 商标行政纠纷案

/ 杨洵

⊃ 本案要旨

我国《商标法》规定，就不相同或者不相类似商品申请注册的商标是复制、摹仿或者翻译他人已经在中国注册的驰名商标，误导公众，致使该驰名商标注册人的利益可能受到损害的，不予注册并禁止使用。需要注意的是跨类保护并非绝对、无限的保护，认定驰名商标的跨类保护强调客观判断标准，即相关公众认为不同来源的商品或经营者存在一定关联，故对于程度不高的"联想"需要排除在跨类保护的范围之外。具体来说，需要综合判断两个商标的知名度和近似程度、核定使用的商品或服务类别的近似程度、驰名商标本身的构成及显著性，不应当无理由地随意扩张驰名商标跨类别保护的范围。尤其是对某些自古以来即有的生活常用词汇，需要着重考虑公众获取公有资源的自由度，不能以商标权垄断符号资源。

⊃ 案件信息

上诉人（一审原告）：国家工商行政管理总局商标评审委员会

上诉人（一审第三人）：四川省某甲食品产业有限公司

被上诉人（一审原告）：某乙股份有限公司

案号：北京知识产权法院（2015）京知行初字第 4072 号、北京市高级人民法院（2018）京行终 3115 号

⊃ 原被告主张及理由

原告某乙股份有限公司（以下简称某乙公司）诉称：（1）争议商标与某

乙公司引证商标三构成类似商品上的近似商标，违反了修改前的《商标法》第 28 条的规定。争议商标与引证商标核定使用的商品应被判定为类似商品。（2）争议商标系对驰名的引证商标的摹仿，违反了修改前《商标法》第 13 条第 2 款的规定。

被告国家工商行政管理总局商标评审委员会（以下简称商标评审委员会）辩称：被诉裁定认定事实清楚，适用法律正确。

第三人四川省某甲食品产业有限公司（以下简称某甲公司）述称：（1）争议商标与某乙公司第 30 类商品上的引证商标并未构成类似商品上的近似商标。争议商标核定使用的商品与引证商标三核定使用的商品不构成类似商品；争议商标与引证商标三标识也不近似，且引证商标三也不具有知名度。第三人申请"酒鬼"商标是出于其企业销售策略、品牌经营理念，拓宽企业发展领域的目的，完全符合法律规定。（2）争议商标并未摹仿某乙公司的引证商标。争议商标的字形设计与引证商标不一样，整体外观区别明显。争议商标指定使用的"加工过的花生"等商品与引证商标核定使用的"含酒精饮料"商品区别明显，争议商标的申请注册并不足以导致相关公众误认为该商标与第三人的争议商标存在一定关系。原告没有充分证据证明其"酒鬼"商标从 2000 年以来一直都是驰名商标。（3）争议商标的注册并未损害原告的在先商号权。（4）争议商标经过第三人多年的良好使用，已经具有了极高的显著性和知名度。

商标评审委员会提起上诉称：某乙公司提交的证据虽然可以证明"酒鬼"商标在酒商品上具有一定的知名度，但"酒鬼"一词并非某乙公司独创，而是固有词汇，某甲公司在与酒等商品具有明显差别的加工过的花生等商品上申请注册争议商标，不足以导致相关公众误认为该商标与某乙公司商标存在一定的联系。同时某甲公司提交的销售合同、相关荣誉等资料可以表明某甲公司在花生等商品上使用"酒鬼"商标已具有一定的知名度并为相关公众所认可，故争议商标的注册不至减弱某乙公司引证商标一、二的显著性，亦不属于不当利用某乙公司商标的市场声誉。争议商标的注册未违反 2001 年《商标法》第 13 条第 2 款的规定。

某甲公司提起上诉称：（1）引证商标一自 2000 年以来持续构成驰名商标的证据不足；（2）"酒鬼"为汉语中固有词汇，并非某乙公司原创，争议商标未摹仿引证商标一；（3）争议商标核定使用的"加工过的花生"等商品与引证商标一核定使用的"含酒精饮料"商品差异较大，争议商标的注册不会导致公众误认；（4）争议商标已实际使用多年，投入了巨大的人力、物力、财力，持续使用和宣传，具有极高的市场价值，经长期使用与某甲公司已形成对应关系，未损害某乙公司的利益；（5）引证商标一即便构成驰名商标也不能无限制跨类保护，与本案类似情况的"杏花村"商标行政案件，法院认定了驰名商标的保护也应受到限制。

某乙公司服从原审判决。

⊃ 法院查明的事实

争议商标的注册号为 G10×××23，注册人为 SI CHUAN SHENG BAI SHI XING SHI PIN CHAN YE YOU XIAN GONG SI，争议商标档案"优先权"一栏中记载的初次申请国为德国，申请日期为 2009 年 9 月 16 日，基础注册国亦为德国，注册日期为 2009 年 9 月 16 日。争议商标核定使用在第 29 类的加工过的花生、精制坚果仁、蛋类等商品上，专用期限为 2009 年 10 月 26 日至 2019 年 10 月 26 日。该商标权利人为某甲公司。同时，某甲公司于 2003 年 6 月 25 日申请过第 36×××61 号"酒鬼"商标，已获准注册，核定使用在加工过的花生、加工过的瓜子、精制坚果仁商品上，该商标目前有效。

引证商标一的申请日期为 1996 年 10 月 7 日，注册号为第 11×××00号，核准注册日期为 1998 年 3 月 7 日，核定使用在第 33 类的含酒精饮料商品上。经续展，该商标专用期限为 2008 年 3 月 7 日至 2018 年 3 月 6 日。

引证商标二的申请日期为 2007 年 11 月 19 日，注册号为第 63×××37号，核准注册日期为 2010 年 2 月 21 日，核定使用在国际分类第 33 类的含酒精的饮料（啤酒除外）、酒（饮料）、果酒（含酒精）、葡萄酒、米酒、烧酒、含酒精的果汁饮料、蒸馏酒精饮料、蒸煮提取物（利口酒和烈酒）、开胃酒商品上，该商标专用期限为 2010 年 2 月 21 日至 2020 年 2 月 20 日。

引证商标三的申请日期为 1997 年 9 月 5 日，注册号为第 16×××51 号，核准注册日期为 2001 年 9 月 21 日，核定使用在第 30 类的糖、饼干、糕点、酱油、醋、米粉、面条、食盐、面粉、淀粉商品上，经续展，该商标专用期限为 2011 年 9 月 21 日至 2021 年 9 月 20 日。

2013 年 12 月 20 日，某乙公司就争议商标向商标评审委员会提出撤销注册申请，其主要理由如下：（1）"酒鬼"商标经大量的宣传和使用，已获得众多的荣誉，并被商标局认定为白酒商品上的驰名商标。（2）争议商标系对引证商标一、引证商标二的复制、摹仿，争议商标的注册会误导公众。（3）争议商标与引证商标三在字形、读音、含义上一致，且共存于类似或具有密切关联性的商品上，易造成消费者的混淆误认，构成使用在类似商品上的近似商标。

（4）"酒鬼"是某乙公司一直使用至今的商号，且经使用已在我国具有很高的知名度，故某甲公司在酒鬼酒使用密切相关的商品上申请注册争议商标损害了某乙公司的商号权益。（5）某甲公司与某乙公司地处相同区域，对某乙公司及其"酒鬼"商标应当知晓，故某甲公司注册争议商标具有明显的主观恶意。同时，争议商标的注册会导致市场混乱，淡化"酒鬼"商标的显著性，并产生不良影响。

2015年5月11日，商标评审委员会作出被诉裁定，认定争议商标与引证商标三共存于上述非类似商品上，一般不会导致消费者对商品的来源产生混淆误认。争议商标已经在加工过的花生商品市场上具有一定的知名度，故争议商标与引证商标三未构成2001年《商标法》第28条规定的使用在类似商品上的近似商标。某乙公司提交的证据虽然可以表明"酒鬼"商标在酒商品上具有一定的知名度，但"酒鬼"一词并非某乙公司独创，而是固有词汇，某甲公司在与酒等商品具有明显差别的加工过的花生等商品上申请注册争议商标，并不足以导致相关公众误认为该商标与某乙公司商标存在一定的联系。同时某甲公司提交的销售合同、相关荣誉等资料可以表明某甲公司在花生等商品上使用"酒鬼"商标已具有一定的知名度并为相关公众所认可，故争议商标的注册不至减弱某乙公司引证商标一、二的显著性，亦不属于不当利用某乙公司商标的市场声誉。争议商标的注册未违反2001年《商标法》第13条第2款的规定。某乙公司提交的证据1表明某乙公司经营活动主要为生产、销售曲酒系列产品等，其与争议商标核定使用的加工过的花生等商品的行业、领域明显不同，且其他证据不能证明某乙公司的商号在争议商标申请注册之时已经在加工过的花生等行业中进行了使用，并在上述行业中具备一定的知名度。因此，某乙公司关于争议商标损害了其在先商号权益的主张不予支持。2001年《商标法》第10条第1款第8项涉及公序良俗和公共利益，某乙公司所称的对其相关利益的损害不属于该条款调整的范围，且尚无证据证明"酒鬼"商标在实际使用过程中已经产生不良影响。某乙公司主张争议商标的注册违反2001年《商标法》第41条第1款的规定，但未提交证据予以佐证。同时，鉴于2014年施行的《商标法》第45条第1款为程序性条款，《民法通则》第4条规定的立法精神在2001年《商标法》中有所体现，商标评审委员会已适用2001年《商标法》具体条款予以评审，不再赘述。某乙公司的其他主张，因缺乏相应的事实证据而不能成立。综上，某乙公司的撤销理由不能成立，依照2014年《商标法》第44条第3款、第45条第2款和第46条的规定，商标评审委员会裁定：争议商标予以维持。

➡ 一审法院判决理由与裁判结果

北京知识产权法院认为，争议商标核定使用的加工过的花生、精制坚果仁、蛋类等商品与引证商标三核定使用的糖、饼干、糕点、酱油、醋、米粉、面条、食盐、面粉、淀粉等商品在功能、用途、销售渠道、消费群体等方面存在较大的差别，两者的商品不构成类似商品。因此，争议商标的注册未违反2001年《商标法》第28条的规定。

某乙公司于2004年5月28日被中国诗酒文化协会、中国诗酒文化协会酒文化专业委员会、中国酒文化编辑部推介为中国文化名酒；某乙公司生产的50度新世纪酒鬼酒在2004年度全省酒类产品检评中，被湖南省酒业协会授予行业优质产品称号；酒鬼酒于2007年3月20日被《华夏酒报》评为"普瑞特"杯2006年度中国酒业二十大白酒创新产品；某乙公司2007年3月获得中国副食流通协会、全国糖酒商品交易会办公室、中国商报社评定的2006年度中国糖酒业百佳畅销品牌；某乙公司于2009年3月获得中国副食流通协会、全国糖酒商品交易会办公室、中国商报社评定的2008年度中国糖酒商品业畅销品牌及中国糖烟酒商品业十大企业荣誉等大量的荣誉。另外，引证商标一曾被国家工商行政管理总局商标局于2000年作出的商标（2000）42号关于认定"酒鬼"商标为驰名商标的通知中认定为使用在白酒商品上的驰名商标。某乙公司提交的2007年至2009年广告合同、合同审查流程表、广告费用发票以及其在《糖烟酒周刊》等媒体上刊登的广告等证据能够证明，对其使用在白酒商品上的引证商标一进行了广泛的宣传。同时，某乙公司提交了其2002年至2009年酒鬼酒销售合同、发票等证据，用以证明使用"酒鬼"商标的白酒销售额较大，销售范围广泛。某乙公司提交的其"酒鬼"牌系列产品缴纳税金情况证明亦可以佐证其销售额较大。某乙公司提交的维权材料等证据显示其积极维护其"酒鬼"商标权。综合考虑某乙公司提交的证据，能够证明在争议商标申请日前，使用在白酒商品上的引证商标一已经构成驰名商标。另外，某乙公司在本案诉讼过程中提交了相关广告发布协议、发票、国家图书馆科技查新中心检索报告等证据，更佐证使用在"白酒"商品上的引证商标一在争议商标申请注册前已经成为驰名商标。争议商标为国际注册G10××23号"酒鬼"商标，其初次申请国际基础注册国均为德国，注册人为SI CHUAN SHENG BAI SHI XING SHI PIN CHAN YE YOU XIAN GONG SI。争议商标与引证商标一中的中文"酒鬼"相同，其系对引证商标一的摹仿。"酒鬼"一词虽非臆造词汇，但其作为商标使用时，仍具有很强的显著性。争议商标核定使用的"加工过的花生、精制坚果仁、蛋类"商品与引证商标一使用的"白酒"商品在中国的酒文化中存在较为密切的联系。争议商标的使用足以使相关公众认为其与某乙公司的驰名商标具有相当程度的联系，从而误导公众，可能致使某乙公司的利益受到损害。

某甲公司提交的其 2002 年 5 月与长沙市天某食品有限公司签订的经销合同书、2003 年 3 月与聊城市可某食品有限责任公司签订的经销合同书、2004年 3 月与贵阳市恒某商贸部签订的经销合同书等合同的签订时间与相关约定不一致，不予采信。某甲公司提交的证据不能证明争议商标的注册不足以使相关公众认为其与某乙公司的驰名商标具有相当程度的联系。另外，某乙公司在原审诉讼过程中提交了某甲公司在其他商品上申请注册"酒鬼"或"酒鬼sagui"商标的证据。商标评审委员会关于争议商标的注册不违反 2001 年《商标法》第 13 条第 2 款规定的认定不能成立。综上所述，商标评审委员会作出的被诉裁定认定事实不清，适用法律错误，应当予以撤销。

一审法院判决：一、撤销被诉裁定；二、商标评审委员会重新作出裁定。

● 二审法院判决理由与裁判结果

二审法院认为，2001 年《商标法》第 13 条第 2 款规定，就不相同或者不相类似商品申请注册的商标是复制、摹仿或者翻译他人已经在中国注册的驰名商标，误导公众，致使该驰名商标注册人的利益可能受到损害的，不予注册并禁止使用。上述条款规定的"误导公众，致使该驰名商标注册人的利益可能受到损害"，一般是指足以使相关公众认为使用争议商标的注册、使用人和驰名商标注册人具有相当程度的联系，从而减弱驰名商标的显著性、贬损驰名商标的市场声誉，或者不当利用驰名商标的市场声誉的情形。驰名商标的认定应当遵循个案认定、被动认定和按需认定的原则，即驰名商标持有人认为其权利受到侵害时，才有必要结合在案证据，对确属中国境内为相关公众广为知晓的商标给予相应的保护，并且在考虑 2001 年《商标法》第 14 条规定的各项因素时予以综合认定。同时，对于使用时间较长、已建立较高市场声誉和形成相关公众群体的争议商标，应当准确把握商标法有关保护在先商业标志权益与维护市场秩序相协调的立法精神，充分尊重相关公众已在客观上将相关商业标志区别开来的市场实际，注重维护已经形成和稳定的市场秩序。

某乙公司在商标评审及原审诉讼中提交的酒鬼酒品牌获得的荣誉、广告宣传、销售规模、纳税审计、维权及保护记录等证据，虽然可以证明引证商标一在白酒商品上具有较高的知名度，但是，某甲公司在商标评审及诉讼中亦提交了"酒鬼"花生自 2002 年开始在国内主流媒体的宣传报道、相关推广活动、销售区域遍布全国各地的合同及发票、获得"成都市著名商标"等多项荣誉以及维权材料等，足以证明该公司注册的争议商标及第 36××× 61 号商标经过多年持续使用，在加工过的花生商品上也具有相当高的知名度。具体到本案，引证商标一是否需要以驰名商标进行跨类保护，主要需考虑诉争商标的注册是否误导公众，致使某乙公司的利益可能受到损害。对此评述如下：

1. "酒鬼"为汉语中固有词汇，并非某乙公司原创，"酒鬼"商标使用在加工过的花生米商品上，显著性不亚于使用于白酒商品上。争议商标与引证商标一均含有文字"酒鬼"，但引证商标一还有图形及字母部分，两商标设计风格、字体及整体均有差异，"酒鬼"花生商品实际使用的图样及包装均为争议商标，并未与引证商标一及某乙公司的其他商标相傍靠，亦无证据证明某甲公司申请注册争议商标存在恶意情形。

2. 第 36××× 61 号商标已实际使用 15 年之久，争议商标使用已近 10年，目前销售量遍及全国各地，已成为成都市著名商标，在炒货类零食行业全国排名靠前。某甲公司投入了较大的人力、物力、财力，持续使用和宣传争议商标，使得该商标与某甲公司形成稳定的对应关系，争议商标亦为相关消费者所认可。争议商标为已注册商标，其使用的权利基础具有正当性，司法认定应充分尊重相关公众已在客观上将相关商业标志区别开来的市场实际，注重维护已经形成和稳定的市场秩序。

3. 白酒与加工过的花生米等商品尽管都是食品，但在功能、用途、生产部门、销售渠道等方面存在较大差异，并无证据证明分别使用在上述两商品上的引证商标一与争议商标并存于市场会误导公众。某乙公司并未提交证据证明使用引证商标一的白酒商品因诉争商标的注册或使用而受到影响，或者市场声誉受到损害。某乙公司与某甲公司分别位于湖南、四川两地，尚无证据证明两家企业实际经营存在利益冲突。某乙公司亦未提交证据证明某甲公司在实际生产经营、广告宣传、产品包装、装潢等方面对引证商标一存有"搭便车"的意图。

4. 驰名商标的保护强度应与其知名程度相适应，不宜无理由地扩张适用。本案中，在无实际利益可能受到损害的情况下，基于商标注册的行政信赖，争议商标也应予以保护。在没有充分理由的情况下，不宜简单通过无效程序即让争议商标权利人的正常经营遭受重大经济损失，导致利益失衡，这有违商标法的立法宗旨。

基于上述理由，争议商标的注册和使用尚未产生"误导公众，致使某乙公司的利益可能受到损害"，故争议商标的注册并未违反 2001 年《商标法》第 13 条第 2 款的规定。

二审法院作出如下判决：一、撤销北京知识产权法院（2015）京知行初字第 4072 号行政判决；二、驳回某乙公司的诉讼请求。

➲ 案例解析

本案是关于注册驰名商标跨类保护范围的诉讼。驰名商标法律制度一方面是为了弥补传统商标法的漏洞，另一方面是为了最大程度地维护商标私权和公共领域之间的平衡。驰名商标与普通商标的保护范围有所差异，我国商标法将注册驰名商标的保护范围扩大至其他类别的商品或服务，对注册驰名商标实行特殊的跨类保护原则，但并不意味着全类保护、绝对保护。[①] 关于其他类别的范围，法律法规并未作出具体规定，因此实践中很大程度上依赖法官的自由裁量权和个案判断。实践中，注册驰名商标跨类保护通常与驰名商标知名度、驰名商标的显著性、驰名商标与争议商标的近似度、两者使用的商品或服务类别的近似程度、私人利益与公共利益的平衡等因素存在相关性。以下将结合案件，探讨注册驰名商标跨类保护及相关问题。

一、注册驰名商标的跨类保护

在传统的商标混淆理论下，商标的主要功能为识别区分来源，凡未经许可且不具有免责事由的混淆性使用他人注册商标的行为构成商标侵权。[②] 随着市场的扩张和商标制度的发展，商标逐渐发展出其他功能，如品质保障、广告宣传等，故有些市场主体擅自在完全不同或不类似的商品或服务上使用已经通过使用或宣传而获得一定知名度的商标，导致消费者可能产生一定程度的混淆误认；亦可能由于商标知名度等其他原因，虽未导致混淆误认，但是对知名商标造成了淡化后果。驰名商标是商标权人在品牌、质量、广告上投入并获得一定成功的缩影，因此为了更好地保护驰名商标人宣传、使用商标的努力和驰名商标的显著性以及打击"搭便车"这种不正当的竞争行为，有必要适当地拓宽保护驰名商标的商品或服务范围。[③]

---

① 参见苏喆：《驰名商标悖论解析》，载《法学杂志》2012 年第 6 期。

② 参见祝建军：《驰名商标跨类别保护应受到限制——两则案例引发的思考》，载《知识产权》2011 年第 10 期。

③ 参见陈贤凯：《驰名商标淡化的科学测度——调查实验在司法中的运用》，载《知识产权》2018 年第 2 期。

我国商标法将普通注册商标的保护范围限定在相同或类似商品或服务上，而将驰名商标的保护范围扩大至不相类似的商品或服务类别上，由此可见我国《商标法》对驰名商标的保护采取跨类保护的态度。我国《商标法》第 13 条第 3 款规定："就不相同或者不相类似商品申请注册的商标是复制、摹仿或者翻译他人已经在中国注册的驰名商标，误导公众，致使该驰名商标注册人的利益可能受到损害的，不予注册并禁止使用。"该款规定了驰名商标跨类保护时需要考虑的因素：首先是判断涉案商标是否属于驰名商标；其次是判断被诉侵权标识是否与驰名商标具有相当程度的近似度；再次判断被诉侵权标识的使用行为是否足以导致相关公众误认为驰名商标与被诉侵权标识具有一定的联系；最后判断是否误导公众，造成一定的损害结果。

根据《最高人民法院关于审理涉及驰名商标保护的民事纠纷案件应用法律若干问题的解释》第 9 条第 2 款的规定，足以使相关公众认为被诉商标与驰名商标具有相当程度的联系，而减弱驰名商标的显著性、贬损驰名商标的市场声誉，或者不正当利用驰名商标的市场声誉的，属于《商标法》第 13 条第 3 款规定的"误导公众，致使该驰名商标注册人的利益可能受到损害"。对此，有学者认为我国采用两个标准来保护注册驰名商标，对于一般驰名商标采用跨类禁止混淆的保护标准，对高度驰名的注册商标则采用跨类反淡化保护。[1] 也有学者认为，《最高人民法院关于审理涉及驰名商标保护的民事纠纷案件应用法律若干问题的解释》仍是在原来的混淆理论框架下，只是将"造成一定损害结果"扩大解释了。[2] 对此笔者认为，混淆理论与淡化理论下跨类保护的范围可能有所差异，但是无论何种理论基础，都需要明确驰名商标跨类保护的范围如何，这也是本案中两审法院重点论述以及争议集中的问题。

二、认定注册驰名商标跨类保护的范围

驰名商标跨类保护的范围主要是指驰名商标权人禁用权的商品或服务类别范围，保护范围的界定是驰名商标获得跨类保护的核心问题。实践中，相同或近似的驰名商标被不同主体应用于不同商品或服务种类的现象比比皆是，但是驰名商标的跨类保护并非绝对性的、全类别的、一成不变的。最高人民法院亦在工作文件中就《商标法》第 13 条第 3 款驰名商标跨类保护的问题，强调

---

① 参见祝建军：《驰名商标的司法保护》，载《人民司法（应用版）》2011 年第 7 期。

② 祝建军：《驰名商标跨类别保护应受到限制——两则案例引发的思考》，载《知识产权》2011 年第 10 期。

"合理适度确定驰名商标跨类保护范围"①、"保护范围和强度要与其显著性和知名度相适应"②。本案中，两级法院先后作出完全不同的判决，根本原因在于驰名商标保护类别的范围认定有所不同，即被诉侵权人在花生商品这一类别上使用"酒鬼"商标是否落入在白酒商品这一类别的"酒鬼"驰名商标的禁用权范围之内。对于该问题，一审法院认为白酒和花生这两种类别的商品在中国酒文化中具有相当的联系，应当落入保护范围；二审法院则认为不应当落入。总体来说，驰名商标跨类保护的范围至少应当从以下几个方面进行综合考量。

（一）驰名商标的显著性

在我国商标法体系下，商标的显著性不仅是注册商标获得法律保护的依据，也是确定商标保护范围的基础。③一般来说，如果涉案驰名商标的固有显著性很强，其起到识别商品或服务来源的作用就会很大，更容易与相关的商品或服务类别进一步建立对应关系，驰名商标影响和辐射的商品或服务种类的范围也会更大。④

在商标领域，商标按照其固有显著性的强弱可以依次分为四种商标：臆造商标、任意商标、暗示商标和描述性商标，它们的商标显著性依次递减。对于臆造商标来说，其本身固有显著性比较强，如果通过使用而获得较高知名度甚至达到驰名程度，消费者在看到此商标时便能够更快地与特定来源联系起来，因此对其保护应当扩大至更广泛的商品或服务类别，即其跨类保护的范围应当较大。其他三类商标由于具有其本身区别于商标意义的含义，相关公众将其与特定来源的商品或服务进行联系需要花费更多的注意力。对于驰名的任意商标和暗示商标，它们的显著性相对差一些，消费者在看到此类商标时需要多一点的时间与特定来源联系起来，因此对其跨类保护时应适当限缩商品或服务类别。对于驰名的描述性商标，由于其所使用的描述性词汇、通用词汇落入了社会公众自由选用的范围，即使涉案商标获得极高的知名度达到驰名的程度，也无权限制他人的合理使用、指示性使用，故此类驰名商标的跨类保护范围应当进一步限缩。

---

① 详见《最高人民法院关于贯彻实施国家知识产权战略若干问题的意见》（法发〔2009〕16号）第10点。

② 详见《最高人民法院关于充分发挥知识产权审判职能作用推动社会主义文化大发展大繁荣和促进经济自主协调发展若干问题的意见》（法发〔2011〕18号）第21点。

③ 参见祝建军：《驰名商标的司法保护》，载《人民司法（应用版）》2011年第7期。

④ 参见冀丽华：《商标的显著性与驰名商标的保护》，载《河北法学》2005年第10期。

综上，驰名商标显著性越强，受到跨类保护的范围越宽泛。[①] 比如欧盟法院在 2018 年"PUMA"案中认为，驰名商标的显著性越强，越应当受到商标反淡化保护。[②] 本案中，法院认为，涉案商标中的"酒鬼"作为汉语中的固有词汇，不属于臆造性词汇，同时使用在白酒一类商品上，与其使用在加工过的花生米商品相比，商标显著性并不突出；在字体、设计风格等方面亦不具有较高显著性，故"酒鬼"驰名商标的跨类保护范围应当受到一定程度的限缩。

（二）商标的知名度

在认定商标知名度对跨类保护商品或服务类别范围的影响时，不仅需要考虑涉案驰名商标的知名度，而且需要考虑被诉侵权商标的知名度，尊重相关公众事实上对争议商标与引证驰名商标的认知，尤其是是否能够将两者商品或服务来源区分开来，以稳定和维护已形成的商品或服务的市场格局与秩序。[③] 根据《商标法》第 14 条的规定，相关公众对该商标的知晓程度即知名度，是认定驰名商标应当考虑的因素之一。考虑到知名度绝对高的商标往往是商标权人投入大量经验、宣传等成本和努力的结果，从而大大增强了商标的显著性，因此可以给予这类驰名商标最强有力的法律保护，甚至可以考虑跨类保护至所有的商品或服务的类别；反之，知名度较低的这类商标，就不应进行跨类保护至所有的商品或服务类别，需要具体衡量商品或服务之间的联系以及公众混淆误认的可能性。[④] 如果争议商标本身具有较高的知名度，相关公众引起混淆的可能性较小；同时商标法亦需要平衡被诉侵权商标权人为推广、宣传、使用争议商标的努力，此时亦应适当缩小跨类保护的范围。

本案中法院认为，某乙公司提交的荣誉、广告宣传、销售规模、纳税审计、保护记录等证据已经能够证明引证商标在白酒商品上具有较高的知名度，但被告提交的"酒鬼"花生的多项荣誉以及维权材料亦足以证明争议商标具有相当高的知名度，因此"酒鬼"商标跨类保护的范围应受一定限缩。

（三）相关公众范围和相关公众容易混淆或联想的程度

相关公众范围和相关公众容易混淆或联想的程度会对驰名商标跨类保护

---

① 参见姚兵兵：《驰名商标司法认定中跨类保护问题探析由"千百度"案引发的思考》，载《知识产权》2007 年第 6 期。

② See CASET–62/16 PUMA［2018］，para.90.

③ 参见姚兵兵：《驰名商标司法认定中跨类保护问题探析由"千百度"案引发的思考》，载《知识产权》2007 年第 6 期。

④ 参见郭霭雯：《对驰名商标跨类保护界限的思考——评"杏花村"商标异议复审案》，载《中华商标》2012 年第 1 期。

的范围产生一定影响。[①] 跨类保护范围的判断应当基于相关公众的一般注意力判断，而非所有公众；如果驰名商标与争议商标的相关受众完全不同，则不应当扩展保护至争议商标的商品或服务上。同时，相关公众容易造成混淆或联想的程度越高，该驰名商标的跨类保护范围应当越小。商标混淆是通过将不同的标识指向同一个来源，而使得商标权人遭受损害；商标联想或者淡化，则是将同一个或近似标识指向不同的来源出处，从而降低商标的显著性。[②]

本案中，白酒与加工过的花生米等商品虽然都属于食品类商品，但是在功能、用途、生产部门、销售渠道等方面存在较大差异，且不存在证据证明争议商标和引证商标分别使用在花生米和白酒类商品上会导致相关公众误导的结果，因此"酒鬼"驰名商标的跨类保护范围应受一定限缩。

（四）利益平衡的考量

在驰名商标跨类保护范围界定中，不仅要考虑商品或服务类别的关联性、显著性、驰名程度等因素，还要充分衡量社会公众利益和个人利益，且一般情况下个人利益要服从于社会公众利益。[③] 个人利益，主要是指商标权人的利益；公共利益主要包括消费者的利益和市场竞争者的利益两部分，在某些案件中可能还会涉及其他社会公众的利益。[④] 驰名商标的跨类保护不应当是绝对的全类保护，否则容易造成商标专用权的滥用和过度扩张，甚至造成商标权人恶意打击竞争对手、侵害消费者权利、垄断应当属于社会公共资源的相关标识，进一步对公共利益造成损害。[⑤]

本案中最核心的争议焦点在于，原告驰名商标的保护范围和公众使用公共词汇"酒鬼"的权利发生了冲突，既要充分保护原告具有极高知名度的注册驰名商标权，也要兼顾被告使用公共元素的权利，因此法官需要综合考虑各种因素。本案二审法院首先肯定了原告的驰名商标应当获得跨类保护，获得更大强度的保护力度；同时考虑到"酒鬼"作为汉语中的固有词语，属于公共资源，任何人都有权自由使用该词汇。具体来说，"酒鬼"一词更容易让公众联想到酒水类商品，在花生类商品的注册使用并未影响原告驰名商标的使用，不应当予以禁止。从这个角度讲，原告的驰名商标跨类保护的范围应当得到一定

---

① 参见邓宏光：《我国驰名商标反淡化制度应当缓刑》，载《法学》2010年第2期。

② 参见汪泽：《论驰名商标保护要件的适用顺序》，载《知识产权》2015年第6期。

③ 参见姚兵兵：《驰名商标司法认定中跨类保护问题探析由"千百度"案引发的思考》，载《知识产权》2007年第6期。

④ 参见石必胜：《驰名商标的司法认定——〈商标法〉第十三条的具体适用》，载《人民司法》2012年第19期。

⑤ 参见郭修申：《从法的价值取向谈"康佳"商标跨类保护》，载《中华商标》2009年第1期。

的限缩，至少不应当是全类保护。

三、驰名商标跨类保护的具体认定

《商标法》第 13 条第 3 款规定，"就不相同或者不相类似商品申请注册的商标是复制、摹仿或者翻译他人已经在中国注册的驰名商标，误导公众，致使该驰名商标注册人的利益可能受到损害的，不予注册并禁止使用"。基于该款的规定，驰名商标的跨类保护需要具体认定以下几个要件。

（一）认定驰名商标

按照法条中规定的认定逻辑，认定引证商标是否属于驰名商标是认定驰名商标跨类保护这类案件的判断起点。关于驰名商标的知名度，首先应当考虑相关公众对该商标的知晓程度，这是驰名商标受到跨类保护的前提要件。[1] 根据《商标法》第 13 条所论述的逻辑，应当先判断是否构成驰名商标，而实践中，驰名商标的认定往往比较复杂和严格，故笔者认为在驰名商标跨类保护的认定中，可以先判断其他条件，在其他条件不满足的情况下可以跳过驰名商标的认定而直接得出结论。根据《最高人民法院关于审理涉及驰名商标保护的民事纠纷案件应用法律若干问题的解释》第 3 条的规定，在被诉侵犯商标权或者不正当竞争行为因不具备法律规定的其他要件而不成立时，人民法院对于所涉商标是否驰名不予审查。同时，有学者进一步提出，在驰名商标跨类保护的判断中，如果其他构成要件不成立，则法院在文字上可以隐含地表述初步认定结论。比如在"ZIPPO"商标侵权案中，一审法院认定，原告的商标即使被认定为驰名商标，其跨类保护的范围也不能扩大至被控侵权的怀炉产品，因此不需要认定原告的两枚引证商标是否达到驰名的状态。[2]

本案中，一审法院认为依据某乙公司提交的所获荣誉、引证商标一被认定为驰名商标、广泛的宣传、较大的销售额等事实，能够证明在争议商标申请日前，使用在白酒商品上的引证商标一已经构成驰名商标。而二审法院并未按照顺序先认定是否构成驰名商标，而是直接肯定了引证商标三具有较高的知名度后跳转至其他要件的判断上，在判断不满足其他要件之后直接认定引证商标三不应当跨类保护至被告使用的商品类别上。

---

① 参见汪泽：《论驰名商标保护要件的适用顺序》，载《知识产权》2015 年第 6 期。
② 参见石必胜：《驰名商标的司法认定——〈商标法〉第十三条的具体适用》，载《人民司法》2012 年第 19 期。

（二）认定引证商标与争议商标的近似度

《商标法》第13条对认定商标的近似度具体表述为"复制、摹仿或者翻译"。普通商标近似是通过相关公众对商品或服务来源混淆误认的程度进行判断；驰名商标是通过造成相关公众误导并且造成损害的程度来判断，包括混淆和淡化两种情况，但并不代表无限降低引证商标与争议商标之间的近似度要求。①

本案中，二审法院认为争议商标与引证商标一均含有文字"酒鬼"，但引证商标一还有图形及字母部分，两商标设计风格、字体及整体仅仅存在一点差异，应当认定引证商标与争议商标构成近似商标。

（三）认定驰名商标核准使用的类别与被诉侵权标识适用的类别之间的联系

比较驰名商标核准使用的商品或服务类别与被诉侵权标识适用的商品类别之间的联系，并认定两种商品或服务的受众范围。②驰名商标的跨类保护可以发生在混淆和淡化两种情况之下，二者对商品或服务的关联程度、消费者和竞争者等相关公众对驰名商标联想程度的要求也有所不同。具体来说，混淆一般发生在商标以及所标识的类别近似度都比较高的情况之下；而淡化则对近似度的要求低，但对商标本身的驰名度要求较高。③如果因为混淆而对驰名商标进行跨类保护，则需要争议商标的相关公众将其与该驰名商标联系起来，并误认为二者商品或服务来源一致或者有投资、许可等特定关联；若对驰名商标进行淡化保护，只要求相关公众看到在后商标时能够单纯联想到该驰名商标即可。④

本案中，二审法院认为白酒和花生都属于食品类商品，但两者在功能、用途、生产部门、销售渠道等方面存在较大差异，即两种商品类别之间的关联性较小，并无证据证明分别使用在上述两商品上的引证商标一与争议商标并存于市场会误导公众。

（四）认定是否容易造成相关受众的混淆或误认

驰名商标跨类保护的范围受相关公众范围和相关公众容易混淆或联想的

---

① 参见师迪雅：《驰名商标跨类保护范围的界定》，载《经贸实践》2018年第12期。

② 参见祝建军：《驰名商标的司法保护》，载《人民司法（应用版）》2011年第7期。

③ 参见周樨平：《混淆理论和淡化理论在驰名商标跨类保护中的适用》，载《河北大学学报（哲学社会科学版）》2011年第6期。

④ 参见石必胜：《驰名商标的司法认定——〈商标法〉第十三条的具体适用》，载《人民司法》2012年第19期。

程度的影响。跨类保护范围的判断应当基于相关公众的一般注意力判断，而非所有公众，否则会过度扩大驰名商标的保护范围；[1] 同时，如果驰名商标核准使用的商品或服务类别与某类商品或服务的相关受众完全不同，则不应当扩展保护至该类商品或服务。这一要件的判断应当根据商标知名度、商标近似度要件以及其他因素综合认定。[2]

本案中，二审法院综合考虑以下四个方面，认定争议商标的注册和使用不容易误导公众：首先，"酒鬼"作为汉语中固有词汇，不具有独创性，将其使用在花生类商品和白酒类商品上的显著性没有明显的差异。其次，争议商标持续使用的时间较长，销售范围较广，已成为成都市著名商标。被告某甲公司也通过持续使用和宣传，赋予了争议商标与花生类商品、与其公司的稳定联系和对应关系，并被相关公众认可。再次，白酒与加工过的花生米两类食品在功能、用途、生产部门、销售渠道等方面存在较大差异，分别使用在上述两商品上不会导致相关公众对商品或服务的来源混淆误认。最后，驰名商标的保护强度应与其自身的知名程度相适应，不宜无理由地扩张适用。对于自古以来即有的生活常用词汇，还要考虑商业主体获取公有资源的自由度，不能以商标专用权或禁用权垄断符号资源。本案中，既然原告没有证明、亦无其他证据能够证明原告的实际损失，基于商标注册的信赖利益，争议商标亦应当获得法律保护，而不能简单粗暴地通过无效或撤销程序让被告遭受重大经济损失。

四、结论

驰名商标的跨类别保护是商标权专有性原则的例外，涉及商标权这种私权利和公众自由使用公共资源的平衡，涉及私人权益与公共利益、公平竞争与自由竞争的动态平衡。[3] 对于跨类保护的范围，既不能实行过于宽泛的全类保护，也不能过分限制保护的范围，而应当在个案中具体判断。一般来说，驰名商标跨类保护的范围与引证商标的驰名度和显著性成正比，与争议商标知名度和显著性成反比，与相关公众范围和相关公众容易混淆或联想的程度成反比，最终还需要考虑利益平衡原则。在具体认定注册驰名商标的跨类保护时，主要从以下四个方面进行考虑：认定驰名商标、商标的近似度、驰名商标核准使用

---

① 参见王太平：《论驰名商标认定的公众范围标准》，载《法学》2014 年第 10 期。
② 参见石必胜：《驰名商标的司法认定——〈商标法〉第十三条的具体适用》，载《人民司法》2012 年第 19 期。
③ 参见孙海龙、姚建军：《驰名商标跨类保护的法律适用》，载《人民司法》2013 年第 10 期。

的类别与被诉侵权标识适用的类别之间的联系、是否容易造成相关受众的混淆或误认。实践中，为了节约司法成本，法官可以先进行后三个要件的判断，如果满足后三个要件则需进一步认定是否构成驰名商标，否则可以直接认定不应当进行注册驰名商标的跨类保护。

驰名商标跨类保护及其所致注册商标撤销

——某集团有限公司与国家工商行政管理总局
商标评审委员会等商标争议行政纠纷案

/ 杨子莹

➲ 本案要旨

对商标是否驰名的判断应当综合考量相关公众对该商标的知晓程度、该商标使用的持续时间、围绕该商标所做宣传工作状况以及该商标作为驰名商标受保护的记录等因素。基于驰名商标的特殊性，如其所负载的商誉等价值，商标法对其进行跨类保护。结合现有材料综合考虑相关公众对商标的知晓程度、相关媒体对该商标的宣传情况，若可以判定该商标已达驰名程度，对于他人在与该驰名商标指定使用商品属同一领域的其他商品类别上申请注册与该商标近似的商标的行为，则应当适用关于驰名商标跨类保护的规定而予以禁止。对此类商标的撤销，既能维护商标权人的合法权益，又能规范商标注册秩序。

➲ 案件信息

申请人（一审原告、二审被上诉人）：某集团有限公司

被申请人（一审被告、二审上诉人）：国家工商行政管理总局商标评审委员会

一审第三人、二审上诉人：河北某石膏矿业有限公司

案号：北京市第一中级人民法院（2009）一中知行初字第 2473 号、北京市高级人民法院（2010）高行终字第 478 号、最高人民法院（2013）行提字第 24 号

➲ 原被告主张及理由

原告某集团有限公司（以下简称某集团公司）诉称：（1）从整体观察和要部对比看，争议商标与引证商标非常近似。（2）争议商标侵犯其在先商号权，违反《商标法》第31条的规定。虽然其成立于2002年9月19日，但其关联公司北京某爱家公司在1996年10月31日成立后就使用"圣象"作为企业字号。某集团公司对"圣象"二字所享有的商号权应当从北京某爱家公司成立时算起。（3）争议商标是对其驰名商标的摹仿、复制，违反了《商标法》第13条第2款的规定。商标局于2005年认定引证商标为第19类地板上的驰名商标。河北某石膏矿业有限公司（以下简称某石膏矿业公司）作为建材行业的经营者，其理应知晓引证商标的知名度，其争议商标与引证商标如此近似，根本目的就是"傍名牌""搭便车"。（4）争议商标指定使用的商品与引证商标广泛使用的商品二者都属于建筑用装饰装修材料，具有相同的消费群体，这些商品具有相同或类似的性质、功能、消费对象和销售渠道，属于类似商品。在两商标的标识十分近似的情况下，一般消费者在购买、使用这些商品时必然会对生产主体发生混淆和误认。（5）某集团公司以及"圣象"品牌在中国已被大众广为知晓，广大消费者已将"圣象"和某集团公司紧密联系在一起，形成了相互对应的指向关系。争议商标使用在水泥、石膏板等商品上，必然会引起消费者的误认。商标评审委员会第23269号裁定认定事实不清，适用法律错误，请求予以撤销。

被告商标评审委员会辩称：（1）某集团公司提供的证据不足以证明在争议商标申请注册之前，某集团公司的企业字号已经过使用且有一定的知名度，易使消费者误认为使用争议商标的商品来源于某集团公司或关联企业，争议商标未违反《商标法》第31条的规定。（2）某集团公司在行政程序中提交的证据不足以认定"圣象"商标达到驰名程度，争议商标注册并不构成侵犯驰名商标的情形。（3）某集团公司在行政程序中未明确提出《商标法》第28条有关商品类似和商标近似的问题。请求法院维持商标评审委员会第23269号裁定。

第三人某石膏矿业公司述称：（1）某石膏矿业公司是全国知名的石膏矿业公司，"圣象"是自创品牌。争议商标与引证商标不构成使用在类似商品上的近似商标，没有违反《商标法》第28条之规定。（2）争议商标的申请时间早于某集团公司注册时间，某集团公司关联公司的成立时间与本案无关。某集团公司关联公司商号是"圣象爱家"，而非"圣象"，两者在呼叫、含义、整体外观上存在巨大差异。某集团公司仅在地板行业中有较高知名度，某石膏矿业公司在石膏、石膏板行业全国知名，两者相关公众不同，某石膏矿业公司未违反《商标法》第 31 条之规定。（3）争议商标没有违反《商标法》第 13 条的规定。某集团公司自称在争议商标申请前已经驰名，但没有提供相关证据。（4）争议商标已经具有一定的知名度和影响力，为相关公众所熟知。争议商标与引证商标指定使用商品不类似，两者同时使用不会造成相关公众的混淆误认。

● 一审法院查明的事实

1. 某集团公司成立时间是 2002 年 9 月 19 日。

2. 引证商标的使用情况。（1）宣传内容。2000 年及 2001 年在电视及各类活动中广泛宣传。（2）相关荣誉。①从 1999 年至 2003 年，有关部门认定"圣象木地板"连续在全国市场同类产品销量第一名。② 2002 年 3 月 20 日，某实业深圳公司的"强化木地板"获得相关部门颁发的证书。同时，国家质量监督检验检疫总局向某集团公司颁发了"产品质量国家免检"证书，对圣象系列产品在 2002 年至 2005 年免检。③ 2005 年 12 月 11 日，商标局作出认定引证商标为驰名商标的批复。④ 2002 年之后，某集团公司陆续获得了各类荣誉。

● 一审法院判决理由与裁判结果

北京市第一中级人民法院认为，本案的引证商标"圣象及图"于 1995 年 10 月 23 日申请注册，于 1997 年 5 月 14 日获得注册，核定使用在地板等商品上。该商标通过相关公司的长时间使用，使得该商标在市场上广为知晓。在此基础上，将争议商标与引证商标进行对比，根据整体观察和比对主要部分的方法，两商标在视觉上基本无差别，争议商标系对引证商标的摹仿。虽然争议商标与引证商标核定使用的商品不类似，但某石膏矿业公司作为建筑材料生产经营者应当知晓同处建材行业的"圣象"地板已经具有相当高的知名度，其在石膏商品上注册与引证商标近似的争议商标，容易引起相关公众对商品的提供者产生混淆和误认，依法不应予以注册。商标评审委员会认定"某公司的证据不足以证明引证商标在争议商标申请注册之前已经达到驰名程度，不构成《商标法》第十三条规定情形"的结论事实不清，应予纠正。但商标评审委员会认定争议商标未违反《商标法》第 31 条规定的结论正确。同时，由于争议商标和引证商标分别核定使用的商品在生产、销售渠道、消费群体等方面有差异，不属于相同或类似商品，争议商标的注册未违反《商标法》第 28 条的规定。综上，第 23269 号裁定的主要证据不足，依法应予撤销。北京市第一中级人民法院依照《行政诉讼法》第 54 条第 2 项第 1 目之规定，判决：撤销商标评审委员会第 23269 号裁定。

➲ 上诉主张及理由

商标评审委员会上诉称：（1）原审判决认定引证商标在争议商标申请注册前具有相当高的知名度，否定商标评审委员会第 23269 号裁定认定引证商标在争议商标申请注册日之前不构成驰名商标的结论属认定事实不清。（2）原审判决认为第 23269 号裁定未评审"争议商标与引证商标构成使用在类似商品上的近似商标的主张"属认定事实错误。

某石膏矿业公司上诉称：（1）原审判决对某集团公司关联公司的认定是错误的。某公司没有向原审法院提供相关证据材料。（2）原审判决对相关证据材料的认定错误。（3）引证商标被认定为驰名的时间是 2005 年 12 月 31 日，争议商标的申请日为 2001 年 10 月 8 日，该驰名商标不具有溯及力。另外，引证商标目前已不符合驰名商标的要求。（4）原审判决认为争议商标是对引证商标的摹仿没有事实依据。

某集团公司服从原审判决。

➲ 二审法院查明的事实

争议商标由中文"圣象"及一个站立大象的写实图形构成，其申请日为 2001 年 10 月 8 日，申请人为某石膏矿业公司，经核准注册使用在第 1902、1904、1913 类的石膏、石膏板等商品上。

2006 年 2 月 21 日，某集团公司向商标评审委员会提出撤销注册申请，其认为：

1. 争议商标系对引证商标的恶意摹仿，其使用足以导致消费者的混淆误认，产生不良社会影响。

2. 争议商标摹仿复制其引证商标，极易导致消费者的混淆误认。争议商标指定使用的商品与引证商标核定使用的商品关联性很强，结合其在地板行业有极高的知名度和影响力，一般消费者在购买和使用这些商品时极易对上述商品的生产者发生混淆误认。且争议商标的注册具有主观恶意，扰乱了良好的市场秩序，具有不良的社会影响。

3. 引证商标是驰名商标，争议商标是对某集团公司驰名商标的摹仿和抄袭，依据《商标法》第 13 条，争议商标理应被撤销。

4. "圣象"既是某公司的驰名商标，也是其企业字号，是其长期使用并致力打造的标志。争议商标与某集团公司的著名字号近似，极易使他人对市场主体及其商品来源产生混淆，是典型的不正当竞争行为。

某集团公司为支持其请求，向商标评审委员会提交相关证据材料。

引证商标是注册号为 10×××57 的"圣象及图"商标，由兰图公司申请，申请日为 1995 年 10 月 23 日，经商标局核准，于 1997 年 5 月 14 日获得核准，核定使用在第 1901、1907、1909 类的地板等商品。后引证商标转让给某集团公司。经续展，其专用期限至 2017 年 5 月 13 日。

2006 年 6 月 25 日，某石膏矿业公司向商标评审委员会提交答辩意见：争议商标是其自创的一个具有美好含义和强烈显著性的商标，既没有造成任何混淆误认，又没有侵犯某公司的任何在先权利，也不存在对某公司商标的恶意复制抄袭，而且争议商标与引证商标区别明显，使用的商品不同，二者之间不存在任何关联性，更没有让消费者产生混淆误认。且某石膏矿业公司在该商标被核准注册后，诚实经营且合理使用自己的商标，不会对引证商标的正常使用造成任何干扰和侵犯。而且，某石膏矿业公司也没有侵害某集团公司的企业名称权，也不存在不正当竞争。因此，请求商标评审委员会驳回某集团公司的争议申请，并提供相关证据证明其主张。

2009 年 8 月 31 日，商标评审委员会作出第 23269 号裁定。该裁定认定：（1）某集团公司提供的证据不足以证明在争议商标申请注册之前，在与争议商标指定使用的商品相同或类似的行业内，某集团公司的企业字号经过使用已具有一定知名度，消费者易将争议商标与某集团公司的企业字号相联系，从而造成消费者混淆，损害某集团公司的利益，故争议商标的注册未违反《商标法》第 31 条的规定。（2）某集团公司的引证商标虽然在地板等商品上具有较高的知名度，但其在案证据不能证明其引证商标在争议商标申请注册之前已达到驰名程度，故争议商标不构成《商标法》第 13 条规定的侵犯驰名商标权利的情形。某集团公司主张争议商标违反《商标法》第 10 条第 1 款第 8 项，但未提供充分证据。所以，本案在案证据不足以证明争议商标的注册是采取不正当手段对某集团公司商标的恶意抢注。综上，某集团公司的争议申请理由均不成立，依据《商标法》第 10 条第 1 款第 8 项、第 13 条、第 31 条以及第 43 条的规定，裁定：争议商标予以维持。

➡ 二审法院判决理由与裁判结果

根据上诉人商标评审委员会及某石膏矿业公司的上诉理由，本案二审诉讼中的争议焦点是争议商标的注册是否违反《商标法》第13条第2款的规定。

从被上诉人某集团公司向商标评审委员会及原审法院提交的关于引证商标构成驰名商标的证据看，首先，部分证书发证单位与该证明上的印鉴不符，亦无相关必要证据佐证。并且，部分证据载明的日期晚于争议商标的申请日。因此，不足以证明使用引证商标的产品在争议商标申请日之前销售广泛、占有较大市场份额。其次，引证商标被认定为驰名的时间是2005年12月31日，而争议商标的申请日为2001年10月8日。故不足以证明引证商标在争议商标申请日之前构成驰名商标。上诉人商标评审委员会、某石膏矿业公司认为引证商标不构成驰名商标的上诉理由成立，本院予以支持。原审判决关于商标评审委员会认定某公司的证据"不足以证明引证商标在争议商标申请注册之前已经达到驰名程度，不构成《商标法》第十三条规定情形的结论事实不清"的认定错误，本院予以纠正。

原审判决认定的某集团公司关联公司的基本情况，因无相应的工商登记注册材料予以证实，本院对该部分事实不予认定。上诉人某石膏矿业公司的相关上诉理由成立，本院予以支持。

⊃ 再审主张及理由

某集团公司申请再审称：（1）某集团公司在商标评审阶段以及一审诉讼阶段所提交的证据足以证明某集团公司的第10××57号商标在争议商标申请日2001年10月8日之前已经构成驰名商标。某集团公司商标享有良好商誉。（2）某石膏矿业公司复制、摹仿某集团公司的驰名商标，误导公众，一审法院撤销争议商标的判决认定事实清楚，"圣象"商标为臆造词，具有极强的显著性。争议商标与引证商标皆为"大象"图形加文字，在引证商标具有极高知名度的情况下，某石膏矿业公司作为建材行业的经营者，有理由知晓某集团公司及其品牌的存在，其是在恶意复制、摹仿某集团公司的商标。（3）某石膏矿业公司申请注册争议商标具有很强的主观恶意。结合争议商标与引证商标的相似及某石膏矿业公司在销售商品时使用的广告语，其主观上搭乘某集团公司的"便车"，获得不正当利益的意图非常明显。某石膏矿业公司在多个类别恶意抢注某集团公司的商标。请求本院充分考虑争议商标申请注册的恶意和不正当性，正确适用法律，维护某集团公司合法权益。

某石膏矿业公司提交意见认为：（1）争议商标与引证商标不发生权利冲突。"圣象"不是臆造词，也不是创意性强的商标，对于创意性弱的商标，在被认定为驰名商标后，在跨类商品或服务上受到的保护范围不应过宽。（2）石膏、石膏板与木地板虽然均在商品国际分类第 19 类，但就其功能和用途而言，石膏属于建筑材料，其消费对象为从事建筑工程的专业消费群体，而地板的消费群体为普通消费者，二者不易造成混淆误认。某石膏矿业公司申请注册争议商标亦有一定知名度且于 2010 年已迈入河北省著名商标行列。从争议商标在市场上使用的情况看，未发现造成相关公众混淆和误认的案件和其他证据。（3）某集团公司引证商标目前声誉不佳，不符合驰名商标的要求。对于某石膏矿业公司这种注册商标时间较长、已建立较高市场声誉和形成自身的相关公众群体的商标，不应轻率地予以撤销。

商标评审委员会坚持其二审上诉时的意见。

➲ 再审法院查明的事实

根据某集团公司在商标评审程序中提交的一系列证据可证明某集团公司品牌地板销量突出，且经媒体广泛宣传，具有一定知名度。

➲ 再审法院判决理由与裁判结果

最高人民法院认为，本案争议焦点为争议商标的注册是否违反了《商标法》第 13 条第 2 款。根据《商标法》第 14 条的规定，本案中，结合某集团公司为证明其引证商标构成驰名商标，不仅在商标评审阶段提供了相关证据，在一、二审以及再审期间又提交了大量补强证据的情况，考虑到相关公众对某集团公司"圣象及图"商标的知晓程度、相关公司对该商标的持续使用情况及宣传情况、相关媒体对该商标的宣传报道情况，本院认定某集团公司"圣象及图"商标已经达到驰名的程度。北京市高级人民法院关于"不足以证明引证商标在争议商标申请日之前构成驰名商标"的认定，认定事实和适用法律均有错误，本院予以纠正。

根据《商标法》第 13 条第 2 款的规定，本案中，争议商标和引证商标整体视觉基本无差异。由于石膏等商品和引证商标核定使用的商品木地板均为建筑材料，某石膏矿业公司作为建筑材料的生产企业，应知该引证商标的知名度，仍然将与该引证商标极为近似的标识申请为商标，系对某集团公司"圣象及图"商标的摹仿，违反了《商标法》第 13 条第 2 款之规定，应予撤销，一审法院对此认定事实清楚，适用法律正确，本院予以维持。

⊃ 案例解析

本案是针对与引证商标近似的诉争商标是否因适用驰名商标跨类保护的规定而撤销的诉讼。因驰名商标所负载的优良商誉以及较高的消费者认知程度，商标法给予其区别于一般商标的跨类保护。而判断商标是否驰名应当依据《商标法》第14条的规定结合相关公众对该商标的知晓程度、该商标使用的持续时间、宣传工作及该商标作为驰名商标受保护的记录等方面进行。[①] 对于具有主观攀附恶意，摹仿或复制已注册驰名商标的行为，一方面有损于驰名商标注册人的合法权益；另一方面容易造成消费者混淆或误认，因此该类商标应当予以撤销。本案即关于因驰名商标跨类保护而撤销注册商标的典型案例之一。以下将结合案件，对驰名商标跨类保护及因驰名商标跨类保护所致的注册商标撤销问题加以探讨。

一、驰名商标跨类保护的动因

随着技术水平的逐步发展，在全球化趋势的浪潮下，商标所负载的含义愈发厚重，逐渐成为真正的商品标志。随着经济的快速发展，人民的生活水平得以提高，逐步进入消费时代，随之而来的是消费者消费观念的更改，从更重视物品品质本身到物品品质与品牌内涵并重，在一定程度上消费者对品牌内涵的重视更强烈。于是，消费者为产品本身消费的心理逐步转变为对商标背后所承载的含义消费的体验。[②] 商标已不仅是具有识别商品来源及质量保障功能的信号，而且具备了消费可能性甚至比商品所具备的消费可能性更高。在当今时代甚至可能出现消费者只是为商标背后所代表的品牌文化埋单，而并不看重商品本身为何的现象。因此，在商标本身已经具备独立价值的情况下，商标权人基于利益驱动的考量，会将商标背后所代表的品牌文化延伸至其他商品或服务类型上。当然，利益驱动的可能不仅是商标权利人，也有可能是具有竞争关系的其他市场主体。当其他市场主体于其他商品上使用该商标时，会导致商标显著性的淡化，商标与特定商品之间的联系亦会削弱。[③] 基于维护商标可能延伸至其他商品或服务类别的商业利益的考量，商标法对注册商标提供一定条件下的跨类保护。但跨类保护又是对商标权人基本权利的扩大，基于对其他标识

---

① 参见柴晓亮：《特殊标志的知识产权研究——兼评〈特殊标志管理条例〉》，华中科技大学2011年硕士学位论文。
② 参见徐聪颖：《论商标符号表彰功能的内涵及其法律保护》，载《商业时代》2010年第9期。
③ 参见马磊：《论商标淡化与商标侵权的区分》，载《昭通师范高等专科学校学报》2011年第2期。

使用人权利平衡的需求以及并非所有商标都存在跨类保护必要性的考量，商标立法最终只针对驰名商标提供跨类保护。①

二、驰名商标跨类保护的内涵

随着社会经济的发展，不同市场主体的参与使得商品选择呈现多样化趋势，商标的识别功能也由此衍生出质量保证功能以及产品宣传功能。②一些商标因为其指向的商品或服务长期具备良好且稳定的品质而逐步被消费者所熟知并认可，消费者会对该商标产生信任，商标亦成为消费者进行消费时的重要判断标准，商标的附加价值得以凸显。因此，基于"搭便车"及攀附商标商誉的需要，侵权人会将该类产生一定知名度的商标用于其他既不相同也不类似的商品上，以期消费者能以爱屋及乌的心理注意到这些商品从而进行消费。驰名商标由此产生，其表示的是一种商标为我国消费者熟知的状态。驰名商标跨类保护制度则是为保护驰名商标的显著性不被稀释。③

《商标法》第 13 条第 3 款确立了注册驰名商标跨类保护制度，而《最高人民法院关于审理涉及驰名商标保护的民事纠纷案件应用法律若干问题的解释》第 9 条第 2 款则对何种程度属于《商标法》第 13 条第 3 款规定的情形进行了说明，即有弱化驰名商标显著性或丑化驰名商标显著性以及除弱化、丑化外其他有损商标显著性的情形。④

三、驰名商标跨类保护的影响因素

（一）商标是否驰名

从目前的司法实践来看，认定驰名商标应按照"按需认定"的原则，即只有在当事人请求且根据实际案情，需要对商标是否驰名作出判断时才可进行认定。关于驰名商标的认定标准，2019 年修正的《商标法》第 14 条有明确规定。根据第 14 条"应当考虑"的表述可知，对于条文中所列举的五项因素必须考量，但基于"考虑"之表述，则五项因素并非必须全部具备。第一，即相关公众对商标的知晓程度。关于此项要素需要考虑两个问题。其一，何为"相关公众"；其二，何为"知晓程度"。判定与某一商标产生联系的公众范围，

---

① 参见王太平：《论驰名商标认定的公众范围标准》，载《法学》2014 年第 10 期。

② 参见刘春田主编：《知识产权法》，中国人民大学出版社 2000 年版，第 232 页。

③ 参见祝建军：《驰名商标跨类别保护应受到限制——两则案例引发的思考》，载《知识产权》2011 年第 10 期。

④ 参见刘维：《我国注册驰名商标反淡化制度的理论反思——以 2009 年以来的 35 份裁判文书为样本》，载《知识产权》2015 年第 9 期。

需要考虑从商品的生产、服务的提供到消费的一系列过程等因素，这从《最高人民法院关于审理商标民事纠纷案件适用法律若干问题的解释》第 8 条的规定亦可推知。[1] 即使司法解释对其进行了明确规定，但是在具体实践中判断商标的"相关公众"仍有差异性，需要具体问题具体分析。对于"知晓程度"而言，相关法律虽然没有给出具体的量化标准，但根据司法实践，知晓程度与相关公众所处的地理范围相关联。基于驰名商标保护的特殊性，对于地理范围的要求不能过低，否则会导致对驰名商标的认定过于宽泛而造成驰名商标的泛滥，但对于地理范围的要求亦不能过于严苛，否则对于仅为特殊用途使用的商品，其商标等则难以符合关于地理范围的要求。因此，对于"知晓程度"的判断应采取一个相对的标准即"在全国范围相对较大的地理范围内为相关公众知晓"[2]。此种判断标准既能满足对于认定驰名商标所需的实质内涵要求，又能兼顾不同商品或服务间的差异性。第二，该商标使用的持续时间。商标注册的目的是更好地进行使用，因此，在判断商标是否可被认定为驰名商标时，应结合其使用的持续时间进行考量。一般而言，商标的知名度是与商标持续使用时间的长度成正比的，大部分为消费者熟知的商标或品牌在其宣传或推广时亦会突出自身的延续性。当然，并不排除少数商标能够在短时间内聚集超高知名度的情况，对此情况则应具体问题具体分析。第三，该商标的任何宣传工作的持续时间、程度和地理范围。一般而言，申请认定驰名商标的商标权利人兼具经营者的角色，其以利益最大化为追求目标。[3] 因此，对商标宣传所投入的时间、金钱及其影响范围亦可体现出该商标的知名状况。第四，该商标作为驰名商标受保护的记录。[4] 虽然"按需认定"为驰名商标的认定原则，且对于驰名商标的认定仅具有个案效力，无法将过去对于该商标进行驰名商标保护的记录当然地延伸至现在，因为市场处于不断的动态变化中，相关公众对于商品及商标的认知亦随之改变，但毕竟对驰名商标的认定需要提供大量证据材料，如商标存在作为驰名商标受保护的记录，这对其是否再次构成驰名商标的判断而言是不可忽视的影响因素。第五，该商标驰名的其他因素。影响商标知名度的因素多种多样，前述所列举的四项因素虽然在认定中起重要证明作用，但并非全部判

---

[1] 参见朱志奇：《现代咨询业创意的利益分配与法律保护》，对外经济贸易大学 2015 年博士学位论文。

[2] 参见吕国强、李国泉：《驰名商标司法认定与保护的若干问题研究》，载《法学》2009 年第 2 期。

[3] 参见金多才：《驰名商标特殊保护制度比较研究》，载《河南省政法管理干部学院学报》2002 年第 17 卷第 1 期。

[4] 吕国强、李国泉：《驰名商标司法认定与保护的若干问题研究》，载《法学》2009 年第 2 期。

断因素。因此，虽然商标具有地域性特征，但商标的国际知名度亦是商标驰名的重要体现，其他诸如行业荣誉等声誉因素等亦可列入考虑因素中。[①]

（二）商标是否注册

根据我国《商标法》的规定可知，无论该商标是否在中国注册，一旦被认定为驰名商标，皆可适用关于驰名商标保护的规定，区别仅在于已在我国注册的商标和未在我国注册的商标保护范围并不相同。[②]

通过对《商标法》第 13 条规定的分析可知，首先，未在我国注册的驰名商标，其受保护程度及保护范围存在一定限制。就其范围而言，对未在我国注册的驰名商标保护仅针对相同或类似的商品或服务，[③] 即在既不相同也不类似的商品上，还附加了"容易导致混淆"的判断标准，只有同时满足前述两个要件时，才会产生不予注册并禁止使用的法律后果。将未在我国注册的驰名商标的保护范围限定于相同或类似的商品或服务，[④] 是基于平衡未在我国注册驰名商标权利人与我国标识使用人二者关系的需要，亦是出于商标具有地域性的考量。其次，对于已在我国注册的驰名商标，对其保护范围扩大至不相同也不相似的商品或服务种类上，即除商标权人或经商标权人授权主体之外，禁止其他主体将与注册驰名商标相同或近似的标志作为商标使用在相同或类似的商品或服务上，同样也禁止使用在不同或不类似的商品或服务上。[⑤] 这是因为驰名商标具有较强显著性，相关公众极易将具有相同或相似标志的商品或服务与驰名商标联系在一起，容易造成混淆，也会减损该驰名商标与核定使用的商品或服务之间的关联性。这体现了注册商标保护的原则。

四、基于驰名商标跨类保护产生的权利

本文讨论的案例适用的是 2001 年修正的《商标法》，根据该法第 41 条的规定，基于驰名商标跨类保护的制度规定，商标所有人或利害关系人享有撤销权。而根据 2019 年修正的《商标法》，则规定基于驰名商标跨类保护的制度规定，商标所有人或利害关系人可请求商评委对与驰名商标相似的注册商标宣告无效。而无论是撤销还是无效宣告，皆是出于驰名商标跨类保护的必要性考量。

① 参见吕国强、李国泉：《驰名商标司法认定与保护的若干问题研究》，载《法学》2009 年第 2 期。

② 参见杨勇胜：《高校标识知识产权保护的制度选择》，载《社会科学家》2007 年第 6 期。

③ 参见王源：《商号权与商标权冲突问题研究》，黑龙江大学 2013 年硕士学位论文。

④ 关蕾：《论驰名商标的法律保护》，黑龙江大学 2010 年硕士学位论文。

⑤ 参见李盼盼：《论我国驰名商标的跨类保护》，辽宁大学 2018 年硕士学位论文。

（一）驰名商标跨类保护的必要性

1. 保障驰名商标权利人利益的必然要求

无论是注册驰名商标还是未注册驰名商标，在使其成长至驰名程度的过程中，其权利人或使用人只有投入大量的人力、物力及财力，才能随着时间的推移逐步拥有稳步增长的知名度。因此，当存在与之相似的商标或标志时，无论该类商标的权利人是否存在主观上攀附驰名商标商誉的恶意，其在客观上都会产生"搭便车"的效果，这有损于驰名商标权利人的合法利益。因此，无论是2001年《商标法》规定的撤销权，还是2019年《商标法》规定的可请求对与驰名商标相似的注册商标宣告无效，都是保障驰名商标权利人利益的必然要求。

2. 保障消费者权益的必然要求

商品历经销售环节才可实现其价值，因此，考虑相关消费者的合法权益在驰名商标跨类保护中是十分重要的一环。随着科技的不断发展，宣传传播的手段层出不穷，商标也从区别功能逐渐衍生出承载商誉，甚至具有独立价值的功能。当今社会信息传播十分迅速，消费者对商品的选择愈发受品牌效应的影响，亦即商标逐渐成为消费者选择的重要指向。如不规范商标使用秩序，则易对消费者产生误导，存有主观攀附驰名商标商誉意图的主体更是会借用消费者此种消费心理引导消费，不利于消费者权益的保护。因此，基于驰名商标跨类保护制度规定的撤销权及此后变更的请求对与驰名商标相似的注册商标宣告无效的权利，都是保障消费者利益的必然要求。

3. 遵循诚实信用原则的必然要求

无论是已注册驰名商标还是未注册驰名商标，相关权利主体皆在商标标识使用及发展过程中投入良多，亦是因为相关权利主体的使用及投入，商标标识才能实现其基本的识别功能，以及逐渐衍生出自身价值。因此，该商标所能产生的经济价值应归商标权利人或使用人所有，当有其他主体存在主观攀附恶意或事实攀附行为，给权利人或利益相关人造成损害时，基于维护商标秩序及诚实信用原则的考量，应当禁止，否则其未实际付出即享有与权利人或利益相关人相同的利益回报，有悖诚实信用原则。因此，基于驰名商标跨类保护制度规定的撤销权及此后变更的请求对与驰名商标相似的注册商标宣告无效的权利，是遵循诚实信用原则的必然要求。[①]

（二）基于驰名商标跨类保护产生的撤销制度的功能

因本文展开所基于的案例所遵循的是2001年《商标法》，因此基于驰名

---

① 参见保红：《我国未注册驰名商标的法律保护问题研究》，中南民族大学2012年硕士学位论文。

商标跨类保护的制度规定，商标所有人或利害关系人所享有的为撤销权。下面将简要探讨其功能所在。

1. 对注册取得制度的补正

实施商标注册制度优势显而易见，其中最为突出的便是易于管理，有利于形成良好的商标使用秩序。当然，注册制度亦存在许多弊端。例如，虽然商标法对驰名商标跨类保护制度有明确规定，对于违背制度规定的商标标识不予注册，但注册商标申请审核并非万无一失，特别是对于未注册驰名商标而言。如果此类商标标识亦获准注册，则基于法律而言，其亦可获得有关法律法规的保护，但这明显有悖注册商标制度立法目的。因此，基于驰名商标跨类保护的制度规定，商标所有人或利害关系人所享有的撤销权即为对此的补正。①

2. 对商标使用行为的规制

注册商标权即意味着商标核准注册后商标权人在核准注册的商品或服务上使用核准注册的商标的权利以及自己使用或许可他人使用的权利。②亦即，法律禁止他人未经许可使用与注册商标相同或近似的商标。同时，商标保护的核心即商标的显著性，而商标又因使用获得显著性，因此，如果商标的显著性因某些原因丧失，法律就没有必要对其进行保护。商标法旨在寻找流转于商标权人、竞争者及消费者三大主体之间受保护利益的平衡。其中，就消费者而言，对于商标权人及竞争者的商标使用行为只能被动接受，因此，对于二者商标使用行为的规制则显得尤为重要。特别是对于驰名商标而言，其本身承载的显著商誉及经济价值，足以吸引竞争者对其进行不规范甚至不合法的使用。基于驰名商标跨类保护的制度规定，商标所有人或利害关系人享有的撤销权就能够较好地对商标使用行为进行规制。③

3. 对商品竞争秩序的维护

如前所述，商标法旨在寻找流转于商标权人、竞争者及消费者三大主体之间受保护利益的平衡。商品竞争存在于商标权人与竞争者之间。当商标的功能不断衍生，甚至能承载与浓缩和商品或服务有关的重要信息乃至全部信息时，竞争者往往会选择模仿商标作为成本最低的竞争手段。尽管这种方式未经商标权人许可，构成商标侵权，但在巨大经济利益的驱使下，仍有一些竞争者会铤而走险。这种行为无疑会破坏商标权人与消费者之间建立的公平公正的交

---

① 参见赵克：《注册商标撤销制度的功能刍议》，载《中华商标》2016年第3期。
② 参见朱姝、刘平：《解析商标权与商标权之间的权利冲突》，载《现代法学》2004年第1期。
③ 参见赵克：《注册商标撤销制度的功能刍议》，载《中华商标》2016年第3期。

易习惯。因此，基于驰名商标跨类保护的制度规定，商标所有人或利害关系人享有的撤销权就可较好地维护商品竞争秩序。[①]

五、结论

随着互联网及商品经济的发展，商标的使用方式逐渐多样化，影响范围逐渐广泛化，商标亦从区分商品来源的基本功能逐步衍生出宣传功能，承载企业商誉而成为具有重要经济价值的无形资产。当商标具备较高知名度时，该商标与商标权人及消费者的合法权益会产生更紧密的联系。因此，基于保护利益相关者合法权益的需要应对该类商标提供更高水平的法律保护，于是驰名商标跨类保护制度应运而生。而基于利益最大化的目标，针对该类商标会产生更多的商标侵权行为。本案即为在适用 2001 年《商标法》的背景下，撤销与驰名商标近似的注册商标的案例。而后的修法将"请求撤销"修改为请求"宣告无效"。二者的目的皆在于更好地维护商标权人及消费者的合法权益，并对商标使用行为进行规制，从而维护良好的商品竞争环境。

---

① 参见赵克：《注册商标撤销制度的功能刍议》，载《中华商标》2016 年第 3 期。

商标性使用的认定

——陕西某娱乐有限公司与某动画影片公司、北京某影院管理公司、
某电影集团公司、某影业公司侵害商标权纠纷案

/ 薛利康

➲ 本案要旨

商标的作用是区别产品或者服务来源，判断对某一标识的使用是否属于商标性使用，应当以相关公众的一般认知水平为标准，通过使用人使用标识是否具有区分商品或者服务来源的意图，以及该标识是否起到区分商品或服务来源的作用进行判断。电影名称往往是为了说明电影的主要内容、特点或者某一主题，不具有区分商品或服务来源的作用。本案中被告使用的"功夫熊猫"字样，属于描述性使用，而并非用于区别商品或服务来源。此外，被告某动画影片公司在原告申请注册第 63××× 09 号商标之前已经开始使用"功夫熊猫"字样，不构成对原告注册商标专用权的侵犯。

➲ 案件信息

申请人（一审原告、二审上诉人）：陕西某娱乐有限公司

被申请人（一审被告、二审被上诉人）：某动画影片公司、某影业公司、某电影集团公司、北京某影院管理公司

案号：北京市西城区人民法院（2011）二中民初字第 10236 号、北京市高级人民法院（2013）高民终字第 3027 号、最高人民法院（2014）民申字第1033 号

➲ 原被告主张及理由

陕西某娱乐有限公司（以下简称陕西某娱乐公司）申请再审称：（1）陕西某娱乐公司拥有在第 41 类电影制作等服务上的"功夫熊猫"注册商标专用

权，一直从事电影制作工作并打算拍摄名为《功夫熊猫》的动画片，其为"功夫熊猫"商标权利人并享有在先权利。（2）某动画影片公司的拍摄行为构成侵权。

某动画影片公司答辩称：某动画影片公司在电影《功夫熊猫2》中用于表明其电影制作服务来源的是"dreamworks"商标，其使用"功夫熊猫"系以说明其制作的电影的内容和特点，属于描述性使用，不属于表明服务来源的商标性使用，未构成对陕西某娱乐公司商标权的侵犯。一、二审法院关于被申请人的涉案行为并非商标性使用行为的事实认定清楚正确，陕西某娱乐公司的再审理由不能成立。

某电影集团公司答辩称：（1）陕西某娱乐公司于2010年6月28日获准注册的63×××09号"功夫熊猫及图"商标，已经被中华人民共和国商标评审委员会（以下简称商标评审委员会）撤销其在"电影制作"服务上的注册，陕西某娱乐公司亦无其他的在先权利，陕西某娱乐公司已丧失请求权基础。（2）《功夫熊猫2》使用"功夫熊猫"作为涉诉电影名称属于正当的、非商标性使用，不构成对陕西某娱乐公司商标权的侵害。请求本院驳回陕西某娱乐公司的再审申请。

某影业公司对某动画影片公司在本案中针对陕西某娱乐公司提出的答辩意见予以认可，不再另行提交书面答辩意见。请求本院驳回陕西某娱乐公司的再审请求。

➲ 法院查明的事实

2007年1月，中信出版社出版由权迎生编绘的《功夫熊猫》系列漫画图书第一版，同年12月，陕西省国产电视动画片制作备案公示表显示，陕西某影视有限公司计划拍摄片名为《功夫熊猫》电视动画片，但陕西某娱乐公司主张该电视剧并未实际投拍。

2010年6月28日，经商标局核准注册，陕西某娱乐公司取得第63×××09号"功夫熊猫及图"文字图形组合注册商标专用权，核定使用服务为第41类的教育、图书馆服务、驯兽、组织教育或娱乐竞赛、图书出版、电影制作、经营彩票，专用权期限至2020年6月27日，该商标申请日为2007年11月1日。

动画电影《KUNGFUPANDA》（中文名称为《功夫熊猫》）、《KUNGFUPANDA2》（中文名称为《功夫熊猫2》）均由某动画影片公司制作、某影业公司发行，先后于 2008 年 6 月和 2011 年 5 月在中国首映。

某动画影片公司于 2011 年 3 月 17 日向商标局申请在第 9 类的动画片、动画片（已曝光）商品上注册第 92××69 号"功夫熊猫"文字商标和第 92××70 号"KUNGFUPANDA"文字商标。以上两项申请均于 2012 年获准注册，专用权期限自 2012 年 4 月 7 日至 2022 年 4 月 6 日。

2011 年 4 月 18 日，某影业公司向某电影集团公司出具了版权证明书。该证明书显示，某影业公司将《功夫熊猫 2》（KUNGFUPANDA2）影片在中国的电影发行权授予某电影集团公司，某电影集团公司拟定于 2011 年 5 月间发行该片。陕西某娱乐公司提交的 2011 年 5 月 6 日网页内容显示"功夫熊猫 2KungFuPanda2（2011）""尚未上映"，其制作公司为"某动画［美国］"，发行公司包括"某影业公司［美国］（2011）（USA）"。该网页上有一幅电影宣传海报，与某动画影片公司提交的一张宣传海报样式基本相同。某动画影片公司提交的海报中在"功夫熊猫 2"字样上方标注了"DreamWorks"字样。

2011 年 5 月 12 日，国家广播电影电视总局电影管理局颁发电审进字［2011］第 16 号、电审特字（进）字［2011］16 号电影片公映许可证，其中载明：片名为"功夫熊猫 2"，出品单位为"美国某动画"。同年 5 月 24 日，某数字电影发展有限公司向某天映公司出具发行通知，通知中载明：影片名称为《功夫熊猫 2》，联合出品为"美国某动画"，发行放映期限为 2011 年 5 月 28 日至 7 月 3 日。

某天映公司系传奇时代影城的经营者。陕西某娱乐公司提交的传奇时代影城的宣传册中显示有"功夫熊猫 2""5 月 28 日上映"等字样。

2012 年 8 月 31 日，中华人民共和国国家图书馆科技查新中心出具检索报告，在《慧科中文报纸数据库》和《中国期刊全文数据库》（CKNI）中检索"功夫熊猫"在中国报纸期刊中的相关报道。根据检索结果，在《慧科中文报纸数据库》中打印全文 31 篇；在《中国期刊全文数据库》中打印全文 18 篇。其中，2005 年 7 月 23 日《新闻晨报》登载有标题为"某动画影片公司技术总监透露未来计划 2008 年，《功夫熊猫》诞生"的报道；同年 11 月 12 日的《长江日报》登载有标题为"某动画影片公司邀成龙献声《功夫熊猫》"的报道，其中有"某动画影片公司的 CGI 动画新片《功夫熊猫》最近公布了全明星阵容的配音名单……据悉，《功夫熊猫》将于 2008 年 5 月上映"等内容。多篇报道中有关于《功夫熊猫》和《功夫熊猫 2》上座率、票房收入等情况的内容。某动画影片公司据此主张其早在 2005 年就开始并持续使用"功夫熊猫"作为其电影名称进行宣传，《功夫熊猫》及《功夫熊猫 2》具有极高的知名度。

另查，某动画影片公司于 2006 年 6 月 6 日向商标局申请在第 9 类的计算机外围设备、鼠标垫、光盘盒、计算机游戏卡、计算机游戏盒带、计算机游戏带、电视游戏卡、电视游戏盒带、已录制的录音盒带、已录制的录像盒带、已录制的录音带等商品上注册第 54×××91 号 "KUNGFUPANDA" 文字商标，2009 年 5 月 28 日获准注册，专用权期限至 2019 年 5 月 27 日。

陕西某娱乐公司认为被告在中国以 "功夫熊猫" 为片名进行宣传等工作，侵害了其注册商标专用权。

➲ 法院判决理由与裁判结果

本案的争议焦点为被申请人在其电影及相关宣传材料中使用 "功夫熊猫" 之行为是否属于商标法意义上的商标使用行为。

一、一审法院认为

涉案被诉电影《功夫熊猫 2》由某动画影片公司制作，某影业公司、某电影集团公司发行，某天映公司放映。根据我国相关法律规定，未经许可，在与注册商标核定使用商品或服务相同或者相类似的商品或服务上，使用与该注册商标相同或相近似的商标的，属于侵害注册商标专用权的行为。因此，某动画影片公司、某影业公司、某电影集团公司和某天映公司的被诉行为是否属于商标性使用是判断是否构成对注册商标专用权的侵害的前提条件。

商标是区分商品或者服务来源的标识。凡具有区分商品或者服务来源功能的商业标记或者符号都属于商标。本案中，涉案被诉电影《KUNGFUPANDA2》及此前的《KUNGFUPANDA》在中国公映时均使用 "功夫熊猫" 作为电影名称，并自 2005 年起就在新闻报道、海报等宣传材料中以 "功夫熊猫" 作为电影名称对上述电影进行了持续宣传。"功夫熊猫" 作为该部电影作品的组成部分，系用以概括说明电影内容的表达主题，本身具有叙述性，而并非用以区分电影的来源，即电影的制作主体。事实上，不同制作公司聘请不同的导演、组织不同的演员阵容，对同一部作品进行翻拍形成不同版本的同名影视剧的做法在影视界司空见惯。例如，电影《倩女幽魂》有 1987 年版（张某荣、王某贤主演，徐某监制、程某东导演，某影业有限公司制作）和 2011 年版（古某乐、刘某菲主演，叶某信导演，某北京文化传播有限公司等制作）之分，电视剧《京华烟云》有 1988 年台湾地区华视版（某电视公司出品）和 2005 年央视版（某音像出版公司等出品）之分。电影和电影制作的相关公众为电影观众和电影产业的经营者。从相关公众的一般认识角度来看，相关公众具有甄别电影名称与电影制作公司（导演、演员）关系的常识、意识和能力，其实际上是从电影制作公司（导演、演员）的角度识别电影的来源，而并非通过电影名称。综上，电影名称不能起到商标所具有的区分服务来源的功能。因此，在涉案被诉电影及宣传材料中使用"功夫熊猫"作为电影名称并非商标性的使用。

某动画影片公司在第9类的动画片、动画片（已曝光）商品类别上获得了"功夫熊猫"文字商标的核准注册，仅说明某动画影片公司取得了在拍摄动画片形成的胶片类商品上标注"功夫熊猫"的专有权利，并非意味着某动画影片公司在动画电影名称上取得了专有权利，他人以后不得拍摄名为"功夫熊猫"的电影。换言之，使用"功夫熊猫"作为电影名称，通常意义上不会产生任何在先权利，即使该部电影具有极强的知名度，也不能禁止他人拍摄以功夫熊猫为主题的电影并冠之以"功夫熊猫"的名称。陕西某娱乐公司关于某动画影片公司使用"功夫熊猫"名称系在第9类动画片商品上使用的商标的主张，缺乏依据，不予支持。

鉴于涉案被诉电影及宣传材料中使用"功夫熊猫"并非商标性使用行为，陕西某娱乐公司关于某动画影片公司、某影业公司、某电影集团公司和某天映公司涉案行为构成对其涉案"功夫熊猫及图"注册商标专用权的侵害的主张，不能成立，不予支持。陕西某娱乐公司要求某动画影片公司、某影业公司、某电影集团公司和某天映公司承担停止侵权的法律责任的诉讼请求，亦不予支持。

二、二审法院认为

本案中，陕西某娱乐公司主张权利的是其于2010年6月28日在第41类电影制作等服务上获准注册的第63×××09号"功夫熊猫及图"商标；其主张的侵害商标权行为是某动画影片公司制作、某影业公司和某电影集团公司发行、某天映公司放映《功夫熊猫2》电影的过程中使用"功夫熊猫"的行为侵犯其第63×××09号"功夫熊猫及图"注册商标专用权。判断上述行为是否构成侵权，根据《商标法》和《商标法实施条例》的规定，首先应当确定被控侵权使用"功夫熊猫"的行为是否属于商标意义上的使用行为，对此应当考虑以下因素：（1）被控侵权的使用行为是否出于善意；（2）被控侵权的使用行为是否为表明自己商品来源的使用行为；（3）被控侵权的使用行为是否只是为了说明或者描述自己商品的特点。

某动画影片公司制作的《功夫熊猫》电影在陕西某娱乐公司第63×××09号注册商标获准注册前的2008年就已经在中国公映，因此某动画影片公司、某影业公司、某电影集团公司和某天映公司在《功夫熊猫2》中使用"功夫熊猫"字样是对其2008年制作的《功夫熊猫》电影的延续,是善意使用,并不具有侵犯陕西某娱乐公司第63×××09号"功夫熊猫及图"商标的恶意。某动画影片公司、某影业公司、某电影集团公司和某天映公司在《功夫熊猫2》中使用"功夫熊猫"字样是为了说明自己制作、发行、放映的电影的内容和特点,并不是作为表明其电影制作或者类似商品、服务的来源使用,并非商标意义上的使用行为。而且从电影观众或者其他相关消费者的角度来看,电影《功夫熊猫2》中的"功夫熊猫"表示的是电影的名称,因为该系列电影的广泛宣传,相关消费者知道该电影是由美国电影公司或者某动画影片公司、某影业公司等制作、发行,但这是著作权法意义上的、对电影作品相关权利归属的认知和确定,并非对商品或者服务来源的认知。因此,原审判决关于某动画影片公司、某影业公司、某电影集团公司和某天映公司的涉案行为并非商标性使用行为,不构成对陕西某娱乐公司第63×××09号注册商标专用权的侵犯的认定,并无不当。陕西某娱乐公司关于上述涉案行为构成商标性使用从而构成侵权的上诉理由不能成立,本院不予支持。

三、再审法院认为

根据《商标法》(2001年修正)第52条第1项规定,未经商标注册人的许可,在同一种商品或者类似商品上使用与其注册商标相同或者近似的商标的,属于侵犯注册商标专用权的行为。[①] 由于商标是一种使用在商业上的标识,其基本特性是区别商品或者服务来源,因此构成侵犯注册商标专用权的基本行为是在商业标识意义上使用相同或者近似商标的行为,也就是说,被诉侵权标识的使用必须是商标意义上的使用。鉴于此,在本案中确定被申请人使用"功夫熊猫"的行为是否构成侵犯注册商标专用权,应当视其是否属于商标意义上的使用行为而定,即应当看被申请人使用"功夫熊猫"标识是否具有区分商品来源之作用。

本案中,根据一、二审法院查明的事实,某动画影片公司制作的《功夫熊猫》电影在陕西某娱乐公司第63×××09号注册商标获准注册前的2008年就已经在中国公映,并自2005年起就在新闻报道、海报等宣传材料中以"功

---

① 根据《商标法》(2019年修正)第57条第1项、第2项的规定,未经商标注册人的许可,在同一种商品上使用与其注册商标相同的商标的;未经商标注册人的许可,在同一种商品上使用与其注册商标近似的商标,或者在类似商品上使用与其注册商标相同或者近似的商标,容易导致混淆的,属侵犯注册商标专用权的行为。

夫熊猫"作为电影名称对上述电影进行了持续宣传。被申请人某动画影片公司制作完成相关电影后，将其"dreamworks"标识显著地使用于其电影、电影海报及其他宣传材料中，用以表明其电影制作服务来源是"dreamworks"。由于《功夫熊猫2》使用"功夫熊猫"字样是对前述《功夫熊猫》电影的延续，且该"功夫熊猫"表示的是该电影的名称，用以概括说明电影内容的表达主题，属于描述性使用，而并非用以区分电影的来源，因此一、二审法院认定被申请人涉案行为并非商标意义上的使用并无不当，陕西某娱乐公司再审申请理由不能成立，本院不予支持。

一审、二审、再审法院均认为被告对"功夫熊猫"的使用不属于商标性使用，判决驳回陕西某娱乐公司的诉讼请求。

➲ 案例解析

本案中，再审法院认为某动画影片公司在电影、电影海报及其他宣传材料中使用"功夫熊猫"的行为属于描述性使用，不是商标意义上的使用，因此不构成注册商标专用权的侵权。商标性使用作为构成侵犯注册商标专用权的前提条件之一，已经得到了广泛的认同，也就是说，在使用他人注册商标时，只有将他人注册商标当作商标进行使用才有可能构成侵权，否则，不属于侵犯商标专用权的行为。

一、商标的本质

通常认为，商标是一种由文字、图形、字母、数字、三维标志、颜色组合和声音等，或者以上要素组合而成的一种符号。[①]但是，商标不仅仅是一种符号，符号只是我们通常所看到的商标的表现形式。商标是用于指示商品或者服务来源的符号，若只是单纯的一个符号，无法发挥其指示和区别的作用，因此，构成商标必不可少的还包括符号所指示和区别的对象，即商品或者服务来源。此外，商标的指示和区别作用是为了防止相关公众对商品或者服务的来源产生混淆，因此就必须要考虑到商品或者服务的受众，相关公众对商标的印象对于商标发挥其作用必不可少。由此可以看出，商标是一种由符号、指示对象和相关公众在大脑中产生的印象组成的三元结构。[②]

在分析了商标的本质之后，可以发现商标的使命就是使用。商标是用于

---

① 参见《商标法》第8条。

② 参见朱晓睿：《商标侵权中"商标使用"的认定》，载《知识产权》2017年第11期。

识别商品或者服务来源的标识，必须要经过实际使用才可以发挥作用。我国实行注册取得商标权的制度，申请注册商标最重要的一个条件便是具有显著性，但"注册取得商标权"制度实际与商标的本质相矛盾。若商标未经过实际使用而被注册并受《商标法》保护，相关公众无法将该商标与商品或者服务的来源相联系，即使商标已经注册也不具有指示功能，不具有指示和区别作用的标识怎么能称之为商标呢？美国实行"使用取得商标权"的原则，商标在商业活动中的真实使用是取得商标权的根据，注册仅是享有商标权的初步证据。1988年前，《美国兰哈姆法》规定未实际使用的商标注册申请不被接受，1988年修法之后，未实际使用的商标只要声明使用意图也可以接受申请，但申请人必须在规定的期限内提交实际使用的证据，专利商标局才进行审查，超过期限没有提交实际使用证据的，则申请失效。我国《商标法》中的经使用获得显著性的规定[①]便是参考借鉴了该理论。

二、商标性使用的理解及认定

侵犯商标专用权的行为本质是导致相关公众对与商标相对应的商品或者服务的来源产生混淆，而《商标法》所保护的也是商标所指示的商品来源不被混淆，而不是单纯的符号。所以，商标性使用就是将商标在市场交易中作为指示和区别商品来源的标识进行使用。如果在使用他人注册商标时，不是为了指示商品或者服务来源，那么，其使用行为就不属于商标性使用。《商标法》第48条对商标性使用的行为进行了规定：商标的使用，是指将商标用于商品、商品包装或者容器以及商品交易文书上，或者将商标用于广告宣传、展览以及其他商业活动中，用于识别商品来源的行为。该条明确了商标性使用的目的——识别商品来源，但对具体的使用行为进行了开放式列举，未对实践中使用他人商标的各种行为进行准确规制，这导致了实践中同案不同判的现象。笔者认为可以从以下几个角度判断是否属于商标性使用。

（一）使用人使用商标的意图

商标的功能是指示和区别商品或者服务的来源，若使用人未经许可使用他人的商标是为了使消费者混淆商品或者服务的来源，则其使用属于商标性使用，否则不应当认定为商标性使用。例如，本案中，某动画影片公司将"功夫熊猫"作为电影的名称，并在宣传海报上使用"功夫熊猫"字样，一审、二审和再审法院均认为不属于商标性使用。首先，电影名称主要是对电影主题的

一种总结和突出显示，属于对电影内容的描述，而不是为了区分商品的来源而使用，因此不属于商标性使用；其次，《功夫熊猫1》电影由某动画影片公司制作，并且取得广泛的关注，某动画影片公司并不需要借助陕西某娱乐公司对《功夫熊猫2》进行宣传，因此在海报上突出"功夫熊猫"的字样，并不是出于混淆电影来源的目的，不能认定为商标性使用。

（二）使用人的使用方式

使用他人商标时，尤其是所使用的商标为描述性商标的情况下，若使用人未突出使用注册商标，那么不应当认为属于商标性使用，而是描述性使用。例如在东某阿胶股份有限公司与北京某生物技术有限公司商标权权属、侵权纠纷案中，一审法院认为："在使用方式上，姿某堂公司并未突出显示'东阿阿胶'字样，也没有使用与'东阿阿胶'注册商标相同的字体描述其商品产地。使用时，未单独强调'东阿阿胶'四个字，而是同时使用了'熙美阿胶片'，以表明其商品来源，防止混淆的发生。"[1]

（三）注册商标显著性的强弱

《商标法》第11条规定了因缺乏显著性不能注册为商标的情形。实践中，有很多注册商标虽然具有显著性，但因使用了表示商品特征的词汇或者图形等，使得商标的显著性较弱。而他人在相同或者类似商品上使用该商标时，因商标的描述性特征，认定他人的使用为商标性使用时要更加慎重。

（四）使用人有无自己的商标

若商标使用人有自己的商标，并且其在商品或者服务上突出显示了自己的商标，此种情况下，即使使用人未经许可使用了他人的商标，也不应当认定为商标性使用。例如，本案中某动画影片公司宣传时，将其公司的标识"dreamworks"放在了海报显著位置，也进一步表明，其使用"功夫熊猫"字样不属于商标性使用。

三、非商标性使用的行为

按照使用的性质进行分类，可以将非商标性使用分为"描述性使用"和"指示性使用"。商标的"描述性使用"，"是指对本商品的通用名称、图形、型号或者直接表示商品质量、主要原料、功能、用途、数量及其他特点，或者含有地名的使用"。[2]《商标法实施条例》第49条规定了商标描述性使用，使用人在描述商品或者服务时，使用了商标权人的商标，其行为并不是出于使相关

---

① 北京知识产权法院（2015）京知民终字第1196号民事判决书。

② 王莲峰：《商标法学》（第3版），北京大学出版社2019年版，第183页。

公众混淆商品或者服务来源的目的，无攀附商标权人的商誉或者"搭便车"的目的，而是为了描述商品或者服务，不属于侵犯他人商标专用权的行为。若使用人在描述其商品或者服务时，必须要使用注册商标，也可以从反面证明注册商标的显著性较差，在对其进行保护时，保护力度也应当相应地减小。例如，在浙江省某集团股份有限公司诉杭州某茶叶有限公司等公司侵害商标权及不正当竞争纠纷上诉案中，法院认为："正当使用商标标识实质系对他人商标标志中含有的公有领域内的描述性信息的利用，注册商标专用权人无权禁止。本案中，涉案商品为西湖龙井茶，狮子峰是西湖龙井茶的一个重要产地，'狮峰龙井'系西湖龙井茶的一类，代表西湖龙井茶产品的品质。作为地处于西湖龙井茶产区的杭州某茶叶有限公司、杭州某茶叶有限公司河坊分公司，其必须使用'狮峰'字样才足以对其生产、销售的西湖龙井茶产品的特点做出恰当的说明和描述，从而进行正常的商业运作。"①

但是描述性使用也要有一定限度，如果使用人的使用行为超出了合理的限度，那么就不应当认为属于描述性合理使用，即有构成商标性使用的可能性。例如，在漳州市某家化有限公司与漳州某药业股份有限公司申请侵犯注册商标专用权纠纷再审案中，最高人民法院认为："片仔癀是一种药品的名称，如果被控产品中含有片仔癀成分，生产者出于说明或客观描述商品特点的目的，以善意方式在必要的范围内予以标注，不会导致相关公众将其视为商标而导致来源混淆的，可以认定为正当使用"，"漳州市某家化有限公司如果是为了说明其产品中含有片仔癀成分，应当按照商业惯例以适当的方式予以标注，但是本案中，漳州市某家化有限公司却是在其生产、销售商品的包装装潢显著位置突出标明'片仔癀'、'PIEN TZE HUANG'字样，该标识明显大于漳州市某家化有限公司自己的商标及其他标注，并且所采用的字体与漳州某药业股份有限公司的注册商标基本一致。该种使用方式已经超出说明或客观描述商品而正当使用的界限，其主观上难谓善意。"② 最终法院判决被告侵犯原告的商标专用权。

除描述性使用外，"指示性使用"也不属于商标性使用，指示性使用是指"在商业活动中，使用者为了说明有关商品或者服务的真实信息，使用他人商标的行为"。③ 指示性使用与描述性使用相同，都是作为使用人抗辩的理由，但同时也应当注意，指示性使用也不应当超出正当的使用范围，否则也会因为非善意使用和可能造成混淆被认定侵犯商标专用权。

---

① 杭州知识产权法院（2014）浙杭知终字第 203 号民事判决书。
② 最高人民法院（2009）民申字第 1310 号民事裁定书。
③ 王莲峰：《商标法学》（第 3 版），北京大学出版社 2019 年版，第 188 页。

四、商标性使用与混淆可能性的关系

"商标性使用"和"混淆可能性"是造成商标专用权侵权的两个必要条件，对于两者的关系，学界一直争论不断，有的学者认为两者属于并列关系，也有学者认为属于递进关系。商标性使用和混淆可能性之间并无因果关系，即使未进行商标性使用，也同样有可能造成混淆可能性，例如，前述超过正当使用界限的非商标性使用有造成混淆之虞。再者，虽然属于商标性使用，但是无混淆可能性，即没有导致相关公众对商品或服务来源产生错误认识的可能性，也不构成商标侵权。因此，笔者认为两者是并列关系，并无先后顺序，对于判断商标侵权来说缺一不可。司法实务中，侵犯注册商标专用权的案件中，原告（商标权人）的举证责任并不包括被告的使用行为属于"商标性使用"，根据《商标法》第 57 第 1 项、第 2 项的规定，只需要证明被告未经其许可在注册商标核定使用的商品或者服务上使用与其注册商标相同的商标，若被告是在类似商品上使用，或者使用的是近似的商标，则原告还应当证明被告的使用行为具有混淆可能性。而"不属于商标性使用"是被告的抗辩理由，被告可以通过证明其使用行为属于合理的使用行为进行抗辩，由此也可以看出，"商标性使用"和"混淆可能性"相互独立。

五、结论

商标是用于区别商品或者服务来源的标识，商标的价值在于其所代表的良好商誉。商标法保护的是在市场交易中商标背后的商品和服务来源不被混淆，因此擅自使用他人注册商标的行为构成侵权必须满足商标性使用的要件。商标性使用作为判定侵犯商标专用权的要件之一，在司法实践中广为应用，笔者认为可以从使用意图、使用方式、注册商标的显著性以及使用人有无自己的商标这四个角度进行考察，并结合相关公众的一般认知来判断是否属于商标性使用。

实践中，使用他人注册商标的情形错综复杂，有些使用行为虽然并不属于商标性使用，但是也在一定程度上导致了混淆，那么该种行为是否属于侵犯注册商标专用权的行为呢？如前文所述，商标性使用是构成侵犯商标专用权的必备条件，只要不属于商标性使用，即使有混淆可能性，也不应当认为构成商标侵权，此种情况下，笔者认为可以适用《反不正当竞争法》对此类行为进行规制。

商标侵权与不正当竞争行为的认定

——北京某甲股份有限公司诉济南某乙餐饮管理有限责任公司侵害注册商标专用权及不正当竞争纠纷案

/ 李鑫

⊃ 本案要旨

地名属于公共资源，由于缺乏显著性，一般不得作为商标，但可以通过长期使用获得显著性而进行商标注册。以地名为基础注册的商标和企业名称都具有一定的相似性，但只有这种相似使相关公众对商品的来源产生误认或者认为商品的来源之间具有特定联系时才能构成商标侵权。不正当竞争通常会在商标侵权案件中被一并提起，与商标侵权不同，实践中一般依照主客观相统一的原则判定被告的行为是否构成不正当竞争。如果被告在正常的商业活动中并不存在主观过错，客观上也并未导致原告的合法权益受损，就属于合法的经营而不构成不正当竞争。

⊃ 案件信息

上诉人（一审原告）：北京某甲股份有限公司

被上诉人（一审被告）：济南某乙餐饮管理有限责任公司

案号：山东省济南市中级人民法院（2010）济民三初字第 430 号、山东省高级人民法院（2011）鲁民三终字第 144 号

⊃ 原被告主张及理由

原告北京某甲股份有限公司（以下简称北京某甲公司）诉称：济南某乙餐饮管理有限责任公司（以下简称济南某乙公司）在其经营门店、店内用品、户外广告、官方网站均突出、醒目地使用"湘鄂情怀"文字，侵害了原告的"湘鄂情"商标及"湘鄂情"知名服务特有名称权，请求法院判令被告济南某

乙公司立即停止侵害其注册商标专用权及知名服务特有名称权的行为，并停止使用其企业名称，赔偿经济损失及合理费用共计58.346万元。

被告济南某乙公司辩称：（1）被告经过工商登记依法取得企业名称和"湘鄂情怀"字号，该权利应当受到法律保护。（2）"湘鄂情"三字不具备显著性特征，不应当给予其注册商标和知名商品特有名称的保护。（3）被告对企业名称的使用是合理、正当和善意的，既无混淆的故意，也无实际造成混淆的后果。请求驳回原告的诉讼请求。

⊃ 一审法院查明的事实

2004年3月7日，深圳市某丙酒店管理有限公司向国家工商行政管理总局商标局申请了第33××38号图形、文字及字母组合服务商标，核定服务项目为第43类上的餐厅、住所（旅馆、供膳寄宿所）、备办宴席、咖啡馆、饭店、自助餐馆、假日野营服务（住宿）；鸡尾酒会服务、快餐馆、汽车旅馆。注册有效期至2014年3月6日。2009年7月30日注册人变更为原告。国家工商行政管理总局商标局于2006年认定深圳市某丙餐饮投资管理有限公司使用在第43类餐馆服务上的"湘鄂情 X。E。FLAVOUR 及图"注册商标为驰名商标。中国证券监督管理委员会于2009年10月19日发文（证监许可〔2009〕1093号）批复核准原告首次公开发行股票，股票简称湘鄂情。

被告于2005年6月15日获得济南市工商行政管理局关于"济南某乙餐饮管理有限责任公司"的企业名称预先核准通知书，2005年6月29日公司正式核准成立，取得企业法人营业执照，注册资本30万元，经营范围为餐饮企业管理咨询、培训（不含技能和办学）；主食、热菜、凉菜的加工销售、预包装食品的销售。被告济南某乙公司在经营酒店餐饮中，除使用全称外，还在店面、餐卡上使用"湘鄂情怀"四个字，字体大小一致，或一横排，或分二排，每排两字，样式似图章。被告的经营场所中书有"自然纯朴多情客自八方来，酸辣鲜香浓郁味出湘鄂情"内容的对联。目前，被告已在山东境内的济南、青岛、烟台、淄博等地开设多家分店。

⊃ 一审法院判决理由与裁判结果

一、被告在相关经营行为中是否侵害了原告的注册商标专用权

判断是否构成侵害注册商标专用权，除一般侵权判定原则外，要重点考虑以下因素：（1）相关当事人的商品或服务是否属于同一种或者类似商品或服务。（2）注册商标的专用权以核准注册的商标为限。（3）是否存在混淆或者混淆的故意。

1. 具体到本案中，原告的服务商标核定使用类别为餐厅、饭馆等，与被告所经营的酒店属同一类别。

2. 根据相关法律规定，注册商标的专用权以核准注册的商标为限。本案中，原告的商标是一个图形、文字及字母组合服务，文字及字母与圆圈及变形的"湘"字相比较，圆圈及变形的"湘"字是视觉冲击主要因素，具有更强的显著性和区别性，文字及字母是视觉冲击次要因素，显著性和区别性较弱。由上述法律规定并结合原告商标来看，原告的商标专用权应是对其整体体现的商标标识的专用权，而不应过窄地解释为对商标标识中一部分的汉字"湘鄂情"三字的专用权。

此外，原告商标中的组成部分"湘鄂情"三字中，"湘鄂"两字为湖南、湖北地域及行政区划的简称。现实生活中，大量存在以"湘鄂"连写借指湖南、湖北的情况。同时，我国法律规定，县级以上行政区划的地名不得作为商标。该条法律立法的出发点就在于，县级以上行政区划的地名属公共利益，不属私人利益，不应为私人占有专用，同时，地名的公共性及广大地域的覆盖性，也与商标的区别性相冲突。因此，法律对县级以上行政区划的地名作为商标进行了从严限制的规定，而且从社会公平的角度考虑，即使一些使用地名作为构成要素的商标获得了注册，其以商标专用权为由行使禁止权的时候，也应考虑社会公众对相应地名、行政区划及其简称（特别是省级行政区划的简称）的合理使用。故法院认为，原告亦没有对"湘鄂"两字连写的专用权。

3. 被告是否具有侵权的故意或者造成混淆的可能。

（1）从时间角度来看。原告的商标注册于2004年，被认定为驰名商标是在2006年，公司股票上市是在2009年。被告成立于2005年，仅在原告商标注册一年后，由于商标的知名度需要时间进行积累，加之原告未能证明被告工商注册前其商标知名的程度，因此，从时间角度看，原告未能证明被告有"傍名牌"的故意。

（2）从经营地域角度来看。原告在山东境内并无经营店面。而被告仅在山东境内经营，且主要店面在济南，两者的经营地域范围并不重合。

（3）从被告使用企业名称和标识的具体形式来看。被告是以"湘鄂情怀"纯文字的形式使用，或者四个字经书法变体以类似于图章的形式使用，在实际使用过程中，均是四字一起使用，字体大小一致。被告单独使用"湘鄂情怀"是对其现有企业名称的简化使用，特别是图章的形式具有一定的创造性，不管是作为企业名称的简化或是标记性使用，均不存在单独突出使用"湘鄂情"三字的情形，不会造成与原告涉案商标的混淆。

（4）从是否造成混淆来看。关于原告所举造成混淆的证据效力问题，原告所举的网络上关于造成混淆的证据为网络论坛上的不明主体发表的言论，其主体不明，且多为只言片语，真实性无法核实，数量上也不能足以认定为相关大多数消费者的意见，也缺乏应有的证据证明其权威性，故法院对原告的该组证据的效力不予认定。

（5）从是否突出使用"湘鄂情"三字来看。被告的经营场所中有"自然纯朴多情客自八方来，酸辣鲜香浓郁味出湘鄂情"的对联。首先，被告是在对联这一特殊的文学形式中使用"湘鄂情"三字的，并非纯标识性的使用，更多的是通过文学渲染的形式提升经营门面的文化氛围。其次，"湘鄂情"三字作为纯文字或文学表述，具有一般含义和通用含义，作为文学表达和表述方式，公众可以合理使用。最后，如前所述，原告的商标是图形、文字及字母组合商标，而非单纯的"湘鄂情"三字，加之相应的"湘鄂"两字具有的地理含义，法院认为，原告在现有权利状态下，无权禁止被告在对联中使用"湘鄂情"三字。

综合以上分析，考虑原告商标的具体组合形式、"湘鄂"两字连写的特殊地理含义、公共利益、合理使用原则等因素，一审法院认为，被告的相关经营行为并未侵害原告的涉案注册商标专用权。

二、被告是否侵害了原告知名服务的特有名称

首先，被告除在对联中使用了"湘鄂情"三字外，在经营中都是使用全称或"湘鄂情怀"字样及标识，并未使用"湘鄂情"这一名称。其次，原告所举荣誉及称号的主体与原告名称不一致，未能证明众多荣誉的主体与原告的一一对应性。最后，被告并未侵害原告涉案注册商标权。故原告关于被告行为构成对其知名服务的特有名称的侵害的主张，证据不足，法院不予支持。

一审判决驳回了原告的诉讼请求。

➔ 上诉主张及理由

北京某甲公司上诉，请求撤销原审判决，依法改判支持其诉讼请求。

⊃ 二审法院查明的事实

山东省高级人民法院经审理，对一审查明的事实予以认定。另查明：2005年6月29日济南某乙公司成立于济南市市中区英雄山路，于2006年9月成立体育中心餐饮店，2007年5月成立"明湖店"，在北京某甲公司提起本案诉讼前其至少已在济南市区经营多家门店。而且，济南某乙公司在2006年度被评为"济南人喜爱的酒店"及"济南女性消费者钟爱的餐厅"，2007年被评为"山东（特色）餐饮名店""山东十佳餐饮连锁名店"，被中国饭店业协会评为"中华餐饮名店"。

⊃ 二审法院判决理由与裁判结果

一、关于济南某乙公司的有关被控行为是否侵害北京某甲公司的注册商标专用权的问题

1. 被控侵权标识为"湘鄂情怀"文字，没有图形和英文字母，不存在图形、文字、英文字母的构图排列形式，无论被控侵权的"湘鄂情怀"四字分一排还是两排排列，与涉案注册商标整体比对，二者视觉差别明显，按照相关公众一般注意力进行隔离比对，二者整体结构不构成近似。

但是，相关公众在呼叫或者识别某个商标时，习惯上往往依据商标中所包含的文字或者根据商标图形而联想到某个可以文字呼叫的经营主体或者商品名称的简称等来予以认知。因此，涉案注册商标本身所包含的"湘鄂情"文字对于相关公众具有重要识别意义。由于我国相关公众对商标的呼叫和识别习惯均立足于文字，而被控侵权的"湘鄂情怀"四字与注册商标起重要识别作用的"湘鄂情"三字，仅一字之差，且字面含义也无明显不同，按照相关公众的一般注意力进行隔离比对，应当认定被控侵权标识与注册商标的文字部分构成字面近似。但是，这种近似仅仅是标识文字部分在视觉意义上的近似，并非只要存在此类形式近似就属于侵害商标专用权意义上的"商标近似"，还要求该近似达到"易使相关公众对商品的来源产生误认或者认为其来源与原告注册商标的商品有特定的联系"的程度。

2. 从涉案注册商标的显著性、知名度、实际应用情况和济南某乙公司是否有不正当意图等因素进行具体分析。

（1）北京某甲公司注册商标中起重要识别作用的"湘鄂情"文字中"湘""鄂"分别为湖南、湖北两个省级行政区划简称，在全国范围内被普遍知悉。湖南、湖北地域相邻，湘、鄂两字一起使用也为常态，并无显著性。在"湘鄂"两字之后附加"情"字，此类文字使用方式也较为多见，显著性较低，导致整个注册商标固有的显著性不强。

（2）北京某甲公司以涉案注册商标核定的餐饮服务始自深圳，与山东、济南相距较远，后扩张至北京等地，至今仍然没有在山东特别是在济南开展餐饮服务。济南某乙公司的经营场所位于济南或者山东其他地区。由于经营地域的局限，相关公众不可能对二者的餐饮服务产生混淆。北京某甲公司用来证明已经发生实际混淆后果的网络论坛上网络用户的发言，其发言主体没有证据予以核实，真实性无法确认，该组证据不能证明发生了实际混淆后果。特别是济南某乙公司通过多年经营，已经在济南开设了多家门店经营湘、鄂菜系特色的餐饮服务，并在济南获得一系列荣誉称号，还被中国饭店业协会评为"中华餐饮名店"，具有了较高的市场知名度。该公司还进一步把餐饮服务扩张到了山东其他地区，已使"湘鄂情怀"在其经营所在地特别是济南形成了识别其餐饮服务的显著含义，其通过独立经营而积累的正当商业利益应当得到法律的保护。

（3）本案中，没有有效证据证明在2005年6月北京某甲公司以涉案注册商标核定的餐饮服务在济南被相关公众所知悉，济南某乙公司自始没有"傍'湘鄂情'品牌"的故意。北京某甲公司也没有有效证据证明济南某乙公司在其成立至今的后续经营活动中存在不正当意图。济南某乙公司经营以湘菜、鄂菜为主要特色的餐饮服务，其使用"湘鄂"文字来表达服务特色具有合理性。因此，济南某乙公司使用"湘鄂情怀"，主观上没有不正当意图。

（4）济南某乙公司在"自然纯朴多情客自八方来，酸辣鲜香浓郁味出湘鄂情"的对联中使用"湘鄂情"三字并非标识性使用，也未突出使用，该三字在此处使用不产生标识服务来源的作用，不会导致出现"易使相关公众对商品的来源产生误认或者认为其来源与原告注册商标的商品有特定的联系"的后果。

二、关于济南某乙公司的有关被控行为是否构成擅自使用北京某甲公司知名商品特有名称的不正当竞争行为问题

北京某甲公司提交的证据未能证明其餐饮服务为济南、山东的相关公众所知悉，无法认定济南某乙公司在成立之初即有"搭便车"的故意，加之济南某乙公司凭借自身独立经营所积累商业利益的正当性，故法院认为被控行为不属于擅自使用北京某甲公司知名商品特有名称的行为，不构成不正当竞争。

济南某乙公司与北京某甲公司同时在不同地域经营相同类别的餐饮服务，至起诉时已并存长达 5 年多时间。此时北京某甲公司认为对方的经营对其在山东开展商业业务形成阻碍而诉请对方停止有关经营行为，无疑是为了实现令对方退出相关市场、抛弃靠独立经营而历史形成的正当商业利益、为北京某甲公司进入相关市场提供便利的目的，显然违背平等、公平竞争等市场交易的基本原则，不应得到法律的支持。

二审法院依法判决：驳回上诉，维持原判。

➲ 案例解析

本案是关于商标侵权和不正当竞争引发的诉讼，属于常见的商标案件纠纷类型，且原告通常会将商标侵权和不正当竞争一并提起诉讼。一般来讲，构成商标侵权的行为往往会同时构成不正当竞争。为避免重复评价，法院通常在认定商标侵权责任后，不会再对不正当竞争行为作出惩罚。也有在特殊情况下，被告并未将原告的商标作为商标标识使用，此时不会构成商标侵权，只可能构成不正当竞争。对这类合并提起诉讼的案件，需要结合被告的行为分别进行认定。

一、商标侵权的认定标准

商标权人经注册而享有的商标权是一种集合性的权利，包括商标专用权、禁用权、许可权和转让权等。通常来讲，权利行使的范围与禁止侵权的范围应当是一致的，但是商标权不同，由于商标最基础的功能在于指示商品来源，商标上也承载着权利人辛苦积累的商誉，为避免消费者混淆，使商标的识别功能受到影响，进而损害商标权人的合法利益，法律规定的商标专用权的范围要小于禁用权的范围。具体来说就是，商标专用权以核准商标和核定使用的商品为限，而商标禁用权的范围却可以扩大到近似的商标和类似的商品上。[①]《商标法》通过"列举 + 概括"的方式规定了各类商标侵权行为，第 57 条第 2 项将未经许可，在同种或类似商品上使用与注册商标相同或近似商标，容易导致混淆的使用行为认定为商标侵权。因此，判断是否构成侵害注册商标专用权，除一般的侵权判定原则外，还要重点考虑以下因素。

---

① 参见刘维：《我国商标侵权的法律构造研究——以混淆可能性为中心》，载《研究生法学》2010 年第 5 期。

（一）商品或服务类型的类似性

商标禁用权不仅包括与注册商标核定的同种商品或服务，还可以延伸到类似的商品或服务上。类似的商品或服务就是指两商品或服务的某些方面相同，或者虽不相同，但会使相关公众认为二者之间存在某种联系，容易造成混淆。法院在认定商品或服务是否构成类似时，一般会以《商标注册用商品和服务国际分类表》和《类似商品和服务区分表》作为参考。根据《商标注册用商品和服务国际分类表》和《类似商品和服务区分表》对商品或服务类型的认定虽然较为简便，但认定结果并不一定可靠，一是因为随着社会的发展而出现的不同类型商品或服务可能并没有被及时纳入这两类表中；二是由于即使被纳入表中，我们对于类似商品或服务的认定也处于不断的变化之中。因此，除了参考这两类表外，还需要以相关公众当前的视角判断商品或服务之间是否存在关联性，综合认定商品或服务是否类似。如果两商品的功能用途、销售渠道、消费群体存在一定程度上的相似或联系，容易被相关消费者认为两商品是由同一主体生产销售的或生产销售主体之间存在一定程度上的关联关系，如属于关联企业、母子公司、总公司与分公司等，就属于存在关联性，可能构成类似商品或服务。具体到本案中，原告的服务商标核定使用类别为餐厅、饭馆等，与被告所经营的酒店在服务类型上一致，属于同一服务类别。

（二）商标的近似性

同样地，商标权人的商标禁用权也包括商标相同和近似的情况。商标相同较好理解，商标近似则是指两商标的显著性要素或整体外观近似，容易使相关公众发生混淆或认为两商标所指示的商品之间存在特定的联系。[①]商标的近似是不同商标标识在主要显著部分的图形结构、文字内容以及整体上的外观的近似，对商标近似的判断要在隔离状态下将商标的整体与主要显著部分依次进行对比，并以相关消费者的一般注意力的标准进行判定。另外，商标的显著性和知名度等方面也会影响到对商标近似性的认定。[②]因为商标近似性是以相关消费者的视角作为判断基础的，对于普通消费者来说，不同商标由于其本身显著性和使用的时间、范围和规模不同，会在消费者心中留下不同的印象，进而会影响到商标相似性的认定。通常情况下，显著性强、知名度高的商标会给消费者留下更深刻的印象，在消费者与商品之间建立更稳固的联系，为避免消费者在选购商品时产生混淆，这类商标往往会得到更强的保护。

---

① 参见姚鹤徽：《论商标侵权判定的混淆标准——对我国〈商标法〉第57条第2项的解释》，载《法学家》2015年第6期。

② 详见《最高人民法院关于审理商标民事纠纷案件适用法律若干问题的解释》第10条第3项。

本案中，从外观表现来看，原告的注册商标的显著性主要体现在圆圈以及变形的"湘"字这两个部分，其余的"湘鄂情"的文字部分由于包含了地名的简称，属于对通用名称的使用，因而显著性较弱。被告使用的是纯文字标识"湘鄂情怀"，与原告商标文字部分相比较，差别很小，且含义相同，二者文字部分构成一定近似。但是由于原告注册商标的显著性主要体现在图形部分，而被告标识并不含有相应部分，从整体对比来看，二者视觉差异较为明显，两商标的外观并不近似，且由于差别较为明显，消费者也不会认为二者所指示的服务之间存在某种联系，因此两个标识并不构成近似。

（三）混淆可能性

混淆可能性在商标侵权判定中具有核心的地位，因为商标最基础且最重要的功能就是识别商品来源，如果相关公众将来源不同的商品或服务误认为具有同一来源，或误认为二者来源之间存在某种关联关系，注册商标就会因为混淆而无法发挥自身作用，从而影响到商标权人的商誉和消费者的合法权益。是否存在混淆可能性可以从商标标识本身和使用行为等方面进行判断，如商标本身的近似就可能使消费者难以进行区分而导致其混淆，商标使用人通过放大、突出表现的方式使用他人注册的通用名称、地名等文字商标的也可能使消费者产生混淆。

除此之外，商标的显著性、商标的独创性、消费者的范围等因素也会对混淆可能性的认定产生影响。[①] 一般来说，商标的显著性和独创性越强，就更容易使消费者产生深刻的印象，在后注册或使用的近似商标就会很难避开在前商标的影响，反而更可能造成消费者的混淆，并构成侵权；如果商标的显著性和独创性越弱，为保护其他主体对社会公共资源的正当使用，法院往往会默认商标权人负有一定的容忍义务，除非有明确的证据证明他人使用的近似商标会导致消费者的混淆，法院才可能将他人的商标使用行为认定为商标侵权。另外，如果双方的商标在长期的使用过程中，已经在市场上分别形成了比较稳定的消费者群体，此时商标的共存也不会造成消费者的混淆。当然，并非每个案件都具有上述全部因素，在个案的认定中，我们还是应当从具体案情出发，并结合可能涉及的因素综合判断他人的商标使用行为是否具有混淆可能性。

本案中，被告的"湘鄂情怀"文字标识是对其企业名称的简化使用，与原告的注册商标并不近似。且被告在实际使用过程中，均是四个字一同使用，

---

① 参见董新中：《"混淆可能性"：商标侵权判断之标准》，载《太原师范学院学报（社会科学版）》2012年第5期。

字体大小一致，无论是作为企业名称的简化还是标记性使用，均不存在单独突出使用"湘鄂情"三个字的情形，不会造成混淆。在原告的注册商标"湘鄂情"的文字部分中，"湘""鄂"分别是湖南、湖北两省的简称，属于地理名称，是社会公共资源的一部分，并不具备显著性，商标权人不得侵占。即使在"湘鄂"两字之后附加"情"字，也属于惯常的文字使用方式，显著性依然较弱。因此对于显著性不高的商标，商标权人一般要具有较高的容忍限度，法院在认定是否造成消费者混淆时也会更加谨慎。

本案原告提供的证明发生实际混淆的证据属于网络论坛上网络用户的发言，不仅主体不明，真实性无法核实，且数量上也达不到商标法要求的相当一部分公众的混淆，因此不能证明已经实际上发生了混淆的后果。且原被告的经营地域不同，受该因素的限制，相关公众实际上也并不可能对二者的餐饮服务产生混淆。因此，考虑上述因素后可以得出，虽然两商标应用于同一服务类别，但是商标本身并不近似，且被告在诉争标识的实际使用过程中，并未突出使用原告注册商标，不具备混淆可能性，因此并不构成商标侵权。

二、与商标有关的不正当竞争行为的认定

不正当竞争行为是经营者在市场经济活动中，通过违反市场秩序，违背诚实信用原则和公认的商业道德，牟取不正当利益的行为。① 在商标类案件中，也会存在一定的不正当竞争行为，例如将他人注册商标或未注册的有一定影响力的商标作为企业的名称字号使用，或将他人商标作为商圈或住宅小区的名称使用等。消费者一般是通过商品上对应的商标和企业的名称字号识别商品的，但是商标上对应的文字名称和企业字号可能并不一致，部分经营者就借此漏洞通过申请注册相同或近似的字号名称，使消费者误认为商标与企业字号同属一个来源或存在关联关系，以此扩大商品销量，获得更多利益。这类不正当竞争行为并未在商标法的意义上使用他人商标，而是通过"傍名牌"的方式恶意攀附商标权人在商标名称上多年积累的声誉，利用他人商标的知名度获利。

与商标有关的不正当竞争行为与一般侵权行为的认定条件类似，也强调主客观相统一。笔者认为，可以从以下方面认定行为人的行为是否构成不正当竞争：首先，不正当竞争行为的实施主体是在市场环境中从事生产经营活动的经营者。其次，该经营者的经营行为不具有正当性，违背了诚实信用原则，且不符合商业惯例，使得商标权人的正当利益受损，如贴附该商标的商品销量大

---

① 参见张占江：《不正当竞争行为的认定的逻辑与标准》，载《电子知识产权》2013年第11期。

幅下滑，企业声誉受损等。最后，被诉主体具有一定的主观过错，如明知或应知他人商标名称依然将其注册为企业名称。

具体到本案中，被告作为从事餐饮服务的法人，是参与市场经济活动的主体。被告在经营过程中使用的商标标识均为"湘鄂情怀"而非原告的注册商标"湘鄂情"，两种商标标识并不构成近似。在对联中对于"湘鄂情"的引用也属于纯文字表述，并不构成商标法意义上的使用行为，因此并不存在通过"搭便车"牟取不正当利益的行为。虽然原告的注册商标在被告成立一年后被认定为驰名商标，但原告并未在山东特别是在济南开展过餐饮服务，不能证明其注册商标所核定的餐饮服务在济南及其他山东地区为相关公众所知悉和了解。而被告的经营地域集中在济南及其他山东地区，并通过多年的经营，在经营地域内获得了一系列荣誉称号，使其商业字号"湘鄂情怀"具有了较高的市场知名度。原告无法证明被告有"傍名牌"的故意，并获取了不正当收益，在这种情况下，被告通过独立经营所形成的正当商业利益应当受到法律的保护，被告的正常商业行为并不构成不正当竞争。

三、结论

在商标侵权的认定中，除了一般的侵权判断原则之外，我们还需要考虑当事人的商品或服务的类别，商标的近似性以及是否存在混淆可能性或混淆故意等因素，其中对于混淆可能性的认定是案件的重点和难点。对于是否存在混淆可能性可以通过当事人的商标标识和使用行为判断，并结合商标的显著性、独创性和商标对应的消费者群体等因素综合认定。本案中，由于原告的注册商标的显著性不高，且商标中含有我国行政区划的简称，因此并不能阻止被告对于相应文字表述的正当使用。被告主观上并不存在混淆的故意，对于自身商标的使用行为也不会引起相关公众的混淆，因此并不构成商标侵权。

不正当竞争通常会在商标侵权案件中被一并提起，不正当竞争的认定遵循主客观相统一的原则，本案中的被告并不存在"傍名牌"的故意或其他过错，并且通过多年经营取得了较高的市场知名度，原告并不能证明其存在牟取不正当利益的行为和事实，因此被告的经营活动也不构成不正当竞争。

地理标志的符号意义回归与保护边界

——湘阴县樟树镇辣椒产业协会诉湖南某餐饮管理有限公司侵害商标权纠纷案

/ 胡梦云

➲ 本案要旨

地理标志是标示某商品来源于某地区，该商品的特定质量、信誉或者其他特征主要由该地区的自然因素或者人文因素所决定的标志。地理标志产品深受消费者喜爱，也是助力精准扶贫和乡村振兴的有力引擎。地理标志一般是将产地和产品名称组合而成，将从该地域购买的产品再次进行销售，在交易场所或是产品上使用相关文字是否构成对地理标志商标的侵权还需要考虑地理标志本身的符号功能，将符号语义与地理标志文字中蕴含的语用功能区分开来进行判断。由于地理标志商标标志产品的质量、声誉或其他确定的特性主要决定于其原产地，普通商标是将他人的商品区别于自己商品的标志，针对二者的保护也应进行区分。

➲ 案件信息

上诉人（一审原告）：湘阴县樟树镇辣椒产业协会

被上诉人（一审被告）：湖南某饮管理有限公司

案号：湖南省长沙市岳麓区人民法院（2021）湘 0104 民初 7979 号、湖南省长沙市中级人民法院（2021）湘 01 民终 12694 号

➲ 原被告主张及理由

原告诉称：原告是第 110××297 号""地理标志证明商标的商标权利人，核定使用商品为第 31 类的辣椒（植物），该注册商标专用权期限自

2013年1月21日至2023年1月20日。被告的饭店于樟树港辣椒的休市期内，以非樟树港辣椒假冒樟树港辣椒销售（菜品名：樟树港辣椒），销售价格高、销量大。被告的行为侵犯了原告对第110××297号注册商标专用权，依法应停止侵权并承担赔偿责任。请求判令被告餐饮公司：（1）立即停止销售侵犯原告享有的第110××297号注册商标专用权的商品；（2）赔偿原告经济损失20 000元；（3）承担原告维权合理费用（公证费800元、取证费150元）共计950元；（4）承担本案诉讼费。

被告辩称：（1）原告起诉被告销售价格高，销量大与事实不符，被告开店至今从未将樟树港辣椒写入菜单。（2）被告已提供合法来源，依法不应承担责任。（3）被告作为普通消费者无法得知樟树港辣椒的休市期，更无法分辨市场上正常销售的樟树港辣椒的真假。（4）被告在销售完3月1日的库存后早已停止销售。

➔ 一审法院查明的事实

原告湘阴县樟树镇辣椒产业协会系第110××297号"⊙"地理标志证明商标的注册人，该商标核定使用商品为第31类中的辣椒（植物），注册有效期为自2013年1月21日至2023年1月20日止，该商标处于有效期内。

原告自2013年1月至2021年3月期间通过《科技新报》《湖南日报》《南方农村报》《三湘都市报》《证券时报》《潇湘晨报》《岳阳日报》等多家报刊对"樟树港辣椒"商标进行宣传。原告的"樟树港辣椒"商标享有一定的市场知名度和客户美誉度，具有较高的品牌价值。

2019年3月25日，原告湘阴县樟树镇辣椒产业协会出具《声明》，称湖南省湘阴县樟树镇生产季节通常为每年的4月至10月，除此之外，在国家地理标志证明商标产品"樟树港辣椒"生产周期外的协会一律认定其为假冒产品。

2021年4月19日，原告湘阴县樟树镇辣椒产业协会出具《声明》，载明："本协会特此声明如下：1.2020年12月15至2021年4月20日为樟树港辣椒休市期，市面中凡是生产销售的'樟树港辣椒'均为假冒产品。2.2021年4月20日，市面中凡是销售的'樟树港辣椒'若未同时在产品包装上使用樟树镇农业服务中心的防伪溯源标签和湘阴县樟树镇辣椒产业协会的防伪标签的，均为假冒产品。"

被告湖南某饮管理有限公司（以下简称某餐饮公司）法定代表人高某，

注册日期为 2018 年 4 月 18 日，经营场所为长沙市某街道。经营范围为中餐服务；连锁企业管理；小吃服务；西餐服务；预包装食品、国产酒类、进口酒类的零售。

被告销售的菜品原料来源于某生鲜市场，购买樟树港辣椒 4.4 斤，作为临时菜推出。被告在出具的电脑小票上使用了"樟树港辣椒"字样。

⊃ 一审法院判决理由与裁判结果

一、被告的行为构成商标侵权

原告湘阴县樟树镇辣椒产业协会系第 110××297 号地理标志证明商标的注册人，该商标处于有效期内，原告对该地理标志证明商标享有的商标专用权应受法律保护。《商标法》第 3 条第 3 款规定："本法所称证明商标，是指由对某种商品或者服务具有监督能力的组织所控制，而由该组织以外的单位或者个人使用于其商品或者服务，用以证明该商品或者服务的原产地、原料、制造方法、质量或者其他特定品质的标志"。该法第 16 条第 2 款规定："前款所称地理标志，是指标示某商品来源于某地区，该商品的特定质量、信誉或者其他特征，主要由该地区的自然因素或者人文因素所决定的标志。"地理标志证明商标的识别性指向为商品的地理来源和特定品质，判定是否构成侵犯地理标志证明商标专用权，应以被诉侵权行为是否容易导致相关公众对商品的原产地等特定品质产生误认作为判断标准。该法第 48 条规定："本法所称商标的使用，是指将商标用于商品、商品包装或者容器以及商品交易文书上，或者将商标用于广告宣传、展览以及其他商业活动中，用于识别商品来源的行为。"因此，商标的主要作用在于通过商标标识来识别商品的来源，通过商标来指代具体商品（或商品品质），最终达到推销商品的目的。

原告对"樟树港辣椒"作为地理标志证明进行商标注册，依法享有注册商标专用权。被告在出具的电脑小票上使用"樟树港辣椒"字样，明确地向消费者指明菜品原料的原产地和品质，被告需证明该菜品所使用的辣椒原料符合使用该地理标志的条件。被告使用"樟树港辣椒"字样的菜名对外销售，容易导致相关公众对该菜品原料的原产地等特定品质产生误认，误以为被告销售的辣椒就是来源于湖南省湘阴县樟树镇，误以为该辣椒具有"樟树港辣椒"的特定品质和独特口感。被告不能证明其销售的辣椒符合使用该地理标志的条件。原告提出被告的行为已构成商标侵权，本院依法予以确认。原告提出要求被告立即停止销售侵犯原告湘阴县樟树镇辣椒产业协会第 110××297 号注册商标专用权的诉讼请求，本院依法予以支持。

二、被告不需要承担民事责任

关于被告是否符合不承担赔偿责任的条件。《商标法》第 64 条第 2 款规定，销售不知道是侵犯注册商标专用权的商品，能证明该商品是自己合法取得并说明提供者的，不承担赔偿责任。根据《商标法实施条例》第 79 条规定，"合法取得的情形"包括：（1）有供货单位合法签章的供货清单和货款收据且经查证属实或者供货单位认可的；（2）有供销双方签订的进货合同且经查证已真实履行的；（3）有合法进货发票且发票记载事项与涉案商品对应的；（4）其他能够证明合法取得涉案商品的情形。被告提供了明确的供货商的供货单，能够达到证明目的。被告以销售不知道是侵犯注册商标专用权的商品为由提出不同意承担赔偿责任的辩论意见，本院依法予以采纳。

一审法院作出如下判决：一、被告某餐饮公司立即停止销售侵犯原告湘阴县樟树镇辣椒产业协会的第 110××297 号注册商标专用权的商品；二、驳回原告湘阴县樟树镇辣椒产业协会的其他诉讼请求。

⊃ 上诉主张及理由

湘阴县樟树镇辣椒产业协会上诉称：一审判决认定事实不清、证据不足，不宜认定被上诉人销售的侵权产品具备合法来源。成立合法来源抗辩需满足以下几个条件：主观方面为"不知道"或"不应知道"，客观方面为取得渠道合法且能够说明供应商。从主观方面来说，樟树港辣椒的售价在每斤 88 元至 288 元不等，而被诉侵权产品的松花蛋上显示樟树港辣椒的单价为 12 元 / 斤，价格远远低于樟树港辣椒的零售价格，被上诉人作为餐饮业经营者，在了解樟树港辣椒的前提下，可以推断被上诉人明知该辣椒并非樟树港辣椒。从客观方面来说，被上诉人的证据不能证明其来源合法且提供了明确的供货商。即便被上诉人成立合法来源抗辩，也应承担上诉人因维权产生的合理费用。

被上诉人某餐饮公司辩称：首先，湘阴县樟树镇辣椒产业协会主张我方侵权，但没有提供任何的鉴定报告或鉴定意见，证明某餐饮公司销售的是侵权商品，只有一个休市的声明，但 2019 年发出的休市声明效力难以溯及 2021 年。樟树港地区广，存在农户自己销售的情况，一般消费者难以获得，在拼多多、淘宝等平台上有樟树港辣椒销售，价格一般在每斤 15 元至 28 元不等，被上诉人不知销售的商品为假。某餐饮公司规模较小，且开在居民区，履行了应尽的注意义务，主观上无过错，为不知情地销售侵权商品。价格方面，上诉人主张的零售价为每斤 88 元至 108 元不等，但未提供证据证明，被上诉人从拼多多、淘宝等平台统计价格为每斤 15 元至 28 元，何来被上诉人购买价格远低于同类商品的正常价格？一般本地螺丝辣椒价格为每斤 5 元至 7 元，被上诉人购买销售价格为 12 元，近乎一般辣椒价格的两倍。被上诉人已经完成了自己的注意义务。且不知情为消极事实，被上诉人无法证明该消极事实。被上诉人二审期间已补充提交相关证据证明其合法来源渠道，形成了完整的证据链，构成合法来源抗辩。上诉人主张的公证费没有转账记录，也并非正常维权费用。其次，150 元到店消费超过我方菜品价格，是消费者的正常消费行为而不是维权费用。

➔ 二审法院查明的事实

二审法院经审理查明：樟树港辣椒的零售价在每斤 88 元至 108 元不等。在 2020 年 11 月 1 日发行的《潇湘晨报》中有文章《湖南辣椒江湖，有个高颜值的"本地军团"》中提到"每年 4 月，湘阴樟树港辣椒上市，曾卖出近 300 元一斤的'天价'立马成为大家热议的话题"；在 2020 年 5 月 23 日发行的《南方农村报》中有文章《樟树港辣椒上市售价 298 元 / 斤》中提到"樟树港辣椒上市初期价格高达 298 元 / 斤，且一椒难求，未来上市量增多后价格仍超过 100 元 / 斤，比普通青辣椒贵十几倍"；在 2020 年 4 月 29 日发行的《潇湘晨报》中有文章《舌尖上的辣味，300 块钱一斤正宗樟树港辣椒开卖，湘阴县县长带货；正品均可扫二维码认证》中提到"樟树港鲜椒上市时间一般是每年五一前后，售价每斤 300 元左右，全年均价每斤 30 至 40 元"。

二审查明的其余事实与一审认定的事实一致。

➔ 二审法院判决理由与裁判结果

一、被上诉人主张的合法来源抗辩不成立

被上诉人某餐饮公司在其菜单及电脑小票上标识"樟树港辣椒"字样，有明确地利用上诉人商标证明其原料品质及声誉的目的，其理应对于"樟树港辣椒"商标有较深的认识，理应对其进货的来源有较强的注意义务。本案中，被上诉人某餐饮公司虽能证明其原材料的来源，但其购进"樟树港辣椒"的价格仅为 12 元每斤，明显低于市场的正常售价，难以证明被上诉人不知道涉案进货原料为非侵权商品，故本院对被上诉人某餐饮公司的合法来源抗辩不予支持。

二、合法来源抗辩不成立，被上诉人应承担赔偿责任

关于被上诉人某餐饮公司应承担的赔偿责任。本院认为，现有证据不足以证明侵权人的侵权获利及权利人因侵权所受损失，因此，本院依法适用法定赔偿。本院综合考虑到湘阴县樟树镇辣椒产业协会商标的知名度较高、某餐饮公司的侵权行为性质及情节、某餐饮公司的营业范围及规模，且考虑到湘阴县樟树镇辣椒产业协会因维权而产生的取证、公证及委托律师等因素，本院酌情确定某餐饮公司赔偿湘阴县樟树镇辣椒产业协会经济损失及合理开支共计1万元。

二审法院判决：一、维持湖南省长沙市岳麓区人民法院（2021）湘0104民初7979号民事判决第一项；二、撤销湖南省长沙市岳麓区人民法院（2021）湘0104民初7979号民事判决第二项；三、某餐饮公司于本判决生效之日起10日内向湘阴县樟树镇辣椒产业协会支付经济损失及维权的合理开支10 000元；四、驳回湘阴县樟树镇辣椒产业协会其他诉讼请求。

⊃ 案例解析

本案表面是对合法来源抗辩中经营者的注意义务明晰，实质上映射出地理标志保护与普通商标保护混同、地理标志保护中的公有领域问题。如何区别公有领域使用与地理标志使用？以下将从符号学的角度考虑地理标志本身的符号功能，将符号功能与地理标志文字中蕴含的文义功能区分开来进行论证，为地理标志保护提供建议。

一、符号学理论概述

商标是一种符号，而符号学是专门研究符号现象的。用符号学方法来分析商标非常有意义。[①] 当前符号学两大源流是瑞士语言学家索绪尔和美国哲学家皮尔士的理论，这两种符号学对符号的认识是不同的。索绪尔认为，符号是由"能指"与"所指"所组成的二元实体，能指是指可以被感知的形式，所指则由上述可感知的形式所代表的特定心理概念构成。[②] 具体到本案中，"能指"是第110××297号""商标注册图样，"所指"是樟树港辣椒因樟树镇的自然因素所决定的其独特的口感。皮尔士的符号模式则是三元组合，由"符

[①] 参见王太平：《商标概念的符号学分析——兼论商标权和商标侵权的实质》，载《湘潭大学学报（哲学社会科学版）》2007年第3期。

[②] 参见彭学龙：《商标法基本范畴的符号学分析》，载《法学研究》2007年第1期。

号""解释项"和"对象客体"组成。① 皮尔士的"符号"相当于索绪尔的"能指";"解释项"相当于"所指";"对象客体"就是客观物质世界中的物体对象或精神世界中的心理实体，② 具体到本案中是指实际的产品，也就是樟树港辣椒。至于商标领域究竟采取二元说还是三元说学者有不同观点。以王太平教授为代表的学者支持二元说，认为商标的标志（皮尔士的"符号"）就是索绪尔的"能指"，而已经融合了的商品中的信息（皮尔士的"解释项"）和所识别的具体商品或服务或者具体的生产商或服务商（皮尔士的"对象客体"）则共同构成了索绪尔的"所指"。③ 以彭学龙教授为代表的学者支持三元说，但他们也指出随着商标结构的二元化，索绪尔的学说将会有更大的适用空间。④ 另外，还有学者认为索绪尔和皮尔士的符号学说是同一件事情的不同表述，理论上并不存在矛盾之处，任何符号都是二元或三元关系。⑤ 结合以上学者观点，本文认为应从商标的构成要素来判断适用何种学说。商标是由商标图样及其所代表的商品的特定品质和商誉构成，也就是"能指"与"所指"，至于其所应用的具体产品或服务则是应用场景，则是商标使用的载体，商标没有具体使用在产品或服务上并不会影响其本身的构成。也即在商标领域应采用二元学说，下文将从符号二元学说的角度剖析地理标志与普通商标的混淆、地理标志公有领域问题。

二、地理标志与普通商标之混淆

地理标志与普通商标混淆的实质是仅聚焦于"能指"层面，忽略"所指"内涵导致的。地理标志在我国的法律体系中包含三个方面内容：地理标志商标、地理标志产品、农产品地理标志，其中地理标志产品、农产品地理标志有专门的标识，二者分别通过《地理标志产品保护规定》⑥、《农产品质量安全

---

① 参见卢德平：《皮尔士符号学说再评价》，载《北方论丛》2002 年第 4 期。

② 参见彭学龙：《商标法基本范畴的符号学分析》，载《法学研究》2007 年第 1 期。

③ 参见王太平：《商标概念的符号学分析——兼论商标权和商标侵权的实质》，载《湘潭大学学报（哲学社会科学版）》2007 年第 3 期。

④ 参见彭学龙：《商标法基本范畴的符号学分析》，载《法学研究》2007 年第 1 期。

⑤ 参见陈宗明、黄华新主编：《符号学导论》，河南人民出版社 2004 版，第 4 页。

⑥ 《地理标志产品保护规定》第 21 条规定："各地质检机构依法对地理标志保护产品实施保护。对于擅自使用或伪造地理标志名称及专用标志的；不符合地理标志产品标准和管理规范要求而使用该地理标志产品的名称的；或者使用与专用标志相近、易产生误解的名称或标识及可能误导消费者的文字或图案标志，使消费者将该产品误认为地理标志保护产品的行为，质量技术监督部门和出入境检验检疫部门将依法进行查处。社会团体、企业和个人可监督、举报。"

法》① 进行保护，实践中混淆较少。地理标志与普通商标的混淆主要体现在地理标志商标与普通商标的混淆上。

根据《商标法》规定，商标是将自然人、法人或者非法人组织的商品与他人的商品区别开的标志。地理标志是指指示某商品来源于某地区，该商品的特定质量、信誉或者其他特征，主要由该地区的自然因素或者人文因素所决定的标志。仅从概念的外延和内涵上就可以看出两者之间并非完全等同。

地理标志与普通商标的混淆有多个原因。从商标本征来看，二者均是需要向相同的国家机构申请权利经核准注册后才享有专有权利，在表征上均是"地名"+"商品名"的形式，使用情景也是将商标图样使用在具体的产品上，并没有其他标识进行区分，另外本身文字代表的语义的相同，使用的语境也相同，普通消费者根本无法区分二者。从具体使用场景来看，使用者没有将二者进行区分的意识，使用者更注重商标能够使用，另外主流媒体在宣传时也没有进行区分。"逍遥镇胡辣汤""潼关肉夹馍"和"库尔勒香梨"等案件将人们的目光聚焦于地理标志商标与公有领域保护边界，但实际上逍遥镇胡辣汤协会注册的"逍遥镇"商标是普通商标，这一事实鲜少有人指出。从消费者视角看，随着消费者知识产权意识和对生活品质要求的提高，其更愿意购买含地理标志的产品，享受特有的品质，而地理标志"地名"+"商品名称"的表征形式给消费者只要是这种表征形式的都是地理标志商标的错觉。以上种种原因，用符号学说可以得到很好的解释。使用者和消费者对地理标志商标的认识仅仅在"能指"层面，忽略"所指"内涵，也就是该标志所代表的基于特定地理条件和人文条件产生的特定品质。或者说，相关公众赋予普通商标以地理标志"所指"内涵，对"能指"与"所指"外延内涵的混淆是导致地理标志与普通商标混淆的根本原因。

基于对地理标志商标与普通商标"能指"与"所指"内涵的理解，地理标志商标与普通商标的区别在于以下几个方面：首先，"所指"不同：地理标志商标"所指"还蕴含"来源于某地区，产品特性是由该地区自然因素或者人文因素所决定的"的语义。其次，保护要件不同：地理标志商标适用以"误导公众"为前提要件，普通商标适用以"公众混淆"为前提要件；最后，公权力干预不同：商标集体商标和证明商标受到公权力较多监管，而作为集体商标和证明商标注册的地理标志，则会受到公权力更进一步的监管，具有公权力属

---

① 《农产品地理标志管理办法》第 23 条规定："违反本办法规定的，由县级以上人民政府农业行政主管部门依照《中华人民共和国农产品质量安全法》有关规定处罚。"

性。^① 基于以上区别，将二者进行混淆保护，无法真正地保护地理标志商标，使其处于弱保护的状态。另外其"所指"内涵也没有充分发挥作用。在符号"能指"和"所指"中，"所指"是符号的灵魂，没有所指就没有符号。^② 必须在使用时就将二者进行区分，在保护时采取不同的保护标准，充分保护地理标志。

三、地理标志与普通词语之混淆

依据符号学理论，地理标志与普通词语之混淆是二者语义相同而语用不同导致的。根据符号学的研究，符号的意义可以从两方面理解。一是语义学上的"意义"，即符号本身所固有的、本质的概念意义或词典意义，这是抽象的、稳定的。二是语用学上的"意义"，即符号的具体使用者在一定语境中的语言行为所决定的语境意义，语用意义是交际中的实际意义，是具体的、动态的。^③ 地理标志与普通词语的混淆需要从语用与语义两方面进行认识。地理标志与普通词语的混淆之因是二者语义相同而语用不同。相关研究表明，多义词在任何语言中都比单义词多，^④ 商标语用意义也是多重的，它以语义意义为基础，在很大程度上是语义意义的依附。^⑤ 就地理标志的语义意义来说，"地名"与"商品名称"原本就是社会生活中原有的符号，属于公有领域，是社会公众进行社会交流和日常生活所必需的，其不能被垄断使用。地理标志的语用意义是指其在这些生活中原有的符号的普通意义的基础上增加了指代来自特定区域具有特定品质的特定商品的商标意义。^⑥ 具体到本案中，"樟树港辣椒"语义意义是"产自樟树镇区域的辣椒"，其语用意义是"基于樟树镇独特的地理环境，辣椒产生的独特风味"。本案中，被告仅在电脑小票上使用"樟树港辣椒"字样是对公有领域的合理使用，还是侵犯原告地理标志商标专用权，需要从语用的角度进行分析。从被告的使用意图来看，其使用"樟树港辣椒"文字是想指示该产品来自樟树镇，基于该地的特殊地理环境，辣椒有独特的口感。即被告使用了"樟树港辣椒"的语用信息，并不是简单地使用该辣椒来自樟树

---

① 郭小军：《我国地理标志保护现状及展望——从"潼关肉夹馍"等涉及地理名称商标维权谈起》，载《中华商标》2022年第3期。

② 参见卢德平：《皮尔士符号学说再评价》，载《北方论丛》2002年第4期。

③ 参见石小娟：《认知语境与语义理解》，载《外语研究》2002年第2期。

④ 参见沈阳主编：《语言学常识十五讲》，北京大学出版社2005年版，第225页。

⑤ 参见王太平：《商标符号利益的法律分配：商标法构造与操作的符号学解释》，载《法学杂志》2021年第6期。

⑥ 王太平：《商标符号利益的法律分配：商标法构造与操作的符号学解释》，载《法学杂志》2021年第6期。

镇的语义信息。如果被告在经营场所使用"产自樟树港的辣椒"是否构成商标侵权？由于商标权人之外的其他主体对商标符号的商标意义同样具有相当的利益，商标符号的商标意义并非完全由商标所有人控制，商标法也并没有完全禁止商标权人之外的其他主体对商标符号的商标意义加以利用。①《商标法》第59条明确规定注册商标含有地名的无权禁止他人正当使用。司法实践中，若被诉侵权商品实际产地符合地理标志所指向区域，则推定被告构成正当使用。也就是说，如果是对地理标志符号正常语义的使用不构成侵权，对于上述情形的使用是一种合理使用，其使用的就是符号原有的语义信息。在"潼关肉夹馍案"中，大多数被告使用的也是其语义信息，即大部分被告对于涉案标识的使用仅为对生产销售商品的语义使用，表示其属于潼关制作工艺的肉夹馍，是对商标符号本身语义意义的使用，不是对语用的使用，并没有指向潼关肉夹馍协会。但是，潼关肉夹馍协会在维权时混淆语义与语用，导致了对权利的滥用。

地理标志符号意义的多重性和普通词语的公共性意味着如果不能把地理标志的语用意义独立出来进行区分，就必然导致地理标志符号的语用意义与普通词语的语义纠缠不清，最终结果可能是权利人对权利进行滥用，或者是普通语义对地理标志语用的侵蚀。所以必须厘清地理标志与普通词语的边界。

四、使用特定标志区分地理标志语义与语用信息

使用特定标志区分地理标志语义与语用信息，可以有效解决地理名称使用的地理标志符号意义和本身名称语义意义的混淆。地理标志的语用信息是由特殊的地理和人文环境所决定的，在形式上似乎能够很好地与其本身语义进行区分。但是，当地理标志符号使用在具体产品或场景中时，语义与语用信息大概率是重叠的，很难进行区分。或是使用主体仅有使用语义的主观目的，但客观使用表征呈现出语用的使用，这给消费者区分带来难度，也导致地理标志与公有领域界限不清。本案中被告电脑小票上使用"樟树港辣椒"字样，如果不清楚其使用意图，就很难区分是语义使用还是语用使用，毕竟根据其所提供的证据，其在进货时销售商明确表示这是樟树港辣椒，包括后续再次取证，销售商也斩钉截铁地说这就是樟树港辣椒，被告抗辩这是对语义的使用也不无道理。

针对以上现象，本文建议可以有两种方案区分地理标志语义与语用信息：使用特定符号标志区分地理标志与普通商标。前文指出，地理标志产品与农产

---

① 王太平：《商标符号利益的法律分配：商标法构造与操作的符号学解释》，载《法学杂志》2021年第6期。

品地理标志由于有特定的标识，很少出现与公有领域符号混淆的现象，其特殊标识是明确指向语用信息的，不易造成误认。作为地理标志其中一部分的地理标志商标也可以借鉴该方式，也即地理标志商标新设立一种注册标记例如"D"或"地"来表明其是地理标志商标。或者是采取"地理标志专用标识＋本身标识"的形式。通过这两种方式明确表明符号指向语用信息，防止因为语义语用重叠导致的混淆，进一步降低地理标志与普通商标混淆可能性。消费者也能够更加直观地区分地理标志商标与普通商标，从而选择指向基于特定地理和人文环境具有特殊品质的产品。具体到本案中，若经过长期宣传，消费者明确知悉在"樟树港辣椒"符号上标有"D"或"地"，或者是地理标志专用标识才是真正的地理标志产品，其是否还会为仅有文字符号的产品埋单？经营者若要"搭便车"便必须使用特殊标识，但特殊标识明确表明使用地理标志的语用信息，其无法主张是对公有领域符号的使用。

五、结论

地理标志因其"地名"＋"商品名称"的组合易与公有领域普通词语混淆，地理标志商标因其注册程序、商标图样、使用形式、使用语境等与普通商标相同，也存在混淆问题。针对上述问题，建议从符号学的角度对地理标志进行理解，区分语用信息与语义信息，实质上上述混淆就是没有将地理标志的语用信息与语义信息进行区分导致的。地理标志的语用信息指向其基于特殊地理环境与人文环境产生的商品的特殊品质，这是经其原本语义发展使用后产生的新的指向意义。在侵权判断中，除根据其语义进行判断还要重点分析语用信息。由于地理标志在实际使用时往往出现语义与语用重叠现象，消费者难以区分其语用信息获知其是地理标志，建议使用特定标志区分，在地理标志上标注"D"或"地"，或者是"地理标志专用标识＋本身标识"的形式，突出其语用意义，便于消费者识别地理标志。总之，对地理标志的理解不能脱离符号学，否则仅从符号表征意义去理解，难以平衡地理标志保护与公共利益保护。

地标性名称的商标法保护研究

——某粮公司等与北京某科技公司商标侵权纠纷案

/ 陈春鑫

⊃ 本案要旨

地标性名称类商标与地名商标之间存在一定的联系和区别。涉及楼盘的地名性商标的知名度源于商业化运作，虽然该地标性名称经过行政登记，却不能否认该标志凝聚的商业价值主要源于市场主体的诚信经营，社会公众难以将其作为公共资源加以利用。诉争商标即便经过了楼盘名称备案及地名的审批，但这属于政府部门项目监管和行政管理的范畴，不应作为合理使用地名的判断依据。

⊃ 案件信息

申请人（一审原告、二审被上诉人）：某粮公司、某大悦城公司

被申请人（一审被告、二审上诉人）：某建发集团、某商业公司

案号：北京市朝阳区人民法院（2018）京0105民初21090号、北京知识产权法院（2019）京73民终3411号、北京市高级人民法院（2022）京民再14号

⊃ 原被告主张及理由

原告某粮公司主张：其系第63×××86号"大悦城"商标及第72×××17号"大悦城"商标的注册人，依法享有该两枚商标的专用权。2017年6月13日，某粮公司将前述两枚商标转让给某大悦城公司。自2014年起，某建发公司作为某建发集团的关联公司，其未经某粮公司、某大悦城公司许可，擅自在互联网平台上使用含有"大阅城""建发大阅城"标识为某建发集团开发建设的涉案房地产项目及相关服务进行宣传推广。某建发集团等二被告的行为使得相关公众将其开发的房地产项目与某粮公司、某大悦城公司开发的系列"大悦

城"房地产项目产生混淆，构成商标侵权。北京某科技公司作为全国性专业从事房产交易网络服务平台的经营者，未尽合理的审查义务，在其经营的搜房网上为某建发集团等二被告宣传推广"大阅城"房地产项目，属于帮助侵权行为。

某建发集团等二被告共同辩称：第一，"银川阅海国家湿地公园"属于银川市特定地理名称，"建发大阅城"系宁夏回族自治区、银川市政府为创建"银川阅海湾中央商务区"打造的重要地标性项目，"大阅城"系依据特定地理位置并经行政审批核定的地名，被告使用具有合理正当性；第二，某建发集团等二被告将"大阅城""建发大阅城"作为地名来使用，并非商标性使用；第三，某建发集团等二被告在当地具有极高知名度和美誉度，"建发"积累了极高的商誉，"建发大阅城"的使用并不会造成公众混淆；第四，"大悦城"商标属于服务商标，而本案中使用"大阅城"的行为属于用作地名，使用在了楼盘这一特殊产品上，而非在服务类别上使用，不构成商标侵权；第五，"大阅城"与"大悦城"并不近似，"建发大阅城"与"大悦城"的区别更为明显，考虑到房地产的高价值特点，消费者具有更高的注意力，不会造成混淆；第六，某建发公司在第35类"替他人推销"服务类别上享有"建发大阅城"注册商标专用权，本案不属于法院应当审理的范围；第七，某建发集团等二被告主观上并无利用"大悦城"商标声誉的故意，客观上也没有"搭便车"的不正当行为，亦未给某粮公司、某大悦城公司造成实际损失，某粮公司、某大悦城公司的索赔金额没有依据，某建发集团等二被告不予认可；第八，无论是否构成商标侵权，本案本着兼顾公共利益的考虑，不应禁止某建发集团等二被告使用"大阅城""建发大阅城"楼盘名称，否则会造成公共利益的极大损失。综上，请求法院驳回某粮公司、某大悦城公司的诉讼请求。

北京某科技公司辩称："大阅城""建发大阅城"与"大悦城"不近似，不会造成混淆，并不构成侵权，我公司亦不侵权；我公司主观上不具有共同侵权的故意，客观上也无侵权行为，某粮公司、某大悦城公司主张我公司承担消除影响的法律责任没有事实及法律依据。故请求法院判令驳回某粮公司、某大悦城公司对我公司的全部诉讼请求。

⊃ 一审法院查明的事实

2010年3月28日，某粮公司注册第63×××86号"大悦城"商标，该商标核定服务项目为第36类，包括不动产出租、不动产代理、住房代理等；

2010年9月14日，某粮公司注册第72××17号"大悦城"商标，该商标核定服务项目为第35类，包括商业管理和组织咨询、组织商业和广告交易会、替他人推销等。经商标局核准并发布公告，前述两枚商标于2017年6月13日转让至某大悦城公司名下。某粮公司、某大悦城公司及其授权公司在北京、上海、天津、沈阳、成都等多个城市经营有"大悦城"商业地产项目。某粮公司指定使用在不动产出租、不动产管理服务上的第63××86号商标通过其长期广泛使用与宣传，已享有较高的知名度与广泛的影响，为相关消费者普遍知晓，从而认定该商标为使用在不动产出租、不动产管理服务上的驰名商标。

某建发集团在银川市开发建设了"建发大阅城"项目，该项目总投资70亿元，占地300亩，总建筑面积近81万平方米，项目涵盖购物中心、写字楼、酒店、剧院、精准住宅、公寓、商街、停车楼等多种业态，是银川市最大规模的建筑项目。项目建成后，某建发公司负责"建发大阅城"项目的相关推广运营工作。2016年12月15日，在"搜房网—银川站"站内搜索"大阅城"可以找到涉案"建发大阅城"项目的在售信息，显示的在售信息为"平均价格6150元/m²，最新开盘：公寓已于2016年6月18日开盘"。2016年12月16日，使用微信"搜索公众号"功能搜索"大阅城"，可以搜索到账户名称为"大阅城"的微信公众号，点击关注"大阅城"微信公众号，进入该微信号进行查看，该微信号的账号认证主体为某建发集团。查看该微信公众号发布的历史消息，内容主要是对"大阅城""建发大阅城"商场运营、住宅、公寓等的相关宣传介绍，其中提到"建发大阅城"商场于2016年10月29日正式开业。"大阅城"微信公众号于2017年3月7日更名为"建发商业在线"，该两微信公众号发布的最新消息均系对入驻"建发大阅城"的商家及商场整体运营相关的广告，多处使用"大阅城""建发大阅城"指代商场名称。

⊃ 一审法院裁判理由与裁判结果

本案的争议焦点在于某建发集团等二被告的被诉侵权行为是否侵害了某粮公司、某大悦城公司第63××86号、第72××17号"大悦城"注册商标专用权。

商标的使用旨在标明商品或者服务的来源，从而使消费者便于区分，易于作出选择。商品房开发商使用的楼盘名称，事实上起到了识别该楼盘的作用，因而这种楼盘名称，本质上也是一种商业标识。具体到本案而言，某建发集团开发的楼盘的楼体显著使用了"建发大阅城""大阅城"的项目名称，并在楼盘的宣传销售过程中使用了"建发大阅城""大阅城"等表述方式。上述使用方式，使消费者将"建发大阅城""大阅城"与某建发集团等二被告销售的房产联系起来，起到了区分商品或服务来源的功能，是一种商标性使用。故某建发集团等二被告所辩称的"建发大阅城""大阅城"只是一种地名性的使用而不构成商标性使用，并无事实依据。

某建发集团等二被告将"大阅城""建发大阅城"用于楼盘楼顶或楼体的显著位置，在楼盘项目内部及周边广告牌、营销中心、商场招商、销售宣传材料等处使用"大阅城""建发大阅城"，属于在商品房销售、不动产管理、不动产出租等服务上使用，与某粮公司、某大悦城公司第63××86号商标核定的服务类别相同。将某建发集团等二被告使用的"大阅城""建发大阅城"标识与某粮公司、某大悦城公司的商标进行对比，由于前者主要识别与呼叫部分为"大阅城"，该标识与某粮公司、某大悦城公司的"大悦城"商标读音相同，且均为中文文字商标，字形较为近似，构成近似商标。因此，某建发集团等二被告在商品房销售、不动产管理、不动产出租等服务上使用"建发大阅城""大阅城"标识的行为，属于在与第63××86号注册商标相同类别的服务上使用近似商标的行为。鉴于某粮公司在全国多个城市使用"大悦城"经营有商业地产项目，且某粮公司、某大悦城公司的商标在某建发集团的商品房实际销售前已经被认定为驰名商标，某建发集团等二被告的该种使用方式，极易使普通消费者误认某建发集团等二被告开发的商品房或提供的服务与某粮公司、某大悦城公司有特定联系，造成混淆误认。综上，某建发集团等二被告在商品房销售、不动产管理、不动产出租等服务类别上使用"建发大阅城""大阅城"的行为侵犯了某粮公司、某大悦城公司对第63××86号注册商标的专用权。

本案中，某建发集团等二被告将"大阅城""建发大阅城"字样用于宣传推广入驻商家的相关海报、广告、宣传资料及微信公众号相关消息中的行为，属于在"替他人推销"服务上使用，与某粮公司、某大悦城公司的第72××17号商标核定的部分服务类别相同。就某建发集团公司等二被告的涉案行为是否侵害某粮公司、某大悦城公司的第72××17号注册商标这一问题，《最高人民法院关于审理注册商标、企业名称与在先权利冲突的民事纠纷案件若干问题的规定》第1条第2款规定，原告以他人使用在核定商品上的注册商标与其在先的注册商标相同或者近似为由提起诉讼的，人民法院应当根据《民事诉讼法》第111条第3项的规定，告知原告向有关行政主管机关申请解决。但原告以他人超出核定商品的范围或者以改变显著特征、拆分、组合等方式使用的注册商标，与其注册商标相同或者近似为由提起诉讼的，人民法院应当受理。

鉴于某建发公司取得了第18××215号"建发大阅城"注册商标权，故就某粮公司、某大悦城公司主张的某建发集团等二被告在微信公众号、其他宣传材料中替入驻商家及产品宣传推广过程中使用"建发大阅城"商标的行为，属于注册商标之前权利冲突的问题，属于应当由有关行政主管机关解决的问题，不属于人民法院主管范围，本案不予处理，双方就该部分争议可通过其他行政程序另行解决。对于某建发集团等二被告在微信公众号、其他宣传材料中替入驻商家及产品宣传推广过程中使用"大阅城"标识的行为，该种使用方式改变了"建发大阅城"的注册商标显著特征，属于对"建发大阅城"进行拆分的使用方式，根据上述规定，该种使用方式属于人民法院应当审理的范围。鉴于"大阅城"与"大悦城"构成近似，且某建发集团等二被告的使用服务类别与第72××17号商标在"替他人推销"的核定服务范围相同，某建发集团公司等二被告的该种使用方式容易导致相关消费者将某建发集团等二被告提供的替他人推销服务与某粮公司、某大悦城公司之间的混淆误认，侵害了某粮公司、某大悦城公司对第72××17号商标享有的注册商标专用权。

对于某建发集团等二被告所提出的其使用"大阅城"作为楼盘名称及地名已经行政部门备案，不构成商标侵权的抗辩意见，本院认为，某建发集团等二被告进行楼盘名称备案及地名的审批属于政府部门的出于项目监管和行政管理的范畴，这种行政手续的履行并不改变某建发集团等二被告涉案行为构成商标侵权的事实，故对某建发集团等二被告的该项抗辩意见，本院依法不予支持。

综上，某建发集团等二被告的被诉侵权的部分行为侵害了某粮公司、某大悦城公司第63××86号、第72××17号"大悦城"注册商标专用权，某粮公司、某大悦城公司主张停止侵权、赔偿损失、消除影响的诉讼请求于法有据，本院依法予以支持。本案中，虽然北京某科技公司属于提供信息服务的互联网平台，但其作为较为专业的房产经纪平台，对权利人明确提出的侵权信息负有相应的注意义务。但截至本案开庭之日，北京某科技公司仍未删除相关被诉楼盘信息，未尽到相关注意义务，构成帮助侵权，应当承担删除相关侵权信息、消除影响的法律责任。最终，北京市朝阳区人民法院认定被告的被诉侵权行为部分侵害了原告的"大悦城"注册商标专用权，应予以赔偿损失、消除影响。

综上，依照《侵权责任法》第15条、《商标法》第57条第2项、第63

条之规定，判决如下：（1）被告某建发集团、被告某商业公司立即停止将"大阅城""建发大阅城"字样用于商品房销售、不动产管理和不动产出租的商标侵权行为；被告某建发集团、被告某商业公司立即停止将"大阅城"字样用于替他人推销服务中的商标侵权行为。（2）被告北京某科技公司立即删除其所经营的搜房网（域名为 fang.com）上包含上述标识的涉案楼盘相关信息。（3）被告某建发集团、被告某商业公司、被告北京某科技公司共同于本判决生效之日起 1 个月内履行在搜房网（域名为 fang.com）、新浪乐居网（域名为 house.sina.com.cn）首页显著位置刊登书面声明的义务，以消除对原告某粮公司、原告某大悦城公司所造成的不良影响。（4）被告某建发集团、被告某商业公司于本判决生效之日起 10 日内赔偿原告某粮公司、原告某大悦城公司经济损失 1 200 000 元。（5）被告某建发集团、被告某商业公司于本判决生效之日起 10 日内赔偿原告某粮公司、原告某大悦城公司合理支出 40 000 元。（6）驳回原告某粮公司、原告某大悦城公司的其他诉讼请求。

⊃ 上诉主张及理由

某建发集团等二被告共同上诉请求：（1）请求撤销一审判决，依法改判驳回某粮公司、某大悦城公司的诉讼请求，或依法发回重审；（2）请求判令某粮公司、某大悦城公司共同承担本案诉讼费用。事实和理由如下：（1）一审判决漏审某建发集团、某商业公司（以下简称二上诉人）的重要证据，认定基本事实不清。（2）被上诉人某粮公司、某大悦城公司存在倒签或伪造证据的可能，一审判决据此认定的基本事实前后矛盾。（3）二上诉人使用"大阅城""建发大阅城"并非商标性使用，更不属于对两枚涉案商标核定使用服务的商标性使用，而系为了指示地理位置，一审判决认定事实有误。（4）二上诉人使用的"大阅城""建发大阅城"标识与两枚涉案商标"大悦城"未构成近似，不会造成相关公众混淆误认，一审判决认定事实错误，适用法律有误。（5）上诉人某建发集团仅提供不动产建设服务，一审判决对实施涉案行为主体的认定有误。（6）无论是否认定构成商标侵权，本案应充分兼顾公共利益，不应判令二上诉人停止使用"大阅城""建发大阅城"楼盘名称。（7）"搜房网"和"新浪乐居"网站的涉案楼盘信息并非二上诉人所发布，一审判决将北京某科技公司的行为认定为系由二上诉人实施，该认定有误。

某粮公司、某大悦城公司共同辩称：（1）某粮公司、某大悦城公司系两枚涉案商标的商标权利人，有权对二上诉人的侵权行为提起诉讼。（2）某粮公司、某大悦城公司提交的《商标转让合同》及补充协议、《注册商标使用许可合同》均系真实有效，是否加盖骑缝章不影响合同效力，一审法院认定事实清楚。（3）二上诉人使用"大阅城""建发大阅城"标识的行为构成商标性使用，不能起到识别地理位置的作用。（4）二上诉人在"商品房销售、不动产出租、不动产管理、替他人推销"等服务上使用的"大阅城""建发大阅城"标识与两枚涉案商标"大悦城"构成近似，极易导致相关公众混淆。（5）"不动产管理"与"物业管理"两个概念不可混为一谈，某粮公司、某大悦城公司在"商品房销售、不动产出租、不动产管理"等服务上持续使用了"大悦城"系列商标。（6）二上诉人所称涉案楼盘项目已经销售完毕的主张不能成立，而且即便该楼盘已经销售完毕，也并不影响本案侵权行为的认定，二上诉人应当承担停止侵权、消除影响的责任。综上，一审判决认定事实清楚，适用法律正确，作出程序合法，请求驳回二上诉人的全部上诉请求，维持一审判决。

➲ 二审法院查明的事实

二审法院经审理查明的事实与一审查明的事实基本一致，予以确认。二审法院另查明，2018年5月3日，某建发公司向原国家工商行政管理总局商标局申请注册第30××××33号"建发大阅城"商标，并于2020年6月6日经异议获准注册，该商标核定使用服务为第36类：不动产出租、不动产管理、办公室（不动产）出租、不动产信托管理、住所代理（公寓）、商品房销售、公寓管理、租金托收、经纪、金融投资经纪，注册有效期自2019年2月14日至2029年2月13日。目前该商标正处于无效宣告请求程序中，为有效注册商标。

➲ 二审法院判决理由与裁判结果

北京知识产权法院认为，某建发集团、某商业公司在涉案行为中突出使用"大阅城""建发大阅城"的行为，侵害了某粮公司、某大悦城公司对涉案商标一享有的商标专用权。二上诉人关于其不构成商标侵权的上诉理由均不能成立，本院不予支持。本案中，二上诉人在微信公众号、商场海报及其他宣传材料中将"大阅城"标识用于入驻商家及产品的宣传推广，属于"替他人推销"服务的范围，亦构成商标性使用。"大阅城"与涉案商标二"大悦城"构成近似，二上诉人的上述行为容易导致相关公众对服务来源产生混淆，误认为该服务系由某粮公司、某大悦城公司提供，或者与某粮公司、某大悦城公司具有特定联系。因此，某建发集团、某商业公司的涉案行为亦侵害了某粮公司、某大悦城公司对涉案商标二享有的商标专用权。本案中，根据某粮公司、某大悦城公司提供的相关证据显示，二上诉人的涉案楼盘项目在北京某科技公司的网站上有相应的宣传信息，亦提供了售楼电话。但在案并无明确证据证明北京某科技公司与二上诉人存在合作关系，直接从事参与了涉案楼盘项目的共同销售行为；而某粮公司、某大悦城公司亦未在本案起诉之前就北京某科技公司网站上的相关涉嫌侵权信息通知删除。因此，某粮公司、某大悦城公司主张北京某科技公司帮助二上诉人实施侵权行为，构成帮助侵权的主张，缺乏事实和法律依据，依法不能成立。但如一审判决所述，截至本案一审开庭之日，北京某科技公司在已知相关信息涉嫌侵权的情况下，仍未尽到合理注意义务，及时进行删除或暂时下架处理，导致某粮公司、某大悦城公司遭受损害的范围存在进一步扩大的风险。北京某科技公司对此负有一定过错，应当承担删除相关侵权信息、消除影响的法律责任。鉴于某粮公司、某大悦城公司并未举证证明其所遭受损失，亦未举证证明二上诉人所获利益，一审综合考虑两枚涉案商标的知名度、楼盘所在区位、规模及售价、二上诉人的侵权性质、情节、主观过错等因素，酌定相应赔偿数额亦无不当。此外，二上诉人关于某粮公司、某大悦城公司伪造证据的主张亦缺乏事实依据，依法不能成立。

综上所述，本院判决如下：一、维持北京市朝阳区人民法院（2018）京0105民初21090号民事判决第二项至第六项；二、变更北京市朝阳区人民法院（2018）京0105民初21090号民事判决第一项为某建发集团、某商业公司立即停止将"大阅城"字样用于商品房销售、不动产管理和不动产出租的商标侵权行为，某建发集团、某商业公司立即停止将"大阅城"字样用于替他人推销服务中的商标侵权行为。三、驳回某建发集团、某商业公司的其他上诉请求。

⊃ 再审主张及理由

某粮公司及某大悦城公司申请再审称：（1）撤销二审判决，撤销一审判决第一、四项；（2）维持一审判决第二、三、五、六项；（3）改判：①某建发集团、某商业公司立即停止在"商品房销售"等服务上使用"大阅城""建发大阅城"标识；②某建发集团、某商业公司立即停止在"替他人推销"服务中使用"建发大阅城""大阅城"标识；③某建发集团、某商业公司赔偿某粮公司、某大悦城公司经济损失146万元。事实和理由如下：（1）二审判决在认定某建发集团、某商业公司使用"建发大阅城"标识侵害某粮公司、某大悦城公司在第 36 类 "商品房销售" 等服务上注册的第 63××× 86 号 "大悦城" 商标专用权的前提下，认为由于某商业公司在第 36 类 "商品房销售" 等服务上取得了第 30××× 33 号 "建发大阅城" 商标专用权，因此不宜维持一审判决关于停止将 "建发大阅城" 字样用于 "商品房销售" 等服务的商标侵权行为的判项不宜再予以维持，存在错误。某粮公司及某大悦城公司的第 63××× 86 号 "大悦城" 商标系驰名商标，在此之后任何与之近似的商标注册均不能作为不侵权的抗辩理由，二审法院应当对驰名商标条款予以审查。（2）某建发集团、某商业公司在第 35 类 "替他人推销" 服务上使用 "建发大阅城" 字样亦损害了第 63××× 86 号 "大悦城" 驰名商标的专用权。（3）某商业公司的第 30××× 33 号 "建发大阅城" 商标及第 18××× 15 号 "建发大阅城" 商标现均被宣告无效。

某建发集团、某商业公司辩称：（1）某粮公司、某大悦城公司在一、二审诉讼中并未主张 2013 年修正的《商标法》第 13 条驰名商标条款，故其请求不属于再审审理范围；（2）某粮公司、某大悦城公司在一审判决后并未上诉，故其对一审判决是认可的，不应在再审程序中提出超过一审判决数额的赔偿请求，且相关赔偿已执行完毕；（3）"大阅城""建发大阅城" 与 "大悦城" 商标区别明显，未构成近似商标；（4）"大阅城""建发大阅城" 标识的使用具有正当性，其作为地理位置名称被广泛使用于城市地图、公交线路等，涉及公共利益，在该项目已经销售完毕的情况下，不应判决停止使用上述标识；（5）一审判决确定的经济赔偿数额过高；（6）某商业公司的 "建发大阅城" 商标被宣告无效并非发生在二审诉讼中，故对本案无溯及力。

北京某科技公司辩称：北京某科技公司已按照一、二审判决履行完毕，无其他意见。

→ 再审法院查明的事实

围绕当事人的再审请求，再审法院对有争议的证据和事实认定如下：再审过程中，根据某粮公司、某大悦城公司提交的国家知识产权局于 2021 年 12 月 20 日及 2022 年 4 月 13 日作出的第 1772 期及第 1787 期《注册商标宣告无效公告》等证据，可以证明某商业公司的第 18××× 15 号 "建发大阅城" 商标及第 30××× 33 号 "建发大阅城" 商标已被宣告无效，本院对此予以确认。另查一，根据起诉书、一审开庭笔录等证据，可以证明某粮公司、某大悦城公司在一审诉讼中主张侵权的法律依据为 2013 年《商标法》第 57 条第 2 项，并未主张 2013 年《商标法》第 13 条驰名商标条款。另查二，某粮公司、某大悦城公司提交的有关侵权行为的证据可以证明，某建发集团、某商业公司使用"建发大阅城""大阅城"两标识的行为表现基本相同，即在商品房销售等服务以及替他人推销服务中基本同时使用上述标识。另查三，经各方当事人确认，某建发集团、某商业公司已经支付某粮公司、某大悦城公司 124 万元，北京某科技公司已删除搜房网上包含涉案标识的相关楼盘信息，某建发集团、某商业公司、北京某科技公司已刊登书面声明消除不良影响。另查四，第 63××86 号"大悦城"商标经续展，商标专用期限至 2030 年 3 月 27 日；第 72××17 号"大悦城"商标经续展，商标专用期限至 2030 年 9 月 13 日。以上事实，有双方当事人提交的证据、起诉状、商标档案、商标公告及当事人陈述等证据在案佐证。

⊃ 再审法院判决理由与裁判结果

本院再审认为：一是关于某建发集团、某商业公司是否应当停止在"商品房销售、不动产管理和不动产出租"等服务上，以及在"替他人推销服务"上使用"建发大阅城""大阅城"标识问题。在案证据可以证明某粮公司、某大悦城公司对涉案第 63××86 号"大悦城"商标、第 72××17 号"大悦城"商标享有注册商标专用权，且两商标属于有效状态，故某粮公司、某大悦城公司有权就侵害上述商标专用权的侵权行为提起诉讼。根据查明的事实，某粮公司、某大悦城公司在一审诉讼中主张侵权的法律依据为 2013 年《商标法》第 57 条第 2 项，并未主张 2013 年《商标法》第 13 条驰名商标条款，故某建发集团、某商业公司关于某粮公司、某大悦城公司在原诉讼程序中未主张 2013 年《商标法》第 13 条，故其在再审程序中主张该条款不应属于再审审理范围的主张成立。本院对某粮公司、某大悦城公司的相关再审理由不予支持。2013 年《商标法》第 57 条第 2 项规定：未经商标注册人的许可，在同一种商品上使用与其注册商标近似的商标，或者在类似商品上使用与其注册商标相同或者近似的商标，容易导致混淆的，属侵犯注册商标专用权。由于某商业公司的第 18×××15 号"建发大阅城"商标及第 30×××33 号"建发大阅城"商标在其核定使用的全部服务上的注册已被宣告无效，且被宣告无效的商标自始无效，故在一、二审诉讼中存在的注册商标之间的权利冲突问题已不再存在。综合在案证据，可以证明某粮公司、某大悦城公司主张的某建发集团、某商业公司在微信公众号、商场海报及其他宣传材料中将"大阅城""建发大阅城"标识用于入驻商家及产品的宣传推广等涉案行为，构成对某粮公司、某大悦城公司第72×××17号"大悦城"商标专用权的侵害。在案证据亦可以证明某建发集团、某商业公司在涉案楼盘项目的销售、运营及宣传等商业活动中使用"大阅城""建发大阅城"标识等涉案行为，构成对某粮公司、某大悦城公司第63×××86号"大悦城"商标专用权的侵害。某建发集团、某商业公司应当承担停止侵权、赔偿损失、消除影响的法律责任。某建发集团、某商业公司关于"大阅城""建发大阅城"与"大悦城"商标区别明显，未构成近似商标的主张，以及某商业公司的注册商标被宣告无效的事实并非发生在二审诉讼中，故对本案无溯及力的主张，以及判令停止使用"大阅城""建发大阅城"标识将对社会公共利益产生损害的主张，均缺乏事实及法律依据，本院对此不予支持。需要指出的是，某粮公司、某大悦城公司请求判令停止的侵权行为仅涉及某建发集团、某商业公司以营利为目的所实施的商业行为，至于社会公众及小区居民客观上出于指示楼盘的需要而使用"大阅城""建发大阅城"等行为，并非本案判令停止侵权行为的范畴。二是关于某建发集团、某商业公司是否应当赔偿某粮公司、某大悦城公司经济损失146万元。虽然再审认定某建发集团、某商业公司使用"建发大阅城"标识的行为亦构成侵权，但是由于某粮公司、某大悦城公司并未举证证明因涉案侵权行为所遭受的实际损失，亦未举证证明某建发集团、某商业公司所获得的利益，以及"建发大阅城"标识在"替他人推销"服务上的使用对其造成了比一审判决确定的赔偿数额更多的损失，综合考虑"大悦城"商标的知名度、楼盘所在区位、规模及售价、某建发集团及某商业公司的侵权性质、情节、主观过错程度，以及某建发集团、某商业公司使用"建发大阅城""大阅城"两标识的行为表现基本相同等因素，故本院对一审判决确定的120万元的赔偿数额予以维持，该款项已执行完毕。某粮公司、某大悦城公司主张赔偿146万元缺乏事实及法律依据，本院对此不予支持。同时某建发集团、某商业公司关于一审判决确定的赔偿数额过高的主张亦缺乏依据，本院对此不予支持。

此外，在案并无明确证据证明北京某科技公司与某建发集团、某商业公司存在合作关系，直接从事、参与了涉案楼盘项目的共同销售行为，且某粮公司、某大悦城公司亦未在一审起诉之前就北京某科技公司网站上的相关涉嫌侵权信息通知删除，故某粮公司、某大悦城公司主张北京某科技公司帮助某建发集团、某商业公司实施侵权行为，构成帮助侵权的主张，缺乏事实和法律依据，依法不能成立。但截至一审开庭之日，北京某科技公司在已知相关信息涉嫌侵权的情况下，仍未尽到合理注意义务，及时进行删除或暂时下架处理，导致某粮公司、某大悦城公司遭受损害的范围存在进一步扩大的风险，北京某科技公司对此负有一定过错，应当承担删除相关侵权信息、消除影响的法律责任。

一审判决关于北京某科技公司应立即删除其所经营的搜房网上包含上述标识的涉案楼盘相关信息，以及某建发集团、某商业公司、北京某科技公司共同履行在搜房网、新浪乐居网首页显著位置刊登书面声明的义务，以消除对某粮公司、某大悦城公司造成的不良影响，以及某建发集团、某商业公司赔偿某粮公司、某大悦城公司合理支出 4 万元的判项并无不当，且上述判项均已执行完毕，本院对此予以维持。

综上所述，由于某粮公司、某大悦城公司在再审程序中提交了新的证据，导致一、二审判决认定事实的依据发生变化，故本院依法改判。判决如下：一、撤销北京知识产权法院（2019）京 73 民终 3411 号民事判决；二、撤销北京市朝阳区人民法院（2018）京 0105 民初 21090 号民事判决第一项、第六项；三、维持北京市朝阳区人民法院（2018）京 0105 民初 21090 号民事判决第二项至第五项；四、变更北京市朝阳区人民法院（2018）京 0105 民初 21090 号民事判决第一项为某建发集团、某商业公司立即停止将"大阅城""建发大阅城"字样用于商品房销售、不动产管理和不动产出租的商标侵权行为；某建发集团、某商业公司立即停止将"大阅城""建发大阅城"字样用于替他人推销服务中的商标侵权行为；五、驳回某粮公司、某大悦城公司的其他诉讼请求。

⊃ 案例解析

地标性名称并非商标法中的法律概念，而是商标司法实践中经常出现的一类标识。正因法律未明确该类标志的法律地位和保护程度，才应当在司法实践中明确其认定方式、保护路径和程度。在本部分内容中，笔者首先分析地标性名称在商标法中的定位，将其纳入商标法语境和框架中进行理解和阐释。其次分析此类地标性名称注册为商标后，其可能受到商标法何种程度的保护，以及地标性名称取得这种专用权保护的相应条件。最后，由于地标性名称带有一定的地缘性特征，法律对该类标识的保护可能存在某种限制，用以维持公共利益的良好存续。基于以上问题，笔者将结合相关案件和理论展开分析，最终解决地标性名称在商标法领域的法律保护相关问题。

一、地标性名称的商标法定位

地标性名称通常指的是在某一区域内具有较强的典型性、能够作为标志性地理位置发挥指示性功能的名称。从字面上理解，地标往往具有地理性特征和标志性特征的双重属性。地标性名称可以依托某个场景、某座建筑物或某条街道，甚至某个方面的文化产地，其影响力所覆盖的区域范围较为有限。从客观上看，地标性名称具备的知名度可能源于两个方面：其一，地标性名称的知名度可能是现代商业化运作的结果。在商标司法实践中，通常出现就某商业圈名称或者商业项目名称等地标性名称发生的商标侵权纠纷。维权人的商标知名度往往源于其在现代市场经济中的诚信经营和商誉积累，这种商业信誉中蕴含的价值往往与私主体的商业运作关系紧密。法律保护其权益的正当性就在于这种商业价值源于商业主体的诚实劳动过程，这符合劳动财产理论的观点。其二，地标性名称的知名度也可能源于公共文化的发展。地标性名称所依附的客观对象可能是文化发展的产物，其可能是某座古庙或某个旧址。这类地标蕴含的价值更多体现为历史价值或文化价值，其源于人类历史的演变过程和现代社会对历史产物的保护，具有较强的公共物品属性。上述两类不同地标性名称在商标司法实践中应当被明确，并在商标注册制度、商标侵权认定和正当性使用抗辩中进行区别。

地标性名称与地名商标之间存在一定的联系和区别。二者的联系在于它们均具有地理指示性功能，并都具备一定程度的显著性特征，二者均具有一定程度的公共资源属性，符合条件的相应标识将受到商标法的有限性保护。二者的区别体现在以下两点：其一，二者所覆盖的地理区域范围存在差别。地名商标中地名覆盖的地理区域范围往往较小，《商标法》规定"县级以上行政区划或公众知晓的外国地名"禁止注册为商标，除非"具有其他含义或作为集体商标和证明商标组成部分时，才可能获准作为商标注册"。所以，地名商标大多是局限于特定范围的地理名称，地标性名称的侧重点在于地标本身，而非行政区划的等级。地标在客观上覆盖的地理范围较地名商标而言更为狭小，但这并不直接决定地标性名称和地名商标的影响力程度。其二，二者在商标法中的地位不同。地名商标的注册和使用由《商标法》直接规定，包括其申请注册的积极条件和消极条件，以及限制性保护规则等。地标性名称的商标并非由《商标法》直接规定，而是在司法实践中被视为商标的一种类型，对于该类标志的保护仍要依据具体情形在个案中实现。

二、地标性名称商标的法律保护

地标性名称可以通过多种路径获得法律保护，如地标性厂址、厂名可以通过《产品质量法》获得保护，该法第 30 条规定，"生产者不得伪造产地，不得伪造或者冒用他人的厂名、厂址"。也可以通过《消费者权益保护法》获得保护，该法第 56 条规定，"伪造商品的产地，伪造或者冒用他人的厂名、厂址，篡改生产日期，伪造或者冒用认证标志等质量标志的"应当承担相应责任。又如代表地方特色的地理标志名称，可以通过《农产品地理标志管理办法》和《地理标志产品保护规定》等规范性文件予以专门保护，也可以通过注册为集体商标或者证明商标获得商标法保护。除此以外的地标性名称则可以通过申请注册为商品或服务商标，从而获得商标法保护。

基于地标性名称的地缘性特征，其获得商标法保护的条件较为严格。其中，地标性名称申请商标注册的积极条件是该地标性名称应当具备显著性，这是商标发挥识别功能的基本要求。这里要求的显著性可以是固有显著性，也可以是获得显著性，后者要求该地标性名称经过商标性使用已经获得了第二含义，商标法应当肯定这种商业付出所产生的符号价值。另外，地标性名称申请商标注册的消极条件分为以下几点：其一，地标性名称的注册不应当产生不良社会影响和政治影响，《商标法》第 10 条第 1 款第 8 项规定，"有害于社会主义道德风尚或者有其他不良影响的"，不得作为商标使用和注册。如"天安门""钓鱼台"等具有政治色彩的地标性名称若被核准注册于某商品或服务上，将产生消极的社会影响和政治影响，有损国家形象和公共利益。其二，地标性名称的注册不应当产生"来源误导"的后果。《商标法》第 10 条第 1 款第 7 项规定，"带有欺骗性，容易使公众对商品的质量等特点或者产地产生误认的"，不得作为商标使用和注册。若地标性名称作为商标注册和投入商业使用，但核定使用的商品或服务却与该地标所在地理位置或地标本身无关，则容易使公众产生对商品来源的误认。这无益于消费者对商品来源的准确识别，也可能干扰正常的市场竞争秩序。其三，地标性名称的商标注册申请不应当恶意占用公共资源。商标领域的公共资源非常宝贵，它是指处于商标公共领域的供市场经营者以非商标性的形式进行自由使用的信息资源，注册商标的要素均取自商标公共资源。而地标性名称具有一定的地缘性特征，尤其是公共文化产物类的地标性名称，其价值可能源于公共文化事业的发展，将该类标志不正当注册为商标将可能产生挤占公共资源的不利后果。综上，地标性名称注册为商标需要具备显著性，也应当避免产生不良社会影响或误导来源的后果，并且，地标性名称的注册行为不应当恶意抢占公共资源，否则将难以获得商标专用权的保护。

公共资源类地标性名称大多难以获得商标专用权的保护。以"骑楼"案为例，海口市文物局对"骑楼老街"注册商标提出撤销申请，法院认为，"'骑楼'是一种近代建筑，在两广、福建、海南等地曾经是城镇的主要建筑形式。'骑楼老街'是指在上述地区以骑楼作为主要建筑物的老式街道。'骑楼'和

'骑楼老街'体现了两广、福建、海南等地的建筑特色，且具有一定的历史文化气息，属于社会公共资源的一种，不宜为个人独占。争议商标的注册和使用对于与'骑楼老街'相关的历史文化发展易产生一定的消极负面影响，违反了《商标法》第十条第一款第八项之规定"。① 基于此，公共资源类地标性名称凝聚着公共文化发展的结晶，其难以被私权利主体所独占，也难以获得商标专用权的法律保护。

与此相反，商业运作类地标性名称则具有较弱的公共属性，其知名度和影响力的积累主要依靠经营者在市场经济中的长期诚实经营，并在这一过程中频繁地使用该地标性名称商标，使该符号承载的商誉得到不断提高。如本文所讨论的"大悦城"商标侵权案件，"大悦城"标志属于商业运作的产物，由特定市场主体经过商业使用而获得较高知名度，甚至成为标志性商圈名称。这种商业努力应当被商标法所肯定和保护，并赋予商标专用权的保护，任何与之混淆者均难以摆脱侵权的嫌疑。

三、地标性名称商标的法律保护限制

如前所述，不同形态和种类的地标性名称可能受到不同部门法或相关专门法律的保护，而当地标性名称被核准注册为商标时，其将受到商标专用权的有限性保护。地标性名称具有一定的地缘性特征，其获得商标注册是基于其固有显著性或获得显著性，但不能否认其包含的地理因素处于公共领域范畴。所以，为了平衡私权利主体的权益和公共利益之间的关系，商标法一方面肯定具有显著性和经过使用获得显著性的标识权利；另一方面也兼顾公众对地理内容自由使用和自由表达的权利，进而实现地标性名称所涉的商标法利益的稳定和平衡。

所以，地标性名称商标受到的商标法限制主要体现为公众对地名的正当性使用。《商标法》第59条第1款规定，"注册商标中含有的本商品的通用名称、图形、型号，或者直接表示商品的质量、主要原料、功能、用途、重量、数量及其他特点，或者含有的地名，注册商标专用权人无权禁止他人正当使用"。而地标性名称中可能含有的地名要素则无法阻止其他市场主体对其正当性使用，这是为了保证公众的竞争自由和表达自由。例如，地理标志类地标性名称，经过商标注册申请核准为证明商标或集体商标后，其在使用过程中，不能阻碍公众对地名的正当性使用行为。

---

① 参见北京市高级人民法院（2015）高行（知）终字第595号行政判决书。

例如，在"盱眙龙虾"商标案中，盱眙龙虾行业协会将其注册为证明商标，该标志既包含地理名称也包含主要核定商品名称，这些要素均处于公共领域。对此，法院认为，"证明商标的意义在于保证所使用商品的特定品质，有利于企业向市场推销商品，也有利于消费者选择商品，保证商品的质量。在证明商标中使用地理标志的目的系为了保证特定产地的特定商品的特殊品质，而非垄断性地使用该地理标志，该案'盱眙龙虾及图'证明商标中虽使用了'盱眙龙虾'地理标志，但该地理标志仅占证明商标很小一部分，在该商标中具有显著性和识别性的部分应为龙虾图标，盱眙龙虾协会获准注册该证明商标并不代表其对'盱眙龙虾'四个字也获得了注册商标专用权，进而可以禁止其他主体在相关服务或商品上使用'盱眙龙虾'字样"。① 由此可见，地标性名称中所含有的公共领域要素资源是无法完全被权利人占有的，其势必受到适当程度的限制，以维护市场秩序和公共利益，以及社会公众的竞争自由和表达自由。

因此，基于地标性名称类商标具有的地缘性特征，其注册商标的使用将受到一定程度的限制，这种限制主要体现为注册商标权利人的商标专用权，不能对抗社会公众对相关地名的正当性使用行为。

四、结论

地标性名称是商标司法实践中通常出现的一类标识，却未被法律所明确规范，故有必要将其纳入商标法语境和框架中进行理解和阐释。从字面意思进行理解，地标往往具有地理性特征和标志性特征的双重属性。而地标性名称具备的知名度往往源于现代商业化的运作或者公共文化事业的持续发展。

地标性名称与地名商标之间存在一定的联系和区别。它们均具有地理指示性功能，并都具备一定程度的显著性特征，均具有一定程度的公共资源属性。同时，二者在商标法中的法律地位不尽相同。地标性名称可以通过多种途径获得法律保护。但在商标法领域中，基于地标性名称的地缘性特征，其获得商标法保护的条件较为严格。具体而言，地标性名称获得商标注册的积极条件是具备固有显著性或者获得显著性，消极条件则更为复杂，包括地标性名称的注册不应当产生不良社会影响和政治影响，也不应当产生"来源误导"的后果，同样重要的是，地标性名称的商标注册申请不应当恶意占用公共资源。基于地标性名称类商标具有的地缘性特征，其注册商标的使用将受到一定程度的限制，这种限制主要体现为注册商标权利人的商标专用权，不能对抗社会公众

---

① 参见江苏省南京市中级人民法院（2016）苏 01 民终 10680 号民事判决书。

对相关地名的正当性使用行为。

　　总之，地标性名称类商标在商标法中既具有一般性，也具有特殊性。司法实践中对该类标志的保护应当兼顾私主体利益和公共利益，在适度保障涉地标性名称类私权的基础上，避免公共资源和市场竞争秩序受到破坏。